Filia Fausta

Das Fleisch gewordene Wort

2. Auflage

Books on Demand

Filia Fausta
Das Fleisch gewordene Wort

© 2016 Filia Fausta

ISBN 978-3-7392-2763-4

1. Auflage 2016
2., überarbeitete Auflage 2017

Herstellung und Verlag: BoD – Books on Demand, 22848 Norderstedt
Gestaltung: Crispus

Die Deutsche Nationalbibliothek verzeichnet diese Publikation in der Deutschen
Nationalbibliografie; detaillierte bibliografische Daten sind im Internet über
http://dnb.dnb.de abrufbar.

FÜR DICH

Ich sprang über ein Weniges
und hüpfte über ein Geringes
und als ich weiterging,
fand ich, den meine Seele liebt.

(Hohelied 3,1-4 : Brautspruch im Buch der Liebe,
zitiert nach Meister Eckehart)

Inhaltsverzeichnis

Vorwort

Wer nach dem Urheber fragt des Neuen Testaments, fragt nach dem Urheber auch des Alten Testaments, fragt nach dem unvergänglichen, dem ewig-lebendigen Wort. Des Menschen Wort mag vergehen wie Schall und Rauch, verwehen mit dem Zeitgeist, der erfüllte sein Wort; wie aber wollte vergehen das Wort, das erfüllt ist vom ewigen, vom unwandelbaren Geist? Ist der Geist ewig, so ist es auch das Wort, das aus dem Urquell sich speist. Das Alte Testament gibt Zeugnis von eben diesem Urquell, Urgeist – Schöpfergott und gibt ebenso Kunde von einer alten, einer längst vergangenen Zeit, einer untergegangenen Welt: einer Zeit, einer Welt, bekundet von Zeitzeugen oder bekundet erst von deren Nachfahren? Spricht aus dem Wort, das dringt in die heutige Welt aus so ferner Zeit der Wille des HERRN – der ewige, der bleibende Geist, wie er sprach einst zu den Alten? Blieb das Wort lebendig oder erstarrte es unter dem Staub und Schutt der Zeiten, den vielen Schichten der Vergangenheit? Denn ist ER nicht eben darum gekommen, lebendig zu machen, was wie erstarrt war im blutleeren Ritual; ist nicht mit dem Sohn auferstanden und erwacht zu neuem Leben das Wort des Vaters selbst? Das Evangelium, für das ER steht, die junge Botschaft, sie wurzelt im Alten Testament: erwächst aus alter jüdischer Überlieferung, erwächst aus der Schöpfungsgeschichte selbst. Wurzelt nicht alles Junge im Alten? Wie wollte erfasst werden das Neue, wie geschieden sein der flüchtige Zeitgeist vom ewigen, vom unvergänglichen Geist ohne Kenntnis der Wurzel?

Im Anfang war das Wort,
und das Wort war bei Gott,
und Gott war das Wort.
(Johannes-Evangelium 1,1)

Und Gott sprach: Es werde Licht.
Und es ward Licht.
(1. Mose 1,3)

In sechs Tagen schuf Gott die Welt, so steht es geschrieben im 1. Buch Mose (Genesis). Am siebten Tag dann ruhte aus der Schöpfer von seinem Werk. Wie lang nun währt ein Tagewerk, gemessen am Zeit-, am Raummaß Gottes: des Schöpfers allen Lichts, gemessen an der Raumzeit, gemessen an der Ewigkeit? Ist denn zu bemessen die Unendlichkeit? Vor Gott sind tausend Jahre wie ein Tag, *wie eine Wache in der Nacht*, heißt es im Psalm 90,4. Wie lang also währt ein Schöpfungstag: ein "Lichttag"? Wie lang währt der göttliche

Sabbat: die himmlische Ruhe – dauert sie fort? Ist der Schöpfungsakt vergangen, vollendet – ist er nicht weiter – im All: Lichtjahre entfernt? Und auf Erden, ist da vollendet das Werk des HERRN, gekrönt durch den letzten Schöpfungsakt: den Menschen? Gott schuf den Menschen, so steht es geschrieben im 1. Buch Mose (1,26-31), schuf ihn hin zu seinem Bilde. Und, ist der Mensch geraten hin zum Bilde seines Schöpfers, oder hat er sich entfernt und wenn ja, wie weit entfernt? Und so er sich entfernte, muss da nicht kommen ein neuer Tag, an dem zurückkehrt der Mensch; denn wie sollte unerfüllt bleiben auf ewig der Wille des HERRN?

3761 v.u.Z. ereignet sich nach jüdischer Zeitrechnung die (Zeiten)Wende: die erste Begegnung der Menschheit mit der Gottheit? Eine Zäsur jedenfalls, datiert exakt auf den Beginn der Kupferzeit, da der Mensch erntet die Früchte der neolithischen Revolution. Dank Ackerbau und Viehzucht muss sich die menschliche Schaffenskraft nicht länger beschränken auf die Sicherung des Lebensunterhalts allein, sondern kann sich frei entfalten, kann gestalten: Neues schaffen, Bleibendes formen aus Kupfer und aus Ton. Der Mensch wird zum Gestalter seiner eigenen Welt, zum Schöpfer – zum Töpfer. *Ist nun aber der Ton so viel wie der Töpfer* (Jesaja 29,16)? Welches Werk wollte sich erheben über seinen Schöpfer? Welches Werk müsste nicht hinnehmen, von seinem Schöpfer kritisch geprüft, begutachtet und also für gut befunden oder auch verworfen zu werden? Ist der Mensch Werk Gottes, wie wollte er sich da erheben über seinen Schöpfer, statt in sich zu gehen und zu fragen, ob und wie er sich bilde: hin zum Bilde des Höchsten? Und fragt er also, widersetzte sich der Mensch nicht im Gegenteil von Anbeginn? Verführt dazu von wem – von welcher Schlange? Von äußerer Macht, äußerem (Ein)Druck oder verführt von eigenem Willen, innerem Antrieb, verführt von einer Schlange, einem Götzenbild, das formten seine eigenen Hände, formten aus Kupfer oder Ton? Adam und Eva nehmen von der verbotenen Frucht und bringen so das Übel (lat. = malus = Apfel) in die Welt? Der Abfall von Gott, geschuldet allein dem Biss in die verbotene Frucht, geschuldet der Überschreitung des göttlichen Gesetzes oder auch (und vor allem?) geschuldet dem fehlenden Bekenntnis zur eigenen Schuld? Eva bekennt sich nicht selbst zu ihrer Schuld, sondern zeigt auf die Schlange, wie Adam verweist auf Eva. Nackt stehen sie da vor ihrem Schöpfer; ihre Unschuld haben sie verloren, verloren alle Einheit mit Gott: verloren das Paradies auf Erden? Die Vertreibung aus dem Paradies – ein Bild nur, ein lehrhaftes Beispiel oder (auch) reales Geschehen? Das Paradies auf Erden, verging es nicht tatsächlich vor rund 6000 Jahren infolge der Verschiebung der Erdachse, verging im Norden Afrikas, wo die Wüste, die Sahara wuchs und Tier und Mensch vertrieb?

Welchen Preis zahlte der Mensch für die Erkenntnis von Gut und Böse? Für eine Erkenntnis, die den Menschen schied vom Tier, und die er wie nutzte? Zu überwinden das Tier in seinem Inneren oder zu nutzen alle Erkenntnis allein "nur tierischer als jedes Tier zu sein" (Goethe)? Seine Scham, seine Schuld mag der Mensch verbergen hinter einem Feigenblatt, einer Ausrede, einer

Lüge, verstrickt er sich nicht aber in immer tiefere Schuld – Schuld, die früh schon gipfeln sollte in Brudermord? Kain erschlägt seinen Bruder Abel – aus niederen Beweggründen, wie der Jurist formulieren würde: aus Eifersucht. Der Brudermord, wird er gesühnt, überwunden, als der HERR setzt neues Leben für den Gemordeten? *Seth* (= Setzling, vgl. 1. Mose 4,25): der Dritte im Bunde, der wahrhaft ist auch im Bunde? Wird mit ihm überwunden die Sünde, findet denn die Menschheit zurück zur Gottheit? Entfernt sie sich nicht im Gegenteil immer mehr, je weiter sie sich entfernt von ihrem Ursprung? Türmt sich auf die Schuld, eben weil sich entfernt die Menschheit, schwillt darum an die Sünde und schlägt höhere und höhere Wellen, bis sie sich zu guter Letzt selbst verschlingt und untergeht in der großen Flut? Die große Urkatastrophe, verewigt im Alten Testament, verewigt ebenso im größten literarischen Werk der Babylonier (verfasst zu Beginn des 1. Jahrtausend v.u.Z.), verewigt im "Gilgamesch-Epos", der Menschheit Kunde zu geben, wer da sei Untertan und wer HERR auf Erden? Gerettet werden soll aus den Fluten, wer kennt seinen HERRN, wer wie Noah steht im Bunde mit Gott – ein Bund im Zeichen des Lichts: im Zeichen des Regenbogens. Ein Bund, der schützt die Schöpfung selbst, der zimmert eine Arche all den genetischen Bausteinen des Lebens, auf dass diese Welt nicht (noch einmal) vollständig vergehe (wie die Welt der Urzeit, die Welt der Dinosaurier)?

Nie wieder soll eine Flut kommen und
das Wasser der Flut die Erde verderben.
(1. Mose 9,11)

Seid fruchtbar und mehret euch.
(1. Mose 9,7)
Und, mehren sie ihr Sein (mit Gott) oder mehren sie allein ihre Habe (in der Welt)? Welchen Nutzen bringen sie: bringen sie Frucht vor Gott – bringen sie Frucht der Menschheit?

Doch die große Schar der Frevler bringt keinen Nutzen;
sie ist ein unechtes Gewächs,
treibt keine Wurzeln in die Tiefe
und fasst keinen sicheren Grund.
(Weisheit 4,3)

Ist gerettet die Menschheit, droht kein neuer Untergang oder stehen die Zeichen der Zeit erneut auf Sturm: schmelzen nicht zur Stunde ab die Pole, schwillt nicht bedrohlich an der Meeresspiegel? Land unter oder kommt die Menschheit noch einmal davon? Was, wenn sich der Mensch tatsächlich befreite von aller äußeren Not, allem äußeren Zwang, bliebe da nicht der innere Drang, die stetig wachsende Begierde? Erheben will sich der Mensch, wachsen von Stufe zu Stufe, höher und höher hinauf treibt es ihn, bis ihm am Ende der eigene Anspruch wächst über den Kopf? Der Turmbau zu Babel, geriet er nicht zu einem einzigen Fiasko in alter Zeit – ein Zusammenbruch, ein Einsturz wie keiner zuvor und keiner danach? Die alte Welt, war sie nicht ebenso erschüttert, wie erschüttert war die neue Welt, als da einstürzten die Türme in New York? Erschüttert, weil da zusammenbrach auch ein Traum – der Traum vom ewigen Wachstum? Das Streben nach Mehr und immer Mehr als Übel schlechthin? Denn müsste der Mensch sich nicht bescheiden: sich beschneiden angesichts einer begrenzten Welt, begrenzter Ressourcen? Und besch(n)eidet, begrenzt der Mensch sich, hat er gelernt aus vergangener Katastrophe, ward ihm zur Par*abel* der Turmbau zu B*abel*? Predigt nicht im Gegenteil der Zeitgeist "Wachstum", Wachstum um jeden Preis? Wovon denn kündet heute der höchste Turm auf Erden, der derzeit steht in der arabischen Welt: von Besch(n)eidung? Als einstürzten die Mauern im alten Babel, stoben entsetzt auseinander die Menschen, sie verstanden die Welt nicht mehr, verstanden einander nicht mehr. Und, ist sie heute überwunden, die babylonische Sprachverwirrung? Überwunden, durch welche universelle (Computer)Sprache: die der Buchstaben, der Zahlen: der Mathematik oder die der Herzen; welche Sprache webt weltweite Netzwerke, welche ist verständlich allen Menschen? Hört der Mensch etwa allein mit dem Ohr? Und auf wen *hört* der Mensch, wem ge*hört* er an – wer ist sein Führer?

Das zweite Buch Mose (Exodus) erzählt von den alten Führern, den Patriarchen. Abraham ist der Erste, der Gott nicht länger allein als Einzelwesen gegenübersteht, sondern auch als Führer eines Stammes. Das Einzelwesen Mensch wird über Familie und Stamm hinausgeführt zum Volk – und wächst über sich hinaus: der Mensch wird Teil eines höheren Gebildes, einer höheren Lebensform? Geleitet erst der Stamm, das Volk den Menschen hin zu seiner wahren, seiner höheren Bestimmung? Um 1800 führt Abraham (= Ibrahim = Vater Vieler) seinen Stamm nach Kanaan. Ist er der einzige Stammesführer, der sich aufmacht in jener Zeit, brechen nicht Viele auf? Eine Massenbewegung, eine Völkerwanderung (die erste?), ausgelöst durch jene furchtbare Naturkatastrophe (Vulkanausbruch?), die zu Fall brachte das Alte Reich der Ägypter? In bewegter Zeit steht Abraham seinem Stamm vor, seinem Stamm und seiner Familie, und auch hier steht er am Scheideweg. Hochbetagt schon soll sich für ihn erfüllen sein lang ersehnter Wunsch: Abraham wird endlich Vater eines männlichen Nachkommen und sieht sogleich entgegen der schwersten Prüfung seines Lebens: Opfern soll er seinen Erstgeborenen. Den Sohn, den ihm gebar Sarah, sein alt angetrautes Eheweib, wie es in der christlichen Überlieferung heißt; oder opfern den Sohn, den ihm gebar die junge Magd Hagar, wie es in der islamischen Überlieferung heißt? Isaak oder Ismael? Der eine dargebracht als Opfer(-Lamm) auf einem *Felsen* – ein "Erstlingsopfer", das erlassen ward dem Abraham, weil dessen Treue zu Gott keines Opfers mehr bedurfte? Der andere (als Sündenbock) in die Wüste geschickt, weil Abrahams Treue zu seinem angetrauten Weib solches verlangte? Ist Liebe Opfer, ist Liebe nicht (Hin)Gabe? Indes, Isaak überlebt, lebt fort in seinen Nachfahren, wie auch Ismael überlebt und fortlebt in seinen Nachfahren und also auch überlebt der alte Konflikt: die alte Eifersucht, die zum Brudermord schon verleitete den Kain? Kämpfen die Nachkommen Isaaks und die Nachkommen Ismaels nicht bis heute wider einander? Mag sich die heutige Welt auch kaum mehr bewusst sein solcher Nachkommenschaft, mag sie sich auch gegeben haben einen säkularen Anstrich, einen aufgeklärten Schein, ist darum schon geheilt der alte Riss, ist die Welt nicht weiter zerrissen: geteilt in Juden, Christen, Muslime? Streiten sie nicht bis heute, streiten wie ehedem: just an jenem Ort, der so imposant markiert die Stelle, da Abraham opfern wollte seinen Sohn: streiten am oder um den *Felsen*dom: streiten um die rechte Nachfolge? Zahlreich wie die Sterne am Himmel, so die Verheißung, sollten Abrahams Nachkommen sein. Stehen viele Völker in der Nachfolge oder allein die Hebräer: das Volk, das sich benannte nach Abrahams letzter Ruhestätte: Hebron? Rang nicht Abraham ab dem HERRN das Versprechen, zu verschonen *alle Gerechten* – alle, die im Bunde seien mit Gott (1. Mose 18,23-33)? Und gab Gott ihnen nicht als Zeichen dieses Bundes die *Beschneidung* (1. Mose 17,1-27)? Auf die Ruchlosen aber und die Frevler ließ der HERR Schwefel regnen und Feuer und vernichtete die lasterhaften Stätten Sodom und Gomorrha (1. Mose 19,24-26).

In welcher Nachfolge stehen sie: im Zeichen der Beschneidung, der Zucht oder im Zeichen der Unzucht, der Wucherung, des unkontrollierten Wachstums? Sind sie solche, die opfern selbst das eigene Kind (zu Abrahams Zeit zählten selbst Menschen-Opfer zum üblichen Ritus), opfern die eigene Zukunft – opfern welcher Gottheit: dem lebendigen Gott oder dem toten Götzen: dem Moloch, dem Goldenen Kalb? Der Konflikt um die legitime Nachfolge, er eskaliert abermals mit Isaaks Söhnen: Esau und Jakob. Esau verkauft sein Erstgeburtsrecht für das sprichwörtlich gewordene *Linsengericht* dem jüngeren Bruder Jakob, der zum *Streiter Gottes* (= *Israel*) werden und sich zu guter Letzt wieder versöhnen sollte mit seinem Bruder. 12 Söhne hat Jakob/Israel: die Stämme Israels. Einer von ihnen, Josef mit Namen, wird – aus Eifersucht – von seinen Brüdern verkauft als Sklave und steigt in Ägypten auf zur rechten Hand des Pharaos (vermutlich Echnaton, 1379-1362). Den prophetischen Fähigkeiten Josefs ist es zu verdanken, dass Ägypten verschont bleibt von einer schweren Hungersnot. Denn Josef lässt in weiser Voraussicht Vorratskammern anlegen in den sieben fetten Jahren für die sieben mageren Jahre. Die vollen Vorratskammern locken an die hungernden Massen, so ziehen auch Josefs Brüder nach Ägypten; und es kommt zum Wiedersehen – und zur Versöhnung.

Die Nachkommen Jakobs, die Israeliten, sollten indes nicht nur das Korn der Ägypter zu schmecken bekommen, sondern auch deren Knute. Aus der Versklavung befreien werden sie sich erst zur Zeit des Ramses II. (1304-1237) unter Führerschaft des Mose (altägyptisch für Sohn), der als Kind entkommt auf wundersame Weise dem grausigen Befehl des Pharaos, umzubringen alle jüdischen Kinder. Ein Befehl, ergangen aufgrund unheilvoller Prophezeiung, die sich schon bald bewahrheiten sollte: Gott ist mit dem jüdischen Kind, ist mit Mose, ist mit dem Volk der Israeliten. Die Ägypter aber straft der HERR und schickt eine Plage nach der anderen über das Land, bis der Pharao schließlich ziehen lässt Mose und sein Volk. Am Sinai schließt Gott den ewigen Bund mit seinem Volk, be(ur)kundet auf zwei steinernen Tafeln: *Und die Schrift auf den Tafeln war Gottes Schrift* (2. Mose 32,16). Und halten sie den Bund, fühlen gebunden sie sich an das göttliche Gesetz? Mose selbst wird die steinernen Tafeln zerbrechen – aus Zorn über den Abfall seines Volkes, das abergläubisch tanzt ums *Goldene Kalb*. Wie aber sollte zerbrechen das göttliche Gesetz auf ewig? Der Bund wird erneuert und besiegelt durch zehn Gebote. Die erste Rechtsvorschrift, die erste Verfassung der Menschheit, geschrieben auf steinernen Tafeln und bewahrt in der Bundeslade, auf dass sie folgen dem ewigen Gesetz und sie leite nichts anderes denn Gerechtigkeit? Moses selbst ist nicht vergönnt, sein Volk zu führen ins Gelobte Land. Sein Nachfolger wird Josua. Erfüllt sich unter ihm die Prophezeiung, wird das von Gott erwählte Volk tatsächlich herrschen über das Gelobte Land?

Erster König Israels ist Saul (1. Samuel); ihm folgt um das Jahr 1000 David, der Hirtenjunge: der "kleine Mann" aus dem Volk, der siegt über den Riesen der Philister: siegt über Goliath (2. Samuel). Erwählt zum König ist nicht, wer groß ist in den Augen der Welt, sondern wer groß ist vor Gott. Davids Sohn Salomo, gerühmt seiner Weisheit wegen, baut dem Gott Israels eine feste Stätte – einen Tempel, in dem aufbewahrt wird das Allerheiligste: die Bundeslade mit den Zehn Geboten (1. Könige). Doch Salomos Reich ist nicht von Dauer, 931 zerfällt es in das Nordreich *Israel* und das Südreich *Juda*. 722 wird das Nordreich zerstört von den Assyrern, 586 geht auch das Südreich Juda unter (2. Könige): Jerusalem wird erobert, der Tempel zerstört. Die Juden geraten erneut unter Knechtschaft. Die babylonische Gefangenschaft (586-538), die unter Nebukadnezar beginnt, soll erst enden mit dem Aufstieg Persiens zum Weltreich; mit dem Edikt des neuen Herrschers Kyrus (Esra 1,1-4), der dem jüdischen Volk erlaubt, zurückzukehren ins Gelobte Land. Und, sind sie heimgekehrt, haben sie zurückgefunden, wiedergefunden auch ihr heiliges Gesetz; ist die Bundeslade mit den steinernen Tafeln nicht verschollen bis auf den heutigen Tag? Sind sie darum weniger gebunden? Was nutzt es ihnen, zu halten das Gesetz in Händen, so sie es nicht in sich tragen, wie wollen sie es da halten?

Das jüdische Volk erlebt die Gottheit als eine unmittelbar in der Geschichte wirkende Macht, eine Macht, die sich Mose offenbarte, dem Führer der Israeliten, eine Macht, die auszeichnete, kennzeichnete das erwählte Volk. Die mächtige Hand Gottes, die führte aus ägyptischer, aus babylonischer Gefangenschaft, die mächtige Hand, die gab und nahm, die belohnte und bestrafte, der niemand entkam. Wer frevelte wider den HERRN, den traf der gerechte Zorn Gottes. Wie untergingen Sodom und Gomorrha, so traf es auch das sündige Babel (689), so traf es auch das lasterhafte Ninive (613). Vernichtete wirklich Gottes starke Hand die Frevler, war es nicht ihr Laster, ihre Sünde, ihre Gier, die sie trieb in den Abgrund? *Die Torheit verdirbt dem Menschen den Weg und dann grollt sein Herz gegen den* HERRN (Sprüche 19,3). Warum Gott zürnen, warum fragen nach der Gerechtigkeit des Höchsten, statt zu beklagen die Niedrigkeit der eigenen Gerechtigkeit? Wer wollte empor sich schwingen, wer wachsen zu innerer Größe, der nicht ablässt von seinen Begierden? Die Sünde, ist sie am Ende gar das *Tor zu Gott* (= *Babel*): vernichtet sie sich zu guter Letzt (auf ihrer höchsten Stufe) nicht selbst? Wie viele Metropolen, Weltstädte gingen schon unter, wie viele Imperien, Weltreiche zerfielen schon zu Staub? *Einer baut auf, einer reißt nieder – was haben sie mehr davon als die Mühe* (Jesus Sirach 34,28)? Das Reich der Ägypter: das Land der gottgleichen Pharaonen, es ging unter, wie auch zerfielen die Großreiche Mesopotamiens. Und auch das persische Reich sollte nicht von Dauer sein; sein Untergang ist besiegelt mit den Siegen Alexander des Großen 333 und 331. Der kulturelle Einfluss der altorientalischen Großreiche schwindet zu Gunsten des Hellenismus: der griechischen Kultur, der griechischen Sprache, die nun prägend werden sollte in der Welt. Schöngeisterei, Vielgötterei und Körperkult halten Einzug – Verehrung der Nacktheit, Schönheit, Jugend!

Wie fremd, wie fern ist diese neue Kultur dem jüdischen Volk, das verstreut lebt in der Diaspora, das geprägt ist von Unterdrückung, Fremdherrschaft und der Hoffnung auf Freiheit? Kann das Volk Gottes folgen dem flüchtigen Zeitgeist, wird es sie nicht immer heim ziehen ins ewige Reich: ins *Gelobte Land*? Werden sie sich am Ende befreien können von aller Fremdherrschaft, wie sie sich schon befreiten aus ägyptischer, aus babylonischer Gefangenschaft? Der letzte große Aufstand der Juden (167-137 v.u.Z, dokumentiert in den Büchern der Makkabäer) richtete sich zunächst gegen die griechische Fremdherrschaft, später gegen die Seleukidenherrschaft. Eine Befreiung, bis heute gefeiert und geehrt als jüdisches Chanukka-Fest, eine Befreiung von Dauer?

Gerieten sie nicht erneut in Abhängigkeit und unter Fremdeinfluss – nach außen wie nach innen? Machten nicht zunehmend religiös-politische Gruppierungen ihren Einfluss geltend – wie die Pharisäer und die Sadduzäer? Einflüsse, Strömungen, die wie lebendig hielten die alten Überlieferungen in einer gewandelten Zeit? Denn war nicht zur Stunde erloschen die alte orientalische Welt und erwacht eine neue Ära: sollte nicht zukünftig Rom angeben den Ton? Rom, die Metropole des Abendlandes, gegründet (753 v.u.Z.) – der Sage nach – auf Mord: Romulus erschlägt im Streit seinen Bruder Remus – das Pendant zum biblischen Brudermord? Der Sage nach war Rom(ulus) von der Wölfin gesäugt: nicht genährt mit himmlischem Manna, wie das jüdische Volk. Sind die neuen Herrscher wie Säuglinge, gieren und schreien sie nach (mehr) Milch; während das erwählte Volk Gottes längst entwöhnt ist und verträgt die feste Speise, die ihm gibt der HERR?

Was hält zusammen das jüdische Volk: ein Volk ohne eigenes Land, ein Volk, das zerstreut lebt über die Kontinente der damals bekannten Welt? War es nicht ihre gemeinsame Geschichte, die sie band, verband: die alten Überlieferungen – die Schrift? Eine Schrift, verfasst in einer Sprache indes, die vielen Juden längst nicht mehr geläufig, sondern fremd und unverständlich war. Um 250 v.u.Z. schon begann man damit, die alt-hebräischen Schriftrollen ins Griechische zu übersetzen, die sogenannte "Septuaginta" entstand. An ihr sollen – um möglichst breite Übereinstimmung, Authentizität zu gewährleisten – 6 x 12 Übersetzer mitgewirkt haben. Für ein Volk, das seine Identität, seine Kraft, unmittelbar aus seinem Glauben selbst generiert: den Glauben an den einen, in der Geschichte wirkenden und erfahrbaren Gott, kommt der Frage nach der Stimmigkeit der Übersetzung des Gotteswortes essentielle Bedeutung zu. Was ist wahres Wort des HERRN, was entstammt menschlichem Geist, ist fremdes Wort, menschliche Erfindung?

Welche der Überlieferungen ist originär: welche geht auf Menschen zurück, denen Gott sich tatsächlich offenbarte? Welche sollen in den Kanon aufgenommen: zum Maßstab werden jüdischer Glaubenslehre? Absolute Autorität genossen allein die Propheten und die Thora, der Pentateuch: die fünf Bücher Mose. An ihnen war nicht zu zweifeln; sie wurden nicht in Frage gestellt. Gefragt wurde aber danach, ob die Thora, ob das Gesetz, ob die Propheten in der richtigen Art und Weise interpretiert und verstanden wurden. In Zeiten der Fremdherrschaft, der Konfrontation der strikt monotheistisch ausgerichteten Religion des Judentums mit dem Polytheismus der Antike, gewann die Reinhaltung der eigenen Lehre, die Interpretation immer größere Bedeutung, war sie doch aufs Engste verknüpft mit dem Zusammenhalt, ja, mit dem Fortbestand des jüdischen Volkes selbst. Das Judentum mochte reich sein an Geschichte, reich an alten Geschichten, wie lebendig aber waren diese alten Überlieferungen dem Volk, war der alte Glaube noch Fleisch oder war er verknöchert, erstarrt im religiösen Ritual? Wie nah war ihnen das göttliche Gesetz: erfüllten sie es getreulich nach seinen Buchstaben oder waren erfüllt sie von seinem heilen Geist? War ihnen noch lebendig ihre eigene Geschichte oder war sie wie tot: Geschichte nur einer untergegangenen Welt? Sollte sie nicht fortgeschrieben werden in der neuen Welt; ist ER nicht gekommen, fortzuschreiben das Wort im Buch der Bücher?

Die größte Geschichte aller Zeiten, ER ruft sie ins Leben, aber ER schreibt sie nicht auf. Seine Anhänger schreiben sie nieder: Berichterstatter sind sie, nicht Urheber! Wie viele sich tatsächlich daran machten, sein Wort zu verfassen, es festzuhalten auf Papier, auf Papyrus, ist nicht bekannt. Als authentischste, als glaubwürdigste Zeugnisse seines Wortes, seines Werkes gelten die vier Evangelien des Neuen Testaments. Ihrer zeitlichen Nähe wegen wurden sie als kanonisch: für den Glauben verbindlich, anerkannt. Alle entstanden im ersten Jahrhundert, alle berufen sich auf unmittelbare Zeugenschaft. Augenzeugen, Zeitzeugen, die erschüttert und tief bewegt, im Innersten berührt waren von Geschehnisse, die schier unglaublich schienen, von Geschehnisse, die in ein neues, ein erhellendes Licht rückten die alten Überlieferungen. Wer die Evangelien heute liest und miteinander vergleicht, mag Unterschiede entdecken, sind diese Unterschiede nicht aber geschuldet der je eigenen Erzählperspektive, dem individuellen Blickwinkel? Fällt nicht mehr als jeder Unterschied ins Gewicht die frappierende Übereinstimmung? Zeigt nicht erst die Zusammenschau (= Synopse) aller **vier** Evangelien: die Zusammenschau der drei sogenannten synoptischen Evangelien nach Matthäus, Markus und Lukas mit dem Evangelium nach Johannes, die ungeheure Strahlkraft: das erhellende Licht, die Kraft des Neuen, die sich da generiert aus dem Alten?

Als ältestes Evangelium gilt – alter kirchlicher Überlieferung nach – das Matthäus-Evangelium, das bis heute vorangestellt ist den anderen dreien. Vorangestellt, eben weil es das erste Evangelium war: das am meisten gelesene und mithin auch bedeutendste – zumindest der alten Kirche, der Urgemeinde? Wie sollte es nicht auch Leitfaden sein den Jüngsten, den Heutigen? Das "Original", verfasst in hebräischer Sprache, ist nicht mehr erhalten; das der Welt überlieferte Matthäus-Evangelium wurde, wie die übrigen Evangelien, verfasst in griechischer Sprache und später übersetzt ins Lateinische. Authentisch übersetzt: in alle Sprachen späterer Zeiten – buchstabengetreu? Wer erfassen will die Botschaft, darf der sich klammern an einzelne Buchstaben, muss der nicht fragen nach dem Geist, der ihnen innewohnt? Und atmen die Evangelien nicht alle den nämlichen Geist (grch. pneuma): den ewigen Geist, der wirkte in den Alten und ebenso wirkt in den Jungen? Bestätigen sich die drei synoptischen Evangelien nicht wechselseitig und geben Zeugnis ab füreinander, dass erfüllt sie sind vom ewigen, vom heilen Geist? Zwei Zeugen jeweils für einen – kann eine Botschaft glaubwürdiger noch sein? Und der Vierte im Bunde der Evangelisten: Johannes, bestätigt oder widerspricht er? Weicht das Johannes-Evangelium ab von den synoptischen Evangelien, eröffnet es nicht vielmehr einen neuen Zugang, eine andere Perspektive: die der Ewigkeit im Hier und Jetzt? Vor Gott ist nichts vergangen; sein Wort ist Atem, ist lebendig haltender Lebenshauch – gestern so wahr wie heute und so heilsam an diesem wie an jenem Ort. Ist das Johannes-Evangelium nicht Bestätigung, dass verkündet wird das Wort Gottes selbst, das Wort, das erhaben ist über Raum und Zeit?

Menschenwort oder Gotteswort, ewiger Geist oder flüchtiger Zeitgeist? Wes Geistes Kind sind sie, wie nah, wie fern waren sie dem ewigen Geist, da ER in ihr Leben trat? Wie nah, wie fern standen die Juden dem Wort Gottes in jener Zeit – einer Zeit, geprägt von römischer Herrschaft, römischer Kultur, geprägt vom Polytheismus. Götzenanbetung im Heiligen Land! Götter, geformt von Menschenhand, geformt nach dem Bilde des Menschen! Die Heiden aber knien nieder davor, beten an die eigene Unvollkommenheit, statt sich zu vervollkommnen nach dem Bilde des Höchsten – für die Juden ein ungeheurer Frevel. Den Römern dagegen wird der strenge Monotheismus der Juden kaum ein Grund zur Aufregung gewesen sein; die jüdische Religion mag ihnen seltsam, fremd, unverständlich, gar unsinnig erschienen sein: ein Gott für alles, ein Gott allein für die Juden? Aber warum nicht, ein Gott mehr oder weniger, kam es darauf an? Hauptsache dieser Gott kam ihnen nicht in die Quere, war doch den römischen Machthabern daran gelegen, ihren Herrschaftsanspruch möglichst effektiv, mit geringem zeitlichen und finanziellen Aufwand durchzusetzen und ebenso effektiv die Steuern einzutreiben. Wer einen reibungslosen Ablauf gewährleisten, Aufstände und Unruhen vermeiden wollte, der war gehalten, mit jenen zusammenzuarbeiten, auf die hörte das jüdische Volk: zusammenzuarbeiten also mit der Elite, den geistlichen Führern. Kollaborierte die jüdische Elite, um dem Judentum den Status "erlaubte Religion" zu erhalten oder um die eigene Machtposition zu sichern? Und wie wurde solche Zusammenarbeit wahrgenommen vom jüdischen Volk?

Zwei Welten, zwei Kulturen, wie sie unterschiedlicher nicht hätten sein können – verschieden auch im zeitlichen Bezug. Während die einen sich orientieren am Neuen, halten die anderen fest am Alten – leben Römer und Juden in jeweils anderen Welten, anderen Zeiten? Jedenfalls berechnen sie ihre Zeit nach eigenem Maß: der Kalender der Juden, orientiert am Mondjahr, ist weit weniger präzise als der (unter Caesar eingeführte) julianische Kalender der Römer. Leben die Juden darum hinter dem Mond: sind sie weniger berechnend, gilt ihr Lebensstil als antiquiert? Der modernen Zeit, dem neuen Rom gilt vieles als überholt – auch die Demokratie. Hatte sich die doch, wie schon im alten Griechenland, als untauglich erwiesen, zu Vetternwirtschaft, zu Misswirtschaft geführt und Rom an den Rand des Ruins gebracht. Überholt mithin das alte System der Herrschaft (des Senats)? Octavian, Caesars (Adoptiv-)Sohn, sollte vollenden, wofür die Weichen gestellt hatte schon sein (Adoptiv-)Vater: die Alleinherrschaft. Als Augustus (= der Erhabene) zeigt der Sohn, wie unumschränkt sein Herrschaftsanspruch ist: Caesar, der Vater, wird posthum zum Gott erhoben, Augustus darf sich fortan nennen: " Sohn Gottes". In den Augen der Juden ein abscheulicher Frevel!

Die Juden (er)kannten nur einen Herrscher als den ihren: Gott. Als Teil des von Gott erwählten Volkes war jeder Einzelne gehalten, sich zu bewähren in der Welt, sich als würdig zu erweisen, zu prüfen jeden seiner Schritte und nicht blind zu folgen jedem Wort: kritische Skepsis auch gegenüber den eigenen Führern? Wem war zu trauen, wem mochten sie Folge leisten? Gab es die eine Lehre, war das Judentum nicht erfasst von unterschiedlichen Strömungen: gemäßigten und radikaleren, und setzten sich nicht zur Stunde durch die Strenggläubigen, die Fundamentalisten: die Pharisäer und die Sadduzäer? Der Ruf nach der Strenge des Gesetzes wurde laut – wie er immer laut wird, wo Angst, Schrecken und Unsicherheit herrschen? Wem nun folgt das Volk; wie ist seine Erwartungshaltung? Von drückender Fremdherrschaft befreit zu werden, dieser innige Wunsch erfüllt sie wohl alle, eint er sie aber auch? Groß ist die Kluft zwischen Alten und Jungen, Mächtigen und Ohnmächtigen, Reichen und Armen und ebenso groß die Hoffnung auf Erlösung. Eine Erwartungshaltung, eine Sehnsucht, die sich verbindet mit der Hoffnung auf Wiederkehr: der Hoffnung auf einen neuen Messias (= Gesalbten) – einen zweiten David. Den endgültigen Erlöser, der vollendet alle Verheißung und wahr werden lässt die alte, an das auserwählte Volk ergangene Prophezeiung, der eint, was zerstört ist: der wieder aufrichtet das alte Reich. Mehr als ein Jahrtausend ist vergangen seit David: ist die Zeit nicht längst reif, überreif, da endlich sich erfüllen soll der Wille des HERRN? Und ist ER es, ist ER der Messias, erkennen sie ihn (an) als ihren Herrscher oder verkennen sie sein Wort, wird es gar zum Unwort ihnen?

Gotteswort oder Menschenwort, streiten sie um das wahre Wort, ist es dieser Streit, der ihn ans Kreuz bringt? Hochverrat? Wer denn verrät das Wort des Höchsten, wenn nicht jener, der es binden, es festnageln will? So es aber gegeißelt ist das Wort und wie tot, muss es da nicht auferstehen zu neuem Leben; und ist ER nicht auferstanden, ward das Wort nicht hinausgetragen in die

Welt? Im neuen Testament selbst, in der Apostelgeschichte wie auch in den Briefen der Apostel, sind diese ersten Anfänge dokumentiert. Die Anfänge einer erstaunlichen Entwicklung: von einer kleinen jüdischen Bewegung hin zur größten Massenbewegung aller Zeiten; von einer im römischen Reich noch verfolgten Minderheit hin zur tragenden Säule des Heiligen Römischen Reiches, hin zur prägenden Kraft des christlichen Abendlandes. Was für ein Sieg, was für eine Auferstehung! Der gekreuzigte "König der Juden" wird zum Herrscher des Abendlandes, zum Begründer einer neuen Zeit, einer neuen Zeitrechnung. ER markiert die (Zeiten)Wende, führt ER auch zur Wende, zum Wandel, wird ER zum Maßstab der Welt? Das erste Jahrtausend feierte ihn als den Weltenherrscher, feierte das auferstandene Wort; blieb ER aber lebendig ihnen, lebendig auch im zweiten Jahrtausend, da nicht mehr seine Auferstehung stand im Fokus der Lehre, sondern sein Kreuz, sein Leiden? Frohe Botschaft oder Leidensreligion?

Je weiter sich die Zeit entfernte vom Ursprung, umso weniger wichtig schien noch sein originäres Wort, erörtert wurde nicht länger, was ER gesagt hatte zu dieser oder jener Frage, sondern, was dieser oder jener Gelehrte dazu meinte – ein Wettstreit der Lehren. Die viel beschworene Einheit der einen allgemein gültigen Lehre, der universellen Kirche, die bestand von Anbeginn, hat es so nie gegeben. Wie die Alten, wie das Judentum zerstritten war: in sich gespalten, so auch die Neuen, so auch das Christentum. Schon die Apostel selbst warnten vor Spaltung, vor Irrlehren, vor falschen Predigern. Gotteswort oder Menschenwort? Die neue Lehre stand nicht nur in Konkurrenz zum alten Judentum, sie stand auch unter dem Einfluss römischer Vielgötterei und konkurrierte zudem mit einer Vielzahl anderer Strömungen. Der Gnosis etwa, die um Erkenntnis rang der göttlichen Geheimnisse und zu überwinden suchte die unvollkommene diesseitigen Welt; oder der arianischen Lehre, die verkündete: Gott Vater und Sohn seien nicht wesenseins, sondern "nur" wesensverwandt. Das Ringen um das wahre Wort erhitzte die Gemüter. Jede Lehre trat mit dem Anspruch auf, zu verkünden das einzig wahre Wort und bezichtigte die jeweils andere der Häresie: der Gotteslästerung.

Die christliche Lehre mochte verdrängen den Polytheismus, einen konnte der Glaube an den einen Gott sie nicht. Statt Einheit und Eintracht, Zwietracht, Zerrissenheit, Schisma: Spaltung von West- und Ostkirche, von römisch-katholischer und griechisch-orthodoxer Kirche. Uneinigkeit auch in den je eigenen Reihen. Kein vereinendes, sondern ein gespaltenes Wort, was den Nährboden bereiten sollte einer weiteren monotheistische Religion: dem Islam. Drei Bruderreligionen – "Kinder Abrahams" allesamt: Angehörige des einen Gottes und doch sind sie uneins und streiten wider einander, wie schon stritten die Brüder im Anfang? Streiten aus Eifersucht, statt für den HERRN zu streiten wider die Gottlosen. Kann denn rechtgläubig sein, wer verfolgt seinen Bruder? Und verfolgten sie nicht ihren Bruder, klagten sie ihn nicht an als Ketzer, als Ungläubigen, Gottesmörder, Brunnenvergifter, riefen sie nicht auf zum Kreuzzug ins Heilige Land? Zwangstaufen, Zwangsmissionierungen, Inquisition und Hexenwahn, Auswüchse einer Zeit, einer Lehre, die im Licht war – ist? Wer ist mehr in Finsternis, wer missbraucht mehr das Wort denn jener, der schändet die Unschuld selbst, und ist etwa niemand in ihren Reihen, der schändet unschuldige Kinder? Schandtaten, begangen im Namen des HERRN – wer könnte verwerflicher handeln, wer gottloser sein? Geist oder Ungeist – wovon sind erfüllt die Verkünder des lebendigen Wortes; wem dienen sie, wem dienten sie? Wer lehrte was, in wessen Auftrag und in welcher Absicht? Wer bewahrte das Wort für jene, die da kommen? Wer behielt für sich die göttliche Wahrheit, auf dass die Welt höre sein eigen Wort? Blieb lebendig, blieb Fleisch das Wort oder verknöcherte die frohe Botschaft, erstarb sie am Kreuz? So ER geschlagen war ein zweites Mal ans Kreuz, musste da nicht laut werden der Ruf nach Erneuerung, Auferstehung, Reformation?

Die reformatorische Bewegung mochte die alte Lehre neu beleben, mochte erneuern, was verknöchert war, einen aber konnte auch sie nicht die (alte) Glaubenswelt, war sie doch selbst uneins: gespalten in Lutheraner, asketische Protestanten, Calvinisten, Pietisten. Der Streit um den wahren Glauben mündete in einen blutigen Glaubenskrieg, der besiegelte den endgültigen Bruch. Die angestrebte Glaubenseinheit ging unwiderruflich verloren, schwand damit auch die tragende Kraft des alten Heiligen Römischen Reiches? Schwand insgesamt die Kraft des Glaubens zu Gunsten der Ideologien: vom Heiligen Reich hin zum Nationalstaat, von der Liebe zum Vater hin zur Vaterlandsliebe? Mit der Reformation entstand eine neue Welt, ein neuer Kontinent wurde entdeckt: Amerika. Eine neue Macht erwachte, eine Macht, die so prägend sein sollte für die Zukunft, wie es die römische gewesen war in der alten Welt. Eine Macht, die ihr Sendungsbewusstsein speiste aus der Reformation: der Kraft des wieder geborenen Wortes und dem Glauben an die Freiheit des Christenmenschen – gespeist vom himmlischen Manna oder gesäugt von der Wölfin? Erkennt nicht ein jeder den Baum an seiner Frucht? Welche Früchte nun trug das christliche Abendland, trug die neue Welt: Früchte, die nährten? Was war der Enderfolg all ihres Strebens, ihres Wachsens? Erwuchs das Christentum nicht aus dem Judentum, und doch wollten sie vernichten den alten Stamm im Zeichen des Hakenkreuzes – wollten ausrotten die eigene Wurzel? Der biblische Brudermord, millionenfach begangen: Kain tötet seinen Bruder Abel.

Wer trug davon den Endsieg, wer führte ins Heil, wer war Wegweiser ihnen – leitete das lebendige Wort oder verleitete der Schlange Falschheit? Wer wissen will, wohin die Reise geht, muss der nicht fragen, woher er kommt? Wer seine Antwort schon gefunden hat, mag keine Fragen mehr stellen, der Suchende aber, wie anders wollte der sich orientieren, denn fragend, rückblickend, wie anders sich annähern der ewigen Wahrheit, denn tastend? Der Menschen Wort mag sich wandeln, vergehen mit der Zeit, wie auch der Leib sich wandelt und vergeht, wie aber wollte wandeln sich und vergehen, was ist ewiglich? So ER ist ewiges Wort im Anfang, so ist ER auch im Ende, wenn überwunden ist alle Finsternis, wenn heraufzieht ein neuer Morgen, ein neuer Tag: der gebiert die neue Art? Denn soll der Mensch nicht geformt sein hin zum Bilde des Höchsten? Und hat er sich emporgeschwungen zu dieser lichten Höhe; entpuppte sich der Mensch nicht im Gegenteil zu allen Zeiten in alter Unart? Neuerungen mag es gegeben haben: Missionierung, Eroberung, Reformation, Revolution – Bewegung nach außen: Umbau der Kulisse, Austausch der Requisiten, aber auch Bewegung nach innen: innere Mission? Wandelte sich der Erdenwurm hin zum Himmelsschmetterling? Trug die Menschheit Frucht, mehrte sie die Schätze der Welt oder leerte sie die Vorratskammern? Eine reichere Welt – reicher für wen und reicher um was? Fortschritt, Fortentwicklung oder Rückfall in frühere Entwicklungsstufen? Hat der Mensch überwunden alle Finsternis und gelernt aus der Vergangenheit: sich befreit aus den Klauen der alten Macht, der schlangenhaften Verführung? Oder versteigt sich die Menschheit auch zur Stunde und will hoch und höher hinaus – wie schon im alten Babel? Türmen sie nicht auf Schuld wie Schulden auf immer neue Rekordhöhen, beten sie nicht an die alten Götzen und knien nieder vor dem alten Mammon, dem Goldenen Kalb? Wird es am Ende also heißen "Apokalypse now"? Untergang oder Auferstehung zu neuem Leben? Menschliche Tragödie oder "Göttliche Komödie"? So der Vorhang fällt und sich enthüllt zu guter Letzt die volle Wahrheit und erloschen ist der Bühne Glanz, wer mag da applaudieren?

Es war geeint mit ihrem Schöpfer
jene Natur, wie sie geschaffen wurde, rein und gut.
Sie selber hat sich aus dem Paradiese vertrieben,
weil sie sich vom Weg der Wahrheit
und ihrem eigenen Leben hat abgewendet.
(Dante)

ES BEGAB SICH ABER ...

Nicht jede zweifelsfrei wahre Geschichte
muss erfunden sein.
(unbekannter Verfasser)

Prolog

Im Anfang war das Wort, und das Wort war bei Gott, und Gott war das Wort. Dasselbe war im Anfang bei Gott. Alle Dinge sind durch dasselbe gemacht, und ohne dasselbe ist nichts gemacht, was gemacht ist. In ihm war das Leben, und das Leben war der Menschen Licht. Und das Licht scheint in der Finsternis, und die Finsternis hat's nicht ergriffen.

Ein Gesandter Gottes, Johannes, der Täufer genannt, kam, Zeugnis zu geben von dem Licht, auf dass sie alle glaubten durch ihn. Er selbst war nicht das Licht, aber er sollte zeugen von dem Licht, dem wahrhaftigen Licht, welches erleuchtet alle Menschen, die in diese Welt kommen.

ER *war in der Welt, und die Welt ist durch ihn gemacht; aber die Welt erkannte ihn nicht.* ER *kam in sein Eigentum; und die Seinen nahmen ihn nicht auf. Denen aber, die ihn aufnahmen, gab* ER *die Macht, Gottes Kinder zu werden, die an seinen Namen glauben, die weder von dem Geblüt noch von dem Willen des Fleisches oder dem Willen des Mannes, sondern allein von Gott geboren sind.*

Und das Wort ward Fleisch und wohnte unter uns, und wir sahen seine Herrlichkeit, die Herrlichkeit des eingeborenen Sohnes vom Vater, voll der Gnade und Wahrhaftigkeit. Johannes zeugt von ihm, ruft und spricht: Dieser war es, von dem ich gesagt habe: Nach mir wird kommen, der vor mir gewesen ist; denn ER *war eher als ich. Und von seiner Fülle haben wir alle genommen Gnade um Gnade. Denn das Gesetz ist durch Mose gegeben; die Gnade und Wahrheit ist durch Jesus Christus geworden. Niemand hat Gott je gesehen; der eingeborene Sohn, der ist in des Vaters Schoß, der hat ihn uns verkündigt* (Johannes 1,1-18).

Im Anfang war das **Wort**, heißt es im Prolog des Johannes-Evangeliums. *Und Gott war das Wort:* steht das nicht ebenso geschrieben im Alten Testament (Genesis)?

Am Anfang schuf Gott Himmel und Erde. Und die Erde war wüst und leer, und Finsternis lag über der Urflut und der Geist Gottes schwebte über dem Wasser. Und Gott **sprach**: *Es werde Licht. Und es ward Licht. Und Gott sah, dass das Licht gut war. Da schied Gott das Licht von der Finsternis und nannte das Licht Tag und die Finsternis Nacht. Da ward aus Abend und Morgen der erste Tag* (1. Mose 1,1-5).

Der Geist Gottes ist Wort: *logos* – Weisheit, schöpferische Kraft, Leben spendendes Licht. *Und das Wort ward Fleisch*, heißt es weiter im Prolog des Johannes, und wir sahen *die Herrlichkeit des eingeborenen Sohnes vom Vater.*

Des Schöpfers "eingeborener Sohn": Ureinwohner des Paradieses, Einheimischer der Schöpfung selbst, gleich Adam? Geschaffen nach dem Bilde, das Gott sich machte vom Menschen (1. Mose 1,27). Aber Adam fällt ab von seinem Schöpfer. Dem Leibe nach mag er geraten sein nach dem Bilde seines Schöpfers, dem Geiste nach aber fällt er aus des Paradieses Rahmen (1. Mose 3,1-24). Der Prolog des Johannes kündet vom Nachfahren Adams, von eben jenem Menschensohn, der entspricht dem Bilde Gottes, dem eingeboren ist der Geist des Vaters. Der "eingeborene Sohn", der entwachsen ist aller Sünde, allem Laster, der erwachsen geworden ist: reif für die Rückkehr zum Garten Eden – wie es Wille war des Vaters von Anbeginn. Darum sagt Johannes, der Täufer: *Nach mir wird kommen, der vor mir gewesen ist, denn* ER *war eher als ich.* ER war vor aller Zeit, denn es war Wille des Vaters, dass ER sei *im Anfang.* Und Gottes Wille geschieht.

Gott gab sein Wort der Welt, gab sein Gesetz dem Mose. Aber Wort wie Gesetz sind tot, so sie nicht erfüllt der lebendige Geist des Vaters. Der Sohn erst haucht ein dem Wort, haucht ein dem Gesetz Leben – der wahre Sohn, der zum Geschenk gegeben ist der Welt. Wer ihn aufnimmt und glaubt an seinen Namen, der ist wie ER im Vater, ist Kind Gottes. Nicht aus eigenem Zutun, eigenem Vermögen, sondern allein aus Gnade: dem Wohlwollen Gottes.

Und es ward Licht.
Und das Licht scheint in der Finsternis,
und die Finsternis hat's nicht ergriffen.

Nach dem Prolog des Johannes-Evangeliums ist ER der ewig seiende, präexistierende Sohn: Gottes Fleisch gewordene Wort, der Welt zum Geschenk gegeben: ewiges Licht und ewig spendendes Leben.

Als Bestätigung, als Zeugnis, dass ER Erbe sei der an Abraham ergangenen Verheißung, dient dem Matthäus-Evangelium die vorangestellte Generationenfolge, die ihn ausweist als Sohn Davids (Matthäus 1,1-17). Der Stammbaum, ausgehend von Abraham, weist bis David 14 Generationen aus, ebenso 14 von David bis zur babylonischen Gefangenschaft und von da an bis zu seiner Geburt noch einmal 14 Generationen. 3 x 14 Generationen. Was sagen, was bedeuten diese Zahlen?
Ziffern dienten – wie Symbole – im Altertum auch als Gedächtnisstütze. Erinnern erleichtern, um eine möglichst präzise Wiedergabe zu gewährleisten, ist ein Muss in einer Kultur der mündlichen Überlieferung. Im Hebräischen hat jeder Buchstabe sein Pendant in einer Ziffer. Die Buchstaben des Namens "David" zusammengezählt, ergeben die Zahl 14.
3 x 14 = 42. Eine Zahl, der zur Vervollständigung die 7 fehlt; denn erst die 49 ist – als Quadrat der 7 – vollendet. Danach erst, mit der 50, kann etwas Neues beginnen. Die Zahl 42 hat etwas Vorläufiges: ein Hinweis vielleicht auf das (noch) nicht abgeschlossene (Heils)Geschehen – auf das noch nicht vollendete Werk?

In sechs Tagen schuf Gott Himmel und Erde, so steht es geschrieben im ersten Buch Mose. Am siebten Tag ruhte aus der Schöpfer von seinem Werk. Doch die himmlische Ruhe wird gestört, was nicht ohne Folgen bleibt: die Vertreibung aus dem Paradies, die Sintflut, babylonische Sprachverwirrung, ägyptische Gefangenschaft, babylonische Gefangenschaft ... schließlich römische Fremdherrschaft – 6 mal die Höchststrafe oder öfter? Wie oft wurde gestört die himmlische Ruhe? 6-, 7-, 8-mal, 42-mal? Ist ER auch gekommen, endlich zu wahren die Gott gewollte (Sabbat)Ruhe?

6 x 7 = 42. Welche Bedeutung diesen Zahlen auch beigemessen wird, ob in zutreffender oder unzutreffender Analyse, sei dahingestellt, eines aber sollten die Ziffern gewiss: die Schlüsselposition verdeutlichen, die ER einnimmt, und keinen Zweifel lassen an seiner erhabenen Stellung.

Auch im Evangelium nach Lukas findet sich ein Stammbaum; dieser wird jedoch um einiges weiter zurückgeführt, über Abraham, über Noah hinaus, bis zur Wurzel der Schöpfungsgeschichte, bis zu Adam, der von Gott stammte (Lukas 3,23-38). Adam als erstes Glied der Kette; ER als letztes Glied: der krönende Abschluss, der Anfang und Ende verbindende Teil – gefeiert wie im Prolog des Johannes. Seine herausragende Stellung steht außer Frage, überdies wird hier noch die Wahrhaftigkeit der Überlieferung selbst ausdrücklich bezeugt. *Viele haben es unternommen, Bericht abzufassen über das, was sich unter uns ereignet und erfüllt hat. Sie alle hielten sich an die Überlieferung derer, die von Anfang an selbst gesehen und Diener gewesen sind des Wortes* (Lukas 1,1-4).

Viele hatten mit eigenen Augen gesehen: Kein Fernsehen – ein Nahsehen! Und mit eigenen Ohren gehört: kein Ferngespräch, sondern vor Ort vernommenes, authentisches Wort. Zeugen unglaublicher Geschehnisse, die darauf brannten, Bericht zu geben – einer Zuhörerschaft, die begierig war, Neues zu erfahren, denn die Zeit war noch arm an Geschichten, arm vor allem an Geschichten der aktuellen Zeit. Die alten biblischen Geschichten von Abraham, Jakob und seinen Söhnen, Mose und David waren indessen bekannt, sie wurden wieder und wieder erzählt. Die Wiederholung sicherte den Bestand und bot Schutz vor Verfälschung. So wie heute jedes Kind sogleich protestiert, wenn ihm eine Geschichte auf eine andere denn die ihm vertraute Art und Weise erzählt wird, so hätten auch Einspruch erhoben die Zuhörer damaliger Zeit, so sich der Erzähler denn entfernt hätte vom vertrauten Wortlaut. Dies galt umso mehr, als hier nicht irgendein Wort verbreitet und bewahrt werden sollte, nicht um das Wort eines Menschen ging es, sondern um das Wort Gottes! Wer wollte Lügengeschichten verbreiten über Gott?! Original statt Fälschung! Was galt für die alte Überlieferung, sollte, musste es nicht ebenso gelten für die neue, die junge Botschaft: das Wort unverfälscht weiterzugeben von Mund zu Mund? Und wäre nicht jeder falsche Zeuge schnell enttarnt gewesen? Die Kommunikation verlief ja alles andere als anonym. Die Urheber der Nachricht, die wahren oder vermeintlichen Augen- und Ohrenzeugen, waren jederzeit zu benennen. Man kannte einander, sah sich, stand sich Auge in Auge gegenüber. Wer da Nachricht gab, musste jeden Augenblick gewahr sein, dass jemand aufstand und lauthals protestierte: "Was du da sagst, ist Lüge. Ich war dabei. Ich weiß, wie es sich zugetragen hat."

Wer kennt heute das wahre Geschehen? Wer kann noch sagen: Ich war dabei? Dazumal mochte ein falscher Zeuge leicht zu entlarven sein, aber heute – vor dem Monitor oder am Telefon? Die Kommunikation verläuft weniger in der Nähe denn in der Ferne, weniger direkt denn indirekt. Der Urheber der wahren oder auch falschen Nachricht ist nicht oder nur schwer zu ermitteln, ebenso das Motiv seiner Botschaft. Kann sich die Lüge nicht unter dem Schutz der Anonymität sehr viel ungehemmter verbreiten? Und wird sie nur oft und lange genug verbreitet, verfestigt sie sich wie von selbst und gerät letzten Endes gar zur Wahrheit?

Sein Wort aber ist nicht erfundenes Wort, sondern wahrhaftiges Wort, findet es doch Bestätigung im Werk. Sein Wirken selbst zeugt für ihn. Vielleicht verzichtet das Evangelium nach Markus darum auf ein Vorwort, einen Stammbaum oder ein anderes Zeugnis. Bedarf sein Wort noch der Bestätigung, spricht und zeugt nicht sein Wirken selbst für ihn: jede einzelne seiner wundersamen Taten? Wort und Werk sind eins, nicht geschieden voneinander. Sollte in der Tat nicht genug sein der Welt sein Wort?

Gäbe es nichts Neues,
würde das Alte nicht.
(Meister Eckehart)

Die frohe Botschaft an Elisabeth
(Lukas 1,5-25)

Zur Zeit Herodes des Großen lebte ein Priester aus der Priesterklasse der Abia (die 2- bis 3-mal jährlich je eine Woche Dienst taten im Tempel des HERRN) mit Namen Zacharias und sein Weib Elisabeth, die aus dem Geschlecht Aarons (Bruder des Mose) stammte: des ersten Hohen Priesters Israels. Beide waren tiefgläubig und gottesfürchtig, aber schon betagt und immer noch kinderlos. Als Zacharias ein Rauchopfer darbrachte im Tempel, erschien ihm ein Engel – ein Bote Gottes: "Mal'akh Yahveh", wie es im Hebräischen heißt. Ein Wesen mit Flügeln: eine Lichtgestalt – eine irdische Erscheinung – eine plötzliche Eingebung – eine innere Stimme? Ein Mittler jedenfalls zwischen himmlischer und irdischer Welt, der verkündete dem Zacharias, sein Weib werde gebären einen Sohn, der schon im Mutterleib erfüllt sein werde vom heilen Geiste Gottes und der tragen solle den Namen Johannes. Mit der Kraft des Elijah (des großen Propheten, der einst auf dem Berg Karmel aufrief zum Wettstreit gegen die Baalspriester) werde sein Sohn vorangehen, um das Volk bereit zu machen für IHN. Zacharias konnte kaum glauben, was ihm da verkündet wurde. Aber war nicht auch dem Erzvater Abraham ein ähnliches Schicksal zuteil geworden, ihm und seinem Weibe? Im hohen Alter erst war ihnen geschenkt worden der lang ersehnte Sohn. Glaubte Zacharias sogleich den Worten des himmlischen Boten oder zweifelte er? Zweifelte er vielleicht zu lange – zu lange für einen Priester? Musste er darum verstummen? Denn Zacharias sollte verstummen und nicht eher wieder reden bis zu jenem Tage, da geschehen sollte, was der Bote Gottes verkündet hatte. Und sein Weib Elisabeth empfing wahrhaftig und verbarg sich fünf Monate lang voller Freude, dass die Schmach endlich von ihr genommen war: die Schande ihrer Fruchtlosigkeit. Wie Elisabeth, so hatte sich einst auch Sarah, Abrahams Eheweib, gefreut über die himmlische Botschaft und die "Gnade der späten Geburt", doch war Sarahs Freude keine ungeteilte, eben weil geboren war dem Abraham ein zweiter Sohn – von einer jungen Magd (namens Hagar, die gebar den Ismael) ...

Die frohe Botschaft an Maria
(Lukas 1,26-38)

Im sechsten Monat erschien abermals der Engel: Gabriel mit Namen – Hüter des Paradieses. *Im sechsten Monat* der Schwangerschaft Elisabeths. Gesandt war der Gottesbote gen Nazareth in Galiläa zu einem jungen Weibe, namens Maria, die verlobt war mit Josef: einem Manne aus dem Hause David. Und der Gottesbote gab kund, sie werde gebären einen Sohn, den sie den Namen *Jehoshua*: *Gott rettet* (in griechischer Übersetzung: Jesus) geben solle. *Sohn des Höchsten* werde ER genannt und seine Herrschaft werde kein Ende nehmen. Maria fragte, wie dergleichen geschehen solle, da sie noch keinen Mann erkannt habe (im Judentum steht "erkennen" für "berühren/beiwohnen")? Der Engel aber sprach: „Des Höchsten Kraft wird dich überschatten; darum wird auch das Heile, das von dir geboren wird, Sohn Gottes genannt werden. Denn siehe, was deiner Verwandten Elisabeth geschah, von der man sagte, sie sei unfruchtbar: Schwanger ist sie mit einem Sohn – in ihrem Alter, und ist jetzt im sechsten Monat. *Denn bei Gott ist nichts unmöglich.*“ Da sprach Maria: „Mir geschehe, wie du gesagt hast.“

Maria besucht Elisabeth
(Lukas 1,39-56)

Maria eilte ins Bergland von Judäa zum Haus des Zacharias und grüßte Elisabeth. Als Elisabeth den Gruß hörte, hüpfte das Kind in ihrem Leibe – aus Freude. Elisabeth und Maria trennt keine Eifersucht, wie sie einst bitter spaltete Sarah und Hagar; nicht die Frage des Vorrangs treibt sie um: des Vorrangs hier der älteren vor der jüngeren Verwandten, noch gar die Frage nach dem Rang des Sohnes; beide wissen sich im Bunde, im Bunde miteinander, wie auch im Bunde mit ihrem HERRN. Seit Urzeiten stand das Weib für Entzweiung, Zwietracht, für den Abfall von Gott – steht es nun für Versöhnung und Eintracht? „Aus Freude hüpfte das Kind in ihrem Leib", sagte Elisabeth – aus Freude über den Gruß der so viel jüngeren Maria, die gebären soll einen Sohn, weit mächtiger und größer als der Sohn, den Elisabeth selbst gebären wird. Und doch plagt sie nicht die leiseste Missgunst, vielmehr ist sie erschüttert von tief empfundener Ehrfurcht, weshalb sie ergriffen fragt: „Wer bin ich, dass zu mir kommt die Mutter meines Gebieters?" Maria aber preist sogleich Gott, der mächtig und dessen Name heilig ist, dessen Barmherzigkeit ewig währt, der die Mächtigen stürzt vom Throne und erhöht die Niedrigen.

Die Geburt des Täufers
(Lukas 1,57-66)

Für Elisabeth kam die Zeit, und sie gebar einen Sohn. Und ihre Nachbarn und Verwandten freuten sich mit ihr über die Geburt. Am 8. Tag sollte das Kind beschnitten werden und den Namen seines Vaters Zacharias erhalten. Elisabeth aber widersprach: „Johannes soll er heißen." Alle waren verwundert, gab es doch niemanden in der Verwandtschaft, der diesen Namen trug. Also fragte man Zacharias, der sogleich nach einer Tafel verlangte, um den Namen aufzuschreiben: *Johannes*; denn fürwahr *Gott ist gnädig*. Und im nämlichen Augenblicke tat sich wieder auf sein Mund, und Zacharias konnte sprechen wie ehedem. Alle waren erschüttert, und alles, was sich zugetragen hatte im Hause Zacharias war bald bekannt überall in der Gegend: dem Gebirgsland Judäas. Und jeder fragte den anderen: „Was meinst du, wird aus dem Kinde dereinst werden?"

Lobgesang des Zacharias
(Lukas 1,67-80)

Zacharias lobte den HERRN, den Gott Israels, der sein Volk besucht und erlöst durch den Heilsbringer aus dem Hause David, wie geweissagt von den Propheten. ER wird uns erretten aus der Hand unserer Feinde im Gedenken an den Heiligen Bund. Und du, Johannes, wirst ein Prophet des Höchsten heißen und wirst IHM den Weg bereiten.

Und ich will ihn zum erstgeborenen Sohn machen,
zum Höchsten unter den Königen auf Erden.
Ich will ihm bewahren meine Gnade ewiglich,
und mein Bund soll ihm fest bleiben.
(Psalm 89,28-29)

Stern über Bethlehem
(Matthäus 1,18-25)

Maria war dem Josef versprochen, der indes hatte sie noch nicht geehelicht und ebenso wenig erkannt als sein Weib? Und doch war Maria schwanger! Schwanger vom Heiligen Geist oder schwanger in einem heilen Geiste? Wie dem Lukas-Evangelium zu entnehmen ist, war der Maria ein Bote Gottes erschienen – ebenso der Elisabeth. Mutet deren Schwangerschaft nicht gleichfalls unglaublich an? Unglaublich, Kind Gottes zu sein?

Denen aber, die ihn aufnahmen,
gab ER die Macht, Gottes Kinder zu werden,
die an seinen Namen glauben,
die weder von dem Geblüt
noch von dem Willen des Fleisches
oder dem Willen des Mannes,
sondern allein von Gott geboren sind.
(Johannes 1,12-13)

Hier die Empfängnis der blutjungen, als unberührt geltenden Maria, dort die Schwangerschaft der schon betagten, als unfruchtbar geltenden Elisabeth. Als "unbefleckt" indes gilt allein Marias Empfängnis, nicht Elisabeths – warum? Weil Elisabeth lang schon verbunden war einem Manne: ihrem Mann, der sie erkannt: berührt hatte, der ihr beiwohnte? Schuf Gott den Menschen nicht als Mann und Weib? Wie kann es da Befleckung sein, wenn Mann und Weib einander erkennen, wenn sie gewahr werden, füreinander bestimmt zu sein, wenn sie einander berühren: Eins werden, eben weil sie innewurden, Eins zu sein?

Die Jungfrau – das reine Weib, die gebiert den reinen Sohn: rein, weil noch unbefleckt von leiblicher Berührung oder rein, weil noch unbefleckt von allen unheilen Berührungen des Geistes? Jungfrau in einem leiblichen oder in einem geistigen Sinne: Jungfrau oder junge Frau, was ist gemeint? Welches Bild wird hier vermittelt, welches Bild dringt durch die Zeit(en): vielleicht auch das Sternbild der "Jungfrau"? Die Jungfrau hinter dem Löwen war seit Urzeiten bekannt als Sternbild der Mutter des Erlösers. Bereits im 3. Jahrtausend v.u.Z. nannten die Babylonier dieses Sternbild "ERUA" = "diejenige, die gebären wird den in Eden verheißenen Samen".

Empfangen vom Heiligen Geist: das Dogma der "unbefleckten Empfängnis", festgeschrieben von der katholischen Kirche erst 1854 unter Papst Pius IX., der in erbitterter Gegnerschaft stand zur liberalen Strömung seiner Zeit – eine Feindschaft, die sich erhalten hat bis heute? Maria voll der Gnaden, die "Unbefleckte", die "Jungfrau", die – bildlich gesprochen – das Christentum gebar: sie war Jüdin. Ein Aspekt, dem gleichfalls Beachtung geschenkt oder der eher vernachlässigt wurde und wird? Ist nicht das Christentum aus dem Judentum geboren? Warum stellte und stellt man ausschließlich die Jungfräulichkeit Mariens in den Blickpunkt? Weil sich so die christliche Lehre selbst als rein und unbefleckt darstellen lässt von Anfang an? Die Auffassung von der einen "reinen": unfehlbar wahren Lehre zieht sich jedenfalls wie ein Strom durch die Zeiten (vgl. *Christlich-abendländischer Streifzug*) und mündet schließlich (1870!) ein in das Dogma päpstlicher Unfehlbarkeit.

Empfangen zur Zeit des (Frühlings-)Erwachens (zu Pessach?), zum Zeichen der Erneuerung, der Wiedergeburt – empfangen vom Heiligen Geist? Nicht gezeugt! Nicht Josef war der Vater – was aber soll dann der Stammbaum, der dem Matthäus-Evangelium vorangestellt ist und der sich auch bei Lukas findet? Gibt es Verwandtschaft allein dem Leibe nach, gibt es Verwandtschaft nicht auch dem Geiste nach? Der Doktorand etwa, der seinen Lehrer Doktor-Vater nennt? Welche Verwandtschaft verbindet mehr: die leibliche oder die geistige? Und welche Reinheit wiegt mehr: die des Leibes oder die des Geistes?

Gebiert nicht die Luft Laute, das Licht Farben und der Geist Gedanken, ohne doch zu verlieren ihr originäres Wesen? Wie sollte die Jungfrau, die gebiert den Erlöser, nicht wesenhaft Jungfrau bleiben? Was aber dachten die Zeitgenossen darüber, was dachten sie über Maria, und was dachte Josef? Bei Matthäus (1,19) ist zu lesen, dass Josef zwar Maria nicht in Schande bringen will, aber doch gedenkt, sie heimlich zu verlassen. Bliebe er bei ihr, würde er sich da nicht bekennen zur Vaterschaft und mithin zugeben, Maria vor der Zeit beigewohnt zu haben? Wie stünde er dann da in den Augen der jüdischen Gemeinde? Was würden die Ältesten dazu sagen? Welche Strafe wartete seiner? Verließ er Maria, lastete die Schande allein auf ihr. Dass ihr ein Engel erschien, wird ihr sicher niemand glauben, musste Josef nicht so denken? Doch dann erscheint auch ihm ein Bote Gottes, der zu ihm spricht: „Fürchte dich nicht Josef, Sohn Davids, Maria zu dir zu nehmen als dein Weib; denn das Kind, das in ihr geboren ist, das ist heilen Geistes. Und ER wird sein Volk retten von all ihren Sünden." Das alles geschehe, damit erfüllt werde, was der Prophet Jesaja (7,14) voraussagte: *Seht die Jungfrau wird ein Kind empfangen, sie wird einen Sohn gebären und sie wird ihm den Namen Immanuel geben,* was heißt: *Gott ist mit uns.* Sagte der Engel nicht zu Josef (wie zuvor schon zu Maria), das Kind solle Jehoshua/Yeshu (hebräisch/ aramäisch für Jesus) heißen, was übersetzt so viel bedeutet wie: *Gott rettet*? Muss nicht erst der Retter kommen und erlösen die Seinen, bevor Gott wieder mit ihnen sein kann?

Und Josef tat, wie der Engel ihm befohlen hatte, nahm Maria zu sich, berührte sie aber nicht, bis sie einen Sohn gebar, den Josef wohl "Yeshu" genannt haben dürfte. Mit seinem der Welt heute vertrauten Namen "Jesus" wird ER wohl kaum angerufen worden sein – weder von Josef und Maria, noch gar von irgend einem anderen aus seinem jüdischen, aramäisch sprechenden Umfeld. Yeshu – Jehoshua: der Retter, der Erlöser? Wer einen anderen freikauft aus der Sklaverei, der Gefangenschaft, den nannte man dazumal einen "Erlöser". Und war das von Gott erwählte Volk schon erlöst? Mose hatte sie aus ägyptischer Gefangenschaft befreit; geführt ins gelobte Land aber hatte sie nicht

Mose, sondern Josua – und auch erlöst? Waren sie nicht erneut in Gefangenschaft geraten, drückte sie zur Stunde nicht nieder die römische Knute? Die Verheißung hatte sich noch nicht erfüllt – endlich aber sollte sie sich erfüllen? ER ist gekommen, die Seinen zu führen ins *heile Land*. ER, der *HeiLand* (der Welt): der kam aus dem Morgenland, um zum Führer zu werden des Abendlandes?

Gott, der Allmächtige, redet und ruft der Welt zu
vom Aufgang der Sonne bis zu ihrem Niedergang.
Aus Zion bricht an der schöne Glanz Gottes.
Unser Gott kommt und schweiget nicht.
(Psalm 50,1-3)

Es begab sich aber zu der Zeit, dass ein Gebot vom Kaiser Augustus ausging, dass alle Welt geschätzet werde. Und diese Schätzung war die allererste und geschah zur Zeit, da Quirinius Statthalter von Syrien war. Und jedermann ging, dass er sich schätzen lasse, ein jeglicher in seine Stadt. Da machte sich auf auch Josef aus Galiläa, aus der Stadt Nazareth, in das jüdische Land zur Stadt Davids, die da heißt Bethlehem, denn er war von dem Hause und Geschlechte Davids, auf dass er sich schätzen ließe mit Maria, seinem anvertrauten Weibe, die war schwanger. (Hätten sie ihren Heimatort nicht ohnedies verlassen müssen angesichts der Anfeindungen, die ihnen dort begegneten wegen der Schwangerschaft Mariens?) *Und als sie daselbst waren, kam die Zeit, da sie gebären sollte. Und sie gebar ihren ersten Sohn und wickelte ihn in Windeln und legte ihn in eine Krippe, denn sie hatten sonst keinen Raum in der Herberge* (Lukas 2,1-7).

Von einem Stall, von Ochs und Esel ist nichts zu lesen im Neuen Testament und doch prägte sich dieses Bild ein der christlich-abendländischen Welt. Wofür, so ist mithin zu fragen, steht der Stall, stehen Ochs und Esel; welche Symbolik liegt geborgen darin? Der um seine Zeugungskraft gebrachte Ochse (Symbol des Alten?) und der seiner Potenz wegen gerühmte Esel (Symbol des Jungen?) – sie stehen im selben Stall: Nutztiere beide, die wissen, wer sie nährt und die darum dienen ihrem Herrn, wie geschrieben steht im Alten Testament:

Der Ochse erkennt seinen Herrn
und der Esel kennt seine Krippe;
Israel aber hat keine Erkenntnis,
mein Volk ist ohne Einsicht.
(Jesaja 1,3)

Ist nun gekommen die Zeit, da sie IHN erkennen, also sie sich versammeln um die (Futter)*Krippe*, in der liegt das Kind: das Fleisch gewordene Wort des HERRN?

Über das heilige Land gebot, so ist dem Lukas-Evangelium zu entnehmen, der römische (abendländische) Kaiser: Gaius Octavianus (31 v.u.Z. bis 14 n.u.Z.), der ab 27 v.u.Z. den Ehrentitel Augustus (= der Erhabene) trug. Mit der Erhebung seines Adoptivvaters Caesar zum Gott durfte Octavian sich gar "Sohn Gottes" nennen – ein erster Schritt hin zum Gottkönigtum. Wie wird das Gebot des römischen, des heidnischen Kaisers gewirkt haben auf das jüdische Volk und auf dessen König Herodes (um 72 bis 4 v.u.Z.), der den Tempel wieder aufgerichtet bzw. ausgebaut hatte und den man (nachgerade dieser Großtat wegen?) den Großen nannte? Offen zu opponieren gegen das übermächtige Rom war aussichtslos, wäre politischer Selbstmord gewesen, blieb allenfalls die stille, die verdeckte Revolte: der heimliche Boykott vielleicht auch der Steuerschätzung? Hielt Herodes die Unterlagen zurück oder manipulierte sie? In den Annalen der Geschichtsschreibung wird jedenfalls von einer Steuerschätzung erst für das Jahr 6/7 n.u.Z berichtet: dem Jahr, da Judäa endgültig zur römischen Provinz (und die römische Kopf- und Grundsteuer eben auch hier erhoben) werden sollte. Ist vielleicht von zwei Steuerschätzungen auszugehen? Einer, die den Römern als die erste galt, und einer *allerersten,* von der im Evangelium nach Lukas die Rede ist, einer Schätzung, die nichts weniger war als ein Affront – ein Angriff auf die Souveränität des jüdischen Machthabers: ein Angriff, der nicht abzuwehren gewesen wäre? Gebot nicht Herodes über Judäa – wie sollte er da nicht boykottieren, zumindest manipulieren können die Steuerschätzung? Noch hatte er Macht, die teilte sich erst unter seinen Söhnen, teilte sich und schwand dahin. Einer der Söhne des Herodes sollte zwar noch bis 39. n.u.Z. Landesherr über Galiläa bleiben: Herodes Antipas – Landesherr freilich ohne wirkliche Macht, ohne Souveränität; denn die Zügel in der Hand hielt, nach dem Tod Herodes d. G. und dem Fall Judäas zur römischen Provinz, der römische Kaiser: erst Augustus, dann (14-37 n.u.Z) dessen Adoptivsohn Tiberius.

Unter Herodes Antipas, dem Sohn des letzten jüdischen Herrschers, sollte ER heranwachsen, der Sohn des HERRN; geboren aber wurde ER unter dessen Vater Herodes, den sie den Großen nannten; der aber starb im Jahr 4 v.u.Z., 4 Jahre bevor aufging der Stern über Bethlehem: aufging der Welt die neue Zeit – wie lässt sich erklären diese augenfällige zeitliche Diskrepanz? Urheber solchen Widerspruchs ist der Abt Dionysos Exigus (497-540), auf dessen Berechnungen sich die christliche Zeitrechnung stützt. Dem Abt unterlief leider ein Rechenfehler. Die Bandbreite der als möglich genannten Geburtsjahre reicht von 8 – 4 vor unserer Zeitenwende. Für welches der als wahrscheinlich genannten Geburtsjahre ließe sich heute tatsächlich eine auffällige (besonders helle) Sternenkonstellation berechnen: für das Jahr 7 v.u.Z. oder für ein anderes Jahr? So sein 2000. Geburtstag Anlass war der groß angelegten Millenniumfeier, fand solches Gedenken jedenfalls zu spät statt – um einige Jahre zu spät. Ist aber wesentlich das Jahr, das Datum, das berechnet wird auf Erden, seiner zu gedenken? Ist nicht wesentlich, dass da gedacht wird: ER ist, also es Wille ist des Vaters von Anbeginn, dass ER ist?

Denn uns ist ein Kind geboren, ein Sohn ist uns geschenkt. Die Herrschaft liegt auf seiner Schulter. Wunderbarer Ratgeber, heißt man ihn, Vater in Ewigkeit, Fürst des Friedens. Seine Herrschaft ist groß und der Friede hat kein Ende. Auf dem Throne Davids herrscht er über sein Reich; er festigt und stützt es durch Recht und Gerechtigkeit jetzt und für alle Zeit (Jesaja 9,5-6).

Ein Stern geht in Jakob auf, ein Zepter erhebt sich in Israel (4. Mose 24,17). Nach Lukas (2,8-20) ging dieser Stern zuerst den Hirten auf, den Hirten auf dem Felde, zu denen der Engel trat als Lichtgestalt. *Und die Klarheit des HERRN leuchtete um sie, und sie fürchteten sich sehr. Und der Engel sprach: „Fürchtet euch nicht! Siehe, ich verkündige euch große Freude, die allem Volk widerfahren wird, denn euch ist heute der Heiland geboren."* Und die Hirten gehen, das Kind zu schauen in der *Krippe*, und sie erzählen allen davon, von dem Kind in der Krippe und den Worten des Engels, und alle staunen über ihre Worte. Die Hirten auf dem Felde, einfache Leute aus dem Volke, sie sind – nach Lukas – die ersten Verkünder der himmlischen: der göttlichen Botschaft.

Des Weiteren ist dem Lukas-Evangelium zu entnehmen (2,21), dass ER beschnitten ward am achten Tag im Tempel von Jerusalem – nach dem Gesetz (2. Mose 13,2). Die Beschneidung galt und gilt dem Judentum als Zeichen des ewigen Bundes, den Gott schloss mit Abraham (1. Mose 17,10). ER ist beschnitten! Ein Aspekt, der Beachtung fand, als in jüngster Zeit (ausgerechnet in Deutschland!) so lebhaft diskutiert wurde, ob die Beschneidung dem Kindeswohl diene oder eher zu verbieten sei? Für den frommen Simeon, dem geweissagt worden war, er werde sehen den Messias, ist am Heil der Beschneidung nicht zu zweifeln, schon gar nicht an der des zukünftigen Heilsbringers. *„Meine Augen haben das Heil gesehen, ein Licht, das die Heiden erleuchtet."* Nach solchem Lobpreis wendet sich Simeon an Maria: *„Durch deinen Sohn werden viele zu Fall kommen, viele aber werden aufgerichtet werden durch ihn. Dir selbst aber wird ein Schwert durch die Seele dringen"* (Lukas 2,22-38). Wie Simeon, so pries auch Hannah, die im Tempel dienende Prophetin, Gott und sprach über das Kind zu allen, die da warteten auf die Erlösung Jerusalems – nach der Verheißung: *Doch aus dem Baumstumpf Isais* (Davids Vater) *wächst ein Reis hervor, ein junger Trieb aus seinen Wurzeln bringt Frucht* (Jesaja 11,1).

Die Huldigung der Sterndeuter
(Matthäus 2,1-12)

Da ER geboren ward zu Bethlehem zur Zeit des Königs Herodes, siehe da kamen Weise aus dem Morgenland, den neugeborenen König zu schauen. Weise, die folgten dem Stern: Sternkundige, Sterndeuter, die woher kamen? Die Angabe "Morgenland" ist wenig präzise und kann sinnhaft allenfalls als Abgrenzung zum "Abendland" gedeutet werden. Kamen die Weisen aus einem Land, außerhalb des römischen Imperiums, außerhalb des abendländischen Reiches, das immer rücksichtsloser vorrückte, immer tiefer einzudringen drohte ins

Morgenland? Kamen die Weisen vielleicht aus Mesopotamien, das erst hundert Jahre später zum römischen Reich gehören sollte? Dann schlösse sich der Kreis; denn auch Abraham kam einst aus Mesopotamien, dem heutigen Irak. Für die an das römische Reich grenzenden Länder wird es sicher von vitalem Interesse gewesen sein, zu erfahren, ob dem Expansionsdrang Roms Einhalt geboten werden kann – vielleicht durch einen neugeborenen König? Hatten die Weisen womöglich einen konkreten Auftrag als Kundschafter? Angenommen werden darf jedenfalls, dass sie, die als weise galten ihrer Zeit, berieten die Reichen und Mächtigen – mit Blick gerade auch auf die Sterne. Die Griechen befragten das Orakel von Delphi, die Orientalen befragten die Sterne: Kaffeesatzleserei? Alte Schriftrollen aus der Bibliothek Alexandriens belegen immerhin, den alten Astrologen des Morgenlandes war weit früher als ihren Kollegen aus dem Abendland bekannt, dass die Erde sich dreht um die Sonne! Wer wollte verächtlich schauen auf die Wahrsager, die Zukunftsforscher früherer Zeiten? Sind heutige Prognosen zuverlässiger, sagen die (Wirtschafts-)Weisen zur Stunde präziser voraus die Zukunft? Was ist gegenwärtig Fixpunkt der Welt, worauf fokussiert sich der Mensch, wer dient ihm als Kompass?

Den Weisen aus dem Morgenland dienten Sterne als Wegweiser in dunklen, noch nicht vom künstlichen Licht durchdrungenen Nächten. 3000 Sterne sind mit bloßem Auge zu erkennen am Himmelszelt: 88 Sternbilder (12 Tierkreiszeichen) – eine Himmelskarte, die zur Landkarte wurde der vorchristlichen Zeit: zu weisen den Weg inmitten der Finsternis. Wie sonst hätten Orientierung finden sollen die Söhne der Wüste, da doch im Morgenland die Nacht so viel früher hereinbricht als im Abendland? Wer wollte nicht beobachten die Sterne, wenn sie sind die einzigen Lichtquellen, wer nicht versucht sein, die Sterne zu befragen und in Beziehung zu setzen zum Leben auf Erden? Jede Veränderung am Sternenhimmel deutete – damaliger Überzeugung nach – auch auf eine Veränderung auf Erden hin. Die Sterndeuter sahen einen neuen Stern aufgehen – ein helles Licht: eine besondere Planetenkonstellation vielleicht von Jupiter und Venus? Jupiter: römischer (Licht)Gott, größter Planet – "der Menschheit hellster Stern" und Venus: der "Liebe Licht" – Licht-Zeichen einer "neuen Bewegung"? Zeichen des Himmels könnte ebenso ein Komet gewesen sein, ein neuer Stern (Nova) oder gar eine Sternenexplosion (eine Super Nova, wie sie etwa 1054 weltweit zu beobachten war)? Ein neues, beeindruckendes, nur selten oder noch nie zu beobachtendes Lichtphänomen jedenfalls. Und ein solches konnte, davon waren die Sterndeuter dazumal überzeugt, nur eines bedeuten: auch auf Erden ging auf ein neuer Stern, eine neue Ära: ein neuer König wurde geboren. Und sie waren gekommen, zu huldigen dem zukünftigen Herrscher. „Wir haben seinen Stern aufgehen sehen und sind gekommen, ihm zu huldigen", sagten sie dem König Herodes. Der erschrak über ihre Worte und ließ sogleich alle Hohepriester und Schriftgelehrten um sich versammeln und nachforschen, wo genau der neue König denn geboren werden solle. Zu Bethlehem, im jüdischen Lande, ließ man ihn wissen; denn so sprach der Prophet Micha:

Aber du, Bethlehem-Efrata, so klein unter den Gauen Judas, aus dir wird mir einer hervorgehen, der über Israel herrschen soll. Sein Ursprung liegt in ferner Vorzeit, in längst vergangenen Tagen (Micha 5,1).

Bethlehem-Efrata: *An dem Weg nach Efrata, das nun Bethlehem heißt* (1. Mose 48,7), begrub Jakob sein Eheweib Rahel: Mutter der Stämme Efraim und Benjamin, des Jüngsten. Noch heute steht dort eine Gedenkstätte. Wo man der Mutter gedenkt des jüngsten Sprosses des Hauses Israel, in der Heimat Davids, dort ist ER geboren: in *Bethlehem, dem Haus des Brotes.*

Und Herodes befragte die Sterndeuter genauer, fürchtete er doch einen Konkurrenten, fürchtete um seine Macht. Also beauftragte er die Weisen, nach dem Kinde zu suchen und ihn zu benachrichtigen, sobald es gefunden sei, damit – wie er zum Scheine vorgab – auch er gehen könne, dem zukünftigen König zu huldigen. Also zogen die Sterndeuter von dannen, und als sie das Kindlein gefunden hatten, fielen sie vor ihm nieder und brachten ihm dar kostbare Gaben: Gold, Weihrauch und Myrrhe. In den Palast zurück zu Herodes kehrten sie aber nicht; denn im Traum war ihnen geraten worden, einen anderen Weg zu wählen zurück in ihr Land.

Die drei Weisen aus dem Morgenland werden heute als heilige drei Könige verehrt. Ihre (mutmaßlichen) Gebeine liegen begraben im Kölner Dom. Der siegreiche Barbarossa überführte sie von Mailand nach Rom und gab damit den Anstoß für den Bau der gewaltigen Kathedrale, die Unsummen verschlang und eben darum unbedingter Rechtfertigung bedurfte. Die Verehrung der heiligen Reliquie, die Verehrung der Gebeine der heiligen drei Könige war ein triftiger, ein unanzweifelbarer, ein heiliger Grund – oder wie man heute vielleicht sagen würde: alternativlos? Die Weisen aus dem Morgenland – als Könige verehrt, weil sie als Erste entdeckten und ehrten den neuen Herrscher der Welt; oder verehrt als Könige, weil solche Verehrung dem Königtum auf Erden heilige Würde verlieh – göttliche Legitimation: ein Königtum von Gottes Gnaden? Von Königen, die huldigen dem wahren Herrscher der Welt, davon indes ist nichts zu lesen in den Evangelien, wohl aber im Alten Testament:

Die Könige von Tarschisch und von den Inseln bringen Geschenke, die Könige von Saba und Seba kommen mit Gaben. Alle Könige müssen ihm huldigen, alle Völker ihm dienen. Denn ER rettet den Gebeugten und Schwachen, ER rettet das Leben der Armen (Psalmen 72,10-12).

Kostbare Gaben brachten die drei Weisen aus dem Morgenland dem zukünftigen Herrscher. Heute ziehen Sternsinger aus, zu sammeln für die Ärmsten der Welt. Mehr noch, das Weihnachtsfest selbst ist zu einem Fest des Schenkens geworden: zu einem Fest des Konsums? Dem anderen eine Freude machen? Wer aber freut sich über all die Gaben, und wen erfreuen all die Ausgaben? Ist nicht schon genug da, oder ist genug nicht genug? Wer darbt in dieser Welt: darbt im Abendland, darbt im Morgenland? Ist Gottes reiche Schöpfung nicht allen zum Geschenk gegeben, wie allen auch gegeben ist der Sohn? Der helle Stern in finsterer Nacht, leuchtet ER ihnen nicht? Wer wollte sagen, er sei nicht beschenkt genug? Die Sterndeuter beschenkten nicht einander, sie beschenkten den neugeborenen Herrscher, beschenkten ihn mit dem Besten, das ihnen zu eigen war. Wer gibt heute hin sein Bestes und macht es wem zum Geschenk? Ist nicht Geben seliger denn Nehmen: wer wollte schenken in bloßer Erwartung einer Gegengabe? Der Austausch von Geschenken, ist er noch Gabe, Geschenk? Oder genügt der bloße Schein, der festliche Schmuck, die feierliche Andacht in der Kirche? Warum drängen so viele in die Gotteshäuser an den Weihnachtstagen, wo doch immer weniger Menschen glauben in aufgeklärter, in säkularer und folglich gottloser Zeit? Dienen sie Gott oder dient der weihnachtliche "Gottesdienst" ihnen: dient der festlichen Stimmung, auf dass zu guter Letzt erstrahle alle Geschäftigkeit und Marktschreierei in einem hellen, einem lichten Scheine? Zu weihen aber ein erkauftes Fest, hieße das nicht zu beschmutzen die Gotteshäuser und hätte mithin längst auf den Plan gerufen die hohe Geistlichkeit? Ein Gott gegebenes "Wunder", dass sich füllen die Kirchen ausschließlich am Weihnachtstag?

Die Nacht vom 24. zum 25. Dezember gilt der katholischen wie der evangelischen Kirche als die Heilige Nacht; die griechisch-orthodoxe Kirche feiert das Weihnachtsfest 14 Tage später. Sollte ausgerechnet sein Geburtstag[*] nicht zu datieren sein: weder der Tag, noch gar das Jahr (vgl. *Stern über Bethlehem)?* Wie ein Datum festlegen, das gültig wäre allen, das trüge hinaus über Zeit und Raum? Hat nicht jede Zeit ihr eigenes Maß, ihre eigenen Höhepunkte, ihren Anfang und eben auch ihr Ende? Wann nun bricht an eine neue Zeit? Wer ist Urheber der Zeitenwende; und wer erkennt, dass anbrach eine neue Zeit? Galt und gilt einer Zeit nur ein Maß: ein Kalender, bestehen und bestanden nicht stets verschiedene Zeitmaße nebeneinander, wie der julianische und der jüdische Kalender Bestand hatten zu jener Zeit, da aufging der Stern über Bethlehem und anbrach eine neue Zeit? Eine neue Ära, die auch erkannt war in der Zeit als neue Zeit, erkannt schon in den Anfängen? Der heute gültige, gregorianische Kalender, der ablöste den julianischen, ist ein Kind der Neuzeit. Eingeführt in der christlich-abendländischen Welt ab dem 16. Jahrhundert, galt er zunächst in den katholischen Ländern, später auch in den protestantischen und zuletzt (1918) in den Sowjetrepubliken. Gefeiert als Beginn eines neuen Jahres wird der 1. Januar; den Beginn einer neuen Zeit aber markiert(e) ER. Darum beginnt das christliche Kirchenjahr mit der Adventszeit: mit der Vorbereitung auf sein Kommen!

Wann feierten die ersten Christen seinen Geburtstag, seinen Ehrentag – feierten sie ihn überhaupt? Das Weihnachtsfest zu begehen am 24./25./26. Dezem-

---

[*] "Geburtstag" wurde im Altertum als Ahnengedenktag oder Festtag des persönlichen Schutzgottes gefeiert. Den persönlichen Geburtstag zu begehen, setzte sich erst durch mit der Reformation, davor war es üblich "Namenstag" zu feiern als Ehrentag seines Namenspatrons (Pendant zu den Feiern des persönlichen Schutzgottes heidnischer Zeit?) – eine Tradition, die sich in den katholischen Ländern noch lange halten sollte und bis heute nicht verschwunden ist.

ber, setzte sich erst im 4. Jahrhundert durch – gegen erbitterten Widerstand der christlichen Kirche. Widerstand nicht gegen das Fest an sich, sondern gegen den weithin verbreiteten heidnischen Kult, der an eben jenen Tagen traditionell zelebriert wurde: die Feste zur Wintersonnenwende. Gefeiert zunächst als Ehrentag des Lichtgottes Mithras, ab 274 n.u.Z. dann als Geburtstag des unbesiegbaren Sonnengottes (Sol invictus). Ein Lichterfest, das unter Konstantin d. G. umgedeutet wurde auf den neuen Stern, der aufgegangen war im Heiligen Land: eine neue Lichtgestalt – ein Lichterfest im neuen Glanz. Ein alter Gedenktag neu gedeutet: gefeiert im lichten Glanz der prächtigen Geburts-Basilika, die Kaiser Konstantin in Bethlehem errichten ließ um 325 und befestigt 335 mit der Einweihung der glanzvollen Auferstehungskirche in Jerusalem. Erbaut zu Ehren des neuen Sterns, der aufgegangen war über Bethlehem, der wie erloschen schien in Jerusalem und doch wieder aufgehen, auferstehen sollte der ganzen Welt. Ein würdiges Gedenken also, ein Lichterfest im hellen Scheine, geschuldet allein dem Urheber allen Lichts, dem ewigen Geist oder geschuldet auch dem Zeitgeist: dem tief im Volk verwurzelten heidnischen Glauben? Ein Fest zu Ehren welcher Macht: der göttlichen oder der weltlichen? Sollte der Glanz des Festes, die Pracht des viel bestaunten neuen Gotteshaus verherrlichen allein die himmlische Macht oder auch erhöhen die weltliche Macht: erstrahlen lassen das konstantinische Herrscherhaus selbst, es versetzen in lichtere Höhen? Heiliges oder unheiliges Gedenken – heidnisch das Fest, christlich oder – jüdisch? War Vorbild allein das heidnische Fest zur Wintersonnenwende, könnte nicht auch Vorbild gewesen sein das jüdische Lichterfest (Chanukka), das erinnert an das Ende fremder Vorherrschaft, wie auch erinnert an die Wiedererrichtung des zerstörten Tempels?

Die Heilige Nacht, die Nacht vom 24. auf den 25. Dezember, ein heiliges oder ein scheinheiliges Gedenken – ein Gedenktag voll der Strahlkraft, damals wie heute? Verleiht etwa das Datum selbst dem Tag seinen Glanz, erstrahlt der Tag nicht erst durch jene, die wahrhaft gedenken? Der 24.12. – zwei Zahlen, die stehen für des Tages Zeit: Zwölf Stunden zählt der Tag, zwölf Stunden die Nacht, 24 Stunden der volle Tag – Symbol für die volle Zeit: den Tag des HERRN? $24 = 3 \times 8$ – die dreifache Acht. 888 ist die Zahl, die symbolisch steht für seinen Namen. Eine Zahl, ein Datum – eine Symbolik, die verstanden wird, die gedeutet wird hin auf jene Kraft, die trägt und lichter macht der Tage Stunden?

Nie wieder weicht von Juda das Zepter,
der Herrscherstab von seinen Füßen,
bis der kommt, dem er gehört,
dem gebührt der Gehorsam der Völker.
(1. Mose 49,10: *Jakobs Segen*)

Der Kindermord zu Bethlehem

(Matthäus 2,13-18)

Als die Weisen ihres Weges gezogen waren, erschien dem Josef abermals ein Engel im Traum, der warnte ihn: „Nimm Weib und Kind und flieh nach Ägypten, denn Herodes sucht das Kind und will es umbringen." Und so zog denn Josef mit Weib und Kind nach Ägypten, auf dass sich erfülle, was gesagt ist durch den Propheten:
Als Israel (= Jakob) jung war, gewann ich ihn lieb,
ich rief meinen Sohn aus Ägypten.
(Hosea 11,1)

Da nun Herodes merkte, dass die Weisen ihr Wissen für sich behalten hatten und längst ihres Weges gezogen waren, entbrannte er in Zorn und gab den Befehl, in Bethlehem und in der Umgebung alle Knaben bis zum Alter von zwei Jahren zu töten. So ist erfüllt, was gesagt ist durch den Propheten:
Ein Geschrei ist in Rama zu hören,
bitteres Klagen und Weinen.
Rahel weint um ihre Kinder
und will sich nicht trösten lassen,
denn sie sind dahin.
(Jeremia 31,15)

Die Klage der Mutter durchdringt Rama (ein Ort im Gebiet des Stammes Benjamin, des jüngsten Sprosses der Rahel), durchdringt die Zeit, bis erfüllt ist vom Schmerz und Jammer über den Verlust der Kinder jener Ort, da man gedenkt der Rahel: Bethlehem – neu erfüllt von alter Klage. Das Massaker zu Bethlehem gemahnt an den Kindermord in Ägypten, an den Befehl des Pharaos, alle Knaben der Hebräer zu töten. Mose blieb verschont, weil seine Mutter ihn in ihrer Not in einem Binsenkörbchen aussetzte auf den Nil, wo ihn entdecken und aus dem Wasser ziehen sollte die Tochter des Pharaos (2. Mose 2). Als Erwachsener, abermals bedroht an Leib und Leben, floh Mose aus Ägypten nach Midian (2. Mose 2,11-25) und kehrte erst zurück, als der HERR ihn rief: *Mach dich auf und kehre nach Ägypten zurück; denn alle, die dir nach dem Leben getrachtet haben, sind tot* (2. Moses 4,19). Nun zieht Josef mit Weib und Kind nach Ägypten, dem Land einstigen Kindermordes, einstiger Knechtschaft – jetzt ist es dort sicherer denn daheim. Indes, Ägypten ist nicht Josefs Land, so wenig wie es Moses Land war. Mose zog mit seinem Volk aus Ägypten, und auch Josef zieht fort, zurück in seine Heimat ...

Das Rad der Geschichte dreht sich – wie die Erde – in immer gleicher Bahn. Auf der Bühne der Welt spielen sich ab die ewig gleichen Geschichten. Die Akteure drehen am Rad der Zeit und das Publikum schaut zu. Gelangweilt, amüsiert oder angewidert. Die Kulisse mag sich ändern, die Maskerade, die Sprache, ändert sich aber auch der Stoff, aus dem gewoben sind die Geschichten, ändern sich die Darsteller in ihrem Innersten, ändert sich das Publikum?

Hat die Menschheit ihre Lehre gezogen aus all den Aufführungen und sich entwickelt zu einer neuen, einer besseren, einer höheren Art?

Die Rückkehr

(Matthäus 2,19-23)

Als Herodes gestorben war, erschien dem Josef abermals ein Traumgesicht: „Kehre zurück! Die dem Kinde nach dem Leben getrachtet haben, sind tot." Also machte sich Josef mit Weib und Kind auf den Weg. Als er aber hörte, Archelaus regiere über Judäa an Stelle seines Vaters Herodes, fürchtete er sich, dorthin zu gehen. Fürchtete die Rache des Sohnes, schienen sich doch erfüllt zu haben des Vaters Befürchtungen: dem Geschlecht des Herodes war die Königswürde genommen. Der Sohn war zwar noch Landesherr, aber einer von Vieren: "Tetrarch", "Vierfürst" unter römischer Oberhoheit. Und so das Kind, der von den drei Weisen verheißene zukünftige König, noch lebte, verhieß das weiteres Unheil, weiteren Machtverlust. Musste der Sohn des großen Herodes nicht derart denken? So er tatsächlich auf Rache sann, konnte er sie ungehemmt ausleben als Landesherr. Die Römer würden einen Juden kaum schützen, erst recht kein Kind. Und so zog Josef denn weiter, zumal ihm erneut ein Traumgesicht erschien, das ihm riet, gen Galiläa zu ziehen. Landesherr war auch dort ein Sohn des Herodes: Herodes Antipas. Wusste Josef nichts davon oder fiel das nicht länger ins Gewicht, weil ihn hier wie dort ein Sohn des Herodes verfolgen konnte? Warum aber hatte es Josef nicht gleich nach Nazareth gezogen, wo er dort doch ansässig war? Warum hatte er zunächst geplant, sich in Judäa niederzulassen? Fürchtete er vielleicht, in Galiläa sei noch kein Gras über "die Sache" gewachsen: die uneheliche Geburt, die als Makel galt, als Befleckung. Zweifelte Josef, ob die jüdische Gemeinde ihn, sein Weib und das Kind willkommen heißen, ihnen Aufnahme und Schutz gewähren würde? Oder warum sonst wollte Josef zunächst gar nicht zurück nach Nazareth, von wo aus er einst losgezogen war gen Bethlehem, sich zählen zu lassen nach dem Gebot des Kaiser Augustus? Warum musste dem Josef erst ein Traumgesicht erscheinen, ihn zurückzubringen nach Nazareth? Auf dass erfüllt werde, was da gesagt ist durch die Propheten? *Nazoräer* werde ER genannt werden.

Und der Engel des HERRN *erschien dem Weibe (des Manoachs, aus der Sippe der Daniter) und sagte zu ihr: Gewiss du bist unfruchtbar und hast keine Kinder; aber du sollst schwanger werden und einen Sohn gebären. Nimm dich jedoch in Acht und trink weder Wein noch starkes Gebräu und iss nichts Unreines! Denn siehe, du wirst schwanger werden und einen Sohn gebären. Es darf kein Schermesser an seine Haare kommen; denn der Knabe wird von Geburt an ein Gott geweihter Nasiräer sein* (Richter 13,1-5). Ein *Ausgesonderter*, ein *Geweihter*: im Alten Testament der *Nasiräer*, im Neuen Testament der *Nazoräer*. Denn den Beinamen wird man ihm geben: *Nazoräer* werde ER genannt.

Nazaret(h), ein Ort, den es nur einmal gibt auf Erden? Neben dem Nazareth in Israel, gab und gibt es da nicht auch ein Nazaret in Äthiopien, dem früheren Kusch? Ein Nazaret, früher bezeichnet als Adama – *Adama'h*, der *Ackerboden*: Wortstamm des Namens *Adam,* der im Hebräischen zugleich für "Mensch" steht. Adam, der älteste Spross des Lebensbaumes im Garten Eden – ER, der jüngste, der Früchte tragende Spross – der Gesalbte des HERRN: der Nazoräer, der ins heile Land führt? Zwei Söhne, zwei Orte. Sind solche Gedankenverbindungen erlaubt oder zu weit hergeholt? Lässt sich der Garten Eden nicht orten – weder gedanklich noch geografisch?

Josef kehrt zurück mit Weib und Kind nach Nazareth – gegen seinen ursprünglichen Plan. Sind seine Befürchtungen berechtigt oder ist inzwischen Gras über "die Sache" gewachsen? Was erzählt man sich in Nazareth? Wurde noch gemunkelt über die uneheliche Geburt? Gilt Maria als befleckt, ER als *Bastard*? Wird ER konfrontiert mit dem Makel, unrein zu sein, gar verspottet, gehänselt, ausgegrenzt? Ein Stachel im Fleisch von Anfang an – wie die Erbsünde selbst? Weithin unbekannt ist bis heute, wie ER aufwuchs, was ER wusste über seine Geburt, was Maria ihm erzählte, wie Josef zu ihm stand, wer zum engeren Kreis seiner Familie zählte, wie sein Alltag aussah ... Vermutlich ist darum so wenig bekannt über seine Kindheit und Jugend, weil es der damaligen Zeit von untergeordnetem Interesse schien, nicht erwähnenswert. Denn war ER der von Gott gewollte Sohn von Anfang an, welche Bedeutung sollte da noch einnehmen seine Entwicklung vom Kinde hin zum Manne? Ohnehin maß die damalige Zeit der Kindheit und Jugend keine besondere Aufmerksamkeit bei oder gar Bedeutung zu: Kinder waren unfertige Erwachsene ohne eigenen Status, gar Sonderstatus. Beachtung erlangte ER erst als Erwachsener: sein mündiges Wort war von Interesse, das wollte man vernehmen: Berufenes Wort, nicht Kindermund.

Geschichten, die sich um seine Kindheit ranken, um sein Elternhaus, um Maria und Josef, wird es freilich schon gegeben haben. Schließlich hatten die Menschen jener Jahre Zeit. Zeit, einander zuzuhören, einander zu erzählen, Zeit für Geschichten. Die erzählte Geschichte, sie war das Medium schlechthin; sie allein konnte befriedigen die Neugierde, die Lust, Neues zu erfahren in einer Zeit, die noch arm war an Neuigkeiten: neuen und neusten Nachrichten; eine Zeit, die noch keine Übersättigung kannte, keinen Dauerkonsum via Radio, Fernsehen oder Internet. Selbst der schriftlich fixierte Text war Mangelware. Geschichten niederzuschreiben und zu vervielfältigen, war zeitaufwändig und teuer. Der Schreiber war genötigt, sich zu beschränken auf das Wesentliche, das absolut Notwendige: die Essenz zu destillieren. Auch das möglicherweise ein Grund, warum die Evangelien seine Kindheit ausfiltern. Im Fokus des Interesses steht sein Wirken, sein Wort, nicht seine Entwicklung hin zum Manne. Das Wenige, das heute überliefert ist aus seiner Kindheit, wurde spät erst schriftlich fixiert und ist heute mehr oder minder bekannt als Kindheitsevangelium des Thomas. Wegen der zeitlichen Distanz zum berichteten Geschehen bzw. der unklaren Entstehungsgeschichte lässt sich kaum mehr abschließend klären, ob das hier

Erzählte tatsächlich dem wirklichen Geschehen entspricht oder ob mehr der Wunsch Vater des Gedankens bzw. des Geschriebenen war. Solche sog. apokryphen (grch. verborgene) Schriften gelten als nicht kanonisch, d. h. sie sind nicht verbindlich für die christliche Lehre. Beeinflusst haben sie die Glaubenslehre gleichwohl, so speist sich beispielsweise der Marienkult der katholischen Kirche aus einer solchen apokryphen Schrift: dem Protoevangelium des Jakobus. Als kanonisch gilt indes nur eine einzige Geschichte, die überliefert ist aus seiner Kindheit:

Der Zwölfjährige im Tempel
(Lukas 2,41-52)

Maria und Josef gingen wie jedes Jahr zum Pessach-Fest nach Jerusalem. Dort wollten sie des Auszuges ihres Volkes aus Ägypten (2. Mose 12) gedenken und mit ihren Glaubensbrüdern feiern ein neues Jahr. Und da ER zwölf Jahre war, nahmen sie ihn mit, wie es der Brauch gebot. Und als vorüber waren die Feierlichkeiten und sie sich mit ihren Gefährten auf die Heimreise machten, bemerkten sie unterwegs, dass ER ihnen nicht gefolgt war. Sie suchten ihn überall und fanden ihn schließlich nach drei Tagen im Tempel sitzend, mitten unter den Lehrern, denen ER zuhörte und die ER befragte. Und alle, die ihn hörten, wunderten sich über seine Fragen, über seinen Verstand, über seine Aussagen. Maria aber schalt ihn: „Mein Sohn, warum hast du uns das angetan? Wir waren in großer Sorge und haben dich überall gesucht." ER aber sprach: *„Warum habt ihr mich gesucht? Wisst ihr nicht, dass ich sein muss in dem, was meines Vaters ist?"* Sie aber verstanden nicht, was ER da sprach. Und ER ging mit ihnen nach Nazareth und war ihnen gehorsam. Maria aber behielt alles im Herzen, was geschehen war. Und so wuchs ER heran und nahm zu an Weisheit, und die Gnade Gottes war mit ihm.

Warum ist die Geschichte des Zwölfjährigen so wesentlich, dass sie Aufnahme findet im Lukas-Evangelium? Soll gezeigt werden: schon der Zwölfjährige kennt seinen Platz? ER weiß, wem ER angehört, wer sein wahrer Vater ist, ER kennt dessen Gesetz und erfüllt es von Anfang an. Vom 13. Lebensjahr an ist der jüdische Junge verpflichtet, alle jüdischen Gesetze zu beachten und an allen Hauptfesten teilzunehmen – was ER denn auch tut. ER unterwirft sich dem Gesetz von Anfang an. Für das Lukas-Evangelium ein Aspekt der unbedingten Erwähnung würdig.

Die hier angesprochene Religionsmündigkeit findet heute ihr Pendant in der Konfirmation (lat. für Befestigung/Bestätigung) der Protestanten bzw. der Kommunion (lat. für Gemeinschaft) der Katholiken. Mit der Konfirmation, dem Glaubensbekenntnis und der Einsegnung werden die jungen Christen in die Gemeinde der Erwachsenen aufgenommen; sie sind fortan zugelassen zum Abendmahl. Der feierlichen Aufnahme in die Gemeinde voraus geht ein zweijähriger Konfirmandenunterricht der in der Regel 12-14-jährigen Kinder. Die katholische Kirche nimmt ihre Kinder um einige Jahre früher "in die Pflicht". Ab der Erstkommunion ist jeder Katholik gehalten, wenigstens einmal jährlich (zur österlichen Zeit) zu kommunizieren, d. h. die Eucharistie zu empfangen: teilzuhaben am Abendmahl.

Johannes der Täufer

(Matthäus 3,1-12, Markus 1,2-8, Lukas 3,1-18, Johannes 1,19-28)

In der Wüste von Judäa predigte Johannes, der Täufer: „Kehrt um, denn das Himmelreich ist nahe!" Nahe ist ER, den Jesaja verhieß vor mehr als 700 Jahren!
Eine Stimme ruft:
In der Wüste bereitet dem HERRN den Weg,
ebnet die Bahn in der Steppe unserem Gott.
(Jesaja 40,3)

Johannes, der Rufer in der Wüste, der Wegbereiter. Denn welcher Herr, und sei es gleich der Höchste, wollte sich selbst bereiten den Weg: ausrollen vor sich selbst den roten Teppich? Ein Wegbereiter von mächtiger Stimme ist Johannes – ausdrucksstark, beeindruckend und doch von unscheinbarem Äußeren: ein Kleid aus Kamelhaar – nicht fein gesponnen, sondern grob gewirkt – gehalten von einem Ledergürtel. Ärmlich sein Äußeres, ärmlich wie seine Lebensweise. Von Heuschrecken und wildem Honig nährte Johannes sich – ein Asket, ein Berufener, ein Prophet? Freiwillig war der Täufer in die Wüste gezogen – um zu darben? Weil er sich gegen das Leben entschied oder dafür? Weil Johannes den Tod spürte oder die Fülle des Lebendigen: den Gott allen Lebens? Den Gott, *der da ist*, denn also hatte der HERR dem Mose erwidert, als der ihn befragte nach seinem Namen: *Ich-bin-da*, so sollten sie heißen den ewig Seienden (2. Mose 3,14).

YHVH (= *JHWH*) die vier Buchstaben, die stehen für den unaussprechlichen Namen des Höchsten – das Tetragramm Gottes: vier Konsonanten; denn das Hebräische kennt – wie alle semitischen Sprachen – keine Vokal-, sondern nur die Konsonanten-Schrift. Wie nun erklingt der Name des HERRN: in ihren Ohren, in ihren Herzen? Hören sie auf YAHVEH (= JAHWEH), heißen sie IHN den Lebendigen, den ewig Seienden, heißen sie ihn YAHVEH oder JEHOVAH? Welcher Laut ertönt in ihnen, was hallt nach in ihrem Innersten, erfassen sie den Namen dessen, *der-da-ist*? Der da ist in der Gegenwart: im Hier und Jetzt. Kein Gott aus fernen Tagen, kein Gott der Toten, auch kein Gott noch ferner Zukunft, sondern ein Gott der Jetzigen, der Lebendigen. Wer wollte nahe sein seinem HERRN, der sich ausruht auf den vier Buchstaben, dem tot ist das Tetragramm des Höchsten? Johannes ist lebendig der Name des HERRN, lebendig das göttliche Wort, lebendig an jedem Ort – auch in der Wüste. Ist nicht wüst erst ein Ort, wo fern ist das Wort, wo fern ist der Geist Gottes?

Und viele kamen aus dem Jordantal und aus Jerusalem, um Johannes zu hören und sich *taufen* zu lassen im Jordan. In dem Fluss, der verbindet den Fische reichen See Genezareth mit dem Toten Meer. Einzu*tauchen* in die Fluten als äußeres Zeichen innerer Umkehr – an geschichtsträchtigem Ort. Hier war einst entrückt worden zu Gott der große Prophet Elijah (9. Jh. v.u.Z.), und hier fand auch zurück nach langer Wüstenwanderung das Gottesvolk: zurück ins Gelobte Land unter Führung des Josuas. Wie sollte ein solch symbolträchtiger Ort nicht identifiziert werden von einem Volk, das seine Identifikation aus seiner Geschichte generiert? *„Bringt Früchte hervor, die eure Umkehr bezeugen",* rief Johannes ihnen zu. *„Wer zwei Gewänder hat, der gebe eines davon dem, der keines hat, und wer zu essen hat, der handle ebenso."* Und an die Soldaten gewandt, mahnte er: *„Misshandelt und erpresst niemanden, begnügt euch mit eurem Sold"* (Lukas 3,8-13). Und Johannes warnte sie, nicht selbstgefällig darauf zu vertrauen, Abraham zum Vater zu haben, denn Gott mache aus den Steinen der Wüste Kinder Abrahams, so es ihm gefalle. Viele waren derart ergriffen von seinen Worten, dass sie den Täufer für den verheißenen Messias (= Christus = Gesalbter des HERRN) hielten oder für Elijah, denn war er nicht gekleidet wie der große Prophet: das gleiche Gewand und auch das nämliche Wort?

Die Messias-Erwartungen waren nicht einheitlich, allgemein erhofft wurde die Ankunft des verheißenen Sprosses aus dem Hause David. Ersehnt wurde aber auch die Wiederkehr des (*in den Himmel entrückten*) großen Propheten Elijah, der konsequent und unermüdlich eingetreten war für die Verehrung des einen HERRN, des einen Gottes (2. Könige 2,11). Für die Endzeit erwartet wurde jedenfalls das Auftreten eines dem Mose ähnlichen Propheten, wie geschrieben steht im 5. Buch Mose (18,15-19): *Einen Propheten wie dich will ich ihnen erwecken aus ihren Brüdern und meine Worte in seinen Mund geben; der soll reden zu ihnen all das, was ich ihm gebieten werde. Doch wer meine Worte nicht hören wird, die ER da redet in meinem Namen, von dem will ich's fordern.* Ein Prophet soll ihnen erweckt werden *aus ihren Brüdern.* Brüdern, dem Leibe nach: Brüder, wie Kain und Abel – Brüder, die morden? Oder Brüder, wie Isaak, der geopfert werden sollte, und Ismael, der geschickt wurde in die Wüste?

Und es steht hinfort kein Prophet in Israel auf gleich Mose, den der HERR *erkannt hätte von Angesicht zu Angesicht,* heißt es im 5. Buch Mose (34,10). In Israel wird es keinen Propheten geben gleich Mose – wohl aber anderswo? Ist nicht der Glaube bis heute verbunden mit dem Namen *des* Propheten oder ist das Wort *des* Propheten, ist der Koran weniger denn das Wort des Mose? Wer wollte sich anmaßen zu sagen, er sei näher dem Wort des Höchsten: der folgt dem Propheten oder der folgt dem Messias? Und wer sicher sein, wem er folgt: einem Propheten, dem Propheten – einem Gesalbten, dem Gesalbten – einem Herrn oder dem HERRN?

Die Zeitgenossen des Johannes kamen zum Jordan, jenen zu sehen und zu hören, der dort taufte. Taufte in wessen Namen und mit welcher Vollmacht, das fragten sich vor allem die Priester und Pharisäer. Ein Aufschneider womöglich, ein Scharlatan? Unmöglich, dass er mehr sei, mehr gelte als sie selbst? Und so waren sie gekommen, ihn auf die Probe zu stellen, womöglich zu Fall zu bringen, auf dass das Volk nicht länger höre auf den Täufer, nicht länger folge seinem Wort. Denn sie liebten ihr eigen Wort mehr denn das Gottes. "Otterngezücht", beschimpfte Johannes sie darum.

„Ich taufe euch nur mit Wasser – zum Zeichen eurer Umkehr", ließ Johannes all jene wissen, die zu erfahren begehrten, wer er denn nun sei: Elijah, der Prophet oder der verheißene Messias? *„Der da aber nach mir kommt und des ich nicht wert bin, ihm die Schuhe aufzubinden, wird euch mit Feuer taufen. ER wird trennen die Spreu vom Weizen. Und die Spreu wird ER verbrennen, den Weizen aber in seine Scheune bringen"* (Johannes 1,19-28). Im Evangelium nach Johannes verneint der Täufer nachdrücklich, der Messias zu sein, bejaht auch nicht Elijah zu sein, der erwartete Prophet, sondern bekennt sich allein zum Rufer in der Wüste. Aber ist nicht der Rufer in der Wüste, dem öden Land, das seinen HERRN nicht kennt, Prophet: Verkünder der Wahrheit? Und sollte nicht erst der Prophet, sollte nicht erst Elijah wiederkehren, um ihm: dem Sohn des Höchsten, zu bereiten den Weg? *Prophet des Höchsten*, werde man Johannes heißen, so hatte Zacharias seine Geburt gepriesen (Lukas 1,67-80). Wie aber sollte der Täufer selbst von sich künden: unbescheiden als der große Elijah oder bescheiden als Rufer in der Wüste? Johannes, der Wegbereiter dessen, der nach ihm kommt und mit Feuer tauft?

Wasser reinigt – von außen, Feuer aber reinigt auch inwendig. Die Flamme löscht aus, was brennbar, was vergänglich ist. Den Frierenden aber wärmt das Feuer, dem Suchenden (er)leuchtet es den Weg und dem Wartenden entbrennt es zur Flamme der Liebe. Die äußere Reinigung wird jedem gewährt – ohne Unterschied. Doch trennt nicht erst die innere Umkehr, die Feuertaufe, die Spreu vom Weizen? Der äußeren Reinigung muss die innere Reinigung vorangehen oder doch zumindest folgen. Schon die Taufe des Johannes, die Taufe mit Wasser geht weit über die damals üblichen jüdischen Reinigungsriten hinaus: sie kann nur einmal empfangen werden und sie braucht einen Mittler. Kann der Einzelne nicht länger unvermittelt zu Gott gelangen? Ursprünglich wurde die Taufe Erwachsenen erteilt, heute werden in aller Regel Kinder getauft. Der Christ soll von Anfang an bereit und aufgenommen sein in diese oder jene Glaubensgemeinschaft. Was aber, wenn er sich später einer anderen oder keiner Glaubensgemeinschaft zugehörig fühlt, wenn er austritt aus der Kirche, kann denn das einmal erteilte Sakrament: der Segen, um den Gott gebeten wurde, zurückgenommen werden? Und was, wenn der Getaufte sich von Gott abwendet, wenn das äußere Zeichen des Bekenntnisses ganz und gar keine innere Bestätigung fand? Stünde der Getaufte nicht unreiner vor Gott als der Ungetaufte, da er doch nichts anderes bekannte, als Gott nur zum Scheine anzugehören? Die nachreformatorische Bewegung der Wiedertäufer lehnte die

Kindstaufe strikt ab: aus gutem Grunde? Sollte die Entscheidung, Gott angehören zu wollen, nicht eine bewusste sein: eine, die niemand fällen oder vorweg
nehmen kann für einen anderen?

Die Taufe

(Matthäus 3,13-17, Markus 1,9-11, Lukas 3,21-22, Johannes 1,32-34).

Auch ER kam von Galiläa an den Jordan, um sich taufen zu lassen. Johannes
aber wehrte ab: *„Wer bin ich, dass du zu mir kommst? Ich bedarf getauft zu
werden von dir?"* Der Täufer erkannte ihn sogleich – als seinen Verwandten im
Geiste. Erkannte er ihn ebenso als seinen Verwandten dem Leibe nach? Sind
sie schon zuvor einander begegnet, etwa anlässlich eines religiösen Festes, in
Jerusalem vielleicht? Was erzählte man sich in Jerusalem über ihn und was daheim, im Hause des Priesters Zacharias? *„Wer bin ich, dass die Mutter meines
HERRN zu mir kommt?"*, hatte Elisabeth, Johannes' Mutter, voll Ehrfurcht gefragt, als die jüngere Maria sie besuchte. Nun fragt Johannes ihn: „Wer bin ich,
dass du zu mir kommst?" Was war dem Täufer bereits zu Ohren gekommen
über ihn. Kannte er die Lobpreisungen des frommen Simeon und der Prophetin
Hannah, die ergangen waren, da ER in den Tempel gebracht worden war, um
beschnitten zu werden als Zeichen der Bündnistreue (Lukas 2,21-28)? Oder
bedurfte Johannes keines fremden Zeugnisses, keines anderen Bekenntnisses,
weil sein eigenes Bekenntnis mehr als genügte? Weil, wer sich bekennt, auch
die Wahrheit erkennt? Der Täufer erkannte ihn, ihn, dessen Geburt noch unglaublicher schien als die des Johannes' selbst. Beide waren sie Gott gewollte
Söhne. Beider Mütter waren verspottet worden: Elisabeth wegen ihrer langen
Unfruchtbarkeit und Maria wegen ihrer Fruchtbarkeit vor der Zeit. Dem Täufer
wird der Spott der Leute kaum unbekannt geblieben sein. Aber er traute nicht
ihrem Wort, sondern allein dem Wort Gottes, und Johannes erkannte, dass ER
im Wort ist: im Wort dessen, der da ist. *Ich-bin-da*, so hatte Gott dem Mose geboten, ihn zu heißen (siehe weiter oben) und nun **ist ER da**: Fleisch gewordenes Wort. Nicht bloßer Verkünder der göttlichen Botschaft, sondern die Botschaft selbst. Sein Wort ist nicht allein Wort, sondern zugleich Werk, und sein
Werk nicht allein Werk, sondern zugleich Wort.

Johannes fühlte sich nicht würdig, ihn zu taufen, ER aber forderte den Täufer
auf:„Lass es also geschehen, denn es gebührt uns, alle Gerechtigkeit zu erfüllen." Johannes hatte ihn erkannt, ohne jedes äußere Zeichen, allein kraft seines inneren Bekenntnisses, kraft der Wahrheit, in der Johannes ist und die in
ihm ist. Ist es da nicht gerecht, dass jener, der als Erster keines äußeren Zeichens mehr bedarf, um zu erkennen, als Erster gewähren darf das äußere Zeichen des inneren Bekenntnisses? Also tauft Johannes ihn, und da ER getauft
ist und aus dem Wasser steigt, öffnet sich der Himmel und der Geist Gottes
fährt herab wie ein Taube. Die "Taube": Sternbild des östlichen Nachthimmels,
Symbol der Unschuld und des Friedens bis heute (im Gegensatz zum
"Falken"). Himmlischer Bote von Anbeginn: mit einem Ölzweiglein im Schnabel

bedeutete die Taube dem Noah in der Arche: Land in Sicht (1. Mose 8,11). Die Botschaft, die nunmehr verbunden ist mit der Taube, heißt: *Seht, das ist mein Erwählter, an dem ich Wohlgefallen habe.*

Seht, das ist mein Knecht, den ich stütze,
das ist mein Erwählter, an dem ich finde Wohlgefallen.
Ich habe meinen Geist auf ihn gelegt.
ER bringt den Völkern das Recht.
(Jesaja 42,1: *Das erste Lied vom Gottesknecht*)

Die Taufe als äußeres Zeichen innerer Umkehr. Wasser reinigt äußerlich, der Geist aber reinigt inwendig. *„Nur wer aus Geist und Wasser geboren ist, kann ins Reich Gottes gelangen"*, sagt ER darum (zu Nikodemus, der dem Hohen Rat angehört in Jerusalem). *„Was aus Fleisch geboren ist, ist Fleisch, was aus Geist geboren ist, ist Geist. Ihr müsst von Neuem geboren werden. Der Wind* (der Atem Gottes?) *weht, wo er will, du hörst sein Brausen, weißt aber nicht, woher er kommt und wohin er geht. So ist es mit jedem, der aus dem Geist geboren"* (Johannes 3,1-9).

Versuchung in der Wüste
(Matthäus 4,1-11, Markus 1,12-13, Lukas 4,1-13)

Und ER ging in die Wüste. Die Ödnis, die Einsamkeit suchte ER auf nach seiner Taufe. Warum? Johannes hatte ihn erkannt als den Erwählten Gottes und sich bekannt zu ihm (vgl. auch Johannes 1,29-34). Bedurfte ER eines solchen Zeugnisses, eines solchen Bekenntnisses vor der Welt – vor sich selbst? Oder war ER sich seiner Sendung selbst bewusst – von Anfang an? Musste ihm keiner einen Spiegel vorhalten, auf dass ER sich selbst erkenne? War ER sich seiner selbst sicher oder suchte ER die Wüste auf, um inne zu werden seiner selbst? Sich auf sich selbst besinnen, seinem Innersten lauschen: frei von äußeren Eindrücken und Ablenkungen, wo könnte man das besser als an einem wüsten, einem einsamen Ort?

Und ER fastete 40 Tage und 40 Nächte. 40 – eine Zahl, die Vollständigkeit und Abgeschlossenheit symbolisiert: hier also die volle Erkenntnis seiner selbst, das absolute Bewusstsein seiner Sendung? Weder Speise noch Trank nahm ER zu sich. Um sich zu kasteien, sich zu schwächen oder zu stärken, sich bereit zu machen? Denn nimmt nicht zu an Kraft, wer gelernt hat zu entbehren, gelernt hat zu entsagen? Ist nicht der erst frei, der seine Bedürfnisse beherrscht, besiegt? Bleibt, wer sich selbst nicht beherrscht, nicht in steter Abhängigkeit, in Schwäche? 40 Tage ohne Speise und Trank blieb auch Mose, um sich bereit zu machen für das Wort: das Gesetz des HERRN, das er schrieb auf die steinernen Tafeln (2. Mose 34,28). 40 Tage, so lange währt bis heute die Fastenzeit: die "Fleisch lose" Zeit zwischen Aschermittwoch, dem Ende des Karnevals (carne vale = Fleisch los) und Palmsonntag, dem Sonntag vor Ostern, der bis heute erinnert an seinen Einzug in Jerusalem, da Palmblätter gestreut wurden ihm zu Ehren. 40 Tage, um zu überwinden das Fleisch, auf dass ersterbe alle Begierde, ersterbe alles Fleisch und belebt sei allein der Geist? 40 Tage währte im alten Ägypten die Einbalsamierung des Leibes; sollen fortan 40 Tage dazu dienen, zu konservieren den Geist, also der Mensch doch sein soll *das Salz der Erde* (vgl. *Bergpredigt*: Matthäus, 5,13)?

Und da der Hunger ihn zu übermannen drohte, trat der unheilvolle Versucher an ihn heran und sprach: „Bist du Gottes Sohn, so befiehl den Steinen, Brot zu werden." ER aber entgegnete, wie geschrieben steht in der Schrift: *„Der Mensch lebt nicht vom Brot allein, sondern von alledem, was aus dem Mund des* HERRN *geht"* (5. Mose 8,3). Doch der Teufel, der alte (der innere?) Schweinehund, versuchte ihn weiter und führte ihn vor die Heilige Stadt, stellte ihn daselbst auf die Zinne des Tempels und sprach: „Bist du Gottes Sohn, so wirf dich hinab; denn es steht auch geschrieben: *Seinen Engeln ist befohlen, dich zu behüten auf all deinen Wegen. Auf Händen sollen sie dich tragen, auf dass dein Fuß an keinen Stein stoße"* (Psalmen 91,11-12). ER aber sprach: *„Es steht auch geschrieben: Du sollst Gott, deinen* HERRN, *nicht versuchen"* (5. Mose 6,16). Der Teufel, der alte Verführer, indes ließ nicht ab von ihm, alle Reiche und Reichtümer dieser Welt führte er ihm vor und versprach: „Das alles will ich dir geben, so du niederfällst vor mir und mich anbetest." ER aber entgegnete: „Hebe dich hinweg von mir, Satan! Denn es steht geschrieben: *Du sollst allein Gott anbeten. Nur ihm sollst du dienen und keine Götter neben ihm verehren"* (5. Mose 6,13-14). Da verließ ihn der Teufel. Und siehe, die Boten Gottes traten zu ihm und dienten ihm.

ER besiegt den Teufel, den alten Widersacher, besteht den inneren Kampf, widersetzt sich der Versuchung. Nicht Herr über Reichtümer und Reiche will ER sein, sondern Herr seiner selbst. Befreit von den Einflüsterungen dieser Welt, ist ER wahrlich unabhängig und frei, seinen Weg zu gehen, frei vor Gott – frei für Gott. *Und siehe, die Boten Gottes traten zu ihm, und dienten ihm.* Wie sollte niederknien vor den Dingen dieser Welt, wer sich ganz und gar selbst beherrscht? Und wer, der Herr ist seiner selbst, wollte dienen einem anderen Herrn denn Gott allein?

Der Versuchung widerstehen, hart werden gegen sich selbst! Wer hart ist im Nehmen, zerbricht nicht so leicht an den Widrigkeiten des Lebens und ist beständig? Weniger (be)gierig zu nehmen denn zu geben – ist edel: ein Edelmann, ein Edelstein, geschliffen wie ein Diamant – geadelt? Ist nicht das Edelste immer auch zugleich das Härteste: ist Gold nicht härter denn Silber und der Schliff des Diamanten nicht edler denn der des Glases? In der Wüste barg ER den Schatz, der ihm innewohnte von Anbeginn. Wer bedürfte nicht der inneren Einkehr, des Rückzuges von der Welt, um zu entdecken, was in ihm steckt, um zu heben den eigenen Schatz? Wer wollte öffnen solch inneres Schatzkästchen, der offen ist allein für die äußere Welt, der strebt nach irdischen Schätzen nur?

Das Johannes-Evangelium spart die Versuchung in der Wüste aus. Warum? Weil ER Fleisch gewordenes Wort ist: Gottes Wille von Anbeginn; weil es ihm gegeben ist, der Versuchung zu widerstehen, gegeben von Anbeginn? Demgegenüber zeigen die synoptischen Evangelien auf, dass auch ER versucht wurde in der Wüste – keine unerreichbare Lichtgestalt, sondern Mensch aus Fleisch und Blut: ausgesetzt den Verführungen der Welt wie jeder andere auch. Denn so ER sich nicht zu bewähren hätte vor Gott, wie wollte ER Vorbild sein all jenen, die versucht werden auf Erden, wie wollten sie nacheifern einer Lichtgestalt, die gar nicht fehlen kann? War es Gottes Wille von Anbeginn, dass ER widerstehe, ist dann nicht ebenso festgelegt, wer erliegt der Versuchung? Und so alles vorherbestimmt ist, wozu dann erst aufnehmen den Kampf wider den inneren Schweinehund? Einem solchen Fatalismus lässt die "Versuchung in der Wüste" erst gar keinen Raum: ER, der Erwählte Gottes, bleibt keinesfalls verschont von den Widrigkeiten und den Versuchungen dieser Welt. Im Gegenteil: Gott prüft die Seinen und wen Gott erwählt, der ist nicht etwa aller Lasten entbunden, sondern steht in besonderer Verantwortung und Pflicht. Einer Pflicht, der sich die Erwählten, wie das Alte Testament mehrfach berichtet, nicht selten zu entziehen wünschen. Nicht nur Jakob stritt mit seinem Gott, auch Mose haderte mit seinem göttlichen Auftrag. Wer aber wollte sich entziehen dem Willen Gottes, ihm entfliehen? ER stellt sich seiner Aufgabe, ist Gott verpflichtet von Anfang an. Ganz im Dienste Gottes steht ER und doch inmitten der Welt. Den Lasten dieser Welt ist ER nicht nur ausgesetzt, ER trägt vielmehr die größte Last. Seine Aufgabe ist ebenso gewaltig wie sein Kampf – und ER nimmt den Kampf auf – bedingungslos. Wie sollten da verzagen jene, deren Aufgabe so viel kleiner ist?

Berufung der ersten Jünger

(Matthäus 4,18-22, Markus 1,16-20, Lukas 5,1-11, Johannes 1,35-51)

Als ER am See von Galiläa entlangging, sah ER zwei Fischer: Simon und dessen Bruder Andreas, die ihre Netze auswarfen, und ER forderte sie auf: „Folgt mir nach, ich will euch zu Menschenfischern machen!"

Menschen sind keine Fische: wer fischt nach Menschen, hebt sie aus einem fremden Element: fängt sie nicht, sondern befreit sie? Der Fänger als Befreier, das Netz als Rettungsanker; denn muss nicht untergehen, wer nicht ist in seinem Element? Fischer sind die Ersten, die ER erwählt. Einfache Männer aus dem Volke; sie folgen ihm bereitwillig. Nicht die Welt bindet sie, sondern ER. Wären sie vermögend gewesen, wäre es ihnen da ebenso leicht gefallen, ihm zu folgen und alles stehen und liegen zu lassen? Dem Johannes-Evangelium (1,35-42) zufolge sind Simon und Andreas ihm nachgefolgt, weil sie zuvor das Wort des Täufers gehört und Johannes ihn als *Lamm Gottes* gepriesen hatte. Während das Matthäus-Evangelium stärker die Berufung selbst in den Blickpunkt rückt, ist dem Johannes-Evangelium das Berufensein, die innere Bereitschaft zur Gefolgschaft, zentral. Das eine ist ohne das andere nicht denkbar, es sind die beiden Seiten ein- und derselben Münze. Wer fühlt heute sich berufen, wer ist heute bereit, wenn der Ruf ihn ereilt: jener, der viel oder der nichts sein eigen nennt; jener, der viele Worte studierte oder jener, den noch kein Wort bindet?

Fischer sind die Ersten, die ER zur Nachfolge beruft: auf Simon und Andreas folgen Jakobus, der Sohn des Zebedäus, und sein Bruder Johannes. Auch sie lassen alles hinter sich, hängen alles an den Nagel: ihren Broterwerb, ihr Fischerboot, ihre Heimstatt – um sich an ihn zu hängen, um einen neuen Weg zu beschreiten als Menschenfischer und – als Brüder. Zwei Brüderpaare vereint in der Gefolgschaft. Nicht Eifersucht und Konkurrenz, nicht Bruderhass, sondern Bruderliebe wird zur neuen Par*Abel*.

2 x 2 = 4. Die Vier gilt als Zahl kosmischer Einheit: die vier Himmelsrichtungen, die vier Jahreszeiten, die vier Elemente (Wasser, Luft, Feuer, Erde). Vier Evangelien, vier Jünger – vier Brüder: Jakobus, Johannes, Andreas und Simon, den Erst-Berufenen, den ER "Kephas" nennt, in der griechischen Übersetzung Petros: "Fels" – der tragende, feste Grund. *"Fels"*, so pries Mose den HERRN (5. Mose 32,3-4). Der Fels, auf den sie bauen können, der feste Grund, für den fortan steht der erste Jünger, den ER berief: Simon, der Fels: "Petrus". Gab ER allein Simon einen neuen Namen – einen Namen, der steht für neues Leben: ein Leben, das ER hob aus der Taufe? Von Johannes, dem Bruder des Jakobus, den vierten Jünger, den ER berief, Träger und Gewährsmann auch des vierten Evangeliums, heißt es, dass er bekannt war als "der Jünger, den ER liebt" – und der trägt im Johannes-Evangelium (1,35-51) den Namen "Nathanael"? Bezeugt ist dieser Name in keinem anderen Evangelium; nach Johannes indes steht Nathanael für eben jenen Jünger, den ER entdeckt oder erweckt? unter einem Feigenbaum (der ersten Kulturpflanze der Menschheit). Nathanael glaubt, weil ER ihm sagt: *„Ich sah dich* (früher schon: in Kana?) *sitzen unter dem Feigenbaum".* Ein Wirken im Verborgenen, eine Liebe, die blind ist, die erst erweckt werden muss?

Unter dem Apfelbaum weckte ich dich,
wo in Wehen kam, die dich gebar.
(Hohelied 8,5)
Erweckt unter einem Frucht tragenden Baum (unter dem schon Buddha zur Erkenntnis gelangte): entdeckt der Weisheit Kern, des Lebens Frucht: die Liebe. Steht Johannes, steht "Nathanael" für die Liebe, wie Simon, wie "Petrus" steht für den festen Grund? Namen, die mehr sind denn Schall und Rauch?

Welcher Name ist groß, bedeutsam: in den Augen der Welt – und vor Gott? Was groß ist in den Augen der Menschen, muss nicht groß sein vor Gott, und was klein ist in den Augen der Menschen, muss nicht klein sein vor Gott. ER stammt aus Nazareth, einem kleinen, eher unbedeutenden Ort, und doch soll gerade dieser Ort verbunden sein mit seinem Namen: "Nazoräer", werden sie ihn heißen. Ein kleiner Ort, ein kleiner Name: klein in den Augen der Welt.

Die Hochzeit zu Kana

(Johannes 2,1-12)

Am dritten Tag fand eine Hochzeit statt zu Kana (das sich heute geografisch nicht mehr genau verorten lässt) in Galiläa. Am dritten Tag, wie ist die Zeitangabe zu verstehen: ist der dritte Tag seines Wirkens gemeint – seines gegenwärtigen oder seines zukünftigen Wirkens? Zur Hochzeit geladen sind ER, seine Jünger und seine Mutter, die ihn hinweist auf einen Mangel: „Sie haben keinen Wein mehr." Woraufhin ER entgegnet: „Weib, was ist dir und mir?" Ist seine Stunde schon gekommen? Die Stunde, da offenbar, da enthüllt werden soll der volle Wille seines Vaters? Ist das hier die Stunde der Wahrheit? Die Hochzeit – ein neuer Bund wird geschlossen! Den Alten Bund schloss Gott mit Abraham (Vater Vieler), der Stammvater werden sollte vieler Völker (1. Mose 17,2-4). Nun ist ER gekommen, den Neuen Bund zu schließen: den Bund fürs Leben, den Bund der Liebe. (Als Bräutigam, wie ER sich später selbst einige Male nennen wird, reicht ER wem die Hand, wartet auf wessen Ja-Wort?) Dem Bräutigam sollte jedenfalls gelegen sein am Wohl seiner Gäste. Also weist ER an die Diener, zu füllen die Krüge – mit Wasser, auf dass davon koste der für das Festmahl Verantwortliche. Der lässt sogleich den Bräutigam rufen und empört sich: „Jedermann gibt zuerst den guten Wein und erst, wenn sie trunken geworden, den geringeren; du aber hast den guten Wein bisher behalten." Einen Wein von geringerer Qualität zu kredenzen als jenen, den der Bräutigam auftischen ließ, hieße: Wasser zu servieren. ER schenkt den Hochzeitsgästen reinen Wein ein: Vorrat ist genug da, aber der gute Wein wird ihnen vorenthalten, verborgen vor ihnen! Nach dem Johannes-Evangelium ist dies das erste Zeichen, das ER gibt. Die Wahrheit kommt ans Licht, ER serviert sie ihnen – wandelt Wasser zu Wein.

Warum berichten die synoptischen Evangelien nicht über die Hochzeit zu Kana? Dass ER teilnahm an einer Hochzeit, dem (jüdischen) Großereignis jener Zeit schlechthin, ist mehr als wahrscheinlich, vermutlich war ER zu mehreren Hochzeiten geladen. Das peinliche Ereignis freilich, das Armutszeugnis, dass der (falsche) Bräutigam sich selbst ausstellte: nicht um das Wohl seiner Gäste besorgt zu sein, sondern ihnen vorzuenthalten den guten Wein, wer mochte solches publik machen? Wer glaubhafter bekunden den wahren Bräutigam denn Nathanael, der stammte aus Kana, wie es am Ende des Johannes-Evangeliums (21,2) heißt: Nathanael (= Johannes?), "der Jünger, den ER liebt"?

Erstes Wirken in Galiläa

(Matthäus 4,12-17, 4,23-25)

Die Verhaftung Johannes des Täufers markiert den Beginn seines Wirkens in Galiläa (vgl. Markus 1,14-15). Ins Gefängnis hatte Herodes Antipas den Täufer werfen lassen, weil der ihm öffentlich vorgeworfen hatte, in Schande zu leben mit Herodias, dem Weibe seines Bruders, also Ehebruch zu begehen! Öffentlich brüskiert zu werden – nicht etwa von der römischen Besatzungsmacht, das hätte sich Herodes Antipas wohl oder übel gefallen lassen müssen, sondern brüskiert zu werden von einem einfachen Mann aus dem Volke: gedemütigt vor aller Welt, welcher Machthaber ließe sich dergleichen gefallen? Die Frage nach der moralischen Integrität provozierte sie die Machthaber aber immer in der gleichen Art und Weise – provoziert sie auch heute noch? Oder provozieren Kratzer am äußeren Bild gegenwärtig mehr denn solche am inneren Sein? Ist der Vorwurf des Ehebruchs heute weniger herausfordernd denn die Frage, ob das Haar gefärbt oder der Ausschnitt des Kleides nicht doch ein wenig zu gewagt sei?

Johannes, der sich erhob wider seinen Landesherrn, landet im Gefängnis: eingekerkert, angekettet, festgesetzt. Der aber, dem Johannes ebnete den Weg, zieht weiter ins galiläische Land, gen Kafarnaum. Nazareth lässt ER hinter sich und begibt sich ins Land der Stämme Sebulon und Naphthali, die verschleppt worden waren vor langer, langer Zeit von den Assyrern (722 v.u.Z.). Seither lebten dort vor allem Heiden, die nicht glaubten an den einen Gott. Auf dass erfüllt werde, was gesagt ist durch den Propheten Jesaja (8,23, 9,1): *Einst hat Gott das Land Sebulon und das Land Naphthali in Schmach gebracht, hernach aber wird es zu Ehren kommen, das Land jenseits des Jordan, das Galiläa der Heiden. Das Volk, das in Finsternis lebt, sieht ein helles Licht.* Und das helle Licht ist ER, von dem der Täufer kündete: *„Kehrt um, denn das Himmelreich ist nahe!"* (Im Judentum ist "Himmel" die übliche Umschreibung für Gott; mit Himmelreich ist mithin das Reich Gottes gemeint.)

Galiläa – kein Land des Glaubens, sondern Land der Heiden – dort predigt ER, lehrt ER, heilt ER, heilt im Volk allerlei Krankheit und Leid. Und sein Ruf verbreitet sich schnell, so dass man zu ihm bringt die Leidenden und die Kranken, die Besessenen, die Mondsüchtigen und die Gicht-Brüchigen – und ER heilt sie alle.

Ich bin der HERR, *dein Heiler* (Heilung – nicht Behandlung, vgl. 2. Mose 15,26). Warum leidet der Mensch? Und leidet er "nur" an den Wunden seines Leibes, leidet er nicht auch und nachgerade an den Wunden seiner Seele? Leidet, weil der Leib nicht in Einklang steht mit dem Geist und der Geist, die Seele nicht in Einklang mit Gott? Ist ER gesandt, den Missklang aus der Welt zu schaffen: zu beheben die Kakophonie und wieder herzustellen die göttliche Harmonie?

54

Nach dem Lukas-Evangelium (3,23) ist ER *etwa dreißig Jahre alt* zu Beginn seines Wirkens. Dreißig Jahre galt dazumal als das Alter, das erst befähigte für besondere Aufgaben. "Reif" konnte kein "Rabbi" sein jünger denn dreißig. Sein öffentliches Wirken fällt nicht mehr in die Zeit des Augustus, sondern in die Ägide des Kaiser Tiberius (14-37 n.u.Z.), des neuen "Schutzherrn". Erloschen aber ist der Stern des Augustus mitnichten, entrückte ihn nicht erst der Tod in höhere Sphären? Der Vergöttlichung des verstorbenen *princeps* entspricht auf Erden die weltliche Macht: das Kaisertum des Tiberius. Eine Macht, die leuchtet hell wie ein Stern: eine Macht, die schenkt dem Volke reinen Wein ein, eine Macht, die stärkt, die heilt das Volk? Wer ist bezeugt als Heiler, Retter, Bräutigam und wem wird gehuldigt? Lukas berichtet, wie ER schon zu Beginn seines Wirkens auf Ablehnung stößt – ausgerechnet in seiner Heimat: Nazareth. Gilt ER dort nichts, weil sie ihn kennen als "Sohn des Zimmermanns"? (War ER vielleicht selbst tätig als Zimmermann, baute ER auf im Auftrag der Welt, im Auftrag des Kaisers, bevor ER baute auf das Haus seines Vaters?)

Gilt der Prophet nichts im eigenen Land? Stellt Lukas darum Nazareth und die Ablehnung, die ihm dort entgegenschlägt, programmatisch an den Anfang? Ein Unterschied zu Markus und Matthäus – eine Abweichung oder eher Ergänzung? Ist die "Hochzeit zu Kana" Abweichung? Programmatisch steht sie bei Johannes am Anfang seines Wirkens. Und noch ein anderes Ereignis stellt Johannes (2,13-25) an den Anfang: die Reinigung des Tempels zum Pessach-Fest in Jerusalem – ein Ereignis, über das in den synoptischen Evangelien erst gegen Ende berichtet wird. Abweichungen, Unterschiede statt glaubhafter (übereinstimmender) Zeugnisse? Sind die Evangelisten denn Chronisten? Ist für sie entscheidend die Frage nach dem realen zeitlichen Ablauf, treibt sie nicht viel mehr um das Anliegen, die Botschaft möglichst stringent und überzeugend zu vermitteln? Wie wollte, wer glaubhaft berichten möchte über ein schier unglaubliches Ereignis, sich allein orientieren am zeitlichen Ablauf, statt zuweilen vor- oder zurückzugreifen oder auch zusammenzufassen, auf dass verstanden werde, was nicht zu verstehen ist?

Die Evangelien wandten sich an ein Publikum, das noch unwissend war, das keinerlei Kenntnis hatte von den schier unglaublichen Ereignissen, das erst noch überzeugt werden wollte von der neuen Botschaft, der noch jungen Lehre. Während die synoptischen Evangelien unisono aus einer Perspektive berichten, die auf eine zukünftige (Heils)Erwartung hin ausgerichtet ist, eröffnet das Johannes-Evangelium die Perspektive des Heils im Hier und Jetzt. Was geschehen ist, ist nicht vergangen: ER bleibt Bräutigam; ER reinigt auch gegenwärtig von den Sünden, reinigt die Wunden, reinigt das Haus seines Vaters. Die zeitlichen Dimensionen verschmelzen: ER ist zeitlos: nicht vergangen, nicht zukünftig, sondern ganz und gar gegenwärtig: **ER lebt**!

IM ANFANG WAR DAS WORT

Im Anfang war das Wort,
und das Wort war bei Gott,
und Gott war das Wort.
(Johannes 1,1)

Die Bergpredigt
(Matthäus 5,1-7,29)

Wie in der Ur-Zeit das Wort steht vor dem Werk, so geht das Wort auch voraus dem Werk in der jungen Zeit – der Zeit, da ER wandelt auf Erden. Zusammengefasst, gleichfalls auf den Punkt gebracht, ist das junge Wort in der berühmten Bergpredigt: der Essenz seiner Botschaft. Aufgeschrieben nicht von ihm selbst, sondern von jenen, die ihm folgten, von seinen Schülern: den Jüngern der neuen, noch jungen Lehre. Wie sollten sich jene, die ihm anhingen, die ihm folgten, die weitergeben wollten sein Wort, nicht Notizen gemacht haben, so ER predigte? Seine Werke mochten ihnen deutlich vor Augen stehen: unvergessliche Bilder, die verhaftet blieben dem Gedächtnis. Wer aber erhalten wollte seine Reden voll umfänglich und präzise, erhalten über die Zeit, um authentisch weiterzugeben die Botschaft von Generation zu Generation, der war gehalten, das Gehörte schriftlich zu fixieren, sofern er denn des Schreibens mächtig war. Wie viele seiner Anhänger werden aufgeschrieben haben seine Reden, die ergingen an so vielen Orten, und wie viele dieser "Redequellen" sind erhalten geblieben bis auf den heutigen Tag? Ist denkbar, dass nicht sprudelt die Quelle, die sprudeln soll? Der Urquell von Anbeginn, wie wollte er versiegen? Nach dem Matthäus-Evangelium verkündet ER das göttliche Wort auf einem Berg: war nicht schon dem Mose verkündet worden auf einem Berg (dem Sinai) der göttliche Wille, das Gesetz: die Zehn Gebote (2. Mose 20,1-21). Der Berg als Symbol des Höchsten, Symbol auch der Glaubenskraft: "Der Glaube versetzt Berge". Ereilt Gottes Wort den Menschen nur auf der Höhe (der Zeit) oder auch in der Ebene – im Tal? Wird die Bergpredigt dem Lukas-Evangelium (6,20-49) nicht zur *Feldrede:* sein Wort zum weiten Feld, das beackert werden will?

Die Seligpreisungen
(Matthäus 5,3-12)

Diese Worte (10 Gebote), auf die ich dich heute verpflichte,
sollen geschrieben stehen auf deinem Herzen.
(5. Mose 6,6)
Ihr sollt die Vorhaut eures Herzens beschneiden
und nicht länger halsstarrig sein.
(5. Mose 10,16)

Selig preist ER jene, die beschnitten sind. Beschnitten nicht allein am Leibe, wie der alte Ritus forderte, sondern beschnitten am Herzen. Erst dann werde wahrlich erfüllt das uralte Gebot, lautet die neue Botschaft. Denn tot ist das Gesetz, tot sind die steinernen Gesetzestafeln, so sie bloß Buchstabe bleiben. Das Gesetz ist nicht gegen den Menschen gemacht, sondern für ihn, um ihn zu befreien von den Fesseln, die er selbst sich auferlegte aus Lebensangst oder Lebensgier. Selig preist ER jene, die nicht nach den Buchstaben des Gesetzes fragen, sondern nach dem Geist, der innewohnt dem Gesetz. Wer beschnitten ist am Herzen, der erfüllt das Gesetz – nicht weil es so geschrieben steht auf steinernen Tafeln, sondern weil es ihn drängt, zu handeln nach dem göttlichen Gebot. Wer aber nicht beschnitten ist an der *Vorhaut seines Herzens*, wem nur danach verlangt, das Gesetz "zu erfüllen" – Buchstaben getreu – nach außen zu erfüllen, um sein eigenes Handeln zu legitimieren, der wird auch Wege finden, es zu umgehen, es zu biegen und zu brechen.

Selig sind, die arm sind im Geiste, denn ihnen gehört das Himmelreich. Arm sind *im* Geiste! Und kann denn arm sein im Geiste, wer strebt nach Besitz, wer hängt sein Herz an irdische Reichtümer? Reich sein auf Erden oder reich sein vor Gott? Nicht jene, die Besitz haben, preist ER selig, sondern jene, die ein Da-Sein haben. *Sein oder Nicht-Sein, das ist hier die Frage* (Shakespeare: *Hamlet*).

Selig sind, die da Leid tragen, denn sie sollen getröstet werden. Wer trägt das Leid in die Welt: Gott oder Mensch? *Selig sind, die Leid tragen,* nicht jene, die es verursachen! Und die Seligen, *sie sollen getröstet werden.* Ist Leid nicht zugleich Quelle neuer Kraft, neuer Hoffnung? Wie oft zwingt erst ein Leid zur Besinnung, zu einem neuen Anfang? Und macht nicht jede überwundene Krise stärker? Folgen nicht auf die mageren Jahre die fetten? Und ist, wer entbehren lernte, nicht besser gewappnet denn jener, dem alles fiel in den Schoß?

Selig sind die Sanftmütigen, denn sie werden das Erdenreich erben. Will herrschen, wer sanftmütig ist, herrschen um jeden Preis – mehr scheinen als sein? Ist der Sanftmütige getrieben von der Sucht, anderen zu gefallen, besessen von eigener Begierde? Ist, wer sanftmütig sich nennen darf, nicht frei von jeder bösen Absicht, jeder Gefallsucht und soll eben darum Erbe sein des gelobten Landes? Und wahrhaftig, wer wollte Frieden schaffen hier auf Erden, wenn nicht der Sanftmütige?

Selig sind, die da hungert und dürstet nach Gerechtigkeit, denn sie sollen gesättigt werden. Kann der Hunger, der Durst nach Gerechtigkeit gesättigt werden durch Gesetze? Ist da irgendein Gesetz, das noch nicht gebrochen oder so lange gebogen wurde, bis es wieder "passte"? War je das Gesetz in den Dienst gestellt des Höchsten? Diente und dient es nicht vielmehr dazu, niedere Absichten zu rechtfertigen, ihnen den Schein der Legitimation zu verleihen, ebenso handeln zu müssen, weil nach den Buchstaben des Gesetzes eine andere (gerechtere) Vorgehensweise leider unmöglich ist? Den Akteuren sind sozusagen die Hände gebunden. Welches Gesetz hätte je mehr Gerechtigkeit geschaffen? Wächst nicht im Gegenteil mit der Zahl der Gesetze auch die Chance, sich diesen zu entziehen? Was aber könnte unmenschlicher sein und dem Willen Gottes mehr widersprechen als legitimiertes Unrecht? Wie sollte gesättigt werden, wer hungert und dürstet nach Gerechtigkeit, durch ein Recht, das allein erfasst den Buchstaben, den Paragrafen, nicht aber erfasst dessen Geist. Der Geist aber ist ewig: der Geist, der innewohnt dem göttlichen Gebot, ist (lebendig) und wird sein, also wird auch gesättigt werden, wer hungert und dürstet nach Gerechtigkeit.

Selig sind die Barmherzigen, denn sie werden Barmherzigkeit erlangen. Wer nun ist barmherzig: jener, der auf seine guten Werke zeigt, der allen als "Gutmensch" erscheinen will oder jener, der auch unbeachtet, unbeobachtet Gutes tut, weil er gar nicht anders kann?

Selig sind, die reinen Herzens sind, denn sie werden Gott schauen. Wer ist reinen Herzens: Jener, der bekundet, keinen Fehler gemacht zu haben oder jener, der um die Fehlerhaftigkeit menschlichen Tuns weiß, auch um die eigene – mag er selbst auch handeln ohne Falschheit? Ist nicht stets die Absicht das, was rein oder unrein macht? Nicht die Folge menschlichen Handelns ist entscheidend, sondern der zu Grunde liegende Wille. Denn kann nicht auch bei guter Absicht die Folge eine böse sein und umgekehrt? Gott schaut nicht auf den äußeren Schein, sondern auf der Menschen Sein. Wer wollte IHN täuschen, wer vermag zu verbergen seine wahren Absichten vor Gott?

Selig sind die Friedfertigen, denn sie werden Kinder Gottes heißen. Stiftet aber zwangsläufig Frieden der Friedfertige oder ist auch hier die Frage nach der Absicht die entscheidende? Zeigt nicht die Geschichte, dass oft genug jene, die nichts als Frieden wollten, ungewollt Unfrieden schufen, weil sie das Böse provozierten – das Böse, das stets bekämpft das Gute, eben weil es sich angeklagt weiß von ihm? Nicht, wer den Frieden tatsächlich herbeiführt, ist der Friedfertige, sondern wer ihn sucht, ihn will, wer bereit ist für *sein Friedensreich.*

Selig sind, die um der Gerechtigkeit willen verfolgt werden, denn ihrer ist das Himmelreich. Wer nach Gerechtigkeit strebt, muss demnach rechnen mit Verfolgung? Warum? Weil, wer nach Gerechtigkeit strebt und erfüllen will den Willen Gottes, ein Stachel ist im Fleische derer, die sich gern umhüllen mit dem Schein, dem Glanz höchster Gerechtigkeit, in Wahrheit aber folgen ihrem eigenen niederen Willen? Alles menschliche Handeln aber ist endlich, allein Gottes Gerechtigkeit währt ewiglich, und wer befolgt den Willen des HERRN und strebt nach Gerechtigkeit, der ist Gott nahe und dem wird auch zuteil sein Lohn.

Selig seid ihr, so euch die Menschen um meinetwillen schmähen, verfolgen und üble Rede wider euch führen! Lasst sie lügen! Seid fröhlich und getrost; es wird euch im Himmel belohnt werden. Denn also haben sie verfolgt die Propheten, die vor euch gewesen sind. Wen hat man nicht schon verfolgt im Laufe der Geschichte? Und galten nicht stets die Verfolger als Vorbilder ihrer Zeit, als Helden und die Verfolgten als zu Recht angeprangert, gedemütigt, gefoltert und gemordet? Bringt nicht erst der geschichtliche Rückblick, die Distanz zum Geschehenen die Wahrheit ans Licht? Wie viele der Vorbilder, der Helden von einst gelten heute als Missetäter, grausige Verfolger, als abschreckendes Beispiel, und wie viele der Verfolgten von einst, der Gemeuchelten und Verspotteten werden heute verehrt als leuchtendes Beispiel, als Vorbild, dem es nachzueifern gilt? Sie preist ER selig: die Verfolgten und Verschmähten, sie sind die Ausgezeichneten vor Gott, nicht jene, denen verliehen wurde ein Orden, ein Preis oder sonst eine Würde ihrer Zeit.

Hernach ließ Josua ausrufen
alle Worte des Gesetzes,
den Segen und den Fluch,
ganz wie es geschrieben steht im Gesetzbuch.
(Josua 8,34)

Dem "Segen" folgt im Evangelium nach Lukas (6,24-26) der "Fluch" – der *Feldrede Weheruf:*
Wehe euch, ihr Reichen!
Denn ihr habt keinen Trost mehr zu erwarten.
Wehe euch, die ihr jetzt satt seid!
Denn ihr werdet hungern.
Wehe euch, die ihr jetzt lacht!
Denn ihr werdet klagen und heulen.
Wehe euch, wenn euch alle Menschen loben!
Denn ebenso haben es ihre Väter mit den falschen Propheten gemacht.

Wer selig preist die einen, wird wehklagen über die anderen, die ferne sind dem Wort Gottes, die zwar gelten viel vor der Welt, nicht aber vor Gott. Nicht, wer bedeutend ist in den Augen der Welt, gilt vor Gott, sondern wer missachtet wird von der Welt. Die Karnevalisierung, die Umkehrung aller Werte: der "Narr", belächelt von aller Welt, er wird erhoben, dem "Reichen" und "Satten" aber wird entrissen die schöne Maske, auf dass sichtbar werde der Welt seine hässliche Fratze?

Ihr seid das Salz der Erde
(Matthäus 5,13)

Ihr seid das Salz der Erde. So nun das Salz seine Würzkraft verliert, womit soll man dann salzen? Es taugt zu nichts mehr, also wird es weggeworfen und von den Leuten zertreten werden.

Salz war einst wichtigstes Handelsgut, die Handelsware schlechthin: das "weiße Gold" der Salzkarawanen, zu Markte getragen auf den Kontinenten der damals bekannten Welt, zu Markte getragen (wie heute zu Markte getragen wird das "schwarze Gold") und gewiss nicht verkauft unter Preis. Aber der Mensch als Salz: als Handelsware? Wer denkt da nicht unwillkürlich an Sklavenhandel: den der Antike, den der Kolonialzeit oder an den ausbeuterischen Umgang mit menschlicher Arbeitskraft im Zeitalter der Industrialisierung? Relikte der Vergangenheit, überwundener Alptraum? Spricht die moderne Welt nicht wieder von Humankapital im Zeitalter der Globalisierung, kennt die Gesellschaft von heute keine Ausbeutung mehr, keine Hungerlöhne, keinen Menschenhandel? Verkauft der Mensch sich oder wird er verkauft, und was ist sein Preis? Welchen Wert hat, was käuflich ist? Wie teuer ist ein Leben, ein Lebensjahr, ein Lebenstag?

Du sollst das Salz des Bundes deines Gottes nicht fehlen lassen (3. Mose 2,13). Ist gemeint das Salz fürs Speiseopfer: die Geste nach außen? Kommt es nicht wesentlich auf die innere Bereitschaft an. *Ihr seid das Salz der Erde.* Seid nach dem Geschmack eures Schöpfers und verliert nicht an Würzkraft, auf dass nicht über euch komme Gottes Gericht!

Denn jeder muss gesalzen werden mit Feuer. Das Salz ist gut; wenn aber das Salz kraftlos wird, womit wird man's würzen? Habt Salz in euch und haltet Frieden untereinander (Markus 9,49-50). Kein noch so verderbliches Gut vergeht vorzeitig, so es recht gesalzen ist. Wie sollte vergehen, wer die rechte Würze hat und ist nach dem Geschmack des HERRN?

Ihr seid das Licht der Welt
(Matthäus 5,14-16)

Ihr seid das Licht der Welt. Keine Stadt, die auf einem Berg errichtet wurde, kann sich verbergen. Und man zündet auch kein Licht an und stellt es unter den Scheffel, sondern auf einen Leuchter, damit es allen leuchtet, die da sind im Hause. So soll auch euer Licht leuchten vor den Leuten, damit sie eure Werke sehen und euren Vater im Himmel preisen.

Wie sollte sich zurückziehen und vor der Welt verbergen, wer leuchtendes Vorbild ist und sein soll, hieße das nicht nachgerade, sein Licht unter den Scheffel stellen? Genügt es denn, sein eigenes Kämmerlein zu erleuchten, wenn ringsherum Finsternis herrscht, weil niemand sonst versteht, ein Licht zu zünden? Muss, wer das Licht in Händen hält, die zündende Idee in sich trägt, nicht voranschreiten, um zu leuchten den anderen? Wie sollte, wer liebt das Licht und hasst die Finsternis, nicht wollen, dass jene, die in Finsternis sind, auch zum Lichte kommen. Das Licht vermag die Finsternis zu überwinden, nicht aber die Finsternis das Licht.

Jeder, der Böses tut, hasst das Licht und kommt nicht zum Licht, damit seine Taten nicht aufgedeckt werden. Wer aber die Wahrheit tut, kommt zum Licht, damit offenbar werde, dass seine Taten sind in Gott vollbracht.
(Johannes 3,20-21)

Vom Gesetz und von den Propheten
(Matthäus 5,17-20)

Wähnt nicht, ich sei gekommen, aufzuheben das Gesetz oder der Propheten Lehre. Ich bin nicht gekommen, aufzulösen, sondern zu erfüllen. Denn wahrlich ich sage euch: Bis dass Himmel und Erde vergehen und nicht alles geschehen ist, was da geschehen soll, wird nicht der kleinste Buchstabe des Gesetzes vergehen noch ein Tüpfelchen darauf. Wer auch nur eines der Gesetze auflöst und sei es nur um ein Kleines und die Leute also falsch lehrt, wird im Himmelreich der Kleinste heißen. Wer die Gesetze aber hält und halten lehrt, wird groß sein. Wahrlich ich sage euch, ist eure Gerechtigkeit nicht größer denn die der Schriftgelehrten und Pharisäer, so werdet ihr nicht ins Himmelreich gelangen.

ER hebt das Gesetz, das Mose empfing von Gott, nicht etwa auf, sondern dringt vor bis zur Wurzel: legt das Gesetz radikal (radix = Wurzel) aus. Wer Gott nahe sein, wer IHM angehören will, der erfüllt den göttlichen Willen. Denn wie sollte Gott mit jenen sein, die nicht mit IHM sind? Wie die Natur ihren Gesetzen folgt, so soll auch folgen der Mensch den ihm gesetzten Regeln – folgen indes aus freien Stücken. ER warnt davor, sich abzuwenden von Gottes Willen, um eigenem (Mut)Willen nachzugeben. Jene aber, die lehren Gottes Wort und Gesetz, warnt ER, nicht das Falsche zu lehren. Denn wer lehren und führen will im Namen des HERRN, ist nicht länger nur verantwortlich für das eigene Heil, sondern auch für das der anderen. Und wer Falsches lehrt und abweicht vom wahren Wort und sei es auch nur um ein Geringes, führt andere in die Irre und bringt sie um ihr Heil, um ihre Unversehrtheit. Eine Mahnung auch, den (Schrift)Gelehrten und Wortführern nicht blindlings zu vertrauen, eben weil sie ins Unheil führen könnten statt ins Heil. Ist nicht jeder letztlich selbst verantwortlich für sein eigenes Heil, für sein (ge)rechtes Tun und sein (ge)rechtes Lassen?

Wie der Wille Gottes zu verstehen ist, wie das dem Mose gegebene Gesetz mit Leben zu füllen und wahrhaft zu erfüllen ist, zeigen die nachfolgenden Deutungen in aller Schärfe, Eindringlichkeit und Lebendigkeit. Sein Wort wendet sich direkt an sein Gegenüber. Als Redner, als Prophet (= Wahrsager) ist ER unmittelbar verantwortlich für sein Wort, verbürgt sich dafür in Person. Wer garantiert heute die Aufrichtigkeit des in die Welt gelangten Wortes; wer steht einem fernen Publikum Rede und Antwort? Wer kann heute sagen, er habe etwas gehört, vernommen, gelesen aus erster Quelle? Original, Fälschung, Plagiat? Wer ist Urheber, wer zeichnet verantwortlich, in wessen Auftrag wird was weitergetragen und in welcher Absicht?

Du sollst nicht töten
(Matthäus 5.21-26)

Ihr habt gehört, was da gesagt ist zu den Alten: Du sollst nicht töten. Wer aber tötet, den sollst du wegreißen von meinem Altar, auf dass er selbst getötet werde (2. Mose 20,13, 21,12-14). Ich aber sage euch: Wer seinem Bruder auch nur zürnt, der ist bereits schuldig des Gerichtes, wer seinen Bruder aber einen Nichtsnutz (oder totes Humankapital?) *schimpft, der soll vor den Hohen Rat* (vor den Obersten Gerichtshof) *gestellt werden, wer ihn aber einen gottlosen Narren nennt, der soll dem Höllenfeuer verfallen sein.*

Nicht allein der Leib, auch die Seele kann gemordet, gemeuchelt werden. Ist der Leib endlich, die Seele aber ewig, was ist dann ärger, den Leib zu töten oder die Seele? Der leibliche Tod befreit die Seele, wen aber wollte befreien der Seele Tod? Vermag nicht die Seele länger zu leiden denn der Leib? Wer befreit die Seele von ihrem Schmerz, wenn sie verharren muss im Leib? Wem die Seele geraubt wird, wer geschmäht, verhöhnt, verachtet, gedemütigt, wessen Seele durchlöchert, zerrissen, zermalmt wird, wandelt der noch im Fleisch auf Erden oder als Skelett nur? Und wessen ist die Seele, ist sie nicht Gottes, mehr noch denn der Leib? Warum wird allein bestraft, wer tötete den Leib, nicht aber bestraft, wer fraß auf die Seele? "Die Würde des Menschen ist unantastbar", heißt es im Artikel 1 des deutschen Grundgesetzes. Welche Würde aber, wenn geraubt ist die Seele?

Darum: wenn du opferst deine Gabe auf dem Altar und weißt, dass dein Bruder etwas wider dich hat, so lass ab von deiner Opfergabe und gehe erst hin und versöhne dich mit deinem Bruder und danach erst opfere deine Gabe.
Was sollte das für ein Opfer sein, dargebracht in dem Unwillen, Frieden zu schließen und in Einklang zu leben – mit seinem Bruder wie mit Gott?
Sei jederzeit bereit, Frieden zu schließen mit deinem Widersacher, so lange du noch mit ihm auf dem Wege bist, auf dass dich dein Widersacher nicht dem Richter überantworte und der Richter dem Gefängnisdiener und du in Haft genommen wirst. Wahrlich, ich sage dir: Du wirst nicht davonkommen, bis du deine Schulden bezahlt hast bis auf die letzte Münze.

Das Verbot zu töten, weder den Leib zu töten noch die Seele, umfasst das Gebot: Frieden zu schließen, so lange noch Gelegenheit dazu ist. Niemand kann in die Zukunft blicken, die Tage hier auf Erden aber sind gezählt! Was, wenn morgen keine Gelegenheit mehr ist zum Friedensschluss und auch keine Möglichkeit, die eigene Bereitschaft zum Frieden zu zeigen, zu bezeugen vor seinem Richter? Wer Schuld oder Schulden auf sich lädt, mag zusehen, sie abzutragen, so lange noch Zeit dazu ist; denn jeder wird geradezustehen haben für seine Schuld wie für seine Schulden und keiner wird davonkommen, bis auch zurückgezahlt ist der letzte Cent.

Du sollst nicht die Ehe brechen
(Matthäus 5,27-32)

Ihr habt gehört, dass da gesagt ist: Du sollst nicht ehebrechen (2. Mose 20,14). Ich aber sage euch: Wer ein Weib ansieht und begehrt, der hat schon die Ehe gebrochen in seinem Herzen. Versucht dich dein rechtes Auge, so reiß es heraus, und versucht dich deine rechte Hand, so hau sie ab und wirf sie weg. Denn es ist besser, eines deiner Glieder verderbe, denn dass dein ganzer Leib zur Hölle fahre.

Der Gedanke hier: die Begierde ist Vater der Tat, der Seitensprung beginnt im Kopf. Wer sich nicht hütet vor der Versuchung, sondern hört auf die Schlange, der wird umwickelt von ihr, gefangen gehalten, gepresst, bis ihm der Atem vergeht. Schlag der Schlange darum den Kopf ab, nimm ihr das Gift, entreiße ihr den Zahn, bevor sie zubeißt. Denn wer das Übel nicht packt an der Wurzel, wem verlockend scheint die verbotene Frucht, der wird auch kosten davon. Wer sich aber beherrschen lässt von seiner Begierde, wie wollte der Herr noch sein seiner selbst?

Es ist auch gesagt: Wer sich von seinem Weibe scheidet, weil er etwas Schändliches an ihr entdeckte, soll ihr eine Scheidungsurkunde geben und sie nicht wieder zu sich nehmen, sollte sie auch zurückkehren zu ihm. Du sollst, was der HERR dir gab, rein halten und nicht der Sünde verfallen lassen (5. Mose 24,1-3). Darum sage ich euch: *Wer sich von seinem Weibe scheidet, obschon sie nicht die Ehe brach, der macht, dass sie die Ehe bricht.* Klagt ER hier an die scheinheilige Moral der damaligen von Männern dominierten Zeit? Wie viele Männer mag es gegeben haben, die sich trennten von ihren Weibern (und diese so enthoben ihrer gesicherten Stellung und ihres Schutzes), nicht etwa aus triftigen, sondern aus fadenscheinigen, zuweilen erfundenen Gründen? Wie viele Männer waren in Wahrheit ihrer Ehe überdrüssig oder begehrten eine Andere und suchten nur einen Vorwand, sich aus der Ehe zu lösen, suchten einen "legitimen" Grund? Und was konnte legitimer sein als das Gesetz des Mose? Das eigene schändliche Treiben zu rechtfertigen mit Verweis auf die gesetzliche Zulässigkeit einer Scheidungsurkunde, öffnete solche Scheinlegitimation nicht nachgerade Tür und Tor dem Ehebruch? Sie wollten die Ehe brechen und doch so scheinen, als seien sie gesetzestreu? ER aber weist ihnen die Schranken: *Auch wer ein Weib heiratet, deren Mann sich schied von ihr, begeht Ehebruch;* also geschrieben steht:
Du sollst nicht begehren deines Nächsten Weib.
(5. Mose 5,21)

Die Ehe ist heilig, so heilig wie der Bund, den Gott schloss mit den Menschen? Gott schuf den Menschen als Mann und Weib *(1. Mose 5,2),* auf dass sie seien *ein Fleisch und ein Bein,* wie Adam bekundete, da ihm erschaffen ward ein Weib aus seiner Rippe:

Das ist doch Bein von meinem Bein
und Fleisch von meinem Fleisch.
(1. Mose 2,23)

Darum wird ein Mann seinen Vater und seine Mutter
verlassen und anhängen seinem Weibe,
*und sie werden sein **ein** Fleisch.*
(1. Mose 2,24)

Wer Treue schwor auf ewig: ein Fleisch und ein Bein zu sein und doch untreu wird, wie wollte der halten Gott die Treue? Wie sollte ein Bund *heilig* genannt werden, der nicht *heil* bleibt, der gebrochen wird und gebrochen werden darf – ganz legal? Heißt es nicht: *In guten wie in schlechten Zeiten*? Was wäre das für ein Bund, der nur hielte in guten Zeiten? Schweißen nicht gerade zusammen die schlechten Tage? Wer unter ihnen, der brach seinen Schwur und verstieß seine angetraute Hälfte in schlechter Zeit oder wegen allzu großer Verlockung, vermöchte noch anzurufen Gott, so er selbst in Not geriete?

Was Gott zusammenfügte, soll der Mensch nicht scheiden. Fügte Gott zusammen – vor dem Altar wie vor dem Standesbeamten? Mit Einführung der Zivilehe (1875 in Deutschland) hat die kirchliche Eheschließung keine bürgerlich-rechtliche Wirkung mehr; sie führt insbesondere nicht zur Legitimation der Kinder. Das Ja-Wort vor dem Standesbeamten aber ist kein Ja-Wort vor Gott. Der Segen Gottes wird bei der Ziviltrauung nicht erbeten. Ist vor Gott verheiratet, wer sein Ja-Wort gab vor den Menschen, nicht aber gab vor Gott? Wer sich schwor ewige Treue vor den Menschen, mag von den Menschen entlassen werden aus diesem Bund, wer aber schwor vor Gott, wer Gottes Segen erbat auf ewig, wer wollte den entbinden? Kann der Mensch den einmal erbetenen Segen Gottes wieder zurückweisen nach eigenem Gutdünken? Gilt der Schwur vor dem Ewigen, wer wollte ihn brechen und auflösen den Bund? Ist die kirchlich geschlossene Ehe aber unauflösbar, wie kann sie da dem Staate weniger gelten als die zivil geschlossene?

Du sollst nicht falsch Zeugnis geben
(Matthäus 5,33-37)

Ihr habt gehört, dass zu den Alten gesagt ist: Du sollst nicht falsch schwören bei meinem Namen und den Namen eures Gottes nicht entheiligen (3. Mose 19,12, 4. Mose 30,3). *Ich aber sage euch: Schwört überhaupt nicht! Weder beim Himmel, denn er ist Gottes Thron, noch bei der Erde, denn sie ist seiner Füße Schemel; noch bei Jerusalem, denn sie ist des großen Königs Stadt. Auch sollst du nicht bei deinem Haupte schwören; denn du vermagst nicht, auch nur eins deiner Haare weiß oder schwarz zu machen. Euer Ja sei ein Ja und euer Nein ein Nein; alles, was darüber hinausgeht, ist von Übel.*

Zum Zeichen des Eides werden heute die Finger der rechten Hand erhoben, in alt-biblischer Zeit war es Usus, die Hand an die Hüfte zu legen (vgl. 1. Mose 24,1-3, 47,29). Denn Gott selbst schlug Jakob, als der mit IHM rang und so zum Streiter Gottes (= Israel) wurde, auf das Hüftgelenk (den Muskelstrang der Tiere über dem Hüftgelenk zu verzehren, gilt dem Judentum bis heute als tabu), so dass Jakob/Israel fortan hinkte (vgl. 1. Mose, 32,25-29). Die verrenkte Hüfte (ein genetischer Defekt bis heute) als Zeichen hinkenden, gebrochenen Wortes – Mahnung, keinen falschen Eid zu leisten? Um wessen Wort streitet, wer da leistet einen Schwur – um der Menschen Wort und Wahrheit oder um Gottes Wort, Gottes Wahrheit? Wer schwört, wie geschrieben steht (vgl. Richter 8,19), schwört: *So wahr der* HERR *lebt*, und doch die Unwahrheit spricht, sei es bewusst oder unbewusst, entheiligt der nicht den Namen dessen, *der-da-ist*? Wer weiß um die Wahrheit, wer kennt den göttlichen Plan; wer kann schauen die Zukunft? Wer nicht vermag, sein Haar weiß oder schwarz zu machen, wie wollte der schwören, sein Haar sei schwarz, so es doch morgen schon weiß sein kann? Ist die menschliche Geschichte nicht ein Buch voll der Täuschungen und Irrungen? Erhellt sich die Wahrheit nicht erst im Nachhinein? Wer schwört im Hier und Jetzt, sich aber irrt oder täuschen lässt, verstößt der nicht gegen das Gebot, nicht zu missbrauchen den Namen des HERRN (5. Mose 5,11), so er, wie es heute Brauch ist, seine Hand zum Himmel erhebt und be(ur)kundet: "So wahr mir Gott helfe"? Ist die Aussage falsch, ist sie unwahr, erlogen, wie sollte Gott dann helfen und wozu: um der Lüge zum Siege zu verhelfen? Und doch ist der Schwur im Namen Gottes allgegenwärtig – in angeblich doch säkularer Zeit. Nicht gilt dem Staat das kirchliche Ehegelöbnis, wohl aber gilt der Schwur vor Gericht und der Amtseid bei Amtseinführung als Zeugnis höchster Wahrhaftigkeit. Unverzichtbar? Welche bindende Kraft hat der Schwur, so er geradezu inflationär verwendet wird? Und was haben jene, die brachen den Schwur zu erwarten – Strafe? Wie viele kamen ungeschoren davon? Und beschmutzten doch den Namen Gottes: missbrauchten den heiligen Namen! *Schwört überhaupt nicht*, fordert ER darum. Warum genügt ihnen kein klares Ja oder klares Nein, warum begnügen sie sich nicht wenigstens damit, zu beschmutzen den eigenen Namen? Denken sie, ihre "Wahrheit" werde zu einer höheren, wenn sie sich berufen auf den Höchsten? So sie gering (er)achten ihre eigene "Wahrheit", wie sollten sie dann höher schätzen die göttliche Wahrheit? Oder sind Ungläubige sie? Nicht zu glauben aber und doch zu schwören: "so wahr mir Gott helfe", hieße das nicht, erst recht zu missbrauchen den Namen des Höchsten, ja, IHN zu verhöhnen?

Du sollst nicht schwören, ein Gebot, das sich durchsetzen lässt in unserer Zeit, in unserer Welt? Was, wenn jemand sich weigerte zu schwören – etwa vor Gericht? Erschiene er glaubhafter oder weniger glaubhaft denn jener, dem der Schwur leicht von den Lippen geht, weil ihm (die Treue zu) Gott nichts bedeutet? Wer wollte verweigern den Eid unter Berufung auf den einen Gott – vor Richtern, die Wahrheit nicht in Gott suchen, sondern in der Welt?

Du sollst nicht töten; du sollst nicht brechen den heilen (Ehe)Bund; du sollst nicht falsch Zeugnis geben (und durch falschen Schwur missbrauchen den Namen des HERRN). Drei Gebote, die an den Anfang gesetzt sind der Bergpredigt. Drei, die Zahl, die steht für die römische Trias von Jupiter, Juno und Minerva; die Zahl, die ebenso steht für die christliche Dreieinigkeit des Vaters, des Sohnes und des heiligen Geistes, ist sie die Zahl der neuen Einheit schlechthin? Die ursprüngliche Einheit zwischen Gott und Mensch (These) ist zerbrochen, wie die Gesetzestafeln zerbrachen mit den 10 Geboten darauf, zerbrochen durch den Abfall des Menschen von Gott. Der menschliche Widerspruch oder Gegensatz (Antithese) hat zur Entzweiung geführt – eine Entzweiung, die erst aufgehoben werden kann durch eine neue, eine in die Tiefe gehende Deutung des Gotteswortes: durch Rückkehr und Gefolgschaft hin zur Versöhnung (Synthese). Kernstück oder besser: Herzstück dieser neuen Einheit ist das vierte in der Bergpredigt genannte Gebot: das Liebesgebot. Vier ist die Zahl der kosmischen Einheit. Steht die Vier hier als Symbol der Mahnung, dass Einheit mit Gott nicht zu erlangen ist, so lange der Mensch uneins ist mit seinem Nächsten?

Liebe deinen Nächsten

(Matthäus 5,38-48, Lukas 6,27-36)

Ihr habt gehört, dass da gesagt ist: Du sollst deinen Nächsten lieben, wie dich selbst (3. Mose 19,18). *Ich aber sage euch: Liebet auch eure Feinde! Ihr habt gehört, dass da gesagt ist: Auge um Auge, Zahn um Zahn* (2. Mose 21,24). *Ich aber sage euch: Vergeltet Übel nicht mit Übel, sondern zeigt dem Übel die Stirn: Wenn dir jemand gibt einen Streich auf deine Rechte, so biete ihm auch deine Linke dar. Und so jemand wider dich klagt um deinen Rock, so gib ihm auch deinen Mantel. Und drängt dich jemand, eine Meile mit ihm zu gehen, so gehe zwei mit ihm. Gib* (wem du schuldest und) *dem, der dich bittet, und wende dich nicht von dem, der borgen will von dir.* (Wer denn wäre unter ihnen, der nichts und niemandem schuldete?)

Gleiches mit Gleichem vergelten, hieße das nicht, an die Stelle des Bösen erneut zu setzen das Böse? Wer Wind sät, wird Sturm ernten, heißt es nicht so? Was soll erwachsen, wenn das Klima vergiftet ist, voller Feindseligkeit und Hass? ER mahnt, die Flamme des Hasses im Keim zu ersticken, sich nicht leiten zu lassen von diesem Übel, sondern ihm die Stirn zu bieten. Heißt das nun, Feind, Gegner, Widersacher gewähren zu lassen? Im 3. Buch Mose (19,17) steht geschrieben: *Du sollst in deinem Herzen keinen Hass gegen deinen Bruder tragen. Weise deinen Stammesgenossen zurecht, so wirst du seinetwegen keine Schuld auf dich laden.* Wer seinen Genossen zurechtweist und ihm vor Augen hält den Spiegel der Wahrheit, wie wollte der tatenlos zusehen, so seine Feinde unrecht handeln an seinen Brüdern? Seinen Feind lieben, heißt das denn, zu lieben auch dessen Untaten, heißt das nicht, ihn ebenso zurechtzuweisen wie seinen eigenen Bruder? Wie sollte verwiesen sein die schlechte Tat in ihre Schranken, wenn sie ersetzt wird durch eine gleichfalls schlechte Tat? Was hätte der seinem Widersacher voraus, der es ihm gleichtut? Seinen Gegner nachahmen, was heißt das anderes, als sich gemein mit ihm machen? Wer seinen Gegner indes versucht mit dem Guten, der grenzt sich ab vom Bösen und beschämt seinen Feind.

Liebet eure Feinde! Wer wollte wachsen am Freund, der um der Freundschaft willen, aus falsch verstandener Rücksichtnahme, lieber schweigt denn zu mahnen und zu maßregeln? Gewinnt nicht ein jeder an Stärke in der Auseinandersetzung mit seinem vermeintlichen Widersacher und lernt die eigenen Defizite zu überwinden, den eigenen Weg zu finden? Ist allein jener unser Nächster, den wir Freund, Verwandten, Nachbarn nennen; ist nicht jeder unser Nächster, dem wir begegnen? Kann nicht schon morgen unser Freund sein, den wir heute Feind heißen und unser Feind, den wir heute Freund nennen? Die römischen Besatzer des Heiligen Landes, die Götzenanbeter der Stunde Null sind sie nicht geworden zur tragenden Säule der christlichen Lehre; steht nicht Rom für das Christentum bis zum heutigen Tage (vgl. *Christlich-abendländischer Streifzug*)? Und wer schließlich wollte festlegen, wem Gott näher steht, wer von sich sagen, er selbst stehe näher dem HERRN, näher als wer?

Segnet, die euch fluchen, tut wohl denen, die euch hassen, bittet für die, die euch beleidigen und verfolgen, auf dass ihr Kinder seid eures Vaters im Himmel. Denn lässt euer Vater im Himmel seine Sonne nicht aufgehen über die Guten und über die Bösen und lässt er nicht regnen über Gerechte und Ungerechte? Denn wenn ihr nur liebt, die euch lieben, welchen Lohn erwartet ihr dafür? Tun nicht dasselbe auch jene, die Ihr Sünder nennt? Was tut ihr Sonderliches, so ihr nur zu euren Brüdern freundlich seid? Tun nicht dasselbe auch jene, die ihr Heiden nennt? Ihr aber sollt vollkommen sein, gleichwie euer Vater im Himmel vollkommen ist.

Wie schon Mose seinen Schöpfer "Vater" nannte (vgl. 5. Mose 32,6), so spricht auch ER nicht von Gott, sondern vom "Vater im Himmel". Wie wollte ER von "Gott" reden in einer Zeit, einer Welt, die so viele Götter kennt, dass einer mehr oder weniger kaum mehr ins Gewicht fällt? Eine Vergottung, eine Entweihung, ja, eine Inflation des Göttlichen, die aufgehoben wird mit der Anrede "Unser Vater im Himmel". Das Entheiligte, das Entwertete wird ersetzt durch einen neuen, einen wahrhaft tragenden Wert: Vater. Keine ferne, abstrakte Beziehung mehr, sondern eine sehr enge, persönliche. Kein Gott, der nicht erfahrbar wäre, sondern einer, *der-da-ist:* wie ein Vater ist mit seinen Kindern. Wer Gott annimmt als seinen Vater und strebt danach, IHM zu gefallen, strebt der nicht zugleich danach, zu werden wie der Vater: vollkommen? Und wer nacheifert dem Vater, weil er IHN liebt, liebt der nicht auch, was schuf der Vater? Liebt seine Schöpfung, die nicht erst vollkommen wird durch Sonne **und** Regen, durch Tag **und** Nacht, durch Gut **und** Böse? Braucht das Gute das Böse, um sich zu bewähren? Wer wollte eine Tat "gut" heißen, wäre dem, der sie beging, nicht zugleich gegeben die Alternative, das Gegenteilige, das Böse zu tun? Zwei widerstreitende Pole, geschaffen, um eben jene Energie zu generieren, die letztlich den Willen des Vaters im Himmel verwirklicht auch auf Erden? Das Dasein als bipolare Störung zwischen Gut und Böse, Himmel und Hölle, Leben und Tod – auf dass der Mensch vollkommen werde?

Ihr habt Böses gegen mich im Sinn gehabt,
Gott aber hatte Gutes dabei im Sinn,
um zu erreichen, was heute geschieht:
viel Volk am Leben zu erhalten*.
(1. Mose 50,20)

Dem (vierten) Gebot der Nächstenliebe, dem Gebot, nicht uneins zu sein auf Erden, sondern eins – mit den Menschen wie mit dem Vater im Himmel, folgen praktische Lebensregeln, wie das Wort im Alltag umzusetzen ist, auf dass es nicht abstrakt, nicht leere Hülle bleibe, sondern konkret werde: sich fülle mit Leben.

Vom Almosengeben

(Matthäus 6,1-4)

Hütet euch davor, eure guten Taten zur Schau zu stellen, sonst habt ihr keinen Lohn zu erwarten von eurem Vater im Himmel. Wenn ihr gebt, so posaunt es nicht heraus, wie die Heuchler in den Synagogen, auf den öffentlichen Plätzen und in den Gassen. Wollt ihr Gutes tun, so sei euch nicht am Lob der Leute gelegen, sondern am Lob eures Vaters im Himmel. Deine linke Hand soll nicht wissen, was deine rechte tut. Es möge dir genügen, wenn dein Vater im Himmel es weiß, der auch das Verborgene schaut, und es dir vergelten wird.

Zu geben, weil man Anerkennung dafür erwartet, Lob oder Prestige, ist das Geben im Sinne von Schenken, ist das nicht Geben in Erwartung einer Gegenleistung, mithin berechnend?

Wovon das Herz voll ist,
davon spricht der Mund.
(Lukas 6,45).

Wer nur gibt, um sich selbst in ein vorteilhaftes Licht zu rücken, gibt nicht aus freien Stücken, sondern bezahlt für ein besseres Image. Das war damals so und ist heute kaum anders. Wer sich feiern lässt auf öffentlichen Plätzen, in den Sendeanstalten: im Radio, im Fernsehen oder im Internet, wer auftritt als großer Sponsor, Unterstützer, edler Spender, was treibt der letztlich anderes als Werbung in eigener Sache? Verrät nicht das Gute, wer selbst glänzen will

---

* Das sagt Josef zu seinen Brüdern, die ihn verrieten und verkauften nach Ägypten, wo Josef aufstieg, zur rechten Hand wurde des Pharaos und durch kluge Vorratshaltung viel Volk errettete vor dem Hungertod.

durch seine milde Gabe? Müsste es nicht genügen, Gutes tun zu können und ist nachgerade Pflicht zu geben, wo man geben kann? Hat, wer um Almosen bittet, kein Recht, dass ihm geholfen werde? Denn ist diese Erde nicht reich gesegnet, so reich, dass *es eigentlich keine Armen geben* (vgl. 5. Mose 15,4) *sollte*?

Die persönliche Verantwortung den Armen, den Bedürftigen gegenüber, das selbstverständliche Geben und Nehmen, der direkte Austausch zwischen Helfendem und Hilfsbedürftigem, mag im Morgenland nach wie vor lebendig sein, gilt das auch fürs christliche Abendland? Haben die staatlichen Sozialversicherungssysteme den Einzelnen nicht enthoben seiner persönlichen Verantwortung? Die Augen verschließen vor dem Elend dieser Welt, sich darauf verlassen: die da-Oben werden es schon richten? Spenden würde man ja, könne man nur sicher sein, die Spende komme auch an bei den tatsächlich Bedürftigen. Als könne beschämt dastehen, wer gibt im Vertrauen darauf, der Bittende werde es auch bekommen? Beschämt sich nicht allein jener, der erbittet und nimmt, was nicht ihm, sondern anderen zusteht? Eine solche Scham, gibt es sie heute – in einer Zeit, da persönliches Leid öffentlich zur Schau getragen wird, da ein Wettkampf entbrannt zu sein scheint um das ärgste Los, die schlimmste Krankheit, die größte Not: ein Wettkampf um die Töpfe, die angelegt wurden zur Linderung der Not? Wer anderen unterstellt, sich zu bedienen aus fremden Töpfen, sollte der nicht zuvorderst fragen, ob er sich vielleicht selbst bediente aus einem Topf, der nicht ihm zugedacht war, sondern einem anderen? Was denn kann ärger sein, als den Ärmsten und Bedürftigsten nicht nur nichts zu geben, sondern ihnen auch noch zu nehmen das Wenige, was für sie bestimmt war? Was ist übler, als sich zu bereichern an anderer Leute Not?

Vom Beten
(Matthäus 6,5-15, Lukas 11,1-4))

Betet nicht wie die Heuchler, die da stehen in den Synagogen und den Gassen, auf dass sie gesehen werden von den Leuten. Wahrlich, ich sage euch: Ihr Lohn ist schon dahin. Denn ein Gebet gehalten, um als fromm zu gelten vor den Leuten, was sollte ein solches Gebet gelten vor Gott? Wer allein betet, um den Leuten zu gefallen, wie wollte der Gott gefallen? *Wenn du betest, so geh in deine Kammer, verschließe die Türe und bete zu deinem Vater, der im Verborgenen ist und das Verborgene sieht, und dein Vater wird's dir vergelten.* Gott ist im Verborgenen. Du siehst IHN nicht, aber Gott sieht dich. Sein Haus ist die ganze Welt, wie geschrieben steht (Jesaja 66,1-2):

Der Himmel ist mein Thron
und die Erde Schemel meiner Füße.
Was sollte das für ein Haus sein,
das ihr mir bauen wolltet?
Welche Stätte denn,

wo ich ruhen sollte?
Meine Hand hat alles gemacht,
was da ist, spricht der HERR.

Gott gehört die Welt, gehört, was ist im Himmel und auf Erden; wer wollte IHM errichten ein (Gottes)Haus? Ist nicht die würdigste, die ehrfurchtsvollste Anbetung, Gottes Wort mit Leben zu füllen, es zu erfüllen: umzusetzen in die Tat – ist das nicht wahrer Gottesdienst?

Und wenn ihr betet, dann plappert nicht wie die Heiden, die meinen, erhört zu werden, wenn sie viele Worte machen. Es tut nicht not, viele Worte zu machen, denn euer Vater weiß, wessen ihr bedürftig seid, noch bevor ihr ihn darum bittet. Und soll das Gebet denn Bittgesang sein: Wünschelrute, ein Wünsch-dir-was-Spiel? Ist der Mensch nicht schon reich beschenkt durch Gottes Schöpfung und Gottes Wort? Sollte der Mensch seinem Schöpfer, seinem Vater im Himmel nicht vor allem danken, statt ewig zu bitten, zu flehen, zu wünschen?

Wenn ihr betet, betet so:

Unser Vater im Himmel!
ER fordert sie auf, Gott als ihren Vater anzureden und anzunehmen: **ihr** Vater, nicht allein **sein** Vater! So sie IHM angehören wollen, sind sie da nicht Sohn wie ER – Sohn, Tochter: Kinder Gottes also, die keinen anderen anbeten denn ihren Vater im Himmel! *Unser Vater im Himmel,* wie anders sollten sie IHN heißen – "unseren lieben Gott" etwa? Wer wollte seinen Vater im Himmel lieb, gut oder gar böse nennen; wem stünde zu ein Urteil über seinen Schöpfer?

Geheiligt werde dein Name.
Wer wollte IHN anrufen mit Namen – statt mit Vater? Ruft man etwa seinen Vater mit Namen? Rein halten den heiligen Namen, ihn nicht beschmutzen durch falschen Eid oder falsche (An)Rede. *Heiliger Vater,* wem gebührt diese Anrede denn IHM allein! Und ist heilig ihnen allein der Vater im Himmel?

Dein Reich komme.
Dein Wille geschehe, wie im Himmel, also auch auf Erden.
Geschieht aber der Wille des Vaters, im Himmel wie auf Erden? Folgt der Mensch nicht allzu oft seinem eigenen Willen: einem vergänglichen Willen? Wie aber sollte vergehen der Wille des Vaters im Himmel, wie sich nicht erstrecken sein Himmelreich auch auf Erden?

Unser täglich Brot gib uns heute.
Unser Vater im Himmel weiß, wes wir bedürfen. Nicht Brot allein ist des Menschen Stärkung, wie es heißt im Buch der Weisheit (16,26):
Nicht die verschiedenartigen Früchte nähren den Menschen,
sondern dein Wort erhält alle, die sich dir anvertrauen.

Ist mithin das Wort das eigentliche Brot, von dem zehren die Gotteskinder selbst in der Wüste: das Himmelsbrot, das göttliche Manna?

Und vergib uns unsere Schuld, wie wir vergeben unseren Schuldigern.
In älterer Luther-Übersetzung (1816) wie in neuer Einheitsübersetzung (2003) findet sich auch folgender Wortlaut: "Und vergib bzw. erlasse uns unsere Schulden": um Erlass von Schulden wird gebeten, nicht um Vergebung von Schuld im Sinne sittlichen Versagens (das lt. Duden keine Mehrzahl kennt)? Der Schuldner mag seine Gläubiger bitten um Schuldenerlass, der Gläubige aber, wie wollte der um Vergebung bitten seiner Schuld, so er nicht selbst bereit ist, Vergebung zu gewähren dem, der in seiner Schuld steht? Und wie vom Vater im Himmel erbitten, was man selbst zu geben verweigert?

Und führe uns nicht in Versuchung, sondern erlöse uns von dem Übel/ Bösen.
Die verbotene Frucht, die Verlockung, der schöne Schein, die vermeintlich leichte Beute: wen fängt ein der Schlange List? Wer ist gefeit davor, zu straucheln?

Denn dein ist das Reich und die Kraft und die Herrlichkeit in Ewigkeit.
Dieser Lobpreis geht zurück auf ein Dankgebet Davids:
Gelobt seist du HERR, Gott unseres Vaters Israel,
von Ewigkeit zu Ewigkeit.
Dein, HERR, sind Größe und Kraft,
Ruhm, Glanz und Hoheit.
Dein ist alles im Himmel und auf Erden.
(1. Chronik 29,10-11)

Amen (= Ja, das ist gewiss).
So sicher wie das Amen in der Kirche? Hieß ER sie, zu beglaubigen ihr Gebet mit "Amen", nicht etwa mit "Aman" (= Glauben/Bleiben) oder gar mit beidem? Wer kennt sein originäres Wort? (Übertragen wurde sein Wort aus einer Schriftsprache, die keine Vokale kennt.) Könnte nicht ebenso lauten der Gebetsschluss: Amen, Aman: "Ja, das ist gewiss, wer glaubt, der bleibt"? Ist nicht am Ende das die Gewissheit, dass bleibt, wer glaubt?

Nach dem Gebet, hebt ER abermals hervor, wie elementar es ist, anderen zu vergeben: *Denn wenn ihr den Menschen nicht vergebt, so wird euch euer Vater im Himmel auch nicht vergeben.* Heißt nun vergeben, die Augen zu verschließen vor der Schuld, dem Fehler, dem eigenen Vergehen wie dem des Anderen? Soll man den Anderen aus seiner Verantwortung, aus seiner Pflicht entlassen, ihm erlauben, sich davonzustehlen, weil man sich selbst so gern davonstiehlt? Wer wollte vergeben, wer um Vergebung flehen, der blind sich stellte vor der Schuld, der eigenen wie der des Anderen? Vergebung erbitten und gewähren, fordert das nicht, den Willen zu haben, herauszufinden aus der Schuld, wieder gut zu machen? Wer wollte Gott anflehen um Vergebung, der nicht bereit ist abzulassen von seiner Schuld?

Vom Fasten
(Matthäus 6,16-18)

Wenn ihr fastet, blickt nicht sauer drein wie die Heuchler, die sich verstellen vor den Leuten, um etwas zu scheinen mit ihrem Fasten. Wahrlich, ich sage euch, ihr Lohn ist dahin. Wer fastet, um sich ins rechte Licht zu rücken, der erwartet Lohn vom Menschen. Wer aber Lohn von seinem Vater im Himmel erwartet, sollte der gefallen wollen den Menschen? Und gibt es überhaupt Grund, sauertöpfisch dreinzublicken während des Fastens? Wer gelernt hat zu verzichten, wird der verzweifeln in magerer Zeit? Weiß der Fette sein täglich Brot zu schätzen oder der Magere?

Wenn du also fastest, so brüste dich nicht damit vor den Leuten, auf dass du nicht etwas scheinest vor den Leuten, sondern allein vor dem Vater, der im Verborgenen sieht, und der das Verborgene sieht und dir's vergelten wird. Der Vater ist und wirkt im Verborgenen, wer wollte verbergen seine Tat, die gute wie die schlechte, verbergen – bis in alle Ewigkeit?

Vom Horten und Sorgen
(Matthäus 6,19-34)

Ihr sollt keine Schätze sammeln auf Erden, wo Motten sie fressen oder der Rost oder Diebe sie ausheben und rauben. Sammelt Schätze im Himmel, wo keine Motte, kein Rost frisst und kein Dieb stiehlt. Denn wo euer Schatz ist, da ist auch euer Herz. Wer wollte auf ewig behalten, was er nennt seinen Schatz in dieser Welt: sein Hab und sein Gut? Was denn hat Bestand auf Erden? Ist letztlich nicht alles bloß geliehen, muss nicht ein jeder abgeben am Ende seine irdische Habe? Ewig währen allein die Schätze im Himmel.

Das Auge ist des Leibes Leuchte. Wer licht und offen blickt, der ist auch licht und rein. Wer aber finster dreinblickt, der ist nicht im Licht. Ist nun aber das Licht, das in dir ist, schon Finsternis, wie groß wird dann die Finsternis selbst sein! Die Augen verraten den Menschen, sie zeugen von seiner Absicht. Wer spricht mit offenem, wer mit verschlagenem Blick; wer vermag seinem Gegenüber frank und frei in die Augen zu blicken, wer scheut dessen Augenlicht? Wer das Dunkle liebt: die dunkle Machenschaft, in dem ist kein Licht. So aber kein Licht ist im Menschen, wie soll es da hell sein um ihn herum?

Niemand kann zwei Herren dienen; entweder er wird den einen hassen und den anderen lieben, oder er wird dem einen anhängen, den anderen aber verachten. Ihr könnt nicht Gott dienen und dem Mammon (aramäisch für Geld, Reichtum). Wem dienen die Schätze, die sammelt der Mensch hier auf Erden, dienen sie Gott, dienen sie dem Menschen: dem Wohlergehen Weniger oder dem Wohlergehen Vieler? Wer nach Geld und Reichtum strebt, dient der Gott oder dem Kapital – dem Mammon? Wer Geld anhäuft und schreit nach

74

wachsenden Gewinnen, mag der Welt gefallen, heißt das aber auch: Gott zu gefallen? Ist es etwa Wille des HERRN, dass der eine reich sei, der andere aber darbe? Ist die Schöpfung nicht derart reich, dass kein Armer unter ihnen sein dürfte (vgl. 5. Mose 15,4)? Müsste nicht die Frage lauten: wer bereicherte diese Welt und wer machte sie ärmer? Was ist Armut anderes als des Reichtums teurer Preis? Wer wollte preisen solchen Reichtum oder streben gar nach mehr Profit?

Sorget euch nicht darum, wovon ihr leben, was ihr essen, was ihr trinken oder wie ihr euch kleiden sollt. Ist nicht das Leben mehr denn die Speise und der Leib mehr denn die Kleidung? Wer sich beständig sorgt um den Alltag, wird der noch gewahr, was wahrhaft zählt auf Erden: was keinen Preis hat, weil es mit Geld nicht zu bezahlen ist? Wer wollte Liebe, Freundschaft kaufen oder Weisheit, Wahrheit, Schönheit? Käufliche Liebe, käufliche Freundschaftsdienste mag es geben; sie mögen ihren Preis haben, wie auch der erkaufte Rat der Weisen, die erkaufte Wahrheit, die erkaufte Schönheit ihren Preis haben, welchen Wert aber haben sie, haben sie überhaupt einen Wert, wenn sie einen Preis haben?

Seht die Vögel unter dem Himmel, sie säen nicht, sie ernten nicht; und euer himmlischer Vater nährt sie doch. Seid ihr denn nicht viel mehr als sie? Wenn für die Vögel gesorgt ist, wie sollte nicht gesorgt sein für den Menschen? Wer seinem Vater im Himmel vertraut, muss sich nicht sorgen um sein Wohl und Wehe. Was bringt ein die ständige Sorge, die Hast, die Unrast? Sind nicht die ruhigen Momente die lichten, liegt nicht in der Ruhe die Kraft? Vermag der menschliche Geist in Hast empor sich zu schwingen? Bewirkt, wer ständig in Eile, ständig getrieben ist, nicht gerade dadurch Übles, weil er sich keine Pause gönnt, keinen müßigen Rückblick, sein Werk zu betrachten, ob es wohl geraten sei, also auch der HERR ruhte aus von seinem Werk am siebten Tag? Ist denn das Tun an sich das Gute, das Erstrebenswerte – gleich, was da erschaffen wird? Was, wenn alles Tun, alles Schaffen nicht reicher machte die Erde, sondern ärmer, wenn es erschöpfte diese Welt, zerstörte die Schöpfung, wäre dann nicht zu achten, was verachtet wird in dieser Welt: das Nicht-Tun?

Wer unter euch ist imstande, sein Leben zu verlängern und sei es auch nur um die winzigste Zeitspanne? Was hilft alle Hatz, alle Eile, alles Mühen, Zeit zu sparen hier auf Erden? Wer vermag seiner Lebenszeit auch nur den Bruchteil einer Sekunde anzuhängen? Wer kennt schon die Stunde, da er abberufen wird von dieser Welt? *Und da sorgt ihr euch um eure Kleidung! Seht die Lilien auf dem Felde, wie sie wachsen: Sie arbeiten nicht und sie spinnen nicht! Und doch sage ich euch: Selbst Salomo in all seiner Pracht war nicht so herrlich gekleidet wie eine von ihnen. Wenn Gott nun schon das Gras so prächtig kleidet, das heute steht und morgen verbrannt wird, wie viel mehr wird er dann euch tun? Oh, ihr Kleingläubigen! Ihr sollt euch nicht darum sorgen, was ihr esst, was ihr trinkt und womit ihr euch bekleiden sollt. Danach streben auch die Heiden. Euer himmlischer Vater weiß, dass ihr all dessen bedürftig seid. Stre-*

bet darum zuerst nach seinem Reich und nach seiner Gerechtigkeit, so wird euch alles andere zufallen. Sorget nicht für den anderen Morgen, denn der morgige Tag wird für das Seine sorgen. Heißt nicht, sich zu sorgen um das Morgen, zu planen für den nächsten Tag? Was aber, wenn der Vater im Himmel andere Pläne hegt? Wer wollte vorauseilen dem Plan des HERRN? Wer sich sorgt um Geld und Güter, dem haftet an der Schmutz dieser Welt, wer sich aber sorgt um seinen Nächsten, sorgt um Gottes Wort, trägt der nicht der Lilien Kleid?

Es ist genug, dass jeder Tag seine eigene Plage habe. Wer die Plage vorwegnimmt, verlagert die Mühe des kommenden Tages auf das Heute, belastet unnötig das Hier und Jetzt. Ein Leben ohne Mühe, ohne Plage, kann es das überhaupt geben? Wofür wollte der Mensch dann Lohn erwarten? Wird achten und schätzen den Lohn, wer keine Mühe kennt und keine Plage?

Vom Ungeist des Richtens
(Matthäus 7,1-6, Lukas 6,36-42)

Richtet nicht, auf dass ihr nicht gerichtet werdet. Denn wie ihr richtet, so werdet ihr gerichtet und mit welchem Maß ihr messet, wird euch gemessen werden. Warum siehst du den Splitter im Auge deines Bruders, den Balken vor deinem eigenen Auge aber bemerkst du nicht?! Wie also kannst du sagen: Halt, ich will dir den Splitter aus dem Auge ziehen, wo der Balken vor deinem Auge dir die Sicht versperrt? Du Heuchler, nimm zuerst den Balken von deinem Auge, dann sieh zu, wie du den Splitter aus dem Auge deines Bruders ziehst.

Die Augen verschließen vor der eigenen Schuld, aber mit dem Finger zeigen auf die "Missetat" anderer; wer wollte frei sich sprechen von solcher Unart? Geradewegs umgekehrt aber sollte es sein; denn ist nicht jeder zunächst einmal verantwortlich für sein eigenes Tun und Lassen? Jeder kehre zuallererst vor seiner eigenen Tür! Wer den Dreck, das Unrecht, den Frevel nicht zulässt vor seiner eigenen Tür, wer rein hält, was ihm anvertraut ist, hat der Zeit und Kraft, sich um den Dreck anderer zu kümmern? Und so er Zeit und Kraft noch findet, wie sich mokieren über den Dreck des Anderen, wer selbst erfuhr, wie mühsam es ist, sich zu befreien vom Schmutz dieser Welt? Wie nicht dem Anderen hilfreich zur Seite springen, statt selbstgerecht zu urteilen über ihn? Und was hilft ein Urteil, ein Richterspruch, solange der Dreck vor der Türe bleibt? Wem geht es um Strafe, um Rache, wem um Beseitigung des Unrechts, um Wiedergutmachung? Und wer ist so frei, sich anzumaßen ein Urteil über andere? Wer wollte sagen, er kenne den wahren Urheber, den Verursacher des Schmutzes, des Drecks, des Frevels? Lehrt nicht die Geschichte, wie mannigfalt die Täuschungen sind, die blind machen den Menschen? Sind nicht die Unholde von einst: die Verurteilten, Gegeißelten, Verfolgten, Gemordeten, die Helden von heute?

Ihr sollt, was heil und gut ist in euch, nicht den Hunden zum Fraße geben und eure Perlen nicht vor die Säue werfen, denn sie könnten sie zertreten und euch zerreißen. Wer in sich heil ist, kann der uneins sein (wollen) mit anderen, mit Gott? Wer aber achtet den heilen Bund mit Gott, wie kann der missachten, was schuf der Vater im Himmel? Wie sollte, wer Achtung hat vor Gottes Schöpfung, verächtlich handeln, verächtlich machen, spotten über Gott und die Welt? Ist nicht vielmehr, wer verächtlich macht, selbst verächtlich, und fällt nicht dessen Urteil, dessen Wort, dessen Tun eines Tages auf ihn selbst zurück und entlarvt sein Tun? Wer also trägt in sich den wahren Schatz, wer nennt Perlen sein eigen, und wer wollte sie vorwerfen dem Hunde zum Fraße? Dem Hunde, der zu Kreuze kriecht und jedem Herrn dient, sei er auch gleich eine Sau, die alles kaut und alles verdaut? Wer sich einlässt mit dem Frevler, dem Hund (alte Bezeichnung für den Ungläubigen) oder der Sau (alte Bezeichnung für alles Unreine, vor Gott Befleckte), wer seinen Schatz gedankenlos darbietet, statt ihn zu beschützen und zu bewahren, muss und wird der nicht vor die Hunde gehen?

Vom Gottvertrauen

(Matthäus 7,7-11)

Bittet, so wird euch gegeben, suchet, so werdet ihr finden; klopfet an, so wird euch aufgetan. Denn wer da bittet, der empfängt, und wer da sucht, der findet; und wer da anklopft, dem wird aufgetan. Wer auf Gott vertraut, der geht nicht in die Irre. Auf wen sonst könnte der Mensch sicher bauen? Auf sich selbst – Selbstvertrauen statt Gottvertrauen? Lehrt nicht aber das eigene Leben, wie verführbar man ist, wie leicht man ins Straucheln gerät? Wer wollte anderen vertrauen, so er sich nicht einmal gewiss sein kann seiner selbst; wer andere für sich denken, entscheiden, handeln lassen?

Wer unter euch wird seinem Sohn einen Stein geben, so der ihn um ein Brot bittet, oder, so der ihn um einen Fisch bittet, eine Schlange reichen? Wenn nun schon ihr, die ihr bösen Sinnes seid, dennoch euren Kindern gute Gaben gebt, wie viel mehr wird dann euer Vater im Himmel denen Gutes geben, die ihn bitten. Geben die Eltern ihren Kindern auch heute noch gute Gaben, achtet die ältere Generation auf die Bitten, die Klagen der Jüngeren oder leben die Alten auf Kosten der Jungen, rauben sie ihnen die Ressourcen, rauben sie ihnen die Zukunft, weil sie sich nicht bescheiden (nicht beschneiden) wollen, weil sie lieber nehmen denn zu geben? Wie wird gesorgt für die Nachkommen, für die Zukunft? Kann, was heute gut und erstrebenswert scheint, nicht schon morgen sich als schlecht erweisen, als wertlos, ja, zerstörerisch? Wer aber seine Kinder liebt, der schützt sie; und wer sie schützt, der raubt ihnen nicht ihr Erbe, sondern (hinter)lässt es ihnen. Sollte der Vater im Himmel seine Kinder weniger lieben, weniger schützen, ihnen versagen, worum sie ihn bitten? Und worum nun bitten sie ihren Vater im Himmel: bitten sie IHN um ein erfülltes Sein oder um einen gefüllten Beutel?

Vom rechten Tun

(Matthäus 7,12-28, Lukas 6,31, 6,43-49)

Wie ihr wollt,
dass euch die Leute tun sollen,
so tut auch ihnen!
(Matthäus 7,12, Lukas 6,31).

Das ist das ganze Gesetz. Wer diese "goldene Regel" in sich trägt, bedarf keiner weiterer Gebote – weder der zehn Gebote, die Mose auf die Gesetzestafeln schrieb, noch der vier Gebote, die ER hervorhob in seiner Bergpredigt, geschweige denn jener vielen rechtlichen Vorschriften, die sich selber auferlegte der Mensch. Eine Regel, die alle anderen umfasst, in sich einschließt, eine Grund legende, an die Wurzel gehende Regel, die unmittelbar entspringt der Liebe zu Gott und seiner Schöpfung. Ursprünglich und längst sprichwörtlich geworden in der Redewendung: "Was du nicht willst, dass man dir tu, das füg' auch keinem anderen zu!" Und in der Tat, befolgte der Mensch diesen "kategorischen Imperativ" (Kant), bedürfte er da weiterer Gesetze oder Vorschriften? Hat denn je ein Gesetz oder eine einzige Vorschrift mehr Gerechtigkeit geschaffen? Öffnet sich nicht nachgerade mit der Fülle der Vorschriften und Gesetze die Hintertür, die Lücke, die Ausflucht, sich davonzustehlen? Findet, wer sich nicht gebunden fühlt an Recht und Gesetz, nicht stets einen Ausweg, es zu umgehen und sei es dadurch, dass er schafft ein neues Gesetz, eine neue Regelung? Wem aber innewohnt die goldene Regel, wer sich orientiert an ihr und sie zum Maßstab macht seines Handelns, für den gibt es keine Ausflucht, keine Hintertür. Der Steuersünder mag mit seinem Finanzminister streiten über seine (Steuer)Schuld oder der Verbrecher mit seinem Ankläger, wer aber wollte mit seinem Vater im Himmel streiten, ob er Schuld auf sich lud, ob er verletzte das göttliche Gesetz, die goldene Regel? Ein Gebot – ein Wille – eine Wahrheit! Die Botschaft ist klar und eindeutig und bedarf keiner intellektuellen Winkelzüge. Wer die Wahrheit liebt, liebt der nicht auch die Klarheit? Wer aber frönt dem komplizierten Sachverhalt, der verzwickten Rechtslage, was sucht der anderes als eine Ausflucht? Wie sollte es Gottes Wille sein, dass schwer verständlich sei sein Wort, unbegreiflich sein Gebot und unerfüllbar sein Wille auf Erden? *Wie ihr wollt, dass euch die Leute tun sollen, so tut auch ihnen!* Wer vermöchte nicht zu folgen einer solchen Regel, wer sie unklar nennen oder ungerecht – und wer hält sich daran? Wer indes verschließt die Augen vor dem Elend, der Not, dem Unglück Anderer, wer schweigt, wer wegsieht, wie wollte der auf Hilfe hoffen, so er selbst in Not geriete?

Schreitet durch die enge Pforte, nicht durch die weite; denn breit ist der Weg, der ins Verderben führt und viele sind's, die ihn beschreiten. Der Weg aber, der zum Leben führt und durch die enge Pforte, ist schmal und nur wenige sind's, die ihn finden. Die weite Pforte scheint einladender, man schreitet ohne Mühe hindurch, wie bepackt man auch sei. Durch die enge Pforte aber muss man sich mühen: abladen, was Zuviel ist – warum sich derart quälen? Ist aber tatsächlich vonnöten, was sich auflud der Mensch in blindem Eifer? Wird, was heute wichtig, ja, lebensnotwendig scheint, auch morgen etwas bedeuten, wird es überhaupt noch einen Wert haben? Wer nimmt, wer gibt auf dieser Welt, wer macht die Welt reicher, wer entreichert sie? Durch das enge Tor zu schreiten, mag beschwerlich scheinen, aber ist ohne jede Anstrengung überhaupt etwas zu erreichen, zu gewinnen? Und wer achtet schon das, was ihm fiel ganz ohne Mühe in den Schoß? Und doch scheint ein müheloser Weg verführerisch so Vielen?

Hütet euch vor den falschen Propheten, die sich nach außen bedecken und bekleiden mit Schaffell, in ihrem Inneren aber reißende Wölfe sind. Vor den falschen Propheten warnt ER, den falschen Wortführern, nicht vor den römischen Besatzern; denn eine Gefolgschaft unter Zwang ist keine wahre Gefolgschaft. Wahre Gefolgschaft entspringt immer innerer Bereitschaft, innerer Überzeugung. Und sollte sie nicht hinführen zu Gott, diese innere Bereitschaft, diese innerste Überzeugung? Was, wenn ein falscher Prophet, ein falscher Führer nicht hin zu Gott, sondern weg von IHM führte, weil er nicht lehrt Gottes Wort, sondern sein eigenes? Der Heilsverkünder, der predigt, was er selbst nicht halten will. Der Führer, der verführt, statt zu führen, der Wasser predigt, statt einzuschenken ihnen reinen Wein.

Das Wort des HERRN *erging an mich* (Ezechiel/Hesekiel 13,1-4). *Du Menschenkind, wahrsage wider die Propheten Israels und sprich zu denen, die aus eigenem Antrieb weissagen: Hört des* HERRN *Wort: Weh den törichten Propheten, die ihrem eigenen Geist folgen und haben rein gar nichts geschaut. Oh Israel, deine Propheten sind wie die Füchse in den Trümmern!*

Woran aber erkennen den falschen Propheten, den großen Verführer und woran erkennen den, der im Bunde ist mit Gott? *An den Früchten sollt ihr sie erkennen. Denn kann man Trauben lesen von den Dornen oder Feigen von den Disteln? Ein guter Baum bringt gute Frucht, ein fauler Baum aber faule. Ein guter Baum kann keine faule Frucht bringen und ein fauler Baum keine gute. Ein Baum aber, der keine gute Frucht bringt, wird abgehauen und ins Feuer geworfen.*

Arglistig ist das Herz und unverbesserlich. Wer kann es ergründen? Ich, der HERR*, erforsche das Herz und prüfe die Nieren und gebe einem jeden nach seinem Tun, nach den Früchten seiner Werke* (Jeremia 17,9-10).

Gott erkennt die Seinen – zu allen Zeiten; und der Mensch, erkennt er ebenso, erkennt, wessen Werk da Frucht bringt? *Ein guter Baum kann keine faule Frucht bringen und ein fauler Baum keine gute.* Hören sie sein Wort und scheiden ihre Werke in solche, die gute und die faule Frucht bringen? Wie prüften die Menschen ihr Tun in jenen Jahren, da ER reformierte die alte theosophische Lehre? Und wie prüften die Menschen ihr Werk, als sich mehr und mehr verbreitete die neue Lehre und schließlich durchsetzte? Prüften sie ihr Tun und

Lassen, prüften sich auf Herz und Niere – zu allen Zeiten? Vor und nach der neuzeitlichen Reformation, da abermals erneuert werden sollte die überkommene Lehre? Erneuert und übersetzt das Wort des HERRN aus dem Lateinischen: aus einer fremden in eine vertraute Sprache. Nach mehr als tausend Jahren konnte endlich jeder selbst nachlesen oder, so er des Lesens nicht mächtig war, sich vorlesen lassen, was tatsächlich geschrieben stand im Alten und im Neuen Testament. Galten die falschen Propheten fortan nicht länger: forschte ein jeder selbst nach dem wahren Wort des HERRN und fragte ängstlich sich, was Gott von ihm wolle und wie er bestehen solle vor IHM?

An den Früchten sollt ihr sie erkennen – eine Botschaft, die Orientierung bot und jenes Arbeitsethos zu befördern half, das Max Weber beschrieb als "Geist des Kapitalismus" (vgl. *Christlich-abendländischer Streifzug*). Fortan dienten die Früchte menschlicher Arbeit nicht mehr allein als Lebensmittel, sondern zugleich als Erkenntnismittel, ob der Mensch ein Gott wohlgefälliges Leben führe oder nicht. Schieden sie ihre Werke gewissenhaft in solche, die gute und die faule Frucht bringen oder war und ist ihnen faul keine einzige Frucht? Kennen sie keine faulen Geschäfte, keine faulen Tricks, faulen Kredite? Wer bringt hervor gute Frucht: der Bauer, der den Baum pflanzt, pflegt, die Ernte einbringt oder der Marktschreier, der die Früchte verkauft, verkauft um welchen Preis? Ist es Frucht, sich zu bereichern auf Kosten anderer? Ist es Gottes Wille, dass der Eine lebe in Saus und Braus, der Andere aber darbe, dass dem Einen verfaulen die Früchte in seiner Vorratskammer, der Andere aber hungert und nicht einmal zu gelangen vermag an die faulende Frucht? Welche Frucht, die hervorbrachte der Mensch, gilt vor Gott als gut, welche als faul oder toxisch? Und erkennt der Mensch das faule, das giftige Gewächs und Gewäsch oder täuscht die schöne Schale hinweg über den faulen Kern? Ist, was da eingefahren wird als Ernte, tatsächlich der Mühe wert: wen nähren die Früchte all der Arbeit, wen bereichern sie? Real wie reell gefüllte Scheunen oder virtuelle Gewinne, toxische Papiere, Spekulation und Subvention: Scheinernte nur?

Ein guter Baum bringt gute Frucht, ein fauler Baum aber faule. Brandrodung, Verwüstung, leergefischte Meere, verseuchte Erde, verpestete Luft: Raubbau statt Anbau? Ist der faule Baum so wenig zu erkennen? Wie wird beurteilt, was gut, was faul ist: nach dem Werk, nach dem, was bleibt oder nach dem vergänglichen Wort? Wer aber misst und urteilt allein nach dem Wort und schaut nicht auf das Werk, läuft der nicht Gefahr, aufzusitzen einem falschen Wortführer, falschen Propheten? Und wächst nicht die Gefahr in Zeiten, da das Wort, vervielfältigt und kopiert im weltweiten Netz, mehr und mehr an Gewicht gewinnt und leicht zur Tatsache gerät, weil es sich in der Tat nicht mehr beweisen muss? Folgt die Menschheit falschen Propheten: Wölfen im Schafspelz, die ihr eigenes Wort predigen, ihr eigenes Gesetz verkünden aus Geltungssucht, aus Hab– oder aus Machtgier, die ins Dunkle führen statt ins Licht?

Ein guter Mensch bringt Gutes hervor
aus dem guten Hort seines Herzens;

ein böser Mensch aber bringt Böses hervor
aus dem bösen Hort seines Herzens.
(Lukas 6,45)

Geführt oder verführt? Wer dürfte blind vertrauen fremdem Wort; fordert ER nicht nachgerade auf, kritisch zu sein, zu hinterfragen, nicht aufzusitzen dem schönen Schein, dem schönen Wort, sondern zu bemessen den Wortführer an dem, was er vollbrachte an guten oder faulen Werken?

Nicht jeder, der mich anruft: Herr, Herr!, wird ins Himmelreich kommen, sondern nur, wer den Willen meines Vaters im Himmel erfüllt. Viele werden zu mir sagen an jenem Tage: Herr, Herr, haben wir nicht in deinem Namen viele Taten vollbracht und sogar Dämonen ausgetrieben? Dann werde ich ihnen antworten: Ich kenne euch nicht! Weichet von mir, ihr Übeltäter! Wer sind die Übeltäter: die in seinem Namen verkünden, was nicht sein Wort ist, sondern ihr eigenes, die predigen Wasser und berauschen sich selbst an ihrem eigenen Gebräu? Was wurde nicht schon alles verkündet in seinem Namen? Zu Kreuzzügen wurde aufgerufen, zu Zwangsmissionierung, Judenhatz und Verfolgung der Ungläubigen, der Hexen und Häretiker. Und heute, sind die (Kinder)Schänder der Jetztzeit weniger mit Schuld beladen denn die Schinder vergangener Jahrhunderte; ist heute im Einklang mit seinem Wort all das, was da gepredigt wird im christlichen Abendland, so dass blind darauf zu vertrauen wäre? ER kennt den Übeltäter, wie ER auch jeden kennt, der im Wort ist und es erfüllt – nicht, weil er Lohn dafür erwartet, sondern weil er gar nicht anders kann. Wer indes heuchelt und nur vorgibt, zu erfüllen das Wort des Vaters, um etwas zu scheinen vor der Welt, den wird ER nicht kennen, wenn der Tag gekommen ist. Und kommt nicht der Tag für einen jeden? Kann irgendjemand bleiben in dieser Welt? Sind nicht alle Gast nur hier auf Erden, und wie achteten sie ihr Gastrecht?

Wer diese Rede hört und befolgt meine Worte, der gleicht einem klugen Mann, der sein Haus auf den Felsen baute. Da nun ein Wolkenbruch Wassermassen heranfluten ließ und Stürme tobten und an dem Haus rüttelten, so stürzte es doch nicht ein, denn es war auf Fels gebaut. Wer aber meine Worte hört und sie unbeachtet lässt, der gleicht einem unvernünftigen Menschen, der sein Haus auf Sand baute. Da nun ein Wolkenbruch Wassermassen heranfluten ließ und Stürme tobten und an dem Haus rüttelten, stürzte es in sich zusammen. Wird heute gebaut auf sicheren Grund oder auf Sand? Bleibende Werte oder Luftschlösser: Kartenhäuser, die zusammenfallen beim ersten Lufthauch. Ist das Streben nach kurzfristigem Profit auch langfristig von Nutzen? Sind die Katastrophen dieser Welt tatsächlich unabdingbar oder ist alles Leid hier auf Erden erst geschaffen durch der Menschen Unvernunft?

Bei Gott allein kommt meine Seele zur Ruhe; von IHM kommt mir Hilfe. ER ist mein Fels, mein Schutz, meine Burg, so dass ich gewiss nicht fallen werde (Psalm 62,3). Auf Fels gründet ER sein Haus: die Gemeinschaft derer, die Gott angehören. Kephas, Fels, so nennt ER Simon: den Ersten der Erwählten (vgl. Matthäus 4,18-22). Wer Gott angehören will, der steht – wie Kephas (= Petrus) – im Wort, der baut auf diesen Felsen: auf diesen einen Gott, *der-da-ist* und sein wird ewiglich. Wohnt Gott etwa in Häusern von Menschenhand gemacht? Wohnt Gott nicht in den Menschen selbst, so sie IHM Raum geben, so sie sein Wort hören, IHM angehören?

Wie kann ein Einziger Tausend verjagen
und Zwei sogar Zehntausend in die Flucht schlagen?
Kommt' s nicht daher, dass ihr Fels sie verkauft hat,
der HERR sie preisgegeben hat?
Denn unserer Feinde Fels ist nicht wie unser Fels;
so müssen sie selber urteilen.
(5. Mose 32,30-31)

Der Botschaft Wirkung
(Matthäus 7,28-29)

Als ER diese Rede vollendet hatte, waren die Menschen erschrocken über seine Worte; denn ER lehrte sie nicht wie die Schriftgelehrten, sondern wie jemand, der Vollmacht hat. Da sprach jemand aus innerster Überzeugung, jemand, der nicht um Worte ringen, nach Worten suchen musste, sondern jemand, aus dem die Worte nur so herausflossen, Worte, die fesselten, begeisterten. Der Funke sprang über, eben weil das Feuer in ihm brannte: die Glut, die entzündende und mitreißende Kraft, die spüren machte, da spricht jemand, der im Wort steht, dem das Wort eingegeben, zu eigen ist – Fleisch gewordenes Wort. Wer überzeugt ist von dem, was er sagt, der vermag auch zu überzeugen. Aber, was ER predigte, begeisterte die Menschen nicht nur, es entsetzte sie auch. Sie erschraken über seine Worte. Warum?

Biblisches Wort, biblische Rede war den meisten Juden jener Zeit vertraut, aber die Worte der Schriftgelehrten waren anders, die biblischen Geschichten verstaubt, Worte aus längst vergangener Zeit. Eine Zeit, die in weite Ferne gerückt zu sein schien – die auch Gott selbst in weite Ferne rückte? Die religiösen Vorschriften mochten getreulich erfüllt werden nach dem Gesetz, war der Glaube aber noch erfüllt mit Leben oder erstarrt im bloßen Ritus? Tradition, rituelle Handlung, die nicht mehr berührte, weil sie selbst ungerührt blieben von einem Geschehen, das so ferne schien ihrem Leben? ER macht das Wort wieder lebendig. Wie zu den Alten drang der Gesang Davids, des Königs von Gottes Gnaden, so klingt und erschallt nun sein Wort, und ängstlich fragen sich die Jungen, die hören den neuen Ton, ob sie dazu gehören zum Volk Gottes?

HERR, wer darf weilen in deinem Zelt? Wer darf wohnen auf deinem heiligen Berg? Wer untadelig lebt und tut, was recht ist, und die Wahrheit redet von Herzen, wer mit seiner Zunge nicht verleumdet, wer seinem Nächsten nichts

Arges tut und seinen Nachbarn nicht schmäht; wer die Verworfenen für nichts achtet, aber ehrt die Gottesfürchtigen; wer seinen Eid hält, auch wenn es ihm schadet; wer sein Geld nicht auf Zinsen gibt und nimmt nicht Geschenke wider den Unschuldigen. Wer das tut, wird nimmer mehr wanken (Psalm 15,1-5).

War es nicht die Nähe, die ER wiederherstellte, vor der sie sich entsetzen? Die Nähe zu Gott, ihrem Vater im Himmel. Niemand fürchtet den Chef, den er in weiter Ferne weiß, doch wenn es heißt, "der Boss ist da", greift leicht Panik um sich. Big *father* is watching you! Darum, Mensch, bedenke, *dass die Augen des HERRN zehn tausendmal heller sind als die Sonne, dass sie alle Wege des Menschen sehen und die geheimsten Winkel durchdringen* (Jesus Sirach 23,19). Gott sieht dich! Du kannst ihm nicht entfliehen, dich nicht verstecken vor ihm. Nicht Gott hat sich entfernt von den Menschen, der Mensch entfernte sich vielmehr von Gott, weil er, statt zu tun den Willen seines Vaters im Himmel, lieber folgte seinem eigenen Sinn.

Die Nähe zu Gott korrespondiert mit der persönlichen Verantwortung, die jeder für sein eigenes Leben trägt – eine Verantwortung, die nicht übertragbar ist auf irgendeinen Führer, irgendeine andere Autorität. Das, was die Menschen erschaudern lässt, ist nicht der unbegreifliche, weit in die Ferne gerückte Gott, es ist die unmittelbare Präsenz des Vaters: die Nähe zu IHM, die erzittern lässt. Gott, *der-da-ist* und sein wird ewiglich. Wer wollte IHM entfliehen? Niemand kann sich länger verstecken hinter einer anderen Autorität: einem (Schrift)Gelehrten oder einem politischen Machthaber und niemand kann sich freikaufen: Opfergaben, nur zum Schein erbracht, bewirken so wenig wie bloße Lippenbekenntnisse. Vor Gott zählt nicht der äußere Mensch, sondern der innere: sein wahres Streben, seine wahre Absicht. Jeder steht persönlich in der Pflicht, schuldet Rechenschaft für sein Tun und sein Lassen, für die Entscheidungen, die er trifft in seinem Leben. Wer viel zu sagen, viel zu bestimmen, viel zu entscheiden hat, der hat auch viel zu verantworten; wer dagegen nur wenig zu sagen, wenig zu bestimmen und wenig zu entscheiden hat, hat auch nur wenig zu verantworten. Und jede Entscheidung kann aus einem guten oder einem bösen Willen, einer guten oder einer schlechten Absicht heraus geboren sein. Wer wählt den breiten Weg, die weite Pforte, wer lässt sich verführen von der Aussicht auf den schnellen Erfolg, das schnelle Geld, das süße Leben und wem ist mehr am Sein gelegen denn am schönen Schein? Gott gefallen oder den Menschen gefallen, das ist hier die Frage. Jeder hat die Wahl, kann frei sich entscheiden, das Gute zu tun und das Böse zu lassen. Was wäre gut an der Tat, hätte, wer sie vollbracht, keine Wahl gehabt?

An den Früchten sollt ihr sie erkennen. Ein guter Mensch will Gutes, ein schlechter Mensch will Schlechtes. Gott kennt die wahre Absicht eines Jeden, kennt dessen wahren Kern; aufpolierte Früchte täuschen IHN nicht. Gott sieht nicht auf den äußeren Schein: den Reichtum, den Besitz, den Glanz, sondern auf der Menschen Sein, ihr Trachten, ihr Streben. Vor Gott sind alle Menschen gleich. Entscheidend ist allein die Frage, ob der Mensch, Gott angehören will oder ob er sich scheidet von IHM, ob er Gottes Willen folgt oder seinem Eigensinn.

Wie ihr wollt, dass euch die Leute tun sollen, so tut auch ihnen! Was könnte gerechter sein, als so am Anderen zu handeln, wie man selbst behandelt werden möchte? Handelt aber so der Mensch, handelt zumindest die Mehrheit der Menschheit so? Müsste es nicht gerechter zugehen auf Erden, wenn die Mehrheit so handelte? Warum lebt die eine Hälfte der Welt in Saus und Braus, während die andere nicht einmal das Nötigste hat, sondern darbt, durstet, hungert? Wer glaubt, die Ressourcen, die (Boden)Schätze anderer ausbeuten zu dürfen, lebt der nicht auf Kosten anderer Völker, auf Kosten nachfolgender Generationen? Ist die Erde nicht allen zum Geschenk gegeben, der ersten wie der dritten Welt, den Heutigen wie den Morgigen?

Die **Freiheit** der Wahl, das Gute zu wollen oder das Böse, die **Gleichheit** vor dem göttlichen Gesetz sowie die **Brüderlichkeit**: das Gebot der Nächstenliebe – die Ideale, die zur Erklärung führten der Menschenrechte und zur Französischen Revolution, hier sind sie grundgelegt. Was ist geblieben von diesen ehernen Idealen, sind sie noch präsent, kämpft die Menschheit noch um sie? Oder sind diese Ideale heute nichts weiter als bloße Lippenbekenntnisse, tatsächlich aber in weite Ferne gerückt? Fremd und ohne Leben, wie auch fremd und blutleer geworden ist sein Wort: wie spürbar ist sein Geist, sein Wort ergreift es die Menschen noch? Oder ist ER ebenso entrückt, wie Gott entrückt war in jener Zeit, da vom Berge klang das Hohe Lied? Und so die christlichen Werte heute nichts mehr bedeuten, wie steht es da mit den Idealen der demokratischen Kultur: der Brüderlichkeit von Arm und Reich, der Gleichheit von Mächtigen und Ohnmächtigen, der Freiheit von Einflussreichen und Einflusslosen? Kämpft, ringt die Menschheit gegenwärtig um eine bessere Welt oder um mehr Besitz, mehr Kapital, mehr Profit? Freiheit, Gleichheit, Brüderlichkeit: die Ideale von einst, sind sie mehr als Floskel? Oder meint Freiheit zur Stunde, sich frei zu machen von jedem Ideal, jeder Bindung, sich zu befreien auch von Gott? Wie geschützt aber ist der Mensch in all seinem freiheitlichen Streben, all seinem freiheitlichen Handeln ohne jede Bindung, ohne jedes Ideal?

Gott ist der Fels meines Herzens und mein Anteil auf ewig (Psalm 73,26).

UND ES WARD LICHT

Gott sprach:
Es werde Licht! Und es *ward Licht.*
Und Gott sah, dass das Licht gut war.
(1. Mose 1,3-4)

Das Licht der Welt

Das eben ist das Gericht,
dass kam das Licht in die Welt,
aber die Menschen liebten
mehr die Finsternis als das Licht,
denn ihre Werke waren böse.
(Johannes 3,19)

Sein Wort ist Gottes Wort, ist lebendig, ist Fleisch: die Geburt des Wortes im Sohn. Und das Wort ist Licht, ist Licht durch das Tun, durch das Werk. Nicht leere Hülse ist sein Wort, sondern beseelt vom Geiste Gottes. Und wie der Geist eins ist: ungeteilt, so sind auch eins Wort und Werk. Nichts ist das Wort ohne Werk und nichts das Werk ohne Wort. Wie das Wort bezeugt das Werk, so bezeugt das Werk das Wort. Heil ist das Wort, so es nicht geschieden ist vom Werk, sondern eins mit ihm, wie der Sohn eins ist mit dem Vater. Wer wollte IHM angehören, "Gottesdienst" halten: hören sein Wort, sich aber scheiden im Werk: nicht richten danach im täglichen Tun?

Ich, der HERR, habe dich gerufen
und bestimmt, Bund für mein Volk
und Licht für die Heiden zu sein ...
(Jesaja 42,6: *Erstes Lied vom Gottesknecht*)

... schon im Mutterleib hab ich dich berufen ...
... zu wenig ist's, dass du nur heimführst
die Stämme Jakobs. Ich habe dich auch
zum Licht gemacht der Heiden,
dass du seist mein Heil,
bis ans Ende der Erde.
(Jesaja 49,1, 49,6: *Zweites Lied vom Gottesknecht*)

Heilung eines Aussätzigen
(Matthäus 8,1-4, Markus 1,40-44, Lukas 5,12-14)

Als ER herabsteigt vom Berg, von der lichten Höhe (nicht mehr geschieden von jenen, die ihm zuhörten, sondern auf gleicher Ebene mit ihnen), als ER berührt den Boden der Tatsachen, ER, der Sohn, der ganz und gar erfüllt ist vom Geist des Vaters, trifft da Heiles auf Unheiles? Ein Aussätziger fällt vor ihm nieder und bittet: „So du willst, kannst du wohl machen, dass ich wieder rein werde." Und ER streckt seine Hand aus, berührt den Aussätzigen und sagt: „Ich will es; werde also rein." Der Aussatz schwindet und ER nimmt jenen, der Heilung erbat von ihm, in die Pflicht, nichts darüber verlauten zu lassen, sondern sich dem Priester zu zeigen und das Opfer darzubringen nach dem Gesetz des

Mose. Ihnen zum Zeugnis, dass ER *nicht gekommen ist, aufzuheben das Gesetz, sondern zu erfüllen.*

Aussatz (grch. Lepra) führte – zur Vermeidung weiterer Ansteckung – zum Ausschluss vom Gemeindeleben. Erst, wenn der Priester tatsächlich Heilung feststellte, war die Rückkehr und die Teilhabe an der jüdischen Lebensgemeinschaft wieder erlaubt (vgl. 3. Mose 13,1-59). Wer Umgang pflegte mit Aussätzigen, machte sich selbst unrein und frevelte wider die Gemeinschaft, setzte er sie doch der Gefahr aus, gleichfalls unrein zu werden. ER aber heilt den Aussätzigen. Hätte ER ihn abweisen, des Aussätzigen Bitte, wieder zurückkehren zu dürfen in die Gemeinschaft, ungehört verhallen lassen sollen? Hat ER das Gesetz des Mose gebrochen? Und hat ER tatsächlich geheilt den Aussätzigen oder wurde jenem "nur" genommen, was von ihm ausging: die Ansteckungsgefahr? Aufgetragen war jenem Aussätzigen, zu schweigen und das Opfer darzubringen nach dem Gesetz des Mose. Denn wer sich der Reinigung unterzog, galt erst dann als vom HERRN entsühnt, wenn der Priester, den Reinigungsritus (vgl. 3. Mose 14,1-32) tatsächlich vollzogen und das vorgesehene Opfer dargebracht hatte. Der vom Aussatz Geheilte aber hält sich, wie Markus berichtet (1,40-45), nicht an das Gebot zu schweigen, sondern posaunt bei jeder Gelegenheit lauthals heraus, was ihm widerfahren war, so dass ruchbar wird das Geschehene: ER hatte Umgang mit einem Aussätzigen!

Galt ER nunmehr selbst als unrein? In den Städten konnte ER sich jedenfalls, wie Markus berichtet, nicht mehr zeigen, weshalb ER einsame Orte aufsucht. Dennoch kommen die Leute von überall her zu ihm. Warum? Weil sie geheilt, gesund werden wollen um jeden Preis – geheilt von einem Unreinen? Kann denn heilen, wer selbst unheil, unrein ist? Und hat ER überhaupt geheilt den Aussätzigen? Blieb der nicht unrein, eben weil er sein Versprechen brach, zu schweigen, weil er den beschmutzte, der ihn reinigen wollte, weil er den verriet, der ihn zu heilen suchte?

Am Anfang seines Wirkens steht der Verrat, der Abfall vom Wort. Denn was nutzt alle Reinheit des Leibes, so die Seele befallen ist vom Aussatz und der Mensch darum beraubt der Gemeinschaft mit dem Vater?

Der Hauptmann von Kafarnaum

(Matthäus 8,5-13, Lukas 7,1-10, Johannes 4,46-53)

Als ER nach Kafarnaum kommt, wo Truppen des Herodes Antipas ein Lager errichtet hatten, bittet ihn ein Hauptmann, seinem Knecht zu helfen, der an Gicht erkrankt sei und große Schmerzen habe. Soldaten der Söldnertruppen waren meist Nicht-Juden, also Heiden; und fromme Juden betraten die Häuser der Heiden nicht, um nicht unrein zu werden. Dennoch will ER dem Hauptmann folgen, doch der wehrt ab (in Kenntnis der jüdischen Reinheitsgebote): „Ich bin nicht wert, dass *du* mein Haus betrittst. Und es genügt doch auch, wenn *du* nur ein Wort sagst, so wird mein Knecht gesund. Denn ich selbst bin der Obrigkeit untertan, unter mir aber sind viele Knechte und sie alle folgen meinem Wort. Was ich ihnen befehle, führen sie aus." Erstaunt über diese Rede, ruft ER aus: „*Wahrlich solchen Glauben habe ich in Israel nicht gefunden! Also sage ich euch: Viele werden kommen vom Osten und vom Westen und mit Abraham, Isaak und Jakob im Himmelreich sitzen; aber die Kinder des Reiches werden ausgestoßen in die Finsternis hinaus; da wird sein ein Heulen und Zähneklappern.*"

Denn die Erwählten, die vorgesehen waren als Erben des Reiches, sind abgefallen vom Vater, haben ihn verlassen, also werden sie selbst verlassen: ausgestoßen in die Finsternis. Und andere werden ihren Platz einnehmen aus Ost und aus West, eben jene, die im Glauben sind: gerüstet, wie der Hauptmann von Kafarnaum, dem ER entgegnet: „*Gehe hin; dir geschehe, wie du geglaubt hast!*" Und siehe, des Hauptmanns Knecht wird gesund zu derselben Stunde. Wie der Hauptmann geglaubt hatte, so geschieht es. Der Glaube als die bewegende Kraft: der Glaube ausgerechnet eines Vertreters der römischen Besatzungsmacht, eines Repräsentanten heidnischer Fremdherrschaft! Ist entscheidend die bloße Zugehörigkeit zu dieser oder jener irdischen (Religions-)Gemeinschaft; ist nicht viel entscheidender, Gott angehören zu wollen, zu glauben an IHN in blindem Vertrauen?

Im Evangelium nach Lukas ist zu lesen, nicht der Hauptmann selbst, sondern die Ältesten hätten darum gebeten, den Knecht zu heilen, um dem Hauptmann, der ihnen eine Synagoge hatte errichten lassen, nun ihrerseits einen Gefallen zu erweisen. Und im Johannes Evangelium ist nicht von einem Knecht, sondern vom Sohn eines römischen Bediensteten die Rede. "Abweichungen", die sich vermutlich aus der jeweils eigenen Erzählabsicht erklären. Lukas unterstreicht die Fürbitte: Die Ältesten bitten für den Hauptmann, weil der für sie tätig war, wie der Hauptmann für seinen Knecht bittet, weil der für ihn tätig war bzw. ist. Johannes wiederum betont mehr das Moment der Nähe: Nicht die leibliche Verwandtschaft ist entscheidend, sondern die innere Verbundenheit. Bemüht sich der Hauptmann nicht um seinen Knecht wie um einen Sohn? Abweichungen oder nur verschiedene Aspekte ein und desselben Geschehens? Eines Geschehen im Übrigen, über dessen Wesenskern die Evangelien keinerlei Zweifel lassen: die Fernheilung. ER muss nicht das Haus des Kranken betreten oder dem Kranken die Hand auflegen, sein Wort genügt! Bedürfte es seiner leiblichen Anwesenheit, wie sollte ER dann wirken in zukünftigen Zeiten? Kann ER aber auch dort wirken, wo kein Glaube ist? Und muss der Glaube nicht da besonders stark sein, wo ER aus der Ferne wirken soll? Wer Zeichen und Wunder erst sehen muss, bevor er glaubt, wie stark ist der im Glauben? Der feste Glaube aber, wandelt er nicht alle Ferne in Nähe?

Im Hause des Petrus

(Matthäus 8,14-17, Markus 1,29-34, Lukas 4,38-41)

Und ER kommt in des Petrus Haus und sieht, dessen Schwiegermutter liegt krank zu Bette und hat Fieber. Da ER nun ihre Hand nimmt, verlässt das Fieber sie, und sie steht auf und dient ihm (die erste Jüngerin?).

Nicht von Petrus' Mutter, sondern von seiner Schwiegermutter ist hier die Rede. Petrus war demnach verheiratet, hatte sein Elternhaus verlassen und einen eigenen Hausstand gegründet: eine Heimstatt auf Erden? Hat nicht auch ER verlassen Josefs und Marias Haus, um Heimstatt zu gründen all jenen, die ihm ihr Ja-Wort geben: die Aufnahme begehren? Und wer kommt, wird geheilt werden, wie geheilt wurde die Schwiegermutter des *Felsen*.

Und *am Abend,* heißt es weiter bei Matthäus, *als der Tag vergangen, das Licht erloschen und Finsternis sich breit machte, brachte man viele Besessene zu ihm.* Besessen von wem, besessen von fremder Macht, fremder Kraft, fremder Begierde, fremder Welt? Nicht Herr ihrer selbst jedenfalls – und in Finsternis. Und sie kommen zum Licht: zu dem, der ganz und gar beherrscht ist, besessen allein vom Vater. ER, der Unbefleckte, nimmt an und auf sich die Flecken dieser Welt: all ihre Schwachheit, Verderbtheit und Zerrissenheit. Ihr Abfall vom Vater ist ihm selbst fremd, kann ER eben darum aufheben alles Fremde, weil es nicht in ihn dringt, sondern abperlt von ihm – wie der Schmutz von der Lotosblüte? ER nimmt den Schmutz und die Krankheit: die Flecken dieser Welt auf sich, er macht rein den Befleckten: heilt sie von aller Krankheit, auf dass sie nicht länger fremd und ferne seien dem Vater, sondern allein besessen von IHM. ER treibt aus die unreinen Geister und macht gesund alle Kranken, auf dass erfüllt werde, was gesagt ist durch den Propheten Jesaja (53,4): ER *hat unsere Schwachheit auf sich genommen und unsere Krankheit getragen.*

Die Heilung am Sabbat

(Johannes 5,1-18)

Einige Zeit nach dem Heilungswunder von Kafarnaum, als die Juden wieder eines ihrer Feste feiern in Jerusalem, geht auch ER dorthin. Zu Jerusalem, gleich bei dem Schaftor, aber gibt es einen Teich, "Bethesda" geheißen, der umgeben ist von fünf Hallen (Reste der Anlage wurden inzwischen ausgegraben). Fünf Hallen, wo nachhallen die Worte des HERRN, wie sie geschrieben stehen in den fünf mosaischen Büchern, oder wo widerhallen allein der Kranken Klagerufe: der Blinden, Lahmen und Ausgezehrten, die darauf warten, dass sich bewege das Wasser im Teich durch himmlische Kraft? Denn wer zuerst steigt ins bewegte Wasser, der wird gesunden (der Schnellste wird geheilt, nicht der Bedürftigste?), so geht die Kunde – gleich, welches Leiden ihn auch plage.

In diesen Hallen nun liegt ein Mann, den schon achtunddreißig Jahre lang plagt sein Leiden. Als ER jenen Kranken sieht und hört dessen Schicksal, fragt ER ihn: „Willst du gesund werden?" Und der Kranke antwortet: „Ich habe keinen, der mich zum Teich trägt, wenn sich das Wasser bewegt, und bis ich dort bin, ist längst ein anderer vor mir hineingestiegen." ER aber spricht zu ihm: *„Steh auf, nimm deine Bahre und gehe hin!"* Und siehe, der Kranke steht auf, nimmt seine Bahre und geht von dannen. Jener Tag aber ist ein Sabbat, und als die Juden den Geheilten sehen, maßregeln sie ihn: „Es ist Sabbat, da darfst du keine Bahre tragen." Der Gemaßregelte aber erwidert entschuldigend: „Jener, der mich heilte, trug mir auf, meine Bahre zu nehmen und von dannen zu gehen." Und als sie ihn fragen, wer das denn gewesen sei, beteuert der Geheilte, es nicht zu wissen. Und sein Heiler ist auch nicht mehr zu finden in den Säulenhallen am Teich, weil ER der Menschenmenge entfliehen wollte, die sich dort versammelt hatte gleich nach der wunderbaren Heilung. Im Tempel aber trifft ER den Geheilten wieder und weist diesen sogleich an: *„Du bist gesund geworden. Sündige also fortan nicht mehr, auf dass dir nicht etwas Ärgeres geschehe."* Und was macht der Geheilte, bleibt er rein, beschmutzt er sich nicht, da er doch nichts Besseres zu tun weiß, als seinem Heiler, seinem Retter die Häscher auf den Hals zu hetzen? Was hilft alle bewegende Kraft, alles Heilwasser, alle äußere Reinigung, so der Mensch innerlich unberührt bleibt und unbewegt?

Der Vorwurf, den Sabbat, den heiligen Ruhetag des HERRN gebrochen zu haben, wiegt schwer. Wie begegnet ER solcher Anklage, was ist seine Antwort? *„Wie der Vater wirkt bis auf den heutigen Tag, so wirkt auch der Sohn."* Durch diese Entgegnung aber vergrößert sich nur noch der Zorn gegen ihn. ER hat nicht nur den Sabbat entehrt und gebrochen (vgl. *Vom Brechen der Ähren am Sabbat* in: *Seid im Bilde*), ER hat sich auch Gott gleich gemacht, weil ER sich bezeichnet als dessen *Sohn*. Wie aber wollte brechen den Sabbat, wer heilt, heilt, um wieder herzustellen, was da zerbrochen ist: die Einheit zwischen Gott und Mensch? Stört nicht vielmehr die himmlische Ruhe, wer missachtet den Willen des HERRN, wer eins ist mit der Welt, aber uneins mit IHM? Macht ER sich denn Gott gleich, wenn ER sich als *Sohn* bezeichnet? Schuf Gott nicht den Menschen: ist Adam nicht Gottes Sohn? So Adam Geschöpf ist Gottes, wie sollte ER sich da nicht bezeichnen dürfen als Sohn? Wer wollte bestreiten, Sohn/Tochter zu sein der Schöpfung? Und ist die Schöpfung etwa abgeschlossen mit der Erschaffung Adams und Evas? Betont ER nicht gerade, dass wirke der Vater bis auf den heutigen Tag? Und wirkt ebenso der Sohn, wirkt im Hier und Jetzt bis auf den heutigen Tag?

Für den Evangelisten Johannes ist die Heilung am Sabbat – nach dem "Weinwunder" zu Kana und der "Fernheilung" zu Kafarnaum – das dritte Zeichen, das ER gibt; vier weitere sollen noch folgen.

Denn da, wo unvermittelt Gott regiert,
sind aufgehoben der Natur Gesetze.
(Dante)

Bewegte See
(Matthäus 8,23-27, Markus 4,35-41, Lukas 8,22-25)

Und ER steigt ins Boot und seine Jünger folgen ihm. Und siehe, da bebt der See – so ungestüm, dass die Wogen über das Boot schlagen. ER aber schläft und die Jünger wecken ihn voller Angst. „Herr, hilf, hilf! Sonst ist es um uns geschehen!" ER aber beruhigt sie: „Ihr Kleingläubigen, warum seid ihr so furchtsam?" Und ER beruhigt auch Wind und Wasser. Da wird es ganz stille. Verwundert fragen sich alle: Was ist das für ein Mann, der gebieten kann dem Wind und dem Wasser?

Wie sollte ER, der im Wort steht Gottes, wie sollte ER, der Sohn von Anbeginn, nicht gebieten können über Wind und Wasser, die doch erschuf sein Vater? Gebietet nicht stets der Schöpfer über das, was er schuf? Und schuf Gott nicht alle Natur und all ihre Gesetze? So Gott schuf die Naturgesetze, wie sollte der HERR sie nicht aufheben können? Setzt nicht auch der Mensch außer Kraft die Gesetze, die er schuf, nach eigenem Gutdünken? Wie sollte es keine Veränderung, keine Bewegung mehr geben auf Erden, wo sich doch die Erde selbst bewegt? Heißt Stillstand nicht Tod, Bewegung aber Leben?

Die Elemente verändern sich untereinander,
wie auf einer Harfe die Töne den Rhythmus ändern
und doch den gleichen Klang behalten.
(Buch der Weisheit 19,18)

Wer gibt den Ton an, wer ist die bewegende Kraft: die zerstören, wie auch erhalten, die erschüttern, wie auch beruhigen kann? Und wer lässt sich bewegen von solcher Kraft – wen trägt sie?

Heilung zweier Besessener
(Matthäus 8,28-34, Markus 5,1-17, Lukas 8,26-37)

Als ER ans andere Ufer kommt, in die Gegend des damals als heidnisch angesehenen Ostjordanlandes, wo man Schweine hält, die den Juden bis heute als unrein gelten, trifft ER auf zwei Besessene, die aus den dortigen Grabeshöhlen kommen. Untote? Furcht erregende Gestalten jedenfalls, denen niemand begegnen mochte, und die, als sie ihn erblicken, zugleich zu schreien beginnen: „Was willst du von uns, du *Sohn Gottes*? Bist du gekommen, uns zu martern, noch bevor die Zeit gekommen ist?" Und da sie in der Nähe eine Herde Säue erblicken, fordern sie ihn heraus: „Willst du uns austreiben, so lass uns in die Säue fahren." Und als ER spricht: „Fahret hin!", da fahren die Besessenen in die Säue (ein heilsamer Akt, der bis heute legitimiert den Exorzismus: auch gegen den Willen des "Besessenen"?). Und die Säue stürzen sich den Abhang hinunter ins Meer und ersaufen.

Im Lukas-Evangelium ist zu lesen, die Dämonen (eine ganze *Legion*) hätten ihn darum gebeten, sie nicht in den Abgrund zu stürzen. Der Dämon – der innere Schweinehund: Einst wollte der alte Widersacher ihn verführen und versuchte ihn in der Wüste: *Bist du Gottes Sohn, so wirf dich hinab!* (vgl. Matthäus, 4,1-11); jetzt stürzt der Dämon. Wie sollte schwach sein das Fleisch: besessen von fremdem Willen, wenn stark ist der Geist? Gebietet der Geist nicht über "Schwein" (= alles Unreine) und "Hund" (= allen Unglauben)? Wo aber der Geist gebietet, muss entfliehen der alte "Schweinehund".

Die *Schweine* stürzen hinab in den Abgrund, ihre Hirten aber fliehen in die Stadt und berichten allen, wie es den Besessenen ergangen ist. Und viele ziehen hinaus, um den zu sehen, der solches vollbracht. Und als sie ihn sehen, bitten sie ihn, ihre Gegend zu verlassen. Warum? Fürchten sie, auch sie könnten entdeckt werden und in den Abgrund stürzen? Sind sie besessen von fremder Macht? Erkennen sie ihn: erkennen, wer da in Wahrheit wirkt? Die beiden Besessenen erkannten in ihm sogleich den Sohn Gottes. Der Dämon, das Böse erkennt das Gute, und das Gute, erkennt es ebenso sicher das Böse?

Die Heilung eines Gelähmten
(Matthäus 9,1-8, Markus 2,1-12, Lukas 5,17-26)

Und ER steigt wieder ins Boot, fährt über den See und kommt in *seine* Stadt (Kafarnaum vermutlich). Und sie schleppen einen Gicht-Kranken zu ihm, dessen Gelenke versteift sind. Und als ER ihren Glauben sieht, sagt ER zu dem Gelähmten: „Sei getrost, deine Sünden sind dir vergeben." Etliche unter den Schriftgelehrten aber, die das hören, denken bei sich: Dieser da lästert Gott. ER aber erkennt ihre Gedanken und erwidert:„*Warum habt ihr solchen Argwohn in eurem Herzen? Was ist wohl leichter zu sagen: Dir sind deine Sünden vergeben oder: Stehe auf und wandle?* (Steh auf, nimm deine Bahre, dein Leben in die Hand und wandle, wende dich ab von deinem bisherigen, kranken Sein: deinen Sünden.) *Damit ihr aber wisset, dass des Menschen Sohn Vollmacht hat auf Erden, die Sünden zu vergeben, sage ich zu diesem Gelähmten dort: Stehe auf, nimm deine Bahre und gehe heim.* " Heim zu wem, zu seinen leiblichen Verwandten oder zu seinem himmlischen Vater? Dem Evangelium nach steht der Gelähmte auf, nimmt seine Bahre und zieht von dannen. Jene aber, die Augenzeugen sind solch unglaublichen Geschehens, fürchten sich und preisen Gott, der einem Menschen (einem der Ihren?) solche Macht verliehen. Kann nicht jeder sehen mit eigenen Augen, greifen mit Händen – begreifen, dass sich erfüllt das Wort des HERRN: erfüllt nicht im leeren Wort, sondern im Werk?

ER hat die volle Macht *auf Erden:* die Vollmacht zu heilen, was zerbrochen ist und zu vergeben die Sünden. Die Schriftgelehrten entsetzen sich darüber und klagen ihn an der Gotteslästerung, denn Sünden zu vergeben, das vermag allein Gott. Ist es nicht aber Wille Gottes, dass ER nehme die Sünde von dieser

Welt und also vergebe? Wie aber wollte ER vergeben auch nur eine einzige Sünde und sei sie noch so klein, so es nicht Wille ist des HERRN? Wer nicht folgen will dem Willen Gottes, wie sollte dem vergeben werden? Und kann es Wille sein des HERRN, dass vergeben werde auf Erden jedwede Sünde? Wie sollte, wer Vergebung gewährt, diese nicht ebenso verwehren können? Wer wollte Sündern, die sich nicht abwenden von ihrem Frevel, die stecken bleiben (wollen) in ihrem Sumpf, vergeben: sie rein waschen? Hieße das nicht, sie erst recht zu versuchen und ihnen jeden Ansporn zu nehmen, sich zu wandeln? Ist nicht Voraussetzung aller Vergebung die Reue: das tätige sich Abwenden von der Missetat, das sich Entschulden? Wer steht in der Schuld des HERRN, muss der nicht zunächst Gott selbst um Vergebung bitten; und wer in der Schuld eines Menschen steht, muss der nicht zuvorderst eben diesen Menschen selbst um Entschuldigung bitten? Wie sollte Vergebung erteilt werden im Geheimen, gegen den Willen der Gläubiger?

Das Bekenntnis der Sünden war im frühen Christentum öffentlich. Seit dem 5. Jahrhundert wird die Beichte nur noch als "Ohrenbeichte" vor einem Priester abgelegt, der zum unbedingten Stillschweigen über das, was ihm gebeichtet wird, verpflichtet ist. Seit 1215 ist die Beichte geltendes Gesetz der katholischen Kirche und wesentlicher Bestandteil des Bußsakraments: der Lossprechung (Absolution) nach erfolgtem Sündenbekenntnis. Die evangelische Kirche kennt die Beichte nicht als Sakrament, sondern nur als allgemeines Sündenbekenntnis mit Lossprechung vor dem Abendmahl. Praktiziert wird die Beichte auch bei einigen Naturvölkern, sowie bei den Mayas und den Inkas, ebenso im Brahmanismus, Jainismus und im nördlichen Buddhismus. Zu beichten, sich seines schlechten Gewissens zu entledigen, ist augenscheinlich ein universell menschliches Verlangen: eines, das umso leichter zu befriedigen ist, je weniger Anstrengung die Beichte dem Einzelnen abverlangt?

ER *hat Vollmacht*
(Johannes 5,19-30)

Der Sohn kann nichts von sich aus tun, erwidert ER all jenen, die ihn bezichtigen, Gott zu lästern. Tun kann der Sohn nur mit, nicht gegen den Willen des Vaters: was der Vater tut, das tut in gleicher Weise auch der Sohn. Denn der Vater liebt den Sohn und zeigt ihm alles und wird ihm noch größere Werke zeigen, so dass ihr euch verwundern werdet. Wie der Vater die Toten erweckt und lebendig macht, so macht auch der Sohn lebendig, wen er will. Denn der Vater hat alles Gericht dem Sohne übertragen; damit alle den Sohn ehren, wie sie ehren den Vater. Wer den Sohn nicht ehrt, ehrt den Vater nicht, der ihn gesandt hat. Wahrlich, wahrlich, ich sage euch: *Wer mein Wort hört und glaubet dem, der mich gesandt hat, der hat das ewige Leben und kommt nicht in das Gericht, sondern ist vom Tode zum Leben durchgedrungen.* Die Stunde kommt und ist schon da, da werden die Toten die Stimme des Sohnes hören, die ist die Stimme Gottes, und die sie hören, werden leben. Wie der Vater hat das Leben in sich selber, so auch der Sohn. *Denn der Vater hat dem Sohn gegeben das Leben zu haben in sich selber und hat ihm Macht verliehen, Gericht zu halten, weil ER ist des Menschen Sohn* (Luther-Übersetzung): Adams Nachkomme oder der Menschen Nachkomme: *Menschensohn* (Einheitsübersetzung)? Verwundert euch nicht darüber. Es kommt die Stunde, da werden alle seine Stimme hören in den Gräbern und, die Gutes getan haben, werden auferstehen zum Leben und die, die Übles vollbrachten, auferstehen zum Gericht.

Der Sohn kann nichts von sich selber tun: Wie ich höre (vom Vater), *so richte ich,* **und mein Gericht ist gerecht; denn ich suche nicht meinen Willen,** *sondern den Willen dessen, der mich gesandt hat.*

Berufung des Zöllners
(Matthäus 9,9-13, Markus 2,13-17, Lukas 5,27-32)

Als ER wieder nach Kafarnaum zieht, sieht ER einen Zöllner, seinen Dienst verrichten, und ER spricht zu ihm: „Komm und folge mir!" Und siehe, der Zöllner mit Namen Matthäus verlässt seinen Platz, seine Erwerbsquelle: den Ort, der ihm sichert ein einträgliches Auskommen und folgt ihm – ohne Zögern, ohne zu fragen? Erkennt der Zöllner augenblicklich, wem er in Wahrheit angehört, auf wen er zu hören, wem er Folge zu leisten hat? Matthäus folgt ihm jedenfalls auf den Fuß, folgt ihm *ins Haus* – vermutlich in das des Petrus, in dem ER Aufnahme fand gleich zu Beginn seines Wirkens und das seither auch seine Heimstatt ist in Kafarnaum?

Und es kommen zu ihm viele Sünder, ebenso Zöllner, die als Sünder gelten. Denn Zollstellen wurden verpachtet an den Meistbietenden, und der sann in aller Regel darauf, neben den (an den jeweiligen Landesherrn zu zahlenden) Abgaben noch einen mehr oder weniger großen Gewinn einzustreichen. Da die Zöllner zumeist (viel?) mehr erhoben als geboten, waren sie verschrien als Diebe und Betrüger. Mit solchen Sündern nun setzt ER sich an einen Tisch! Ein unerhörter Frevel, gerade in den Augen der streng auf Einhaltung des mosaischen Gesetzes achtenden Pharisäer. Entsetzt wenden die sich darum an seine Jünger: „Warum sitzt euer Meister, der euch doch das Rechte lehren soll, an einem Tisch mit Zöllnern und Sündern und isst mit ihnen?" Und da ER sie derart reden hört, entgegnet ER ihnen: „Die Starken bedürfen des Arztes nicht, sondern die Kranken. Prüfet also die Schrift, prüfet, was gemeint ist mit dem Wort*: Gefallen habe ich nicht am Opfer, sondern an der Liebe, Gefallen habe ich an der Gotteserkenntnis, nicht am Brandopfer"* (Hosea 6,6). Was ist hier zu prüfen? Ob die Liebe Opfer kennt? Kann denn Liebe Opfer sein? Liebende erkennen einander. Wenn aber entflammt ist das innere Feuer, wie sollte es da noch bedürfen einer Außenfeuerstelle: eines Brandopfers? Und wer dürfte ersticken die Flamme, die entbrannt ist; wer unrein nennen, was Feuer und Flamme ist?

„Ich bin gekommen, die Sünder zu rufen und nicht die Gerechten." Wer aber kann von sich sagen, er sei gerecht, sei ohne Sünde? Und ist, wer solches tatsächlich von sich behauptet, noch zu retten – braucht der Hilfe? Was wollte der Arzt ausrichten an einem Gesunden und was an einem Kranken, der für gesund sich hält? Gibt es hier auf Erden Gesundung ohne Arzt, ohne Heilmittel?

Das Matthäus-Evangelium identifiziert den Zollbeamten zu Kafarnaum als Matthäus: einen der zwölf Apostel (vgl. auch Matthäus 10,3) – zugleich auch einer der vier Evangelisten: Gewährsmann eben jenes Evangeliums, das lange als das älteste galt (und das in sich birgt die meisten Verweise auf das Alte Testament). Als Zollbeamter muss Matthäus nicht gerade unvermögend gewesen sein und darüber hinaus auch mächtig der nicht eben weit verbreiteten Kunst des Schreibens. Ist es so unwahrscheinlich, dass er sich Notizen machte über das, was er erlebte als Jünger, was er sah und mehr noch, was er hörte? Taten mögen in Erinnerung bleiben, umso mehr, wenn sie derart zu beeindrucken verstanden, wie die "Wunder": die vielen Heilungen; Worte hingegen haften weit weniger gut. So ist Matthäus vielleicht nicht nur Gewährsmann des nach ihm benannten Evangeliums, sondern tatsächlich ihr Verfasser? Autor vielleicht auch einer heute verloren gegangenen "Spruch- und Redequelle", der u. a. die Bergpredigt entstammt? Warum aber findet sich weder bei Markus noch bei Lukas ein Hinweis darauf, dass sich hinter dem Zöllner zu Kafarnaum Matthäus verbirgt? Hier wie dort heißt der Zöllner *Levi.* Eine Ungereimtheit? Oder gab ER ihm vielleicht einen neuen Namen, wie ER Simon gab den Namen (Kephas) Petrus (vgl. *Die Berufung der ersten Jünger)* und Johannes den Namen Nathanael (vgl. Johannes 1,35-51)? Hat ER "umgetauft" die Seinen? Markus (2,13) zumindest beschreibt den Zöllner Levi, als *Sohn des Alphäus,* der indes wird zum Apostel Jakobus, nicht zum Apostel Matthäus (vgl. Matthäus 10,3). Widerspruch oder doppeltes Geschehen? Sicher jedenfalls ist, der Zöllner wandelte sich: ließ sein bisheriges Leben hinter sich und tauchte ein in ein neues Sein. Gebührt einem solchen Wandel nicht auch ein neuer Name?

Wer wollte festhalten an seinem Geburtsnamen, so er wiedergeboren ist in einem neuen, einem heilen Geiste? Identifiziert sich nicht jeder mit seinem Namen? Wer aber bestimmte den Namen und wie weit bestimmt der Name den Menschen? Welcher Name ist wem bestimmt – welcher Name ist ihm bestimmt: dem Sohn? Steht nicht geschrieben: *Seht die Jungfrau wird ein Kind empfangen, sie wird einen Sohn gebären und sie wird ihm den Namen **Immanuel** geben, was da heißt: Gott ist mit uns* (Jesaja 7,14)? Kann Gott aber mit den Menschen sein, wenn der Mensch nicht mit IHM ist, muss der Mensch nicht erst errettet werden – von dem vorbestimmten Lebensretter: dem Sohn, der trägt den Namen **Jehoshua** (= Gott rettet – in grch. Übersetzung: Jesus)? Wer aber rettet und führt hin zu wahrer Bestimmung, wie sollte der nicht auch bestimmen den Namen derer, die ihm folgen? Wurde so aus dem Zöllner Levi Jakobus, und der Zöllner Matthäus, ließ auch er den Levi hinter sich?

Levi – der Name steht für einen der zwölf Söhne (= Stämme) Israels: für eben jenen Stamm, aus dem hervorgehen die israelitischen Priester. Levi ist zugleich Gewährsmann des 3. mosaischen Buches: Levitikus, das besiegelt und bewahrt jene Vorschriften, die auf kultische Reinheit und Heiligkeit des Volkes Israel zielen. Folgt auf den Levi des Alten Testaments der Matthäus des Neuen Testaments: der Gewährsmann des ersten (und frühesten?) der vier Evangelien? Auf Levi, der steht für kultische Reinheit: frei von aller äußeren Befleckung, folgt nun Matthäus, der frei sich macht von aller inneren Befleckung, der ablässt von dem Zöllner, dem Sünder? Widerspruch oder Offenbarung, dass ausgerechnet ein Zöllner, der als unrein gilt, als unberührbar, zum Sendboten wird innerer Reinheit, zu einem der Zwölf, zum Gewährsmann des Evangeliums? Wer anders als der Zöllner selbst könnte künden von solcher unfassbaren Wahrheit?

Über das Fasten

(Matthäus 9,14-17, Markus 2,18-22, Lukas 5,33-38)

Und die Jünger des Johannes, den sie den Täufer nennen, kommen zu ihm, ihn zu fragen: „Warum fasten wir, ebenso wie die Pharisäer fasten, deine Jünger aber fasten nicht?" Wie die Pharisäer sich jeglicher Speise und jeglichem Trank enthalten zweimal die Woche, von Sonnenaufgang bis zum Sonnenuntergang, so fasten auch die Jünger des Johannes – der Reinheit wegen, nicht nur ihrer eigenen: gefastet wird auch stellvertretend für die Sünden anderer. ER aber heißt seinen Jüngern anderes und erklärt ihnen auch, warum:

„Können denn die Hochzeitsgäste trauern, so lange der Bräutigam unter ihnen weilt? Es wird aber eine Zeit kommen, da wird der Bräutigam ihnen genommen sein, dann ist Zeit zu fasten" (Matthäus 9,15). Ist ER der Bräutigam und die Jünger sind die Hochzeitsgäste – wer aber ist die Braut? Meint "Braut" die Gemeinschaft derer, die ER führt zum Vater: hin zum Neuen Bund? Aber nicht als Brautführer spricht ER von sich, sondern als Bräutigam? Wem also vermählt ER sich? Allen, die ihm geben das Ja-Wort? Gibt es die Braut als Sinnbild nur, gibt es sie nicht in persona, wie es den Bräutigam gibt: den Bräutigam, der wieder genommen sein wird den Hochzeitsgästen? Und wenn ER ihnen genommen sein wird, ist gekommen die Zeit des Fastens: die Zeit der Trauer. Ist sein Scheiden gemeint oder das Scheiden (und Scheitern) dieser Welt: der Abfall vom gegebenen (Ja-)Wort?

„Niemand flickt ein altes Kleid mit einem Stück neuen Tuches, denn der Lappen würde doch wieder vom Kleid reißen und der Riss noch ärger werden. Und man füllt auch keinen Wein in alte Schläuche (zusammengenähte Ziegenfelle: die Weinflaschen der Antike); *sonst zerreißen die Schläuche* (wegen nicht abgeschlossener Gärung) *und der Wein wird verschüttet, und die Schläuche verderben. Vielmehr füllt man den jungen Wein in neue Schläuche, auf dass sowohl Schlauch wie Wein erhalten bleibe"* (Matthäus 9,16-17). Die alten Vor-

schriften waren maßgeschneidert für den Alten Bund, der Neue Bund aber bedarf seines eigenen Gewandes – auf dass ihn nicht zerreiße alte Last?

Auch das Johannes-Evangelium (3,22-36) berichtet über einen Streit der Jünger des Täufers, der sich an der Taufe entzündet und der Frage, ob auch ER taufen dürfe oder allein Johannes? Denn war das nicht das Privileg des Täufers? Was antwortet Johannes seinen aufgebrachten Jüngern? *„Kein Mensch kann nehmen, was ihm nicht gegeben ist vom Himmel."* Des Weiteren führt der Täufer aus, niemals behauptet zu haben, er selbst sei der Messias, sondern, dass er hergesandt sei vor ihm. *„Wer die Braut hat, der ist der Bräutigam; der Freund aber des Bräutigams steht und hört ihm zu und freut sich über des Bräutigams Stimme. ER muss wachsen, ich aber muss abnehmen."*

Die *Braut* wird hier explizit erwähnt, sie steht sogar zuvorderst: *Wer die Braut hat, der ist der Bräutigam.* SIE ist da von Anfang an, wie auch ER da ist von Anbeginn – fruchtbar indes werden sie erst in der Verbindung. Der Bräutigam muss darum wachsen, und so erscheint – im Vergleich zu dessen Wachstum – des Täufers Werk immer kleiner. Und doch ist das Werk des Johannes so groß. Groß, weil er sich eben nicht erhebt, sondern klein macht, sich unterordnet und klares Zeugnis ablegt vor seinen Jüngern, seinen Gefolgsleuten: *„Wer an den Sohn glaubt, der hat das ewige Leben. Wer dem Sohn nicht glaubt, der wird das Leben nicht sehen, sondern der Zorn Gottes bleibt über ihm."*

Der Tochter wundersame Erweckung
(Matthäus 9,18-34, Markus 5,21-43, Lukas 8,40-56)

Und während ER noch mit den Jüngern des Johannes spricht über die Frage des Fastens, tritt einer der Obersten der jüdischen Gemeinde, der Synagogenvorsteher, zu ihm, fällt vor ihm nieder und fleht ihn an: „Meine Tochter ist soeben gestorben; aber komm und lege deine Hand auf sie, und sie wird wieder lebendig."

Und als ER sich erhebt, dem Synagogenvorsteher zu folgen in dessen Haus, siehe, da tritt von hinten ein Weib an ihn heran, die zwölf Jahre hat den Blutfluss gehabt, und berührt seines Kleides Saum, zu sich selber sprechend: „Kann ich auch nur den Zipfel deines Kleides berühren, so werde ich gesunden." Da wendet ER sich um, sieht sie an und sagt: „Sei getrost, dein Glaube hat dir geholfen." Und die Kranke, die litt an einer Erkrankung (Haut-Blutungen oder Ruhr?), die nicht nur schwächte den Leib, sondern schwächte auch die Seele, weil sie ausschloss vom Gemeindeleben, sie war gesund noch zu derselben Stunde. Wort und Glauben verbinden sich hier zur Tat, werden zur reinigenden Kraft, die nimmt alle Befleckung, die stoppt den Blutfluss; der Heilungsprozess aber ist weiter im Fluss.

Als ER in des Obersten Haus tritt und die vielen Trauergäste sieht und die Flötenspieler, die begleiten den Klagegesang, fordert ER alle auf, zu gehen und zu lassen von ihrer Klage; denn das Mädchen sei nicht tot, es schlafe nur. Da lachen sie über ihn, lachen, und werden doch hinausgedrängt aus dem Haus. Und als alle gegangen sind, die gelacht hatten und nicht glauben wollten, geht ER hinein zu dem Mädchen, ergreift deren Hand und spricht: "*Talita kum* – wach auf, Mädchen." Und das Mädchen steht auf, und diese Kunde verbreitet sich im ganzen Land.

Wach auf, Mädchen! Vom Schlaf erwacht zu neuem Leben. "Wie neu geboren", – wer hätte dergleichen nicht schon einmal gesagt nach einer geruhsamen Nacht? Der Schlaf und das Wiedererwachen am Morgen ist jedem vertraut, ist dieser Schlaf so fremd der letzten Ruhe? Wer ist im Schlaf noch bei dem, was ihm wichtig scheint auf Erden; wer schlafwandelt nicht hin zu anderen, traumhaften Orten? Und wie real erscheinen all diese Träume noch am nächsten Morgen? Wer schläft, sündigt nicht, sagt der Volksmund; wer schläft, erholt sich: holt neues Leben sich. Kann sich nicht ebenso erholen, wer sich bettet zur Letzten Ruhe, kann nicht auch der erwachen zu neuem Leben? ER erweckt das junge Mädchen, erweckt die "Tote" zum Leben, wie ER reinigt das Weib, wie er reinigt die "Unberührbare". Der Erweckung zum Leben geht die Reinigung voraus. Wie sonst sollte wachsen neues Leben: versiegt nicht des Weibes Blutfluss, wenn Frucht trägt ihr Leib?

Nach dem Evangelium des Lukas (7,11-17) geht der Erweckung der Tochter eine andere Erweckung voraus: die eines Jünglings in Nain – einziger Sohn einer Witwe. Schlägt der Evangelist hier bewusst eine (auch räumliche) Brücke zu Elijah, der gleichfalls einer Witwe zurückgab ihren toten Sohn (1. Könige 17,17-24)? Oder will Lukas betonen die Reihenfolge: erst wird der Sohn erweckt, dann die Tochter, wie auch erst Adam kam zum Leben, dann Eva, wie auch erst erstehen muss der Bräutigam, bevor erstehen kann die Braut? Gleich aus welcher Perspektive die Evangelisten berichten, entscheidend bleibt die Liebe: sie ist es, die erweckt zu neuem Leben, die triumphiert über den Tod.

Die Auferweckung des Lazarus
(Johannes 11,1-45)

Die berühmteste aller Erweckungsgeschichten, die sich indes allein bei Johannes findet, rankt sich um Lazarus (hebr. Eleasar, was soviel bedeutet wie: Gotthilf): Lazarus aus Bethanien. Einem Ort am östlichen Abhang des Ölbergs, etwa 3 km entfernt von Jerusalem. Lazarus, Bruder zweier Schwestern: Maria und Martha, die ebenso in Bethanien leben. Als Lazarus krank wird, erhält ER deren Nachricht (eine mündliche Botschaft, vermittelt von einem Bekannten, einem Händler, einem Reisenden?) über ihres Bruders Erkrankung, und als ER hört, dass der, den ER nennt seinen Freund, krank darnieder liegt, sagt ER: „Diese Krankheit führt nicht zum Tode, sondern zur Verherrlichung Gottes."

Und weil ER Lazarus lieb hat, wie ER auch Martha lieb hat und ihre Schwester, bleibt ER nur noch zwei Tage an Ort und Stelle. Dann aber sagt ER zu seinen Jüngern: „Lasst uns wieder nach Judäa ziehen!" Seine Jünger wollen ihn davon abbringen und fragen betroffen: „Wie kannst du wieder dorthin ziehen, wo sie dich steinigen wollten?" ER aber antwortet ihnen: *„Hat nicht der Tag zwölf Stunden?"* Die Stunde ist noch nicht gekommen, noch ist es Tag, noch ist es Licht, noch hat die Nacht nicht Herrschaft über den Tag. *„Wer des Tages wandelt, der stößt sich nicht; denn er sieht das Licht dieser Welt. Wer aber wandelt inmitten der Nacht, der stößt sich; denn ihm ist kein Licht."* Und weiter bedeutet ER ihnen: *„Lazarus schläft, aber ich gehe hin, ihn aufzuwecken."*

Die Jünger meinen zunächst, ER rede vom leiblichen Schlaf, nicht von dem der Seele, bis ER ihnen erklärt, dass Lazarus gestorben und ER froh darüber sei, nicht zugegen gewesen zu sein – um ihretwillen, auf dass sie zum Glauben kommen. Da sagt Thomas (auch *Zwilling* geheißen – wegen der "zwei Seelen, die ihm schlagen in seiner Brust": die gläubige und die ungläubige Seele?): „So lasst uns denn mit ihm ziehen, auf dass wir mit ihm sterben!" Thomas glaubt, dass sie seinen Meister ergreifen und töten werden, wie es ihre Absicht war von Anfang an, und so sie ihn ergreifen, ist es auch um die Schüler, um die Jünger geschehen. Aber Thomas soll eines Besseren belehrt werden, denn nicht der Tod wartet ihrer, sondern das Leben.

Als Martha hört, dass ER kommt, geht sie ihm entgegen, Maria aber bleibt daheim. Und als Martha ihn erblickt, sagt sie: „Ach, wärst du nur hier gewesen, so wäre mein Bruder nicht gestorben. Aber auch jetzt weiß ich, was du erbittest von Gott, das wird Gott dir geben." Und als ER ihr sagt: „Lazarus wird auferstehen", entgegnet sie ihm: *„Ich weiß wohl, dass er auferstehen wird: am Jüngsten Tag."* Und was antwortet ER ihr darauf? *„Ich bin die Auferstehung und das Leben. Wer an mich glaubt, der wird leben, ob er gleich stürbe; und wer da lebt und glaubt an mich, der wird sterben nimmer mehr."* Und auf seine Frage, ob Martha ihm glaube, bekennt die um klares Zeugnis Gebetene: „Ja, ich glaube, dass du der Messias bist: der Gesalbte des HERRN, der in die Welt gekommen ist."

Nach diesem Glaubensbekenntnis geht Martha hin zu ihrer Schwester und sagt zu ihr, ohne dass es ein anderer hört: „Der Meister ist da und ruft dich!" Und Maria steht eilends auf und macht sich auf den Weg zu ihm, der noch weilt an jener Stelle, wo Martha ihm begegnete. Als aber die anderen sehen, wie Maria eilends aufsteht und hinausgeht, folgen sie ihr und denken bei sich: Wo treibt es sie hin, will sie zum Grabe, drängt es sie zu trauern, vielleicht braucht sie unseren Beistand?

Und als Maria bei ihm ist und ihn sieht, fällt sie nieder zu seinen Füßen und spricht: „Wärst du nur hier gewesen, so wäre mein Bruder nicht gestorben. Da ER sie also weinen sieht und auch die anderen, die ihr gefolgt sind, weinen sieht, fragt ER sie – im Innersten erschüttert und betrübt bis ins Mark: „Wo habt ihr Lazarus hingelegt?" Und sie antworten: „Komm und sieh selbst!" Da gehen ihm die Augen über – ER weint? Warum ist ER, der Meister, der so ruhig und gelassen schien, mit einem Male derart ergriffen? Ist es allein das Gedenken an den toten Freund oder steht ihm hier erstmals sein eigener Tod, seine eigene Grablegung vor Augen? Jene, die ihn weinen sehen, meinen indes nicht anders, als dass ER um Lazarus weine. Und sie sagen einander: „Seht nur, wie lieb ER ihn hatte." Einige aber sind darunter, die fragen: „Wenn ER, der so viele heilte, Lazarus derart lieb hatte, warum hat ER ihn dann sterben lassen?" Und abermals ist ER betrübt und erschüttert bis ins Mark.

Das Grab ist eine Höhle und vor der Höhle liegt ein Stein, und ER heißt sie, den Stein wegzuschaffen. Da sagt Martha, die Schwester des Verstorbenen: „Herr, es stinkt aber schon, denn er liegt schon vier Tage dort." ER aber erwidert: „Habe ich dir nicht gesagt, wenn du glaubtest, so würdest du sehen die Herrlichkeit Gottes?" Da schaffen sie den Stein beiseite. ER aber hebt seine Augen empor und sagt: „Vater ich danke dir, dass du mich erhört hast. Ich weiß wohl, dass du mich erhörst alle Zeit, wegen der Vielen nur, die um mich sind, hab ich all das gesagt, damit sie glauben, dass DU mich gesandt hast." Und da ER also gesprochen, ruft ER mit lauter Stimme: „Lazarus, komm heraus!" Und der Verstorbene kommt heraus mit Grabtüchern, gebunden an Füßen und Händen und sein Angesicht ist verhüllt mit einem Schweißtuch, weshalb ER die Umstehenden auffordert: „Löset ihm die Binden und lasset ihn gehen!" Und viele von jenen, die der Maria gefolgt waren und sahen, was ER vollbrachte, kommen zum Glauben an ihn.

Für den Evangelisten Johannes ist die *Auferweckung des Lazarus* das siebte und letzte Zeichen, das ER gibt und steht als solches im weiteren textlichen Kontext unmittelbar vor dem Beschluss des Hohen Rates, ihn zu töten. Zu bedenken ist hier indes, dass der Evangelist Johannes keiner Chronologie dient, sondern aus einer Perspektive berichtet, die Vergangenes und Zukünftiges verschmelzen lässt im Allgegenwärtigen, in einem einzigen Hier und Jetzt: die Ewigkeit, eingefangen im Augenblick der Liebe. So stellt Johannes der Auferweckung des Lazarus voran, dass ER hinzieht zu eben jenem Ort des Jordan, an dem *zuvor* Johannes getauft hatte (Johannes 10,39-42). *Zuvor?* Ist der Tod, die Enthauptung des Johannes (Matthäus 14,1-12, vgl. *Sein und des Täufers Zeugnis* in: *Folget mir nach*) gemeint? Das zumindest ist anzunehmen, denn steht nicht geschrieben (Matthäus 11,10): *Siehe, ich sende meinen Boten vor dir her, der deinen Weg vor dir bereiten soll"* – bereiten soll bis hin zum Tod? Liegt nicht aber zwischen dem Tod des Johannes (29 n.u.Z.) und dem Beschluss des Hohen Rates, ihn zu töten (30? n.u.Z.), real eine Zeitspanne von mindestens einem Jahr? Für den Evangelisten Johannes gibt es solche Zeitdifferenzen nicht; denn, was ist real: was wirkliches, was bildliches, was vergangenes, was zukünftiges Geschehen?

Die Auferweckung des Lazarus wirkt wie ein Bindeglied zwischen der Enthauptung des Täufers und seinem Kreuzestod – Symbol also für seinen eigenen Tod, seine Grablegung, seine Auferstehung (vgl. *Von der Auferstehung der Toten* in: *Seid im Bilde*)? Auffallend jedenfalls sind die Parallelen: die Nähe zum Ölberg, die Grablegung in einer Höhle, der Stein davor, schließlich die Auferstehung selbst, verbunden mit dem Unglauben der Menge, die ein solches Wunder für unmöglich hält. Ist Lazarus, den ER lieb hat, mehr als nur Freund, ist er sein Verwandter im Geiste, sein Alter Ego? Zwei Namen – ein Geist, zwei Namen gleicher! Bedeutung: *Gott hilft* (= Lazarus/Eleasar) und *Gott rettet* (= Jesus/Jehoshua)?

Wirkliches Geschehen, wirkliche Tat oder Gleichnis, Bild, Symbol (vgl. *Seid im Bilde*)? Die Frage stellt sich auch, weil keiner der anderen Evangelisten berichtet über Lazarus' Auferweckung (wie auch über die Auferweckung des Sohnes in Nain allein Lukas berichtet). Kann gelten als reales Geschehen, was nur bezeugt ist von einem Einzelnen (zumal dem alten jüdischen Gesetz nach das Zeugnis stets von mindestens zwei Personen gefordert ist)? Gleichnis also, symbolhaftes Geschehen? Oder liegt im Gleichnis selbst das eigentliche Werk: die Erkenntnis zukünftigen Geschehens? Zeugt nicht nachgerade das Gleichnis davon, dass ER erkannte seinen eigenen Leidensweg vor der Zeit, erkannte bis ins letzte Detail: seinen Tod, die Grablegung, die Trauer derer, die ihm angehören: die ihn wahrhaft lieben, seine Auferstehung und den Unglauben so vieler. Die Augen gehen ihm über, solche Erkenntnis erschüttert ihn bis ins Mark. Nicht der Tod ist die stärkste, die bleibende, die zwingendste Kraft: die Liebe ist es – sie bezwingt den Tod und alle Zeitlichkeit.

Steckt in der Erweckung des Lazarus noch mehr, weist das *siebte Zeichen*, das ER hier gibt, über seinen Tod, seine Auferstehung hinaus, hin auf ein Werk, das sehr viel weiter in die Zukunft reicht? Steht die Auferweckung des Lazarus und seine *Losbindung* vom Leichentuch stellvertretend für die Auferstehung der Welt: die *Erlösung* am Jüngsten Tag? Am vierten Tag, so berichtet der Evangelist Johannes, sei Lazarus auferweckt worden von den Toten. ER aber ist auferstanden am dritten Tag. Muss erst hereinbrechen die Nacht, auf dass erwache ein neuer Morgen, aufziehe ein neuer Tag und sich vollende, was verheißen ist?

Kann das Heilsgeschehen als abgeschlossen erachtet werden oder ist die (Auf)Erstehung der Welt weiter im Fluss? Wie sollte sich vollenden das göttliche Werk ohne die Liebe derer, die IHM angehören? Wer wollte heimkehren, ohne geliebt zu sein? Ist der Ruf des Herzens, die Liebe, nicht der Schlüssel zur Befreiung aus der Gruft?

Die Heilung von Blindheit und Stummheit

(Matthäus 9,27-34, Markus 7,31-37, 8,22-26, Johannes 9,1-12, 9,13-34)

Als ER gen Kafarnaum zieht, folgen ihm zwei Blinde, die ihn anrufen: „Sohn Davids, erbarme dich unser!"Und da ER sich den Blinden zuwendet und sie fragt: „Glaubt ihr, dass ich solches tun kann?", antworten sie: „Ja, Herr." – „Euch geschehe nach eurem Glauben", entgegnet ER darauf. Und siehe, ihre Augen werden geöffnet! ER aber weist sie streng an, nichts darüber verlauten zu lassen. Doch sie achten seiner Worte nicht und verbreiten die Kunde über seine Tat im ganzen Land.

Und als sie gegangen sind, bringt man einen Menschen zu ihm, der stumm ist und (tatsächlich oder der üblen Rede nach?) besessen von einem bösen Geist. Und auch der Stumme sollte wieder reden. Die Menschen aber fragen sich verwundert: Wie kann geschehen, was noch nie geschehen ist in Israel: Blinde können wieder sehen und Stumme wieder reden!

Bleiben aber sehend die "Blinden" oder verfinstert sich abermals ihr Blick, als sie hinausposaunen in die Welt, worüber sie doch schweigen sollten, um den zu verraten, der sie heilen wollte? Die Blinden sollten schweigen: *nicht Perlen vor die Säue werfen*, auf dass der Wundheiler nicht verwechselt werde mit einem der vielen "Wunderheiler", die durchs Land zogen und das Volk verführten mit allerlei "Zauberkünsten" (wie einst die Magier im alten Ägypten) und nicht Glauben, sondern Aberglauben verbreiteten? Doch sie können ihren Mund nicht halten – wie sie dort schweigen, wo sie besser reden sollten? Schweigen ist Gold, heißt es – kann nicht aber auch des Teufels sein zu schweigen, zu schweigen über ein Unrecht, eine Untat? Denn wie sie nicht ihre *Perlen vor die Säue werfen* sollten, so sollten sie auch nicht ihr *Licht unter den Scheffel stellen* (Matthäus 5,14-16: *Ihr seid das Licht der Welt*). Sind sie (an)getrieben und erfüllt von einer heilen oder einer unheilen, einer kranken Kraft? Was ist (leibliches) Unvermögen, was Ungeist, Unwille: Wer ist der Blinde, der Taube, der Stumme, wer sind die drei Affen, die nicht sehen, nicht hören, nicht sprechen wollen? Die Pharisäer wähnen sich sehend, wähnen, klar im Bilde zu sein und bezichtigen ihn, der sehen lässt die Blinden und sprechen die Stummen, Teufelskult zu betreiben: Dämonen auszutreiben mit Hilfe des Obersten aller bösen Geister! Wie sollte ein Herrscher ausgerechnet jene vertreiben, die treu ihm dienen?

Auch im Evangelium nach Markus (7,31-37) wird über die Heilung eines Taubstummen berichtet; sie ereignet sich aber nicht in Kafarnaum, sondern im Gebiet (der "zehn Städte") der sog. "Dekapolis". Dort nimmt ER den Taubstummen zur Seite, von der Menge weg, legt ihm die Finger in die Ohren, berührt dann die Zunge des Mannes mit Speichel (der in jener Zeit als Heilmittel gilt), blickt zum Himmel und seufzt: *„Hephatha"* (oder Effata), was soviel heißt wie: Öffne dich! Und sogleich öffnen sich des Taubstummen Ohren und seine Zunge wird befreit von der Fessel und er kann reden. Auch die Blindenheilung ist bezeugt bei Markus (8,22-26); sie ereignet sich aber ebenso wenig in Kafarnaum, sondern bei Betsaida, und es ist hier auch nicht von der Heilung *zweier* Blinder die Rede, sondern *eines* Blinden. Allen Heilungen indes ist gemein, dass ER stets gebietet, bloß nichts darüber verlauten zu lassen. Doch je mehr ER solches gebietet, umso lauter wird der Ruf: ER *macht, dass die Blinden sehen, die Tauben hören und die Stummen sprechen* (Markus 7,37) und umso ärger wird der Zorn der Pharisäer.

Über diesen Zorn der Pharisäer, der sich entfacht an der Heilung eines Blinden (9,1-12), um dann weiter zu entflammen, weiß das Johannes-Evangelium ausführlich zu berichten (9,13-34). Die Blindenheilung selbst vollzieht sich – nach Johannes – als **Werk**: Auflegen eines Breis aus Erde und Speichel auf des Blinden Augen **und Wort**: *Ich muss wirken die Worte des, der mich gesandt hat, solange es Tag ist; es kommt aber die Nacht, da niemand wirken kann.* Und ER fügt diesem Wort ein weiteres an: Hinzugehen zu dem Teich *Schiloach* (= *Gesandter*) und sich zu reinigen. Wird dem Blinden aufgetragen, sich zu reinigen mittels des Teiches oder des Lebens Wasser, des Lebenselixiers: des *Gesandten* Wort? Aus Erde formte Gott im Anfang Adam und sprach: *Lasset uns Menschen machen – ein Bild, das uns gleich sei* (1. Mose 1,26, 2,7), jetzt wird aus einem Teig aus Erde und dem **Wort** ein neues **Werk**: der blinde Mensch (um)geformt zu einem sehenden Menschen.

Die Menge ist verwundert ob solchen Zeichens, solchen Wunders; die Pharisäer aber sind erzürnt, zumal sich die Heilung ausgerechnet zuträgt an einem Sabbat. Dieser Mensch, der vorgibt zu heilen, entrüsten sie sich, kann nicht von Gott sein, denn ein Gottesfürchtiger würde den Sabbat halten. Andere aber meinen, wie kann ein sündiger Mensch solche Zeichen tun? Und da sie nicht recht glauben wollen an solch wunderbare Heilung, lassen sie des Geheilten Eltern rufen. Die erkennen ihren Sohn sogleich und bestätigen, dass dieser blind geboren sei. Auf die Frage aber, wie sich solche Heilung zugetragen habe, antworten sie nichts, sondern sagen: „Er ist alt genug, fragt ihn doch selbst!" Wissen sie doch, dass der Hohe Rat längst beschlossen hat, jeden mit dem Synagogenbann, d. h. dem dauerhaften Ausschluss aus der Synagoge zu belegen, der sich bekennt zu dem "Wunderheiler", und einen solchen Bann fürchten sie mehr als ihr Leben. Also wird noch einmal der geheilte Sohn befragt. Der erweist sich als weit weniger furchtsam und bekennt sich nicht nur klar zum Heilsgeschehen, sondern hat sogar die Stirn, die Ankläger zu belehren, als er ausführt: „Noch nie hat man gehört, dass jemand die Augen eines Blindgeborenen öffnete. Wäre Gott nicht mit jenem, ER könnte dergleichen nicht vollbringen." Solche Belehrung aber ist unerwünscht! Wer solches bekennt, gehört nicht länger zu den Ihren! Der Bekennende wird ausgestoßen, mit Bann belegt! Entfacht sich der Pharisäer Zorn tatsächlich "nur" an der Heilung am Sabbat, entfacht sich ihr Zorn nicht auch oder vor allem an der Aufhebung der Blindheit: der Entdeckung unliebsamer Wahrheit? Ist die Erkenntnis, die Aufdeckung des vorher Unsichtbaren: der Kassandra-Ruf der Sehenden nicht immer bedrohlich der Macht der Etablierten? Blinde mag man führen, welcher Sehende aber wollte blindlings folgen?

Blindheit als **das** Übel der Welt? Ist darum die Heilung von Blindheit – und nicht von Taubstummheit – das zentralere, das gewichtigere Werk? Berichtet Matthäus eben darum von der Heilung *zweier* Blinder, aber "nur" *eines* Taubstummen? Häufiger bezeugt jedenfalls ist die Heilung von Blindheit: Alle Evangelisten berichten darüber und sie berichten darüber an verschiedenen Orten und zu verschiedenen Zeiten. Als *Heilung zweier Blinder in Jericho* ist sie auch am Ende (weil am Ende aller Zeit die Welt befallen sein wird von Blindheit?) seines Wirkens bezeugt – und zwar von allen drei synoptischen Evangelisten, bezeugt als doppelte Tat (Matthäus 20,29-34, Markus 10,46-52, Lukas 18,35-43). Ist die Blindenheilung für Matthäus, Markus und Lukas doppeltes Geschehen (gegenwärtiges wie zukünftiges?), wird sie im Evangelium des Johannes zu einem einzigen Heilsgeschehen, dem sechsten Zeichen, das ER gibt. Denn muss nicht zuvorderst die Blindheit genommen sein von dieser Welt?

"Erkenne dich selbst", wies das Orakel am Tempel von Delphi der (hellenistischen) Welt den Weg. In der griechischen Tragödie ist der Blinde der wahre Sehende, eben weil er seinen Blick nicht richten kann auf das Äußere der Welt, ihren schönen Schein, ihren lichten Glanz, erkennt er das Licht: schaut er das wahre Gesicht inmitten aller Finsternis. Wer ist blind, wer sehend?, das eben ist die Frage. Sind die Blinden, die – nach Matthäus – geheilt wurden, tatsächlich sehend geworden, da sie doch verrieten ihre heilende Kraft und sich beraubten ihres Geheimnisses, das sie verband mit ihrem Retter? Ist nicht vielmehr jener Blinde, über den Johannes berichtet, wahrhaft geheilt von seiner Blindheit, weil er sich klar bekennt, als man ihn bedrängt? Hier der schnöde Verrat, dort das klare Bekenntnis. Wer ist mit Blindheit geschlagen, wessen Mund sollte besser schweigen? Wer vertraut blind fremden Wortführern, falschen Propheten? Und schließlich, was nutzt alle Rede, so sie auf taube Ohren trifft? Fragen, gestern so aktuell wie heute.

ER macht, dass die Blinden sehen, die Tauben hören und die Stummen sprechen. Denn feiert das Böse, der Ungeist, das Unrecht nicht dort seinen größten Triumph, wo sich alle blind stellen und taub und ein jeder Herz wie Mund verschließt? *Hephatha!* Öffne dich! Wer sich öffnet, bleibt nicht blind, nicht taub, nicht stumm; wer sich öffnet, wird erkennen. Dass Erkenntnis zuvorderst klares Bekenntnis erfordert, wird besonders deutlich an der Stelle des Johannes--Evangeliums (9,35-41), wo berichtet wird, dass der von seiner Blindheit Geheilte und aus der Synagoge Verbannte seinen Heiler erneut trifft und vor ihm niederfällt, da ER ihn fragt: „Glaubst du an des Menschen (= Adams) Sohn?"

Die Söhne (= Abkömmlinge) des ersten Menschen sind zahlreich. An welchen von ihnen soll der Befragte glauben? „Sag mir, welcher ist es, damit ich an ihn glaube!", ist darum die Antwort. Erst als ER ihm sagt: „Du siehst ihn vor dir stehen", wirft sich der Geheilte nieder. ER aber spricht: *„Um zu richten, bin ich in die Welt gekommen, auf dass sehend werden, die da nicht sehen und blind, die da sehen!"* In wem das Licht nicht ist, der bleibt ohne Erkenntnis, dem nutzt alles Sehen, alles Studieren, alles Wissen nichts. Sind die Pharisäer gemeint, die geistigen Führer? Die jedenfalls fühlen sich angesprochen und fragen ihn: „Sind auch wir blind?" – *„Wäret ihr blind"*, antwortet ER ihnen, *„so hättet ihr keine Sünde* (wie vor dem Sündenfall: dem Biss in die verbotene Frucht?)*; weil ihr aber sagt: Wir sehen, darum bleibt eure Sünde."* Wer die Sünde nicht (er)kennt, handelt ohne böse Absicht. Wer aber um die Falschheit weiß seines Tuns (mithin absichtsvoll handelt und in voller Einsicht seines Frevels), wie sollte der nicht verhaftet bleiben der Sünde?

Berufung und Aussendung der zwölf Apostel
(Matthäus 10,1-15, Markus 6,7-13, Lukas 9,1-5)

Hephatha! Öffne dich! Viele folgen seinem Ruf, schließen sich ihm an aus eigenem Antrieb: weil ER sie überzeugt oder weil ER sie heilt? Auch die beiden Blinden, die ER heilte in Jericho, folgen ihm. Seine Anhängerschaft wächst stetig – eine bunte Schar: einfache Leute, wie die Fischer Petrus (= Kephas), Andreas, Jakobus und Johannes: die Ersten, die ihm folgten (vgl. Matthäus 4,18-22: *Berufung der ersten Jünger*), aber auch Menschen wie (der Zöllner) Matthäus (Matthäus 9,9-13), die aus vermögenderen und gebildeteren Verhältnissen stammen, schließen sich ihm an. Menschen unterschiedlicher Herkunft, unterschiedlichen Alters, Menschen beiderlei Geschlechts. Eben nicht nur Männer, wie das Beispiel der Schwiegermutter des Petrus zeigt, von der explizit bezeugt ist, dass sie ihm diente (Matthäus 8,14-17). Das Lukas-Evangelium (8,2) erwähnt ausdrücklich auch die Jüngerinnen. Seine Anhängerschaft ist also nicht – wie in patriarchalisch ausgerichteter Zeit zu vermuten wäre – ein reiner Männerzirkel, das weibliche Geschlecht nicht aus-, sondern eingeschlossen: in dienender, lernender und ebenso lehrender Funktion (wenn dem so war, musste nicht auch das auf Protest, auf Widerstand stoßen)? Keine homogene Gruppe, die sich um ihren (Lehr-)Meister scharrt: einem "Rabbi", der nicht nur in Widerstreit steht zur herrschenden (Lehr-)Meinung (der Priesterkaste und der Pharisäer), sondern auch in Konkurrenz zu anderen Wanderpredigern, die in jenen Jahren durchs (römisch besetzte) Land ziehen und ebenso Heilung verheißen. Wunderheiler, Scharlatane allesamt? Welcher Lehre war zu trauen; welches Wort anzuzweifeln, anzufeinden? Über den Widerstreit der Anhänger des Johannes, der sich entzündete an der Frage des Fastens, ist im Matthäus Evangelium zu lesen (9,14-17: *Vom Fasten*): Anfeindungen außerhalb seines Kreises. Gab es solchen Widerstreit, solche Anfeindungen auch inmitten seiner Anhängerschaft?

Das Johannes-Evangelium berichtet von einer Spaltung unter seinen Anhängern (6,60-71), deren Ursache eine Rede ist, die ER hält in der Synagoge von Kafarnaum (6,22-59). In dieser Rede heißt ER sich selbst *Brot des Lebens.*

„Wahrlich, wahrlich, ich sage euch, Mose hat euch nicht das Brot vom Himmel gegeben (vgl. 2. Mose 16), sondern mein Vater gibt euch das rechte Brot des Lebens. Ich bin das Brot des Lebens. Denn ich bin vom Himmel gekommen, nicht um meinen Willen zu tun, sondern den des Vaters." Viele erzürnen sich ob dieser Worte. Wie kann der da es wagen, sich Himmelsbrot zu nennen, von Gott gekommen, wo doch hier jeder weiß, wer sein Vater ist: Josef, der Zimmermann; der wirkte und baute an vielen Orten (denn die Bautätigkeit des expandierenden Römischen Reiches war groß) – und hat nicht auch ER, der "Sohn des Zimmermanns" gebaut an vielen Orten, bevor er hinauszog in die Welt, sie zu erbauen? Sie aber empören sich über sein Wort, empören sich ob der Rede vom Himmelsbrot, die weiter lautet: „Eure Väter haben Manna gegessen in der Wüste und sind gestorben. Wer aber isst das Brot, das da vom Himmel kommt, der wird nicht sterben. Ich bin das lebendige Brot." Das Manna der Wüste stärkte den Leib; ihre geistige Nahrung, ihre geistige Stärkung ist aber erst gekommen mit ihm: dem Fleisch gewordenen Wort – geboren in Bethlehem, dem "Haus des Brotes". Wer zehrt von diesem Fleisch, dem lebendigen (nicht dem blutleeren) Wort, der erleidet keinen Mangel, der wird sein ewiglich, wie auch ewiglich ist seine Speise, denn: „Wer mein Fleisch isst und trinkt mein Blut, der bleibt in mir und ich in ihm." Worte, die gründlich missverstanden werden und zum Streit führen. „Wie kann dieser da uns sein Fleisch zu essen geben!", empören sie sich lauthals in der Synagoge.

ER provoziert nicht nur Priester und Pharisäer, ER provoziert auch in den eigenen Reihen. Sein Wort vom Himmelsbrot ist manchem zu radikal, und mancher, der ihm folgte, wendet sich wieder ab. Wer aber wollte vordringen zur Wurzel, der nicht wagte einen radikalen Neuanfang? Auf wen kann ER bauen? Petrus/Kephas sollte der Fels sein; aber bedarf es nicht mehr als nur eines Hirten, da doch so viele Menschen umherirren wie die Schafe. Die Ernte ist groß (Matthäus 9,35-38), viele sind's, die geführt werden sollen hin zum Vater. Wenn aber nicht der rechte Arbeiter erntet im Weinberg, wird die Ernte da nicht spärlich ausfallen? Wer kann, wer wird ihm helfen, einzufahren in die Scheune?

Zwölf seiner Jünger (= Schüler) wählt ER aus und nennt sie Apostel (grch. apóstolos = Sendbote). Nicht mehr Jünger, nicht mehr Schüler sind die Zwölf, sondern Sendboten seines Wortes. Wie der Vater im Himmel Engel (grch. angelos) sandte, zu verkünden sein Wort, so sendet nun der Sohn hinaus in die Welt seine Boten. Warum zwölf? Die Zahl steht für die zwölf Stammväter Israels: Gottes Volk im Alten Bund – stehen die zwölf Apostel nun für das Volk Gottes im Neuen Bund?

Sie wirken im Namen des HERRN die Zwölf, die tragen welche Namen? Da ist zunächst Simon: Petrus, der Fels, auf den ER bauen will, und dessen Bruder Andreas sowie Jakobus, der Sohn des Zebedäus, und dessen Bruder Johannes: Träger und Gewährsmann des gleichnamigen Evangeliums und zugleich "der Jünger, den ER liebt" (= Nathanael?, den ER erweckte unter einem Feigenbaum, vgl. Johannes 1,35-51: Berufung der ersten Jünger). Dann Philippus und Bartholomäus, Thomas sowie Matthäus: Gewährsmann des gleichnamigen Evangeliums. Weiter Jakobus, der Sohn des Alphäus (= der Zöllner Levi, vgl. Markus 2,14) und Thaddäus sowie Simon Kananäus und Judas Iskariot, der ihn verraten wird. ER sendet sie alle aus, wie es im Markus-Evangelium (6,7) heißt, jeweils zwei zusammen. Leibliche Brüder (wie die Ersten, die ER berief) oder nicht, sie alle sollen Brüder sein im Geiste. Brüder, die füreinander da sind, füreinander einstehen.

Stützt einer den anderen, so werden beide stärker. Stützt Andreas seinen Bruder Petrus, so wird der Fels, der Grund fester, auf den ER bauen will seine *Kirche* (= kyriake = ekklesia = dem Herrn gehörende Versammlung). Und das *Haus Gottes,* das gegründet sein soll auf festem Grund, soll nicht errichtet werden aus toten Steinen; wie auch sollte würdig sein ein Haus aus Stein dem Schöpfer der Welt, der formte den Menschen nach seinem Bilde? Ist nicht vielmehr der Mensch selbst Baustein am Hause Gottes: der lebendige Mensch, die lebendige Seele, die schöpft aus ewiger Quelle, schöpft aus der Liebe Brunnen? Wie wollte das Wort, wie wollte lebendig sein der Tempel Gottes, so nicht Liebe ihn (er)füllte? Wer denn ist die tragende, die verbindende, die alles umspannende, die ewige Kraft, wenn nicht die Liebe? Johannes, der Jünger, den ER liebt, steht für eben diese Kraft, steht auch sein Bruder Jakobus dafür – sollen nicht alle Brüder im Geiste (ein)stehen für die Liebe? Und doch, selbst die Apostel stehen nicht nur für Bruderliebe, selbst unter ihnen weilt Verrat. Schaute ER, der schaut auch das Verborgene, den Verrat, als ER Judas berief? Oder hat ER ihn eben darum berufen: um geschehen zu lassen, was da geschehen soll im Namen des Vaters? Musste der Verrat geschehen oder war er zu verhindern? Stand nicht auch dem Judas ein Bruder zur Seite, der ihn hätte stützen und abbringen können vom falschen Weg? Oder wollte niemand Hüter Judas sein – wie schon im Anbeginn Kain nicht Hüter sein wollte seines Bruders?

Und ER sendet aus die Zwölf: von Ort zu Ort sollen sie ziehen, hin zu den *verlorenen Schafen des Hauses Israel* (Matthäus 10,6) und, wie es übereinstimmend in allen drei synoptischen Evangelien heißt, zu verkünden die lebendige Botschaft (= Evangelium) vom nahen Reich Gottes. Ist die Aussendung schon Vorbereitung auf die Zeit, da ER nicht mehr unter ihnen weilen wird? Zogen sie auch aus, Bruderpaar für Bruderpaar, weil die Zeit drängte und die neue Botschaft so schneller zu verbreiten war? Demnach beschritten sie nicht alle Wege gemeinschaftlich, sondern kamen nur von Zeit zu Zeit zusammen? Wer war Augenzeuge welchen Heilsgeschehens; wer kann authentisch berichten darüber? Lässt sich vielleicht auch daraus, ob nur gehört oder auch gesehen wurde mit eigenen Augen, manche Unstimmigkeit der Evangelien erklären und verblüfft nicht umso mehr ihre frappierende Übereinstimmung?

In einer Kultur, die basiert auf mündliche Weitergabe, wird sich eine neue Lehre umso schneller verbreiten, je mehr Träger und Verkünder sich annehmen dieser Lehre. Vermutlich gab es viele, die über ihn sprachen, die sein Wort hinaustrugen in die Welt, die sich austauschten auf den Handelsstraßen der Zeit über das, was sie gesehen oder gehört hatten. Denn wer wollte nicht Kunde geben, so er "Wunderliches" vernommen hätte oder gar eines "Wunders" teilhaftig geworden wäre? Ist aber, wo über "Wunder" berichtet wird, nicht zuvorderst kritisch zu prüfen, ob glaubhaft ist die Kunde? Unwahres oder wahres, authentisches Wort? Die Zwölf, die ER auswählte, waren geschult in seinem Wort. So seine Lehre möglichst viele erreichen, unverfälscht erreichen sollte, damit "Wundermärchen" erst gar keine Verbreitung fanden, war es nur folgerichtig, sich zu teilen und in verschiedene Richtungen zu ziehen. Jeder hatte seinen Bruder dabei, der ihn abhalten konnte, abzuweichen vom rechten Weg, vom rechten Wort. Werden die Zwölf aber getrennt geblieben sein, werden sie sich nicht immer wieder getroffen haben, um sich zu versammeln um ihn: ihren Lehrmeister, um sich auszutauschen über das, was sie gesehen, gehört hatten, um im Licht zu bleiben und auszumerzen jedwedes falsche Wort?

Und ER sandte die Zwölf nicht nur aus, zu verkünden sein Wort, sondern auch zu vertreiben den Ungeist und zu heilen die Krankheit. Heil zu machen, was zerbrochen ist: den von Gott abgefallenen, den uneins gewordenen Menschen wieder hin zu führen zu seinem Schöpfer und zu schließen einen Neuen Bund. Wie hätten sie verkünden sollen sein Wort ohne gleichfalls zu wirken? Wirkten sie ebensolche "Wunder" wie ER – beseelt und getragen von der gleichen Kraft?

Gang auf dem Wasser
(Matthäus 14,22-33, Markus 6,45-56, Johannes 6,15-21)

Und ER gebietet den Jüngern ins Boot zu steigen und voraus zu fahren ans andere Ufer. ER selbst bleibt zurück: zieht sich zurück von all jenen, die sich daselbst versammelt hatten um ihn, und steigt auf einen Berg, um zu beten in aller Einsamkeit. Das Boot ist inzwischen schon weit entfernt vom Ufer und wird von hohen Wellen hin und her geworfen. In der vierten und letzten Nachtwache (eine "Nachtwache" zählte drei Stunden) aber, da kommt ER auf sie zu, und ER wandelt auf dem See. Die Jünger erschrecken, weil sie wähnen, ein Gespenst zu sehen und schreien vor Furcht. ER aber spricht: „Fürchtet euch nicht! Ich bin's!" Worauf Petrus entgegnet: „Bist du es Herr, so heiß mich zu dir zu kommen auf dem Wasser." Und als ER ihn zu sich ruft, steigt Petrus aus dem Boot und geht auf dem Wasser hin zu ihm. Doch da er den Wind spürt, der mehr als heftig bläst, bekommt er es mit der Angst zu tun und fürchtet unterzugehen; ER aber reicht ihm seine Hand und tadelt ihn zugleich: *„Du Kleingläubiger, warum hast du gezweifelt?"* Und da sie ins Boot steigen, legt sich der Sturm. Die Jünger aber fallen vor ihm nieder und bekennen: „Wahrhaftig, du bist Gottes Sohn."

ER gebietet über den Wind und geht auf dem Wasser wie auf sicherem Grund. Wie sollte der Sohn, der Erbe nicht gebieten können über das, was schuf der Vater (vgl. Matthäus 8,23-27: *Bewegte* See)? Wie sollte das Wasser, die Ur-quelle, der Ursprung allen Lebens nicht tragen den Erben? Petrus, der Fels, droht unterzugehen, weil er zweifelt, weil er misstraut dem sicheren Grund, der ihn trägt – kein Selbstvertrauen oder kein Gottvertrauen? Wer sich getragen weiß, schwimmt obenauf, wer keinen Halt spürt, geht unter. Ist es Furcht, die hinabzieht: Furcht vor dem Unbekannten, dem Ungewöhnlichem, dem Unglaublichen? Petrus wähnte zu ertrinken aus Mangel an Glauben, wie Matthäus berichtet, aber sitzen nicht alle im selben Boot? Ist der Unglaube nicht allen gemein? Warum entsetzen sie sich, als sie ihren Meister wandeln sehen auf dem Wasser: weil sie an ihn glauben? Nennt das Markus-Evangelium (6,52) nicht klar den Grund? *Denn sie waren um nichts verständiger geworden, sondern ihr Herz war verhärtet.* Verhärtet die Herzen seiner Schüler! Den Unglauben innerhalb der eigenen Reihen, innerhalb seines engsten Kreises, beschreibt auch Johannes (6,20-21), wenn er schildert, wie ER zu ihnen spricht: „Fürchtet euch nicht", sie aber nicht gewahr werden des nahen Ufers, des nahenden Ziels, sondern versuchen, ihn zu sich ins Boot nehmen, statt zu erkennen: ER ist ihr Boot, der sichere Hafen. Nicht sie können ihn zu sich ziehen, ER zieht sie zu sich, ER geht ihnen voran. Wer ihm folgt, wer in ihm bleibt, der wird getragen auch inmitten des Sturmes, so sicher und geborgen wie in der Arche Noahs.

Hat ER sie an das rechte, an das sichere Ufer gebracht? Zu neuen Ufern aufbrechen, meint das nicht: Neues bewegen? Im Matthäus-Evangelium (14,34-36) ist zu lesen, dass ER nach Genezareth kommt und daselbst alle Kranken heilt, die zu ihm gebracht werden. Bevor ER indes aufbricht zu neuen Ufern, ja, bevor er noch wandelt auf dem Wasser – für Johannes das fünfte Zeichen –, gibt ER ein weiteres (das vierte) Zeichen, bekannt als *wundersame Brotvermehrung.*

Die Speisung der Massen
(Matthäus 14,13-21, Markus 6,31-44, Lukas 9,10-17, Johannes 6,1-13)

Und ER *fährt mit dem Boot in eine einsame Gegend, um allein zu sein.* Warum allein? Weil ER dort, wo keiner ihn bedrängt zu helfen, zu heilen, Gemeinschaft haben kann mit seinem Vater, wo ER allein, nicht aber einsam ist; denn wie sollte einsam sein der Sohn in Gemeinschaft mit seinem Vater? Ist ER einsam nicht erst unter jenen, die ihm fremd und ferne sind? Sein wiederholter Rückzug von der Welt: das bewusste Aufsuchen der Einsamkeit, der Einöde, der Wüste (vgl. Matthäus 4,1-11: *Versuchung in der Wüste*) erfolgt aus innerem Verlangen, nicht weil ein äußeres Gebot dergleichen forderte. Enthaltsamkeit, Askese, wie sie auch der Täufer praktizierte, wie Jahrhunderte zuvor schon Buddha (560-480 v.u.Z.) lehrte. "Erleuchtung" durch Askese, durch Rückzug von der Welt und Versenkung in sich selbst; wie fremd oder wie fern war solche Geisteshaltung einem Judentum, dem der Ausschluss aus der Gemeinschaft als arge Strafe, ja, als "Aussatz" galt? Sahen sie ihn an als "Aussätzigen", als "Sonderling", so ER sich selbst aussonderte, sich enthielt aller Gemeinschaft (auch der mit einem Weibe) oder heiligte ihn solche Enthaltsamkeit? Seinem abermaligen Rückzug von der Welt unmittelbar voraus geht die Nachricht von der Enthauptung des Täufers (Matthäus 14,3-12, vgl. auch in *Folget mir nach: Sein und des Täufers Zeugnis,* Matthäus 11,2-19). Wird die erschütternde, die bewegende Nachricht vom gewaltsamen Tod des Täufers nicht Auslöser gewesen sein, sich zu vergegenwärtigen das eigene Los, (letzte) Klarheit zu gewinnen über den eigenen (Leidens)Weg und Kraft zu sammeln für das, was da geschehen soll? Und wo wollte ER besser sammeln all seine Kraft denn in der Einsamkeit – frei von jedem äußeren Einfluss?

Lange allein bleibt ER nicht, hat sich doch längst herumgesprochen, wo ER unterwegs ist. Viele folgen ihm zu Fuß – und ebenso mit ihrem Herzen? Und ER heilt die Kranken unter ihnen. Am Abend dann kommen seine Jünger und sagen ihm: „Schick sie lieber alle nach Hause; denn es ist schon sehr spät geworden und hier gibt es nirgendwo etwas zu essen." Woraufhin ER sie anweist: „Dann gebt ihnen zu essen!" Sie aber haben nur fünf Brote und zwei Fische bei sich, die nun sollen sie, so trägt ER ihnen auf, zu ihm bringen. *Und ER nimmt die fünf Brote und die zwei Fische, blickt zum Himmel, dankt, bricht die Brote und gibt sie den Jüngern, sie zu verteilen an die Menge. Und alle essen und werden satt und heben auf, was übrigbleibt von Brocken: zwölf Körbe voll! Die da aber gegessen hatten, waren 5000 Mann, Weiber und Kinder nicht mitgerechnet!*

Die *wundersame* Brotvermehrung gemahnt an den Exodus des von Mose geführten Gottesvolkes aus Ägypten, was im Johannes-Evangelium besonders deutlich zum Ausdruck kommt, heißt es hier doch: *Das Pessach-Fest* war nahe, als ER brach das Brot und teilte es. Das Pessach-Fest, eben jenes Fest, das an den Auszug aus Ägypten und den Zug durch die Wüste erinnert, an die wundersame Führung und an die nicht minder wundersame Speisung:

Und am Abend kamen Wachteln herauf und bedeckten das Lager. Und am Morgen lag Tau rings um das Lager. Und als der Tau weg war, siehe, da lag's in der Wüste rund und klein wie Reif auf der Erde, und als es die Kinder Israels (= Jakobs Kinder) sahen, riefen sie aus: „Manna?!" Was war das? (Der Läuse süßliches Sekret, das von alters her nährt das Volk der Ameisen?) *Sie wussten nicht, was es war. Mose aber sprach zu ihnen: „Es ist das Brot, das euch der HERR zu essen gegeben hat. Das ist's aber, was der HERR geboten hat: Ein jeder sammle, soviel er zum Essen braucht, einen Krug voll für jeden nach der Zahl der Leute in seinem Zelte." Und die Kinder Israels taten's und sammelten, einer viel, der andere wenig. Aber als man's nachmaß, hatte der nicht darüber, der viel gesammelt hatte, und der nicht darunter, der wenig gesammelt hatte* (2. Mose 16,13-18).

Alle werden satt – in der Wüste wie auch im Gras, wo ER sie heißt, Platz zu nehmen. Auch das Johannes-Evangelium (6,1-13) berichtet von fünf Broten, die ER bricht und an die Menge verteilt; doch wird nur hier erwähnt, dass es *Gerstenbrote* sind, die ihm gereicht werden von einem *Knaben*: einem unschuldigen (= reinen) Kind. Auch diese Aussage soll offenkundig erinnern an einen alten, an einen heiligen Text und heiligen (= reinen) Akt:

Es kam aber ein Mann aus Baal-Schalischa und brachte dem Mann Gottes Erstlingsbrot (als Opfergabe)*, nämlich zwanzig Gerstenbrote, und neues Getreide in einem Beutel. ER aber sprach: „Gib's den Leuten, dass sie essen!" Sein Diener fragte zurück: „Wie soll ich davon 100 Mann zu essen geben?" ER aber sagte: „Gib den Leuten, dass sie essen! Denn so spricht der* HERR*: „Man wird essen, und es wird noch übrigbleiben." Und sie aßen; und siehe, es blieb noch übrig nach dem Wort des* HERRN (2. Könige 4,42-44).

Und es bleibt übrig!, heißt es ebenso bei Johannes und Matthäus. In der Wüste indes sollte nichts übrig bleiben, wie Mose den Kindern Israels gebot nach dem Wort des HERRN. *Aber sie gehorchten Mose nicht. Und etliche ließen davon* (vom Himmelsbrot) *übrig bis zum nächsten Morgen; da wurde es voller Würmer und stinkend* (2. Mose 16,19-20). Nun, da sie im Gras sitzen, da angebrochen ist eine neue Zeit, bleibt Brot übrig: Zwölf Körbe (wie es übereinstimmend bei Johannes und Matthäus heißt) bleiben übrig – von fünf Broten! Warum ausgerechnet Zwölf? 12 Körbe – 12 Apostel: Haben die Apostel den Auftrag zu sättigen? Zu sättigen mit Brot? Brot von fünf Broten? Wofür steht die 5: für die 5 Bücher Mose (Pentateuch), für Wort und Gesetz Gottes?

In seiner Rede in der Synagoge von Kafarnaum (Johannes 6,22-59) spricht ER vom *Himmelsbrot*, vom Manna, vom Brot des Lebens und nennt sich selbst das *lebendige Brot, das da gekommen ist vom Himmel* – zu "Bethlehem" (= "Haus des Brotes"). ER sättigt, ER stärkt, denn ER ist das Fleisch gewordene Wort. Seine Rede erzürnt viele und entzweit seine Anhänger. Ist die Entrüstung auch darum so groß, weil die Rede gehalten wird zum Pessach-Fest? Nach Johannes ereignet sich die Speisung der Fünftausend *vor* Pessach (Johannes 6,4). Die Menschen, die diesem Wunder beiwohnen, heißt es bei Johannes weiter, staunen nur so und rufen ergriffen aus: *„Wirklich, das ist der Prophet, der in die Welt kommen soll."* ER indes spürt, dass sie ihn in ihre Gewalt bringen und zum König machen wollen, und darum zieht ER sich zurück, denn ER ist nicht gekommen, sie zu beherrschen, noch gar gekommen, ihren Wunderglauben zu speisen, sondern ihnen zu geben das Wort als Brot, als geistige Nahrung, die sie sättigt und labt. Später dann, nach kurzem Rückzug in der Einsamkeit, nach dem "Brotwunder", wird ER seine Rede halten vom Himmelsbrot – halten also zu Pessach?

Johannes teilt nicht nur etwas mit über den Zeitpunkt der wundersamen Brotvermehrung, sondern auch über den Ort. *Und ER fuhr über das Galiläische Meer,* heißt es bei Johannes, *daran die Stadt Tiberias liegt.* Galiläisches Meer – das ist der See Genezareth, in Galiläa gelegen. Und Tiberias ist die neue Stadt am Westufer des Sees: gegründet von Herodes Antipas 20 n.u.Z., zu Ehren des Tiberius (Adoptivsohn und Nachfolger des Augustus, der von 14- 37 n.u.Z regierte als römischer Kaiser). Die Stadt kann zur Zeit der wundersamen Brotvermehrung noch nicht sehr groß gewesen sein, vermutlich war Vieles erst im

Bau (vielleicht hat auch Josef dort gearbeitet als Zimmermann, vielleicht sogar ER, "der Sohn des Zimmermanns"), ganz gewiss aber genoss Tiberias noch keine große Bedeutung. Zum Hauptsitz jüdischer Gelehrsamkeit wurde die Stadt erst im 2. Jh. und blieb es auch lange Zeit; heute ist Tiberias nur noch bekannt als Kurort. Eine Stadt, eine Stätte errichtet zu Ehren des römischen Kaisers: des obersten Repräsentanten heidnischer Fremdherrschaft! Verrat am Gottesvolk, am HERRN, am Vater, den zu heilen sucht der Sohn mit der Speisung der Massen?

5000, heißt es im Evangelium des Johannes (wie auch in dem des Matthäus) werden satt. 5000: eine glatte, eine runde Zahl, was kaum für das Ergebnis einer konkreten Zählung spricht. Eher auszugehen ist hier wohl von einem symbolischen Wert. Auf die Bedeutung der Fünf im Zusammenhang mit den (fünf) Büchern Mose wurde bereits verwiesen, was ist zu den Tausenden anzumerken? Zuvorderst ist die 1000 Maßzahl einer größeren Einheit – hier also Maß der Einheit des Gottesvolkes, über das berichten die fünf Bücher Mose. 5 Bücher – 5000, die gesättigt werden. Denn satt werden alle, die das Wort aufnehmen, die im Bunde sind mit Gott. Steht die Zahl 5000 demnach symbolisch für all jene, die Gott angehören im Alten Bund? Sind die 12 Körbe, die übrigbleiben, jenen zugedacht, die noch kommen? Denn ist ER nicht gesandt, zu schließen einen Neuen Bund und zu sättigen all jene, die noch nicht sind im Wort, die noch nicht geschmeckt haben das Himmelsbrot? In den Evangelien jedenfalls ist von einer weiteren, einer zweiten wundersamen Speisung zu lesen: *Die Speisung der Viertausend* (Matthäus 15,32-39; Markus 8,1-10). Hier **5**000, dort **4**000, die gesättigt werden. Steht die 5 symbolisch für die fünf Bücher Mose, für was steht dann die 4? Für die kosmische Einheit, für die 4 Evangelien? Wenn die Zahl 5000 Symbol ist der Einheit derer, die sind im Alten Bund, ist dann die Zahl 4000 Symbol der Einheit derer, die sind im Neuen Bund? Eine wundersame Speisung findet diesseits, die andere jenseits des Sees statt. ER bricht auf zu neuen Ufern, und doch geschieht allein das, was schon geschehen ist: Gesättigt werden, die stehen im Bund mit Gott, die zehren von seinem Wort, diesseits wie jenseits (des Sees – der Zeit), im Osten wie im Westen, im Morgen- wie im Abendland, im Alten wie im Neuen Bund, im Alten wie im Neuen Testament. Ist darum das Geschehen ein doppeltes? Die doppelte Tat, als Besiegelung dessen, was geschehen ist und dessen, was geschehen wird? Die Speisung der Massen diesseits und jenseits, die Heilung von Krankheit diesseits und jenseits des Sees (an dem sich heute der Kurort Tiberias befindet! Und sind sie kuriert?). Das doppelte Geschehen als Beglaubigung des Ewigen, des Gegenwärtigen in Vergangenheit und Zukunft, zieht es sich nicht wie ein roter Faden durch sein Werk, durch sein Wort? Wie häufig eröffnet ER seine Rede mit der Verdoppelung des *Wahrlich:* bräuchte es solch doppelter Bestätigung, gelte es nur, zu beglaubigen den einen Bund?

Das Volk, das sich um ihn versammelt hat, heißt es in der *Speisung der Viertausend*, dauert ihn, denn sie sind schon drei Tage bei ihm und haben nichts zu essen, und weil ER sie nicht hungrig wegschicken will, fragt ER seine Jünger:

„Wie viele Brote habt ihr?" Sie antworten: „Sieben und noch ein paar Fische." Und ER nimmt die Brote, spricht das Dankgebet, bricht die Brote und lässt sie verteilen an das Volk. *Und alle essen und werden satt und heben auf, was da übrigbleibt von den Brocken: sieben Körbe voll!*

Drei Tage war das Volk um ihn und hatte nichts zu essen – drei Tage! Drei Tage liegen auch zwischen Kreuzigung und Auferstehung. Ist hier vielleicht die Zeit gemeint, da das Volk ohne ihn sein wird? Sind hier überhaupt Tage nach dem Maß der Menschen gemeint oder Tage nach dem Maßstab Gottes? Für den, *der-da-ist* ewiglich, ist ein Tag das, was der Mensch tausend Jahre heißt. Sind also 3000 Jahre gemeint, 3000 Jahre, da das Volk ist ohne Speisung, ohne Fleisch gewordenes Wort? 3000 vergangene oder 3000 zukünftige Jahre? ER will niemanden ungesättigt lassen, und so teilt ER sieben Brote. Warum sieben? Der Sieben kommt (wie viele Märchen bis heute zeigen) eine magische, eine mystische Bedeutung zu. In der Bibel steht sie für den Mangel, für die sieben mageren Jahre, aber auch für die Fülle, die sieben fetten Jahre. Die sieben Körbe stehen nicht für Mangel, sondern für Fülle: Alle werden satt und es bleibt sogar noch übrig. Sieben Körbe für die, die noch kommen, die noch gesättigt werden sollen. Den Juden leuchtet ein siebenarmiger Leuchter (Menorah), spenden ebenso Licht die sieben Körbe? Stehen die sieben Körbe für die sieben Tugenden, die nähren die Welt? Wie wollte es Fülle geben, ein einzelnes fettes Jahr nur ohne Weisheit, ohne Gerechtigkeit, ohne Starkmut, ohne rechtes Maß, ohne Liebe, ohne Glauben, ohne Hoffnung?

Alle werden satt (die *Viertausend* so gut wie die *Fünftausend*), weil sie im Bund sind mit Gott, mit seinem Wort. Und ER teilt mit ihnen: sein Brot – sein Wort. Wer wollte da in seinen Taschen lassen, was er mitnahm als Wegzehrung? Die Jünger hatten sich mit Brot und Fisch versorgt, als sie loszogen in eine Gegend, die nur dünn besiedelt war und in der es darum nichts zu kaufen gab. Haben all die vielen anderen, die sich anschlossen, keine solche Vorsorge betrieben? Sind all die anderen losgezogen mit leeren Taschen im Vertrauen darauf, schon etwas zu finden in der Öde? Oder hatten sie die Taschen voll, gefüllt mit Proviant? ER teilte mit ihnen sein Brot. Bezwang ER sie so, gleichfalls zu teilen das Ihre, zu teilen, was sie lieber für sich behalten hätten "für den Notfall"? Was ist das größere Wunder, zu beheben den Mangel an leiblicher Speise und zu teilen das Brot, oder zu beheben den Mangel an geistiger Stärkung und zu bezwingen den mangelnden Willen zu teilen? Wenn alle teilen, werden alle satt, und niemand muss darben oder hoffen auf ein Wunder; denn das Wunder ist schon geschehen, es reicht für alle und es bleibt sogar noch übrig für jene, die noch kommen. Wer aber nur sammelt für die eigene Tasche, wer sammelt, was nicht gesammelt werden soll, der macht, dass sein Vorrat wird *voller Würmer und stinkend* (2. Mose 16,20). Was steckt in den (Vorrats)Körben heutiger Zeit: Reines oder Faules, Wurmstichiges? Wer sättigt sich womit und was bleibt übrig für all jene, die noch kommen? Genug, dass lauten durfte das Motto des evangelischen Kirchentages 2013 in Hamburg: *Soviel du brauchst* (vgl. 2. Mose 16,18)?

Warum bringt ihr Geld dar für das, was kein Brot ist,
und sauren Verdienst für das, was nicht satt macht?
Hört doch auf mich, so werdet ihr Gutes essen
und euch laben am Köstlichen.
Neigt eure Ohren her und kommt her zu mir!
Ich will mit euch schließen einen ewigen Bund ...
(Jesaja 55,2-3)

Erhörung einer Heidin

(Matthäus 15,21-28, Markus 7,24-30)

Und als ER in die Gegend kommt von Tyros und Sidon, trifft ER auf ein kanaa-
näisches Weib. Markus berichtet von einer Syrophönizierin. Ein Widerspruch,
ein Unterschied? Das Land der Phönizier ("Land des Purpurs" – der Farbe kö-
niglicher Herrschaft) bezeichnet im Altertum jenen schmalen Streifen an der
Mittelmeerküste, den wir heute als Syrien, Libanon und Nordisrael kennen. Die
Phönizier wurden auch Kanaanäer genannt, da sie ansässig waren in Kanaan,
dem Gelobten Land. Als Seefahrervolk, das gründete Karthago, sind sie als Pu-
nier bekannt. Nach der endgültigen Niederlage in den sogenannten Punischen
Kriegen fiel 63 v.u.Z. auch das phönizische Land an der Mittelmeerküste an
Rom. Die Phönizier sanken ab in die Bedeutungslosigkeit, weiter fort aber wirk-
te ihr Kult, den sie als Seefahrervolk verbreitet hatten: die Verehrung des
Fruchtbarkeitsgottes Baal (syrisch für Herr) und der weiblichen Gottheit Astarte.
Höchster Gott der Phönizier aber war EL. EL, so nennt – alter Überlieferung
nach – auch Adam, der "erste Mensch" (der Erste, der Gott er-kannte?) auf Er-
den seinen Schöpfer. Glaubt die Nicht-Jüdin, die hier als Heidin, als Hündin
(Hund ist das jüdische Schimpfwort für Heide) geschmäht wird, womöglich an
diesen einen, höchsten Gott, den verehren die Juden?

Glaubte sie an Baal, an Astarte, würde sie dann rufen, wie da geschrieben
steht: *„Ach Herr, du Sohn Davids, erbarme dich meiner. Ein böser Geist spielt
meiner Tochter übel mit"*? ER aber antwortet nicht, und seine Jünger treten zu
ihm und bitten ihn: „Befreie uns von diesem Weib; denn sie schreit hinter uns
her." Ein Weib, eine "Unreine" noch dazu, schreit hinter ihnen her, ist das den
Jüngern peinlich? Wollen sie befreit werden von der Heidin, nicht aber, dass
befreit wird die Heidin von ihrer Sorge? Was antwortet ER der Heidin? *„Ich bin
nur gesandt zu den verlorenen Schafen des Hauses Israel."* Allein gesandt zu
jenen, die angehören dem Volk Gottes, seien sie auch versprengt wie Schafe
überall in der Welt? Und ist die Heidin: die Nicht-Jüdin kein solch versprengtes,
kein verlorenes Schaf? *„Es ist nicht recht, das Brot den Kindern wegzunehmen
und den Hunden vorzuwerfen",* sagt ER ihr. Sie aber entgegnet: *„Ja, du hast
recht, Herr; aber selbst die Hunde bekommen von den Brosamen, die fallen
von ihres Herren Tisch."* Welch ein Glaube! Die Heidin beansprucht nicht, am
Tisch des Herrn zu sitzen, sie begnügt sich mit dem, was vom Tisch fällt! Und

so sagt ER ihr: *„Weib, dein Glaube ist groß! Was du willst, soll geschehen."*
Und von dieser Stunde an ist geheilt ihre Tochter.

Demnach ist ER nicht allein gesandt den Juden, sondern auch jenen, die nicht
sind jüdischen Glaubens? Der Erhörung der Heidin, der Nicht-Jüdin folgt nach
Matthäus (15,29-31) die *Heilung vieler Kranker* und im Anschluss daran: die
Speisung der Viertausend (15.32-39). ER schließt einen neuen Bund, ER
speist neues Volk, dem angehören alle, die (er)hören Gottes Wort, die IHM angehören? Hieße das nicht aber, dem jüdischen Volk: dem erwählten Volk zu
rauben seine Sonderstellung: seine Nähe zu diesem einen Gott? Kennt denn
dieser eine Gott nur dies eine Volk: das Volk der Juden? Waren Adam und Eva
Juden? Und die Arche Noahs – landete sie nicht auf dem Ararat, in der heutigen Türkei? Und schließlich Abraham, zog er nicht los von Mesopotamien, dem
heutigen Irak, nach Kanaan und sollte er nicht Vater sein vieler Völker? Kommt
es darauf an, in welchen Grenzen jemand lebt auf Erden, zählt nicht mehr, an
wen sich bindet der Mensch, wem er angehören will, wen er liebt unbegrenzt?
Wer ist nah dem HERRN, näher, der Nächste? Den ersten Bund schloss Gott
mit Noah, auf dass niemand mehr untergehe in der Flut (seiner Sünden). Indes
der Bund wurde gebrochen – gebrochen und erneuert unter Abraham wie unter
Mose. Erneuert nunmehr ER den Bund: den vierten (und letzten) Bund? Vier:
die Weltzahl, die Zahl kosmischer Einheit – die vier Himmelsrichtungen – die
vier Evangelisten, die verbreiten das Wort in alle vier Himmelsrichtungen. Wieso sollte der neue Bund geschlossen sein allein mit Juden, wieso nicht offen
stehen den Heiden, sind nicht auch sie Kinder des HERRN? Das Beispiel der
Nicht-Jüdin macht deutlich, was wahrer Glaube bewirkt? Ist Bruder im Geiste,
wer sein Kreuz schlägt oder seine Hände faltet wie ein Christ, nicht aber Bruder
im Geiste, wer niederkniet und erhebt die Hände zum Himmel wie ein Muslim?
Muss die Frage nicht lauten, wer fest ist im Glauben und wer ein Gottloser? So
mein Bruder festen Glaubens ist, wer wollte ihn erschlagen durch Wort oder
(Misse)Tat, statt zu sein sein Hüter? ER nahm sich der Nicht-Jüdin an! Wie
würde ER heute begegnen einer Nicht-Jüdin, einer Christin, einer Muslimin –
und wie einer Jüdin?

Der Glaube der Nicht-Jüdin war groß und fest, größer und fester womöglich als
der, den ER fand unter den Juden. Hat erst ihr starker Glaube ihm geöffnet die
Augen, dass ER eben nicht gesandt sei allein den Juden? War sie, die peinlich
war den Jüngern, die Kassandra seiner Zeit: die Seherin, deren Rufe einmal
nicht vergeblich blieben, sondern erhört wurden? Ein Weib, außerhalb der jüdischen Gemeinschaft stehend, nicht gesellschaftsfähig sozusagen, kann ein solches Weib Seherin sein, Weichenstellerin? Ist das nicht eine ungeheure
Provokation – und soll es das vielleicht sein: Mahnung, nicht vorschnell den
Stab zu brechen über andere? Ein *heidnisches* Weib! Selbst wenn sie Jüdin
gewesen wäre, zukam ihr in einer von Männern dominierten Gesellschaft allenfalls eine untergeordnete Stellung, aber keine für das (Heils)Geschehen irgendwie relevante. Warum? Weil sich mit dem Weib die Rolle der Verführerin verband: der Eva, der Urheberin des Sündenfalls? Dem jüdischen Mann jedenfalls

war strenge Zurückhaltung auferlegt gegenüber dem Weibe, was im besonderen Maße für den Rabbi, den Lehrer galt – und das ist ER. Ist ER nicht aber gekommen, alle Sünde zu überwinden, zu heilen, was zerbrochen ist und wieder zu versöhnen mit Gott? Wie sollte Gemeinschaft möglich sein zwischen den Geschlechtern, bliebe das Weib außen vor, versöhnte sich die männliche Seite nicht wieder der weiblichen; denn sollten sie nicht sein ein Leib – und also auch ein Geist?

Begegnung mit einer Sünderin
(Lukas 7,36-50)

Es lädt ihn aber ein Pharisäer ein in sein Haus und da sie zu Tische sitzen, tritt eine *Sünderin* an ihn heran mit einem Gefäß voll kostbarer Salbe, und sie weint und ihre Tränen fallen auf seine Füße. *Und sie trocknet seine Füße mit ihrem Haar, küsst sie und salbt sie mit Öl.* Da denkt der Pharisäer bei sich, wäre der, den ich lud zu Tisch, tatsächlich ein Prophet, würde er solches nicht geschehen lassen. Denn nach jüdischem Glauben macht die Berührung einer Sünderin, hier also das Salben der Füße, unrein. ER indes errät die Gedanken seines Gastgebers und spricht zu ihm: „Ich will dir ein Beispiel geben: *Ein Gläubiger hatte zwei Schuldner. Einer war ihm schuldig fünfhundert Denare, der andere fünfzig. Weil sie aber beide nicht zurückzahlen konnten, schenkte er's beiden. Nun sag mir, welcher der beiden wird ihn mehr lieben?"* – „Den er am meisten geschenkt hat", gibt der so Befragte zurück und urteilt recht damit. Da wendet ER sich der Sünderin zu und sagt: „Siehst du dieses Weib? Sie benetzte meine Füße mit ihren Tränen und trocknete sie mit ihrem Haar, sie küsste meine Füße und salbte sie mit Öl. Du aber gabst mir kein Wasser für meine Füße, als ich kam in dein Haus, auch salbtest du mich nicht – weder mein Haupt, noch gar meine Füße. Also sage ich dir: *Ihr sind viele Sünden vergeben, darum bezeugte sie mir so viel Liebe; wem aber wenig vergeben wird, der liebt wenig."*

Wer um seine Schuld weiß und sie als groß erachtet, der wird umso dankbarer sein, wenn sie ihm vergeben wird, wie eben jener Schuldner im obigen Beispiel, dem die größere Schuld erlassen wurde und der darum war der Dankbarere? Wer wähnt, nur wenig oder gar keine Schuld auf sich geladen zu haben, der also wird weniger dankbar sein? Wer aber trägt weniger Schuld, wer kann sagen, er sei ohne Sünde? Was ist Sünde, was nur Unwissenheit, Ahnungslosigkeit?

Die christliche Lehre kennt sieben Hauptsünden: die Maßlosigkeit: die Gier und ihren Bruder: den Geiz, ferner den Neid, den Hochmut, die Wollust, die Wut und schließlich die Trägheit. Wer könnte sagen, frei zu sein von all diesen Sünden? Und wer sündigt mehr: wer auf Erden ist ohne Einsicht, weil er nichts weiß von der göttlichen Wahrheit oder wer kennt Gottes Gebot, sich diesem aber willentlich entzieht und eben nicht ahnungslos handelt, sondern im vollen Bewusstsein seiner Schuld?

„Dir sind deine Sünden vergeben", sagt ER zu dem (sündigen) Weib; doch die mit ihm zu Tische sitzen, denken bei sich: Wofür hält jener sich, der da meint, Sünden vergeben zu können? Ist es nicht allein an Gott, Sünden zu vergeben? Und setzt Vergebung nicht Reue voraus, bezeugt vor Gott – nicht allein durch bloßes Wort, sondern durch tätiges Werk? Muss das nicht zuvorderst heißen: Abkehr von der Sünde? Und hat das nicht getan die Sünderin; so sie aber solches tat, ist sie da noch Sünderin?

ER provoziert auch hier: lässt sich berühren von einer Sünderin, vergibt ihr die Sünden, was doch allein Gott zukommt, und stellt sie gar dar als liebendes Beispiel. Das sündige Weib dem Manne nicht länger untergeordnet, nicht unberührbar, sondern in ihrer Liebe gar überlegen dem Manne? Das Weib als Teilhaberin, dergleichen Gedanke muss der jüdischen Männergesellschaft ein Dorn im Auge gewesen sein. Wird darum nur im Lukas-Evangelium berichtet von der Sünderin und der Salbung? (Berichten nicht aber auch die anderen Evangelien über eine Salbung: berichten an anderer Stelle, aus anderer Perspektive, anderem Blickwinkel?, vgl. *Alpha & Omega: Salbung in Bethanien*, Matthäus 26,6-13.) Lukas ist auch der einzige Evangelist, der explizit über die Jüngerinnen berichtet: über sein weibliches Gefolge (Lukas 8,1-3). Muss ER dem unterdrückten, beinahe rechtlosen weiblichen Geschlecht nicht geradezu wie ein Licht erschienen sein in finsterer Nacht? Und folgten sie ihm darum nicht umso williger? Maria Magdalena gehört zu seinen Jüngerinnen. Maria (aus Magdala?), die ER befreite von sieben Dämonen, befreite von allen (sieben) Sünden? Und auch Johanna, Eheweib des Chuzas, eines hohen Beamten des Herodes, schließt sich ihm an, und viele andere mehr, sie alle stützen ihn und (unter)stützen ebenso die Zwölf, die ER berief. Ist nicht eben das die ungeheure Provokation: Weiber, die sich um ihn scharen, ihn unterstützen (auch finanziell?) und die ER gewähren lässt, die ER wichtig nimmt? Besudelt ER das eigene Volk, besudelt den jüdischen Glauben, wenn ER sich berühren lässt von einer Sünderin, wenn ER Weiber duldet in seinem Gefolge, sich "aushalten" lässt von ihnen; entzweit, wer versucht, zu versöhnen die männliche Seite mit der weiblichen?

Gespräch am Jakobsbrunnen

(Johannes 4,1-26)

Und da ER gewahr wird, auf sich geladen zu haben der Pharisäer Zorn, weil ihm mehr folgen als selbst dem Johannes und seine Jünger mehr taufen als jener, den doch alle nennen den Täufer, verlässt ER Judäa und zieht wieder nach Galiläa. (Nach Judäa, genauer nach Jerusalem zu ziehen an den hohen Feiertagen war allen Juden religiöse Verpflichtung. Und so wird vermutlich auch ER mehrfach von Galiläa nach Judäa gezogen sein und umgekehrt.) Der kürzeste Weg zu seinem Reiseziel führt durch Samarien (Palästina). Die Bewohner jenes Landstriches verehren – ebenso wie die Juden – den einen Gott, *der-da-ist* (= YAHVEH). Sie werden aber als Abtrünnige angesehen und von

117

den Juden gemieden, weil sie als Offenbarung des wahren Gotteswortes allein anerkennen die 5 Bücher Mose; den Juden indes galten auch andere Schriften als heilig. Zwar war im Judentum zur Zeit der römischen Besatzung die (alte) Frage (neu) entbrannt, was reines, wahres Wort des HERRN, was in den Kanon der heiligen (heilen, reinen) Schriften aufzunehmen und was zu verwerfen sei als Erfindung menschlichen Geistes, aber es gab noch keinen allgemeinen, für alle verbindlichen Konsens. Die "Bibel" lag ja (noch) nicht vor als fertiges Werk: es gab kein (vom Himmel gefallenes) "Buch" (= Bibel), sondern eine Vielzahl von Schriftrollen. Heilige Schriften oder nicht? Einigkeit bestand lediglich darin, dass der HERR dem Menschen mehr offenbart hatte, als überliefert war in den "Büchern" Mose. Sollte das, was geoffenbart worden war den Propheten, etwa nicht sein von Gott? Die Samariter hatten diese Frage ein für allemal für sich entschieden: Sie verließen sich allein auf die 5 Bücher des Mose. Wegen der darin ergangenen Verheißung (5. Mose 18,18) erwarteten aber auch sie die Ankunft des messianischen Propheten. In diesem Punkt herrschte Einigkeit zwischen Samaritern und Juden; die entscheidende und nicht lösbar scheinende Streitfrage entbrannte auch weniger um das Gotteswort denn um den Ort der rechten Gottesverehrung. Den Juden war der Tempel in Jerusalem heilig, die Samariter indes hatten auf dem Berg Garizim einen Tempel errichtet zu Ehren YAHVEHs. Zwar war der zerstört worden im Jahr 128 v.u.Z., der Kult aber, der sich vor allem verband mit dem Schlachten von Pessach-Lämmern, war nach wie vor lebendig.

Und ER kommt an einen Ort in Samarien, der nahe an jenem Grundstück liegt, das Jakob (= Israel) einst seinem Sohne Josef vermachte: *„Ich gebe dir einen Bergrücken, **schulterhoch über deinen Brüdern**, den ich der Hand der Amoriter entrissen habe mit Schwert und Bogen"* (1. Mose 48,22). Jakob hatte zwölf Söhne (die zwölf Stämme Israels), warum bevorzugt er den einen? Weil Josef der (erste) Sohn war, den ihm schenkte seine geliebte Rahel? Schon zuvor waren dem Jakob Söhne geboren – von seinem ersten Eheweib Lea, von deren Magd Silpa wie auch von Rahels Magd Bilha. Auf Josef aber, den ersehnten Sohn seines zweiten und liebsten Eheweibes, musste Jakob lange warten. Zwölf Söhne, ein Vater, vier Mütter, ein Lieblingssohn, muss das nicht zu Rivalität führen? Tatsächlich entzündet sich der Brüder Eifersucht an Josef: sie verbünden sich gegen ihn, schmeißen ihn in einen Brunnen, "besinnen" sich dann aber eines Besseren und verkaufen ihren Bruder einer vorbeiziehenden Karawane, nicht ahnend, dass ihr Bruder es sein wird, der sie dereinst erretten soll – in Ägypten, wo Josef zum "Kämmerer" aufsteigt und Vorräte anlegen lässt in den sieben fetten Jahren für die sieben mageren Jahre. Auf dass genug Korn da sei in der Dürre – nicht nur für die Söhne Ägyptens, sondern eben auch für Josefs Brüder. Die Einsicht, die Liebe besiegt die Dürre – die des Feldes wie die des Herzens.

Noch ist das Kind nicht in den Brunnen gefallen, der Brunnen längst nicht ausgetrocknet wie jener, in den einst stießen die Brüder den Josef. Wenn Johannes vom Jakobsbrunnen berichtet, so ist das fließende, das "lebendige"

Wasser gemeint: das Grundwasser, das niemals versiegt und noch heute frisch fließt an eben jenem Ort, an dem ER sich niedersetzt, müde von der Reise, derweil seine Jünger in die Stadt gehen, etwas zu essen zu besorgen. Und wie ER da ruht, kommt eine Samariterin, um Wasser zu schöpfen, und ER bittet sie: „Gib mir zu trinken!" Sie aber entgegnet ihm: „Du bist doch Jude, wie kannst du da eine Samariterin bitten, dir zu trinken zu geben? Die Juden dürfen doch keine (Tisch)Gemeinschaft haben mit den Samaritern." ER aber antwortet ihr: „Wärst du gewahr, was Gott dir gibt, was Gott dir schenkt, wer der ist, der zu dir sagt: Gib mir zu trinken, du würdest ihn bitten und er gäbe lebendiges Wasser dir." Die Samariterin aber entgegnet ihm: „Der Brunnen ist tief, du aber hast nichts, womit du schöpfen könntest, wie willst du mir da reichen lebendiges Wasser? Bist du mehr als unser Vater Jakob, der aus dem Brunnen trank, wie auch tranken seine Kinder daraus und sein Vieh." ER aber antwortet: *„Wer trinkt von diesem Wasser, den wird wieder dürsten; wer aber trinkt von dem Wasser, das ich ihm gebe, den wird dürsten nimmermehr, denn das Wasser, das ich ihm gebe, wird ihm sein ein Brunnen, aus dem quillt das Leben ewiglich"* (Johannes 4,13-14).

Und als die Samariterin ihn bittet, ihr solches Wasser zu geben, auf dass ihr nicht mehr dürste und sie nicht mehr herkommen müsse, um zu schöpfen, fordert ER sie auf, ihren Mann zu rufen und herzubringen. Da sie nun erwidert, keinen Mann zu haben, sagt ER ihr: „Wahr ist, was du sagst. Fünf Männer hast du gehabt; der aber, den du nun hast, ist nicht dein Mann. Du bist nicht verheiratet, das ist wahr." Fünf Männer hatte die Samariterin – die allesamt verstorben sind oder die sie entlassen haben aus der Ehe? Entlassen wegen Untreue, wegen Bruchs ihres Eides, den sie geschworen hat vor Gott? Will der Mann, der nunmehr an ihrer Seite lebt, sich eben darum nicht an sie binden? Fühlt sich die Samariterin durchschaut? Jedenfalls erkennt sie in ihm einen Propheten, den sie befragt nach dem Ort der rechten Gottesverehrung: „Unsere Väter haben auf diesem Berg (gemeint ist der Berg Garizim) angebetet den HERRN, ihr Juden aber sagt, zu Jerusalem sei die Stätte, da man anbeten solle." Eine Glaubensfrage, die aus Brüdern Feinde machte, die entzweite, die nicht noch heute umtreibt die Gemüter und spaltet Juden und Samariter/Palästinenser?.

Und was nun ist der rechte Platz der Gottesverehrung, was antwortet ER? *„Glaube mir, es kommt die Zeit, da werdet ihr weder auf diesem Berg anbeten den Vater, noch zu Jerusalem. Ihr wisset nicht, was ihr anbetet, wir aber wissen, was wir anbeten, denn das Heil kommt von den Juden. Aber es kommt die Stunde und sie ist schon da: die Zeit, in der die wahren Anbeter den Vater anbeten im Geiste und in der Wahrheit; denn also will der Vater angebetet sein. Gott ist Geist und die ihn anbeten, müssen ihn anbeten im Geist und in der Wahrheit"* (Johannes 4,21-24). Da nun die Samariterin annimmt, ER spräche von dem verheißenen Messias, sagt sie: „Ich weiß, wenn der Verheißene kommt, wird er uns alles verkünden." Woraufhin ER sich zu erkennen gibt mit den Worten: „Ich bin's, der da spricht zu dir."

Am Jakobsbrunnen offenbart ER sich, offenbart sich einer Samariterin: einer Nicht-Jüdin gibt ER sich zu erkennen – in aller Klarheit und Reinheit des im tiefen Grunde fließenden ewigen (Brunnen)Quells. Am Brunnen vor dem Tore (wo schon Jakobs Mutter Rebecca dem zu trinken gab, der sie führen sollte zu ihrem zukünftigen Mann Isaak, vgl. 1. Mose 24,1-6) entdeckte Israel, entdeckte Jakob seine große Liebe Rahel (1. Mose 29,1-30,24).

Von Beersheba* aus war Jakob losgezogen, über *Bet-EL* (= Stätte Gottes), wo er den Grundstein legte für eine Stätte zu Ehren des einen Gottes, der war in alter Zeit *EL* genannt. Ziehen wolle Jakob nach Haran, einer bedeutenden Handelsmetropole in Mesopotamien (wohin schon Abraham gezogen war von Ur). Aufgetragen war dem Jakob von seinem Vater Isaak (Sohn Abrahams), aufzusuchen seinen Onkel Laban, den Bruder seiner Mutter Rebecca, aufgetragen war ihm ebenso, sich kein Weib zu nehmen aus Kanaan. Vermutlich, weil man in Kanaan nicht folgte dem Gott des Isaak. Und als Jakob nun erfuhr, dass Rahel, die er am Brunnen entdeckt und erkannt hatte in seinem Herzen als sein Weib, aus Haran kam, um zu weiden die Schafe ihres Vaters Laban, da floss über sein Herz und Tränen traten ihm in die Augen. Einer Verbindung mit Rahel schien nichts mehr im Wege zu stehen: Sie war kein Weib aus Kanaan, keine Fremde, sondern Tochter seines Onkels: seine Cousine. Sie war ihm nahe, war aber auch Laban ihm nah? War sein Onkel erfüllt vom gleichen Geist, glaubte auch er an den einen Gott oder lebte er noch in geistiger Finsternis: lebte er "hinter dem Mond", hing er an einem anderen Gott? Etwa dem Mondgott, der verehrt wurde in Haran, wie auch in anderen Städten Mesopotamiens.

Tatsächlich sollte Laban seinen Neffen betrügen: Zwar willigte er ein, ihm Rahel zum Weibe zu geben, wenn Jakob ihm im Gegenzug diente 7 Jahre lang, doch brach er sein Wort und legte dem Jakob nicht die geliebte Rahel ins Brautgemach, sondern deren ältere Schwester Lea – nach 7 Jahren! 7 Jahre, die dem Jakob, als er entdeckte den Trug, nicht mehr fett, sondern mager schienen. Wollte er Rahel gewinnen, musste er dienen dem Laban weitere 7 Jahre. Und als er endlich Rahel zu seinem Weibe nehmen konnte, trübte sich sein Glück gleich wieder neu; denn lange schien es, als könne Rahel ihm den ersehnten Sohn nicht schenken. Und als sie ihn endlich doch gebar, da trübte sich Jakobs Vaterglück erneut ein, als ihm jäh entrissen wurde sein geliebter Sohn. Opfer eines wilden Tieres sei Josef geworden, berichteten ihm seine Söhne, deren Eifersucht, deren Verrat, deren wilder (tierischer) Tat Josef in Wahrheit zum Opfer gefallen war. Sein wahres Schicksal klärt sich indes erst auf, als Jakobs Leben sich dem Ende neigt. Ausgerechnet in Ägypten hellt sich auf, was im Dunkel lag all die vielen Jahre. In Ägypten, dem Land, das verehrt den Sonnengott, dem Land, das in Knechtschaft bringt die Nachfahren der

---

* "Eid- oder Schwur-Brunnen" genannt, weil Abraham dort, in "Beersheba", schloss einen Vertrag mit Abimelech, vgl. 1. Mose 21,22-34 – schloss einen Vertrag, der heilig gehalten wurde? Wofür steht jener Ort am Rand der Negev-Wüste heute; steht der Eid-Brunnen für Vertragstreue, für Frieden; steht Beersheba nicht für ein heftiges Gefecht im 1. Weltkrieg? Deutsche kämpften hier 1917 an der Seite (muslimischer) Türken gegen die englisch-australische Armee. Statt Brunnen zu heben der Liebe und des Friedens, hoben sie Schützengräben aus.

Söhne Jakobs, ausgerechnet hier soll entdeckt werden die reine Wahrheit, ausgerechnet hier soll sich lösen der Schmutz: die Lüge der Zeit, auf dass fließe das Wort wieder klar und rein wie das Wasser im Brunnen – auf dass fließe ebenso klar und rein die Liebe?

Nun also sitzt ER, der führt die Seinen durch die geistige Wüste, am Brunnen – vor dem Tore – und spricht zu einem Weibe, einer Abtrünnigen, und ER spricht aramäisch. Es ist die Sprache Labans, und ist es auch wieder nicht: Denn sein Wort ist rein und klar, das Wort Labans aber war getrübt von Lug und Trug. Wahr ist auch das Wort der Samariterin, die mit ihm ist am Brunnen, wenn sie sagt, sie habe keinen Mann. An keinen Mann gebunden? Nicht gebunden, weil sie untreu war ihrem Mann, weil sie brach ihr Wort, weil ihr nicht (ein)gegeben ist das reine Wort, das fließt ewiglich? Oder kann sie ihm das Wasser reichen, sie, die Andersgläubige, die Wortbrüchige? Kann der Bund neu geschlossen werden: sich die männliche Seite versöhnen der weiblichen, der Bräutigam finden zur Braut (wie einst Jakob fand seine Rahel), der Geist sich versöhnen dem Wort? Wie oft brach die Samariterin ihr Wort: fünfmal? Und wie oft wurde gebrochen der Bund, der geschlossen wurde mit dem HERRN? Zu oft, als dass noch zu trauen wäre dem gegebenen (Ja) Wort? Kann *Hochzeit* gehalten werden im Hier und Jetzt oder weist die *Hochzeit* hin auf eine (noch) ferne (*goldene*) Zukunft – so weit entfernt, wie die Hochzeit des Jakob mit Rahel vergangen scheint? Die Zeit mag vergänglich sein, nicht aber vergänglich ist der Geist Gottes. So nun das Geschehen Frage ist allein der Zeit: der Zeit, die vergeht und vergehen muss, so ist schon geschehen, was geschehen soll. Soll Hochzeit gehalten werden, so ist bereits geschlossen der Bund zwischen Bräutigam und Braut, auf dass sich verbinde der Geist dem Wort, auf dass sie trinken von *dem* (lebendigen) *Wasser*, worüber *schwebt der Geist Gottes*, wie geschrieben steht (1. Mose 1,2).

Aufnahme bei den Samaritern
(Johannes 4,27-42)

Da nun seine Jünger zurückkehren aus der Stadt und ihn entdecken am Brunnen, redend mit einem Weibe, wundern sie sich – wundern sich, dass ER sich zuwendet einer Samariterin: die unrein ist und irregeleitet im Glauben? Ist es nicht eben diese Samariterin, die eilt zu den Ihren, sie aufzufordern: „Kommt rasch und seht selbst, ob jener, der mir auf den Kopf zusagte all das, was ich getan habe, nicht vielleicht ist der verheißene Messias, der Gesalbte des HERRN?" Da laufen sie hinaus aus ihrem Ort und machen sich auf den Weg zu ihm. Derweil seine Jünger ihn bedrängen mit dem Mitgebrachten aus der Stadt: „Iss, Rabbi, iss!" ER aber erwidert ihnen: „Ich zehre von einer Speise, von der ihr nichts wisst." Die Jünger meinen, ein anderer habe ihm zu essen gebracht, ER aber fährt fort: *„Meine Speise ist, dass ich tue den Willen des, der mich sandte und vollende sein Werk. Ihr sagt: Es sind noch vier Monate bis zur Ernte: Ich aber sage euch, machtet ihr auf eure Augen, so würdet ihr erkennen,*

dass das Feld weiß (weiß ist auch die Farbe der Braut) *ist und zur Ernte be-*
reit." Wer erkennt, wann reif ist die Zeit (erkennt die Zeichen der Zeit?), wer sät
und wer erntet? *„Schon empfängt Lohn, der da schneidet und sammelt Frucht*
zum ewigen Leben, auf dass sich miteinander freuen, der da sät und der da
schneidet. Wie sollte sich nicht freuen, wer säte, so geerntet wird? *„Ich habe*
euch gesandt, zu ernten, wofür ihr nicht habt gearbeitet; andere haben gearbei-
tet, ihr aber erntet die Frucht ihrer Arbeit." Sie sind Erntehelfer, den Samen haben sie nicht gelegt, aber sie sollen einbringen die Frucht und wollen nicht erkennen, dass schon bereit ist die Frucht zur Ernte? Erkennen nicht einmal seine Jünger, wozu sie ausgesandt sind in alle *vier* Himmelsrichtungen: zu heilen,
was zerbrochen ist und wieder herzustellen die Gemeinschaft, zu erneuern den
Bund, wie einst erneuerten ihre Bruderschaft die zwölf Söhne des Jakob, die
hatten den Einen zum Vater und waren doch geboren von *vier* Weibern?

Viele der Samariter, heißt es weiter bei Johannes, kommen zum Glauben an
ihn, nicht wegen des Weibes, die zu ihnen sprach: „ER wusste alles, was ich
getan habe und hat es mir auf den Kopf zugesagt." Dem Weib vertrauten die
Samariter nicht. Vertrauten ihr nicht wegen ihrer erwiesenen Untreue, ihres
wiederholten Wortbruches? Hätten sie einem anderen Weibe mehr vertraut?
Wog unter den Samaritern überhaupt das Wort eines Einzelnen oder waren sie
ein Volk, dass sich lieber selbst überzeugte vom Wahrheitsgehalt des Gesag-
ten? Jedenfalls glaubten die Samariter nicht, wie sie selbst beteuerten, um der
Rede eines Weibes willen, sondern weil sie, die Abtrünnigen, selbst hörten und
erkannten, dass ER wahrlich sei der verheißene Messias: der Gesalbte des
HERRN. Und da sie ihn bitten zu bleiben, bleibt ER bei ihnen zwei Tage lang.

Zwei Tage – nach menschlichem oder göttlichem Maß? Bleibt ER zwei Tage
bei den Samaritern: den Abtrünnigen, *die anbeten, was sie nicht kennen?* Oder
sind 2000 Jahre gemeint? 2000 Jahre Christenheit? Kennen die Christen sein
Wort, wissen die Christen, was sie anbeten? Wo ist heute sein Platz, wo fand
Aufnahme ER? Bei den Abtrünnigen: den Samaritern/Palästinensern, bei den
Christen oder bei den Juden, von denen doch kommt das Heil? Und ist die
Stunde schon gekommen, da *die wahren Anbeter den Vater anbeten* – nicht an
einer Stätte gebaut aus Stein, sondern *im Geiste und in der Wahrheit; wie der*
Vater will angebetet sein (Johannes 4,21-24)?

Verweigerung eines Zeichens
(Matthäus 16,1-4, Markus 8,11-12, Lukas 12,54-56)

Gilt der Prophet nichts im eigenen Land? Findet ER Aufnahme allein bei Abtrünnigen, bleibt ER fremd und fern den Seinen, den Juden? Wenden sie sich
ihm zu oder wenden sie sich ab von ihm? Entsetzen sie sich gar, entsetzen
sich, weil ER verkehrt mit Heiden, mit Sündern, mit Aussätzigen? Wer unter ihnen begreift, dass äußerliche Reinheit so wenig vermag wie das vertraute Ritual, wenn der Mensch unrein bleibt in seinem Innersten? Seine Anhängerschaft

ist groß, bezeugen die Evangelien – größer als die des Johannes, begreifen seine Anhänger ihn aber auch – in Wort und Werk? Oder folgen sie ihm, weil sie sich angezogen fühlen von seinem Charisma, seiner Rede: einem Wort, das so noch nie erklungen ist, seinem Tun: den vielen Wundern, die niemand zu erklären vermag? Dass ER die Massen fasziniert, dass ER sie an sich zieht wie ein Magnet, erzürnt jedenfalls die etablierte Elite: die geistlichen Führer der Juden. Besonders die (vorwiegend aus Laien bestehenden Kaste der) Pharisäer und die (Priesterkaste der) Sadduzäer fühlen sich auf den Plan gerufen – eben jene Gruppe, die streng auf Einhaltung des mosaischen Gesetzes achtet und eben darum in jenen Tagen an Einfluss gewinnt gegenüber anderen, moderaten Strömungen.

Zur Stunde Null weiß niemand im Heiligen Land, wie weit sich das römische Imperium noch ausdehnen wird: eine Zeit der Verunsicherung und Neuorientierung ist angebrochen. Eine Zeit des ideologischen und religiösen Kampfes, den das monotheistisch ausgerichtete Judentum nicht mehr, wie in alter Zeit, allein gegen die altorientalischen Götzen und Götter ausfechten muss, sondern vor allem zu führen hat gegen den römisch-heidnischen Polytheismus, zu führen hat gegen einen Götzenkult, der zelebriert wird vor aller Augen: an ihren angestammten heiligen Stätten. Ertönt in Zeiten derartigen Verrates an den überlieferten Glaubensdogmen, in Zeiten geistig-moralischen Zerfalls, nicht schnell der Ruf nach der Strenge des Gesetzes – ist das heute anders?

Will sich die geistige Führung ihres Einflusses nicht berauben lassen, muss sie zuvorderst die eigenen Reihen schließen: Front machen gegen Abtrünnige. So nimmt nicht wunder, dass der Hohe Rat: die geistliche Führung zu Jerusalem mehr und mehr unter dem Einfluss steht der Strenggläubigen: der Fundamentalisten, hier also der Pharisäer und Sadduzäer, die jeden bekämpfen, der in Frage stellt, was sie lehren: Gesetzestreue! Und was lehrt ER? Kein Gesetz bewirke irgendetwas, wenn die innere Bereitschaft fehle, das Gesetz auch tatsächlich zu erfüllen! Und die Massen laufen ihm auch noch nach! Muss sich da nicht auf den Plan gerufen fühlen die strenggläubige Elite? Weil sie fürchtet um das Gesetz oder weil sie fürchtet um ihre Führerschaft, um ihren Einfluss im Volk? Wer seine Autorität einbüßt im Volk, ist auch für die römische Besatzungsmacht keine Größe mehr, auf die man bauen könnte. Sind doch die Römer vor allem an einem interessiert: an einem reibungslosen Ablauf, der ihre Ressourcen schont und ihren Geld- und Machtfluss ungehemmt fließen lässt. Ist nicht eben darum das Judentum erlaubte Religion? Mögen die geistlichen Führer des Judentums schalten und walten, wie es ihnen behagt, solange sie Rom nicht in die Quere kommen, solange sie für Ruhe sorgen im Volk und helfen, Aufstände zu verhindern. Ein Machtverlust im Volk, eine Revolte gar, würde die geistlichen Führer ihrer Stellung berauben, die sie gegenüber Rom genießen. So ER ihnen nun bedrohlich scheint und sie danach trachten, ihn auszuschalten, ist jedenfalls Geschick vonnöten. ER hat großen Zulauf, wer der geistlichen Führer ihn auch immer zu Fall bringen will, muss auf der Hut sein, dass sich der Volkszorn nicht am Ende gegen ihn selbst erhebt.

Und so treten die Pharisäer und die Sadduzäer scheinheilig zu ihm, ihn zu bitten, doch ein Zeichen sehen zu lassen vom Himmel, also von Gott, um dem Volk präsentieren zu können einen Gotteslästerer, einen Ketzer und Hexer. ER aber durchschaut, was sie im Schilde führen, und erwidert ihnen: „*Wenn ihr eine Wolke sehet aufgehen vom Westen, so sprecht ihr alsbald: Es wird Regen geben. Und es geschieht also. Und wenn ihr seht den Südwind wehen, sprecht ihr: Es wird heiß werden. Und es geschieht also. Ihr Heuchler, das Aussehen der Erde und des Himmels versteht ihr zu prüfen, aber diese Zeit prüfet ihr nicht? Warum urteilt ihr nicht von euch selber, was recht ist* (Lukas 12,54-59)? Sie sehen nur den äußeren Schein, nicht aber dringen sie ins Innere. *Dieses treulose, dieses abtrünnige Geschlecht sucht Zeichen und erkennt nicht die Zeichen der Zeit. Darum soll ihnen kein Zeichen mehr gegeben werden denn das Zeichen des Jona"* (Matthäus 16,1-4). Jona, der Prophet, der nach drei Tagen im Bauch des Walfisches wieder an Land gespien wurde, auf dass die lasterhafte Stadt Ninive (612 v.u.Z. zerstörte Hauptstadt des Assyrerreiches) sich abwende von all ihren Sünden und zurückkehre zu Gott (Jona 2,1-11). Drei Tage war auch ER verschlungen in der Grabeshöhle. Ist dies das Zeichen, das dem treulosen und abtrünnigen Geschlecht gegeben wird: die Auferstehung am dritten Tage? Nach Lukas indes soll dieser verruchten Generation niemals mehr ein Zeichen gegeben werden. Wird ER denn erkannt (werden), wenn ER aufersteht, wiederkehrt, oder wird es wieder heißen: *Und ER ließ sie stehen und ging von dannen* (Matthäus 16,4)? Und ist nicht auch das ein Zeichen, dass ER (stehen) lässt jene, die von ihm lassen, und von dannen zieht?

Heilung eines Mondsüchtigen
(Matthäus 17,14-21, Markus 9,14-29, Lukas 9,37-42)

ER, der gekommen ist, zu einen, zu versöhnen mit Gott, bringt ER die Mehrheit auf seine Seite oder bringt ER die Menge auf gegen sich, weil ER sich nicht der Mehrheit, sondern allein der Einheit verpflichtet weiß: der Einheit mit seinem Vater.
Du sollst dich nicht der Menge anschließen,
wenn sie im Unrecht ist.
(2. Mose 23,2)

Macht ER sich eben darum Feinde, weil ER nicht darauf achtet, ob er aneckt, sondern nur darauf, seinen Weg zu gehen und zu fragen, was recht, was unrecht ist nach dem Willen seines Vaters? Und seine Jünger, teilen sie die radikale Haltung ihres Meisters, sind sie ebenso erfüllt von dem Geist, der trägt ihren Rabbi, scheiden sie den Tag von der Nacht? Eben diese Frage gilt es zu beantworten in der *Heilung eines Mondsüchtigen*.

Ein Mann kam zu ihm, heißt es bei Matthäus, ihn zu bitten, seinen *mondsüchtigen Sohn* zu heilen, *der oft ins Wasser falle und ins Feuer.* Lukas und Markus berichten hingegen von einem *fallsüchtigen* Jungen, einen Epileptiker also, der

124

schäumt und knirscht mit den Zähnen. Den Juden galt die Fallsucht als Besessenheit – eine Einschätzung die auch lange in anderen Völkern und Kulturen herumgeisterte –, den Römern dagegen galt Epilepsie als eine Art Auszeichnung (der Götter). Keinesfalls aber ist Fallsucht gleichzusetzen mit Mondsüchtigkeit. Ein Widerspruch oder will Matthäus darauf hinweisen, dass der Junge *umnachtet* ist: nicht weiß, was er tut, wie auch der Schlafwandler herumgeistert des Nachts ohne Bewusstsein darüber, dass er wandelt?

Die Jünger konnten dem Jungen nicht helfen, so dass am Ende ER gerufen wurde zu heilen den, der hin und her geworfen war von sich widerstreitenden Mächten: von Feuer und Wasser – von Unglauben und Glauben? Warum konnten die Jünger dem Jungen nicht helfen? Wollten sie nicht oder konnten sie nicht, weil auch in ihnen noch lebendig waren die alten Götter, weil auch in ihnen noch herrschte finsterer Aberglaube, weil sie fürchteten, des Jungen Besessenheit könne übergreifen auf sie? Oder wähnten sie, als unrein zu gelten in den Augen der Anderen, gar in Verruf zu geraten, so sie sich ernsthaft mühten um einen Besessenen? Waren in Wahrheit die Jünger "mondsüchtig": besessen von fremder Macht, (schlaf)wandelten sie in der Finsternis? Folgten sie dem altorientalischen Mondgott, statt zu folgen dem allmächtigen Gott, der erschuf Himmel, Gestirne und die Erde, der erschuf Licht, Wasser und alles Leben?
O du ungläubiges und verkehrtes Geschlecht,
wie lange soll ich euch noch dulden?
(Matthäus17,17)

ER tadelt seine Jünger ihres Unglaubens wegen. Ist heute weniger Unglauben, ist die heutige Zeit weniger besessen, weniger beherrscht von fremder Macht, vom Zeitgeist, im Morgenland wie im christlichen Abendland? Wer unter ihnen erkennt an den einen Gott, von dem ER kündet, erkennt IHN als oberste Macht; und wer setzt absolut eine andere Macht? Sind sie nicht auch heute noch lebendig, die alten Gottheiten, der Mammon etwa oder kniet keiner mehr nieder vor ihm, betet keiner mehr an Besitz und Reichtum?

Und als ER den Jungen heilt, und die Jünger ihn fragen, warum nicht sie austreiben konnten den bösen Geist, antwortet ER: *„Eures Kleinglaubens willen! Wahrlich, ich sage euch, wäre euer Glaube nur so groß wie ein Senfkorn, ihr könntet sagen zu diesem Berge da: Hebe dich hinweg! Und der Berg* (die Hoheit der Natur oder die Hoheit der weltlichen Macht?) *würde sich heben. So ihr also glaubt, wird nichts euch unmöglich sein"* (Matthäus 17,20). Der Glaube versetzt Berge, macht Unmögliches möglich!

Die Werke sind Zeugnis

(Johannes 5,36-46)

„Die Werke, die mir mein Vater gegeben hat", verkündet ER, *„damit ich sie vollende, eben diese Werke zeugen von mir, dass ich gesandt bin vom Vater. Und der Vater, der mich gesandt hat, der hat von mir gezeugt (gezeugt: hier gebraucht im Sinne von bezeugt). Ihr habt niemals weder seine Stimme gehört noch seine Gestalt gesehen, und sein Wort wohnt nicht in euch, denn ihr glaubet dem nicht, der da gesandt ist vom Vater. Ihr suchet in der Schrift; denn ihr meinet, ihr habt das ewige Leben darin; sie aber ist es, die von mir zeugt; und doch wollt ihr nicht zu mir kommen, auf dass ihr hättet das Leben.*

An der Ehre der Menschen liegt mir nicht, denn ich habe euch erkannt, ihr tragt die Liebe zu Gott nicht in euch. Gekommen bin ich in meines Vaters Namen, ihr aber nehmt mich nicht an. Wenn aber ein anderer kommt und spricht in seinem eigenen Namen, den erkennt ihr an. Wie könnt ihr glauben, die ihr euch gegenseitig Ehre erweist? Aber die Ehre, die da ist von dem alleinigen Gott, die suchet ihr nicht.

Denkt nicht, dass ich es bin, der euch anklagt beim Vater. Mose klagt euch an, Mose, auf den ihr gesetzt habt all eure Hoffnung. Wenn ihr Mose glaubtet, so glaubet ihr auch mir; denn er hat von mir geschrieben. Wenn ihr aber seinen Schriften nicht glaubet, wie werdet ihr da glauben meinen Worten?"

Es wird ein Zepter von Juda nicht weichen
noch der Stab des Herrschers von seinen Füßen,
bis dass komme der Held,
dem werden anhängen die Völker.
(1. Mose 49,10)

Ich will ihnen einen Propheten, wie du bist,
erwecken aus ihren Brüdern
und meine Worte in seinen Mund geben;
der soll zu ihnen reden,
was ich ihm gebieten werde.
(5. Mose 18,18)

Nehmt das Buch dieses Gesetzes und legt es
neben die Lade des Bundes des HERRN, *eures Gottes,*
dass es dort ein Zeuge sei wider dich.
Denn ich kenne deinen Ungehorsam
und deine Halsstarrigkeit.
(5. Mose 31,26-27)

Sie erhören ihn nicht, sie erkennen ihn nicht an, gleichwohl die Schrift zeugt für ihn. Bleibt selbst der, der gesandt ist zu führen durch die geistige Wüste ins

Gelobte Land: zurück zum Vater, ein Fremder in einem fremden (weil Gott fernen) Land – ER, der Einheimische? Allein in der (geistigen) Ödnis, allein unter Fremden – unter Feinden? Wer stützt ihn? Das Volk, das ihm nachläuft aus Glauben oder Wunderglauben? Seine Jünger, die ER tadelt ihres Kleinglaubens willen? Sind seine Anhänger ihm keine Stütze, wie sollten ihn da stützen oder schützen jene, die Anhängerschaft um sich selber scharen wollen: die geistlichen wie weltlichen Führer, die herrschen in dem heiligen und doch so unheilen, (vier)geteilten Land?

Judäa und Samaria stehen ab dem Jahr 6 n.u.Z. unter Herrschaft des römischen Prokurators (und es steht spätestens ab da zu befürchten, dass Roms Machthunger das gesamte Heilige Land zur römischen Provinz deklassieren wird – eine Befürchtung, die 70. n.u.Z. Realität werden sollte). Herodes Antipas, Sohn Herodes des Großen (der blies zum Kindermord in Bethlehem), ist (von 4 v. -39 n.u.Z.) Tetrarch von Galiläa und Peräa, einem Herrschaftsgebiet, das lokal getrennt ist durch die sogenannte "Dekapolis" (Gebiet der 10 Städte) – das dritte Herrschaftsgebiet. Tetrarch des nördlichsten – nordöstlich vom See Genezareth gelegenen – Gebietes ist (von 4. v. -34 n.u.Z.) Philippus (gleichfalls Sohn Herodes d. G.). Kann ER Einigkeit erzielen in einem Land, das geteilt ist: geführt wird von verschiedenen Herrschern: (mächtigen) römischen und (ohnmächtigen) jüdischen; einem Land, das nach außen geteilt und nach innen zerrissen ist, gespalten in verschiedene geistliche Richtungen. Da sind zum einen die vielen Laien- und Wanderprediger, die von Ort zu Ort ziehen; zum anderen ist da der Hohe Rat (mit festem Sitz in Jerusalem), der zunehmend unter Einfluss gerät der strenggläubigen, fundamentalistischen Sadduzäer und Pharisäer. Und auch die alten Götter und Götzen, wie etwa der Baal oder der Mondgott, sind nach wie vor lebendig. Es gibt Laienprediger und Priester, Gläubige, Abtrünnige (wie die Samariter), Strenggläubige und den alten Aberglauben und neben den alten Götzen den neuen griechisch-römischen Götterkult, der mag zwar keine tiefen Wurzeln geschlagen haben, Herausforderung, Provokation ist er darum nicht minder.

Die Macht des Gottes, den ER verkündet, ist absolut, nicht teilbar. Wer, der anerkennt diesen einen Gott, wollte sich beugen anderer Macht? Herrscht auf Erden Gott oder der Mensch? So der Mensch herrscht und wähnt Macht zu haben, wird er sich da bescheiden, wird es sich beschneiden lassen in seiner Macht, wird ihm nicht als Bedrohung erscheinen der Herrschaftsanspruch einer anderen (göttlichen) Macht? Muss den Führern, den geistlichen wie weltlichen, nicht daran gelegen sein, zu beschneiden die Macht des HERRN? Wird auch darum ignoriert sein Wort, diffamiert von den Führern des Volkes? Der geistigen Elite, die ihr eigenes Wort mehr liebt, um ihrer eigenen Macht willen; die fürchtet um ihren Einfluss, wenn das Volk erst erkennt den einen Gott, von dem ER kündet, erkennt als die einzige, die wahre Macht? Wie aber sollte beschnitten werden die All-Macht Gottes? Sollte nicht vielmehr der Mensch sich beschneiden, sich bescheiden in seinem Herzen?

SEID IM BILDE

Und Gott sprach: Lasset uns machen
ein Abbild, das uns gleich sei.
Sie sollen herrschen über die Fische im Meer,
über die Vögel unter dem Himmel,
über das Vieh, über alle Tiere des Feldes
und über alles Gewürm, das auf Erden kriecht.
(1. Mose 1,26)

Ur-Bild und Vor-Bild

Als Mann und Weib erschuf Gott sie, segnete sie
und nannte sie Mensch (hebräisch = Adam)
an dem Tag, da sie erschaffen wurden.
(1. Mose 5,2)
Und Gott schuf den Menschen zu seinem Bilde
und schuf ihn als Mann und Weib.
(1. Mose 1,27)

Machte sich der HERR ein Bild vom Menschen oder schuf Gott ein Ebenbild seiner selbst? Spiegelt sich der Schöpfer, der Bildner wider in einem einzelnen Werk; zeugt nicht erst die Gesamtschau, die Retrospektive von der schöpferischen Kraft dessen, der da wirkte? Und sind die Werke geschaffen, müssen sie da nicht geschaffen sein nach dem Willen dessen, der sie wirkte? Welches Bild vermag sich zu erheben über seinen Bildner: zu ignorieren das Spektrum von Farben und Formen, das ihm gesetzt ist von seinem Meister? Und der Mensch, der geschaffen ist hin zum Bilde Gottes, ordnet er sich gleichfalls unter dem Willen seines Schöpfers oder erhebt er sich und fällt aus dem Rahmen, der ihm gesteckt ist durch göttliches Gebot?

Seinen eigenen Bildner hat er nämlich nicht erkannt,
den, der ihm eine wirkende Seele eingehaucht
und Lebensatem eingeblasen hat.
Nein, er hält das Leben für ein Kinderspiel,
das Dasein für einen einträglichen Jahrmarkt und sagt,
man müsse aus allem, auch aus dem Schlechten, Gewinn ziehen.
(Buch der Weisheit 15,11-12)

Der Mensch erkennt seinen Bildner nicht; sprengt den Rahmen, der ihm gesetzt ist von seinem Schöpfer. Der Abfall von eben jenem Bild, zu dem hin der Mensch geschaffen, beginnt mit dem Sündenfall im Paradies und zieht sich wie ein roter Faden durch die Zeit von Anbeginn – hin zum bitteren Ende? Der Mensch fällt aus der Art, ist nicht im Bilde, mehr noch, er fragt nicht einmal danach, wozu er geschaffen sei, sondern macht sich selbst ein Bild: schafft sich Götter, Götzen und verstößt damit gegen *das* Gebot:
Du sollst keine anderen Götter haben neben mir.
Du sollst dir kein Bildnis noch irgendein Gleichnis machen,
weder von dem, was oben im Himmel,
noch von dem, was unten auf Erden,
noch von dem, was im Wasser unter der Erde ist:
Bete sie nicht an und diene ihnen nicht!
(2. Mose 20,3-5)

Im Bilde Gottes sein, muss das nicht nachgerade heißen, sich eben kein Bild zu machen von IHM: keinen Gott zu formen nach eigenem Maß, noch gar anzubeten irgendeinen Götzen? Sich kein Bild machen von der Gottheit, wohl aber von der Menschheit. Denn wer sich ein Bild macht von der Welt und dem Dasein in der Welt, wer seinen eigenen Verstand nutzt (wie es die Aufklärung explizit forderte), wen oder was wollte der anbeten in dieser Welt? Wie sollte sich der Mensch ein Bild machen von der Gottheit, wenn er sich nicht einmal selbst erkennt? Ist der Menschheit nicht aber gegeben ein Vor-Bild, sich auszu-bilden, sich auszurichten? Ist ER nicht ihr Vor-Bild, auf dass sie zurückfinden zum Ur-Bild und wieder eins werden mit der Gottheit?

Wer, wenn nicht ER, ist erwachsen dem Bilde Gottes? Ist sein Leben, sein Wir-ken nicht selbst Bildnis? Weist nicht jede seiner Taten, ob (Kranken)Heilung oder (Kranken)Speisung, über die äußere Handlung, über das Hier und Jetzt hinaus, hin auf ein zukünftiges Geschehen, auf eine innere Wandlung und Handlung? So seine Werke zugleich Sinnbilder sind, wie sollten da seine Worte nicht Bild sein, Gleichnis? Ist das Bild nicht einprägsamer denn das Wort, be-hält es seine Kraft nicht hinweg über alle Zeiten? Sollten die Bilder, die Gleich-nisse, die ER gab den Seinen vor fast zweitausend Jahren, heute an Aussage-kraft verloren haben, unverständlich geworden sein in Bild überfluteter Zeit?

Gespräch mit Nikodemus
(Johannes 3,1-21)

Nikodemus, der allein im Johannes-Evangelium Erwähnung findet, ist Ratsherr und Pharisäer und als solcher kein Laie, wie es viele sind unter den Pharisäern, sondern Schriftgelehrter. Ein Kundiger des Gotteswortes, der zu ihm schleicht des Nachts, auf dass die Seinen ihn nicht sehen. Denn Nikodemus fürchtet Wi-derstand, mindestens Diskreditierung, so bekannt würde, zu wem es ihn zieht, wen er anredet mit: „Rabbi! Rabbi, wir wissen, dass du Zeichen gibst, die nie-mand geben kann, so Gott nicht mit ihm ist." – „Wahrlich, wahrlich", entgegnet ER dem Pharisäer, „ich sage dir, so jemand nicht geboren ist von Neuem, so kann er das Reich Gottes nicht sehen." Nikodemus fragt ihn daraufhin: "Wie kann ein Mensch neu geboren werden, so er alt ist? Zurück in den Leib seiner Mutter kann er ja wohl kaum?" – „Wahrlich, wahrlich", gibt ER zurück, „so je-mand nicht geboren ist aus Wasser und aus Geist, so kann er nicht gelangen in das Reich Gottes. Was vom (vergänglichen) Fleisch geboren ist, ist vergäng-lich, was aber geboren ist aus dem (unvergänglichen) Geist, das ist ewiglich. *Darum wundere dich nicht, wenn ich dir sage: Ihr müsst von Neuem geboren werden. Der Wind* (grch. pneuma = Geist) *wirkt, wo er will, wohl hörst du sein Sausen, aber du weißt nicht, woher er kommt und wohin er geht. So ist es mit jedem, der geboren ist aus dem Geist."*

Nikodemus versteht ihn nicht, ER aber fährt fort: „Willst du das Volk Israel leh-ren, und verstehst selbst nicht? Wahrlich, wahrlich, ich sage dir: Was wir wissen, darüber reden wir und was wir gesehen haben, das bezeugen wir; ihr aber nehmt unser Zeugnis nicht an. *Glaubt ihr mir aber nicht, so ich von irdi-*

schen Dingen spreche, wie werdet ihr dann glauben, so ich von himmlischen Dingen rede? Niemand fährt vom Himmel, denn der vom Himmel herniedergekommen ist, nämlich des Menschen Sohn (Sohn des ersten Menschen: geschaffen hin zum Bilde Gottes). *Und wie Mose in der Wüste die Schlange erhöht hat, so muss des Menschen Sohn erhöht werden, auf dass alle, die glauben an* IHN, *haben das ewige Leben."*

Wie Mose (um 1250 v.u.Z.) die Schlange erhöhte, ist beschrieben im 4. Buch Mose 21,8-9, wo es heißt: *Da sprach der* HERR *zu Mose: Mache dir eine eherne Schlange und richte sie an einer Stange hoch auf. Wer gebissen wird und sieht sie an, der soll leben. Da machte Mose eine eherne Schlange und richtete sie hoch auf. Und so jemand gebissen ward von einer Schlange, so sah er die eherne Schlange an und blieb leben.* Die Erhöhung, die Aufrichtung der Schlange – was für ein Bild! Von der tödlichen Gefahrenquelle, dem Tod bringenden Biss (in die verbotene Frucht), hin zur Heilquelle. Um 420 v.u.Z. verbreitete sich der Kult um den griechischen Gott der Heilkunde Asklepios (Äskulap), der als sein Zeichen trägt eben jenen Stab. Von der Schlange umwunden – um Wunden zu heilen? Vom alten Kult mag kaum mehr etwas spürbar sein, und doch gilt das alte Heilzeichen, der von der Schlange umwundene Äskulap-Stab, bis heute als Zeichen des ärztlichen Standes. Ein Zeichen, das sein Vor-Bild hat im Stab des Mose! Die *eherne Schlange*, die ewige Versuchung, der Tod bringende Biss (in die verlockende Frucht) kann dem Menschen nichts anhaben, so der Mensch – wie Mose – die Schlange fest im Griff, im Blick hält. Und wie könnte der Mensch das besser, als wenn er folgte dem ewigen, dem *ehernen Gesetz*, das ihm gegeben ist von Gott, und das da ist das Licht der Welt. *Denn Gott hat seinen Sohn nicht gesandt in die Welt, dass* ER *die Welt richte, sondern dass die Welt gerettet werde durch* IHN. *Wer an* IHN *glaubt, der wird nicht gerichtet; wer aber nicht glaubt, der ist schon gerichtet. Das aber ist das Gericht, dass das Licht gekommen ist in die Welt, die Menschen aber die Finsternis lieben. Jeder, der Böses tut, hasst das Licht und kommt nicht zum Licht, damit seine Taten nicht aufgedeckt werden. Wer aber die Wahrheit tut, kommt zum Licht, damit offenbar werde, dass seine Taten vollbracht sind in Gott* (Johannes 3,17-21).

Vom Brechen der Ähren am Sabbat
(Matthäus 12,1-8, Markus 2,23-28, Lukas 6,1-5)

Als ER durch ein Kornfeld geht am Sabbat und seine Jünger Ähren brechen und davon essen, empören sich sogleich die Pharisäer: „Siehst du nicht, dass deine Schüler tun, was nicht erlaubt ist am Sabbat?" ER aber entgegnet ihnen: „Und ihr, habt ihr nicht gelesen, was David gebot, als ihm und den Seinen hungerte? Wie er ging ins Gotteshaus und aß von den Schaubroten, die weder er essen durfte noch jene, die mit ihm waren, sondern allein die Priester? Oder habt ihr nicht gelesen, wie die Priester am Sabbat im Tempel des HERRN brechen den Sabbat und sind doch ohne Schuld?"

Da gab ihm (gemeint ist David) *der Priester heiliges Brot;*
denn es gab dort nichts als allein die Schaubrote,
die man von dem Tisch entfernt vor dem Angesicht des HERRN,
um an dem Tag, an dem sie weggenommen werden,
aufzutragen frisches Brot.
(1. Samuel 21,7)

An jedem Sabbat soll er (Aaron) *sie* (die Schaubrote)
zurichten vor dem HERRN
als beständige Gabe der Kinder Israel,
eine Ordnung für immer,
und sie sollen Aaron und seinen Söhnen gehören.
Sie sollen sie essen an heiliger Stätte;
denn als ein Hochheiliges von den Opfern des HERRN
gehören sie Aaron als ewiges Recht.
 (3. Mose 24,8)

Die Priester, die Nachfahren: die Söhne Aarons (Moses Bruder), sie brechen den Sabbat und sind doch ohne Schuld, weil sie nehmen, was ihnen gegeben ist vom HERRN. Wie sollten seine Jünger da nicht nehmen dürfen von den Ähren, also sie doch auch nehmen dürfen vom (himmlischen) Wort am Sabbat? Denn ist ER nicht das Fleisch gewordene Wort: ihr *Himmelsbrot*, von dem sie zehren (vgl. *Speisung der Massen*, Matthäus 14,13-21)? ER, der hingab für sie sein "letztes Hemd": verehrt heute als "Heilig Rock" im Trierer Dom, verehrt und ausgestellt im gläsernen Schrein (zuletzt zur Wallfahrt 2012). Wissen sie, was sie da anbeten oder sind sie wie die Abtrünnigen, die Samariter: *beten sie an, was sie nicht kennen* (Johannes 4,22)? Nähren sie sich vom Himmelsbrot, so sie wallfahren, beten, Abendmahl feiern, oder tragen sie ihre Frömmigkeit zur Schau nur: Ist ER Schaubrot ihnen?

„Begreift ihr nicht die Worte des großen Propheten Hosea", fährt ER fort in seiner Rede: „Begreift ihr nicht, was das Wort bedeutet?
An der Liebe habe ich Wohlgefallen, nicht am Opfer (Hosea 6,6).
Des Menschen Sohn ist ein Herr auch über den Sabbat." – „*Der Sabbat ist um des Menschen willen gemacht, und nicht der Mensch um des Sabbats willen*", heißt es ergänzend im Evangelium nach Markus (2,27).

Vom Brechen des Sabbats
(Matthäus 12,9-14, Markus 3,1-6, Lukas 6,6-11)

Und als ER in einer Synagoge auf einen Mann trifft, dessen Hand *verdorrt*: ohne Leben ist, wird ER gefragt: *„Ist es recht am Sabbat zu heilen?"* Sie fragen ihn aber nur, um etwas gegen ihn in der Hand zu haben, um gegen ihn vorgehen zu können. ER aber hält ihnen einen Spiegel vor, zeigt ihnen, wer in Wahrheit verdorrt, erstarrt ist, führt vor Augen ihnen, wie widersinnig doch ihr

Beharren auf Ruhe am Sabbat anmutet. *„Wer unter euch", fragt* ER *sie, „würde sein einziges Schaf, so es fällt in eine Grube, nicht sogleich ergreifen und herausziehen, und sei es auch an einem Sabbat? Wie viel mehr aber als ein Schaf ist ein Mensch? Darum darf man wohl auch am Sabbat Gutes tun."* Und ER heilt die Hand, in der kein Leben ist. Die Pharisäer aber gehen hinaus, um zu beraten, wie sie ihn umbringen könnten – bleiben nicht also sie verdorrt: erstarrt im Ritus?

Über weitere Heilungen am Sabbat ist im Lukas-Evangelium zu lesen. Zuvorderst wird von der Heilung eines verkrümmten Weibes berichtet (13,10-17). Einer Heilung, die sogleich den Synagogenvorsteher auf den Plan ruft, der nichts Eiligeres zu tun hat, als das Volk zu belehren: „Es sind sechs Tage, an denen man arbeiten soll; an ihnen kommt und lasst euch heilen, nicht aber am Sabbattage." ER indes entgegnet: *„Ihr Heuchler! Löst nicht ein jeder von euch seinen Ochsen oder Esel von der Krippe und führt ihn zur Tränke – auch am Sabbat?"* Wie sollte dann jene, die gekrümmt und niedergedrückt war achtzehn lange Jahre nicht befreit werden können von ihrer Fessel am Sabbattage? Wie sollte gebrochen werden das Gesetz, so dem geholfen wird, der gebrochen ist? Was aber brach jene, die niedergedrückt war 18 Jahre lang? 18 Jahre – 3 x 6 – die Zahl Satans! Niedergedrückt, gebeugt vom Ungeist (der Zeit)? Was ist wohl schwerer: aufzurichten den Leib oder aufzurichten den Geist? Heißt nicht nachgerade zu halten den Sabbat: zu heiligen die himmlische Ruhe, so aufgerichtet wird, was gekrümmt ist?

Des Weiteren berichtet Lukas über die Heilung eines Wassersüchtigen (14,1-6). Eine Heilung, der Schriftgelehrte und Pharisäer stillschweigend beiwohnen. Sie schweigen aber nur stille, um gegen ihn vorgehen zu können, eben weil ER heilt am Sabbat. ER indes durchschaut ihr Treiben und spricht zu ihnen: *„Ist einer unter euch, dem sein Sohn oder sein Ochse in den Brunnen fällt, der nicht sogleich zu Hilfe eilt und sei es auch am Sabbattage?"* So nun am Sabbattage gerettet werden kann aus dem Wasser im Brunnen, wie sollte da nicht gerettet werden können vor dem Wasser im eigenen Leibe? Ist denn das Wasser zum Verhängnis der Menschen da oder zu deren Heil? Soll der Mensch nicht neu geboren werden aus dem reinen (Tauf-)Wasser und dem heilen Geist?

Auch Johannes berichtet über eine *Heilung am Sabbat* (5,1-18, vgl. *Und es ward Licht*); es ist dies die Heilung eines Gelähmten am Teich Bethesda zu Jerusalem. All diese Heilungen bringen die Schriftgelehrten und Pharisäer, die geistlichen Führer des Volkes, gegen ihn auf, weil ER – in ihren Augen – bricht das göttliche Gesetz: ER, der doch gekommen ist, zu heilen, zu kitten den Bruch zwischen Gottheit und Menschheit. Heißt denn Gesetzestreue, sich festzuklammern an jeden einzelnen Buchstaben des Gesetzes, heißt Gesetzestreue nicht vielmehr, zu erfassen den Geist, der innewohnt dem Gesetz – damals wie heute? *Wie der Sabbat um des Menschen willen gemacht ist, und nicht der Mensch um des Sabbats willen,* so ist auch das Gesetz um des Menschen willen gemacht, und nicht der Mensch um des Gesetzes willen.

Der Sabbat ist geschaffen, auf dass der Mensch zur Ruhe komme, aber nicht zur Ruhe um der Ruhe willen, nicht zur Ruhe um jeden Preis. Nach sechs Tagen der Arbeit soll der Mensch ruhen, sein Werk zu beschauen, wie der HERR, wie der Vater im Himmel beschaute seine sechs Tagewerke am siebten Tag. Welcher Tag nun ist der siebte Tag: der Ruhetag (des HERRN)? Den Juden gilt der (abendländische) Samstag als Sabbat, als heilig, die Christen heiligen – seit Konstantin d. G. (285-337) – die Sonntagsruhe und den Muslimen gilt der (abendländische) Freitag als heiliger Ruhetag. Ist aber bedeutsam, entscheidend, an welchem Tag (nach menschlichem Maß) ruht der Mensch, kommt es nicht vielmehr darauf an, dass der Mensch ruhe nach sechs Tagen Arbeit, auf dass er sein Werk beschaue und prüfe, ob es gelungen sei? Wie sollte solche Rückschau, solche Überprüfung glücken ohne Ruhe, ohne Abstand von eben jenem Werk, das zur Begutachtung steht? Ruhe möge sich der Mensch gönnen, er muss sie sich sogar gönnen, soll sein Werk gelingen. Wie aber wollte der Mensch ruhen, ausruhen, so er beunruhigt ist, so ihm etwas raubt seine Ruhe? Bricht die heilige Ruhe, wer Ähren bricht am siebten Tag, weil's ihm gebricht an Nahrung oder bricht die heilige Ruhe, wer aufrichtet, was gebrochen ist? Kann es überhaupt geben eine heilige Ruhe, so der Mensch gebrochen hat mit Gott? Wer wollte heiligen einen Ruhetag, der nicht zuvorderst heiligte Gottes Schöpfung?

Knecht Gottes
(Matthäus 12,15-21, Markus 3,7-12, Lukas 6,17-19)

Und da die Pharisäer ihm nach dem Leben trachten, zieht ER von dannen und warnt all jene, die ER heilt, bloß nichts darüber verlauten zu lassen und ihn nicht zu verraten, auf dass erfüllt werde, was gesagt ist durch den Propheten Jesaja (42,1-4) im Vers vom Gottesknecht:

*Siehe, das ist mein Knecht. Ihn halte ich, denn ER ist mein Auserwählter, an dem ich Wohlgefallen habe. Meinen Geist habe ich ihm eingegeben. ER wird das Recht zu den Heiden bringen. ER wird nicht schreien und nicht lärmen; seine Stimme erschallt nicht auf den Gassen. Das geknickte Rohr wird ER nicht zerbrechen, und den glimmenden Docht wird ER nicht auslöschen. In Treue trägt ER das Recht hinaus. ER selbst wird nicht verlöschen und nicht zerbrechen, bis ER **auf**richte das Recht auf Erden; und die Inseln warten auf seine Weisung.*

Ist ER der Knecht, der höchste Diener des höchsten HERRN? Diener und Herr aber stehen nicht auf einer Stufe, Diener und Herr bleiben einander fremd, wie sollten sie da einander erkennen? ER indes erkennt den Willen des Höchsten, den ER nennt seinen Vater. Nicht fremd, sondern vertraut ist ihm der Wille des Vaters: ist ihm zu eigen, wohnt ihm inne. So ER nun erfüllt den Willen, der ihm innewohnt, ist ER da Knecht, ist ER da nicht Herr? Die Welt mag ihn knechten, wie aber wollte ihn knechten, was ihm zu eigen ist? Im Johannes-Evangelium

(10,30) sagt ER eben darum: *„Ich und der Vater sind eins."* Eine Aussage, getroffen zur Tempelweihe zu Jerusalem, mitten im (kaltherzigen) Winter, eine Aussage, der ein (warmherziges) Bild vorangestellt ist: das Bild vom guten Hirten (Johannes 10,1-30):

Ich bin der gute Hirte. Der gute Hirte lässt sein Leben für die Schafe. Der Mietling aber, dem die Schafe nicht zu eigen sind, flieht und verlässt die Schafe, sobald der Wolf kommt, die Schafe zu fangen und zu zerstreuen. Der Mietling flieht; denn er ist Mietling und achtet der Schafe nicht. Ich bin der gute Hirte und kenne die Meinen und bin bekannt den Meinen, wie mich mein Vater kennt und ich kenne den Vater. Und ich lasse mein Leben für die Schafe. Und ich habe noch andere Schafe, die sind nicht aus diesem Stalle (nicht aus dem Hause Israel?) *und auch diese muss ich herführen, und sie werden meine Stimme hören, und es wird sein* **eine** *Herde und* **ein** *Hirte.*

Sein Bild vom guten Hirten irritiert: etliche unter den Juden halten solche Rede für unsinnig. Sind nicht sie das erwählte Volk? Sind sie Schafe? Und so ihr Hirte gekommen ist: der gute Hirte des erwählten Volkes, welche anderen Schafe wären da noch zu hüten? Ist jener, der vorgibt, selbst zu sein der gute Hirte, vielleicht besessen von einem Dämon oder sollte es wahr sein: ist tatsächlich gekommen der verheißene Messias? Was antwortet ER der aufgebrachten Schar?
„Die Werke, die ich tue in meines Vaters Namen, die zeugen von mir. Ihr aber glaubt mir nicht; denn ihr seid meine Schafe nicht. Meine Schafe hören meine Stimme, und ich kenne sie, und sie folgen mir, und ich gebe ihnen das ewige Leben, und sie werden nimmer mehr umkommen, und niemand wird sie reißen aus meiner Hand" (Johannes 10,27-30).

Auch das Bild des guten Hirten findet sich – wie viele andere Bilder – wieder im Alten Testament. So heißt es bei Jesaja (40,11): *Wie ein Hirte führt ER seine Herde zur Weide, ER sammelt sie mit starker Hand. Die Lämmer sammelt ER in seinen Arm. Die Mutterschafe führt ER behutsam.* Und über den schlechten Hirten, den (käuflichen) "Mietling", ist zu lesen: *Ihr habt meine Schafe zerstreut und versprengt und habt euch nicht um sie gekümmert. Jetzt aber ziehe ich euch zur Rechenschaft wegen eurer bösen Taten* (Jeremia 23,2).

Der *gute Hirte* – der *Knecht Gottes*: Bilder der Berufung. Erfüllt der Berufene seinen Beruf, wenn er ihn sieht als bloßen Broterwerb; wird er seiner Berufung nicht erst gerecht, wenn er ganz und gar bewegt ist von seinem Auftrag, wenn er folgt einem Ruf, den er nicht widerrufen kann? Wie denn auch der große Reformator Luther nicht zu widerrufen vermochte 1521 auf dem Reichstag zu Worms und treffend befand: „Hier steh ich, ich kann nicht anders!" Und heute, wo sind heute die Knechte des HERRN, des Höchsten: die guten Hirten, die geistlichen Führer, die Geistesgrößen aus Politik, Religion und Gesellschaft? Weiden sie die Ihren oder sind sie Mietlinge, die fliehen, wenn der Wolf kommt, zu verführen und zu zerstreuen die Schafe?

Besessenheit und böser Geist
(Matthäus 12,22-30, Markus 3,22-30, Lukas 11,14-23,12,10)

Und da ER einen Besessenen heilt, der blind war und stumm, und die Pharisäer davon hören, erheben sie den Vorwurf, ER habe die bösen Geister nicht anders ausgetrieben denn durch den Beelzebul – ein Vorwurf, der nicht zum ersten Mal erhoben wird gegen ihn (vgl. *Und es ward Licht: Heilung eines Aussätzigen*, Matthäus 8,1-4). Gibt seine Antwort dieses Mal ein anschaulicheres Bild? *„Ein jegliches Reich, so es uneins wird mit sich selbst, wird verwüstet; wie auch eine jegliche Stadt oder Wohnstätte nicht bestehen kann, so sie uneins wird mit sich selbst. Wo nun Satan austreibt den Satan, muss er uneins sein mit sich selbst. Ist er aber uneins, wie kann dann bestehen sein Reich?"* Was für das Reich des Guten gilt, gilt auch für das Reich des Bösen: Was uneins ist, hat keinen Bestand. Gibt nicht die Geschichte klares Zeugnis: verfielen die Reiche nicht, eben weil sie uneins waren? Wer uneins ist und besessen von fremder Macht, handelt nicht frei, sondern wider den Geist?

Wer nicht mit mir ist, der ist wider mich; und wer nicht mit mir sammelt, der zerstreut. Darum sage ich euch: Alle Sünde und Lästerung wird den Menschen vergeben, nicht aber die Lästerung wider den Geist Gottes. Wer da redet wider des Menschen Sohn, dem wird vergeben, wer aber redet wider den heilen Geist, dem wird nicht vergeben, weder in dieser noch in jener Welt. Setzet ihr einen guten Baum, so wird die Frucht gut, setzet ihr aber einen faulen Baum, so wird die Frucht faul. Denn an der Frucht erkennt man den Baum. Ihr Schlangenbrut (Schlangen = Sünden, also Sündenbrut), *wie könnt ihr Gutes reden, da ihr doch böse seid? Wovon voll ist das Herz, davon zeugt der Mund. Ein guter Mensch bringt Gutes hervor aus seinem guten Hort, ein böser Mensch aber bringt Böses hervor aus seinem bösen Hort. Ich aber sage euch, dass die Menschen werden Rechenschaft ablegen müssen am Tage des Gerichts von einem jeglichen nichtsnutzigen Wort, das sie geredet haben. Aus deinen Worten wirst du gerechtfertigt werden, und aus deinen Worten wirst du verdammt werden"* (Matthäus 12,31-37, vgl. Lukas 6,43-45).

Gib uns ein Zeichen
(Matthäus 12,38-45, Markus 8,11-12, Lukas 11,24-26,29-32)

Die Pharisäer und geistlichen Führer versuchen, ihn zu Fall zu bringen. Was bringt sie derart auf gegen ihn? Dass ER tut, was sie nicht vermögen: dass ER heilt, dass er überzeugt durch Wort und Werk? Treibt sie die Eifersucht, fürchten sie um ihren Einfluss im Volk oder bei Hof? Oder treibt sie an die Sorge um die Reinhaltung des Wortes, wähnen sie tatsächlich, ER lästere Gott? Lästere Gott, weil ER Gott nicht seinen Herrn, sondern seinen Vater nennt und sich selbst tituliert als Sohn? Steht nicht geschrieben: *Ihr seid Götter, Söhne des Höchsten seid ihr alle* (Psalm 82,6)? Ist es in Wahrheit die Nähe, die sie fürchten: die Immanenz Gottes?

137

Wie aber sollen sie ihn zu Fall bringen, ohne das Volk gegen sich aufzubringen, das ihm zuläuft in Scharen? Mit Worten ist ihm nicht beizukommen, das haben sie mehrfach bitter erfahren. Sie können ihn nicht widerlegen; denn sein Wort ist licht, ist wahr, und das Licht, wer wollte es verdunkeln, wer widerlegen die Wahrheit? Also verlangen sie erneut ein Zeichen (vgl. *Und es ward Licht: Verweigerung eines Zeichens*, Matthäus 16,1-4), um dem Volk vorzuführen einen Hexenmeister, einen Ketzer. ER aber gibt ihnen kein Zeichen, wie sie eines begehren: ein Zeichen der Vergänglichkeit (nach Markus 8,11-12 soll ihnen tatsächlich kein Zeichen mehr gegeben werden), sondern erneuert ihnen ein unvergängliches Bild: das Bildnis des Propheten Jona (2,1-12).

Denn gleichwie Jona drei Tage und drei Nächte war in des Fisches Bauch, so wird auch des Menschen Sohn sein drei Tage und drei Nächte im Schoß der Erde. Die Bewohner Ninives aber werden auftreten vor Gericht, wenn geurteilt wird über dieses Geschlecht und werden es verdammen; denn sie selbst taten Buße nach der Predigt des Jona. Auftreten wird auch die Königin, die da gekommen ist vom Süden (gemeint ist die Königin von Saba, 1. Könige 10,1-10), *vor Gericht, wenn geurteilt wird über dieses Geschlecht und auch sie wird es verdammen; denn sie kam vom Ende der Erde* (vom Ende der damals bekannten Welt), *zu hören Salomos Weisheit.*

Ist der unreine Geist ausgefahren vom Menschen, durchwandelt er dürre Stätten, sucht Ruhe und findet sie nicht. Also sagt er sich, ich will wieder umkehren in mein Haus, aus dem ich einst zog. Und wenn er dann kommt, findet er's leer, gekehrt und geschmückt. Dann geht er hin und nimmt sich sieben andere Geister, die ärger sind als er selbst, und wenn sie hineinkommen, wohnen sie all da, und es wird mit derselben Wohnstatt hernach ärger, als es zuvor war. So wird's auch gehen diesem treulosen, den Bund (mit Gott) *brechenden Geschlecht.*

Wird das Übel nicht ausgerissen mit der Wurzel, so kehrt es zurück und wütet ärger denn zuvor? Schlimmer geht immer: die Evolution des Bösen? Hat die Zivilisation keine bessere Welt geschaffen, sondern entfacht die Hölle auf Erden? Oder ist die Welt eine reichere, eine friedvollere geworden? Hat die Welt gelernt aus den Fehlern, den Irrtümern, dem Leid, den Kriegen und Gräueltaten vergangener Zeiten? Gibt es kein sündiges Ninive mehr, kein Sünden-Babel? Sind die heutigen Mega-Metropolen ohne Sünde, ohne Gräuel, ohne Übel oder haben sich in ihnen versiebenfacht die Höllenfeuer? Die mächtigen Städte von einst, all die untergegangenen Reiche, werden sie dereinst Rechenschaft fordern von jenen, die nach ihnen kamen und die sich – aller Mahnmale zum Trotz – nicht besinnen wollten, sondern im Gegenteil noch um ein Vielfaches ärger wüteten als all ihre Vorfahren? Wer taugte zum Gericht der (neuen) Welt besser denn die vergangene (alte) Welt?

Von den wahren Verwandten

(Matthäus 12,46-50, Markus 3,20-21, 3,31-35, Lukas 8,19-21)

Und da ER noch redet vom unreinen Geist, der es ärger treiben werde denn zuvor, wenn er zurückkehrt, stehen seine Mutter und seine Brüder draußen vor der Tür. Seine Brüder? Söhne Maria und Josefs oder Söhne Josefs und eines anderen Weibes, Söhne, die Josef mit in die Ehe brachte? Von Josef indes ist hier nicht die Rede, sondern allein von Maria. Gebar die Jungfrau nicht nur den einen Sohn? Und wie stellen sich die (jüngeren) Brüder zum Erstgeborenen, zum *verheißenen* Sohn? Ist überwunden alte Eifersucht, die schon Kain trieb zum Brudermord an Abel? Sind sie Brüder ohne Hass, verbunden in Liebe? Im Markus-Evangelium (3,20-21) ist zu lesen, dass die Seinen (seine leiblichen Angehörigen) sich auf den Weg machten, um ihn abzuhalten von seinem Tun. Denn sie sagen sich: ER *ist von Sinnen!* Sie verstehen ihn nicht. Verstehen nicht sein Wort, nicht sein Werk; verstehen nicht, dass "ihr" Bruder, "ihr" Verwandter weitermacht, obschon sein Leben bedroht ist. Wie nah, wie verwandt ist ER ihnen?

Und als ihm mitgeteilt wird, dass seine Mutter und seine Brüder draußen stehen und mit ihm reden wollen, streckt ER seine Hand aus über seine Jünger und sagt: *„Seht, hier ist meine Mutter und hier sind meine Brüder. Denn wer den Willen tut meines Vaters im Himmel, der ist mein Bruder und meine Schwester und meine Mutter"* (Markus 3,34-35).

ER stellt die geistige Verwandtschaft über die des Leibes. Seine Mutter ist Mutter ihm, seine Brüder sind Brüder ihm, sofern sie sind seines Geistes. Die aber stehen draußen vor der Tür, sind nicht gekommen, ihn zu stützen, sondern ihn abzubringen von dem, was da getan sein will. Sie verstehen ihn nicht, wie soll ER sich da verständigen mit ihnen? Müssen nicht erst die alten überkommenen (verwandtschaftlichen) Bande gelöst werden, auf dass der Mensch frei, gelöst sei aus alter, überkommener Verstrickung und Schuld? Wer wollte starten wahrhaftig einen Neuanfang, der sich nicht löste aus alter Schuld und Verstrickung? Wie wollte der Mensch sein ewiglich und Erbe des ewigen Reiches, so er verhaftet bliebe den leiblichen Bindungen: verhaftet dem vergänglichen Fleisch? Sind sie aber Erben des Reiches, wie sollten sie da nicht schützen ihr Erbe? Wer wollte verprassen, verschwenden, was ihm anvertraut ist, statt zu mehren seinen Reichtum, statt zu einen, zu versöhnen? Und eint der Leib, eint und versöhnt nicht vielmehr der Geist? Bruder, Schwester im Geiste: Ob Jude, Pharisäer oder Zöllner, ob Angehöriger der gleichen Glaubensgemeinschaft oder Samariter, Andersgläubiger, ob Stammesbruder oder Grieche, Römer: nicht die Abstammung zählt, sondern allein der Glaube an den einen Gott. Sind sie nicht alle Kinder eines Vaters? Warum streiten sie, warum beargwöhnen, bekriegen, verausgaben sie sich (und ihr Erbe), statt im Bunde zu sein miteinander und ins Feld zu ziehen gegen ihren gemeinsamen Feind, gegen jenen Ungeist, der als Höchsten anerkennt seinen selbst geschaffenen Götzen?

Das Gleichnis vom Sämann
(Matthäus 13,1-23, Markus 4,1-20, 4,26-29, Lukas 8,4-15)

Einst zog aus ein Sämann und indem er säte, fiel etliches auf den Weg; da kamen die Vögel und fraßen's auf. Etliches fiel auf Fels, hatte keine Erde, Wurzeln zu schlagen und als die Sonne hochstieg, verdorrte es. Etliches fiel unter die Dornen; und die Dornen wuchsen auf und erstickten's. Etliches aber fiel auf gutes Land und trug Frucht, etliches hundertfältig, etliches sechzigfältig, etliches dreißigfältig. Wer Ohren hat, der höre! Wer ihm ange*hören* will, soll auf ihn hören: seiner inneren Stimme folgen und nicht äußerer Einflüsterung, ist das die Mahnung? *Achtet auf das, was ihr hört,* heißt es im Markus-Evangelium (4,24) weiter*: Nach dem Maß, mit dem ihr messt und zuteilt, wird euch zugeteilt werden.* Was ihr sät, das werdet ihr ernten, ist das gemeint? Die Jünger verstehen nicht und sie begreifen nicht, warum ER in Gleichnissen spricht. Wie aber sollte ER anders abbilden das ewige Geschehen denn in einem Bild, einer Pa*rabel*? Ist, was überliefert ist vom ersten Angehörigen auf Erden, nicht selbst Bild, Parabel: Kain erschlug *Abel*? Worte können missverstanden oder verfälscht werden, ihr Bedeutungsgehalt mag variieren, schwinden mit der Zeit, aber Bilder? Behalten Bilder nicht ihre Tiefenwirkung über Raum und Zeit hinweg und ermöglichen erst die innere Beschau: Tiefensehen und unverfälschte Sicht?

Ich rede aber in Gleichnissen, auf dass erfüllt werde, was geweissagt ist durch den Propheten Jesaja (6,9-10): *Hören sollt ihr, aber nicht verstehen; sehen sollt ihr, aber nicht erkennen. Denn verhärtet ist das Herz dieses Volkes; also verstopf' ihm die Ohren und verkleb' ihm die Augen, damit es nicht sieht und nicht hört und sein Herz nicht zur Einsicht komme und nicht bekehrt und nicht geheilt werde.* Blind und taub für die Nöte des Anderen, verstockt das Herz, verhärtet, abgewandt vom Leid dieser Welt. Die Bilder des Schreckens will niemand sehen, die Klagelaute niemand hören – damals nicht und heute? Wer hört, was ER hört, hört mit den Ohren und mit dem Herzen, wer sieht, was ER sieht, sieht mit den Augen und mit dem Herzen.

Wenn jemand das Wort vom Reich Gottes hört und sich willentlich abwendet, wird ihm weggenommen, was gesät ist in sein Herz; das eben ist der Samen, der gesät wurde am Weg. Bei dem aber das Wort ist gesät auf Fels, der hört es und nimmt es auf mit Freuden; aber das Wort schlägt keine Wurzeln und so das Wetter sich wendet, Trübsal und Verfolgung sich erheben um des Wortes willen, vergeht es. Bei dem das Wort aber gesät war unter die Dornen, der hört das Wort, aber die Sorge der Welt oder des Reichtums trügerischer Schein erstickt das Wort, und es bringt keine Frucht. Bei dem aber gesät war auf guten Boden, der hört und versteht das Wort, so dass es Frucht bringt; und der eine trägt Frucht hundertfältig, der andere sechzigfältig, der andere dreißigfältig.

ER ist nicht allein Schöpfer der Gleichnisse, ER interpretiert sie auch, auf dass seine Jünger, seine wahren Verwandten begreifen: sich den rechten Begriff machen vom Wort und sich ausrichten danach: ausbilden. Heißt das, seine Jünger seien nicht ausgebildet: noch nicht im Bilde (Gottes)? Wären sie es, erfassten sie da nicht selbst den Geist der Gleichnisse? Seine wahren Verwandten sind nicht jene, die schreiben das Wort auf ihre Fahne, die flattert mit dem Wind, sondern die tragen das Wort fest in ihrem Herzen: die es verinnerlichen, es sich zu eigen machen, denn nur so bringen sie Frucht. Und zählt denn, wie viel Frucht sie bringen, zählt nicht allein, dass sie Frucht bringen, selbst wenn der Wind sich dreht: die Zeiten elend sind und Trübsal und Verfolgung drohen?

Vom Unkraut unter dem Weizen
(Matthäus 13,24-29, 13,36-43)

Das Himmelreich gleicht einem Menschen, der guten Samen sät auf seinem Acker. Als nun aber die Seinen schlafen, kommt sein Feind, Unkraut zu säen zwischen den Weizen. Die Saat wächst und bringt Frucht, aber auch das Unkraut wächst. Da fragen ihn die Seinen: „Hast du nicht Samen ausgesät? Woher kommt dann aber das Unkraut?" Und er erwidert ihnen: „Das war euer Feind?" – „Willst du", fragen sie ihn da zurück, „dass wir hingehen und das Unkraut ausjäten?" Nein, das sollen sie nicht! Denn so sie ausjäten das Unkraut, werden sie auch zugleich ausrupfen den Weizen. Also sollen sie wachsen lassen und warten bis zur Ernte, bis die Zeit gekommen ist, den Schnittern zu sagen: Bindet zuvor das Unkraut und verbrennt es, den Weizen aber sammelt mir in meine Scheune.

Denn so sie ausjäten das Unkraut, werden sie auch ausrupfen den Weizen. Heißt das, die gute Saat kann nur aufgehen, wenn auch aufgeht die böse Saat? Seine Jünger jedenfalls verstehen ihn nicht und bitten um Verdeutlichung: um ein schärferes Bild. *Des Menschen Sohn ist's,* lehrt ER sie, *der sät den guten Samen. Der Acker aber ist die Welt.* Der gute Samen, das sind die Kinder des Reiches. Das Unkraut, das sind die Kinder, die tun das Böse und wollen das Böse. Der Feind aber, der es sät und der nur kommen kann, wenn die Kinder des Reiches schlafen (wenn sich niemand bekümmert, wenn alle wegsehen?), das ist der Teufel (der ewige Verführer, der alte/innere Schweinehund). Die Ernte nun ist das Ende dieser (sündigen) Welt. Die Schnitter, (die Erntehelfer) sind die Engel (Sendboten). Und wie die Schnitter das Unkraut binden und ins Feuer werfen, den Weizen aber tragen in die Scheune, so wird auch des Menschen Sohn seine Engel (seine Erntehelfer) aussenden, zu sammeln all jene, die gehören zu seinem Reich, ins Feuer zu werfen aber all jene, die Unrecht tun und unter diesen wird sein ein Heulen und Zähneklappern (aber ihre Reue, ihre Erkenntnis kommt zu spät). Die Gerechten indes, sie werden leuchten am Tag der Ernte in ihres Vaters Reich. *Wer Ohren hat, der höre,* heißt es auch diesmal zum Abschluss seines Wortgebildes.

Vom Senfkorn und vom Sauerteig
(Matthäus 13,33-35, Markus 4,30-32, Lukas 13,18-21)

Das Himmelreich gleicht einem Senfkorn, welches gesät ist in des Menschen Acker (Adam ist der erste Mensch, der steht auf fruchtbarem Acker = *adamáh*). *Es ist das kleinste unter allen Samen, ist es aber gewachsen, so ist es größer als alle Sträucher und wird zu einem Baum, zu dem die Vögel kommen, die da sind unter dem Himmel, um zu wohnen in seinen Zweigen.*

Die wahre Größe, die wahre Natur des Samens zeigt sich nicht gleich zu Beginn, sondern entwickelt sich allmählich; seine volle Pracht eröffnet sich erst, wenn der Same *erwachsen* ist, erst dann zeigt sich, was wahrhaft in ihm steckte. *Das Himmelreich* eröffnet sich nicht sogleich, sondern geht erst auf mit der Zeit. *Es ist,* sagt ER seinen Jüngern, *dem Sauerteig gleich, den ein Weib nimmt und vermengt mit Mehl, bis der ganze Teig durchsäuert ist.* Der Teig (Gottes) wird aufgehen mit der Zeit – mit Geduld, nicht in Hast. Und es wird duften, wenn erst gebacken ist, was gebacken sein soll. Und wer nach dem Geschmack ist des HERRN, wer geduldig ausharrt, bis aufgegangen ist, was aufgehen soll, der wird nicht versauern. Wer aber hetzt und hastet, sich zu sättigen vor der Zeit, dem wird der Appetit vergehen, der bringt sich selbst um den Geschmack und um seinen Platz am Tisch des HERRN – ist das die Deutung?

Warum denn redet ER in Gleichnissen? Auf dass, wer ihn hört, sich selbst ein Bild mache, auf dass, wer Ohren hat, eindringe in ein Geschehen, das nicht vergangen ist, sondern gegenwärtig? Auf dass sich erfülle, was geschrieben steht in den Psalmen (78,2-4): *Ich will auftun meinen Mund zu einem Spruch und verkünden Geschichten aus alter Zeit. Was wir gehört haben und wissen und unsre Väter uns erzählt haben, das wollen wir nicht verschweigen ihren Kindern; wir verkünden dem kommenden Geschlecht den Ruhm des HERRN und seine Macht und seine Wunder* (vgl. Matthäus 13,34-35).

Vom Schatz und der Perle und vom Fischnetz
(Matthäus 13,44-45, 13,47-52)

Das Himmelreich ist gleich einem verborgenen Schatz im Acker, dessen Finder alles verkauft und hergibt, allein um dieses Ackers willen. Gleich einem Kaufmann ist das Himmelreich, der hingeht und Perlen sucht und da er die eine findet, die ihm die Kostbarste ist, geht er hin und verkauft alles, was er hat, um zu erwerben diese eine. Was ist wahrhafter Besitz, was äußerer, was innerer Reichtum? Was kann erkauft werden mit Geld, was ist allein zu erwerben durch eigenes Tun, eigenes Sein? Wer legt Wert auf sein Haben, wer auf sein Sein? Wie viel Wert hat, was käuflich ist, und ist es wert seinen Preis? Zählt nicht in Wahrheit, was unbezahlbar ist, was keinen Preis hat? Und wer nun gefunden hat einen solchen Schatz, wird der nicht alles hergeben dafür?

142

Mit dem Himmelreich ist es wie mit einem Fischnetz, das ausgeworfen war ins Meer, Fische zu fangen aller Art. Und als das Netz voll war, zogen die Fischer es heraus und sortierten aus, was schlecht war im Fang, und warfen es weg. Also wird es auch sein am Ende dieser Welt, wenn die Engel ausgehen, die Schlechten zu scheiden von den Gerechten. Die einen werden untergehen, die anderen aber werden bleiben. Seine Engel aber sind die Fischer; denn hat ER sie nicht berufen: *Menschenfischer* zu sein (vgl. *Es begab sich aber: Berufung der ersten Jünger,* Matthäus 4,18-23)?

Und da ER sie fragt, ob sie das alles verstanden haben, und sie ihm antworten: „Ja", gibt ER ihnen ein weiteres Bild mit auf den Weg: *Jeder Schriftgelehrte, der geworden ist ein Jünger des Himmelreiches, gleicht einem Hausherrn, der Neues hervorholt aus seinem Schatz und Altes.* Wer die Schrift lehrt, der wurzelt in dem, was überliefert ist, aber er wächst auch heran zu etwas Neuem? Gebiert nicht das Alte das Neue, erwächst nicht das Neue aus dem Alten? Wie sollte wachsen, was keine Wurzeln hat? Das Alte, der alte Bund ist nicht aufgehoben, es erwächst vielmehr etwas Neues daraus: ein neuer Bund; pflanzt sich mithin fort, was da ist von Anbeginn? Wie wollte das Alte sein: wie fortbestehen ohne das Neue, und das Neue, wie wollte es sein ohne das Alte? Wer Jünger: Verkünder sein will des Himmelreiches, muss also bergen den alten Schatz, auf dass er hebe den neuen?

Nichts gilt der Prophet im eigenen Land
(Matthäus 13,53-57, Markus 6,1-6, Lukas 4,16-30)

Und da ER vollendet hat die Gleichnisse vom Himmelreich, zieht ER von dannen und kommt in seine Vaterstadt Nazareth, wo ER lehrt in der Synagoge – zum Entsetzen derer, die ihn hören. Woher kommt ihm dergleichen Weisheit, fragen sie sich, und was ihn wohl befähige zu dergleichen Taten? Ist dieser "Rabbi" nicht der Sohn des Zimmermanns (den sie aufwachsen sahen mit eigenen Augen und ebenso wirken als Zimmermann)? Heißt nicht seine Mutter Maria und seine Brüder, heißen sie nicht Jakobus, Josef, Simon und Judas? Und seine Schwestern, sind sie ihnen nicht allen bekannt, leben sie nicht in ihrer Mitte? Hier ist von seinen leiblichen Verwandten die Rede, nicht von seinen Verwandten im weiteren, im geistigen Sinne. Und sie erzürnen sich, weil ER einer der Ihren ist und doch mehr gelten soll als sie? Ist Dorn im Auge, was weit entfernt, was fremd und unerreichbar scheint; reizt nicht zur Eifersucht vielmehr, was nah, was verwandt scheint, weil nur die Verwandtschaft provoziert die Frage: Warum er und nicht ich? Erschlug nicht darum Kain den Abel – seinen Bruder, nicht etwa einen Fremden? *Gilt der Prophet nirgends weniger denn in seinem Vaterland und im Hause seiner Anverwandten,* wie ER entgegenhält der aufgebrachten Menge?

Im Evangelium nach Lukas (4,16-30) findet sich noch der Verweis auf den großen Propheten Elijah, dessen Wiederkunft sehnsüchtig erwartet wird, dessen Wort indes nicht ebenso wenig erhört wurde? *Der Prophet gilt nichts im eigenen Land.* Denn gelte er etwas, müssten sie sich da nicht selbst in Frage stellen und sich berauben ihrer eigenen Stellung, ihrer lieb gewonnenen Gewohnheiten? Scheint es nicht stets verführerischer und allemal bequemer, fortzufahren mit dem Gewohnten, Vertrauten, denn sich umzustellen, einzulassen auf Neues, Ungewisses? Die Ablehnung in seiner Vaterstadt, der Unglaube, der ihm nachgerade dort entgegenschlägt und ihn der Möglichkeit beraubt, daselbst viele Zeichen zu tun, steht vermutlich nicht von ungefähr im Lukas-Evangelium am Anfang seines Wirkens.

Als ihn nun aber in der Synagoge gereicht wird die Buchrolle des Jesaja, weist ER hin auf jene Stelle, da geschrieben steht (61,1-2): *Der Geist des HERRN ruht auf mir, denn der HERR hat mich gesalbt und gesandt, zu verkünden, was froh macht die Armen und heilt die Herzen all derer, die zerbrochen sind und zerschlagen. Frei und ledig sollen sein, die da gefangen sind und gefesselt, denn es wird euch verkündet ein Gnadenjahr des HERRN, einen Tag der Vergeltung, da alle Trauernden getröstet werden.* Soll sich nunmehr erfüllen das Schriftwort, ist die Zeit: der Tag gekommen, an dem getröstet werden all die Trauernden?

Vom reinen und vom unreinen Wort
(Matthäus 15,1-20, Markus 7,1-23)

Die jüdischen Reinheitsvorschriften gingen davon aus, dass alle Ausscheidungen des Leibes, bestimmte Krankheiten wie Aussatz und jede Art von Schmutz verunreinige und den Menschen unwürdig mache für Gottesdienst und Gebet. Zur Wiederherstellung der Reinheit bedurfte es bestimmter kultischer Handlungen (vgl. 3. Mose 11-15). Auch die Waschung vor dem Tischgebet galt als unerlässliche, kultische Handlung.

Da nun die Pharisäer und Schriftgelehrten aus Jerusalem zu ihm kommen und ihn fragen, warum seine Jünger, seine Schüler die vorgeschriebene Waschung unterließen, fragt ER zurück, ob sie denn achteten Gottes Wort? Stehe nicht geschrieben (2. Mose 20,12, 21,17): *Du sollst Vater und Mutter ehren; wer aber Vater und Mutter nicht ehrt, der soll des Todes sein?"* Sie aber lehrten, wer gelobe, Gott zu opfern all das, was er zukommen lassen sollte seinen Eltern, der sei enthoben solcher Verpflichtung.

Was durch das sogenannte Korbán-Gelübde in den Dienst Gottes gestellt wurde, war der Nutznießung durch den Menschen entzogen. Wer gelobte, Gott zu weihen, was er seinen Eltern schuldete, entzog ihnen den Unterhalt, ohne selbst gezwungen werden zu können, tatsächlich auch zu opfern, was er entzogen hatte seinen Eltern. Die Bitte der Eltern um Unterstützung konnte scheinheilig abgewiesen werden mit dem Hinweis: Was ihr verlangt von mir an Unterstützung, ist geopfert längst dem HERRN. Eine Praxis, die mitnichten resultierte aus einem göttlichen Gebot, sondern diesem zutiefst widersprach. Nicht Gottes Wort führte zu der unmenschlichen Praxis, die eigenen Eltern mittellos dastehen zu lassen, sondern des Menschen Wort, das schuf die Ausflucht. Mir ist nicht gegeben, dir zu geben, weil ich alles gegeben habe dem HERRN. Ist das nicht die Ausrede schlechthin: Mir ist es nicht gegeben? Ich kann nichts dafür: meine geistigen, meine leiblichen, meine finanziellen Anlagen sind nicht danach?

Als *Heuchler* bezeichnet ER die Pharisäer und Schriftgelehrten, also jene, die sich verschrieben haben der Reinhaltung des Gotteswortes. Heuchler, wie es der Prophet Jesaja (29,13-15) geweissagt hat: *Dieses Volk ehrt mich nur mit Worten, mit Lippen ehrt es mich; sein Herz aber hält es fern von mir; seine Furcht vor mir beruht allein auf einem angelernten, einem menschlichen Gebot. Darum will ich zukünftig seltsam handeln an diesem Volk, so seltsam und wunderlich, dass die Weisheit seiner Weisen vergehe und verborgen bleibe der Klugen Verstand. Weh denen, die ihren Plan verbergen vor dem HERRN und mit ihrem Tun im Finstern bleiben wollen, weil sie sich sagen: Wer sieht uns schon, wer weiß schon, was wir tun?!* Der Mensch mag geheime Pläne hegen: verbergen, was nicht aufgedeckt, nicht ans Licht kommen soll, wie aber wollte vor Gott verborgen bleiben, was der Mensch zu verheimlichen begehrt? Und Gott, hat auch Gott geheime Pläne – Pläne, die sich niemals offenbaren sollen? Gab es etwa nie eine Offenbarung: eine Prophezeiung, die sich erfüllte? Will der HERR nicht nachgerade erkannt werden vom Menschen? Wer aber erkannt werden will, handelt der im Geheimen? Verbirgt sich Gott vor den Menschen, ist es nicht der Mensch, der sich verbirgt – seiner Schuld, seiner bösen Absicht wegen? Ist es nicht der (sündige) Mensch, der nach einem Versteck, einer Ausrede, einem Feigenblatt sucht, seine Blöße zu verdecken?

„Hört zu und begreift!", ruft ER zu dem Volk. *„Nicht, was eingeht durch den Mund, macht unrein, sondern, was ausgeht aus dem Mund, macht unrein den Menschen."* Da treten seine Jünger zu ihm, ihn zu warnen vor den Pharisäern, die Anstoß nehmen an seinen Worten. ER aber zeichnet ihnen ein Bildnis: *„Alle Pflanzen, die nicht pflanzte mein himmlischer Vater, werden ausgerissen. Also lasst sie; denn sie sind blinde Blindenführer. Wenn aber ein Blinder führt den anderen, so landen beide in der Grube."*

Und da ihn nun Petrus bittet, ihnen das Gleichnis zu deuten, fragt ER sie, ob denn auch sie, seine Schüler, immer noch unverständig seien *„Wisst ihr denn nicht, dass all das, was ihr euch zu Munde führt, eingeht in den Magen und wieder ausgeworfen wird durch den natürlichen Gang? Was aber hervorgeht aus des Menschen Mund, das kommt aus des Menschen Herzen; das ist es, was unrein macht. Denn aus dem Herzen kommen alle argen Gedanken: Mord, Ehebruch, Unzucht, Dieberei, falsch Zeugnis, Lästerung. Das ist es, was* den Menschen unrein macht, und nicht die Tischmahlzeit ohne vorherige Waschung."

ER stellt die äußere Waschung der inneren Reinigung gegenüber: Alle äußere Reinigung bewirkt nichts, so der Mensch innerlich unsauber, schmutzig bleibt. Was sollen bewirken äußere Vorschriften und Gesetze, wenn sie auf inneren Widerstand treffen? Welcher Mensch, der nicht erfüllen will, was ihm auferlegt ist, sollte nicht einen (Aus)Weg, eine (Aus)Rede, finden, sich zu entziehen dem Gesetz, der Vorschrift, der Satzung? Wenn göttliches Gebot aufgehoben wird in dieser Welt durch menschliche Satzung, wie sollte da nicht aufgehoben werden können, was allein fußt auf menschlichem Gebot? Und wie wollte rein gehalten und bewahrt werden das Gesetz – fuße es nun auf göttlicher oder menschlicher Satzung – so seine Wächter selbst es beschmutzen? *Was hervorgeht aus des Menschen Mund, das ist es, was unrein macht.* Die Ausrede, das falsche Zeugnis, der Meineid, die Lüge: Wer schafft sie aus der Welt, wer verdaut sie? Die Speise mag verdaut werden, selbst, wo sie verdorben ist, selbst, wo sie dargereicht wurde von unreiner Hand. Die Lüge aber, der Meineid, das falsche Zeugnis, die Ausrede, sie bleiben bestehen in der Welt – zu nähren all jene, die noch unverdorben sind, zu nähren mit verdorbener Speise? Wessen Wort ist heute bekömmlich, wessen Wort verderblich?

Das Gleichnis vom verlorenen Schaf
(Matthäus 18,12-14, Lukas 15,1-10)

Was meint ihr? So jemand 100 Schafe hat und eines verirrt sich, lässt er dann nicht die 99 Schafe stehen und geht hin und sucht das verirrte? Und wenn er es findet, freut er sich nicht mehr darüber als über die 99 Schafe, die sich nicht verirrten? Also ist es auch nicht der Wille eures Vaters im Himmel, dass verlorengehe einer der Seinen.

Das Lukas-Evangelium fügt dem Bild vom verlorenen Schaf ein weiteres hinzu: das Bild von der verlorenen Münze. *Welches Weib,* fragt ER die Seinen, *die eine Münze verliert, zündet nicht sogleich an ein Licht, um danach zu suchen?* Was verlorenging, was sich verirrte, danach sucht, wer sich verantwortlich fühlt für das, was verlorenging oder was sich verirrte. Wer ist der Verlorene, wer hat sich verirrt? Dem Lukas-Evangelium zufolge erzählt ER eben jenes Gleichnis vom Verlorenen als Reaktion auf die Pharisäer und die Schriftgelehrten, die sich darüber mokieren, dass ER mit Sündern und mit Zöllnern Tischgemeinschaft hält? Sind die Sünder und die Zöllner nur Verirrte? Und was ist mit den Pharisäern und den Schriftgelehrten, sind sie nicht Hirten – und erkennen nicht, so sich verirrt eines ihrer Schafe?

Hier rückt wieder in den Blickpunkt das Bild vom *guten Hirten,* wie es gezeichnet ist im Johannes-Evangelium (10,1-30, vgl. *Knecht Gottes,* Matthäus 12,15-21). Dem guten Hirten sind die Schafe zu eigen; er lässt sie nicht im Stich, wie

146

der Mietling, der bezahlte Knecht und flieht von dannen, wenn der Wolf kommt, die Schafe zu reißen. Ebenso wenig ist der gute Hirte ein Räuber, der einen anderen Weg sucht zu den Schafen denn des Stalles Tür. Die Schafe aber kennen die Stimme ihres Hirten und folgen ihm; die Stimme aber des Fremden kennen sie nicht und fliehen ihn. *Wahrlich, wahrlich, ich sage euch, die Tür zu den Schafen, die bin ich. Alle, die vor mir kamen, sind Diebe und Räuber, aber die Schafe haben ihnen nicht gehorcht. Ich bin die Tür, wer durch diese Tür geht, wird gerettet; er wird ein und ausgehen und Weide finden. Ein Dieb kommt nur, um zu stehlen, zu würgen und zu vernichten. Ich bin gekommen, dass sie haben das Leben und dass sie es haben in Fülle* (Johannes 10,7-10).

Ein Dieb kommt nicht durch die Tür (zum Himmelreich), und die Schafe folgen ihm nicht; denn sie erkennen allein die (innere) Stimme ihres Hirten (Herzens). Der gute Hirte schützt die Seinen, nicht weil er dafür bezahlt wird, sondern weil sie ihm zu eigen sind, und wenn sich eins seiner Schafe verirrte, so freut er sich, wenn er es wiedergefunden hat und feiert seine Rückkehr.

Gleichnis vom verlorenen Sohn
(Lukas 15,11-32)

Ein Mann hatte zwei Söhne. Und da nun der Jüngere von ihm forderte: „Vater, gib mir mein Erbteil!", teilte der Vater sein Gut, und der jüngste Sohn sammelte ein und zog damit in die Ferne, wo er daselbst alles verlor mit Prassen. Und da nun eine große Teuerung das Land erfasste, in dem er weilte, und er anfing zu darben, verdingte er sich als Schweinehirte. Als er nun aber begehrte, seinen Bauch zu füllen mit den Trebern, die vorgeworfen wurden den Säuen, da gab ihm niemand davon. Und er schlug sich also an die Brust und sprach zu sich: Wie viel Tagelöhner hat mein Vater, die Brot in Fülle haben, ich aber leide Hungers! Ich will mich aufmachen und zu meinem Vater gehen und ihm sagen: Vater, ich habe gesündigt gegen den Himmel und vor dir. Ich bin hinfort nicht mehr wert, dass ich heiße dein Sohn; also mache mich zu einem deiner Tagelöhner!

Und er machte sich also auf zu seinem Vater. Und da er noch in der Ferne war, sah ihn der Vater und lief ihm entgegen, umarmte ihn und küsste ihn. Der Sohn aber sprach zu ihm: „Vater, ich habe gesündigt gegen den Himmel und vor dir; ich bin hinfort nicht mehr wert, dass ich heiße dein Sohn!" Der Vater aber sprach zu seinen Knechten: „Bringt schnell das beste Kleid herbei für ihn und gebt ihm einen Fingerring für seine Hand und Schuhe für seine Füße, und dann holt das Kalb, das wir gemästet haben und schlachtet's. Lasst uns essen und fröhlich sein; denn mein Sohn war tot und ist wieder lebendig geworden, verloren war er und ist doch wiedergefunden." Und sie fingen an, fröhlich zu sein.

Der ältere Sohn aber war auf dem Felde, und als er das Singen hörte und das Feiern, rief er einen der Knechte herbei, ihn zu fragen, was es damit auf sich habe. Und der Knecht klärt ihn auf: „Dein Bruder ist gekommen. Und dein Vater hat geschlachtet das gemästete Kalb, weil er ihn wieder gesund bei sich hat." Und da der ältere Sohn zornig ward darüber und nicht hingehen wollte zum Fest, ging sein Vater hinaus, ihn zu bitten. Der Sohn aber sprach: „Siehe, so viele Jahre diente ich dir und noch nie übertrat ich dein Gebot, du aber gabst mir nie einen Bock, auf dass ich fröhlich feiere mit den Meinen. Da nun aber der Sohn zu dir zurückkehrte, der verprasste dein Gut mit Dirnen, schlachtest du für ihn das gemästete Kalb." – „Mein Sohn", erwiderte da der Vater, „du bist allezeit bei mir, und alles, was mein ist, das ist dein. Du solltest daher fröhlich sein und guten Mutes; denn tot war dein Bruder und ist wieder lebendig geworden; verloren war er und ist wiedergefunden."

Das *Gleichnis vom verlorenen Sohn* zählt wohl zu den bekanntesten Gleichnissen des neuen Testaments, und doch findet es sich allein bei Lukas. Warum? Fürchteten die alten Überlieferer, die Evangelisten, ER selbst könne assoziiert werden als verlorener Sohn? Denn hat ER sich nicht selbst immer wieder bezeichnet als Sohn, vorzugsweise als des *Menschen Sohn* – als Adams Sohn also? Und fiel Adam nicht ab von seinem Schöpfer, seinem Vater? Wer, wenn nicht Adams Sohn, sollte zurückkehren zum Vater? *Die Rückkehr zum Vater:* ein schmachvolles Bild, ein Bild, das besser versteckt bleiben sollte (und das sich eben darum findet allein bei Lukas?) oder der Heilsweg, das Heilsversprechen schlechthin? ER geht voran, ER ist die Tür, das Tor und wer schreitet durch diese Tür, durch dieses Tor, wird der nicht ebenso gelangen hin zum Vater? Und wer nun ist beim Vater, wie sollte der murren, wenn da kommt ein Neuer, statt sich zu freuen mit dem Vater und ein Fest zu feiern des Neuankömmlings willen? Wer, der sich nah IHM glaubt, wollte rümpfen seine Nase über jene, die sich verirrten und denen auferlegt waren ungleich größere Lasten und Qualen auf ihren verschlungenen Pfaden zurück in des Vaters Schoß?

Knecht Satans
(Matthäus 18,21-35)

Das Himmelreich gleicht einem König, der abrechnet mit seinen Knechten. Und als er nun anfing zu rechnen, stieß er auf einen, der war ihm schuldig zehntausend Talente (eine unvorstellbar hohe Summe). *Und da er nicht zahlen konnte, hieß ihn sein Herr zu verkaufen, was er besaß: sein Weib, seine Kinder, sein ganzes Hab und Gut. Da fiel der Knecht nieder vor ihm und sprach: „Hab Geduld mit mir, ich will ja alles bezahlen." Den Herrn nun dauerte der Knecht und er ließ ihn frei, und die Schuld erließ er ihm auch.*

Nun ging derselbe Knecht hinaus und als er auf einen Mitknecht traf, der ihm schuldete 100 Denare (ungleich viel weniger als das, was er selbst geschuldet hatte), *hatte er ihn gleich am Wickel und sprach: „Bezahle, was du mir schuldig bist!" Da fiel sein Mitknecht nieder vor ihm und bat: „Hab Geduld mit mir, ich will ja alles bezahlen." Er aber hörte nicht auf die Bitte, sondern ging hin und ließ ihn ins Gefängnis werfen, bis er bezahlt hätte, was er ihm schuldig war.*

Seine Mitknechte aber, die alles mit angesehen hatten, betrübte dergleichen sehr und so gingen sie hin zu ihrem Herrn, ihm zu berichten, was sich zugetragen hatte. Also forderte ihn sein Herr zu sich und sprach: „Du Elender! All deine Schuld vergab ich dir. Spottest du etwa meiner, dass du willst deinem Mitknecht nicht vergeben, wo doch die seine Schuld sehr viel geringer ist als die deine?" Und sein Herr überantwortete ihn den Peinigern, bis er bezahlt hätte all das, was er ihm schuldig war. Desgleichen wird euch mein himmlischer Vater tun, so ihr nicht vergebet von Herzen.

Die Bosheit des Knechtes, seine vermeintliche Bauernschläue ist es, einem anderen zu verwehren, was er ohne Weiteres für sich selbst und in weit größerem Maße noch in Anspruch nimmt. Wessen Knecht also ist er: sitzt ihm nicht der Teufel im Nacken, so er für sich zu erheischen sucht, was er selbst nicht zu geben bereit ist? Hält er sich für gewitzt, weil er sich Vorteile verschafft auf Kosten anderer? Ohne zu bedenken das Ende; denn wird nicht immer abgerechnet ganz zuletzt? Überantwortet wird seinen Peinigern, wer da meinte, anderen eine lange Nase drehen zu können. Und wer sind die Peiniger, wenn nicht jene, die zuvor selbst gepeinigt wurden? *Auge um Auge* – wie am Anfang also auch am Ende? Der Peiniger ist zu guter Letzt selbst der Gepeinigte. Gepeinigt und um sein Vermögen: sein Geld gebracht – das er ehrlich erwirtschaftete? Geht es denn in dem Gleichnis allein um Geld: um die *vielen Talente*, die geschuldet oder übereignet wurden durch hohe Gunst oder hohe List? Stehen die unvorstellbar vielen *Talente* hier nicht ebenso für die vielen Fähigkeiten: die Talente, die dem Menschen gegeben sind auf Erden?

Vom Walten der List
(Lukas 16,1-13)

Ein reicher Mann hatte einen Verwalter, der beschuldigt wurde, ihm sein Vermögen zu verschleudern. Und da er ihn nun rufen ließ, Rechenschaft abzulegen über seine Verwaltung und ihm bedeutete, ihn seines Amtes entheben zu wollen, überlegte der Verwalter, was zu tun sei, so er verlustig ginge seiner Stellung. Zu schwerer Arbeit tauge ich nicht, sprach er zu sich, zu betteln indes schäme ich mich. Aber ich weiß, was zu tun ist, damit mich all jene, von denen ich zu fordern habe als Verwalter, aufnehmen in ihr Haus, so ich denn meines Amtes enthoben bin. Und er ließ zu sich rufen die Schuldner seines Herrn, sie zu befragen, einer nach dem anderen, wie viel sie schuldig seien seinem Herrn. Und da ihm der Erste antwortete: „100 Fass Öl", entgegnete er ihm: „Nimm deinen Schuldschein und schreib 50 darauf." Und da er den Nächsten fragte: „Wie viel schuldest du?" und der antwortete: „Hundert Sack Weizen!", sprach er zu ihm: „Nimm deinen Schuldschein und schreib 80 darauf."

Und siehe, sein Herr lobte den listigen Verwalter und sagte: „Die Kinder dieser Welt sind untereinander klüger denn die Kinder des Lichts. Machet euch also Freunde mit, nicht gegen den ungerechten Mammon, auf dass, wenn es zu Ende ist damit, ihr aufgenommen werdet in die ewigen Wohnstätten."

Der Herr lobt seinen Verwalter? Betrog der ihn nicht gleich zweimal, als er minimierte der Schuldner Last, um so zu decken jene Summe, die er selber unterschlug? Schuf er sich so nicht aber Freunde? Freunde, die nun willig zahlen werden seinem Herrn? Überlistet der Verwalter seinen Herrn oder legt er im Gegenteil schwarz auf weiß Rechenschaft ab, wie viel sein Herr tatsächlich zu erwarten hat von seinen Schuldnern? Hätten jene, die so bereitwillig kürzten die schuldige Summe, denn tatsächlich je zurückgezahlt den vollen Betrag? Wer Kind ist dieser Welt, weiß um den Mammon und zieht mit ins Kalkül die dunkle Machenschaft. Wer wollte so naiv sein und erwarten, es gehe gerecht und ehrlich zu, wo Besitz: wo Geld im Spiele ist? Ist der Ehrliche eben darum der Dumme, weil er verschließt die Augen vor der List und dem Betrug? Werden die Kinder des Lichts hinters Licht geführt, eben weil sie nicht schauen wollen die dunkle Machenschaft? Wer aber blind sich stellt und taub vor dem ungerechten Mammon, muss der sich noch wundern, wenn er verliert sein Hab und Gut? Und wie sollte, wer leichtfertig verlustig geht seines irdischen Vermögens, bewahren den himmlischen Schatz?

Wer zuverlässig ist im Kleinsten, der ist es auch im Größten, und wer Unrecht tut im Kleinen, der tut auch Unrecht im Großen. Und zuverlässig sein und das Rechte tun im Kleinen wie im Großen, heißt das nicht, allein zu dienen einem Herrn? *Kein Sklave kann Diener zweier Herren sein. Entweder er wird den einen hassen und den anderen lieben, oder er wird zu dem einen halten, den anderen aber verachten. Ihr könnt nicht beiden dienen: Gott und dem Mammon!* Und gibt es nun hier auf Erden keine Diener zweier Herren; gibt es allein solche, die klar sich entschieden: sich beherrschen zu lassen entweder allein von Gott oder allein vom Reichtum? Wer sich Gott verschrieb, welchen anderen Reichtum wollte der erwarten, als zu sein bei seinem Vater? Wer aber dem Reichtum sich verschrieb und sich nahm auf Erden, was er nehmen konnte, was wollte der erwarten von Gott?

Das Gleichnis von den Arbeitern im Weinberg
(Matthäus 20,1-16)

Das Himmelreich gleicht einem Gutsherrn, der früh am Morgen ausgeht, Arbeiter anzuwerben für seinen Weinberg. Und da er sich mit den Arbeitern geeinigt hatte auf einen Tageslohn von einem Denar, schickte er sie in seinen Weinberg. Und um die dritte Stunde ging er wieder aus, sah auf dem Markte einige müßig stehen und sprach zu ihnen: „Geht hin in meinen Weinberg; ich will euch geben, was euch zukommt." Und abermals ging er hin um die sechste und um die neunte Stunde und tat desgleichen. Auch um die elfte Stunde ging er aus,

150

fand Arbeiter müßig stehen und sprach zu ihnen: „Warum stehet ihr hier den ganzen Tag müßig herum?" Und da sie ihm entgegneten, niemand habe sie angeworben, wies er sie an, in seinen Weinberg zu gehen.

Als es nun Abend war, sprach der Gutsherr zu seinem Verwalter: „Ruf die Arbeiter herbei und gib ihnen ihren Lohn, beginne aber mit den Letzten und fahre so fort bis hin zum Ersten." Da nun zuerst jene ihren Denar bekamen, die angeworben waren um die elfte Stunde, meinten jene, die angeworben waren als Erste, sie müssten mehr empfangen; und als sie bekamen ebenso einen Denar, murrten sie und begehrten auf gegen den Gutsherrn. „Diese Letzten da haben nur eine Stunde gearbeitet", erbosten sie sich, „du aber machst sie uns gleich, die wir doch getragen haben des Tages ganze Last und Hitze."

Der Gutsherr aber sprach zu einem der Ihren: „Mein Freund, dir geschieht kein Unrecht. Denn bist du nicht mit mir eins geworden um einen Denar Tageslohn? Nimm also, was dein ist, und geh! Ich aber will diesen Letzten geben gleich dir; denn habe ich nicht Macht zu tun, was ich will mit dem, was mir gehört? Blickst du darum so verdrießlich drein, weil ich gütig bin?" Der Gutsherr verfügt frei über alles, was ihm zu eigen ist; er kann großzügig sein, muss es aber nicht. Gewährt er dem Ersten einen angemessenen Lohn, dem Letzten aber, was diesem gar nicht zukommt? Oder erhalten beide einen gerechten Lohn: einen, der ihnen angemessen ist? Die Ersten konnten ihren Lohn frei aushandeln mit dem Gutsherrn; die Letzten aber verhandelten nicht, sondern vertrauten blind darauf, dass ihnen gegeben werde, was ihnen zukommt. Ist das Vertrauen auf gerechte Entlohnung nicht höher zu werten denn die Gewissheit, die Sicherheit des ausgehandelten Lohnes? Die Ersten wussten, was sie erwartet, die Letzten nicht, und doch folgten sie dem Ruf des Gutsherrn.

Also wird es auch sein mit dem Himmelreich, die Letzten werden die Ersten und die Ersten werden die Letzten sein. Die Ersten verhandelten noch mit ihrem HERRN, wie Noah rang um die Güte Gottes und auch Mose. Die Letzten aber verhandeln nicht, sie folgen in blindem Vertrauen dem Ruf ihres HERRN. Sollten sie – ob ihres Vertrauens willen – nicht die Ersten sein, die schauen das Himmelreich? *Viele sind berufen, aber nur wenige sind auserwählt.* Wer fühlt sich berufen, zu arbeiten im Weinberg des HERRN? Wer pflegt den Weinstock und erkennt die Zeit der rechten Lese? Wer keltert aus die Trauben: holt heraus, was in ihnen steckt? Und folgt, wer sich berufen fühlt, zu arbeiten im Weinberg des HERRN, einem inneren oder einem äußeren Ruf: ist er berufen und erwählt auch vom HERRN?

Vom verdorrten Feigenbaum

(Matthäus 21,18-22, Markus 11,12-14, 11,20-24, Lukas 13,6-9)

Und als ER sich am Morgen aufmacht nach Jerusalem, hungert ihn. Der Feigenbaum aber, den ER erblickt am Wegesrand, bietet ihm nichts dar als seine Blätter. „Fortan sollst du nimmermehr Frucht tragen!", verwünscht ER da den Baum, und siehe, der Feigenbaum verdorrt. Den Jüngern ist das ein Rätsel, und als sie ihn fragen, wie solches geschehen könne, antwortet ER: *„Hättet ihr Glauben in euch und zweifeltet nicht, so würdet ihr nicht nur solches tun können mit dem Feigenbaum, sondern wäret auch fähig zu sagen zu diesem Berge hier: Hebe dich auf und stürz' dich ins Meer! und es geschehe also. Denn was ihr auch erbittet im Gebet, so ihr glaubet, werdet ihr's empfangen."*

Was bei Matthäus und Markus reales Geschehen ist, wird im Evangelium nach Lukas zum Gleichnis:

Es hatte einer einen Feigenbaum, der war ihm gepflanzt in seinem Weinberg, wollte aber keine Frucht bringen. Da sagte nun der Weinbergsbesitzer zu seinem Weingärtner: „Drei Jahre komm ich nun schon her und suche Frucht an diesem Feigenbaum, finde sie aber nicht. Hau ihn also ab!" Sein Weinbauer aber bat ihn: „Herr, lass ihn noch dieses Jahr. Ich will um ihn graben und ihn düngen; vielleicht will er doch noch Frucht bringen, und wenn nicht, haue ich ihn ab."

Der Weingärtner handelt mit seinem Herrn, bittet ihn um des Baumes willen, der vielleicht doch noch Frucht bringe, wie Noah einst bat, wie Mose bat – nicht um ihrer selbst willen baten sie, sondern für all jene, die ungeachtet ihres Ungehorsams, vielleicht doch Frucht bringen. Wer Arbeiter ist im Weinberg des HERRN, schützt und pflegt, was ihm anvertraut ist. Wenn aber trotz aller Pflege nicht Frucht tragen will der Baum, muss er da nicht aus gehauen werden? Was wird sein, wenn das Schonjahr vorüber ist, das sich erbat der Weingärtner? Wird der Baum wieder Frucht tragen oder Holz bleiben und verflucht sein auf ewig?

Wer ist der Gärtner: der ringt mit seinem Herrn um des Baumes willen? Ringen ebenso die Jünger, die ER berief? Sagte ER nicht zu Nathanael, einem der Ersten: „Ich sah dich sitzen unter einem Feigenbaum" (Johannes 1,48, vgl. *Es begab sich aber: Berufung der ersten Jünger*)? Die Jünger aber verstehen nicht, sie begreifen nicht, was geschieht mit dem Feigenbaum. So sie aber nicht begreifen, nicht verstehen, wie wollen sie da retten, was ihnen anvertraut ist? Wie sollte Frucht tragen der Baum, so der Gärtner nicht begreift, an was es diesem mangelt? Wird der Feigenbaum Frucht tragen nach dem Schonjahr oder Blätter nur, um zu verbergen seine Blöße, wie einst verbargen Adam und Eva ihre Blöße vor dem HERRN mit einem Feigenblatt? Trägt der Feigenbaum Frucht, ist er Baum des Lebens, verdorrt er aber, ist er nichts als Holz, verflucht also und des Todes?

Ich will unter ihnen Lese halten, spricht der HERR,
so dass keine Trauben am Weinstock übrigbleiben
und keine Feigen am Feigenbaum,
ja, auch die Blätter sollen abfallen;
genommen werden soll ihnen,
was ich ihnen gegeben habe.
(Jeremia 8,13)

Das Gleichnis von den ungleichen Söhnen
(Matthäus 21,28-32)

Ein Mann hatte zwei Söhne, und er ging zum ersten und sprach zu ihm: „Mein Sohn, gehe hin und arbeite heute in meinem Weinberg." Der Sohn versprach's, ging aber nicht hin. Und der Vater ging zu dem anderen Sohn und trug ihm dasselbe auf. Der aber antwortete ihm: „Nein, ich will nicht!" Hinterher reute es ihn, und er ging doch in den Weinberg. Und da ER sie ob dieses Gleichnisses fragt, welcher der Söhne wohl entsprochen habe dem Willen des Vaters, sind sich alle einig: der Letzte war es ! „Wahrlich", führt ER da weiter aus, „die Zöllner und die Huren mögen wohl eher ins Himmelreich gelangen denn ihr. Johannes, der Täufer, kam zu euch, lehrte euch den rechten Weg (rief euch in den Weinberg), ihr aber glaubtet ihm nicht, wohl aber glaubten ihm die Zöllner und die Huren. Und obwohl ihr alles sahet mit euren eigenen Augen, habt ihr dennoch nicht bereut und nicht geglaubt."

Wer ist der Gläubige, der wahre Sohn: wer bekennt mit den Lippen „Ja, ich will!", aber dann nicht folgt dem Wort, gleich dem ersten Sohn, gleich Adam? Oder wer nicht sogleich bekennt mit den Lippen, aber folgt mit dem Herzen, wie der letzte Sohn, der sich erst überwinden musste – in der Wüste aller Versuchung, wie ER es tat (Matthäus 4,1-11, vgl. *Es begab sich aber: Versuchung in der Wüste*)? Ist ER nicht der wahre Sohn, geschaffen hin zum Bilde seines Schöpfers – nicht allein dem Leibe (dem Lippenbekenntnis), sondern auch dem Geiste (dem inneren Bekenntnis) nach? Und kann ER sagen: „Ja, ich bin's!", kann ER Zeugnis ablegen von sich selbst?

Wenn ich von mir selbst zeuge, so ist mein Zeugnis nicht wahr. Ein anderer ist's, der von mir zeugt; und ich weiß, das Zeugnis, das da zeugt von mir, das ist wahr. Ihr schicktet hin zu Johannes, und er zeugte von der Wahrheit (Johannes 5,31-33). Sie aber glaubten nicht; die Zöllner aber und die Huren, die glaubten. Warum glauben jene, die als Sünder gelten und sind ungläubig ausgerechnet jene, die kennen das Wort?

Von der Bosheit der Weingärtner
(Matthäus 21,33-46, Markus 12,1-12, Lukas 20,9-19)

Ein Gutsherr legte einen Weinberg an, zäunte ihn ein, hob eine Kelter aus, baute einen Turm und verpachtete alles an Weingärtner, da er selbst außer Landes zog. Als nun die Zeit der Lese kam, schickte er seine Knechte los zu holen seinen Anteil von der Ernte. Die Winzer aber fielen über seine Knechte her: den einen schlugen sie, den anderen töteten sie, den dritten steinigten sie. Und als der Gutsherr abermals aussandte seine Knechte, mehr noch als beim ersten Mal, taten sie ihnen desgleichen. Zuletzt sandte der Gutsherr aus seinen Sohn, weil er sich sagte: Meinen Sohn anzurühren, werden sie nicht wagen!

Da nun aber die Winzer den Sohn sahen, sagten sie zueinander: „Das da ist der Erbe! Kommt, lasst ihn uns töten und so sein Erbgut an uns bringen!"Und sie nahmen ihn, stießen ihn zum Weinberg hinaus und töteten ihn. Wenn nun der Herr des Weinberges kommt, was wohl wird er machen mit solchen Weingärtnern?

Die Antwort ist heute wohl die gleiche wie dazumal: Der Gutsherr wird die boshaften Winzer zur Strecke bringen und seinen Weinberg besseren Weingärtnern übergeben – solchen, die Frucht bringen. Wie wollten schlecht gesonnene Winzer lesen zur rechten Zeit? Sollte der Traube abpressen all das Edle, das in ihr steckt, sollte gewinnen des Geistes stärkende Kraft etwa jener, der selbst verdorben ist von Grund auf, so dass er nichts anderes vermag, denn zu zerschlagen und zu zerstören?

„Habt ihr denn nie gelesen", fragt ER sie weiter, „was da geschrieben steht? *Der Stein, den die Bauleute verworfen haben, ist zum Eckstein geworden. Das hat der HERR vollbracht, vor unseren Augen geschah dieses Wunder"* (Psalm 118,22-23). Wen fragt ER hier: seine Jünger oder die Pharisäer und Hohepriester, die gekommen sind, ihn zu hören? Sollen sie ihn erkennen als den Eckstein, ohne den nicht errichtet werden kann das Gotteshaus? Ist ER nicht Pfeiler, Maßstab aller Prüfung, was wahres Wort ist des HERRN? Zur Zeitenwende liegt die Heilige Schrift ja keineswegs schon vor als abgeschlossenes Werk; es gibt keine Bibel: kein gebundenes Buch, sondern eine Vielzahl loser Schriftrollen, und die Frage, welche Schrift in den Kanon aufgenommen werden soll, welche wahres Wort ist des HERRN und welche zu verwerfen, sie erregt die Gemüter – und erregt sie heute noch? Mit welchem Maß wird gemessen, auf welchem Grund wird gebaut?

„Das Reich Gottes", verkündet ER weiter, „wird von euch genommen und einem Volk gegeben werden, das bringt seine Früchte." Sind nicht auch Adam und Eva vertrieben worden aus dem Paradies? Soll ebenso vertrieben werden das erwählte Volk – wegen seines Unwillens Frucht zu bringen? Soll endgültig vernichtet werden das Reich Davids, wie vor diesem vernichtet wurden so viele

Reiche? Denn was ist geblieben vom mächtigen Ägypten, von Babylon, vom Reich der Assyrer oder dem der Griechen? Wie war der Enderfolg all dieser Mächtigen? Die alten Reiche sind untergegangen, ein neues Reich ist aufgegangen: das römische Imperium. Ein Reich, das steht für einen neuen Menschen, einen neuen Weg? Ist das Alte, das Übel der Welt überwunden oder dauert es fort auch in neuer Zeit? So nicht Frucht tragen die neuen Weingärtner, werden sie da töten des Gutsherrn Erben: töten den Sohn? Was denn be(ur)kundet das Alte Testament, was das Neue: dass eingesetzt ist der Erbe von Anbeginn? Gilt nicht jedes Testament erst mit Tod des Erblassers; wer wollte vollstrecken des Gutsherrn Letzten Willen vor der Zeit?

„Wer auf diesen Stein fällt", fährt ER fort, *„der wird zerschellen; auf wen der Stein aber fällt, den wird er zermalmen."* Dergleichen erzürnt die Pharisäer und die Hohepriester maßlos. Ist jener, der spricht solch Ungeheuerliches, nicht der Sohn Josefs? Der Sohn eines Zimmermanns will sich erheben über seine geistlichen Führer, schmäht sie gar des Unglaubens und des Frevels wider den HERRN und macht sich selbst zum Maß aller Dinge? Stein des Anstoßes wird ER, *der Eckstein.*

Vom königlichen Hochzeitsmahl
(Matthäus 22,1-14, Lukas 14,16-24)

Das Himmelreich ist einem König gleich, der die Hochzeit seines Sohnes vorbereitete. Und er sandte aus seine Knechte, die Gäste zur Hochzeit zu rufen; aber die wollten nicht kommen. Da sandte er andere Knechte aus und trug ihnen auf: „Sagt den Gästen, dass mein Mahl bereitet ist, meine Ochsen und mein Mastvieh geschlachtet sind und alles bereitet; sie also kommen sollen zur Hochzeit!" Aber sie kümmerten sich nicht darum, sondern hatten anderes zu tun: der eine ging hin auf seinen Acker, der andere in seinen Laden, andere wiederum fielen her über des Königs Knechte, verhöhnten sie und brachten sie um.

Da zürnte der König und schickte aus sein Heer, die Mörder zu töten und die Stadt in Schutt und Asche zu legen. Dann sagte er zu seinen Knechten: „Das Hochzeitsmahl ist bereitet, aber die Gäste waren nicht wert, geladen zu sein. Geht also hinaus und ladet zur Hochzeit, wen ihr findet auf den Straßen." Und die Knechte gingen also hinaus auf die Straßen und brachten zusammen, wen sie fanden: Böse und Gute, und die Tische wurden alle voll. Da ging der König hinein, die Gäste zu besehen, und als er entdeckte einen Gast, der kein hochzeitliches Kleid trug, sprach er zu ihm: „Freund, wie konntest du hier erscheinen, da du dich doch nicht kleiden willst in ein hochzeitliches Gewand?" Der so Gefragte verstummte sogleich, der König aber sprach: „Bindet ihm Hände und Füße und werft ihn hinaus in die Finsternis. Dort mag er heulen und mit den Zähnen klappern. Denn viele sind berufen, wenige aber nur sind auserwählt."

Ruft das Bild vom Hochzeitsmahl nicht ein anderes Bild wach: das der *Hochzeit von Kana* (Johannes 2,1-12)? Reinen Wein schenkt ER den Hochzeitsgästen ein (nach Johannes das erste Zeichen, das ER gibt den Seinen), auf dass ihnen nicht länger vorenthalten werde, was vorgesehen, was bestimmt ist für sie. Keine Bettelhochzeit sollte es sein; jetzt, im Gleichnis, ist es eine königliche. Der König bereitet die Hochzeit vor für seinen Sohn. Steht ER für den Sohn? Denn ist ER nicht mehr als nur Gast auf Erden: Gast einer Hochzeit, wie in Kana? Ist ER nicht der Bräutigam, zu schließen den ewigen Bund: zu vereinen und zu verbinden, was zusammengehört, auf dass sich nie wieder scheide das Wort vom Geist? Ist nicht gebaut und erwachsen sein Wort aus dem Geist, wie gebaut und erwachsen ist Eva aus der Rippe Adams (vgl. 1. Mose 2,22), auf dass eins sie seien: Braut und Bräutigam, Wort und Geist?

Wer nun sind die Hochzeitsgäste? Von jenen, die geladen waren, erscheint kein Einziger. Alle haben Gewichtigeres zu tun. Ihren irdischen Geschäften gehen sie nach, den Ruf ihres königlichen Herrn aber schlagen sie in den Wind. Also werden statt ihrer andere geladen, und alle kleiden sich in ein hochzeitliches Gewand. Alle, bis auf einen, der hinausgeworfen wird in die Finsternis. Weil er sich nicht schmückte, sich nicht angemessen kleidete? Und was ist der Schmuck, das rechte Gewand zum Hochzeitsmahl? Muss nicht sein das hochzeitliche Kleid rein und unbefleckt? Wer, der im Gewande bliebe alter Schuld und Sünde, wollte teilhaben am himmlischen Mahl: Platz nehmen am Tisch des HERRN? Stehen die Hochzeitsgäste nicht symbolisch für das Volk Gottes: für all jene, die ablegten das alte Kleid der Sünde und nun tragen das unbefleckte Gewand: das reine Gewissen?

Viele sind berufen, aber nur wenige auserwählt, heißt es abermals zum Schluss des Gleichnisses. Von den Gerufenen erschien niemand zum Hochzeitsmahl, und die wenigen Auserwählten – wer wollte sicher sein, zu ihnen zu gehören? Tut also Bescheidenheit not, gemahnt darum das Lukas-Evangelium (14,7-11), wer zur Hochzeit geladen sei, möge sich keinen Ehrenplatz aussuchen (schon gar nicht reservieren); denn es könnte ein Vornehmerer geladen sein, dem er dann – zu seiner eigenen Schande – räumen müsse den Platz? Besser sei es, Platz zu nehmen auf dem untersten Platz. Denn aufzurücken, so man dazu aufgefordert werde, das sei keine Schande. Niemand erhöhe sich selbst: *Denn wer sich selbst erhöht, der wird erniedrigt werden, wer sich aber selbst erniedrigt, der wird erhöht werden* (Lukas 14,11).

Der rechte Gast, ist es wohl jener, der allen bekannt, allen vertraut ist? Wer, der einlud seinen Freund, seinen Verwandten, seinen Nachbarn, musste nicht schon erfahren, dass bedauernd mitteilte der Eingeladene, nicht abkömmlich zu sein? Und so er erschien der Freund, der Verwandte, der Nachbar, wie anders dankte er's, als ebenso einzuladen zu seinem nächsten Fest? Wird dem nicht anders vergolten, der einlädt zu seinem Feste all jene, die sonst nirgends geladen: die Armen, Einsamen, Fremden, Obdachlosen, die Gelähmten und die Blinden (vgl. Lukas 14,12-14)?

Das Bild von den Hochzeitsgästen, steht es für all jene, die sich begrenzten: beschnitten und sich bildeten hin zu Gott? Ist es das Fest all jener, die umgekehrt, die zurückgekommen, die angekommen sind? Die Angehörigen feiern Vermählung und sie feiern unter sich. Ruft das Bild vom königlichen Mahl hier noch ein anderes Bild wach, das steht am Ende seines Wirkens: das Bild vom letzten *Abendmahl* (vgl. *Alpha und Omega,* Matthäus 26,17-25). Ist jenes Mahl gar nicht sein letztes auf ewig? Steht es als letztes Mahl nur da für die Nacht: die Finsternis, die hereingebrochen ist über diese Welt und die es zu überwinden gilt? Ist die königliche Hochzeit mithin Bild seiner Wiederkehr? Soll es einen neuen Morgen geben, einen neuen Tag: ein erstes Mahl? Die Feier seiner Hochzeit, an der teilhaben seine wahren Angehörigen, jene, die sind im Bunde mit IHM.

Der barmherzige, der dankbare und der ungastliche Samariter
(Lukas 10,25-37, 17,11-19, 9,51-56)

Ein Mann, der von Jerusalem zog nach Jericho, wurde überfallen von Räubern, die plünderten ihn aus, schlugen ihn halbtot und ließen ihn so liegen. Es begab sich aber, dass ein Priester dieselbe Straße entlangzog; und als er den Geplünderten und Geschundenen dort liegen sah, ging er vorüber. Desgleichen tat auch ein Levit; als aber ein Samariter des Weges kam und den Geplünderten und Geschundenen liegen sah, dauerte der ihn und er ging hin, versorgte dessen Wunden, hob ihn auf sein Lasttier und brachte ihn zu einer Herberge, um ihn daselbst pflegen zu lassen von dem Wirte, den er bezahlte für seine Pflegedienste.

Das Gleichnis gibt ER, als ihn wieder einmal einer der Schriftgelehrten auf die Probe stellen will und ihn fragt, was denn tun müsse, wer gewinnen wolle das ewige Leben? Und da ER zurückfragt, was denn geschrieben stehe im Gesetz, antwortet der Schriftgelehrte: *„Du sollst den* HERRN, *deinen Gott, lieben von ganzen Herzen, von ganzer Seele und mit all deiner Kraft* (5. Mose 6,5) *und du sollst deinen Nächsten lieben wie dich selbst"* (3. Mose 19,18). Und da der Schriftgelehrte ihn weiter befragt, welcher denn sein Nächster sei, gibt ER ihm das Gleichnis *vom barmherzigen Samariter.* Der Samariter, der als Abtrünniger gilt den Juden, ist der Einzige, der sich erbarmt, als er den Geschundenen und Geplünderten hilflos liegen sieht am Boden. Die anderen, der Priester wie auch der Levit, sie ziehen vorüber und zeigen kein Erbarmen dem Nächsten gegenüber, der ihnen da begegnet am Wegesrand.

Wer abtrünnig zu nennen ist: unrein, aussätzig, darüber gibt das Lukas-Evangelium weiteren Bericht. Diesmal nicht in Form eines Gleichnisses, sondern eines Ereignisses und doch ist dieses Ereignis auch wieder Bild, das Bild *vom dankbaren Samariter.*

Auf dem Weg nach Jerusalem, da ER zog durch das Grenzgebiet von Samarien und Galiläa, kamen ihm 10 Aussätzige entgegen, die in der Ferne stehen blieben und ihn anriefen: „Hab Erbarmen mit uns!" Und als ER sie aufforderte: „Geht und zeigt euch den Priestern!", zogen sie los und wurden rein, noch während sie zu den Priestern gingen. Einer von ihnen aber kehrte um, als er sah, dass er geheilt war, und lobte und dankte Gott. ER aber fragte eben diesen, der da war ein Samariter: „Sind nicht alle zehn rein geworden? Wo sind die Übrigen? Ist keiner umgekehrt, Gott zu ehren, außer diesem Fremden hier?"

Sind die Samariter (deren Name im christlichen Abendland bis heute verbunden ist mit tätiger Nächstenliebe) nicht in Wahrheit die Reinen? Oder ist auch unter ihnen zu unterscheiden zwischen solchen, die Gott ferne bleiben und solchen, die umkehren? Das dritte im Lukas-Evangelium gegebene Bild vom Samariter, gibt hier Antwort, es ist dies das Bild *vom ungastlichen Samariter* und ist ebenso Ereignis:
Und da die Zeit gekommen war, da sich erfüllen sollte das Wort und ER zog gen Jerusalem, sandte ER vor sich her Boten, ihm Herberge zu bereiten. Und die Boten gelangten in ein samaritisches Dorf, dort aber wollte ihn niemand aufnehmen, weil ER auf dem Weg war nach Jerusalem: Weil ER nicht bleiben wollte bei den Samaritern, weil er sich abwandte von jenem Ort, der heilig war den Samaritern, um sich zuzuwenden jenem Ort, der heilig war den Juden (Johannes 4,1-26, vgl. *Und es ward Licht: Gespräch am Jakobsbrunnen*)? Wer steht Gott näher, wer ist Nächster dem HERRN? Jakobus und Johannes erzürnen sich derart über die ungastlichen Samariter, dass sie Feuer regnen lassen wollen vom Himmel auf deren Dorf. ER aber weist seine Jünger zurecht und zieht mit ihnen in ein anderes Dorf.

Wer kehrt um, wer bekennt sich, folgt dem Ruf; wer bleibt in der Ferne, verhaftet dem Alten, verhaftet der Sünde und dem Steinmal des Baal? In Samarien (wie auch in Syrien) wurde einst Baal verehrt als Sturm- und Fruchtbarkeitsgott, als Abgott, als Bild wider den wahren Gott? Und selbst als man entfernte das Steinmal des Baal, steht geschrieben in der Schrift (2. Könige 3,1-3), hielt man doch weiter fest an der Sünde. Und so klagt denn der große Prophet Jeremia (23,13-14): *Zwar habe ich auch bei Samarias Propheten Schreckliches gesehen: Sie weissagten im Namen des Baal und verführten mein Volk Israel. Aber bei den Propheten Jerusalems sah ich grauenhaftere Dinge: Sie brechen die Ehe, gehen mit Lügen um, bestärken die Bösen, so dass keiner umkehrt von seinem bösen Treiben. Für mich sind alle wie Sodom, Jerusalems Einwohner sind für mich wie Gomorrha.*

Wer ist der falsche Prophet, wer der wahre? Und wer folgt wessen Ruf – damals – heute? Wer ist rein, wer unrein, wer kann Platz nehmen am Tisch des HERRN? Ist auch der Abtrünnige gerufen, der Samariter, der Sünder, die Sünderin, die Samariterin (vgl. *Gespräch am Jakobsbrunnen*): Wird sie ihm das Wasser reichen, das da gewandelt ward zu Wein beim Mahl (*zu Kana*)? Wer hört sein Wort, wer gehört IHM an: der sich angehörig fühlt einem bestimmten

Stamm, einem bestimmten Volk oder einer bestimmten religiösen Gruppierung, der sich Jude heißt oder Samariter/Palästinenser, Christ oder Moslem? Gehört nicht allein jener an dem HERRN, der bekennt mit dem Herzen und nicht allein mit den Lippen? Reift etwa der Wein nur in der einen Lage, reift er nicht an vielen Orten, in vielen verschiedenen Trauben und zu verschiedenen Zeiten? Und ist es nicht gerade seine Vielfalt, die ihn so köstlich, so unvergleichlich macht? Wie sollten jene, die Gott angehören, weniger vielfältig, weniger unvergleichlich sein? Wären sie denn nach dem Geschmacke des HERRN, so sie einfältig sind im Leben, so sie einander gleichen, wie konfektionierter Wein? Soll der Mensch gebildet sein nach dem Maße, mit dem er selbst misst: begrenzt durch Grenzen, die er selbst zieht; soll der Mensch nicht begrenzt und gebildet sein nach dem Gebot und dem Maße Gottes: nach dem Bilde seines Schöpfers?

Von der Auferstehung der Toten
(Matthäus 22,23-33, Markus 12,18-27, Lukas 20,27-40)

Ein großer Teil des jüdischen Volkes hoffte auf eine allgemeine Auferstehung der Toten am Ende aller Tage, auch die Pharisäer hofften darauf; die Priesterkaste der Sadduzäer dagegen lehnte eine derartige Vorstellung ab. Und so trat denn einer der Sadduzäer vor, ihm eine Fangfrage zu stellen, auf dass ER enttarnt und die Vorstellung von der Auferstehung ad absurdum geführt werde. „Uns ist aufgetragen", berief sich jener Sadduzäer auf Mose (5. Buch 25,5), „dass, so einer stirbt ohne Nachkommen zu hinterlassen, sein Weib heiraten soll den Bruder. Gesetzt des Falles nun, da wären sieben Brüder und sie heirateten also das Weib ihres Bruders, einer nach dem anderen, weil ein jeder stirbt und keine Nachkommen hinterlässt, und zuletzt stirbt auch das Weib; wessen Weib nun wird sie sein in der Auferstehung?" ER entgegnet ihm, sehr zu irren und die Schrift zu verkennen, so er nicht begreife, dass *sie in der Auferstehung sein werden wie die Engel.* (Heiraten etwa die Engel; sind sie gebunden als Paar, stehen sie für Zweiheit oder für Einheit?) *„Denn ist es nicht Gott, der spricht"*, führt ER dem Sadduzäer vor Augen, *„Ich bin der Gott deines Vaters, der Gott Abrahams, der Gott Isaaks und der Gott Jakobs"* (2. Mose 3,6).

Gott ist der Gott der Lebendigen, nicht der Gott der Toten. Ist denn Abraham tot, lebt er nicht fort in Isaak, und Isaak, ist er tot, lebt er nicht fort in Jakob? Und sie alle, leben sie nicht fort in Gott? So Gott ist (ewig), wie sollten nicht ewig sein jene, die IHM angehören? Ist tot, wer eins geworden ist mit seinem Vater im Himmel, weil er nicht länger wandelt auf Erden? Ist nicht tot, wer uneins ist mit dem Vater im Himmel, mag er auch wandeln auf Erden? Tot, wer anbetet tote Götzen, toten Stein, totes Kapital?

„Gott ist nicht der Toten, sondern der Lebendigen Gott; denn sie leben ihm alle" (Lukas 20,38). Über solche Worte entsetzte sich das Volk, erschrecken seine Worte auch heute? Erschrecken, weil sie aufheben all die geschaffene behagliche Distanz, aufheben die Ferne zu Gott und Nähe schaffen – schon im Dies-

seits, nicht erst im Jenseits; eine Nähe, der sich lieber entziehen möchte, wer frevelt, wer sündigt, wer abtrünnig ist?

Zur Auferstehung findet sich im Lukas-Evangelium (16,19-31) das Bildnis *vom reichen Mann und armen Lazarus*:
Ein reicher Mann lebte alle Tage herrlich und in Freuden, kleidete sich in Purpur und kostbarem Leinen. Vor seinen Türen aber lagerte ein Armer mit Namen Lazarus, der begehrte, sich zu sättigen von den Resten, die abfielen von des Reichen Tische. Da nun beide starben, war der Arme getragen von den Engeln in Abrahams Schoß, der Reiche aber begraben. Wie er nun öffnete seine Augen in großer Qual und von ferne erblickte Abraham (den Stammvater Vieler: aller, die Gott angehören?) *und in seinem Schoß Lazarus, da rief er aus: „Abraham, erbarme dich meiner, denn ich leide Höllenpein." Abraham aber sprach zu ihm: „Sohn, bedenke, was du Gutes empfangen hast in deinem Leben, Lazarus dagegen hat nur Böses erfahren; also wird er nun getröstet, du aber* (erhältst nach deinem Verdienst?) *wirst gepeinigt. Zwischen dir und den anderen und uns hier ist eine unüberwindliche Kluft; niemand kann wechseln auf die andere Seite, und wollte er es noch so sehr." Da sprach der Reiche: „So bitte ich dich denn Boten zu schicken, meine fünf Brüder zu warnen, auf dass ihnen erspart bleibe dieser Ort der Qual." Abraham aber entgegnete: „Sie haben doch Mose und die Propheten, die ihnen darlegten alles." Der Reiche* (der selbst nicht gefolgt war den Worten des Mose und der Propheten) *aber sprach: „Vater Abraham, schicke doch einen Toten zu ihnen, dann werden sie sich sicher bekehren und Buße tun." – „So sie nicht hören auf Mose und nicht auf die Propheten", erwiderte da Abraham, „werden sie auch nicht glauben, so jemand aufstünde von den Toten."*

Wer soll auferstehen von den Toten? Ist es Lazarus, den sich der Reiche wünscht als Boten, zu warnen die Seinen, auf dass sie sich bekehren und ihnen erspart bleibe die Höllenpein? Sind sie nicht genug gewarnt durch Mose und die Propheten, zeigt nicht die Geschichte, der Rückblick, wie es jenen erging, die frevelten wider den HERRN? Abgerechnet wird ganz zum Schluss, jedem also wird zugeteilt nach seinem Verdienst, nach den Früchten, die er eintrug: den Früchten, die waren nach dem Geschmack des HERRN? Sie aber sammelten ein, was war nach dem Geschmacke dieser Welt. Da sie nun aber taub waren und nicht hören wollten und nicht sehen, aller Warnungen und Mahnungen zum Trotz, wie wollten sie sich da jemals besinnen und stünde gleich jemand auf von den Toten?

Ist ER nicht auferstanden am dritten Tag? Und haben sie sich eines Besseren besonnen und sich bekehrt? *Die Auferstehung des Lazarus* (vgl. *Und es ward Licht*, Johannes 11,1-45): Gleichnis seiner eigenen Auferstehung, seiner Wiederkehr am dritten Tage? Nach Johannes ist die Auferweckung des Lazarus das letzte (und siebte) Zeichen – das erste ist gegeben mit der Hochzeit (zu Kana), wo ER wandelt das Wasser zu Wein. Das erste und das letzte Zeichen, das erste und das letzte Mahl: Anfang und Ende fließen ineinander, werden Eins; wie sollte die Ewigkeit kennen ein Vorher, ein Nachher?

Der wachsame Hausherr, der gute und der schlechte Knecht
(Matthäus 24,42-51, Lukas 12,39-45)

Wer weiß, wann ihm die Stunde schlägt? Das Ende seiner Zeit hier auf Erden, wer wollte es berechnen: vorherzusagen, wann der Zeitpunkt gekommen ist, Rechenschaft abzulegen für sein Tun und sein Lassen? Und wer wollte was mitnehmen von all den Früchten, die er sammelte in seinem Leben? Und sind die Verdienste hier auf Erden auch Verdienste vor Gott? Wer Einlass begehrt ins Haus Gottes, muss der nicht zuvorderst (an)erkennen den HausHERRN?

Wenn der Hausherr wüsste, zu welcher Nachtstunde der Dieb kommt, so würde er wachen und nicht einbrechen lassen in sein Haus. Darum seid auch ihr bereit! Denn des Menschen Sohn kommt zu einer Stunde, da ihr nicht darauf rechnet. Wer nun ist der Knecht, der treu ist und klug, den der Herr gesetzt hat über sein Gesinde, auf dass er ihnen Speise gebe zur rechten Zeit? Gelobt sein wird der Knecht, so sein Herr kommt und findet ihn eben damit beschäftigt. Wahrlich, ich sage euch: Er wird ihn über alle seine Güter setzen. Ist aber jener ein schlechter Knecht in seinem Herzen, der sich sagt: Mein Herr kommt noch lange nicht, und darum anfängt, seine Mitknechte zu malträtieren und mit den Trunkenbolden hält und mit den Prassern, mit ihnen isst und trinkt, so wird der Herr desselben Knechtes kommen an einem Tag und zu einer Stunde, da dieser es nicht vermutet, und wird ihn zerschmettern und ihm seinen Lohn geben, seinen Platz unter all den Heuchlern; da wird dann sein ein Heulen und ein Zähneklappern.

Der gute Knecht muss seinen Herrn nicht in der Nähe wissen, der gute Knecht erfüllt den Willen seines Herrn. Nicht, weil er muss, aus Angst vor Strafe oder in Erwartung eines Lohnes, sondern, weil er nicht anders kann, weil er aus eigenem Antrieb, aus dem Innersten seines Seins so und nicht anders handeln muss, weil er "geknechtet" ist von seinem Herzen, das nichts anderes will denn das, was auch will sein Herr. Ist nicht eben darum gesetzt der gute Knecht über das Gesinde, ihnen zu geben die rechte Speise, das rechte Wort zur rechten Zeit? Denn wer, wenn nicht jener, der verinnerlichte den Willen des HERRN, wollte andere lehren, die noch nichts wissen vom Wort, vom Willen des HERRN? So sich aber der *Knecht* nicht verpflichtet weiß seinem Herrn, sondern geknechtet ist von einem bösen Willen, wie will er da lehren das *Gesinde*?

Gleicht der schlechte Knecht nicht einem Sklaven, der seinem Herrn nur folgt aus Angst vor Strafe und davoneilt, sobald er nur kann? Im Evangelium nach Lukas ist ein weiteres Gleichnis gegeben vom *Knecht* (17,7-10), vom Sklaven? *Wer unter euch, der einen Knecht hat, der ihm pflügt oder weidet das Vieh, sagt ihm, so der Knecht heimkommt vom Felde: setze dich nur zu Tisch? Ist es nicht vielmehr so; dass er ihm sagt: Richte mein Abendessen her und diene mir, bis ich getrunken und gegessen habe, hernach gehe hin und esse und trinke auch du? So ihr alles getan habt, was euch befohlen ist* (so lobt euch nicht selber), *sondern sagt: Wir haben nur unsere Schuldigkeit getan.*

Was hat der Sonderliches vollbracht, der nur tat, was ihm aufgetragen war? Was nutzen dem Herrn Knechte, die handeln nach Auftrag nur, auf Befehl; was nutzen sie ihm, wenn er selbst nicht zugegen ist? Nennt denn der HERR Sklaven die Seinen; sollen Sklaven Platz nehmen am Tisch des HERRN? Wer zum HERRN gehören, wer IHM angehören will, folgt aus eigenem Antrieb, aus freiem Willen: nicht als Sklave, sondern als Freier!

Das Gleichnis von den zehn Jungfrauen
(Matthäus 25,1-13)

Mit dem Himmelreich wird es sein wie mit den zehn Jungfrauen, die ihre Lampen nahmen und auszogen, dem Bräutigam entgegen. Fünf von ihnen aber waren töricht, fünf dagegen klug. Die Törichten nun nahmen ihre Lampen mit, aber kein Öl. Die Klugen indes nahmen außer den Lampen auch Öl mit. Da nun der Bräutigam ausblieb, wurden sie müde und schliefen ein. Mitten in der Nacht aber hörten sie plötzlich laute Rufe: „Der Bräutigam kommt! Geht ihm entgegen!"

Da standen die Jungfrauen alle auf, ihre Lampen anzuzünden. Die Törichten aber sprachen zu den Klugen: „Gebt uns von eurem Öl, sonst werden unsere Lampen verlöschen." Die Klugen aber entgegneten: „Dann wird es weder für uns reichen noch für euch; geht doch hin zu den Händlern und kauft euch welches." Während sie nun unterwegs waren, das Öl zu besorgen, kam der Bräutigam; und die bereit waren, gingen mit ihm hinein zur Hochzeit, hernach war die Tür verschlossen. Als nun die törichten Jungfrauen kamen, riefen sie: „Herr, Herr, mach uns doch auf!" Er aber antwortete ihnen: „Wahrlich, ich sage euch, ich kenne euch nicht!" Seid also wachsam! Denn ihr kennt weder den Tag noch die Stunde.

Die Jungfrauen sind Symbol des Unbefleckten: der leiblichen oder geistigen Reinheit? Die Zahl 10 steht für die ideale Einheit: sie ist Basis, Grundzahl des Dezimalsystems, und zugleich bevorzugte Merkzahl. An seinen 10 Fingern kann jeder abzählen, wie viel er schuldet seinem Herrn: den Zehnten! In zehn Worten erschuf Gott die Welt; zehn Plagen schickte der HERR über Ägypten und gab 10 Gebote seinem Volk. Doch die ideale Einheit, sie ist zerfallen in zwei Hälften: die eine Hälfte ist vorbereitet auf den Bräutigam, die andere nicht. Ihre Unbeflecktheit, ihre leibliche Reinheit hilft den Jungfrauen nicht, sie können nicht teilhaben an der Hochzeit, weil ihr Licht nicht leuchtet zur rechten Zeit. Denn was ist gemeint mit den Lampen, dem Öl, dem Licht? Ist nicht ER das Licht, sein Wort, das in die Welt gekommen ist, den Seinen zu leuchten: der

Stern über Bethlehem? Wenn der Stern nun abermals erscheint, der Bräutigam kommt, zu feiern die Hohe Zeit, wie wollten da teilhaben jene, die in Finsternis weilen, ohne Licht, ohne Erkenntnis?

Das Gleichnis vom anvertrauten Gut
(Matthäus 25,14-30, Lukas 19,12-27)

Das Himmelreich gleicht einem Mann, der auf Reisen ging, zuvor aber seine Knechte herbeirief, ihnen anzuvertrauen sein Hab und Gut. Dem einen nun gab er fünf Teile von seinem Gut, dem anderen zwei, dem dritten einen: einem jedem gab er nach seiner Tüchtigkeit. Als er nun abgereist war, begann jener, der fünf Teile erhalten hatte, zu wirtschaften damit und erwirtschaftete noch einmal das Gleiche hinzu. Desgleichen tat auch der Zweite, und auch er verdoppelte den Teil, den er erhalten. Jener aber, der empfangen hatte den einen Teil, ging hin, grub ein Loch und versteckte das Gut seines Herrn darin. Nach langer Zeit nun kehrte der Herr zurück, Rechenschaft zu fordern von seinen Knechten. Zu dem Ersten, der hinzugewonnen hatte fünf Teile zu den fünf Teilen, die ihm waren anvertraut, sprach der Herr: „Du hast mir treu gedient. Tüchtig bist du gewesen im Kleinen, also sollst du Anteil haben im Großen. Komm also und nehme teil an der Freude deines Herrn!" Und zu dem Zweiten, der ebenso verdoppelte den Teil, der ihm war anvertraut, sprach der Herr. „Über Wenigem bist du getreu geblieben, so will ich dich denn setzen über Viel; komm also und nehme teil an der Freude deines Herrn."

Da trat auch hinzu, der vergraben hatte den ihm anvertrauten Teil und sprach: „Herr, ich wusste um deine Unerbittlichkeit: Du schneidest, wo du nicht gesät hast und sammelst, wo du nicht hast ausgestreut. Ich fürchtete mich und vergrub den Teil, den du mir gabst, in der Erde. Siehe, hier ist das Deine." Sein Herr aber entgegnete ihm: „Du bist ein schlechter Knecht und ein fauler obendrein. So du wusstest, dass ich auch dort schneide, wo ich nicht gesät habe und auch dort sammle, wo ich nicht ausgestreut habe, hättest du, was ich dir gab, wenigstens zu den Wechslern schaffen und mir jedenfalls nicht den Zins vorenthalten sollen. Also sei dir dein Teil genommen und dem gegeben, der die 10 Teile hat. Denn wer da hat, dem wird gegeben, und er wird die Fülle haben, wer aber nicht hat, dem wird auch noch genommen werden, was er hat. Den unnützen Knecht, werft ihn hinaus in die Finsternis, da mag er heulen und mit den Zähnen klappern."

Im Evangelium nach Lukas verzehnfacht der Erste und der Zweite verfünffacht den Teil, der ihm anvertraut war, und sie werden darum von ihrem Herrn über 10 bzw. über 5 Städte gesetzt. Dem Dritten aber, der nichts hinzugewann, wird (wie es im Matthäus-Evangelium heißt) sein Teil genommen und dem Ersten zugeschlagen. *Denn wer hat, dem wird gegeben.* Was hat der Erste, das dem Letzten fehlt? Ist überhaupt ein Anteil gemeint in barer Münze? Erzielt nicht höheren, nicht höchsten Gewinn, wer wirtschaftet mit anvertrauten Gut, als sei es sein eigenes? Welchen Nutzen wollte jemand ziehen aus einem Gut, dem er sich nicht verpflichtet weiß, weil er es nicht als das Seine, sondern als fremdes Gut erachtet? Und welches Hab und Gut ist hier gemeint: Gold, Silber, Geld, Wertpapier, Wertgegenstand: ist nicht jeglicher Wert gemeint, der dem Menschen anvertraut ist auf Erden? Wem nun ist was anvertraut, wer hat welchen Anteil an der (Wert)Schöpfung, am Wort? Und wer erachtet, was ihm anvertraut ist, als das Seine, wer ist fruchtbar und mehrt, was ihm anvertraut ist? Und wer legt seine Hände in den Schoß im Vertrauen darauf, der HERR werde es schon richten?

Wer hat, dem wird gegeben; heißt das etwa, mehr und mehr zu sammeln in seine eigene Scheune, das Letzte noch herauszuholen? Heißt mehren, sich selbst zu bereichern? Kann überhaupt mehren, wer nimmt oder mehrt, wer gibt? Im Lukas-Evangelium (19,1-10) ist dem Gleichnis vom anvertrautem Gut ein Lehrbeispiel vorangestellt – und zwar in Form eines realen Ereignisses, das aber zugleich auch wieder Bild ist. Es ist dies die Begegnung mit dem Zöllner *Zachäus*, der Ausschau hält nach dem Lehr-Meister und zu diesem Zweck auf einen Maulbeerfeigenbaum steigt. Und da ER beschließt in das Haus dieses Zöllners zu gehen, empört sich die umstehende Menge. Der Zöllner indes, der den Aufgebrachten als Sünder gilt, verspricht ihm: „Die Hälfte meines Hab und Gutes will ich den Armen geben und so ich jemanden betrogen haben sollte, will ich es ihm um ein Vielfaches zurückerstatten." Zachäus, dessen Geschäft es ist, den Zoll einzutreiben für seinen Landesherrn, will, was er erwirtschaftete für sich selbst, teilen mit den Armen und so er jemanden übervorteilt oder betrogen haben sollte, will er es zurückerstatten um ein Vielfaches. In die eigene Tasche zu wirtschaften, war ein Vorwurf, der immer wieder laut wurde gegenüber Zöllnern und deren Ruf bekräftigte, Sünder zu sein. Ist Zachhäus aber noch Sünder, wenn er sich abkehrt von seinem Betrug, wiedergutmacht die frühere Schuld und teilt mit den Armen, was ihm gegeben ist von seinem (Landes)Herrn? Ist denn der Mensch auf ewig verloren, kann er nicht umkehren, sich abkehren von seiner Schuld? Ist nicht auch der Sünder ein Sohn Abrahams, der zurückgeholt werden soll in dessen Schoß (vgl. *Von der Auferstehung der Toten*, Lukas 16,19-31)?
Denn des Menschen Sohn ist gekommen, zu suchen und (glück)selig zu machen, was verloren ist (Lukas, 19,10).

Zu mehren und Nutzen zu ziehen aus dem Anvertrauten, heißt das, in die eigene Scheune nur einzufahren die Früchte? Vor der Habgier warnt ausdrücklich ein weiteres Lehrbeispiel, das sich im Lukas-Evangelium (12,13-21) findet; es ist dies das Gleichnis *Vom reichen Kornbauer:*

Ein Kornbauer, dessen Felder gut getragen hatten und der nicht wusste, wohin mit all der Frucht, sprach zu sich: Ich will meine alten Scheunen einreißen und größere bauen, darin will ich fortan sammeln all mein Korn und all mein Gut und mir selber will ich es wohl sein lassen und essen und trinken und mich meines Lebens freuen, also ich gesammelt habe soviel auf Vorrat. Gott aber sprach zu ihm: „*Ein Narr bist du! So nun dein Leben wird in dieser Nacht zurückgefordert, wem wird dann all das gehören, was du hast angehäuft?" So geht es jedem, der Schätze für sich selbst sammelt, aber nicht reich ist vor Gott.*

Denn die Früchte, die jemand sammelt in seine Scheune, sind sie nach dem Geschmacke dieser Welt nur oder haben sie Bestand auch vor Gott? Ist es Frucht, Zins-Gewinn zu ziehen aus dem Gut anderer – Frucht vor Gott oder Frucht vor der Welt? Ist nicht alles hier auf Erden nur geliehen? Wer viel leiht, muss viel zurückgeben – mit Zins und Zinseszins. Wer also nahm, wer gab, wer lieh, wer verlieh, wer mehrte, wer vernichtete, was ihm (leihweise) anvertraut war auf Erden? Wer wollte sagen: Das ist mein!, so er es doch nicht mitnehmen kann, wenn er gehen muss von dieser Welt? Und wer, der viel gesammelt hat, wollte sagen: der HERR ist mit mir! Der irdische Schatz ist vergänglich und gilt nichts vor Gott; ewig sind allein die Schätze, die jemand sammelte im Himmel.

„Herr, ich wusste um deine Unerbittlichkeit: Du schneidest, wo du nicht gesät hast und sammelst, wo du nicht hast ausgestreut", spricht der faule Knecht im Gleichnis vom anvertrauten Gut. Was ihm anvertraut war, vergrub und verbarg er vor der Welt und legte seine Hände in den Schoß – im Vertrauen darauf, der HERR werde es schon richten? Welcher Souverän aber wollte, dass untätig bleiben die Seinen, statt das Beste zu machen aus dem, was ihnen gegeben ist? Und können jene, die gemehrt haben, was ihnen war anvertraut, hintreten vor dem, der ihnen gebietet und fordern: Wir haben für dich geschaffen, nun gib uns unseren Teil? Was denn ist ihr Teil, ihr Eigentum, ist nicht alles Leihgabe: was erwirtschafteten sie mehr als den Zins? Wer wollte sagen, er habe dazu gewonnen, mehr geschaffen, als ihm gegeben war? Der HERR sammelt und schneidet, wo es IHM gefällt, wer wollte bestimmen den Bestimmer? Heißt das aber, dass unerbittlich sei der HERR und alles Bitten, alles Danken vergebens?

Vom rechten Bitten und Danken
(Lukas 18,9-14, 18,1-8, 11,5-8)

Das Gleichnis vom Pharisäer und Zöllner (Lukas 18,9-14) ist jenen gewidmet, die sich selbst für fromm erachten und erhaben über Unglauben und Unrecht. *Ein Pharisäer und ein Zöllner gingen hinauf zum Tempel. Der Pharisäer betete und sprach: „Ich danke dir Gott, dass ich nicht bin wie die anderen: kein Räuber, kein Ungerechter, kein Ehebrecher und auch nicht wie dieser Zöllner da, sondern faste zweimal die Woche und den Zehnten gebe von allem, was ich einnehme." Der Zöllner aber, der nicht wagte, seine Augen auch nur aufzuheben gen Himmel, schlug sich an die Brust und sprach: „Gott, sei mir Sünder gnädig."*

Wer ist gerechtfertigt vor Gott: der sich selbst rechtfertigt oder der bittet um Gnade – wie der Zöllner? Wer könnte selbst zeugen von sich und behaupten, frei zu sein von jedweder Schuld? Wie sollte umkehren, sich eines Besseren belehren, wer frei sich wähnt von Fehlern, Lastern? Wer aber weiß um sein Laster, seinen Fehler, wer Einsicht hat und Reue spürt, wird der nicht suchen nach einem anderen Weg: heraus aus all der Schuld? Wie sich erzürnen über den Dreck der Anderen, wer nicht rein hält seinen eigenen Weg? Selbstgefällig auf den Anderen zeigen, aber verkennen die eigenen Fehler? Niemand erhebe sich über den Anderen: *Denn wer sich selbst erhöht, der wird erniedrigt werden, und wer sich selbst erniedrigt, der wird erhöht werden* (Lukas 18,14).

Wer außer Gott ist erhaben über alle Schuld; wer außer Gott kann vergeben alle Schuld? Genügt es, um Vergebung zu bitten; setzt Vergebung nicht Reue und Abkehr voraus. Sollte gerechtfertigt sein vor Gott, wer keine Einsicht zeigt seiner Schuld, keine Reue, wer nicht wiedergutmachen will? Wer aber umkehrt und beschreitet einen neuen Weg, ist gerechtfertigt vor Gott? Gibt es einen Anspruch auf Gnade? Wer könnte behaupten, gerechtfertigt zu sein vor Gott durch sein Tun oder Lassen? Ist es je genug des Tuns, genug des Lassens, genug des Bittens?

Führt Beharrlichkeit zur Rechtfertigung, wie im *Gleichnis von der bittenden Witwe* (Lukas 18,1-8) beschrieben?
In einer Stadt lebte ein Richter, der fürchtete sich nicht vor Gott und scheute sich vor keinem Menschen. Zu diesem nun kam eine Witwe aus derselben Stadt und forderte von ihm: „Verschaffe mir Recht vor meinem Widersacher!" Lange wollte der Richter nichts davon wissen, schließlich aber sagte er sich: Zwar fürchte ich mich weder vor Gott, noch vor irgendeinem Menschen, doch will ich dieser Witwe zu ihrem Recht verhelfen; denn eher gibt sie ja doch keine Ruhe! Wenn nun dieser gottlose Richter, der weder Tod noch Teufel fürchtet, der Witwe verhilft zu ihrem Recht, wie sollte da Gott abweisen, wer ihn bittet und anfleht? Wie aber sollte Hilfe gewährt werden, wo kein Glaube ist – wo Hilfe nicht erbeten ist?

Bittet, so wird euch gegeben, heißt es im *Gleichnis vom bittenden Freund* (Lukas 11,5-8):
Wer unter euch, dessen Freund ihn bittet und sei es auch um Mitternacht: „Gib mir Brot, denn ich habe Besuch bekommen und nichts, was ich anbieten könnte!", wird diesem antworten: „Lass mich in Ruhe! Die Tür ist schon verschlossen und meine Kinder schlafen bei mir; ich kann nicht aufstehen, um dir zu geben!" Also sage ich euch: „Wenn die Bitte auch nicht darum erfüllt wird, dass ein Freund steht vor dem Haus, so wird sie doch erfüllt werden um seines Drängens willen."

Desto beharrlicher gebeten wird, desto wahrscheinlich also wird gegeben? *Bittet, so wird euch gegeben; suchet, so werdet ihr finden; klopfet an, so wird euch aufgetan*, heißt es weiter im Lukas-Evangelium (11,9-13, vgl. Matthäus

7,7-11: *Bergpredigt*). *Denn welcher Vater wird seinem Sohn einen Stein rei-chen, so der ihn um ein Brot bittet oder eine Schlange, so der ihn bittet um einen Fisch, oder einen Skorpion reichen statt des erbetenen Eies? So nun aber die Väter dieser Welt, die arg sind und bösen Sinns, gute Gaben geben ihren Kindern, wie viel mehr wird der Vater im Himmel dann denen geben, die ihn bitten, die ihn anrufen:* Vater unser?

Vom Weltgericht
(Matthäus 25,31-46)

Wenn aber des Menschen Sohn kommt in aller Herrlichkeit und Pracht und mit ihm alle Engel, wird ER *sitzen auf dem Thron seiner Erhabenheit, und vor ihm werden versammelt alle Völker dieser Erde, und* ER *wird sie voneinander scheiden, wie ein Hirte scheidet die Schafe von den Böcken.* Wer nun ist Bock, wer Schaf? Wer schießt den Bock; wer folgt wie ein Schaf; und wer macht zum Gärtner den Bock?

Und ER *wird die Schafe zu seiner Rechten versammeln und die Böcke zu sei-ner Linken. Und denen, die versammelt sind zu seiner Rechten, wird* ER *zuru-fen: „Kommt her, die ihr gesegnet seid vom Vater, kommt und empfangt euer Erbreich, das für euch bereitet ist von Anbeginn der Welt. Denn ich bin hungrig gewesen, und ihr habt mich gespeist. Ich bin durstig gewesen, und ihr habt mich getränkt. Ein Fremdling bin ich gewesen, ihr aber gabt mir Herberge. Nackt war ich, ihr aber habt mich bekleidet. Ein Gefangener war ich, ihr aber habt mich gesucht und seid zu mir gekommen."* ER – der König: ein Dursten-der, ein Hungernder, unbekleidet, schutzlos, krank, fernab der Heimat, ein Fremder, ein Gefangener gar, wie sollte solches zugehen? Wer sollte je leiden gesehen haben so jämmerlich einen König? *„Wahrlich, ich sage euch: Was ihr getan habt einem meiner geringsten Brüder, das habt ihr mir getan."* Die gute Tat, was es auch sei, sie ist auch IHM getan, gleich, ob da jemand dem Hun-gernden gab oder dem Dürstenden, den Kranken besuchte oder den Gefange-nen, den Nackten bekleidete oder den Fremden aufnahm in sein Haus – ist kö-niglich nicht jede milde Gabe?

Denen aber, die er versammelte zu seiner Linken, wird der König sagen: „Wei-chet von mir, die ihr da verflucht seid! Ins Feuer mit euch, ins Feuer, das berei-tet ist dem Teufel und seinen Boten. Denn ich bin hungrig gewesen, ihr aber habt mich nicht gespeist. Ich bin durstig gewesen, ihr aber habt mich nicht ge-tränkt. Ein Fremdling war ich, und ihr habt mich nicht beherbergt. Nackt war ich, und ihr gabt mir keine Kleidung. Krank war ich und gefangen, und ihr habt mich nicht besucht." Dann werden sie ihn fragen, wann sie ihn denn jemals ge-sehen hätten hungrig oder durstig oder als einen Fremden, einen Kranken oder einen Gefangenen, so dass sie ihm hätten dienen können? *Der König aber wird ihnen antworten. „Wahrlich, was ihr nicht getan habt einem dieser Ge-ringsten, das habt ihr auch mir nicht getan."*

Die schlechte Tat soll so wenig vergessen sein wie die gute. Und worin denn besteht die schlechte Tat: im Tun? Besteht sie nicht ebenso im Nichttun, im Wegsehen, im Lassen? Sollte all das Lassen nicht vergolten werden, sondern verborgen bleiben auf ewig? Wo der Mensch überwacht den Schritt seines Nächsten, wo Überwachung allgegenwärtig ist auf Erden, da sollte der allgegenwärtige Gott nicht entdecken, was unterbleibt vor seinem Angesicht? Abgerechnet wird ganz zum Schluss. Wer wollte sich erhaben wähnen über Raum und Zeit; wer ein Urteil fällen, das Gültigkeit hätte über alle Zeiten? Morgen ist Heute schon Gestern. Wie wird morgen das Urteil sein über die Heutigen, die urteilten über die Gestrigen? Was denn war der Enderfolg all der Mächtigen von einst? All die Vorbilder und Helden, stehen sie heute noch auf ihrem Sockel oder ist längst erloschen ihr Andenken, hat man gar in den Orkus sie verwiesen? Und wie wird der Enderfolg derer sein, die heute als mächtig gelten, als Held, als Vorbild? Werden sie verwiesen ins Totenreich oder bleiben sie lebendig der Welt? Ist ER lebendig geblieben, ist ER ihr Vor-Bild? ER, dessen Werk, dessen Wort zum Bild wurde, der Zeichen setzte – keine Zeichen, geritzt in toten Stein, sondern getrieben mitten ins Mark der lebendigen Seele?

FOLGET MIR NACH

*Wir aber, dein Volk, die Schafe deiner Weide,
wollen dir ewig danken, deinen Ruhm verkünden
von Geschlecht zu Geschlecht.*
(Psalm 79,13)

Sendung und Gefolgschaft

(Matthäus 10,1-42, Markus 6,7-13, Lukas 9,1-6)

Und der HERR gebot Josua, den Sohn Nuns:
Sei getrost und verzage nicht, du sollst Israels Kinder
in das Land führen, das ich ihnen versprochen habe,
und ich will mit dir sein.
(5. Mose 31,23)

Mose führte durch die Wüste; Josua aber, der Sohn *Nuns*, soll die Nachkommen *Israels* (= *Streiter Gottes*) führen ins Gelobte Land. Ist ER nicht der Sohn, der augenblicklich führt das Volk des HERRN: im Hier und Jetzt – von *Nun* an bis in alle Ewigkeit? Ins Gelobte Land führt, ins Himmelreich, zurück in des Vaters Paradies, aus dem einst vertrieben wurden Adam und Eva? Wer nun sind die Nachkommen Israels, die Kinder, die sich bekennen allein zu dem Einen, dem sie dienen und für den sie streiten? Kennen die Schafe die Stimme ihres HERRN, und folgen sie dem rechten Hirten? Ist ER ihr Führer: der Führer zum Heil, der Retter der Welt? Erhören die Seinen ihn oder verhallt der göttliche Ruf?

Zum Gottlosen aber spricht der HERR:
Was zählst du meine Gebote auf und nimmst meinen Bund in deinen Mund, wo dir doch verhasst ist jede Zucht und du all meine Worte weit von dir wirfst? Siehst du einen Dieb, so läufst du mit ihm, mit den Ehebrechern machst du dich gemein. Deinen Mund lässt du Böses reden und deine Zunge stiftet Betrug. Du redest wider deinen Bruder und verleumdest den Sohn deiner Mutter. Das tust du, und da ich schweige, meinst du, ich sei so wie du. Aber ich will dich zurechtweisen und dir alles vor Augen führen. Begreift doch, ihr, die ihr Gott vergesst! Auf dass ihr nicht hingerafft werdet und kein Retter ist da! Wer Dank opfert, der preiset mich, und da ist der Weg, dass ich ihm zeige das Heil (Psalm 50,16-23).

Ist nicht ER der Weg: das Fleisch gewordene Wort? Gibt ER nicht klares Zeugnis, auf dass im Bilde sie seien: Gebildete, denen nicht länger unergründlich ist der Wille des HERRN und unbegreiflich. Sollte es Gottes Wille sein, dass verborgen bleibe sein Wille? Ist es nicht vielmehr der Mensch, der verbergen will, wie einst Adam und Eva verdecken wollten ihre Blöße mit einem Feigenblatt? Ist ER nicht gekommen, den Seinen zu entreißen ihr Feigenblatt? Wie sollte aus der Welt schaffen das Böse, wer es verbergen will? Wer sich indes bekennt zu seiner Schuld, muss beschreiten einen neuen Weg. Und ist dieser Weg heraus aus aller Schuld nicht eben jener Heilsweg, auf den ER führt die Seinen? Wer wollte sich bekennen zum HERRN, ohne zuvor zu bekennen seine Schuld? Wahrer Gottesdienst, sollte er anderes sein als auszulöschen, auszumerzen allen bösen Willen, wahre Gottesgefolgschaft anderes als zu bekennen – nicht mit den Lippen, sondern mit dem Herzen?

Die Jünger, die ER auffordert: „Komm und folge mir nach!" (vgl. *Berufung und Aussendung der zwölf Apostel* in: *Und es ward Licht*), sind seine ersten Weggefährten. Zwölf wählt ER aus, gemäß der Zahl der Söhne Jakobs, der 12 Stämme *Israels* – der *Streiter Gottes*. Petrus, Andreas, Jakobus, Johannes, Philippus, Bartholomäus gehören zum Kreis der Zwölf, ebenso Matthäus, Thomas, Jakobus, Thaddäus, Simon und Judas. Und ER gebietet ihnen, hinzugehen *zu den verlorenen Schafen des Hauses Israel und ihnen zu künden vom nahen Himmelreich* (= Reich Gottes). Sie sollen aber nicht allein verkünden, sondern auch gesund machen die Kranken, erwecken, was ohne Leben ist, und reinigen, was unrein und befallen ist vom Aussatz (des Abfalls): austreiben mithin jeden unheilen Geist? *Umsonst habt ihr's empfangen, umsonst gebt es auch.* Sie haben ihre (Auf)Gabe nicht um ihres Verdienstes willen – wie sollten sie da folgen ihrer Berufung um des Verdienstes willen? Nichts sollen sie in ihren Gürteln tragen und in ihren Taschen: kein Gold und kein Silber und auch keine Wegzehrung. Denn so sie beschwert sind durch Besitz und Vorsorge oder irgendeine Habe, sind sie unfrei: zu beschwert, sich hinzuwenden, wohin es sie zieht? Die hier postulierte Besitzlosigkeit mag heute kaum mehr erstrebenswert scheinen, sie war indes Vorbild den Bettelmönchen des 13. Jh., etwa den (nach Franz von Assisi benannten) Franziskanern (vgl. *Hochzeit* in: *Christlich-abendländischer Streifzug*). Ideal und zugleich Gegenbild zur Verweltlichung der Kirche und Vergottung irdischen Besitzes: eine Vergottung, die heute unbekannt wäre der Welt?

Vertrauen sollen seine Sendboten darauf, versorgt zu werden. *Denn der Arbeiter* (im Weinberg des HERRN) *ist seiner Speise wert.* Einkehren sollen seine Sendboten dort, wo jemand wohnt, der wert ist, dass sie bleiben. Wo aber niemand sie aufnehmen, noch gar hören will, was sie zu sagen haben, da sollen sie von dannen ziehen. *Wahrlich, ich sage euch: Sodom und Gomorrha wird es am Tage des Gerichts nicht so schlimm ergehen denn einer solchen Stadt.*

Seht, ich sende euch wie Schafe mitten unter die Wölfe. Darum seid klug wie die Schlangen und ohne Falsch wie die Tauben. ER warnt sie vor einer feindlichen Welt und bereitet sie darauf vor, dass man sie um seinetwillen vor die Mächtigen dieser Welt führen und vor Gericht stellen wird. Sie aber sollen sich keine Sorgen machen um ihre Rede vor Gericht, denn es wird ihnen eingegeben, was sie dann sagen sollen. Auflehnung wird es geben, prophezeit ER ihnen, Verrat bis in den Tod. Um seines Namens willen werden sie gehasst sein. *Wer aber standhaft bleibt bis zum Ende, der wird gerettet.* Und so sie verfolgt werden in einer Stadt, sollen sie fliehen in die nächste. *Wahrlich ich sage euch: Ihr werdet mit den Städten Israels nicht zu Ende kommen, bis des Menschen Sohn kommt.* Bis es aber soweit ist und das Wort verbreitet ist in allen Städten Israels, in allen Städten der Streiter Gottes, müssen seine Jünger gewahr sein, dass es ihnen nicht besser ergehen wird als ihrem Meister. *Ein Jünger steht nicht über den Meister, wie denn auch der Knecht nicht über seinen Herrn steht. So sie nun schon den Hausherrn Beelzebul heißen* (Anspielung auf den von den Pharisäern erhobenen Vorwurf: ER heile nicht, sondern treibe den Teufel aus mit dem Beelzebul), *wie werden dann erst heißen seine Gefährten?*

Aber es ist nichts verborgen, was nicht offenbar werde, und nichts so heimlich, dass man es nicht wissen werde. Also sollen sie sich nicht fürchten vor jenen, die töten können nur den Leib. Fürchten sollen sie allein den, der verderben kann Leib **und** Seele und ohne dessen Willen nicht einmal ein Spatz vom Dache falle. Und sind sie nicht viel mehr denn Spatzen; sie, deren Haare auf ihrem Kopfe sogar gezählt habe alle der Vater im Himmel? Wovor sollten sie sich fürchten? *Wer sich nun zu mir bekennt vor den Menschen, zu dem werde auch ich mich bekennen vor meinem Vater im Himmel. Wer mich aber verleugnet vor den Menschen, den werde auch ich verleugnen vor meinem Vater im Himmel.*

Denkt nicht, ich sei gekommen, Frieden zu bringen. Ich bin nicht gekommen, Frieden zu bringen, sondern das Schwert. Gekommen bin ich, aufzubringen den Sohn gegen seinen Vater und die Tochter gegen ihre Mutter und die Schwiegertochter gegen ihre Schwiegermutter, auf dass des Menschen Feinde seien seine eigenen Hausgenossen. Was nun bringt die Hausgenossen gegeneinander auf? Dass einer der Ihren redet die Wahrheit, dass einer der Ihren reißt ihnen die Maske vom Gesicht und sie zwingt, in den Spiegel zu blicken, um zu erkennen ihr wahres Gesicht? Wer anderen entreißt die Maske, den Schminktopf, die Tünche, wer enttarnt jedes Schlupfloch, jeden doppelten Boden, wer keinen Zuflüsterer duldet und keine Souffleuse, sondern jeden nimmt beim Wort, ist der beliebt bei den Seinen, gilt der nicht vielmehr als Störenfried, der folglich zu vertreiben ist vom Jahrmarkt der Eitelkeiten und Geschwätzigkeiten? Und war das nur gestern so, ist das heute anders?

Wer Vater oder Mutter mehr liebt denn mich, der ist meiner nicht würdig; und wer Sohn oder Tochter mehr liebt als mich, der ist gleichfalls meiner nicht würdig. Wer ihm folgen, ihm wahrhaft angehören will, der muss sich lösen von seiner Herkunftsfamilie; denn, wer ihm folgt, soll sich nicht verbunden fühlen dem Leibe nach, sondern dem Geiste nach. Wer sich wandeln will, fragt nicht, wem er angehört dem Leibe nach, sondern forscht nach seiner geistigen Verwandtschaft. Sich aber abzuwenden von aller leiblichen Bindung, heißt das nicht zu provozieren, Hass auf sich zu ziehen, gerade unter jenen, die verwandt: leiblich gebunden sich fühlten? *Wer aber sein Kreuz nicht auf sich nimmt und mir nicht nachfolgt, ist meiner nicht würdig. Wer das Leben gewinnen will, der wird es verlieren; wer sein Leben aber verliert um meinetwillen, der wird es gewinnen. Wer euch aufnimmt, der nimmt mich auf; und wer mich aufnimmt, der nimmt den auf, der mich gesandt hat.* Und sie alle werden ihren Lohn bekommen, wie sie aufgenommen haben seine Jünger, wie sie aufgenommen haben sein Wort, wie sie aufgenommen haben Moses Gebot. Wes Geistes Kind sie sind, wes (Himmels)Brot sie essen, des Lied sie singen.

172

Nach dem Lukas-Evangelium (10,1-2) sendet ER *70* Jünger aus (keine Jünge-rinnen, die doch nach Lukas 8,2 auch zu seiner Gefolgschaft zählen), zu ver-künden die frohe Botschaft vom nahen (und eben nicht vom fernen) Himmels-reich. *70:* die Zahl der Ganzheit und Fülle; denn *die Ernte ist groß.* Viele sind's, die sich verirrt haben, die zurückgebracht werden sollen auf den rechten Pfad hin zum Vater, und *der Arbeiter sind nur wenige.* Sind jene, die sammeln sollen die verirrten Schafe des HERRN, also im Bilde, sind sie eines Geistes, stehen sie im Wort?

Vom Ernst der Nachfolge
(Matthäus 8,18-22, Lukas 9,57-60)

Und als ER die vielen Menschen sieht, die um ihn stehen (und ihn bedrängen?), lässt ER sich hinüber ans andere Ufer des Sees Genezareth fah-ren. Dort tritt ein Schriftgelehrter zu ihm und sagt: „Meister, ich will gehen, wo-hin du gehst." ER aber erwidert: *„Die Füchse haben ihre Gruben, und die Vögel unter dem Himmel haben Nester; des Menschen Sohn aber hat keinen Platz, sein Haupt zu betten."* Fragt ER den Schriftgelehrten indirekt, ob dieser gekom-men sei, ihm eine Grube zu graben – der Schriftgelehrte, der nicht schon ein Nest hat unter dem Himmel? Sich selbst bezeichnet ER hier (wie auch an an-derer Stelle) nicht als Sohn Gottes, sondern als Sohn des Menschen: als Nach-fahre des ersten Menschen, als Abkömmling Adams, dem Gott hauchte Leben ein. So nun Adam Gottes Sohn ist, ist dann nicht jeder seiner Nachkommen gleichfalls ein Sohn des HERRN? Hat ER, *des Menschen Sohn,* darum keinen Platz auf Erden, weil die Menschheit abgefallen ist von ihrem Schöpfer? Kann ER, der Sohn von Anbeginn, darum keinen Platz finden auf Erden, weil solch ein Platz erst erschaffen werden will?

Wer keinen Fuchsbau hat, sich zu verkriechen und kein Vogelnest, sich zu schützen, wer auf der Suche noch ist nach einer Heimstatt, der folge ihm. Ist ER nicht gekommen, sie zu führen heim ins (Himmel)Reich und zum Leben zu erwecken: zu nehmen von dieser Welt Tod und Finsternis? Wie Mose erkannte im brennenden Dornbusch den HERRN (2. Mose 3,3-6), so sollen auch sie er-kennen das ewige Licht? Erkennen: *Gott ist nicht der Toten, sondern der Le-bendigen Gott; denn sie leben ihm alle* (Lukas 20,38).

Und als ein anderer unter den Jüngern ihn bittet: *„Herr erlaube mir, dass ich hingehe und zuvor meinen Vater begrabe",* entgegnet ER: *„Folge du mir und lass die Toten ihre Toten begraben!"* Ist allein tot, wer da begraben liegt, ist nicht auch tot, wer unempfänglich ist für Gott, für seine Schöpfung? Wie sollte lebendig sein, wen nicht berühren, nichts bedeuten Wahrheit, Weisheit, Liebe? Lebendig, wer sein Herz hängt an die Dinge dieser Welt – Dinge, die vergäng-lich sind, verderblich? Lebt nicht erst, wer wahrhaft tot ist für die Dinge dieser Welt, tot für all ihre Verlockungen und Verheißungen? Lebt nicht, wer sucht ewige Heimstatt? Darum: *Lasset die Toten die Toten begraben!*

Die Spaltung unter den Jüngern

(Johannes 6,60-7,13)

Zur Spaltung unter seinen Jüngern kommt es nach der Rede, die ER hält in der Synagoge von Kafarnaum (Johannes 6,22-59, vgl. *Speisung der Massen*). In dieser Rede bezeichnet ER sich als *Himmelsbrot,* von dem zehren müsse, wer begehre das ewige Leben. Viele sind aufgebracht ob solcher Worte, ER aber bemerkt ihre Empörung sehr wohl und fragt sie: *„Nehmt ihr schon Anstoß daran, was werdet ihr erst sagen, so ihr des Menschen Sohn auffahren sehet dahin, wo er war zuvor? Die Worte, die ich sprach zu euch, sind Geist und sind Leben. Der Geist ist es, der lebendig macht; das Fleisch aber ist nichts."*

Etliche aber unter seinen Jüngern, die glauben nicht, gleichwohl ER sie auffordert: *Folget mir nach!* Wer ihm folgt, folgt aus eigenem Antrieb, eigenem Entschluss. Keine Gefolgschaft unter Druck, unter Zwang, sondern freie Willensentscheidung. Und so sich seine Jünger für ihn entscheiden, können sie sich eben auch gegen ihn entscheiden. Nach der Rede von Kafarnaum wenden sich viele ab von ihm, und ER fragt darum die Zwölf, die ER erwählte im Anfang: *„Wollt auch ihr weggehen?"* Und Simon Petrus antwortet ihm: *„Wohin sollen wir gehen? Du hast Worte des ewigen Lebens, und wir haben erkannt, dass du der Gesalbte bist, der Sohn des lebendigen Gottes."*

Gott ist nicht der Toten, sondern der Lebendigen Gott (Lukas 20,38). Wer folgt dem Sohn des lebendigen Gottes, folgt ihm heim ins ewige Reich: ins ewige Leben und eben nicht ins Totenreich. Folgen kann ihm indes nur, wer lebendig ist; denn nur ein solcher vermag, sich zu wandeln. Ist nicht alles Leben Wandel, Veränderung? Was aber tot ist, ist erstarrt und kann sich nicht wandeln. Wessen Herz erstarrt ist, der mag mit den Lippen bekennen, sein Wort aber bleibt tot und bewirkt nichts. Bekennen mit dem Herzen! Wer aber wollte solches selbst bewirken, auf dass er gelange zu IHM aus eigener Kraft? *Niemand kann zu mir kommen, es sei ihm denn gegeben von meinem Vater.*

ER kennt die Seinen und weiß, wer glaubt und wer nicht, wer stark ist im Glauben und wer schwach. Und ER kennt auch den, der ihn verraten wird, weshalb ER sie denn fragt: *„Habe ich nicht Zwölf erwählt? Und doch ist einer unter euch ein Teufel."* Von Judas ist die Rede, dem Sohn des Simon Iskariot; denn dieser ist es, der ihn verraten wird. Einer der Zwölf! Steht der Name Judas nicht bis heute für Verrat? Und Thomas, ebenso einer der Zwölf, steht sein Name nicht für Unglauben, spricht die Welt nicht bis heute vom ungläubigen Thomas? So nun selbst unter seinen engsten Vertrauten, im Kreis der Zwölf, Unglauben, ja sogar Verrat herrschten, wie wollte sich da erhaben fühlen irgendein anderer über Verrat oder Zweifel? Wer sich bekehren will, soll der vor des Nächsten Tür kehren oder in sich kehren: aus sich kehren allen Dreck, auf dass rein er werde? Liegt eben hier der Auftrag, zuvorderst an sich selbst zu richten die bange Frage, ob man nicht selbst sei der Verräter einer?

Und da nun selbst seine Brüder, seine engsten Vertrauten, nicht festen Glaubens sind, sondern unsicher, drängen sie ihn, sich öffentlich zu offenbaren und nach Judäa zu ziehen zum Laubhüttenfest. (Nach Pessach zu "Ostern" und Schawuot zu "Pfingsten", ist das Laubhüttenfest zu "Erntedank" das dritte große jüdische Wallfahrtsfest.) ER aber, der nach Galiläa geflüchtet ist, eben weil man ihm in Judäa nach dem Leben trachtet, sagt ihnen: *„Meine Zeit ist noch nicht gekommen; eure Zeit aber lässt euch offen jeden Weg. Die Welt hasst nicht euch; mich hasst sie; weil ich bezeuge, dass ihre Werke böse sind."* Die Jünger sind frei, hinzuziehen, wohin sie wollen. ER aber hat eine Mission zu erfüllen und so noch nicht alles erfüllt ist, kann ER nicht hinziehen an einen Ort, wo man ihm nach dem Leben trachtet. ER weiß, dass man ihn hasst und warum man ihn hasst: Weil ER der Welt den Spiegel vorhält und sie zwingt, die Wahrheit zu schauen, weil ER demaskiert den schönen Schein der Lüge und jeden in die Pflicht nimmt. Niemand kann sich seiner Verantwortung entziehen oder sich verbergen hinter einem Feigenblatt. Kein Schlupfloch lässt ER ihnen, nicht einmal die Ausrede, ver*führt* worden zu sein. Denn jeder ist sein eigener *Führer*! Sollen Beherrschte sie sein: beherrscht von äußerer Führerschaft? Was wollte bewegen solche Gefolgschaft; was bliebe übrig, so sie verfiele? Nicht von außen sollen sie beherrscht sein, sondern in ihrem Inneren.

Seine Forderungen sind radikal und erzeugen Widerspruch, ja Spaltung. Die einen halten ihn für fromm, die anderen meinen, seine Worte führten in die Irre. Aber ist es nicht gerade dieser Widerspruch, dieser Widerstand, der eben jene Energie generiert, die nötig ist zu überwinden, zu überzeugen, zu wandeln die Finsternis in Licht? Wer finden will hin zum (Fleisch gewordenen) Wort, muss der nicht erst überwinden – allen Widerstand in und um sich, um wahrlich im Bunde zu sein mit IHM? Überzeugte sollen sie sein: Kinder des Lichts. Wer aber überzeugt sein will, bedarf der nicht zuvorderst eines Zeugnisses? Ist tatsächlich ER der Verheißene, ist ER der Messias?

Sein und des Täufers Zeugnis
(Matthäus11,2-19 u.14,3-12, Lukas 7,18-35 u. 3,19-20, Markus 6,17-29)

„Wer bin ich, dass du zu mir kommst?", fragte Johannes, als ER sich taufen lassen wollte (vgl. Matthäus 3,13-17: *Die Taufe*). Der Täufer erkannte, dass ER es ist, erkannte ohne äußere Zeichen. Rein und klar wie die Taufe selbst, die Johannes spendet, ist auch dessen Zeugnis: *„Ich taufe nur mit Wasser, der nach mir kommt aber wird mit dem Heilen Geist taufen und dem Feuer"* (Matthäus 3,11, Johannes 1,25-26). *Denn der, den Gott gesandt hat, verkündet die Worte Gottes. Der Vater liebt den Sohn und hat ihm alles in seine Hand gegeben. Wer dem Sohn nicht glaubt, der wird das Leben nicht haben, sondern der Zorn Gottes bleibt auf ihm* (Johannes 3,34-35). Sie aber glauben dem Zeugnis des Täufers nicht, sowenig wie sie hören wollen die Stimme, die da laut ward vom Himmel her: *Seht, das ist mein geliebter Sohn, an dem ich Wohlgefallen habe* (Matthäus 3,17). Sie glauben nicht, auch die Jünger des Jo-

hannes sind uneins, geraten in Streit über die Frage der rechten Reinigung, der rechten Taufe (Johannes 3,22-36). Dürfen allein sie und Johannes spenden die Taufe oder darf auch ER, dürfen auch seine Jünger taufen? Ebenso fragen sie sich, warum sie fasten, ER und seine Jünger aber fasten nicht (Matthäus 9,14-17). Wem sollen sie folgen, wer verkündet das rechte Wort?

Die Frage, wem sie folgen sollen, gewinnt an Brisanz, als Herodes Antipas, Tetrarch ("Vierfürst" = einer der Herrscher des viergeteilten Landes) über Galiläa, den Täufer ins Gefängnis werfen lässt. Johannes hatte ihm nämlich vorgeworfen all seine Schandtaten und tatsächlich gewagt, seinem Herrscher ins Gesicht zu sagen, dieser stehe nicht über dem Gebot Gottes und habe daher auch kein Recht (3. Mose 18,16; 20,21), Herodias, seines Bruders Weib, zu seinem eigenen zu nehmen. Herodes hat, so der Vorwurf, gegen das göttliche Gebot verstoßen: die Ehe hat er gebrochen – die Ehe seines eigenen Bruders Philippus. Herodes beging mehr als "nur" Ehebruch, er brach zugleich den brüderlichen Bund und mit diesem auch den politischen; denn Philippus war – wie Herodes – Tetrarch im (viergeteilten, also unheilen) Heiligen Land. Die Ehe des Bruders (dem Leibe und dem politischen Geiste nach) gebrochen und ebenso die eigene. Der Bruch des Herodes mit seiner Erstfrau Salome (deren Name, s. weiter unten, verbunden ist mit einer unheilvollen Tat), einer Tochter des Herrschers des (südlich angrenzenden) Nabatäerreiches, hatte – ebenso wie der Bruch mit dem Bruder – auch den Bruch des politischen Bündnisses zur Folge. Statt Einigkeit im Kampf gegen Rom zu schaffen, führt Herodes Ehebruch endgültig zur Spaltung und somit zur Schwächung des jüdischen Landes. Verrat nicht nur am Bruder, nicht nur am eigenen Eheweib, sondern Verrat auch am eigenen Volk? Kann der Vorwurf, den Johannes öffentlich erhebt, ohne Folgen bleiben? Herodes hätte ihn auf der Stelle töten können – die Macht dazu hatte er als Tetrarch, aber Herodes musste einen Volksaufstand fürchten, denn der Täufer hatte viele Anhänger. Also ließ er es darauf bewenden, Johannes ins Gefängnis werfen zu lassen. Von dort nun sendet der Täufer aus seine Jünger, ihn zu fragen: *„Bist du der, der kommen soll oder müssen wir warten auf einen anderen?"* Und ER antwortet ihnen: *"Blinde sehen wieder und Lahme gehen; Aussätzige werden rein und Taube hören; Tote stehen auf und den Armen wird verkündet das Evangelium. Selig ist, wer keinen Anstoß nimmt an mir"* (Matthäus 11,2-6).

Schickt Johannes seine Jünger zu ihm, weil er selbst eines Zeugnisses bedarf, er, der Zeugnis gab vom Sohn? Oder sendet er seine Jünger aus, weil die ihm nicht glauben, sondern misstrauen und unsicher sind, wem sie folgen sollen? Spürt Johannes, dass seine Zeit gekommen ist, er nicht mehr lange da sein kann für die Seinen, schickt er darum seine Jünger aus? Auf dass ER sich ihrer annehme; sendet sie aus, ihm zu sagen: Meine Zeit ist gekommen, die deine aber aufgebrochen?

Da nun Herodes seinen Geburtstag beging und Salome, die Tochter der Herodias, ihm zu Ehren tanzte, gefiel das dem Herodes so sehr, dass er einen

Schwur leistete vor allen Gästen, seiner Stieftochter zu geben, was immer sie begehre. Da sagte Salome, gedrängt von ihrer Mutter (die auf Rache sann, weil des Täufers Wort ihre "rechtmäßige" Stellung besudelte): *„Des Täufers Haupt fordere ich, reich es mir in einer Schale!"* Herodes war betrübt darüber (betrübt, weil er Unheil fürchtete oder dumpf spürte die ungeheure Tragweite der Worte des Johannes)? *Weil er aber einen Schwur geleistet hatte vor all seinen Gästen, befahl er, ihr zu geben, was sie verlangte und veranlasste, den Johannes zu enthaupten im Gefängnis. Und sein Haupt war hergetragen auf einer Schale und der Salome gegeben, die trug die Schale mit dem Haupt des Johannes darauf hin zu ihrer Mutter. Und des Täufers Jünger kamen, nahmen seinen Leib, begruben ihn und gingen hin, dass ER erfahre, was geschehen war* (Matthäus 14,6-12).

Die Botschaft von der Enthauptung des Johannes: seines Bruders im Geiste, erschüttert ihn bis ins Mark. Erkennt ER, warum der Täufer zu ihm sandte seine Jünger, erkennt die Botschaft dessen, der ihm voranging: Meine Zeit ist gekommen, die deine aber aufgebrochen? Führt das Schicksal des Johannes ihm vor Augen den eigenen Leidensweg (vgl. *Auferstehung des Lazarus*, Johannes 11,1-45)? Den Anhängern des Täufers ist ihr Haupt genommen – im wahrsten Sinne des Wortes. Gibt es nur noch einen Kopf, ein Haupt der neuen Bewegung? Und wird nicht auch ER den Seinen wieder genommen sein? So nun aber des Täufers Zeugnis wahr ist, lebt es da nicht fort und eilt ihm voran auf ewig? Der Vorwurf der Pharisäer (vgl. Johannes 8,12-20): ER zeuge von sich selbst und sein Zeugnis sei darum nicht wahr, geht er ins Leere? Wie wollte abgeschlagen sein mit des Täufers Haupt auch dessen Zeugnis, bleibt es nicht bestehen, wie auch bestehen bleibt das Wort, das ER verkündet, mag auch gekreuzigt sein der Leib?

Wie Johannes zeugte für IHN, so legt auch ER klares Zeugnis ab für den Täufer (Matthäus 11,7-19, vgl. Lukas 7,24-35). Und ER fragt sie, die einst hinausgezogen waren zu Johannes, was sie denn haben sehen wollen in der Wüste. *Ein Rohr, das der Wind bläst hin und her? Oder einen Propheten? Ja, ich sage euch: Mehr ist er denn ein Prophet; denn er ist es, von dem geschrieben steht* (Maleachi 3,1): *Siehe, ich will meinen Boten senden, der vor mir her den Weg bereiten soll.* Sie aber glaubten dem Zeugnis des Johannes nicht, so wenig, wie sie glaubten den Propheten vor ihm, so wenig, wie sie hielten das Gesetz, das ihnen gegeben ist.

Johannes ist gekommen, aß nicht und trank nicht; ihr aber sagtet, er sei besessen. Des Menschen Sohn ist gekommen, isst und trinkt; ihr aber sagt: Seht diesen Fresser und Weinsäufer, der sich gemein macht mit Zöllnern und Sündern! Und doch ist die Weisheit gerechtfertigt; sie ist es kraft ihrer Werke (Matthäus 11,18-19). Die Werke, die erschaffen wurden aus Weisheit, sie bleiben bestehen: wie sollten begrenzen Raum oder Zeit die Weisheit?

Sie aber sind begrenzt in all ihrer Wahrnehmung, begrenzt durch den Raum, in dem sie leben, begrenzt durch die Zeit, in der sie leben, und erwarten doch, dass sich ihnen beweise, was unbegrenzt ist? Ihnen, die zubilligen jeder Lüge die Wahrheitsvermutung und jedem erlauben, frech zu rufen: Widerlege mich, so du es vermagst? Sie erfassen nichts und glauben nicht einmal das, was sie sehen mit eigenen Augen, nicht einmal das, was sie hören mit eigenen Ohren: des Täufers Zeugnis! Sollte nicht Elijah, der große Prophet, wiederkehren, zu bereiten dem Messias den Weg? *Ich aber sage euch: Elijah ist schon gekommen; doch sie haben ihn nicht erkannt, sondern haben mit ihm getan, was sie wollten. Ebenso wird auch leiden müssen des Menschen Sohn* (Matthäus, 17,12-13).

Klageruf und Jubelruf

(Matthäus 11,20-24,11,25-30, Lukas 10,13-16,10,17-24)

Johannes, der Rufer in der Wüste, mag nicht mehr wandeln auf Erden, sein Ruf aber lebt fort – und wandelt: (ver)ändert? Hören sie seinen Ruf zur Umkehr? Klage erhebt ER über die galiläischen Städte, die sahen, was niemand zuvor erblickte, und sich doch nicht bekehrten. *„Wären solche Taten, wie ihr sie gesehen, geschehen zu Tyros und Sidon* (Hafenstädte, die wegen ihres Götzenkultes als besonders verwerflich galten), klagt ER weiter an, *„man hätte dort längst Buße getan in Sack und Asche."* Aber nicht einmal in Kafarnaum, wo doch so Großes geschah (vgl. *Speisung der Massen*, Matthäus 14,13-21), kehren sie um. In Sodom hätten sie sich bekehrt, so sie teilhaftig gewesen wären solchen Geschehens – Sodom würde noch bestehen! Und darum prophezeit ER ihnen: *„Es wird den Sodomern am Tage des Gerichts erträglicher gehen denn euch."*

Nach dem Lukas-Evangelium (10,17-24) bremst ER mit dieser Klage die Euphorie der *70*, die ausgesandt waren in seinem Namen und nun zurückkehren, ihm zu berichten von den vielen Heilungen, die ihnen gelungen seien. ER aber mahnt sie, sich nicht zu freuen, besiegt zu haben das Unheile (ist es denn besiegt?), sondern sich zu freuen, dass ihr Name geschrieben stehe im Himmel. *„Denn viele wollten sehen, was ihr sehet und haben es nicht gesehen und hören, was ihr hört, und haben es nicht gehört."* Die Jünger mögen sich bekehrt haben, wie viele aber, die sehen und hören, bekehren sich nicht, sondern bleiben treu ihrer Sünde, statt treu zu sein ihrem Vater im Himmel? Seiner Klage über den mangelnden Glauben so vieler folgt der Lobgesang: *„Ich preise dich Vater und HERR des Himmels und der Erde, dass du solches verborgen hast den Klugen und Weisen und hast es offenbart den Unmündigen."* Nicht verloren sind die Seinen, gewonnen sind sie.

Die Klugen und Weisen, die Gelehrten, Fachleute und Experten wandeln in Finsternis, die Unmündigen aber im Licht? Wählte ER daher als Erste Fischer aus, ihm zu folgen: Unwissende, Unmündige, "unbeschriebene Blätter", die eben darum offen sind für sein (neues) Wort? Die Gelehrten aber, die Experten, die Wissenden ihrer Zeit sind Gefangene ihrer eigenen Worte; sie sehen vor lauter Bäumen den Wald nicht mehr und erkennen vor lauter Gesetzen das Recht nicht mehr? Führt die Anhäufung von Wissen zwangsläufig zu Erkenntnis oder kann Viel-Wissen auch Manko sein? Stürzt ab der elektronische Speicher, die Festplatte, weil zu wenig oder zu viel gespeichert wurde? Und ist, wo viel gespeichert wird, noch genügend Kapazität frei, die notwendigen Schlüsse und Querverbindungen zu ziehen oder gar zu betrachten das Ganze aus kritischer Distanz, von höherer Warte aus? Was würden die Weisen, all die Klugen heutiger Zeit sagen, so man ihnen vorhielte, was ER vorwarf den Gelehrten seiner Zeit: ihren Blick verengt zu haben, fixiert zu sein auf ihr eigenes Wort und darum blind für das wahre Wort, das wahre Geschehen – Kenntnis zu haben, aber eben keine Erkenntnis? Wohin denn hat aller Gelehrten-, aller Expertenrat geführt bis heute, hat er eine heilere, einige Welt geschaffen: die "beste" oder die schlechteste "aller möglichen Welten"? Und doch wird dem Gelehrten-, dem Expertenrat mehr vertraut denn dem gesunden Menschenverstand, dem jede Mündigkeit, jede Einsichtigkeit abgesprochen wird? Warum haben die Wissenden, die Meinungsführer ihrer Zeit nicht herausgeführt aus Unmündigkeit und Uneinsichtigkeit? Ist Wissen nicht auch immer Macht: Herrschaft über die Unwissenden und Unmündigen? Muss sich der Unmündige demnach selbst befreien aus aller Abhängigkeit und Meinungsführerschaft?

Sich seines eigenen Verstandes zu bedienen, sich zu befreien aus Unmündigkeit und Abhängigkeit von fremder (Meinungs-)Führerschaft, ist die zentrale Forderung der Aufklärung! Prophezeit ER anderes, wenn ER verheißt, den Unmündigen werde offenbar, was den Wissenden verschlossen bleibe? Nicht blind zu folgen fremden (Meinungs-)Führern, sondern sich selbst ein Bild zu machen – der früheste Aufruf zur Aufklärung! Keine blinde Gefolgschaft fordert ER, nicht unterjocht soll sein, wer ihm folgt; denn ist ER nicht gekommen, zu befreien?

Kommt zu mir alle, die ihr beladen seid mit schwerer Last, ich will euch erquicken. Lernt also von mir und nehmt auf euch mein Joch; so werdet ihr Ruhe finden für eure Seelen. Denn mein Joch ist sanft und meine Last ist leicht (Matthäus 11,28-30). Von welcher Last, von welchem Joch ist hier die Rede? Ist die Last der Wahrheit gemeint, der Erkenntnis, die einsam macht und in Bedrängnis führt, weil sie missfällt den Mächtigen, den (Meinungs-)Führern? Und so die Wahrheit Last ist und Joch, gilt dann nicht für sie, was für jede Last gilt: das Joch wird umso leichter, je weniger man sich dagegen sträubt – aus Einsicht in die Notwendigkeit? Wie sollte, wer züchtigt sein Vieh und züchtet seine Getreide- und Rebsorten hin zum höheren Ertrage, nicht auch bereit sein, sich selbst zu züchtigen, auf dass er selbst stehe in höherer Blüte? Was wollte erwachsen ohne Mühe, ohne Plage? Ist es eben das, was hier gepriesen wird: *Leiden-schafft*?

„Wer euch hört", verkündet ER den Seinen, *„der hört mich; und wer euch verachtet, der verachtet mich; wer aber mich verachtet, der verachtet den, der mich gesandt hat"* (Lukas 10,16).

Volkes Stimme und Hoher Rat

(Johannes 7,14-52)

Da ER sich verfolgt weiß, zieht ER heimlich hinauf gen Jerusalem zum Laubhüttenfest, daselbst zu lehren das Wort im Tempel. Und die Juden wundern sich und fragen: Wie kann jener da, den doch niemand unterwies in der Schrift, kennen das Wort? ER zählt nicht zu den (Schrift)Gelehrten und wurde auch nicht unterwiesen von ihnen? Ein Unmündiger? Und doch will ER Kenntnis haben, mehr denn jene, die studierten das Wort in den Schriften? Was antwortet ER ihnen? *„Meine Lehre ist nicht mein, sondern Lehre dessen, der mich sandte. Und wer tun will dessen Willen, der wird innewerden, ob ich von mir selbst rede oder ob dieses sei die Lehre Gottes. Wer von sich selbst redet, sucht seine eigene Ehre, wer aber die Ehre dessen sucht, der mich sandte, ist wahrhaftig und es ist nichts Unrechtes an ihm. Hat euch nicht Mose das Gesetz gegeben? Warum also trachtet ihr danach, mich zu töten (Johannes 7,16-19)?"* Das Volk aber entrüstet sich und wirft ihm vor, besessen zu sein von einem Wahn. Niemand wolle ihn töten, das bilde ER sich bloß ein! ER aber fragt sie, was sie denn so erzürne an seinem Werk, warum es sie aufbringe, so ER heile am Sabbat (vgl. *Heilung von Blindheit,* Johannes 9,13-34)? Mose habe ihnen doch gegeben die Beschneidung und sie beschnitten den Menschen auch am Sabbat, warum also bringe es sie auf, wenn geheilt werde am Sabbat der ganze Mensch? *„Richtet nicht nach dem Augenschein, sondern fällt ein Urteil, das rechtens ist."* Der Augenschein vergeht, das Urteil aber, das sie fällen, besteht in den Augen der Welt; wird es aber fortbestehen, wird es rechtens sein ebenso der Nachwelt?

Und etliche unter jenen, die ihn hören und wissen, dass der Hohe Rat ihn sucht und dass sie ihn töten wollen, fragen sich, warum ihre Obrigkeit, warum ihre geistlichen Führer ihn derart frei reden lassen im Tempel des HERRN? Halten sie ihn inzwischen selbst für den Messias? Wie aber sollten sie ihn erkannt haben, muss nicht erst Elijah wiederkehren, den Weg zu bereiten dem Messias? Sie erkennen den Täufer nicht als Elijah, ER aber (er)kennt ihre Fragen und ruft ihnen zu: *„Ja, ihr kennt mich und wisst, woher ich bin* (aus dem Haus Josefs, des Zimmermanns); *aber ich bin nicht aus mir selbst gesandt, sondern aus der Wahrhaftigkeit dessen, der mich sandte und den ihr nicht kennt. Ich aber kenne ihn; denn ich bin von ihm gesandt."*

Viele aus dem Volk glauben an ihn; denn sie sagen sich, auch der Messias selbst könne nicht mehr Zeichen tun, denn jener hier tat. Als aber die Pharisäer wie auch der Hohe Rat gewahr werden, was sich im Geheimen verbreitet im Volk, schicken sie ihre Leute aus, ihn festnehmen zu lassen. Seine Stunde aber ist noch nicht gekommen und so können sie seiner nicht habhaft werden. ER aber spricht zu ihnen: *„Ich bin nur noch kurze Zeit bei euch, dann gehe ich hin zu dem, der mich gesandt hat. Ihr aber werdet mich suchen und nicht finden; denn wo ich bin, könnt ihr nicht hinkommen."* Viele fragen nach dem Sinn solcher Rede, wohin will ihr Rabbi gehen, in die Diaspora vielleicht? In der Diaspora zu leben, ist den Juden alles andere als fremd, leben sie doch seit einer Ewigkeit schon verstreut überall in der Welt, dazumal vornehmlich in der griechischen. Will auch ihr Rabbi dorthin, um (ungläubige) Griechen zu lehren? Was aber soll das Wort heißen: „Ihr werdet mich suchen, aber nicht finden; denn wo ich bin, dorthin könnt ihr nicht gelangen?" Und was sagt den Menschen von heute solches Wort? Wovon ist hier die Rede: von einem irdischen oder einem himmlischen Ort? Lebt nicht in der Diaspora, in der Fremde, wer folgt dem fremden geistigen Führer? Wie aber sollte finden das wahre Wort, wer sucht am falschen Ort, wer gefangen ist vom fremden Geist?

Das Volk ist gespalten: die einen halten ihn für den verheißenen Messias, der kommen sollte aus dem Geschlechte Davids; die anderen aber würden ihn am liebsten zum Schweigen bringen. Niemand aber wagt es, ihn anzurühren, und so müssen jene, die ausgesandt sind, ihn festzunehmen, unverrichteter Dinge umkehren und den Zorn der Pharisäer über sich ergehen lassen, die erbost fragen: „Habt auch ihr euch in die Irre führen lassen von ihm? Oder ist etwa auch einer aus dem Hohen Rat, einer der Unseren zum Glauben gekommen an ihn? Verflucht sei das Volk, das nichts versteht vom Gesetz und von der Schrift!" Nikodemus aber, einer aus ihren Reihen, der sich sehr wohl erinnert der Worte, die ER einst richtete an ihn (vgl. *Gespräch mit Nikodemus*, Johannes 3,1-21), entgegnet ihnen: *„Verurteilt unser Gesetz etwa einen Menschen, noch bevor man ihn verhört und erkannt hat, wessen er sich tatsächlich schuldig gemacht hat?"* Sie aber erwidern: *„Bist vielleicht auch du aus Galiläa? Forsche lieber nach und werde inne: Kein Prophet kommt aus Galiläa."* Halten die Pharisäer Galiläa für ein abtrünniges, ein heidnisches Land, unwürdig, einen Propheten hervorzubringen? Und warum verschweigen sie, die vermeintlichen Bewahrer des rechten Wortes und Gesetzes, ausgerechnet jene Worte, die geschrieben stehen in der Schrift über die falschen Propheten, und die stammen von einem ihrer größten Propheten, von Jeremia?

Bin ich nur ein Gott, der nahe ist, spricht der HERR, *bin ich nicht auch ein Gott, der ferne ist? Meinst du, jemand könne sich derart verbergen, dass ich ihn nicht sähe? Bin ich es nicht, der Himmel und Erde erfüllt?, spricht der* HERR. *Ich höre wohl, was die Propheten reden, die Lüge weissagen in meinem Namen und also sprechen: Mir hat geträumt, mir hat geträumt! Wann werden die Propheten aufhören, Lüge weiszusagen und ihres Herzens Trug, wann werden sie aufhören zu wollen, dass mein Volk vergesse meinen Namen über ihren Träumen, die sie einander erzählen, wie auch ihre Väter vergaßen meinen Namen über dem Baal. Ein Prophet, der Träume hat, erzählt Träume; wer aber hat mein Wort, der verkündet mein Wort wahrhaftig.*
(Jeremia 23,23-28)

Bekenntnis und Erkenntnis

(Matthäus 16,5-17,9)

Auch im Matthäus-Evangelium ist zu lesen, dass ER verfolgt wird von den (Grals)Hütern des wahren Wortes, die darauf sinnen, ihn zu Fall zu bringen und darum ein Zeichen fordern, um ihn zu entlarven vor dem Volk und hinzustellen als einen Scharlatan und Hexenmeister. ER aber verweigert ihnen jedes Zeichen (vgl. Verweigerung *eines Zeichens*, Matthäus 12,38-45,16,1-4). Es soll ihnen, wie ER sagt, kein anderes Zeichen gegeben sein denn das des Jona. Seine Jünger aber, die sich weniger um ihn sorgen denn darum, vergessen zu haben das Brot für ihre weitere Reise, warnt ER vor solchen Hütern des Wortes, denen nicht an der Ehre Gottes gelegen sei, sondern an der eigenen Ehre. *„Hütet euch vor dem Sauerteig der Pharisäer und Sadduzäer"* (Matthäus 16,5), so seine Worte. Worte, die anderes bedeuten, als dass aufgeht der Sauerteig der Heuchler, dass zunimmt die falsche Lehre und sich verbreitet mehr und mehr? Worte, damals so gültig wie heute: Worte, die auch verstanden wurden und werden? Seine Jünger jedenfalls missverstehen ihn gründlich und beziehen seine Rede auf das Brot, das sie vergessen haben mitzunehmen.

Und da ER merkt, wie gründlich sie ihn missverstehen, tadelt ER sie ob ihres Kleinglaubens. *„Warum macht ihr euch Sorgen um euer Brot? Versteht ihr immer noch nicht? Habt ihr die 5 Brote vergessen, die reichten für 5000 oder die sieben Brote, die reichten für 4000 und beide Male sammelte man noch ein von den Resten* (vgl. *Speisung der Massen*, Matthäus 14,13-21)*? Versteht ihr denn nicht, dass ich nicht vom Brot rede, sondern vom Sauerteig der Pharisäer und Sadduzäer?"*

Die Jünger begreifen: Nicht vom Brot, das nährt, spricht ihr Meister, sondern vom Sauerteig, der zwar aufgeht, aber nicht nährt: von der bösen Saat, der Lehre der Pharisäer und Sadduzäer ist die Rede. Von ihrem teigigen Wort, das vorgibt zu nähren, in Wahrheit aber sauer macht und jeden verdirbt, der davon kostet. Denn jene, die vorgeben, die Lehre rein halten zu wollen, sind in Wahrheit Hüter ihres eigenen Wortes, ihres eigenen Einflusses, ihrer eigenen Macht. Ihre Heuchelei aber wird noch zunehmen mit der Zeit, wie auch der Sauerteig zunimmt mit der Zeit (vgl. Lukas 12,1-3). Und ist aufgegangen der Sauerteig? Was ist geworden aus der Lehre all der Heuchler, die predigten Wasser und soffen selbst Wein (Jesaja 56,12), die führten in die Irre und abverlangen dem Volk, was sie selbst zu geben nicht bereit waren?

Der Sauerteig der Heuchler wird aufgehen, prophezeit ER ihnen, noch bevor sie gelangt sind in die Gegend um Cäsarea Philippi. Ein Landstrich, der bis 34 n.u.Z. unter Oberhoheit steht des Philippus: Bruder des Herodes Antipas (Tetrarch bis 39 n.u.Z. von Galiläa und Peräa), der nahm seines Bruders Weib Herodias zu seinem eigenen, was ihm der Täufer zum Vorwurf gemacht und schließlich mit dem Leben bezahlt hatte. Im Land, das steht für Verrat und Ehebruch, dort fragt ER seine Jünger, was man sich denn so erzähle hier, für wen

sie hielten des Menschen Sohn? Und seine Jünger antworten ihm, etliche sähen in ihm Johannes, den Täufer, der wieder auferstanden sei, andere wieder
meinten, er sei Elijah, wieder andere sähen in ihm Jeremia oder sonst einen
Propheten. „Und für wen haltet ihr mich?", fragt ER sie. Stellt ER ihnen hier
eben jene Frage, die seit Goethes Faust als "Gretchenfrage" bezeichnet wird:
Wem verschriebst du dich? Halten sie mit ihm, halten sie mit Gott, halten sie
Wort?

Ein klares, eindeutiges Bekenntnis fordert ER seinen Jüngern ab, und
Simon/Petrus, der Erste, den ER erwählte, ist auch der Erste, der sich bekennt
mit den Worten (Matthäus 16,15-19, vgl. Lukas 9,20): *Du bist der Messias, der
Sohn des lebendigen Gottes.* " Und ER antwortet ihm: *„Selig bist du, Simon;
denn was du sagst, hat dir nicht offenbart dein Fleisch und Blut, sondern mein
Vater im Himmel. Ich aber sage dir, du bist Petrus, der Fels, der feste Grund,
auf den ich errichten will die Gemeinde derer, die nicht überwältigt werden von
den Pforten der Hölle* (Synonym des Bösen). *Und so will ich dir denn geben die
Schlüssel des Himmelreiches, zu binden auf Erden, was auch im Himmel gebunden ist, zu lösen aber auf Erden alles, was auch im Himmel gelöset ist."*
Aufgeschlossen werden kann allein dem, der aufgeschlossen ist und einge-
bunden sein will in die Gemeinschaft mit Gott. Wer sich aber selbst verschließt,
wer Gott ausschließt und alle Gemeinschaft mit IHM, der bleibt am Ende selbst
der Ausgeschlossene.

Und ER verpflichtet sie darauf, niemandem zu sagen, dass ER der Messias sei,
der Christus, der Gesalbte des HERRN. Warum sollen ihn seine Jünger nicht
bekennen vor aller Öffentlichkeit als den, der ER ist? Kann und will ER denn erkannt werden vom Volk, weil einer seiner Jünger, einer seiner Schüler sagt, ER
sei der Verheißene? Müssen sie ihn nicht selbst erkennen? So sie ihn aber zur
Stunde nicht erkennen, ihn, der wandelt und wirkt mitten unter ihnen, wie sollten sie ihn erkennen, wenn ER erst von ihnen gegangen ist? Sein eigener Leidensweg steht ihm spätestens seit des Täufers Tod überdeutlich vor Augen,
wie ihm auch vor Augen steht, dass es ihm vergönnt ist, zu tun, was Johannes
verwehrt war: seine Jünger vorzubereiten auf das, was geschehen soll und geschehen muss, vorzubereiten mithin auf sein bevorstehendes Leiden, seinen
Tod sowie seine Auferstehung am dritten Tage.

Da ER nun ankündigt seinen Leidensweg, wehrt Petrus ab: *„Dir widerfahre solches nicht, das verhüte Gott!"* Petrus, dem doch der Schlüssel gegeben ist, ent-
schlüsselt sein Wort nicht, weshalb ER ihn denn anfährt: *„Weiche von mir Satan und geh mir aus den Augen; denn du weißt nicht, was göttlich ist und was
menschlich."* Und weiter fragt ER seine Jünger: *„Was hülfe es dem Menschen,
so er gewönne die ganze Welt und nähme doch Schaden an seiner Seele*
(Matthäus 16,26)*?"* Teuer soll den Jüngern nicht sein ihr Leib, der vergeht auf
Erden, so oder so, teuer soll ihnen allein sein ihre Seele, die da ist ewig. Denn
ER wird zurückkehren in aller Herrlichkeit seines Vaters *und einem jeglichen
vergelten nach seinen Werken.* Verstehen die Jünger jetzt, dass ER ihnen

spricht vom ewigen Leben oder fragen sie sich gleich Petrus: Wie soll Gott zulassen solchen Frevel, dass sein Gesandter, sein Gesalbter verfolgt und getötet wird auf Erden? Wer kennt sie nicht die Frage, die immer wieder laut wird angesichts des Elends und des Leids dieser Welt: Wie kann Gott das zulassen?

Der ersten Ankündigung seines bevorstehenden Leidens, seines Todes sowie seiner Auferstehung (Matthäus 16,21-28, Markus 8,31-9,1, Lukas 9,22-27) folgen zwei weitere (Matthäus 17,22-23, Markus 9,30-32, Lukas 9,43-45 und Matthäus 20,17-19, Markus 10,32-34, Lukas 18,31-33). Dreimal kündigt ER an seinen Jüngern, was geschehen soll und geschehen wird. Warum ausgerechnet dreimal? Steht die Drei hier für die Dreieinigkeit: den Vater, den Sohn und den heilen Geist? Steht sie für den Geist, das Wort und das Werk; denn kann der Geist (der da schwebte über dem Wasser, 1. Mose 1,2) wirken ohne Wort? Und das Wort, was ist es ohne Geist, ohne Werk? Oder steht die Drei für das vergangene, das gegenwärtige sowie das zukünftige Geschehen; denn war da nicht Leid in der Vergangenheit, ist da nicht Leid in der Gegenwart und wird demzufolge auch Leid sein in der Zukunft? Und ist dieses Leid etwa Gott gewollt oder ist es – gleich dem Kreuz – gezimmert von Menschenhand? Geschieht das Leid, das Unheil in Vergangenheit, Gegenwart und Zukunft nicht eben darum, weil zerbrach, was heil sein sollte? Und kann darum erst überwunden werden alles Leid, wenn geheilt ist, was zerbrach im Anbeginn: der Bund mit Gott?

Denn sie verfolgen, den du geschlagen hast, und reden gern von dem Schmerz dessen, den du hart getroffen hast. Lass sie also fallen aus einer Schuld in die andere, auf dass sie nicht kommen zu deiner Gerechtigkeit. Tilge sie aus dem Buch des Lebens, nicht geschrieben sollen sie stehen bei den Gerechten (Psalm 69,27-29).

„Wer ihm nachfolgen wolle", bedeutet ER seinen Jüngern, als ER erstmalig spricht von seinem bevorstehenden Leid (und damit auch spricht von dem, was den Jüngern selbst bevorsteht), *„der verleugne sich selbst und nehme auf sich sein Kreuz. Denn wer sein Leben erhalten will, der wird's verlieren; wer aber sein Leben verliert um meinetwillen, der wird's finden."* Und weiter bekräftigt ER: *„Wahrlich, ich sage euch: Etliche stehen hier, die nicht schmecken werden den Tod, bis sie kommen sehen das Reich Gottes in all seiner Herrlichkeit und Macht"* (Matthäus 16,24-28). Und hat ER sie nicht gelehrt eben darum zu bitten ihren Vater im Himmel und zu beten: *Dein Reich komme, dein Wille geschehe, wie im Himmel, also auch auf Erden*? Sind sie nicht wie tot, so sie selbst nicht erwarten, das eintreffe, worum sie bitten, wie tot, so sie meinen, bitten zu dürfen, ohne selbst willens zu sein zu geben: zu tun den Willen dessen, den sie bitten und auf sich zu nehmen ihr Kreuz und zu arbeiten im Weinberg des HERRN?

Sechs Tage nach seiner Rede führt ER Petrus, Jakobus und dessen Bruder Johannes hinauf auf einen hohen Berg. *Nach sechs Tagen* – in sechs Tagewerken schuf Gott Himmel und Erde und ruhte hernach aus von seinem Werk. Ist nunmehr auch vollbracht das Werk des Sohnes und die Zeit für ihn gekommen, auszuruhen von seinem Werk? Und sind seine Jünger im Bilde, im Bilde und bereit fortzuführen, wofür ER den Grundstein legte? Oder führt ER sie eben darum hinauf auf den Berg, dass ihnen offenbart werde ... Einst wurde Mose offenbart auf einem hohen Berge der Wille Gottes, soll nun enthüllt werden den drei Auserwählten, was bislang verborgen blieb? Auf der Höhe jedenfalls durchfährt es seine Jünger wie ein Geistesblitz: das Antlitz ihres Rabbis, ihres Lehrmeisters, das ihnen doch vertraut schien, mit einem Male erscheint es ihnen in einem anderen, in einem helleren Licht: durchflutet scheint ER ihnen von höherer Wahrheit. Im Lichte von Mose und Elijah sehen sie ihn – von den Evangelisten beschrieben als *Verklärung* (Matthäus 17,1-13; Markus 9,2-13, Lukas 9,28-36). Verklärt sich den Jüngern das (Heils)Geschehen in eben diesem Augenblick oder erklärt es sich?

Und da Petrus noch ganz erfüllt ist von dem, was ihm da leuchtend vor Augen steht und ergriffen fragt, ob er daselbst *drei Hütten*, drei Gedenkstätten errichten solle, *überschattet sie eine lichte Wolke und sie hören eine Stimme: Dies ist mein geliebter Sohn, an dem ich Wohlgefallen habe* – hier geschieht, was schon geschah an jenem Tag, da ER hinzog zu Johannes, sich taufen zu lassen (vgl. *Die Taufe,* Matthäus 3,13-17). Die Jünger erschrecken über alle Maßen und fallen nieder auf ihr Angesicht. Da ER ihnen aber bedeutet: *„Steht auf und fürchtet euch nicht!"* und sie wieder aufblicken, sehen sie allein ihn, Ihren Rabbi, ihren Lehrmeister, der eindringlich mahnt, bloß nicht verlauten zu lassen, wessen sie hier ansichtig wurden, bis zum Tage seiner Auferstehung. Warum sollten die Jünger schweigen? Auf dass nicht auch sie verfolgt werden, verfolgt werden vor der Zeit. Denn wie hätte das Volk, mehr noch, wie hätte der Hohe Rat, die Pharisäer und Sadduzäer, reagiert, so die Jünger erklärt hätten, hoch oben auf dem Berg habe Gott, der HERR zu ihnen gesprochen und bezeugt seinen geliebten Sohn? Zu Gott zu reden: zu beten, mag Gebot sein, religiöse Pflicht oder kulturelles Überbleibsel, dass Gott aber zu reden vermöchte zum Menschen, das erscheint, heute wie damals, abwegig, irre, psychotisch? Sprach nicht aber Gott zu den Menschen von Anbeginn – sprach Gott nicht zu Adam, zu Noah, zu Abraham, zu Mose und zu den Propheten, wie sollte der Vater nicht sprechen zu seinem Sohn? Und wer hätte aufschreiben sollen das Wort des HERRN, so es nicht enthüllt worden wäre vom Höchsten selbst?

Und als sie wieder hinabsteigen vom Berg und seine Jünger, noch ganz erfüllt vom göttlichen Geschehen, ihn fragen, wie das alles sein könne; da doch die Schriftgelehrten lehrten, dem Messias voran müsse erst gehen der große Prophet Elijah? Und hat der Rufer in der Wüste: der Täufer etwa nicht bereitet den Weg, sagte ER ihnen nicht, Elijah sei schon gekommen? *„Aber sie haben ihn nicht erkannt, sondern haben mit ihm getan, was sie wollten. Also wird auch leiden müssen des Menschen Sohn"* (Matthäus 17,12-13).

Kinder Abrahams

(Johannes 8,21-59)

Auch dem Volk spricht ER davon, dass ER fortgehe und sie ihn suchen werden, nicht aber zu ihm gelangen könnten. Denn: *„Ihr seid von unten, ich aber bin von oben; ihr seid von dieser Welt, ich aber bin nicht von dieser Welt. Darum habe ich euch gesagt, dass ihr sterben werdet in euren Sünden; denn so ihr nicht glaubet, dass ich es bin, so werdet ihr sterben in euren Sünden."* Und zu den Juden, die zum Glauben kommen an ihn, sagt ER: *„So ihr festhaltet an meiner Rede* (Wort dessen, der ihn sandte), *so seid ihr meine wahren Jünger und werdet erkennen die Wahrheit, und die Wahrheit wird frei euch machen."* Da entgegnen sie ihm: *„Wir sind Kinder Abrahams und niemals jemandes Knecht gewesen. Wie kannst du sagen: Ihr sollt frei werden?"* – *„Wahrlich, wahrlich",* gibt ER zurück, *„ich sage euch: Wer die Sünde tut, der ist der Sünde Knecht."*

Ist etwa frei, wer liebt die Sünde, wer dient der Lüge; wie wollte ein solcher jemals gelangen zur Wahrheit? Bleibt der Mensch nicht versklavt, so lange er Gefangener ist seiner eigenen Sünden, seiner Untaten, Verbrechen und Lügen? Zieht nicht jede Untat, jede Lüge stets die nächste nach sich? Verstrickt sich, wer frönt der Sünde und der Lüge, nicht in ein Netz, aus dem es kein Entrinnen mehr gibt? Befreit allein die Wahrheit? Wer liebt die Wahrheit, der schützt die Freiheit, wer aber liebt die Lüge, der dient dem Sklaventum? Die Lüge aber ist Kind ihrer Zeit, wie wollte sie bestehen ewiglich? Die Wahrheit indes ist zeitlos, ist ewig. Kündet ER nicht von eben dieser Wahrheit: vom Wort des Vaters? Sie aber suchen ihn zu töten wegen seiner Lehre und wollen doch Kinder sein Abrahams, in dessen geistiger Nachfolge sie sich sehen?

Als ER derart in sie dringt, fragen sie nach seiner Herkunft und halten ihm vor den Makel der unehelichen Geburt. Sie aber, so halten sie sich zugute, seien nicht unehelich geboren, und weiter bekennen sie: *„Wir haben einen Vater: Gott."* ER aber spricht zu ihnen: *„Wäre Gott euer Vater, so liebtet ihr mich; denn ich bin nicht von mir selber gekommen, sondern der, den ihr euren Vater heißt, hat mich gesandt. Warum denn versteht ihr meine Sprache nicht? Weil ihr nicht hören könnt mein Wort! Denn ihr habt den Teufel zum Vater und eures Vaters Gelüste sind auch die euren, euer Vater, der da ist ein Mörder von Anfang an und steht nicht in der Wahrheit; denn die Wahrheit ist nicht in ihm."* Denn verführte der alte Teufel (die Schlangenbrut der List) nicht zur Lüge (1. Mose 3,4) und tötete als Folge jenes ersten Abfalls nicht Kain seinen Bruder Abel (1. Mose 4,8)? Wer nun ist Kind der Sünde, Schlangengezücht, Teufelsbrut; wer Kind der Wahrheit, Kind des Lichts, Kind Gottes?

„Wer von Gott ist", entgegnet ER ihnen, *„der hört Gottes Wort; ihr aber hört nicht; denn ihr seid nicht von Gott."* Sie aber erwidern: *„Sagten wir es nicht, dass du ein Samariter* (= Abtrünniger) *bist und des Teufels?!"* ER aber bedeutet ihnen: *„Ich bin von keinem Ungeist besessen, sondern ehre allein meinen*

Vater (den wahren Geist)*, ihr aber entehrt mich. Ich bin nicht aus auf meine Ehre; aber es gibt einen, der sie sucht und richtet. Wahrlich, wahrlich, ich sage euch, wer da hält mein Wort, der wird den Tod nicht schmecken ewiglich.*" Die Juden aber, die das hören, sagen ihm: *„Nun erkennen wir, dass du doch des Teufels bist. Denn Abraham ist gestorben und ebenso die Propheten, wie also kannst du sagen: Wer mein Wort hält, der wird nicht schmecken den Tod ewiglich?"* ER aber entgegnet ihnen, sie verstünden nicht, weil sie nicht begreifen wollten, dass es sein Vater sei, der ihn ehre, sein Vater, von dem sie sagen, er sei ihr Gott, den sie aber nicht kennen. ER aber kenne seinen Vater und halte sein Wort. Abraham, den sie ihren Vater hießen, habe sich gefreut, als er erfuhr, dass er sehen solle seinen Tag.*

Im ersten Buch Mose (17,17-19) steht geschrieben, dass Abraham lachte, als ihm, dem Hochbetagten kundgetan ward, ihm würden Nachkommen geboren, mit denen Gott schließen werde einen ewigen Bund. Wer nun sind die Kinder Abrahams, die stehen in wahrer Nachfolge und die schließen den ewigen Bund mit Gott? Direkte Nachkommen Abrahams sind zwei Söhne: Isaak, den ihm gebar sein Weib Sarah und Ismael, den ihm gebar Sarahs Magd Hagar (vgl. 1. Mose 21). Die Nachfahren Isaaks stehen in jüdisch-christlicher Tradition, die Nachfahren Ismaels in islamischer Tradition. Bekennen sich nun die Juden, wie sich bekennen die Christen? Und die Nachfahren Ismaels, bekennen sie sich unisono zu dem, was geschrieben steht in ihrer Heiligen Schrift: dem Koran?

Sprecht: Wir glauben an Gott und an das,
was uns geoffenbart worden ist,
was Abraham, Ismael, Isaak, Jakob und den
Stammesvätern geoffenbart worden ist,
was Moses und Jesus überliefert worden ist,
und was den Propheten von ihrem HERRN *überliefert …*
(2. Sura von der Kuh, 130)

Seinerzeit glauben ihm die Juden nicht; ist ER ihnen nicht verwandt, ist ER nicht einer der Ihren? „Wie kannst du behaupten", fragen sie ihn, „Abraham gesehen zu haben, du, der du doch noch jung bist an Jahren und hast die 50 längst nicht erreicht?" Die Zahl 50 galt als Gnaden-Maß, denn erst nach dem 49. Jahr (7 zum Quadrat) konnte etwas Neues beginnen: ein Jubeljahr, ein Sabbatjahr – ein Erlassjahr des HERRN. Was antwortet ER auf solchen Vorwurf, nicht reich genug zu sein an Jahren? *„Wahrlich, wahrlich"*, erwidert ER ihnen, *„ehe denn Abraham war, bin ich."* Abraham folgte dem Wort Gottes, aber das Wort Gottes war vor Abraham. Sprach Gott nicht zuallererst zu Adam? Und so ER sich nennt des Menschen Sohn, nennt ER sich da nicht Nachkomme Adams? Sohn Adams, geliebt von Gott und doch gemordet – gemordet vom Bruder? Ist das die Wahrheit, wollen sie ihn darum steinigen, weil ER entdeckt des Übels Wurzel, entdeckt, wes Geistes Kind sie sind: Söhne des Brudermörders und des Todes, nicht aber Kinder Gottes: Kinder des Lebens? Leben aber ist unaufhörlich, Leben bahnt sich immer einen Weg, setzt sich fort, wie denn auch Seth (= Setzling) gesetzt war für den erschlagenen, gemordeten Abel (1. Mose 4,25-26); also ist auch des Menschen Sohn gekommen, auf dass angerufen sei der Name des HERRN – wie zu Zeiten des Seth?

Drei Brüder, ein Vater – drei Bruderreligionen, ein Gott: Wer steht in wessen Nachfolge? Wirkt nicht fort, was da war; gibt es denn den einen und den anderen Gott: einen Gott der Alten und Ältesten und einen anderen der Jungen und Jünger? Ist da nicht allein ein Sein, eine Wahrheit, ein Gott? Wer aber ist Kind dieses einen Seins, dieser einen Wahrheit, dieses einen Gottes?

Bruderhass und Bruderliebe
(Matthäus 18,1-20)

Der Streit um die Vaterliebe, die Frage, wer dem Vater, wer Gott näher stehe, erhitzt auch die Gemüter der Jünger, und so kommen sie, ihren Meister zu fragen, wer der Größte denn sei im Himmelreich? Zeigt sich hier erstes Konkurrenzstreben, keimt erneut auf, was seit Urzeiten Wurzel ist allen Übels: der Rangstreit unter Brüdern, das Begehren, über den anderen zu stehen, näher dem Vater zu sein denn der Bruder? Und wie reißt ER aus diesen faulen Keimling, diese aufglimmende Glut, wie tritt er aus den verzehrenden Glaubenseifer, den blinden Bruderhass? Ein Kind stellt ER ihnen in ihre Mitte und nimmt sie ins Gebet: *„Wahrlich, ich sage euch, so ihr nicht umkehret und werdet wie die Kinder, so werdet ihr nicht ins Himmelreich gelangen. Wer aber erträgt, so klein zu sein wie dieses Kind hier, der wird im Himmelreich der Größte sein. Und wer ein solches Kind aufnimmt um meinetwillen, der nimmt mich auf. Wer aber einen von diesen Kleinen, die glauben an mich, verführt zum Bösen, für den wäre es besser, ihm wäre ein Mühlstein gebunden um seinen Hals und er würde versenkt werden im tiefen Meer. Hütet euch also davor, einen von diesen Kleinen zu verachten; denn ich sage euch, ihre Himmelsboten sehen stets das Angesicht meines Vaters; ist doch des Menschen Sohn gekommen, selig zu machen, was verloren ist."*

Wofür steht das Kind, das gestellt ist in ihre Mitte? Steht es für die Unschuld oder für die Kleinheit (ein Kind galt nichts der damaligen Zeit)? Kann unschuldig bleiben, wer entwächst aller Kleinheit? Geht das Streben nach Größe nicht zu Lasten dessen, der überboten, der übertrumpft werden soll? Und wer groß ist in dieser Welt, ist der auch groß vor Gott? Fällt es dem, der groß ist und viel sein eigen nennt, leicht Gott zu preisen und zu danken für das, was er hat und ist; und fällt es dem, der klein ist und nichts besitzt und nichts gilt, ebenso leicht Dank zu sagen und zu preisen den HERRN? So nun beide Gott preisen und danken, welcher Lobpreis, welche Danksagung gilt da mehr vor dem HERRN; welcher wird der Größere sein vor Gott? So ER spricht von der wahren Größe, spricht er da auch von der Zukunft: steht das Kind ebenso für das, was noch kommen wird: die nachfolgende Generation, die glauben wird, obschon sie nicht sieht mit eigenen Augen und nicht hört mit eigenen Ohren? Klein vor der

Welt, aber groß vor Gott – größer denn die Jünger, die sahen mit eigenen Augen und hörten mit eigenen Ohren?

Im Evangelium nach Markus (9,33-47) und im Evangelium nach Lukas (9,46-48) wird nicht nur berichtet über den Rangstreit der Jünger und die Größe der Kleinheit vor Gott, sondern auch über einen *fremden Wundertäter,* der seinen Jüngern offensichtlich ein Dorn ist im Auge, weil er ihnen nicht folgt und doch Wunder tut und heilt. Wie sollen sie diesem fremden Wundertäter begegnen, der keiner ist der Ihren, sondern eigene Wege beschreitet – und doch wirkt wie sie? Was antwortet ER ihnen? *„Wer nicht wider uns ist, der ist für uns!"* Nicht jeder, der eigene, der fremde Pfade beschreitet, muss Gegner sein oder gar Feind. Denn wer wirkt und heilt, kann nur wirken und heilen in Gott. Wie aber sollte Gegner sein, wer wirkt und heilt in Gott? Welche der drei (monotheistischen) Bruderreligionen kann für sich in Anspruch nehmen, Gott näher zu sein, welche wollte die Nase rümpfen über die andere? Sind nicht vielmehr jene, die Gott leugnen oder missbrauchen seinen Namen, die eigentlichen, die wahren Widersacher? Warum empören sich die Brüder wider einander, statt sich zu empören über ihre eigentlichen Widersacher: die Gottlosen?

Wie sollte Bruderliebe je entzweien? Stärkt sie nicht, vereint sie nicht, führt sie nicht zusammen, was zusammengehört: was gezeugt und bezeugt ist vom Vater im Himmel? *Sündigt aber dein Bruder,* heißt es weiter im Evangelium nach Matthäus (18,15-22), *so sprich mit ihm allein und halte es ihm vor Augen. Hört er dich, so hast du gewonnen einen Bruder. Hört er dich aber nicht, dann nimm einen oder zwei mit dir, wie denn jegliche Sache stehen soll auf der Aussage zweier Zeugen Mund. Hört er auch dann noch nicht, so wende dich an die Gemeinde. Hört er auch auf die Gemeinde nicht, dann sei er für dich wie ein Heide und Zöllner. Wahrlich, ich sage euch, was ihr binden werdet auf Erden, das wird auch gebunden sein im Himmel, was ihr aber lösen werdet auf Erden, das wird auch lose sein im Himmel. Weiter sage ich euch: So zwei unter euch eins werden wollen und bitten darum, also wird es ihnen auch widerfahren von meinem Vater im Himmel. Denn wo zwei oder drei versammelt sind in meinem Namen, da bin ich mitten unter ihnen.*

Vereint sein mit dem Bruder – das viel beschworene Ideal der Brüderlichkeit! Im Mittelalter führte es zu Mönchtum und Klosterwesen, in der Neuzeit zur Revolution (vgl. *Christlich-abendländischer Streifzug*): "Alle Menschen werden Brüder" – ein hehres Ideal, das noch harrt der Verwirklichung? *Wer etwas Unrechtes findet an seinem Bruder, der nehme ihn beiseite* und posaune nicht hinaus in die Welt, was seinen Bruder befleckt, auf dass er nicht selbst befleckt werde durch üble Nachrede? Wer wollte besudeln den Bruder, so er ihn liebt, wer ihn bestrafen, statt ihn zu schützen? Wer wahrhaft zurückbringen will den Bruder auf den "Pfad der Tugend", wie dürfte der nachlassen in seinen Bemühungen? Wenn aber vergeblich ist alle Belehrung, aller sanfte Druck, soll der Bruder nicht mehr als Bruder angesehen werden, sondern als Heide? Wie oft nun muss sich jemand bemühen um seinen Bruder, auf dass er zurückfinde auf den rechten Pfad, wie oft ihm verzeihen, wenn er abweicht, wenn er sündigt. *„Wie oft", fragt Petrus seinen Meister* (Matthäus 18,21-22): *„siebenmal, ist das genug?"* Und was antwortet ER dem Petrus: *„Nicht siebenmal, sondern sieben-undsiebzigmal."* Und im Lukas-Evangelium (17,4) heißt es: *„Und wenn dein Bruder sich siebenmal am Tag gegen dich versündigt und siebenmal zu dir kommt und sagt: Es reut mich, so vergib ihm."*

Die Pflicht zur Vergebung besteht, so lange der Bruder bittet um Vergebung; denn so lange der Bruder bittet um Vergebung, bittet er da nicht auch um Wie-derherstellung der Gemeinschaft? Was aber, wenn der Bruder weder bereut, noch bittet um Vergebung? Kann vergeben werden, wo nicht bereut, wo nicht um Vergebung gebeten, sondern behauptet wird: Ich war's nicht? Wie einst Eva von sich wies ihre Schuld und zeigte auf die Schlange, wie Adam zeigte auf sein Weib und ebenso verneinte eigene Schuld nach dem Biss in die verbo-tene Frucht (vgl. 1. Mose 3,11-13). Wer aber wollte herausfinden aus seiner Schuld, der sie verleugnet oder verdrängt? Das Bekenntnis zur eigenen Schuld als Voraussetzung zur Wiederherstellung aller Gemeinschaft: religiöse Pflicht, wie die zu vergeben seinem Bruder?

Bündnistreue und Bündnisbruch
(Matthäus 19,1-12, Markus 10,1-12)

Abermals treten die Pharisäer vor ihn hin, ihn auf die Probe zu stellen und fra-gen scheinheilig, ob sich ein Mann scheiden lassen dürfe von seinem Weibe aus jedem beliebigen Grunde? *„Habt ihr nicht gelesen", fragt ER zurück, „dass der im Anfang schuf den Menschen, sie schuf als Mann und als Weib? Und steht nicht ebenso geschrieben* (1. Mose, 2,24): *Darum wird ein Mann seinen Vater und seine Mutter verlassen und anhängen seinem Weibe, und sie wer-den sein **ein** Fleisch? Was Gott zusammengefügt hat, das soll der Mensch nicht scheiden."* – *„Wozu",* fragen da die Pharisäer weiter, *„hat uns Mose dann geboten, einen Scheidungsbrief auszustellen, so man sich scheide?"* – *„Mose hat euch allein darum erlaubt, euch scheiden zu lassen",* antwortet ER *ihnen, „weil er kannte eures Herzens Verstocktheit. Ich aber sage euch, wer sich von seinem Weibe scheidet aus einem anderen Grunde denn dem der Hurerei, und bindet sich an eine andere, der bricht die Ehe."*

So der Mensch nicht hält den Bund, den er geschlossen hat als Mann und Weib, wie will er da halten den Bund mit Gott? Und wer – wie ein Pharisäer – sich beruft auf die gesetzlichen Möglichkeiten, auf die Rechtmäßigkeit eines Scheidungsdokuments, wird der nicht immer einen Grund finden, aus der Ehe auszubrechen? Wie viele der damaligen Juden mögen sich getrennt haben von ihren, ohne Schutz der Ehe ebenso recht- wie mittellosen, Weibern – nicht aus dem vorgetragenen Grunde, sondern weil sie in Wahrheit überdrüssig waren ih-rer Ehe und begehrten eine Andere (vgl. Matthäus 5,31-32: *Bergpredigt*)? Und wie viele lassen sich heute scheiden – aus welchem Grund? Wie häufig ist heute der Grund, überdrüssig zu sein des Anderen oder erlegen dem trügerischen Schein: beim nächsten Mal wird alles besser? Die Ehe zu halten und nicht zu brechen, ist eins der Zehn Gebote (2. Mose 20,14). ER lässt als Scheidungsgrund nur einen einzigen, den Ehebruch tatsächlich bescheinigenden Grund zu: Hurerei. Im Markus-Evangelium ist gar kein legitimer Grund angeführt: Wie wollte sich scheiden, was Eins geworden ist? Ist aber Eins, wer sich hingibt der Hurerei?

Nach dem Johannes-Evangelium (8,1-11) stellen Pharisäer und Schriftgelehrte ihm noch eine weitere Falle: Sie bringen zu ihm ein Weib, das ertappt wurde beim Ehebruch, und fragen ihn, ob Ehebrecher nicht zu töten, also zu steinigen seien (denn das war die im Judentum übliche Todesstrafe) nach dem Gesetz (3. Mose 20,10)? Sie fragen ihn aber nur, um endlich etwas gegen ihn in der Hand zu haben, ihm nachzuweisen, eben nicht zu halten das Gesetz des Mose. ER aber sagt und schreibt es in den Sand (als könne zum Leben ER erwecken den toten Grund?): *„Wer von euch ist ohne Schuld, der werfe den ersten Stein!"* Und da niemand wagt, den ersten Stein zu heben, sagt ER der Ehebrecherin: *„Gehe hin und sündige fortan nicht mehr."* Wer ist der tote Stein, wer hat gebrochen den Bund und wer erkennt den wahren, den tiefen Grund, wer findet zurück, eben weil er bekennt die eigene Schuld und nicht zeigt auf die des Anderen?

Haben die Pharisäer ihn nun verstanden, und seine Jünger, begreifen wenigstens sie? Ist es denn so schwer zu halten den Bund? Seinen Jüngern jedenfalls scheint es so, fragen sie ihn doch, ob es nicht besser sei, erst gar keinen Ehebund zu schließen? Woraufhin ER ihnen antwortet (Matthäus 19,11-12): *„Was ich euch jetzt sage, kann nicht jeder fassen; fassen kann es allein der, dem es gegeben ist, zu fassen dieses Wort: Etliche enthalten sich der Ehe, weil sie von Geburt an unfähig sind zur Ehe; etliche enthalten sich, weil sie vom Menschen untauglich gemacht wurden zur Ehe; und etliche enthalten sich, weil sie verzichten wollen auf die Ehe um des Himmelreiches willen. Wer es fassen kann, der fasse es."*

Und kann und soll sein Wort erfasst werden kraft des Verstandes allein, bedarf es nicht neben einer Verstandesbildung auch einer Herzensbildung: einer mitfühlenden Seele? Einer Seele, die sich fragt, wie in einer unheilen Welt geschlossen werden solle ein heiler Bund? Warum enthalten sich etliche der Ehe: weil sie zeugungsunfähig sind von Geburt an oder zeugungsunfähig ("verschnitten") wurden durch missglückten chirurgischen Eingriff oder bindungsunfähig durch traumatisches Erlebnis? Wer nicht anhängt einem Weib, weil er nicht kann oder nicht will, kann oder will sich auch nicht fortpflanzen, was im Hinblick auf die Menschheitsentwicklung eher zu bedauern oder zu begrüßen wäre? Wenn ER zu verstehen gibt, etliche enthielten sich der Ehe um des Himmelreiches willen, preist ER da nicht Ehe- und Kinderlosigkeit?

Der Zölibat, das Gebot der Enthaltsamkeit und Ehelosigkeit katholischer Geistlicher, findet hier seinen Ursprung. Um die Einhaltung der Enthaltsamkeit: der Ehelosigkeit kämpfte im 11. Jh. besonders die Reformbewegung von Cluny sowie Papst Gregor VII. Seither ist der Zölibat immer wieder bekräftigt und bestätigt worden, so in der Enzyklika Papst Paul VI. von 1967. Die evangelische Kirche dagegen kennt keinen Verzicht auf Ehe und Nachkommenschaft um des Himmelreiches willen. Wer ist näher seinem Wort: der sich enthält der Ehe oder der sich enthält der Begierde?

Petrus, der Fels, auf dem sich gründen sollte die Gemeinschaft derer, die Gott angehören, Petrus, in dessen Nachfolge bis heute steht das Oberhaupt der katholischen Kirche, hatte er nicht geschlossen den Bund der Ehe, bevor er berufen war zum ersten Jünger? Wie sonst hätte ER heilen können dessen Schwiegermutter (vgl. *Im Heim des Petrus*, Matthäus 8,14-17)? Und die anderen Jünger, waren auch sie gebunden an ein Weib oder lebten sie im Zölibat? Und ER, ist ER nicht bezeugt als Bräutigam, von dem der Täufer sagt, ER sei es; denn*: „Wer die Braut hat, ist der Bräutigam"* (vgl. Johannes 3,29)? Ist die Braut aber schon die Seine? Muss sie nicht erst erweckt werden, wie erweckt wurde des *Synagogenvorstehers Tochter* (vgl. Matthäus 9,18-34)? Wie sollte das Heilsgeschehen abgeschlossen sein schon mit dem Bräutigam: dem Sohn; noch bevor gekommen ist die Braut: die Tochter? Adam, der erste Mensch: geschaffen zum Bilde Gottes und Eva, sein Weib: gebaut, geformt, gebildet aus dem, was schützt und stützt Adams Innerstes – seine Rippe (1. Mose 2,21). Muss die Braut, mit der ER schließen wird den heilen Bund, nicht ebenso erschaffen werden: geformt aus dem, was sein Innerstes schützt und stützt – sein Wort, das da ist vom Vater? Auf dass an Stelle toten Knochengerüstes gesetzt sei das lebendige Wortgerüst: ein Gerüst, das nicht vergeht, das stützt und trägt über alle Zeiten? Und wann ist gekommen die hohe Zeit, wann wird Hochzeit gehalten (nicht rein symbolisch: hinter hohen Klostermauern, sondern wirklich und wahrhaftig: vor aller Welt)? Wann werden sich verbinden Bräutigam und Braut, wann werden sie sein ein Fleisch und ein Bein? Dann, wenn sie auch sein werden ein Herz und eine Seele, ein Geist?

„Lasset die Kinder zu mir kommen, hindert sie nicht daran! Denn solchen wie ihnen gehört das Himmelreich!", das sagt ER *seinen Jüngern, die versuchen, die Kinder zu hindern, zu ihm vorzudringen. Und* ER *legt den Kindern die Hände auf und segnet sie* (Matthäus 19,13-15, Markus 10,13-16, Lukas 18,15-17). ER segnet die Kinder, die nachfolgende Generation und propagiert zugleich den Verzicht auf Ehe, auf Kinder, wie passt das zusammen? Warum denn soll Verzicht geleistet werden, etwa weil es unheilvoll, weil es sündig wäre, so der Mensch sich vereinige und werde, wozu er geschaffen: ein Fleisch und ein Bein? Ist nicht das eigentliche Unheil, dass es sich fortpflanzt von Generation zu Generation, ist nicht eben das die eigentliche *Erbsünde*? Wer erkennt, dass die Welt voller Schuld ist und voller Unheil, kann der ruhigen Gewissens Kinder setzen in diese unheile, Schuld beladene Welt; muss und wird der nicht zuvorderst versuchen, eine heilere, eine bessere Welt zu schaffen? Soll sich etwa

mehren und fortpflanzen, was faul und schlechten Samens ist? Wie sollte Gutes reifen auf schlechtem Grund, muss nicht erst der Boden bereitet, urbar gemacht werden, auf dass Frucht bringe, was in sich trägt den guten Samen? Und ist ER nicht der gute Same: sein Wort, das da ist vom Vater? Ruft ER zu Enthaltsamkeit und Verzicht auf – aus Liebe zu den Kindern (der Grund, aus dem schon verzichtete der grch. Philosoph Thales auf Nachwuchs)? Denn sind es nicht die Kinder, die nachfolgenden Generationen, die zu tragen haben die Schuld, die aufgetürmten Lasten ihrer Vorfahren?

Was werden einst sagen die Kinder, die Jungen, die Jüngsten, welche Welt ihnen übergaben die Alten: eine reiche, fruchtbare oder eine arme, ausgeplünderte, ausgehungerte Welt? Was ist ihr Erbe, was ihr Vermögen oder bürdeten ihre Vorfahren ihnen auf nur Lasten und Schulden? Und so sie erbten allein Schuld und Last und ihnen nicht geschenkt war eine fruchtbare Zukunft, werden sie da nicht fragen, warum die Alten sich überhaupt vermehrten? Warum verzichteten sie nicht wenigstens auf Nachwuchs, wenn sie sich sonst schon nicht enthalten konnten, nicht verzichten mochten. Nicht einmal auf den kleinsten Teil ihres "guten Lebens", auf dass auch ihre Nachkommen Anteil hätten am Reichtum dieser Welt? Wie werden die Kinder, die ER da segnet (weil sie empfangen sollen das Himmelreich), richten über ihre Vorfahren; sind die Nachfolgenden nicht Richter ihrer Vorfahren: Richter über die Alten? Werden mithin die letzten der langen Menschheitskette die Jüngsten sein, die sitzen zu Gericht über alle Glieder dieser Menschheitskette: das *Jüngste Gericht*?

Wahrer Reichtum, wahrer Lohn, wahrer Dienst
(Matthäus 19,16-30, Markus 10,17-31, Lukas 18,18-30 sowie Matthäus 20,20-28, Markus 10,35-45)

Und da ein reicher Jüngling zu ihm kommt und ihn fragt, was er tun müsse, um das ewige Leben zu haben, erwidert ER: *„Was fragst du mich nach dem Guten? Gut ist nur* **Einer**. *Willst du also kommen zum ewigen Leben, so halte die Gebote.“ Und da der Jüngling fragt, welche das seien, antwortet* ER: *„Du sollst nicht töten; du sollst nicht ehebrechen; du sollst nicht stehlen; du sollst nicht falsch Zeugnis geben; Vater und Mutter ehren und den Nächsten lieben wie dich selbst“* (2. Mose 20,12-17). *Da nun der Jüngling zusichert, das alles gehalten zu haben und weiter wissen will, woran es ihm dann noch mangele, sagt* ER: *„Willst du vollkommen sein, so gehe hin, verkaufe, was du hast und gib es den Armen, auf dass du einen Schatz habest im Himmel. Dann komm und folge mir nach!“ Als der Jüngling das hört, geht er betrübt von dannen, denn er besitzt der Güter viele. „Wahrlich, ich sage euch“, wendet* ER *sich da an seine Jünger, „ein Reicher wird nur schwer ins Himmelreich kommen. Denn auch das sei euch gesagt: Eher geht ein Kamel durch das Nadelöhr (das kleinste Jerusalemer Stadttor wurde so genannt), als dass ein Reicher gelange ins Reich Gottes.“*

Warum ist es für einen Reichen so schwer ins Himmelreich zu kommen, weil es ihm so schwer fällt, sich zu trennen von dem, was er nennt sein Eigentum? Welcher Reiche aber schuf seinen Besitz aus eigener Kraft, und wer kann ihn behalten auf ewig? Gehört nicht alles auf Erden dem Einen, der da geschaffen hat alles Gut auf Erden: allen Reichtum und jeden Bodenschatz? Und ist es Wille des Schöpfers, dass der Eine reich sei, der Andere aber darbe? Göttlicher Wille, dass der Eine ausgrabe des Anderen (Boden)Schatz (vgl. *Gleichnis vom anvertrauten Gut*, Matthäus 25,14-30)? Sollte nach Reichtum gestrebt, Reichtum gar verehrt werden? Steht nicht geschrieben: *Du sollst keine anderen Götter haben neben mir; du sollst dir kein Bild machen, noch irgendein Zeichen; du sollst den Namen deines* HERRN *nicht missbrauchen und den Sabbat achten, den Ruhetag deines* HERRN (2. Mose 20,3-10)? Wer sich verschreibt dem Reichtum, dient der Gott oder dem Mammon? Wer aber achtet einen anderen Herrn, wie sollte der achten Gottes zehn Gebote? Wer reich ist, mag halten die sechs Gebote, die ER aufzählt dem Jüngling, wie aber sollte, wer frönt dem Reichtum, halten können ebenso die ersten vier? Zählt ER sie darum dem reichen Jüngling erst gar nicht auf? Denn wer wollte Diener sein zweier Herren?

Seine Jünger, die nun hören, wie schwer es ist, ins Himmelreich zu gelangen, entsetzen sich und fragen ihn, wer dann überhaupt noch selig werden könne? ER indes bedeutet ihnen: *„Bei den Menschen ist's unmöglich, bei Gott aber sind alle Dinge möglich."* Wie aber wollte zurückfinden der *verlorene Sohn* (vgl. Lukas 15,11-32) zum Vater, wenn er sich nicht löst von der Welt und ihren Begierden? Die Jünger haben sich gelöst, haben alles zurückgelassen, um ihm nachzufolgen. Was wird ihr Lohn sein? Als Petrus ihn danach fragt, antwortet ER: *„Wahrlich, ich sage euch, wenn die Welt neu geboren und des Menschen Sohn sitzen wird auf dem Thron seiner Herrlichkeit, werdet auch ihr, die ihr mir nachgefolgt seid, sitzen auf zwölf Thronen und richten die zwölf Stämme Israels. Wer um meines Namens willen verlässt Haus oder Hof, Bruder oder Schwester, Vater oder Mutter, Kind oder Acker, der wird empfangen dafür ein Vielfältiges und gewinnen das ewige Leben. Viele aber, die da sind die Ersten, werden die Letzten und die Letzten werden die Ersten sein"* (Matthäus 19,27-30).

12 Throne, 12 Apostel, 12 Stämme des erwählten Gottesvolkes: Welche werden dereinst zählen zu den Ersten, welche zu den Letzten? Wessen Zeit ist wann abgelaufen, wer wird bleiben, wer wird richten über wen? Wer stürzt vom Thron und wer wird bestehen bleiben in den Augen der Nachwelt, in den Augen der Letzten, der Jüngsten, die einst überschauen werden als Erste das ganze Geschehen: alles Tun und alles Lassen auf Erden von Anbeginn bis zum Tage des Jüngsten Gerichts? Werden nicht die Letzten die Jüngsten sein, zu richten über die Alten, zu richten ebenso über die Jünger, die doch waren die Ersten im Glauben? Oder ist weder zu richten über die Zwölf, noch zu richten über deren Nachfolger? Verriet allein Judas seinen Meister? Wer wird Frucht tragen von all jenen, die stehen in der Nachfolge, wer seinen Herrn erschlagen (vgl. *Von der Bosheit der Weingärtner*, Matthäus 21,33-46), wer Hirte sein der *verlo-*

renen Schafe (vgl. Matthäus 18,12-14), wer ein fauler, wer ein fleißiger *Arbeiter im Weinberg* des HERRN (vgl. Matthäus 20,1-16)?

Wer ist ihm fern, wer nah, wer der Nächste? Die Mutter des Jakobus und des Johannes (Söhne des Fischers Zebedäus, die ER berief als zweites Bruderpaar, vgl. *Berufung der ersten Jünger,* Matthäus 4,21), will es genauer wissen und tritt vor ihn hin (ob im eigenen Namen oder im Auftrag ihrer Söhne, darüber berichten die Evangelien nicht explizit, vgl. Matthäus 20,20-28, Markus 10,35-45), um von ihm zu fordern: *„Lass meine beiden Söhne in deinem Reich sitzen, der eine zu deiner Rechten, der andere zu deiner Linken."* ER aber wendet sich in seiner Antwort nicht allein an die Mutter, sondern auch an deren Söhne mit den Worten: *„Ihr wisst nicht, um was ihr da bittet. Könnt ihr denn trinken den Kelch, den ich trinken werde."* Und als sie das bejahen, sagt ER ihnen weiter: *„Meinen Kelch sollt ihr zwar trinken, zu vergeben aber den Platz zu meiner Rechten und Linken, steht nicht mir zu, sondern denen es gegeben ist von meinem Vater."* Als das die Zehn hören, werden sie unwillig über ihre zwei Brüder.

Lodert hier wieder auf die alte Glut des blinden Eifers (vgl. *Die Spaltung unter den Jüngern,* Johannes 6,60-7,13), die brennende Begierde über seinen Bruder zu stehen, sich über ihn zu erheben? Soll es denn nie erlöschen das verzehrende Feuer der Eifersucht? Erregen Jakobus und Johannes den Unmut ihrer Mitbrüder, weil sie sich offenkundig als etwas Besseres erachten? Warum beanspruchen ausgerechnet diese Beiden den Platz zur Rechten und zur Linken ihres Meisters? Weil Johannes der Jünger ist, *den* ER *liebt,* und der solchen Vorrang scheint geltend machen zu wollen bis hinein in alle Ewigkeit, was erst recht ihre Eifersucht erregt? Was aber berechtigt zur Eifersucht auf die Vorliebe eines Anderen; haben nicht alle Menschen Vorlieben, gelten ihre Vorlieben aber auch vor Gott? Welche Vorliebe auf Erden könnte Gott bestimmen in seiner Liebe; kann Gott nicht auch lieben den Ungeliebten auf Erden? Werden es die Geliebten oder die Ungeliebten sein, die sitzen sollen zu seiner Rechten und zu seiner Linken (vgl. *Vom Weltgericht,* Matthäus 25,31-46)? Wer wollte sich erheben vor aller Zeit über alle Zeit, über seinen Bruder, der nach ihm folgt und der vielleicht größer ist als er selbst?

Wer ist unter euch, der einen Turm bauen will und nicht zuvor die Kosten überschlägt und berechne, ob seine Habe reiche, den Bau auch auszuführen, auf dass, so der Grund gelegt ist, er nicht innehalten muss, weil er's nicht zu Ende bringen kann und man seiner spotte. Oder welcher Herrscher zieht in eine Schlacht, ohne zuvor zu beratschlagen, ob die Schlacht auch zu gewinnen oder es nicht besser sei, um Frieden zu bitten den anderen Herrscher. Darum kann auch keiner mein Jünger sein, der nicht absagt allem, was er hat (Lukas 14,28-33). Gilt sein Wort von der Nachfolge auch heute, da *Türme* erbaut werden, ohne zuvor die Kosten zu berechnen und *Schlachten* geschlagen, ohne zuvor zu beratschlagen, ob es nicht besser sei, Frieden zu schließen?

„Die Herrscher halten ihre Völker nieder", sagt ER *seinen Zwölf, „und die Mächtigen tun ihnen Gewalt an. Unter euch aber soll es anders sein: Wer groß sein will unter euch, der diene euch, und wer der Erste sein will unter euch, der sei euer Knecht. Denn auch des Menschen Sohn ist nicht gekommen, sich dienen zu lassen, sondern zu dienen und sein Leben zu geben zur Erlösung vieler"* (Matthäus 20,20-28).

Einzug in Jerusalem

(Matthäus 21,1-11, Markus 11,1-10, Lukas 19,29-38, Johannes 12,12-19)

JeruSalem, die Stätte des Friedens, in der steht der Tempel des HERRN, wofür steht die Stadt zur Zeit römischer Fremdherrschaft – wofür steht sie heute? Für Heiligtum oder Heidentum, für Verheißung oder Fluch, für Frieden oder Krieg? Heilig ist die Stadt bis heute allen drei monotheistischen Bruderreligionen – und doch uneins? Geteilt, weil dem einen (Bruder) heilig ist, was dem anderen gilt als heidnisch? Jerusalem, die Stadt, in der bis heute nicht eingezogen ist der Friede, hier zieht ER ein – auf einem Esel! Auf dass erfüllt werde, was gesagt ist durch den Propheten Sacharja (9,9): *Du, Tochter Zion* (vor-israelitischer Name des SO-Hügels Jerusalems), *juble, und du, Tochter Jerusalem, jauchze! Siehe dein König kommt zu dir, ein Gerechter und ein Helfer, arm und reitet auf einem Esel, auf einem Füllen der Eselin.*

Auf sein Geheiß hin, binden seine Jünger nicht nur eine Eselin los, die angebunden ist ganz in der Nähe, wo sie lagern, sondern binden auch los deren Füllen und führen ihm beide zu; auf dass auch erfüllt werde, was geschrieben steht im 2. Buch Mose (13,13): *Die Erstgeburt vom Esel sollst du auslösen mit einem Schaf; wenn du sie aber nicht auslöst, so brich ihr das Genick. Beim Menschen aber sollst du alle Erstgeburt unter deinen Söhnen auslösen.* Für wen steht hier symbolisch der Esel – wer soll ausgelöst werden; wer Opferlamm sein?

Gemeinhin gilt der Esel als störrisch, als stur, weil er prüft jeden seiner Schritte? Wie sollte IHN tragen, wer nicht prüfte jeden seiner Schritte, tragen das Opferlamm? Denn ist ER nicht gekommen, auszulösen: frei zu kaufen durch sein Blut, das mithin fließen muss und fließen wird? Erkennen die Seinen, erkennt das Volk das Zeichen, das Bild, das ER hier setzt mit dem Einzug in Jerusalem auf einem Esel? Einem Esel, der trägt als Zeichnung das (Schulter)Kreuz: das Kreuz, das werden soll zu seinem (Heils)Zeichen?

„Hosianna" (= hilf doch! – ein alter Flehe-Ruf an Gott wie auch an den König – ein Ruf, der wie ähnlich ist dem römischen "Salve": dem Heil-Ruf?), jubeln sie ihm zu, streuen Blumen auf seinem Weg und wedeln mit Palmzweigen (ein Festtag, der heute als "Palmsonntag" am Ende der 40tägigen Fastenzeit begangen wird). *„Hosianna, dem Sohn Davids! Gelobt sei, der da kommt im Namen des HERRN! Hosianna in der Höhe!"* Das Volk jubelt, die Pharisäer aber,

so ist im Lukas-Evangelium (19,39-40) zu lesen, wollen, dass ER sie zum Schweigen bringe, ER aber entgegnet ihnen: *„Wenn sie schweigen, werden schreien die Steine."* Denn wird nicht also gepriesen der verheißene Retter? *Der Stein, den die Bauleute verworfen haben, ist zum Eckstein geworden (...) Gelobt sei, der kommt im Namen des HERRN. Wir segnen euch, die ihr seid vom Hause des HERRN* (Psalm 118,22-26).

Versteht das Volk die Zeichen der Zeit, und die Pharisäer, die geistlichen Führer, verstehen sie? Und so sie verstehen, wollen sie auch wahr haben, was sie erkennen? Oder versuchen sie, ihm eben darum Einhalt zu gebieten, weil sie nicht wahrhaben wollen, was nicht wahr sein darf? Und das Volk, erkennt es wahrhaftig oder begeistert es sich nur im Taumel der Masse? Berauscht vielleicht auch von der Freude, dass ER, einer der Ihren, einer aus dem Volk, erhaben scheint über die Pharisäer, denen nicht wenige misstrauen, weil im Bunde sie sind mit den römischen Machthabern? ER ist den Pharisäern nicht zu Diensten, nicht zu Willen – ein Zeichen, dass ER sich auch widersetzen wird den verhassten Römern? Mögen die Gründe, die auslösen den allgemeinen Jubel und Trubel, auch verschieden sein, die Woge der Begeisterung beflügelt jedenfalls die Masse – trägt sie aber auch? Trägt all die Vielen, die sich bereits versammelt haben und die noch ziehen werden in den Wallfahrtsort? Denn wer als frommer Jude auf sich hielt, der pilgerte zu den großen Festen (von denen das Pessach-Fest als das größte und heiligste galt und gilt) nach Jerusalem, zum Tempel des HERRN. Auch ER weilte ja nicht zum ersten Mal in Jerusalem, so zumindest ist einem der Evangelisten zu entnehmen (vgl. Johannes 5,1-18: *Heilung am Sabbat* sowie Johannes 6,66-7,13: *Die Spaltung unter den Jüngern* zur Zeit des Laubhüttenfestes). Anlässlich solcher Wallfahrtsfeste kamen Juden aus nah und fern zusammen: aus allen vier Gebieten des geteilten Landes und noch von weiter her: aus den griechischen Ländern. Die Zusammenkunft so Vieler – eine Herausforderung für die römischen Machthaber – ermöglichte überhaupt erst den Zusammenhalt eines in der Diaspora, eines unter Fremdherrschaft lebenden Volkes, auf dass man nicht fremd werde untereinander, sondern sich austausche und mitteile. So wird ER denn bekannt einer breiteren Masse.

Im Johannes-Evangelium (12,12-19) heißt es, das Volk laufe ihm auch darum nach, weil viele darunter seien, die der *Auferweckung des Lazarus* (vgl. Johannes 11,1-45) beigewohnt hätten (die Auferstehung des Lazarus, die – als siebtes Zeichen – symbolisch steht auch für seinen eigenen Tod und für seine eigene Auferstehung). Läuft das Volk ihm nach, weil es die Zeichen der Zeit zu deuten versteht, oder lässt es sich davontragen vom Sturm der allgemeinen Begeisterung und Euphorie, beflügelt von einem Wunderglauben und beseelt von einer Hoffnung, die Entkommen verheißt: Befreiung von fremder Herrschaft und Unterdrückung? Und wird die Begeisterung bleiben oder wird sie zerplatzen wie eine Seifenblase? Was wird bleiben von aller Euphorie, wenn – wie so oft – stürzt von seinem Sockel, der eben noch erhoben, emporgetragen war vom

Volk? Einzug in Jerusalem mag ER halten, Einzug aber in eine heile Stätte – Einzug in ihre Herzen?

Reinigt den Tempel des HERRN

(Matthäus 21,12-22, Markus 11,15-19, Lukas 19,45-48, Johannes 2,13-22)

Und ER geht in den Tempel, auszustoßen alle Händler und Käufer und umzustoßen der Geldwechsler Tische und der Taubenhändler Stände, denen ER vorwirft: „Steht nicht geschrieben (Jesaja 56,7): mein Haus soll sein ein Bethaus für alle Völker? Ihr aber macht daraus eine Räuberhöhle!" Und es kommen viele zu ihm in den Tempel, Blinde und Gelähmte, und ER heilt sie alle.

Das Volk läuft ihm nach, sehr zum Ärger der Schriftgelehrten und Pharisäer, die ihn nur zu gerne zur Strecke bringen würden. Offen vorzugehen gegen ihn, der begeistert die Massen, wagen sie nicht; denn sie fürchten einen Aufstand und ein solcher würde unweigerlich die römische Besatzungsmacht auf den Plan rufen. Der Jubel der Masse, die sich verneigt vor einem Esel und huldigt seinem Reiter, mochte seitens der Römer zu Spott reizen über das närrische Volk der Juden; Begeisterung und Jubel mochten toleriert werden und waren vielleicht sogar ganz im Sinne der Machthaber. Ein Aufstand aber wäre ein negatives Fanal, das ein Eingreifen der römischen Machthaber unausweichlich machte. Jedes Eingreifen der Besatzungsmacht aber richtete sich in der Konsequenz auch gegen die geistlichen Führer der Juden, taugten die doch in den Augen der Römer nur so lange, wie sie helfen konnten, zu zähmen die Massen. Versagten sie hierin, waren sie unbrauchbar und es wäre aus gewesen mit ihrer Macht, vielleicht auch vorbei mit ihrem Leben. ER provoziert die geistlichen Führer, provoziert und klagt sie an – am Ort "ihrer" Wirkungsstätte: im Tempel des HERRN. Und sie können nicht das Geringste dagegen ausrichten, sondern bestenfalls versuchen, ihn irgendwie zur Räson zu bringen.

Und da selbst die Kinder ihm im Tempel zurufen: „Hosianna, dem Sohn Davids!", fragen sie ihn, ob ER nicht höre, was die Kinder schrien zu ihm? ER aber fragt sie, ob sie nicht gelesen hätten, was geschrieben stehe (im Psalm 8,3)? *Aus dem Munde junger Kinder und Säuglinge* (Unmündiger und Abhängiger also) *hast du Macht erwachsen lassen, zu vertilgen den Feind und den Rachgierigen.* Und tönt nicht heute noch aus dem Munde der Kleinsten der Lobpreis: „Ich bin klein, mein Herz ist rein, soll keiner drin wohnen denn DU allein"? Stehen die Kleinsten nicht für die Jüngsten, für jene, die noch kommen sollen, die besiegen werden den Feind, weil sie sind reinen Herzens?

Welcher Tempel, welches Bethaus ist es denn, das gereinigt werden soll? Bethäuser gab und gibt es viele: Synagogen, Kirchen, Moscheen. Aber der Tempel Gottes: die Stätte, der innewohnt der HERR, wo steht sie, wer hat errichtet sie? Wohnt der lebendige Gott, der erschuf alles, was ist auf Erden, in einem Haus von Menschenhand gebaut: errichtet aus toten Steinen? Welcher Stein könnte dem Einen, der-da-ist und schuf alles, was da-ist, mehr zur Ehre gereichen als der Edelste – das Hochkarätigste auf Erden: die lebendige, gereinigte Seele? Hat ER sich nicht gereinigt in der Wüste (vgl. *Versuchung in der Wüste*, Matthäus 4,1-11) und besiegt den inneren Schweinehund, den alten Dämon der Versuchung? Wie sonst hätte ER wirken wollen in Gott? Denn was hilft Gebet, religiöse Zeremonie, Taufe (vgl. *Johannes, der Täufer*, Matthäus 3,1-12), so der Mensch nicht bereit ist zur inneren Umkehr, zur Abkehr von all seiner Schuld und Begierde? Ist nicht eben das wahrer Gottesdienst, zu reinigen die eigene Seele, um zu bereiten den wahren Tempel des HERRN?

Im Johannes-Evangelium (2,13-22) steht die Tempelreinigung nicht am Ende, sondern am Anfang seines Wirkens? Ein Widerspruch? Ist nicht vielmehr zu fragen, ob ER je etwas anderes tat, denn zu reinigen den Tempel des HERRN? Sie aber verstehen ihn nicht – damals. Und heute? Könnte ER ihnen heute die Leviten lesen mit dem Psalm 69 (9-10)? *Ich bin fremd geworden meinen Brüdern und unbekannt den Kindern meiner Mutter; denn der Eifer um dein Haus hat mich gefressen, und die Schmähungen derer, die dich schmähen, sind auf mich gefallen.* Soll ER fremd bleiben den Seinen, soll verdorrt sein der Feigenbaum auf ewig (vgl. *Vom verdorrten Feigenbaum*, Matthäus 21,18-22); soll nicht erwachsen ein Baum, der Frucht bringt: der Baum des Lebens? Wie aber wollte solches geschehen ohne Reinigung des Tempels?

Reißt den Tempel ein und ich werde ihn wieder aufrichten in drei Tagen, kündigt ER ihnen an. Über die prophezeite *Zerstörung des Tempels*, die im Johannes-Evangelium der Reinigung des Tempels unmittelbar folgt, berichten die synoptischen Evangelien erst an späterer Stelle, im Zusammenhang mit der Ankündigung zukünftigen Leidens (vgl. Matthäus 24,1-2, Markus 13,1-2, Lukas 21,5-6). Und die ihn reden hören von der Zerstörung des Tempels, müssen die sich nicht verwundert die Augen reiben und fragen, wie ER solches bewerkstelligen wolle? In drei Tagen aufrichten, was erbaut war in 46 Jahren?! Spricht ER hier von dem Tempel, der zerstört war schon in alter Zeit von den Babyloniern (und wieder zerstört werden wird von den Römern), spricht ER von einem Tempel gebaut aus Stein? Oder spricht ER vom Tempel seines Leibes, der auferstehen wird am dritten Tage, vom wahren Haus Gottes: errichtet aus den lebendigen Seelen, die edel und rein, glänzend und leuchtend, prächtiger sind denn jeder Edelstein, jedes Gold? Und ist ER nicht *Eckstein* dieses Hauses (Matthäus 21,42-44)? Wann wird errichtet sein dieses Gotteshaus, dieser Tempel und wahre Wohnort des HERRN? Wie lang währen drei Tage, gemessen am Maß Gottes: der Ewigkeit? *Denn tausend Jahre sind vor* Gott *wie der Tag, der gestern vergangen ist, und wie eine Nachtwache* (Psalm 90,4). So die drei Tage stehen für dreitausend Jahre, hieße das nicht, der Tempel des HERRN erstünde im dritten Jahrtausend oder erstünde in drei Jahrtausenden? Wann wird erbaut sein, was ER errichten sollte: die Gemeinschaft **aller**, die angehören dem HERRN?

Entrichtet euren Tribut

(Matthäus 17,24-27 sowie Matthäus 22,15-22, Markus 12,13-17, Lukas 20,20-26)

Wer die Gebetshäuser nicht frei hält vom Handel dieser Welt, wie wollte der freihalten sein Innerstes von allem Handel, allem irdischen Streben nach Geld und Einfluss? Und sind die Gebetshäuser von heute frei von Handel, frei von Geld und Wucher? Stehen die Wechselstuben der Schacherer nicht auch heute in Hallen, die heilig scheinen dem Menschen? Niemand kann Diener zweier Herren sein; und also kann auch niemand rein halten das Gebetshaus, der nicht rein hält sein Innerstes und dient allein dem Einen. Wer nun dient dem Einen, sollte auch tributpflichtig sein nur diesem Einen? Die Frage der Tributpflicht wird allein im Evangelium nach Matthäus erörtert, was kaum verwundern dürfte, stellt man in Rechnung, dass Matthäus, der Gewährsmann eben jenes Evangeliums, Zöllner, "Steuereintreiber" war, bevor er berufen wurde (vgl. *Berufung des Matthäus*, Matthäus 9,9-13). Die Meisten mögen bezahlt haben ihren Tribut – unter Murren vielleicht und mit der Faust in der Tasche (wie heute?), Petrus aber, der Fels, so heißt ist im Matthäus-Evangelium, will es genauer wissen und befragt seinen Meister, fragt ihn zu Kafarnaum, in seiner angestammten Heimat Galiläa.

Anlass zu der Frage, wem der Mensch tributpflichtig sei, sind jene Männer, die kommen, den Tribut einzutreiben. Nach dem 2. Buch Mose (30,13) ist Tribut zu entrichten dem HERRN. Treiben die Steuereintreiber nicht aber ein den Tribut für einen fremden Herrn: für Rom? Gefordert ist eine Doppeldrachme (= ein Halbschekel) pro Kopf. Die sog. Kopfsteuer, die direkt an Rom floss, galt seit dem Jahr 6/7 n.u.Z. in Judäa und Samarien (vgl. *Stern über Bethlehem* – der Zensus war das Signal zur Umwandlung in eine tributpflichtige römische Provinz). Soll diese direkte Steuer (die indirekten Steuern wie Markt- oder Wegsteuern wurden an den Zollstellen erhoben und flossen an den jeweiligen Landesherrn) nun ebenso gelten in Galiläa, das doch steht unter der Landeshoheit des Herodes Antipas? Treiben die Steuereintreiber rechtmäßig ein – ist der Tribut mithin zu entrichten? *„Von wem denn erheben die Herrscher dieser Welt Zoll oder Steuer?",* fragt ER zurück, *„von ihren eigenen Söhnen oder von anderen Leuten?"* Und als Petrus antwortet: *„Von den Anderen",* sagt ER ihm: *„So sind frei die Söhne."*

Die Herrschenden verlangen Tribut nicht von ihresgleichen, sondern von anderen, ist das heute genauso? Befreit sich selbst von Steuer und Abgabe, wer die Macht, wer das Sagen hat? Müsste nicht aber vielmehr entrichten seinen Tribut, wer dazugehört? *Die Söhne sind frei.* Ist nicht auch ER Sohn? Sohn nicht des weltlichen, sondern des göttlichen Herrschers, unter dessen Schutz ER steht und dem allein ER schuldet Tribut? Wem gegenüber sonst sollte jemand tributpflichtig sein, wenn nicht gegenüber dem, unter dessen Schutz er gestellt ist? Ist nicht aber müßig eine solche Frage; denn wie wollte ER verweigern den geforderten Tribut, ohne aufzubringen die weltliche Macht gegen sich?

„Damit wir aber bei niemanden Anstoß erregen", sagt ER zu Petrus, „gehe hin zum See und wirf die Angel aus; den ersten Fisch, den du heraufholst, nimm; öffne ihm das Maul und du wirst ein Vierdrachmenstück finden. Das gib den Männern als Steuer für mich und für dich." Stumm entrichten den Tribut mit dem, was erwachsen ist aus des Fisches Maul und geangelt aus des Meeres Reichtum? Ist nicht alles geschaffen von Gott, warum sich aufregen oder Unmut erregen, so entrichtet wird an die weltliche Macht ein Teil dessen, was der Mensch schöpfte aus dem Vollen?

Ist's recht, dass ein Mensch Gott betrügt, wie ihr mich betrügt! Ihr aber sprecht: „Womit betrügen wir dich?" Mit dem Zehnten und der Opfergabe! Darum seid ihr auch Verfluchte; denn ihr betrügt mich allesamt. Bringt aber die Zehnten in voller Höhe in mein Vorratshaus, auf dass in meinem Hause Speise sei, und prüft mich hierin, spricht der HERR, ob ich euch dann nicht auftun werde des Himmels Fenster und Segen herabschütten lasse die Fülle (Maleachi 3,8-10).

Während über den Tribut, eingetrieben im Namen des weltlichen Herrn, allein im Matthäus-Evangelium zu lesen ist, berichten neben dem Evangelisten Matthäus (22,15-22) auch Markus (12,13-17) und Lukas (20,20-26) über die Tempelsteuer, die zu entrichten war im Haus des HERRN – und die füllte wessen Vorratskammern? Wer zählt zu den *Fressern* (Maleachi 3,11), die bedroht der HERR; die Gott betrogen um den Zehnten, die scheffelten die Opfergabe in ihre eigene Vorratskammer? Fühlen sich die Pharisäer hier angesprochen, angegriffen, jedenfalls stellen sie ihm eine weitere Fangfrage. „Meister, wir wissen, dass du die Wahrheit sprichst und lehrst den rechten Weg Gottes", schmeicheln sie scheinheilig, „darum sage uns, ob es erlaubt ist, dem Kaiser Steuer zu zahlen oder nicht?" Verneint ER, hätten sie einen Trumpf gegen ihn in der Hand gegenüber der weltlichen Macht, die liegt in den Händen Roms, bejaht ER, hätten sie einen Trumpf in der Hand gegenüber allen Juden, denen verhasst ist die Steuer (und wem war sie nicht verhasst?). ER aber durchschaut ihr scheinheiliges Spiel und ihre üble Absicht. *„Ihr Heuchler, warum stellt ihr mir eine Falle?", dringt ER in sie. „Zeigt mir die Münze mit der ihr bezahlt eure Steuern."* Und als sie ihm hinhalten einen Denar, fragt ER sie, *wessen Bild und wessen Aufschrift das sei? Und sie entgegnen: „Des Kaisers."* Woraufhin ER sie anweist: *„So gebt dem Kaiser, was des Kaisers ist, und Gott, was Gottes ist".* Und gaben sie dem Kaiser, was des Kaisers war: mit welcher Münze zahlten sie – mit der, die ihm gebührte?

Der damalige Silber-Denar trug das Bild des Kaisers Tiberius (14-37 n.u.Z) und die Aufschrift: "Tiberius, Caesar, des göttlichen Augustus Sohn, Augustus". Eine Aufschrift, die in den Augen frommer Juden einer ungeheuerlichen Anmaßung, einer Lästerung des Höchsten gleichkam. Galt es also, derart heidnische Münzen umzutauschen in solche, die keine Götter- oder Herrscherbilder trugen, um reinen Tribut (reines Opfer) zu entrichten dem HERRN? Tauschten sie tatsächlich um des reinen Opfers willen oder gaben sie nur vor, rein halten zu wollen das Opfer, wirtschafteten aber in Wahrheit in die eigene Tasche? Gaben sie Gott, was Gott gebührte und dem Kaiser, was des Kaisers war? Oder schacherten sie und speisten ab den Kaiser mit minderwertiger Münze (syrische und ägyptische Münzen beispielsweise verloren im ersten vorchristlichen Jahrhundert laufend an Eigenwert: ihr Feingehalt sank beträchtlich, während der Feingehalt des Schekel stabil blieb), berechneten sie den Wechselkurs zu ihren Gunsten? Betrogen sie ebenso die himmlische Schutzmacht – ein Betrug, den ER aufzudecken drohte? Ahnte zur Stunde niemand, weder Rom, noch gar das Volk, dass jene, die saßen im Tempel des HERRN auf ihrer Bank und wechselten "heidnische" Münze, nur vorgaben einem Höheren zu dienen, tatsächlich aber wirtschafteten in die eigene Tasche – in die eigene und in die der Pharisäer? Wer kniet nieder vor wem, wer dient wem, wer entrichtet wem seinen Tribut – gestern – heute? Steht nicht geschrieben auf der Leitwährung unserer Zeit, dem Dollar: **In God we trust**? Gehört der Dollar also Gott, wie die Münze gehörte dazumal dem Kaiser? Und vertraut auf Gott, wer dient dem Dollar, wer niederkniet vor dem Reichtum dieser Welt, wer spekuliert an den Märkten real nicht existierender Werte? "In God we trust", geschrieben auf papiernen Scheinen, auf dass der Mensch diene welchem Herrn?

Letzte Fragen

– Frage nach der Vollmacht
  (Matthäus 21,23-27, Markus 11,27-33, Lukas 20.1-8)
– Frage nach dem gewichtigsten Gebot
  (Matthäus 22,34-40, Markus 12,28-31, Lukas 10,25-28)
– Frage nach dem Messias
  (Matthäus 22,41-46, Markus 12.35-37, Lukas 20,41-44)

Die Frage nach seiner Vollmacht zieht sich wie ein roter Faden durch die Evangelien, als ob die Zeitzeugen keinen Glauben schenken mochten seinen Worten, seinen Werken: nicht glauben konnten oder wollten, was sie doch sahen mit eigenen Augen und hörten mit eigenen Ohren. Als zeugten nicht seine Werke selbst von ihm! Wie hätte ER vollbringen wollen, was ER vollbrachte, so es nicht geschehen wäre im Namen des Höchsten? Und schließlich, zeugt nicht selbst die Heile Schrift, die altehrwürdige Überlieferung für ihn, wie ihn bezeugt auch das Wort des Johannes, des großen Propheten, der vorangig dem verheißenen Heilsbringer? Wer sonst sollte sein der Gesalbte des HERRN, wenn nicht ER, der nicht herrscht (in dieser Gott fernen Welt), sondern dient mit all seiner Kraft dem Höchsten, auf dass geschehe Gottes Wille auch auf Erden? Warum zweifeln so viele an seiner Vollmacht, weil ER sich nicht selbst erhöht, weil ER nicht daherkommt in Glanz und Gloria, wie so viele andere selbst ernannte Heilsbringer, die meinen, Glanz und Glamour bezeuge ihren inneren Wert, ihre innere Majestät?

Und da ER in den Tempel geht und dort lehrt, treten zu ihm die Hohepriester und die Ältesten aus dem Volk und fragen ihn: „Mit welchem Recht tust du das alles, und wer gab dir Vollmacht?" Ist ER etwa ein Hohepriester, dass ER sie (be)lehren will im Hause des HERRN? Würde nicht auch heute gefragt werden nach der Legitimation, so jemand eine Predigt hielte "ohne Auftrag" in altehrwürdigen Gemäuern? Und würden sich die Gemüter nicht besonders erhitzen, verstünde derjenige auch noch, seine Zuhörer in seinen Bann zu ziehen? Auf die ihm gestellte Frage nach seiner Legitimation antwortet ER mit einer Gegenfrage, die sie in die Zwickmühle bringt: *„Woher stammt die Taufe des Johannes? Kommt sie vom Himmel oder ist sie gemacht vom Menschen?"* Sie überlegen hin und her, was sie darauf antworten sollen. Sagen sie, die Taufe komme vom Himmel, wird ER sie fragen, warum sie dann dem Johannes nicht geglaubt hätten? Antworten sie aber, die Taufe sei Menschenwerk, müssen sie fürchten, den Unmut des Volkes zu erregen; denn das hält Johannes für einen Propheten. Also antworten sie: *„Wir wissen es nicht!"* Und da sie ihm die Antwort schuldig bleiben, ist auch ER nicht gehalten, Antwort zu geben auf die Frage, was ihn legitimiere (vgl. Matthäus 21,23-27).

Die Schriftgelehrten aber lassen nicht ab von ihrem Vorhaben, ihn zu Fall zu bringen und stellen ihm eine weitere Fangfrage: die Frage nach dem gewichtigsten Gebot. Im rabbinischen Judentum war die Frage, ob alle Gebote gleich wichtig seien, höchst umstritten. Kann ein Gebot Gottes bedeutsamer, gewichtiger sein als ein anderes, wiegen nicht alle Gebote des HERRN gleich viel? Und wer wollte sagen, welches Gebot mehr gelte vor Gott?

„Du sollst den HERRN, deinen Gott, lieben von ganzem Herzen, von ganzer Seele und mit aller deiner Kraft" (5. Mose 6,5), führt ER ihnen vor Augen das Wort des Mose. Kein erbrachtes Opfer, kein vollzogenes Ritual kann erhabener sein denn die ganze, die ungeteilte Liebe zum Vater; sie ist das gewichtigste Gebot. Das andere aber, das ER ihnen nennt nach dem Wort des Mose, ist diesem gleich: *„Du sollst deinen Nächsten lieben wie dich selbst"* (3. Mose 19,18). An diesen beiden Geboten, so bedeutet ER ihnen, hänge das ganze Gesetz und die Propheten (vgl. Matthäus 22,34-40, vgl. auch *Bergpredigt,* hier: die *Goldene Regel,* Matthäus 7,12 sowie Lukas 6,31). Wer Gott liebt von ganzem Herzen, ganzer Seele und mit all seiner Kraft, wie sollte der nicht auch lieben, was geschaffen hat dieser Gott, wie sollte der nicht auch lieben seinen Nächsten? Wer aber liebt, bedarf der anderer Orientierung noch? Wer indes nach Gesetzen ruft, nach äußerer Führung und ihrer also bedarf, wird der sich solcher Führung nicht entziehen – bei Bedarf? Wer nach Gesetzen fragt, kann deren Bruch im Sinne tragen, wer aber fragt nach der Liebe, auf was wollte der sinnen, wenn nicht auf Erfüllung?

Und nachdem ER ihnen Antwort gab auf die Frage, die ihn stürzen sollte, dreht ER den Spieß herum und befragt nunmehr sie, seine ärgsten Widersacher, fragt die Pharisäer, die um ihn versammelt sind (vgl. Matthäus 22,41-46): *„Was denkt ihr über den Messias? Wessen Sohn ist er?"* Und als sie ihm antworten: *„Davids Sohn",* fragt ER sie, wie dann David habe den Messias preisen können in weiser Voraussicht als seinen Herrn? Denn stehe es nicht also geschrieben in einem Psalm Davids? Heiße es nicht, der HERR sprach zu meinem Herrn: Setze dich zu meiner Rechten, bis ich lege deine Feinde dir zu Füßen* (Psalm

110,1)? *Nennt nun aber David den Messias "Herrn", wie kann der dann sein Davids Sohn? Niemand wusste ihm darauf etwas zu erwidern, und von diesem Tage an wagte auch keiner mehr, ihm eine Frage zu stellen.*

David, der Hirte, der zum König wurde über das Gelobte Land, das unheil, das uneins war und wieder vereinigt werden sollte zu einem Heilen Land, sollte er nicht sein der Höchste unter den irdischen Herrschern? Schuf und erhielt David aber ein Heiles Land; ist nicht ER der Messias auf ewig? Und so ER es ist, wie wollte ER da sein Davids Sohn? David, der gesalbte König des HERRN, dessen Haus, alter Überlieferung nach, entstammen sollte der verheißene Erlöser, nennt diesen Messias selbst "seinen Herrn". Erkennt David damit nicht an, dass nicht er höchste Autorität genießt auf Erden, sondern jener, der noch kommen soll und kommen wird und der nur einen Herrn weiß über sich: den Höchsten? Ist nicht jede irdische Macht begrenzt, wenn nicht durch Gesetz, so doch durch Raum und Zeit? Erkennen die Herrschenden auf Erden aber auch die Begrenztheit ihrer Macht; begrenzen sie sich, wie David sich begrenzte, indem er anerkannte zwei Herren über sich: einen irdischen und einen himmlischen Herrn?

Wider die Schriftgelehrten und die Pharisäer
(Matthäus 23,1-36, Markus 12,38-40, Lukas 11,37-52 u. 20,45-47)

An das Volk und an seine Jünger gerichtet aber sagt ER: „Die Schriftgelehrten und die Pharisäer haben sich auf den Stuhl des Mose gesetzt, also befolgt, was sie sagen. Richtet euch nach ihren Worten, nicht aber nach ihren Werken; denn sie selbst tun nicht, was sie sagen."

Ausgerechnet jene, die Platz nahmen auf dem *Stuhl des Mose* (des steinernen Sitzes, errichtet zu Ehren des göttlichen Gesetzgebers), sollten brechen das Gesetz? Wer aber wollte von anderen erwarten, was er selbst zu tun nicht bereit ist? ER prangert an die Diskrepanz zwischen Wort und Werk derer, die sich gesetzt haben auf den Heilen Stuhl des Mose, und doch rät ER, zu befolgen deren Worte. Denn nicht ihr Wort ist voller Falsch, ihr Handeln ist es. Soll Gottes Wort etwa nicht befolgt werden, nur weil die Verkünder desselben sich diesem entziehen? Wer sitzt heute auf dem Heilen, dem Heiligen Stuhl des höchsten Gesetzgebers; und wer, der darauf Platz nahm, befolgt selbst, was er verkündet und abverlangt anderen? Ist es nicht leicht zu fordern, wenn man die Macht hat, sich selbst zu entziehen aller Forderung?

„Sie bürden den Menschen schwere Lasten auf." Je schwerer aber die Last, je zahlreicher und undurchschaubarer die gesetzlichen Vorschriften, umso leichter ist es, den so Gebeutelten vorzuhalten den Bruch des Gesetzes. Die aber führen solche Klage, wie gesetzestreu sind sie selbst? *„Keinen Finger wollen sie rühren. Was sie tun, tun sie allein, um angesehen zu sein, um etwas zu gelten vor anderen, selbst beim Beten tun sie sich noch hervor. Sie sitzen gerne in*

der vordersten Reihe und wollen, dass man sie grüßt draußen auf den Plätzen und sie einen Rabbi nennt, einen Lehrmeister des wahren Gotteswortes. Ihr aber sollt euch nicht Meister, nicht Lehrer nennen; denn ihr seid Brüder. Auch sollt ihr niemand auf Erden euren (geistigen) Vater nennen." Ist das nicht aber die Anrede für das Oberhaupt der katholischen Kirche: Vater, Heiliger Vater gar? Wie ist solche Anrede in Einklang zu bringen mit seinem Wort, das doch lautet: **Nur einer ist euer Vater, der im Himmel**? *„Auch sollt ihr euch nicht Lehrer nennen lassen; denn nur einer ist euer Lehrer."* Und wer könnte das sein denn ER allein: das Fleisch gewordene Wort? Keiner soll sich über den anderen erheben; denn sie sind Brüder, einander gleich, nicht über- oder untergeordnet.

Brüderlichkeit fordert ER von den Seinen, den Aposteln, den Nachfolgern – von allen, die ihm folgen. Brüderlichkeit wird später auch im Zentrum stehen des Schaffens der Mönchsorden und ihrer Lehre und noch viel später dann Leitidee sein der "Neuen Welt", Leitidee der Amerikanischen wie der Französischen Revolution. "Alle Menschen werden Brüder" – die Ode, die Sinfonie an die Freiheit, an die Freude, die heute noch klingt in den Herzen? Was ist geworden aus dem hehren Ideal? Meint Brüderlichkeit, dass der eine beherrsche den anderen? *„Der Größte unter euch"*, bedeutet ER ihnen, *„soll euer Diener sein. Denn wer sich selbst erhöht, der wird erniedrigt; wer sich aber selbst erniedrigt, der wird erhöht."* Wer von den Pharisäern und den Schriftgelehrten – wer von den Geistlichen heute – von jenen, die führen sollen die Schafe auf den rechten Pfad, dient nach seinem Geheiß: dient als Gleicher unter Gleichen? Wer ist hoch an Würden, eben weil er sich erniedrigte?

„Weh euch, ihr Schriftgelehrten und Pharisäer, ihr Heuchler, die ihr das Himmelreich verschließt den Menschen! Ihr selbst geht nicht hinein und die hinein wollen, die lasst ihr nicht hinein." Gab ER nicht aber Petrus den Schlüssel zur Erkenntnis? Und schlossen seither auf die geistlichen Führer jenen, die strebten nach dem Himmelreich oder versperrten sie den Weg, weil ihnen selbst abging, was sie einforderten von anderen? *"Weh euch, Ihr Schriftgelehrten und Pharisäer, die ihr fresset der Witwen Häuser und zum Scheine verrichtet lange Gebete. Um dieser Schandtat willen aber werdet ihr ein umso härteres Urteil erfahren."* Haben die Schriftgelehrten und Pharisäer etwa lange Gebete gehalten um eines vermeintlichen Seelenfriedens willen, in Wahrheit aber nur abringen wollen den Witwen ihr Hab und Gut? Auf welche Weise denn sind die religiösen Gemeinschaften, die Kirchen an Besitz und Reichtum gelangt: an all die "Opfer", die wie freiwillig erbracht wurden?

Ein Opfer, das Gegenleistung erwartet und sei es auch ein Heilsversprechen im Jenseits, ist das Gabe, ist das nicht Handel mit Gott? Was wahres Opfer ist, wahre Gabe, ist bei den Evangelisten Markus (12,41-44) und Lukas (21,1-4) nachzulesen: Als ER eine arme Witwe sieht, die zwei kleine Münzen in den Opferkasten wirft, sagt ER: *„Diese arme Witwe hat mehr gegeben denn alle vor ihr. Die vor ihr haben gegeben von ihrem Überfluss, die Witwe aber gab hin ihr*

Weniges." Wer gibt von seinem Überfluss, muss sich nicht begrenzen, bescheiden ob seiner Gabe? Wer aber gibt vom Wenigen, das er hat, der wird den Gürtel wahrlich enger schnallen müssen. Und ist nicht eben das größere Opfer, sich zu begrenzen, sich zu bescheiden (= beschneiden) um der Liebe zu Gott willen?

„Weh euch, ihr Schriftgelehrten und Pharisäer, ihr Heuchler! Ihr zieht über Land und Meer, um einen einzigen Menschen zu gewinnen für euren Glauben, und so ihr ihn gewonnen habt, macht ihr aus ihm einen Sohn der Hölle, doppelt so schlimm wie ihr selbst." Und sind sie seither nicht immer wieder hinausgefahren die geistlichen Führer, als Missionare zu bekehren die "Ungläubigen"? Eine innere Mission oder ein Auftrag frei nach dem Motto: "Willst du nicht mein Bruder sein, dann schlag' ich dir den Schädel ein"? Haben sie eine bessere Welt erschaffen in den missionierten Ländern oder errichtet die Hölle auf Erden? War ihnen überhaupt gelegen am Seelenheil der "Missionierten" oder mehr gelegen an deren Leib als billiger Arbeitskraft und/oder deren reichen Boden-Schatz?

„Weh euch, die ihr seid blinde Führer! Schwört einer beim Tempel, sagt ihr, es gelte nicht, bevor er nicht auch schwöre bei des Tempels Gold! Ihr Narren, wie blind ihr doch seid! Was denn ist größer: das Gold oder der Tempel, der nicht erst heiligt das Gold? Doch schwört einer bei dem Altar, so soll es ihn nicht binden; erst wenn er schwört bei dem Opfer, das darauf ist, soll er gebunden sein an seinen Eid?" Warum, weil ihnen selbst am Opfer, am Gold gelegen ist, weil sie, was dargebracht ist auf dem Altar, schaffen in ihre eigene Schatzkammer? *„Wer schwört bei dem Altar, der schwört bei demselben und bei allem, was darauf ist. Und wer schwört bei dem Tempel, der schwört bei demselben und bei dem, der darin wohnt. Und wer schwört bei dem Himmel, der schwört bei dem Thron Gottes und bei dem, der darauf sitzt."* Sollten sie überhaupt schwören, einen Eid leisten auf Gott, ihren Vater im Himmel; sollte ihnen nicht genügen ein klares "Ja" oder ein reines "Nein", auf dass sie nicht beschmutzen den Namen des HERRN? Was, wenn sie sich täuschen oder sich täuschen ließen, wenn sie nicht halten können ihren Eid; versündigen sie sich nicht gegen Gott, wenn sie brechen, was sie beschworen in seinem Namen (vgl. *Bergpredigt,* Matthäus 5,33-37)?

„Wehe euch, ihr Schriftgelehrten und Pharisäer, ihr Heuchler, die ihr verzehntet Minze, Dill und Kümmel und stellt das Wichtigste hintenan!" Sie sorgen sich um die Würze, nicht aber um die Speise; sie predigen das Gesetz und sehen vor lauter Gesetzen das Recht nicht mehr? *„Das Wichtigste im Gesetz aber ist das Recht, die Barmherzigkeit und die Treue. Man muss das eine tun, ohne das andere zu lassen."* Wie wollte man erfüllen das Gesetz nach den bloßen Buchstaben, ohne zu erfassen dessen Geist, ohne sich gebunden zu fühlen daran und ohne Walten zu lassen Gnade und Barmherzigkeit? Denn wer sich nicht in Treue verbunden fühlt dem Gesetz, wird der nicht abschaffen oder abändern das Gesetz durch ein anderes – bei Bedarf? Und wer keine Barmherzigkeit kennt und keine Gnade, gerät der nicht in Gefahr, hinauszuschießen über das

angestrebte (vom Gesetz verlangte) Ziel? *„Ihr blinden Führer, ihr siebt aus die Mücken und verschluckt Kamele!"* Und heute, ist das heute anders? Die hohe Geistlichkeit, die Elite, die führenden Köpfe aus Wissenschaft, Politik und Gesellschaft, all die hochdotierten Experten und hochgelobten Gelehrten, verlieren sie sich nicht allzu oft im Detail? Sie haushalten im Kleinen und werfen Unsummen zum Fenster hinaus? Sie kümmern sich um die kleinen Sünden und Vergehen, während unbehelligt bleiben all jene, die vernichten und zerstören im großen Stil? Henkt man nicht auch heute noch die Kleinen und lässt laufen die Großen?

„Weh euch, Schriftgelehrte und Pharisäer, ihr Heuchler, die ihr haltet eure Becher und Schüsseln äußerlich sauber und rein; inwendig aber sind sie voller Raub und Gier. Du blinder Pharisäer, reinige zuvorderst das Innere deines Bechers, so wird er auch außen rein werden." Denn wer rein ist in seinem Innersten, wird der nicht ebenso streben nach äußerer Reinheit? Wer aber bedacht ist allein auf äußere Reinheit, will der wahrhaft rein sein oder nur etwas gelten nach außen? Außen hui, auf dass staune alle Welt, innen aber pfui, verderbt und verkommen bis ins Mark? *„Weh euch, Schriftgelehrte und Pharisäer, ihr Heuchler! Ihr seid wie die übertünchten Gräber: Hübsch anzusehen von außen, inwendig aber voller Totengebein und Verwesung. Ebenso seid ihr: Nach außen hin, vor der Welt und den Menschen scheint ihr gut und gerecht, inwendig aber seid ihr voll der Heuchelei, denn ihr übertretet das Gesetz, wo ihr nur könnt."* Sind sie nicht wie die Toten, wenn nichts Lebendiges mehr in ihnen wohnt: keine Liebe, kein Streben nach Wahrheit und Gerechtigkeit, kein Glaube; kleiden sie sich nur in ein fürstliches Gewand oder Amt, damit die Welt da draußen glaube, sie seien lebendig?

„Weh euch, Schriftgelehrte und Pharisäer, ihr Heuchler! Ihr errichtet Denkmäler den Propheten und schmückt die Gräber der Gerechten, um euch einzureden, so ihr denn selbst gelebt hättet zur Zeit eurer Väter, wäret ihr nicht schuldig geworden an der Propheten Blut! Doch ihr bestätigt so nur selbst, dass ihr wahrhaft Kinder seid derer, die töteten die Propheten! Nur zu, macht voll das Maß eurer Väter, ihr Otterngezücht, ihr Schlangenbrut!" Wer Denkmäler errichtet den Gemeuchelten, bestätigt, manifestiert der nicht das Unrecht, wenn er einen Schluss-Stein setzt? Wie sollte Mahnung, Andenken sein, was gegossen ist in toten Stein, statt wachzuhalten begangenes Unrecht in ihren Herzen?

Wer wollte errichten ein Denkmal all den Gemordeten, errichten ein Denkmal aus Stein – dem Gräuel – dem Holocaust, auf dass solches Grauen nie wieder geschehe? Wer gedenken will der Opfer, die ihm auch heute zuvorderst "Juden" sind, zeugt der nicht nachgerade selbst vom Geist der Väter, die brachten ans Kreuz den *König der Juden*: ist der nicht Sohn jener, die brennen sehen wollten den gelben Stern? Wer denn wurde hingeschlachtet: der Fremde oder der Nachbar – der Entartete oder der Bruder? Wurzelt das Christentum nicht im Judentum? Wer Denkmäler errichtet all den Geschlachteten, von denen er sagt, sie seien "Juden": Fremde, nicht Angehörige, nicht Brüder, mag zusehen, nicht abermals zu errichten einen Stein des Anstoßes: einen Stolperstein womöglich? Wer wachhalten will die Erinnerung an seinen Nächsten, an seinen Bruder, der zum unschuldigen Opfer wurde, wird der tote Schluss-Steine setzen, wird der nicht lebendig halten wollen alle Erinnerung in seinem Herzen, auf dass sich nie wiederhole das schreckliche Geschehen, auf dass endlich besiegt sei der unheilvolle Geist, der blinde Glaubenseifer und nie wieder sich erhebe der eine über den anderen, noch gar erschlage Kain seinen Bruder Abel? Ist das Maß noch nicht voll, das Strafgericht der Hölle auf Erden wird es jemals enden? „Und wenn sie nicht gestorben sind, dann leben sie noch heute", der Geist der Vorfahren: gestern so lebendig wie heute?

„Höret und sehet", fährt ER fort in seiner Klagerede wider die Gelehrten und Heuchler dieser Welt, „ich sende Propheten, Weise und Schriftgelehrte zu euch, ihr aber werdet etliche der ihren töten, einige sogar kreuzigen, andere geißeln in euren Synagogen oder verfolgen von einer Stadt zur nächsten, auf dass über euch komme all das unschuldige Blut, das da vergossen ward auf Erden, vom Blut Abels, des Gerechten, bis zum Blut des Sacharja (grch. Zacharias), Sohn des Berechjas, den ihr gemordet habt zwischen Tempel und Altar." Das erste unschuldige Blut, das floss auf Erden, war das Blut Abels, wie es heißt im 1. Buch Mose (4,8-9): Und da sie auf dem Feld waren, griff Kain seinen Bruder Abel an und erschlug ihn. Da aber der HERR zu Kain kam und ihn fragte: Wo ist dein Bruder Abel?, antwortet Kain: Ich weiß es nicht. Bin ich der Hüter meines Bruders? Und über Sacharja, hingemordet zwischen Tempel und Altar, ist zu lesen in der 2. Chronik (24,20-21): Warum übertretet ihr die Gebote des HERRN? So könnt ihr kein Glück mehr haben. Weil ihr den HERRN verlassen habt, wird er euch verlassen. Sie aber taten sich gegen ihn zusammen und steinigten ihn auf Befehl des Königs im Hof des Hauses des HERRN: zwischen Tempel und Altar. Der so gemeuchelte Sacharja ist Sohn des Priesters Jojada und (geistiger) Sohn auch des (oben genannten) Berechja, Sohn und Visionär der Endzeit, der verkündet: Und sie werden mich ansehen, den sie durchbohrt haben, und sie werden um ihn klagen, wie man klagt um ein einziges Kind, und werden sich um ihn betrüben, wie man sich betrübt um den Erstgeborenen (Sacharja 12,10). Soll denn das unschuldige Blut, das floss von Anbeginn, ungesühnt bleiben, all das Blut, das floss von A(bel) bis Z(acharias): Vater Johannes, des Täufers), vom Anfang bis zum Ende, floss zwischen Tempel und Altar, floss am Kreuz? Auf wessen Geheiß hin wurde vergossen all das Blut – auf Geheiß welcher Macht? Wer wollte morden, durchbohren, was er nicht hätte zuvor schon gemordet in seinem Herzen?

Der Klage wider die Gelehrten und Heuchler folgt die Klage über Jerusalem (Matthäus 23,37-39, Lukas 13,34-35): Jerusalem, Jerusalem, du tötest deine Propheten und steinigst, die da sind zu dir gesandt! Wie oft habe ich deine Kinder nicht schon versammeln wollen, wie eine Henne versammelt ihre Küken unter ihre Flügel; ihr aber habt es nicht gewollt. Darum wird euer Haus auch wüst werden und verlassen sein von Gott (vgl. Jeremia 22,5, Psalm 69,26). Ihr *aber werdet mich nicht eher sehen, bis ihr sprecht: Gelobt sei, der da kommt im Namen des* HERRN!

Gegen Jerusalem, das (seine hohe Zeit) nicht erkennen will und darum zerstört wird, erhebt sich auch die Stimme des oben genannten Propheten Sacharja, erhebt sich wider die Gelehrten und Heuchler: die *treulosen Hirten des Volkes. Man hört die Hirten heulen, denn ihre Herrlichkeit ist vernichtet; man hört die jungen Löwen brüllen, denn die Pracht des Jordan ist vernichtet. So spricht der* HERR, *mein Gott: Hüte die Schlachtschafe! Denn ihre Käufer schlachten sie und halten's für keine Sünde* (und werden sie nicht auch noch heute verkauft die Schlachtschafe?), *und ihre Verkäufer sprechen: Gelobt sei der* HERR, *ich bin nun reich! Und ihre Hirten schonen sie nicht. Darum will auch ich nicht mehr schonen die Bewohner des Landes, spricht der* HERR. *Und siehe, ich will die Leute fallen lassen, einen jeden in die Hand des andern und in die Hand seines Herrschers; sie werden das Land zerschlagen, und ich will sie nicht er-retten aus ihrer Hand* (Sacharja 11,3-6).

Vom Anfang und vom Ende
(Matthäus 24,3-42, Markus 13, Lukas 21,5-36 u. 17,22-37)

Die Wehklage gegen die Gelehrten und Heuchler am Ende des Evangeliums nach Matthäus führt zurück zum Anfang: zur berühmten *Bergpredigt*, in der ebenso gewarnt wird vor falschen Propheten und heuchlerischen Wortführern, die anderen abverlangen, was sie selbst nicht zu geben bereit sind. Der Kreis schließt sich: Anfang und Ende, Vergangenheit und Zukunft werden eins. Darum (er)kennt das Evangelium des Johannes auch kein Gestern und Morgen, sondern allein ein Heilsgeschehen im Hier und Jetzt, das also wo seinen Anfang nimmt und wo sein Ende: in Judäa oder im gegenwärtigen Raum? Die synoptischen Evangelien berichten erst am Ende über sein Wirken in Judäa – ein Widerspruch? Wer Johannes folgt und das Heilsgeschehen eben nicht als zeitlich begrenzt begreift, wie wollte der es begrenzen dem Raume nach? Der Stern, der aufging über Bethlehem: erloschen zu Jerusalem? Erstarb alles Licht am Kreuz, loderte es nicht erst auf mit der Auferstehung? Wo aber feiern diese Auferstehung – in Judäa, in Jerusalem oder im Herzen?

Der Tempel, die Wohnstatt des HERRN, kündigt ER an den Seinen, werde zerstört und kein Stein auf dem anderen bleiben (vgl. *Reinigt den Tempel*, Matthäus 24,1-2). Und wurde der Tempel nicht zerstört im Jahre 70 n. u. Z. von den Römern (die zeitgleich errichteten in Rom das Kolosseum)? Gemahnt die Klagemauer in Jerusalem nicht bis heute an eben jene ungeheuerliche Zerstörung? Sollte nicht aber errichtet werden ein neuer Tempel am dritten Tage, am Ende aller (alten) Zeit? Und sollte dieser neue Tempel nicht errichtet sein aus den kostbarsten Edelsteinen, aus solchen, die funkeln und leuchten in ihrem Innersten – ihrer lebendigen Seele? Was sagt ER den Seinen, die ihn fragen am Ölberg über die Endzeit und deren Zeichen?

„Seht euch vor; lasst euch nicht verführen! Denn viele werden auftreten in meinem Namen und verkünden das Heil, und sie werden viele in die Irre führen. Von Kriegen werdet ihr hören und von Kriegsgeschrei; lasst euch dadurch nicht verschrecken. Denn das alles muss geschehen; aber es ist noch nicht das Ende. Denn es wird sich erheben ein Volk gegen das andere und ein Reich gegen das andere, und es wird Hungersnöte geben hier und dort und ebenso Erdbeben." Hat es seither nicht immer wieder Erdbeben gegeben, Hungersnöte und Kriege über Kriege, unheilvolle Kämpfe auf zuvor heilem Boden, erschütterte Erde, zerstörte Paradiese? Oder ist der alte Streit, der da herrschte im Heiligen Land, behoben, behoben ebenso der Streit, der entbrannte zwischen Euphrat und Tigris: das alte Babylonien, ist heute befriedet dieses Land, wo es sich nennt Irak? Oder das alte Persien, herrscht dort heute Frieden, wo es sich heißt Iran? Und wie erging es jenen, die zuerst eindrangen ins Morgenland und zerstörten den Tempel: den Römern, siegten sie oder waren am Ende sie selbst die Besiegten? Ging das Reich der Römer nicht ebenso unter wie unterging das Reich der Griechen?

Wie viele Endzeiten hat es schon gegeben, wie viele Völker und Reiche sind schon untergegangen, und war es nicht für all jene, die untergingen, der Untergang der Welt – ihrer Welt, ihrer Zeit? Erwuchs nicht aber aus den alten Ruinen Neues: eine neue Welt, eine neue Zeit? Ging nicht auf und verging wieder ihr Stern: die Welt der alt-orientalischen Reiche, wie auch aufging und wieder verging die Welt der römischen Antike, die Welt des Heiligen Römischen Reiches Deutscher Nation – und die unsägliche Welt des Dritten, des "Tausendjährigen Reiches", wie bald lag sie in Trümmern? Was wird, was soll werden aus der neuen Welt: dem neuen Kontinent – aus Amerika, das triumphierte über seine Ureinwohner, wird es auch in Zukunft triumphieren; ist es seiner Vormachtstellung heute so gewiss wie gestern? Und was wird werden aus dem Sowjetreich von einst und dem Europa von heute, das basiert auf römischen Verträgen? Wie römisch ist die moderne Zeit, gibt sie Zeugnis, wes Geistes Kind sie sind: Söhne der Herrschenden von einst, Söhne der Römer? Wer wollte lösen sich aus der Spirale der Gewalt, der weiter zehrt von der Väter Speise und sich sättigt auf Kosten derer, über die zu triumphieren er wähnt? Wie sollte das Unheil, das am Ende beschieden war den Vätern, nicht ebenso beschieden sein den Söhnen? Wird nicht zur Stunde geradezu heraufbeschworen ein neuer Weltuntergang – diesmal nicht geografisch begrenzt auf ein "Morgenland" oder "Abendland", sondern global: unbegrenzt? Ein weltweites Inferno: Erderwärmung, Abschmelzen der Eisberge, Anstieg des Meeresspiegels, Flutwellen: Land unter! Eine Sintflut oder eine Sündflut?

„Man wird euch in große Not bringen", verkündet ER den Seinen, *„und euch töten und euch hassen, weil ihr kündet von mir. Und viele werden zu Fall kommen und einander verraten und einander hassen. Auch werden falsche Propheten auftreten und viele in die Irre führen, und da der Unglaube überhandnimmt, wird die Liebe in vielen erkalten. Wer aber standhaft bleibt bis zum Ende, der wird errettet. Denn dieses Evangelium des Reiches Gottes muss erst*

verkündet sein der ganzen Welt, auf dass alle Völker es hören, erst dann kann kommen das Ende." Und ist das Evangelium nicht verkündet worden überall auf der Erde? Und sind jene, die verkündeten und verbreiteten sein Wort, nicht verfolgt, gehasst, gemeuchelt und gemordet worden um der Verkündigung lebendigen Wortes willen? Und gab es nicht auch immer wieder falsche Propheten, Missionierungen wider den Geist, Zwangsmissionierungen? Wie sollte jemand gezwungen werden können zum Glauben? Kann erzwungen werden die Liebe – was aber ist der Glaube anderes denn Liebe zu Gott? Ist heute überwunden alle falsche Prophetie, aller blinde Glaubenseifer, alle blinde Glaubenswut, oder bekriegt auch heute noch der eine den anderen, weil er sich näher wähnt dem einen Gott im Himmel?

Seiner Rede über die Endzeit fügt ER bei (ein Wort aus der Zeit der babylonischen Diaspora) das Wort des Propheten Daniel (9,25-27): *So wisse nun und gib Acht: Von der Zeit an, als das Wort erging, Jerusalem werde wieder aufgebaut werden, bis ein Gesalbter, ein Herrscher kommt, sind es sieben Wochen; und in zweiundsechzig Wochen* (fast neunmal so lange wie das Warten dauert auf den Gesalbten) *wird es wieder aufgebaut sein mit Plätzen und Gräben, gleichwohl in kummervoller Zeit. Und nach den zweiundsechzig Wochen wird ein Gesalbter ausgerottet werden und nicht mehr sein. Und das Volk eines anderen Herrschers wird kommen und die Stadt und das Heiligtum zerstören, aber dann kommt das Ende durch eine Flut, und bis zum Ende wird es Krieg geben und Verwüstung, die längst beschlossen ist.* ER *wird aber vielen den Bund schwer machen eine Woche lang. Und in der Mitte der Woche werden Schlachtopfer und Speiseopfer abgeschafft sein. Und im Heiligtum wird stehen ein Gräuelbild, bis das Verderben, das beschlossen ist, sich über die Verwüstung ergießen wird.*

Wie lange nun währt die eine Woche, von der hier die Rede ist; ist eine Woche nach menschlichem oder nach göttlichem Maß gemeint? In einer Woche, in sieben Tagen erschuf der HERR die Welt – ist sein Wille, sein Werk mithin vollendet? Wie viel Zeit ist vergangen, seit kundgetan ward dem Menschen der göttliche Wille? Welche *Mitte der Woche* ist gemeint: die Zeit, die verstreichen soll zwischen Offenbarung des göttlichen Willen und seiner Erfüllung? Und ist diese Mitte nicht längst erreicht, ja überschritten, wurden nicht abgeschafft alle Schlacht- und Speiseopfer? War ER das letzte Opfer oder wird geopfert bis auf den heutigen Tag? Und so geopfert wird, wo wird dargebracht das Opfer: auf dem Altar göttlicher oder weltlicher, wirtschaftlicher (All)Macht? Was ist gemeint mit dem *Gräuelbild der Verwüstung* (vgl. auch Daniel 11,31)? Was gesetzt anstelle des Tempels, niedergerissen an heiliger Stätte?

Wen betet an die Welt, was ist ihr Heiligstes? Das Grab, wohin sie legten den Gekreuzigten, wem ist es heilig, und ist es heil? Eine "heile" Stätte, über die Kaiser Hadrian einen heidnischen Tempel errichten ließ, auf dass es nie wieder gäbe einen jüdischen Aufstand (wie der "Bar Kochba" Aufstand im Jahre 135 n.u.Z.), auf dass gelöscht sei auf ewig jedwedes Gedenken an den jüdischen

Geist und an des jüdischen Volkes "König" (vgl. *Christlich-abendländischer Streifzug: Frühzeit*)? Wie aber wollte vernichtet sein, was lebendig ist in Gott? Zerstörte der römische Tempel die heile Stätte oder konservierte er sie? Wie sonst hätte Helena, die Mutter Kaiser Konstantins des Großen, finden wollen jenen Ort heil – unversehrt und errichten können darüber (die heilige, die heilste Stätte christlichen Bekenntnisses?) die Auferstehungskirche? Die Ironie des Zeitenlaufs: Die Römer bewahrten letztlich, was sie hatten vernichten wollen – mehr noch, sie verhalfen der einst von ihnen gegeißelten Lehre zum Durchbruch. Stellte sich der mächtige römische Kaiser, der dem monotheistischen Christentum staatsrechtlichen Rang und Schutz gewährte in polytheistischen Zeiten, stellte sich Konstantin der Große aber tatsächlich in den Dienst des Evangeliums, in den Dienst des HERRN oder versuchte er, sich dienstbar zu machen Gottes Wort? Dient denn heute die weltliche Macht der göttlichen oder begehrt die weltliche Macht, dass ihr diene die göttliche? Die in konstantinischer Zeit errichtete Auferstehungskirche, war sie Herzstück göttlicher Macht oder Prunkstück, Prestigebau weltlicher Macht? Und ist sie geblieben, was sie sein sollte: höchstes Heiligtum der Christenheit? Wurde nicht schon unter Konstantin errichtet eine andere höchst heiligste Stätte: in Rom – über anderen heiligen Gräbern?

Sollen aber angebetet sein die Gräber oder angebetet sein der lebendige Gott? Wäre das nicht wahrhaftig *Gräuelbild der Verwüstung*, den Tempel des HERRN: das Haus des Vaters allen Lebens zu wandeln (nicht nur in eine Räuberhöhle, wie ER beklagte, sondern) in eine Grabeshöhle, eine Totenstätte! Welche Wohnstatt ist gegeben diesem einen lebendigen Gott auf Erden als wahres, als höchstes Heiligtum? Wo wollte leben der HERR, wenn sie ihn verbannen aus ihrem Leben, aus ihrem Herzen? Und wird nun geliebt, verehrt auf Erden der lebendige Gott oder werden nach wie vor verehrt die alten Götzen, nach wie vor getanzt ums Goldene Kalb? Ist überwunden die Zeit der Fremdherrschaft, der geistigen Verwüstung – das babylonische Exil, dauert es nicht fort?

„Wo das Aas ist, da sammeln sich auch die Geier" (Matthäus 24,28). ER warnt all jene, die guter Hoffnung sind und schwanger gehen in unguter Zeit, die sich verführen ließen von falschen Propheten und leeren Versprechungen. Wer sind die Verführer, die Götzen, die Gräuelbilder von heute: sind es die Apologeten ewigen Wachstums und steigender Renditen, die verheißen, ein gefüllter Warenkorb erfülle das Leben? Warnt ER sie nicht eben vor solchen Trugbildern? Warnt sie deutlich: *„Hütet euch aber, dass eure Herzen nicht beschwert werden mit Fressen und Saufen und mit Sorgen, euch zu sättigen und dieser Tag nicht schnell über euch komme, wie ein Fallstrick; denn es wird unversehens hereinbrechen über alle, die auf Erden wohnen"* (Lukas 21,34). Wer wollte sich erhaben fühlen über sein Schicksal oder gar wähnen, ein Erwählter, ein Auserwählter zu sein: Vollstrecker des göttlichen Willens – Gesandter von jenseits der Sterne? Wollen sie errettet werden und sind doch Verführer oder Verführte? Wie soll verkürzt werden die Zeit des Untergangs und all seiner

Qualen, so sie weiter verführen, sich weiter verführen lassen? Wenn aber die Zeit nicht verkürzt wird, wie kann dann überhaupt noch gerettet werden ein Mensch? *„Um der Auserwählten willen aber werden die Tage verkürzt"* (Matthäus 24,22).

Und ER kündet von der Endzeit mit dem apokalyptischen Wort des großen Propheten Jesaja (vgl. Jesaja 13,9-11): *Die Sonne ist dunkel, schon wenn sie aufgeht, der Mond lässt sein Licht nicht scheinen und auch die Sterne und Sternbilder am Himmel leuchten nicht mehr* (vgl. auch *Vom Weltgericht*, Matthäus 25,31-46). In der Endzeit also wird sich der Himmel verdunkeln als Zeichen: erschüttert ist die himmlische Kraft, der himmlische Raum? Wann aber die Endzeit gekommen und voll ist das Maß, lässt sich das ermessen nach menschlichem Maß? Ist nicht erhaben über Zeit und Raum, *der-da-ist* und misst und bemisst? Wie groß und bedeutend ist diese Erde, gemessen am (Welt)Raum Gottes; und wie lang währt die Erdenzeit, gemessen am Zeitmaß Gottes: der Ewigkeit? Relativiert sich nicht alles Sein, aller Raum, alle Zeit von höherer Warte aus? Und werden jene, die wähnen, höher zu stehen, je innewerden, wie unbedeutend sie im Grunde sind?

Erkennen die Menschen jemals die Zeichen der Zeit und werden gewahr, wann das Holz, der Baum wieder erwacht zu neuem Leben und Frucht trägt? Wird erkannt des Menschen Sohn, erkannt, dass ER getragen ist von himmlischer Macht oder bleibt ER, bleibt sein Zeichen, sein Wort verborgen auf ewig, wie hinter einer Wolke? Wird sein Wort nicht erhört, wer wollte dann warnen vor der göttlichen Posaune, die zum Einsturz bringt alle Mauern? Hätte Josua führen können die Seinen ins Gelobte Land, so nicht eingestürzt wären Jerichos Mauern unter dem Klang der göttlichen Posaunen (vgl. Josua 6)? Wie sollte gelangen ins Reich Gottes, wer selbst errichtete die Mauer aus stummen Steinen, aus lauter Schweigen, wer selbst zog den Wall zwischen seiner Welt und dem Reich Gottes? Wer blies in sein eigen Horn, sollte hören den göttlichen Klang? *Das Reich Gottes ist inwendig in euch* (Lukas 17,21, alte Übersetzung, 1816) oder *mitten unter euch* (neue Übersetzung, 1967, 2003)?

Himmel und Erde werden vergehen, meine Worte aber werden nicht vergehen; (Matthäus 24,35). Wann wird kommen der Tag des HERRN, da sich erfüllt sein Wort und alle Prophezeiung, *da der Erdkreis bestraft wird für all seine Verbrechen und die Bösen für all ihre Vergehen; da dem Hochmut der Stolzen ein Ende bereitet und die hochmütigen Tyrannen zu Boden geworfen werden* (Jesaja 13,11)? *Den Tag und die Stunde kennt niemand"*, sagt ER den Seinen, *auch nicht der Sohn, sondern allein der Vater.* Ist der Sohn nicht gleich dem Vater, dass allein der Vater weiß um die Stunde?

Ob der Sohn dem Vater gleich- oder untergeordnet, ob der Sohn wesensgleich oder wesensverwandt sei, darüber entbrannte in konstantinischer Zeit ein erbitterter Streit, der die neue, monotheistische Glaubenswelt spaltete. Und ist heute geeint die Glaubenswelt, sind es nicht heute gleich drei Welten: Judentum,

Christentum und Islam, drei monotheistische Glaubenswelten? Alle drei zerstritten untereinander und unversöhnlich gegenüber dem Andersgläubigen, den sie bekämpfen bis aufs Blut? Ist der Andersgläubige ihr Feind, den sie nennen einen Ungläubigen – sollte ihnen nicht Feind sein der Gottlose? Warum zielen sie ab auf das Trennende, statt zu erkennen das Gemeinsame, das Verbindende? Bekennen sich nicht alle drei monotheistischen Religionen zu dem einen Gott als alleinigen HERRN? Alleinig oder dreieinig? Bekennt sich das Christentum, so es anbetet den dreieinigen Gott, weniger zu dem einen Gott denn das Judentum oder der Islam? Vater, Sohn und Heiliger Geist: ist, der da erhoben ward hin zu Gott, selbst Gott, gleich Gott oder unter Gott?

Kann es Über- und Unterordnung geben im Himmel, wo es doch schon keine geben sollte auf Erden? Sollten sie nicht alle Brüder sein? Nennt ER sich nicht selbst des Menschen Sohn, des ersten Menschen Sohn, geschaffen hin zum Bilde Gottes? Sich bilden hin zum Bilde Gottes, statt sich zu machen ein Bild von Gott. Zu dienen ihrem einzigen HERRN: einziger Gottheit und einziger Gutheit: *Gut ist nur einer,* ist das nicht sein Wort an jenen Jüngling, der erwerben will das ewige Leben (vgl. *Wahrer Reichtum, wahrer Lohn, wahrer Dienst*, Matthäus 19,17)?

Wer nach Über- oder Unterordnung fragt, will der dienen oder herrschen? Und sollen sie herrschen oder dienen dem höchsten HERRN, dienen auch einander? Eins werden und eins sein in dem einenden Geist des Glaubens und der einenden Kraft der Liebe (vgl. hierzu auch die Gleichnisse vom *wachsamen Hausherrn,* vom *guten* und vom *schlechten Knecht* sowie *das Gleichnis von den zehn Jungfrauen* und *das Gleichnis vom anvertrauten Gut*). Sind sie nicht Brüder: Söhne und Töchter des Höchsten, zu dem sie beten *Vater unser*? Treibt ER nicht zusammen die Seinen aus allen vier Windrichtungen und holt sie in sein Boot, ihnen Zuflucht zu geben in seiner Arche, wenn die Zeit, die Stunde gekommen ist?

Denn wenn die Zeit gekommen ist, da sich erfüllt das Wort, wird erwachen des Menschen Sohn zu neuem Leben, und es wird sein wie in den Tagen des Noah. *Wie die Menschen in den Tagen vor der Sintflut aßen und tranken und selbst noch die Ehe schlossen, den Bund fürs Leben, ihrer Wege gingen und nichts ahnten, bis zu jenem Tage, da Noah in die Arche ging und die große Flut hereinbrach, die sie alle wegraffte* (Matthäus 24,37-42). Also warnt ER sie, wachsam zu sein, auf dass nicht auch sie weggerafft werden, wie zu Zeiten der Flut. Ist nicht eben das die Verheißung, dass Zuflucht findet und gerettet wird, wer Zuflucht sucht in seinem Wort? Ist sein Wort nicht die Arche, die erbaute, der Sohn des Zimmermanns? Auf dass Zuflucht finden die lebendigen Bausteine, die errichten den Tempel: die Wohnstatt des HERRN? ER, der *Eckstein,* der Erste, der gesetzt ist am Haus des HERRN, muss ER nicht auch sein der Letzte?

Der HERR *ist mein Hirte,*
mir wird nichts mangeln.
ER *weidet mich auf einer grünen Aue*
und führet mich zum frischen Wasser.
ER *erquicket meine Seele.*
ER *führt mich auf rechter Straße,*
um seines Namens willen.
Und ob ich schon wanderte im finsteren Tal,
fürchte ich kein Unglück;
denn DU *bist bei mir,*
dein Stecken und Stab trösten mich.
(Psalm 23,1-5).

216

ALPHA & OMEGA

Ich bin der Weg und die Wahrheit und das Leben.
(Johannes 14,6)

Erster und Letzter

Alpha und Omega: erster und letzter Buchstabe des griechischen Alphabets, der Verkehrssprache der römischen Zeit, der Sprache auch der Evangelien. Das Wort Gottes, schriftlich fixiert nicht länger in der Sprache des alten Judentums, sondern in der Sprache der neuen Welt. Einer Schriftsprache, die anders als das Hebräische bzw. Aramäische (anders als alle semitischen Sprachen) Vokale, Selbstlaute nutzt. Klingt das Wort darum heller, klarer; kann es klingen, wenn stumm bleibt des Lesers Herz? Wer wollte aufnehmen die Botschaft, so sie nicht klingt in seinem Herzen? Bleibt aber stumm das Herz, wie sollte beurteilt werden, ob das, was vermeintlich schwarz auf weiß in Händen liegt, wahrhaftig unverfälschtes Wort ist des HERRN? Muss nicht geschrieben sein der erste und der letzte Buchstabe im Buch der Bücher in der universellen Sprache des Herzens, auf dass aufgenommen sei das Fleisch gewordene Wort und herrsche auf ewig?

Der HERR *sprach zu meinem Herrn: Setze dich mir zur Rechten, bis ich dir zu Füßen lege all deine Feinde. Der* HERR *wird das Zepter deiner Macht ausstrecken aus Zion. Herrsche inmitten deiner Feinde! So du dein Heer aufbietest, wird dir willig folgen dein Volk in heiligem Schmuck. Deine Söhne werden dir geboren, wie der Tau aus der Morgenröte. Der* HERR *hat geschworen, und es wird ihn nicht gereuen: Du bist ein Priester ewiglich nach der Weise Melchisedeks. Der Herr zu deiner Rechten wird zerschmettern die Könige am Tage seines Zorns. ER wird richten unter den Heiden, wird viele erschlagen, wird Häupter zerschmettern auf weitem Gefilde. ER wird trinken vom Bach auf dem Wege, also zu erheben das Haupt von Neuem* (Psalm 110,1-7).

David, der König der Juden, König des erwählten Volkes, preist in seinem Psalm zwei Herren – einen HERRN im Himmel und einen Herrn auf Erden: einen, der noch kommen wird? Wer steht über wen, wer führt das Volk Gottes von Anbeginn bis in alle Ewigkeit? Und wer ist *Priester ewiglich nach der Weise Melchisedeks?* Im 1. Buch Mose (14,10 u. 14,18-20) steht geschrieben, als die Könige von Sodom und Gomorrha in die Flucht geschlagen waren, ging Melchisedek (hebr. Name für "König der Gerechtigkeit"): der König von Salem (hebr. Name für Jerusalem), der ein Priester war Gottes, hin und trug *Brot und Wein* hinaus zu Abram (später: Abraham/Ibrahim = "Vater Vieler") und sprach: *„Gesegnet seist du Abram, vom höchsten Gott, der Himmel und Erde erschaffen hat; und gelobt sei Gott der Höchste; der deine Feinde gegeben hat in deine Hand."* Und Abraham gab ihm den Zehnten von allem. Wer steht über wen, wer führt das Volk: die himmlische oder die irdische Macht? *Herrsche inmitten deiner Feinde!*, heißt es in Psalm 110. Wer sind die Feinde? Wer huldigt wem und gibt den Zehnten: Brot. Wein, Leben und wer empfängt, nimmt den Zehnten: Brot, Wein, Leben?

Tötungsbeschluss des Hohen Rates
(Matthäus 26,1-5, Markus 14,1-2, Lukas 22,1-2, Johannes 11,46-57)

Sein Wort provoziert vor allem die Hohe Geistlichkeit, die um ihre Autorität fürchtet, um ihren Rückhalt im Volk. Hört das Volk mehr auf sein Wort, verlieren sie an Macht, an Einfluss und müssen gar bangen um ihre Stellung gegenüber Rom. Mit der Schrift, mit dem Gesetz des Mose, ist ihm nicht beizukommen, das haben sie bitter erfahren. Sooft sie ihm auch eine Fangfrage stellten, seine Antworten hatten ihn nicht entblößt, sondern waren im Gegenteil auf sie selbst zurückgefallen. Statt einen rechtmäßigen Grund zu finden, ihn zu richten, waren am Ende sie selbst die Angeklagten. Nun, da ER Einzug gehalten hatte in JeruSalem, der Heiligen Stätte und sie provozierte wie noch nie, inmitten des Tempels (vgl. *Reinigt den Tempel*) und seine Anhänger ihm huldigten unmittelbar vor ihrer Nase (vgl. *Einzug in Jerusalem*): im Herzen *Salems* (Sitz des Hohen Rates), brauchen sie einen endgültigen Entschluss: eine Endlösung. Also versammelt sich der Hohe Rat, der sich zusammensetzt aus dem amtierenden Hohen Priester, weiteren Mitgliedern der Priesterkaste: vorwiegend "Sadduzäern" (die streng achten auf die Einhaltung des mosaischen Gesetzes), Vertretern des Laien-Adels, der "Ältesten" sowie Vertretern aus dem Kreis der Schriftgelehrten: vorwiegend Angehörige der "Pharisäer" (die Frömmigkeit auf ihre Fahne schrieben – und Macht meinten?). Im Palast des Hohen Priesters Kaiphas (= Kajaphas – von 18 -37 n.u.Z amtierender Hohepriester) versammeln sie sich, um zu beschließen, *ihn mit List in ihre Gewalt zu bringen und zu töten. Aber nicht am Fest, auf dass kein Aufruhr entstehe im Volk.*

Die Entscheidung ist gefallen, sein Todesurteil mithin gefällt? Sind sich alle einig in diesem Entschluss? Wer plädiert dafür, wer dagegen, und schließlich, wie steht der Hohepriester selbst dazu? Im Evangelium nach Johannes ist zu lesen, Kaiphas habe nicht aus sich selbst heraus gesprochen, sondern aus prophetischer Eingebung, als er (weis)sagte: *„Ihr bedenkt nicht, dass es besser ist, ein Mensch sterbe für das Volk, als dass das ganze Volk verderbe"* (Johannes 11,50). Ist sich der Hohepriester aber bewusst der prophetischen Kraft seiner Worte, meint Kaiphas tatsächlich, ihn opfern zu müssen, auf dass die Kinder Gottes, die zerstreut sind auf Erden, zusammengebracht werden, von jetzt an bis in alle Ewigkeit? Ist sein Wort derart zukunftsweisend oder ist es verhaftet dem Alten, soll ER aus der Welt geschafft, getötet werden, auf dass ihm nicht länger folge das Volk, sondern folge (brav wie eh und je) dem Hohen Rat? Ist der Hohepriester die treibende Kraft, die ihn ans Kreuz liefert, und doch zugleich (prophetisches) Werkzeug des HERRN?

Ihr Entschluss, ihn zu töten, so berichten übereinstimmend die Evangelisten Matthäus und Markus, ergeht *zwei Tage vor dem Pessach-Fest*, das gefeiert wird zur Frühjahrs Tag-und-Nacht-Gleiche, nach der ersten Vollmondnacht (Ostermond: verehrt als germanische Frühlingsgöttin Ostera) – ein Fest, das sieben Tage währt und des israelitischen Auszugs aus der Wüste gedenkt. ER weiß von ihrem Entschluss, wie ER verkündet seinen Jüngern: *„Wisset, zwei*

Tage sind es noch bis Pessach, da des Menschen Sohn soll überantwortet und gekreuzigt werden" (Matthäus 26,2). Und ER flieht, um sich zu verbergen vor jenen, die ihn töten wollen. Wie soll der Hohe Rat ihn da greifen, ohne Aufruhr zu erregen im Volk? Wie seiner habhaft werden, so ER sich verbirgt, geschützt von den Seinen? Wer wollte eindringen dort, wo die Reihen geschlossen sind?

Verrat des Judas
(Matthäus 26,14-16, Markus 14,10-11, Lukas 22,3-6)

Es geht aber einer der Zwölfe, mit Namen Judas Iskariot, hin zu den Hohepriestern, sie zu fragen: „Was wollt ihr mir geben, so ich ihn euch ausliefere?" Und sie bieten ihm dreißig Silberlinge. Der Verrat des Judas, seine Mitwirkung am Komplott, macht es dem Hohen Rat erst möglich, tatsächlich umzusetzen, was sie beschlossen haben: Ihn zu ergreifen – leise, still und heimlich. Wie hätten sie ihren Beschluss sonst umsetzen sollen unter Ausschluss der Öffentlichkeit, wenn nicht verraten hätte einer der Seinen, wo genau ER sich versteckte vor seinen Häschern? "Der Verräter ist mitten uns", gilt das nicht heute so gut wie gestern? Wie sollten einstürzen all die schützenden Mauern ohne Verrat: ohne Trojaner, Maulwürfe, V-Leute, Spitzel? Wer wollte noch blind vertrauen den "Seinen", so Verrat herrschte selbst im Kreis der Zwölf? Wer seine Augen verschließt vor dem Unrecht in den eigenen Reihen, spielt der nicht geradezu dem Gegner in die Hände? Den Hohepriestern (und deren Gefolgsleuten) jedenfalls, so ist bei Lukas zu lesen, kommt der Verrat des Judas wie gerufen. Haben sie ihn gerufen: haben sie ausgekundschaftet, ob einer unter den Zwölfen korrumpierbar, einzuspannen sei für ihre Zwecke, oder kam Judas aus eigenem Antrieb?

Der Satan aber ergriff Besitz von Judas (Lukas 22,3), so steht es geschrieben. Der Satan – Luzifer: der Engel, der einst stürzte auf die Erde, weil er sich widersetzte dem himmlischen Plan, auch auf Erden zu schaffen Wesen nach dem Bilde Gottes. Der Widersacher von Anbeginn, stiftet er nun Judas an zum Verrat, zum Verrat an den Sohn? Eine unheilvolle Macht jedenfalls, die da Besitz ergreift von Judas und ihn ganz und gar vereinnahmt: beherrscht durch welches Mittel? Ist es die Gier nach Besitz und Geld, die umtreibt den Verräter? Judas ist derjenige, *der den Beutel hat* (Johannes 13,29): der Kassenwart also der Zwölf. Ist Geld der Antrieb zum Bösen – Geld, das in den Beutel fließt aus den Händen all derer, die ER heilt, die ihm danken wollen; Geld, das freiwillig und dankbar gegeben wird, das unschuldig zu fließen scheint (Geld, das heute ebenso unschuldig fließt in die Vatikanbank?) und doch landet in die Hände des Verräters? Veruntreut Judas, ist er erpressbar? Und kann der Hohe Rat ihm gewähren Belohnung so leichten Herzens – *dreißig Silberstücke* sind es immerhin –, weil sie wissen, dass all das Geld, das augenblicklich fließt in den Beutel des Zwölferkreises, zukünftig, wenn der Rädelsführer erst beseitigt ist, wieder klingeln lassen wird ihre eigene Kasse? "Geld regiert die Welt", heißt es heute: sollte das damals anders gewesen sein? Heißt es nicht schon im 1.

Buch Mose (37,28), dass Josef verraten und verkauft wurde von seinen Brüdern (den Söhnen Jakobs/Israels) für *20 Silberstücke* an die Ismaeliter, die Josef dann nach Ägypten brachten. War tatsächlich Geld das Motiv: der schnöde Mammon?

Salbung in Bethanien

(Matthäus 26,6-13, Markus 14,3-9, Lukas 7,36-50, Johannes 12,1-11)

Da ER in Bethanien ist, im Hause Simons, des Aussätzigen, tritt zu ihm ein Weib, die ein Gefäß trägt voll kostbarem Öl, das sie ausgießt über sein Haar. Seine Jünger ereifern sich ob dieser Verschwendung. *„Man hätte das Öl teuer verkaufen und das Geld den Armen geben können"*, erregen sie sich. ER aber gebietet ihnen Ruhe. *„Denn die Armen"*, so bedeutet ER ihnen, *„habt ihr allezeit bei euch; mich aber habt ihr nicht allezeit. Als jene, der ihr zürnt, das Öl ausgoss über mich, salbte und bereitete sie meinen Leib für das Begräbnis. Wahrlich ich sage euch, wo immer dieses Evangelium verkündet wird dieser Welt, da wird man auch ihrer gedenken und sich erzählen, was sie getan hat an mir."*

Wer ist die "Namenlose", die ihn salbt? Warum nennen weder Markus noch Matthäus ihren Namen? Die Jünger werfen ihr Verschwendung vor, ist sie eine Sünderin? Die Sünderin, der ER – nach Lukas (7,36-50, vgl. *Begegnung mit einer Sünderin*) – begegnet im Haus des Pharisäers und die salbt seine Füße und sie trocknet mit ihrem Haar? Ihren Namen nennt allein das Johannes-Evangelium (11,2): *Maria war es, die gesalbt hat den Herrn und seine Füße trocknete mit ihrem Haar.* Maria, die Schwester der Martha, Schwester ebenso des Lazarus aus Bethanien, den ER auferweckte vom Tod (Johannes 11,1-45: *Die Auferweckung des Lazarus*). Nach Johannes (12,1-11) ist es nicht das Haus Simons, des Aussätzigen, sondern das Haus des Lazarus, in dem sich ereignet die *Salbung von Bethanien.* Dort sitzt ER zu Tisch mit Lazarus: Martha dient ihnen und Maria salbt ihn mit kostbarem Öl, was Unmut erregt: nicht den Unmut aller, sondern den Unmut eines Einzigen. Das Johannes-Evangelium nennt nur einen: *Judas Iskariot, der IHN später verriet.* Warum man dieses kostbare Öl nicht verkaufe und den Erlös gebe den Armen, ereifert sich Judas. Steht ihm der Sinn tatsächlich danach, zu unterstützen die Armen, oder führt er solche Rede nur, *weil er war ein Dieb und hatte den Beutel und nahm an sich, was gegeben ward* (Johannes 12,6) von den Gläubigen im blinden Vertrauen?

Der da anprangert Verschwendung als Sünde, ist am Ende selbst der Sünder? Warum denn ereifert sich Judas derart über die Salbung? Weil da Öl vergossen wird, das man hätte zu Geld machen können, auf dass sich wieder fülle der Beutel, den Judas geleert hatte? Das Öl, das IHN salbt, ist auch das Öl, das gegossen wird ins Feuer und auflodern lässt die Flamme des Verrats? Nach Johannes sind es noch sechs Tage bis Pessach, als vergossen wird das Letzte, was Judas noch hätte zu Geld machen können. Warum erfasst niemand die fatale Lage? Sind die Seinen so blind, weil sie erhaben sich wähnen über alle Sünde; weil nicht sein kann, was nicht sein darf? Ist nicht gerade das der Trugschluss, der führt ins Verderben?

Verschwendung ist es, worüber sich seine Jünger mokieren. Verschwendung, auszugießen über den Gesalbten des HERRN das kostbarste Öl? Teilte ER nicht aus unter ihnen verschwenderisch (sie zu salben?), gibt ER nicht hin für sie sein Kostbarstes? Nun, da ein Weib ausgießt über ihn das Kostbarste, das ihr gegeben, ereifern sie sich? Ereifern sich ob der Verschwendung oder (auch) des Weibes wegen? Ein Weib, das bereitet seinen *Leib für das Begräbnis*. Die "letzte Ölung"? Ist jene, die ihn salbt, nicht Schwester dessen, den ER wiederbelebte: Schwester des Lazarus und ebenso Schwester dessen, der noch auferstehen wird? Steht die Salbung allein für Tod, Begräbnis oder ebenso für Auferstehung und Wiederkehr: für die Hochzeit des Messias (= Gesalbten)? Die eine Schwester salbt ihn, die andere bekennt ihn: *Ja, ich glaube, dass du der Sohn Gottes bist, der Messias, der in die Welt kommen soll* (vgl. Johannes 11,27). Ein Weib bekennt ihn, ein Weib salbt ihn: setzt ihn ein als (das, was ER ist von Anbeginn) Herrscher auf Erden. Frevel oder Gott gewollt, dass zukommt dem Weibe solch herausragende Rolle? Lehrt nicht aber die Schrift, es stehe allein zu der Hohen Priesterschaft, zu salben und einzusetzen den, der herrschen soll auf Erden? Angefangen von David und Salomo (den von Gott auserkorenen Herrschern des Heiligen Landes) bis hin zum letzten Kaiser des Heiligen (Römischen) Reiches (der trägt die Reichskrone mit den eingravierten Namen "David" und "Salomo").

Die Schwestern (des Lazarus), sind sie weniger die Seinen als seine Brüder, ist ER ihnen weniger zugetan? Soll die (geschwisterliche) Liebe allein gelten unter Brüdern? Martha und Maria, stehen sie nicht beide in Liebe zum Gesalbten: die eine dient ihm, die andere hört ihm andächtig zu (vgl. Lukas 10,38-40). Dienen und Andacht: zwei Seiten ein- und derselben Münze. Also sollen auch Eins sein die Schwestern: Martha aber murrt, weil Maria ihr nicht zur Hand geht. Sind die beiden Schwestern das Pendant zu Lea und Rahel, den zwei Eheweibern des Jakob (vgl. 1. Mose 29)? Herrscht Zwietracht unter ihnen, Eifersucht? Die eine, die dient und ihn bekennt und die andere, die andächtig lauscht und ihn salbt, sollten sie nicht verbunden sein in der Eintracht ihrer Liebe? Ist das die Hochzeit, die feiern werden Bräutigam und Braut: die überwindende, verbindende Kraft der Liebe: die Versöhnung der Geschlechter? Wer wird sitzen am Tisch des HERRN (vgl. Matthäus 22,1-14) und teilhaben am *königlichen Hochzeitsmahl*?

Das Abendmahl

(Matthäus 26,17-30, Markus 14,12-26, Lukas 22,7-23, Johannes 13,1-21)

Am ersten Tag des Festes der *Ungesäuerten Brote* (= Pessach), das erinnert an den Auszug der Israeliten aus Ägypten (2. Mose 12), fragen ihn die Jünger, wo ER das Festmahl halten wolle, auf dass sie beginnen können mit den Vorbereitungen. Alles Sauerteigbrot ist zu entfernen, für bittere Kräuter zu sorgen und vor allem für ein einjähriges, männliches Lamm ohne Makel; für das noch Geld da ist im Beutel?

ER weist sie an, in die Stadt zu gehen zu einem Hausherrn, dessen Name nicht genannt wird, der aber trägt als Zeichen für sie einen Wasserkrug. Markantes Zeichen: eine niedere, eine dienende Tätigkeit, verrichtet durch den Hausherrn selbst! Warum aber nennen die Evangelisten nicht seinen Namen? Will der Wasserträger anonym bleiben; fürchtet er, wenn bekannt wird, wen er aufnimmt in sein Haus, sei es um ihn und seine Stellung (im Hohen Rat?) geschehen? Nach dem Johannes-Evangelium (12,42) glauben viele der Obersten (der jüdischen Gemeinde) an ihn: den Gesalbten, aber um der Pharisäer willen bekennen sie sich nicht offen, auf dass nicht der Bann über sie gebrochen und sie ausgestoßen werden aus der Gemeinschaft. Kann der Hausherr ihnen nur Unterschlupf gewähren, wenn sie ihm im Gegenzug Stillschweigen zusichern? Weist er ihnen darum Raum zu im ersten Obergeschoss, Raum, der nicht einsehbar ist von der Straße und so Schutz bietet vor neugierigen Blicken, Schutz vor Verleumdung und Verrat?

Und am Abend setzt ER sich zu Tisch mit den Zwölfen. Und da sie essen, spricht ER sie an: „Wahrlich, ich sage euch: Einer unter euch, wird mich verraten." Und sie werden überaus betrübt und einer nach dem anderen fragt ihn: „Herr, bin etwa ich es?" Und ER antwortet ihnen: „Der die Hand hat mit mir getaucht in die Schüssel, der wird mich verraten. Des Menschen Sohn geht zwar den Weg, der geschrieben steht in der Schrift, doch weh dem, durch wen verraten wird des Menschen Sohn. Es wäre besser für ihn, er wäre nie geboren worden." Da fragt ihn Judas, der ihn verraten hat: „Bin ich es, Rabbi? Und ER entgegnet ihm: „Du sagst es" (Matthäus 26,20-25).

Nach dem Evangelium des Johannes (13,26-30) zeigt ER den Verräter so an: *„Der ist es, dem ich den Bissen Bot eintauche und gebe",* und da ER Judas den Bissen reicht, sagt ER: *„Was du tun willst, das tue bald."* Und Judas geht hinaus in *die Nacht,* in die Finsternis; die Jünger aber denken, ER habe dem, der führt die Kasse, aufgetragen zu besorgen, was noch fehle fürs Fest. Erkennt allein ER den Verräter, seine Tischgenossen aber durchschauen nicht die üble Absicht ihres Bruders? Sind sie blind für den Verrat in den eigenen Reihen? Ist das in Wahrheit die Finsternis: *die Nacht,* die hereingebrochen ist? So sie sich selbst nicht schützen können vor Verrat und Verführung, wie wollen sie da erfüllen ihren Auftrag, wie bewahren, was ihnen gegeben ist? War nicht allen anvertraut der Beutel, und doch ging er verloren (vgl. *Gleichnis vom anvertrautem Gut,* Matthäus 25,14-30). Trägt allein Judas Schuld oder sind auch sie verantwortlich? Wollen sie nicht Hüter sein ihres Bruders, mit dem sie Tisch-Gemeinschaft haben, wie soll da rein, wie soll da "koscher" sein ihre Mahl-Zeit?

Dem Johannes-Evangelium (13,1-21) zufolge steht ER vom Mahl auf, um den Jüngern die Füße zu waschen und sie abzutrocknen mit dem Leinentuch, das ER sich zuvor hat umgebunden – ein niederer Dienst, den ER hier ausübt. Ein Dienst für einen Knecht oder eine Magd; doch dienende Kräfte sind offensichtlich keine zugegen. Hat der Hausherr sie weggeschickt, damit geheim bleibe, wer zu Tische sitzt in seinem Haus; trug er, der Hausherr, nicht eben darum selbst in sein Haus das Wasser, das benötigt wird für die rituelle Reinigung, die ER nun vollzieht an den Zwölfen? Doch *als ER zu Simon Petrus kommt, sagt der zu ihm: „Du, Herr, willst mir die Füße waschen?"* ER aber antwortet: *„Was ich tue, begreifst du jetzt noch nicht; dereinst aber wirst du verstehen."* Petrus aber wehrt ab: *„Niemals sollst du mir die Füße waschen";* ER aber entgegnet: *„So ich dich nicht wasche, so hast du keinen Anteil an mir."* Woraufhin Petrus ihn bittet: *„Wasch' mir nicht allein die Füße, sondern auch die Hände und das Haupt."* ER aber sagt ihm: *„Wer gewaschen ist* (wer also rein, getauft ist?)*, der bedarf nichts, denn dass ihm noch gewaschen werden die Füße."*

Sind es nicht die Füße, die hinaustragen den Menschen in die Welt – eine Welt voller Schmutz, voller Lug und Trug? Und der Schmutz der Straßen, der Wege, der Pfade, die sie begehen, haftet der nicht an ihren Füßen, tragen sie ihn nicht weiter: hinaus in die Welt? Was nutzt alle Reinigung, wenn der Schmutz haftet an ihren Füßen? ER wäscht den Schmutz ab von ihren Füßen, auf dass sauber bleiben ihre Schritte. Gleiches sollen sie einander tun (weshalb der Papst bis heute die rituelle Fußwaschung vollzieht als Gleicher unter Gleichen?), wie ER sagt: *„Wie ich, euer Herr und Meister, euch gewaschen habe die Füße, so sollt ihr auch einander waschen eure Füße. Der Knecht ist nicht größer denn der Herr, noch der Bote größer denn der, der ihn sandte. Ihr wisst es, selig seid ihr, wenn ihr's auch tut."*

Bislang haben sie es verabsäumt, die Füße zu waschen ihres Bruders; sie achteten nicht seiner Schritte, wie sonst hätte es kommen können zum Verrat in ihrer Mitte? Judas sitzt mit ihnen am Tisch! Sind aber gewaschen seine Füße, sind seine Schritte nicht voller Schmutz? Schmutz, der sich nicht abwaschen lässt, auf dass sich erfülle, was geschrieben steht: *Auch mein Freund, dem ich vertraute, der mein Brot aß, tritt mich mit Füßen* (Psalm 41,10). Judas veruntreute Geld und um zu vertuschen seine Schuld, lässt er sich bezahlen vom Hohen Rat, den zu verraten, dessen Brot er aß! Sitzen nicht alle Zwölf zu Tisch, wo ER spricht den Lobpreis und *bricht das Brot? „Nehmt und esst, das ist mein Leib."* Dann nimmt ER *den Kelch, dankt, reicht ihn weiter und sagt: „Trinkt alle daraus, das ist mein Blut, welches vergossen wird für viele zur Vergebung der Sünden"* (Matthäus 26,26-28).

Da nahm Mose das Blut (des Opfertieres),
besprengte damit das Volk und sagte:
Das ist das Blut des Bundes,
den der HERR *hat mit euch geschlossen.*
(2. Mose 24,8)

Erneuert ER den Bund, bekräftigt ER den Willen des Höchsten, der dargelegt ist im Alten Testament, ER: der Sohn? Wird hier verabschiedet, besiegelt ein neuer "letzter Wille" (= Testament) des HERRN, und wie verschieden ist dieses Neue Testament vom Alten? Ist ER denn *gekommen aufzuheben,* ist ER nicht gekommen *zu erfüllen* (vgl. Matthäus 5,17: *Bergpredigt*)? Neufassung: Änderung oder Bekräftigung des Alten Bundes, der sooft gebrochen wurde? Letzte Abfassung des letzten Willen des HERRN – letzter Bund auch? Ist ER der Letzte, der erneuert den Bund, der gebrochen war von Anbeginn? Gebrochen und wieder erneuert schon zu Zeiten des Noah – erneuert im Zeichen des Regenbogens – erneuert am Sinai zu Zeiten des Mose. Wie wollen sie *Kinder Abrahams* sein, so sie brechen den Bund? Kinder dessen, zu dem einst trug Melchisedek (vgl. 1. Mose 14,18-20), der König war (Jeru)Salems und zugleich Priester des Höchsten, *Brot und Wein* als Zeichen des Bundes?

Weil viele in der Versammlung sich nicht hatten geheiligt,
schlachteten die Leviten die Pessach-Lämmer
für all jene, denen fehlte die Reinheit der Weihe.
(2. Chronik 30,17)

Ist ER, der ihnen reicht den Weinkelch mit den Worten: *Trinkt alle daraus, das ist mein Blut, welches vergossen wird,* nicht das Opferlamm; ist es nicht sein Blut, das vergossen wird *für viele zur Vergebung*? Für viele – nicht für alle – nicht für den Verräter (des Bundes)? Wie sollte reingewaschen werden Judas vom Verrat durch Blut, das erst floss infolge eben jenes Verrates? Wer zählt zu den Verrätern und wer weiß sich im Bunde mit dem Sohn und seinem Vater, wer befolgt den "letzten Willen" des HERRN, des Erblassers und setzt um sein Testament? Sich selbst zu den Erwählten zählen, die sitzen dürfen am Tisch des HERRN, hieße das nicht, sich selbst zu feiern? Die Zwölf, die sitzen am Abendmahlstisch, zu feiern das Pessach-Fest, entstammen alle dem Judentum – wie ER: Beschnittene allesamt. Sind sie aber auch beschnitten am Herzen? Sind sie solche, die einander lieben, wie ER sie liebt? Denn daran, so sagt ER, werde man erkennen, dass sie sind seine Jünger: seine Gefolgsleute*, daran, dass ihr einander lieb habet, wird man euch erkennen* (Johannes 13,34-35). Die Liebe wird hier gepriesen: die Liebe, die überwindet und verbindet. Und ist Liebe Opfer (will Gott denn Opfer?) oder Gabe? Vom Opfertisch zum Gabentisch!

Das Abendmahl (ursprünglich gefeiert als Mahlzeit), heute als Gedächtnismahl gefeierte Wiederholung der Darreichung von Brot und Wein, gilt fast allen christlichen Gemeinschaften als Höhepunkt des Gottesdienstes. Teilhaben kann (und soll) mit Erstkommunion bzw. Konfirmation jeder Angehörige der Glaubensgemeinschaft. Nach der katholischen Lehre von der Transsubstantiation (die zurückreicht bis ins christliche Altertum und bekräftigt wurde – gleich zu Beginn der Neuzeit: 1551 auf dem Konzil von Trient) verwandeln sich Brot und Wein durch die Einsetzungsworte (Weihe) während der Messe in den Leib (und in das Brot) Christi. Die orthodoxe Kirche nahm die Lehre von der Transsubstantiation im 17. Jh. an. Die Reformatoren (Luther, Zwingli, Calvin) dagegen verwarfen die Abendmahlslehre der katholischen Kirche, wenngleich sie selbst hinsichtlich der Frage, wie und durch was ER denn gegenwärtig sei beim Abendmahl, zu keiner einheitlichen Auffassung gelangen konnten. Die zum Teil erheblichen Abweichungen ebneten sich mit der Aufklärung ein, die unterschiedlichen Auffassungen zwischen katholischer und protestantischer Lehre in der Bewertung der eucharistischen (Eucharistie = Danksagung) Gegenwart Christi aber dauern bis heute fort, was eine gemeinschaftliche, eine ökumenische Feier des Abendmahls – vor allem aus Sicht der katholischen Kirche – faktisch unmöglich macht. Wer sich bekennt zu der einen (allein selig machenden) Kirche, darf teilhaben, sitzen am Tisch des HERRN: nach dem äußeren Bekenntnis wird gefragt, nicht nach dem inneren? Wes Geistes Kind aber sind sie: wie nah, wie fern sind sie dem Fleisch gewordenen Wort und wie nah, wie fern einander? Oder dürfen sitzen am Tisch des HERRN lauter Fremde, die einander nicht kennen und auch nicht kennenlernen, weil sie nach dem Abendmahl gleich wieder von dannen eilen? Wer aber einander nahe steht im Leben, wer gar schloss den Bund fürs Leben: Tisch und Bett teilt miteinander, der sollte nicht teilnehmen dürfen gemeinschaftlich am Abendmahl, sofern der eine evangelisch, der andere aber katholisch ist? Sind sie Geschiedene – Fremde – oder Verwandte? Wer wollte urteilen über geistige Verwandtschaft, über Nähe oder Ferne zum HERRN; wer sagen, du bist nicht geladen, für dich ist kein Platz am Tisch des HERRN?

Nicht nur in der Bewertung der eucharistischen Gegenwart beim Abendmahl unterscheiden sich die beiden großen (christlich-abendländischen) Konfessionen, sondern auch hinsichtlich der Darreichung des Brotes und des Weines. Während die protestantische Kirche Brot und Wein reicht, teilt die katholische Kirche nur das Brot aus, das – ihrer Lehre nach – als eucharistischer Leib das Blut Christi einschließt. Sehen sich die katholischen Geistlichen hier in der Nachfolge der Leviten (s. weiter oben), die allein versprengen durften das Blut des Opfertieres, versprengen für all jene, denen fehlte die Weihe? Blut, gegossen in den Becher: den heiligen Gral (wiederbelebt im Bild der "Ritter von der Tafelrunde"?), Blut, geflossen, um der Reinheit willen – vergossen zu wandeln? Was soll gewandelt sein: der Wein in Blut, das Brot in den Leib? Soll sich nicht vielmehr wandeln der Mensch, der nimmt von dem Brot und dem Wein: nimmt und aufnimmt in sich? Für was denn stehen Brot und Wein, wenn nicht für sein Wort? Ist ER nicht das Fleisch gewordene Wort Gottes, ER, der geboren ward zu Bethlehem, der Stätte des Brotes; ER, der hielt die große Rede in der Synagoge von Kafarnaum vom Himmelsbrot? Ist sein Wort nicht voller Leben; gibt es nicht Kraft, wie das Brot gibt Kraft für das Leben? Kein blutleeres Gewäsch, sondern belebend und voll des Geistes wie der Wein! Wer wollte erfahren die Gegenwart Christi, dem fern und fremd ER bleibt? Wissen all jene, die teilnehmen am Abendmahl, was sie tun, oder sind sie wie die (abtrünnigen) *Samariter* (vgl. Johannes 4,21-24), die heilig halten und anbeten, was sie nicht kennen? Halten sie rein ihr Mahl – wie sie rein halten ihr Wort? Oder sind sie wie die Pharisäer: ist ihnen vor allem gelegen am frommen Schein? Wäre das nicht aber Verrat, Verrat am heilen Wort, vor dem zu bewahren haben die geistlichen Führer: die Hirten ihrer Gemeinde? Müssten sie nicht prüfen ihre Schäfchen und fragen: Wie lebendig ist euch das Wort – lebendig genug, Mahl zu halten mit dem Lebendigen? Denn so ihr nicht innewerdet seines Wortes, bleibt blutleer all euer Tun und nicht Abendmahl haltet ihr, sondern Leichenschmaus!

Wer lud sie ein zum Mahl? Die Zwölf, die hielten mit ihm das Pessach-Mahl, die rief und berief ER unmittelbar. Doch wie nah sind die Zwölf ihm, wie gegenwärtig ist ER ihnen? Sind sie solche, die sich wandelten; wie konnte dann Verrat walten mitten unter ihnen? Oder steht die große Wandlung erst noch bevor? Ist das letzte Mahl nicht das Ende, steht es nicht für das letzte Mal? Nach dem Evangelium des Johannes schließt sich mit dem letzten Mahl der Kreis seines Wirkens, der sich eröffnet mit der *Hochzeit zu Kana*, auf der ER wandelt Wasser zu Wein: das erste Zeichen, das ER gibt. Was wandelt ER beim letzten Mahl? Das letzte (siebte) Zeichen jedenfalls ist nicht das AbendMahl, sondern *die Auferweckung des Lazarus*, der ein weiteres Mahl (vgl. *Salbung in Bethanien*) folgt: ein Mahl im Hier und Jetzt oder ein Bild, das in die Zukunft weist? Ein Hochzeitsmahl, wie zu Beginn? Ein Mahl, an dem teilhaben alle, die ER erweckte zum Leben? Eine Wiedersehensfeier: eine Feier derer, die sich wandelten? Wie sollte das Mahl, zu dem ER lud den Zwölferkreis, ein Abschied sein auf ewig? Spricht ER nicht selbst von Wiederkehr? *„Von nun an werde ich nicht mehr trinken von der Frucht des Weinstockes, bis zu jenem Tage, da ich von Neuem trinken werde mit euch in meines Vaters Reich"* (Matthäus 26,29).

Auf dem Weg zum Ölberg
(Matthäus 26,30-35, Markus 14,26-31, Lukas 22,31-38, Johannes 13,36-38 u. 18,1-2)

Judas geht hinaus in *die Nacht*, allein, geht seinen eigenen Weg: den Weg des Verrates. Wohin die anderen ziehen, ist ihm kein Geheimnis. Judas kennt den Ort, wohin ER die Seinen versammelt zu Jerusalem und eben diesen Ort wird Judas verraten den Hohepriestern und deren Gefolgsleuten (vgl. Johannes 18,1-2). Nach dem Ölberg hinaus ziehen sie in den Garten Gethsemane. Wie gemeinsam aber ist ihr Weg oder wird er zum Scheideweg? Wie nah sind ihm die Seinen, begreifen sie sein Wort? Petrus zumindest scheint ihn gründlich misszuverstehen, als ER ihm bedeutet: *„wohin ich gehe, dahin kannst du mir nicht folgen."* Sind sie ihm nicht immer gefolgt, warum sollte das nicht mehr möglich sein (vgl. Johannes 13,36-38)? Noch weniger begreifen seine Jünger, dass ER ihnen werden soll zum Stein des Anstoßes! Wie sollten sie sich je ereifern über ihren Meister? ER indes dringt in sie, es müsse geschehen, was geschrieben stehe: *Schlage den Hirten, auf dass sich zerstreue die Herde* (Sacharja 13,7). *Petrus aber antwortet ihm: So auch alle Anstoß nehmen an dir, ich werde das niemals tun."* ER aber erwidert: *„Wahrlich ich sage dir, schon in dieser Nacht, noch ehe der Hahn kräht, wirst du mich dreimal verleugnen."* *Petrus weist solches weit von sich: „Und müsste ich auch sterben"*, beteuert er,

„verleugnen will ich dich nie." Dergleichen versichern all seine Jünger (Matthäus 26,30-35). Dass sie ihn verleugnen könnten, lag außerhalb ihrer Vorstellungskraft und doch hatte Judas, einer der Ihren, bereits beschritten den Weg des Verrates.

„Siehe, der Satan hat euer begehrt", sagt ER des Weiteren zu Petrus, *„begehrt, euch zu sieben wie den Weizen. Ich aber habe für dich gebetet, dass nicht aufhöre dein Glaube. Und wenn du dich **dereinst bekehrst**, so stärke deine Brüder."* Und wie dies geschehen soll, dafür gibt ER ihnen letzte, klare Weisung: *„Ohne Beutel, ohne Tasche, ohne Schuhe hab ich euch ausgesandt und nie habt ihr Mangel gehabt. Jetzt aber sage ich euch: Wer einen Beutel hat, der nehme ihn, desgleichen auch die Tasche, und wer's nicht hat, verkaufe seinen Mantel und kaufe ein Schwert"* (vgl. Lukas 22,31-37), auf dass sie gewappnet, gerüstet seien in einer feindlich gesinnten Welt? ER selbst wird sie nicht länger schützen können, denn sie werden ihn töten; so sie aber ihn töten, wie sollten sie da Halt machen vor ihnen? Begreifen seine Jünger, dass geschehen muss, was ER ihnen mehrfach ankündigte, begreifen sie, dass zu vollenden ist das Wort?

Durch seine Erkenntnis wird ER*, mein Knecht, der Gerechte,*
den Vielen Gerechtigkeit verschaffen; denn ER *trägt ihre Sünden.*
Darum will ich ihm die Vielen zur Beute geben,
und ER *soll die Starken zum Raube haben,*
dafür dass ER *sein Leben gab und*
ward zugerechnet den Gesetzlosen.
(Jesaja 53,11-12; vgl. *Vom Unglauben des Volkes*)

ER, der Gerechte, wird zugerechnet den gemeinen Verbrechern und zum Tode verurteilt von einer Welt, die sich selbst als gerecht empfand in ihrer Zeit? Und hat hervorgebracht eine gerechtere Welt die heutige Zeit?

Abschiedsworte
(Johannes 14,1-16,33)

„Euer Herz lasse sich nicht verschrecken. Glaubt an Gott und glaubt an mich! In meines Vaters Haus sind viele Wohnungen. So es nicht so wäre, hätte ich dann zu euch gesagt: Ich gehe hin, euch den Platz zu bereiten? Und so ich hingehe, euch den Platz zu bereiten, so will ich wieder kommen und euch zu mir nehmen, damit ihr seid, wo ich bin. Und wo ich hingehe, den Weg wisst ihr." Thomas aber spricht zu ihm: *„Herr, wir wissen nicht, wohin du gehst; und wie könnten wir den Weg auch wissen?"* ER aber hält ihnen vor Augen: *„Ich bin der Weg und die Wahrheit und das Leben; niemand kommt zum Vater denn durch mich. Wer mich kennt, der kennt auch meinen Vater. Von nun an kennt ihr* IHN *und habt* IHN *gesehen."*

Da nun Philippus ihn auffordert, ihnen doch zu zeigen den Vater (Gott selbst!), weist ER ihn zurecht: *„Glaubst du nicht, dass ich im Vater bin und der Vater in mir? Die Worte, die ich zu euch rede, die habe ich nicht aus mir selbst; der Vater, der mir innewohnt und der vollbringt alle Werke, der gab sie mir. Wo ihr mir nicht glauben wollt, dass ich im Vater und der Vater in mir ist, so glaubt doch wenigstens um der Werke willen. Wahrlich, wahrlich, ich sage euch: Wer an mich glaubt, der wird eben solche Werke tun wie ich und noch größere; denn ich gehe zum Vater. Und was ihr bitten werdet in meinem Namen, das will ich tun, auf dass der Vater werde verherrlicht im Sohne. Liebet ihr mich, so werdet ihr meine Gebote halten. Und ich will den Vater bitten, euch anderen Trost und Beistand zu gewähren: euch einzugeben den Geist der Wahrheit, den nicht empfangen kann die Welt, weil sie IHN nicht sieht und nicht kennt. Ihr aber werdet IHN kennen, denn ER bleibt bei euch, weil ER in euch sein wird. Ich lasse euch nicht als Waisen zurück; ich komme zu euch. Noch eine kleine Weile, dann wird mich die Welt nicht mehr sehen. Ihr aber sollt mich sehen; denn ich lebe, und auch ihr sollt leben.“*

Nicht nur vom Geist der Wahrheit, der sie trösten werde, spricht ER, sondern auch vom Frieden, den der ihnen gebe, der nicht gibt, wie die Welt gibt. Ihr Herz erschrecke darum nicht! *„Ihr habt gehört, dass ich euch gesagt habe: Ich gehe hin und komme wieder zu euch. Hättet ihr mich lieb, würdet ihr euch freuen, dass ich zum Vater gehe; denn der Vater ist größer als ich.“* Begreifen sie sein Wort oder ist es ihnen nur Bild, Metapher, nicht aber wirkliches Geschehen? Verstehen sie, von welchem Wandel ER spricht? Dass nicht wesentlich ist seine Anwesenheit, dass es nicht darauf ankommt, ihn anfassen zu können, sondern darauf, ihn inwendig zu fassen: seine Wesenheit zu spüren, zu berühren, zu begreifen? Können sie dergleichen erfassen oder liegt es außerhalb ihrer Vorstellungskraft, dass ihr Meister, der sie berief, dem sie folgten, für den sie alles hergaben, tatsächlich festgenommen und hingerichtet werden soll, ER, der doch errichten soll das Reich Gottes? Reden sie sich ein: Gott, der HERR werde niemals zulassen, seinen Sohn zu den Verbrechern rechnen zu lassen und auszuliefern dem Kreuz? Wie aber wollen sie wissen, was Gottes Wille ist? Richten sie für Gott oder wollen sie gar richten über Gott? Fragen sie nach der eigenen Gerechtigkeit oder suchen sie nach der Rechtfertigung (grch. Theodizee) Gottes angesichts des Übels dieser Welt?

Wollt ihr für Gott Partei nehmen? Wollt ihr Gottes Sache vertreten (Hiob 13,8)? Wer um Gottes Gerechtigkeit weiß, sollte der verzagen im Unglück, statt mit Hiob zu sagen (2,10): *Haben wir Gutes empfangen von Gott und sollten das Böse nicht auch annehmen?* Ist es nicht leicht an Gott zu glauben, so es einem gut geht; offenbart sich nicht erst im Unglück der wahre Glaube? Wer imstande ist, *Hiobs*botschaften zu ertragen, trägt der nicht davon den Sieg über den *Satan*?, wie Hiob besiegte den Satan, wie auch ER ihn besiegte. Der *Fürst der finsteren Welt* hat keine Macht über ihn und auch keine über seine Jünger? Können sie (ihr Kreuz) ertragen, alles aufgegeben zu haben, um ihm zu folgen, der nun hingerichtet werden soll wie ein gemeiner Verbrecher? So ihrem Meister solches geschieht, was wird dann erst aus ihnen werden? Fragen sie sich, ob das ihr Lohn sein soll, dass man sie verfolge, dass am Ende auch sie verlören ihr Leben? Verlust oder Gewinn? Kann der Verlust von heute, nicht morgen schon Gewinn sein? Hat nicht auch Hiob alles wieder zurückgewonnen und noch viel mehr? Spricht ER denn von Verlust, redet ER nicht vielmehr vom Gewinn des (ewigen) Lebens? *Hättet ihr mich lieb, so würdet ihr euch freuen* (Johannes 14,28), ist das nicht sein Wort?

„Ich bin der rechte Weinstock, und mein Vater ist der Weingärtner, der wegnehmen wird eine jegliche Rebe an mir, die nicht Frucht bringt; die aber Frucht bringt, die wird reinigen mein Vater, auf dass sie mehr Frucht bringe. Ihr seid schon rein um des Wortes willen, dass ihr hörtet von mir. Bleibt ihr in mir, bleibe ich in euch. Wie die Rebe keine Frucht bringt aus sich selber, sondern nur, sofern sie gebunden bleibt am Weinstock, so könnt auch ihr keine Frucht treiben, so ihr nicht gebunden bleibt in mir. Ich bin der Weinstock, ihr seid die Reben. Denn darin wird mein Vater verherrlicht, dass ihr viel Frucht bringt und werdet meine Jünger. Gleichwie mich mein Vater liebt, so liebe ich euch. Bleibet in meiner Liebe. Das ist mein Gebot, dass ihr euch untereinander liebet, gleichwie ich euch liebe. Niemand hat größere Liebe denn die, dass er sein Leben lässt für seine Freunde. Ihr seid meine Freunde, so ihr tut, was ich euch gebiete."

Ist ER Gebieter oder Geliebter? Sollen sie denn Knecht, sollen sie nicht Herr sein ihrer selbst? *„Ein Knecht weiß nicht, was sein Herr tut",* fährt ER fort in seiner Rede. *„Euch aber habe ich alles gesagt, was ich gehört habe von meinem Vater. **Ihr habt nicht mich erwählt, sondern ich habe euch erwählt,** auf dass ihr hingehet und Frucht bringet und eure Frucht bleibe, so ihr bittet den Vater darum in meinem Namen. Liebet also einander; denn die Welt wird euch hassen."* Wie sollten sie nicht gehasst werden in einer Welt, die IHN hasst bis aufs Blut? Und warum wird ER gehasst, warum können sie ihn nicht ertragen, ihn und sein Wort, sein Werk? Wäre ER nicht gekommen in diese Welt und hätten sie nicht gehört sein Wort und nicht gesehen sein Werk, könnten sie unschuldig behaupten, es nicht besser gewusst zu haben. *„Nun aber können sie nichts vorwenden, ihre Sünde zu entschuldigen. Wer also mich hasst, der hasst auch meinen Vater."* Auf dass geschehe, was geschrieben steht (Psalm 69,5): *Die mich da hassen ohne Grund, sind zahlreicher denn die Haare auf meinem Haupte.*

Und so sie ihn hassen und töten wollen, werden sie auch jene hassen, die ihm folgen. Solches sagt ER ihnen, damit sie vorbereitet sind, wenn es sie trifft. Mag die Welt sie auch verlassen, ER wird sie nicht verlassen. Waisen werden sie keine sein, sondern Beistand und Trost haben. Der *Geist der Wahrheit*, der richtet über die Sünden dieser Welt, wird ihnen innewohnen und sie leiten. *„***Ein Weniges** *nur",* bedeutet ER ihnen, *„und ihr werdet mich nicht mehr sehen, und* **ein Geringes** *nur, und ihr werdet mich wiedersehen."* Seine Jünger aber verstehen nicht, was ER ihnen vor Augen führen will, dass alle Traurigkeit, alle Beklommenheit nur wenig, nur gering entfernt ist von der äußersten Freude? Denn wird nicht jede Trübsal, jeder Kummer, jede Trauer verdrängt und überwunden durch die Liebe?

*Ich sprang über ein **Weniges***
*und hüpfte über ein **Geringes***
und als ich weiterging,
fand ich, den meine Seele liebt.
(Hohelied 3,1-4, zitiert nach Meister Eckehart)

Finden sie hin zu ihm, erkennen sie ihn als ihnen Geliebten oder ihren Gebieter? Als ER seinen Jüngern bedeutet (das Licht kehrt zurück zu seinem Ursprung): *„Vom Vater bin ich gekommen und vom Vater bin ich ausgegangen, ebenso verlasse ich die Welt und gehe hin zum Vater"*, beteuern sie, ihn zu verstehen. *„Jetzt glaubt ihr?"*, entgegnet ER darauf. *„Es kommt aber die Stunde und sie ist schon da, dass ihr zerstreuet werdet ein jeglicher in das Seine und mich alleine lasset. Ich aber bin nicht allein, denn der Vater ist bei mir. Das sage ich euch, damit ihr Frieden findet in mir. In der Welt habt ihr Angst; aber seid getrost, ich habe die Welt überwunden"* (Johannes 16,29-33). Wer der Welt verbunden bleibt, bleibt auch verbunden ihren Maßstäben: Verboten, Geboten, Angeboten – wie bleibend aber sind die? Hat Bestand, was geschaffen ist von Menschenhand: wovor sich also ängstigen? ER *hat die Welt überwunden.*

So Vieles hat ER seinen Jüngern zu sagen zum Abschied. Sind die Abschiedsworte, wie sie geschrieben stehen im Evangelium nach Johannes, aber tatsächlich die letzten Worte, die seine Jünger hören von ihm? Oder fasst Johannes hier all das zusammen, was seinen Jüngern, seinen Gefolgsleuten vor Augen stehen soll zu guter Letzt, auf dass sich erhebe aus dem Ende ein neuer Anfang?

Abschiedsgebet
(Matthäus 26,36-46, Markus 14,32-42, Lukas 22,39-45, Johannes 17,1-26)

Und ER nimmt Petrus an die Seite und ebenso die beiden Söhne des Zebedäus, Jakobus und Johannes, ihnen zu sagen, wie betrübt doch sei seine Seele: *betrübt bis an den Tod.* Darum bittet ER sie bei ihm zu bleiben und mit ihm zu wachen. Zum Gebet aber zieht er sich zurück, ein wenig weg von ihnen, und fällt nieder. *Mein Vater, ist's möglich, so gehe dieser Kelch an mir vorüber: doch nicht, wie ich will, sondern wie du willst!*

Und da ER *wieder zurückkommt und seine Jünger schlafend findet, fährt* ER *Petrus an: „Könnt ihr nicht eine Stunde mit mir wachen?!"* Eine Stunde – die vielleicht letzte Stunde, die ihm noch bleibt und seine engsten Vertrauten schlafen! Schlafen in aller Seelenruhe? Sind sie tatsächlich derart unbekümmert, sie, die ihm folgten, die alles hergaben für ihn? Oder bleibt ihnen schlicht unvorstellbar, was da geschehen soll: weil nicht geschehen kann, was nicht geschehen darf? Spüren sie nicht *seine Betrübnis bis an den Tod*? Wovon denn hat ER ihnen gesprochen, warum hat ER beiseite genommen seine engsten Vertrauten: Petrus, Jakobus und (vor allem?) Johannes? Wie nah aber sind die ihm in jener Nacht, so sie schlafen zu der Stunde, da ER ihrer Nähe so bitter bedarf?

„Wachet und betet, dass ihr nicht in Versuchung fallet", gebietet ER *den Seinen. „Der Geist ist willig, aber das Fleisch ist schwach."* So aber schwach ist das Fleisch, wie könnte ihm da unterlegen sein ein starker Geist? Sollte das Fleisch beherrschen den Geist, sollte nicht vielmehr der Geist Herr sein über das Fleisch? ER stärkt seinen Geist im Gebet: in der Zwiesprache mit seinem Vater, *dessen Wille geschehe*. Und in dessen Willen und in dessen Geist ER ist. Nicht dem Willen seines Fleisches ist ER unterworfen, sondern allein dem Vater. Wer aber eins ist: eins mit dem göttlichen Willen, eins mit dem Geist, wem sollte der unterworfen sein? *Dreimal* betet ER zu seinem Vater und *dreimal* kehrt ER zurück zu den Seinen und findet sie schlafend, wie Markus und Matthäus übereinstimmend berichten. Ein vergangenes Bild oder eins, das in die Zukunft weist? Wird ER die Seinen schlafend finden, wenn ER zurückkehrt, werden sie ihn vergessen haben, ihn und seine Botschaft – *dreimal*?

Im Garten Gethsemane betet ER allein. Ist ER allein, so allein wie zu Beginn seines Wirkens, in der Wüste (vgl. *Versuchung in der Wüste*)? Verlassener gar; wer könnte verlassener sein denn jener, der in der Stunde seiner höchsten Not, fern und schlafend findet die Seinen? Und doch ist der Ort, da ER zuletzt weilt und betet, kein öder Platz, nicht Wüste, sondern Garten: blühendes Paradies oder verratener Garten Eden? In der Wüste kämpfte ER gegen den Satan, im Garten Gethsemane aber erscheint ihm *ein Engel*, ein Bote Gottes, der ihn stärkt, als ER *mit dem Tode ringt und betet. Es ward aber sein Schweiß wie Blutstropfen, die fielen auf die Erde* (Lukas 22,43-44). ER hat die Welt überwunden, niedergerungen den Satan: die Schlange der Versuchung, niedergerungen auch alle Todesangst. Eins ist ER mit dem Vater, getragen allein von himmlischer Macht. Auf Erden aber sind ihm alle fern: geistig abwesend. Selbst seine engsten Vertrauten wachen nicht, sondern schlafen. Wie wollte ER ihnen da entdecken, was noch verborgen ist vor ihnen? Wie soll verbreitet werden die Botschaft aller Welt, wenn die Botschafter selbst schlafen? Sind sie nicht aber erwacht, haben sie nicht aufgeschrieben sein Wort? Sind nicht Zwei der *Zwölf*: zwei seiner engsten Vertrauten zugleich auch Gewährs- und Namensgeber zweier Evangelien: Matthäus und Johannes? Und erhörten diese Gewährsmänner (der Wahrheit) sein Wort im Garten Gethsemane oder im Garten ihres Herzens – erhörten, als sie erwachten? Wo, wenn nicht im Herzen, sollte zu entdecken sein alle Wahrheit?

Hänge meine Gebote an deinen Hals
und ich schreibe sie auf die Tafel deines Herzens!
(Spruch Salomos 3,3)

Nach dem Evangelium des Johannes (17,1-26) begehrt ER nicht den Beistand seiner Jünger, sondern den Beistand **für** seine Jünger. Denn welchen Beistand sollte ER, der eins ist mit dem Vater, weiter begehren, da ihm doch innewohnt aller Beistand? So ER aber ist im Vater und geht zum Vater, was soll da werden aus denen, die ihm folgten? Sie sollen keine Waisen sein, ohne Beistand will ER sie nicht lassen. Darum bittet ER seinen Vater, der ihn sandte zu *vollenden* (nicht etwa aufzuheben, vgl. Matthäus 5,17):
Ich habe deinen Namen offenbart den Menschen, die du mir von der Welt gegeben hast. Sie waren dein, und du hast sie mir gegeben, und sie haben dein Wort behalten. Nun wissen sie, dass alles, was du mir gegeben hast, von dir ist. Denn die Worte, die du mir gegeben hast, habe ich ihnen gegeben; und sie haben's angenommen und wahrhaftig erkannt, dass ich von dir ausgegangen bin und dass du mich gesandt hast. Ich bitte für sie und bitte nicht für die Welt, sondern für die, die du mir gegeben hast; denn sie sind dein. ER bittet nicht für alle. Wie sollte ER auch bitten für all jene, die sich nicht abkehren wollen von ihren Sünden, die ein Geschäft machen mit dem Satan, dem Mammon und ihn ans Kreuz liefern? Für die Seinen bittet ER: für all jene, die ihn erkannt haben als ihren Herrn. Alles aber, was sein ist, das ist auch Gottes.

Heiliger Vater, so ruft ER Gott an (gebührende Anrede für den Einen): *Heiliger Vater, erhalte sie in deinem Namen, die du mir gegeben hast, dass sie eins seien gleichwie wir. Solange ich bei ihnen war, erhielt ich sie in deinem Namen, den du mir gegeben hast, und habe sie bewahrt, und ist keiner von ihnen verloren außer dem Sohn des Verderbens, auf dass erfüllt werde die Schrift.* Wer ist gemeint mit dem Sohn des Verderbens: Judas, der verriet den, dessen Brot er aß (vgl. Psalm 41,10)? Saß der Verräter nicht mitten unter ihnen: an ihrem Tisch? Sind sie nicht selbst Söhne des Verderbens: der Schlange fette Beute, so sie blind sind für den Verrat in ihrer Mitte? Wohin denn führt solcher Verrat: der Sohn des Verderbens verdirbt er am Ende nicht selbst? Bewahrt werden dagegen die Seinen, die sind in seinem Wort und die ER lehrte zu beten: *Vater unser, erlöse uns von dem Übel/Bösen.*

Ich habe ihnen gegeben dein Wort, und die Welt hasste sie; denn sie sind nicht von der Welt, wie denn auch ich nicht bin von der Welt. Ich bitte nicht, dass du sie von der Welt nehmest, sondern dass du sie bewahrest vor dem Bösen. Sie sind nicht von der Welt, gleichwie auch ich nicht bin von der Welt. Heilige sie in der Wahrheit; dein Wort ist die Wahrheit. Gleichwie du mich gesandt hast in die Welt, so sende auch ich sie in die Welt. Fürbitte hält ER für jene, die gehasst werden, weil sie verkünden der Welt die göttliche Wahrheit, und ER bittet auch für jene, die Ohren haben und hören. *Auf dass sie alle eins seien! Gleichwie du, Vater, in mir bist und ich in dir, seien sie auch in uns, damit die Welt glaube, dass du mich gesandt hast.* Gott ist Einheit und der Sohn nicht geschieden vom Vater, sondern eins mit ihm. Also sind auch eins mit dem Vater alle, die eins sind mit dem Sohn – uneins aber mit der Welt oder die Welt uneins mit ihnen?

Wo ich bin, da sollen auch die sein, die du mir gegeben hast, auf dass sie se-
hen meine Herrlichkeit, die du mir gegeben hast; denn du hast mich geliebt,
ehe die Welt gegründet war. Vor aller Zeit, vor allem Raum – da der *Geist Got-*
tes schwebte über dem Wasser (1. Mose 1-2)? Wer ergründet den göttlichen
Plan – wer fragt nach dem Bild, das der Schöpfer sich macht(e) – wer folgt dem
göttlichen Gesetz? Ist nicht jeder Strauch, jeder Baum, jeder Fisch, jeder Vogel,
jedes Tier unterworfen dem göttlichen (Natur)Gesetz? Dem Menschen allein ist
gegeben der freie Wille, auf dass er Herr sei und nicht Knecht. Der Welt zu folgen und ihr zu gefallen oder IHM zu gefallen und also zu folgen dem Vor-Bild,
ist freie Wahl: geschieden sein oder gebunden? Schwebt nicht über allem der
Geist Gottes: lautet nicht die eigentliche Frage, wem innewohnt der göttliche
Geist?

Gerechter Vater, die Welt kennt dich nicht; ich aber kenne dich und ebenso
kennt dich, wer da erkannte, dass du mich gesandt hast. Deinen Namen habe
ich ihnen kundgetan und will ihn auch fürderhin kundtun, damit die Liebe, mit
der du mich liebst, auch sei in ihnen und ich in ihnen. Ist es nicht die Liebe, die
Flügel verleiht, die überwindet Raum und Zeit? Welchen anderen Wegweiser
wollte der Verirrte haben, der Reisende in der Fremde, in der geistigen Wüste,
wenn nicht die Liebe? Der Sohn findet zurück zum Vater. Nicht der Vater ist
fern: die Welt ist es! ER hat die Welt überwunden, niedergerungen alle Versuchung, alle Todesangst – kraft seiner Liebe. Sie mögen töten seinen Leib, wie
aber wollten sie rauben, was da währet ewiglich?

Gefangennahme
(Matthäus 26,47-56, Markus 14,43-52, Lukas 22,47-53, Johannes 18,1-11)

Und da ER *noch redet mit den Seinen, siehe, da kommt Judas, einer der Zwölf,*
und mit ihm eine große Schar Bewaffneter, ausgerüstet mit Schwertern und
Knüppeln und ausgesandt von den Hohepriestern und Ältesten des Volkes.
Und der Verräter hat mit ihnen verabredet ein Zeichen und ihnen gesagt: „Wel-
chen ich küssen werde, der ist's, den ergreift!" Der Kuss: die Liebesbezeugung
schlechthin, wird, wie die synoptischen Evangelien übereinstimmend berichten,
zum Zeichen des Verrates. Nach dem Evangelium des Johannes indes bedarf
es keines Kusses: keiner verräterischen Liebesbezeugung, um zu vollenden,
was längst beschlossen ist. Nicht Judas muss ihn entdecken, ER entdeckte Judas, erkannte dessen Absicht, lange bevor der Verräter sie umsetzen konnte in
die Tat. Wie lange vorher: durchschaute ER den Verräter schon, als ER ihn berief? War das Judas' Berufung: zu verraten, auf dass sich vollende, was geschrieben steht in der Schrift? Ist das Böse Teil, Werkzeug des göttlichen
Plans: Steigbügel, dem Guten zu verhelfen in den Sattel und zu führen zum Triumph?

Nach dem Evangelium des Johannes stellt ER sich selbst der bewaffneten
Schar und fragt sie, wen sie suchten, und als sie nennen seinen Namen, gibt

ER sich zu erkennen: *„Ich bin es."* Sie aber weichen zurück und fallen zu Boden. *Und ER fragt sie abermals, wen sie suchten, und als sie wieder nennen seinen Namen, bekräftigt ER noch einmal: „Ich bin es. Sucht ihr mich, so nehmt mich und lasst die anderen ziehen."* Solches sagt ER aber, damit sich erfülle sein Wort: *Ich habe keinen von denen verloren, die du mir gegeben hast.* Warum fällt die große Schar Bewaffneter nieder vor ihm? Ist es sein furchtloses Auftreten, das sie schreckt: spüren sie die ungeheure Kraft, die ihm innewohnt? Eine Kraft, die stärker ist als sie, eine Kraft, die alles niederstrecken, alles auslöschen könnte mit einem einzigen Federstrich? Fallen sie tatsächlich nieder im Hier und Jetzt der damaligen Zeit oder sollen und werden sie niederfallen erst im Hier und Jetzt zukünftiger Zeit, wenn sie wahrlich innewerden solcher Kraft? Denn wenn sie ihn erkennen und ER vor ihnen steht in all seiner Herrlichkeit, müssen sie da nicht niederfallen, wie bewaffnet sie auch seien?

Da einer der Jünger nun zu seinem Schwert greift und einem der Vasallen des Hohen Priesters abschlägt sein rechtes Ohr, weist ER diesen zurecht: „Stecke dein Schwert in die Scheide! Soll ich etwa den Kelch nicht trinken, den mir mein Vater gegeben hat?" Seine Jünger waren bewaffnet? Wie sollten sie es nicht sein, da sie doch draußen nächtigten, im Freien: schutzlos, ausgeliefert jedem Feind. Wer sollte sie beschützen inmitten der Pilgerzeit: die römische Besatzungsmacht etwa oder der Hohe Rat – jene, die selbst Jagd auf sie machten? Nicht gerüstet zu sein in solcher Zeit, hieße das nicht, Gott herauszufordern? Sollten sie aber die Waffe ergreifen, um anzugreifen, um die Ersten zu sein, die Blutschuld auf sich laden? Wie leicht hätte das Schwert des (kämpferisch wenig geschulten) Jüngers nicht bloß Ohr, sondern Haupt seines Kontrahenten treffen: Leben auslöschen können? Nennen die synoptischen Evangelien darum nicht den Namen dessen, der ergreift das Schwert und holt aus zum blutigen Schlage? Wer möchte beim Namen nennen, dass einer der Ihren anhebt, Blutschuld auf sich zu laden? Denn steht nicht geschrieben im 1. Buch Mose (9,6): *Wer Menschenblut vergießt, dessen Blut soll ebenso vergossen sein durch Menschen*? Einzig das Johannes-Evangelium nennt den Namen des Schwertführers: Petrus (der sichere Grund: der "Fels", auf den gegründet ist die Gott gehörende Gemeinschaft). Auch der Name des Getroffenen ist genannt: Malchus (den Jüngern nur namentlich bekannt?). Nennt Johannes das Geschehen beim Namen, um zu heilen die Wunde? Nach dem Lukas-Evangelium heilt ER, was abgeschlagen ist, heilt das abgeschlagene Ohr, auf dass sie hören? Warum wähnen die Seinen, zum Schwert greifen zu müssen? Würde Gott nicht schicken Legionen seiner Boten, zu helfen seinem Sohne, so es ist sein Wille?

Dann schmieden sie Pflugscharen
aus ihren Schwertern und
Sicheln aus ihren Lanzen.
(Jesaja 2,4)

Was helfen alle Schwerter gegen einen Feind, der nicht lauert in der Fremde, sondern im Vertrauten, Eigenen, Inneren? Gilt es nicht zuvorderst zu besiegen den inneren Feind, den inneren Schweinehund: alle üble Absicht? Wie sollte ER tilgen, heilen, beheben solch innere Wunde? Das abgeschlagene Ohr mag ER wieder ansetzen, heilen den verletzten Leib, wie aber heilen, was antrieb den Schwertführer, so der sich nicht selbst abwendet und abschlägt, was ihn antrieb? Abschlagen, was faul und verdorben ist im Innersten des Menschen! Misslänge solches aber, wie könnte ER da sagen, keinen verloren zu haben von denen, die ihm gegeben seien vom Vater?

Warum nun sind sie gekommen des Nachts – wie die Diebe, ihn gefangen zu nehmen; warum ergriffen sie ihn nicht am Tage, da ER doch alle Tage lehrte im Tempel? Scheuen sie das Licht der Öffentlichkeit, weil sie zu verbergen haben? Spricht ihr Gewissen wie in alten Tagen?

Wir haben mit dem Tod ein Bündnis geschlossen,
mit der Unterwelt haben wir einen Vertrag gemacht.
Wenn die Flut hereinbraust, erreicht sie uns nicht;
denn wir haben die Lüge zu unserer Zuflucht
und den Trug zu unserem Schutz gemacht.
(Jesaja 28,15)

Sind sie selbst die Gefangenen: gefangen in ihrer trügerischen Welt, ihrer finsteren Gedankenhöhle? Und wollen ausziehen, den zu fangen und zu richten, der überwand diese (trügerische) Welt und ihren (schönen) Schein? ER wandelt im Licht, sein Geist ist licht; ihnen aber gilt: *Dies ist eure Stunde und die Macht der Finsternis* (Lukas 22,53). Über wen sollte mehr Macht haben die Finsternis denn über jene, die wähnen, auslöschen zu können das Licht der Welt? Bleibt nicht in Finsternis, wer sich abwendet vom Fleisch gewordenen Wort, wer entflieht dem Licht? *Da verließen ihn alle Jünger und flohen*, steht geschrieben im Evangelium nach Matthäus (26,56). Und das Markus-Evangelium (14,51-51) fügt an, wie schändlich doch ist ihre Flucht. *Ein Jüngling*, bekleidet mit einem Leintuch nur, lässt fallen das Tuch, als sie nach ihm greifen und *flieht nackt*. Zu guter Letzt also fliehen sie (die Träger der jungen Botschaft) in all ihrer Nacktheit? Entblößt ihrer Schuld – wie im Anbeginn flohen Adam und Eva vor ihrem Schöpfer: bemüht ihre Scham zu bedecken mit einem Feigenblatt.

Vor dem Hohen Rat
(Matthäus 26,57-75, Markus 14,53-72, Lukas 22,54-71, Johannes 18,12-27)

Und wird's euch auch wohl ergehen,
wenn Gott euch verhören wird?
Meint ihr, täuschen zu können Gott,
wie man täuscht einen Menschen?
(Hiob 13,9-10)

Und sie führen ihn zu dem Hohepriester Kaiphas, in dessen Palast sich versammelt haben die Schriftgelehrten und Ältesten. Petrus aber folgt ihnen, um zu sehen, worauf das Ganze wohl hinaus laufe, folgt ihnen bis in den Hof. Drinnen aber wird Gericht gehalten unter dem Vorsitz Kaiphas, dessen Schwiegervater Hannas (wie dem Johannes-Evangelium zu entnehmen ist) verantwortlich zeichnet für das erste Verhör: Vorverhör oder Vorverurteilung? Sind sie nicht im Bunde miteinander: haben sie ihn nicht längst verurteilt? Klagen sie ihn nicht an, weil sie sich selbst angeklagt fühlen von ihm, weil ER ihnen ist ein Dorn im Auge? Suchen sie nach dem Recht oder nur nach einem "rechtmäßigen" Grund, ihn sich vom Halse zu schaffen? Wird heute nach dem Recht gesucht vor Gericht oder nach dem geeigneten Paragrafen, zu rechtfertigen das Urteil und dem Volk zu suggerieren, es sei Recht geschehen? Verhören sie im Lichte, im Lichte der Wahrheit oder tagen sie auch zur Stunde, wie schon tagte der Hohe Rat: inmitten der Nacht?

Der Hohe Rat aber sucht, falsch Zeugnis zu erlangen wider ihn, um einen Grund zu haben, ihn verurteilen zu können zum Tode. Und wiewohl viele falsche Zeugen auftreten, finden sich doch keine zwei, deren Aussagen übereinstimmen (wie es das Gesetz gebot). *Endlich aber treten doch noch Zwei auf, die aussagen, ER habe behauptet, den Tempel Gottes abbrechen und wieder aufbauen zu können in drei Tagen. Und da Kaiphas aufsteht und ihn fragt: „Hast du nichts zu sagen zu dem, was man dir vorwirft", schweigt ER stille.* Was sollte ER auch erwidern, da ihr Urteil doch längst feststeht? Hat ER sich etwa jemals verborgen vor ihnen und der Welt, hat ER nicht öffentlich gelehrt in der Synagoge wie auch im Tempel? Kennen sie nicht all seine Worte und seine Werke, was also wollten sie jetzt noch erfahren aus seinem Munde? Trachten sie nicht allein danach, ihm einen Fallstrick zu drehen aus seinen Worten, ihm die Worte herumzudrehen im Munde, auf dass gerechtfertigt sei ihr eigen Wort, ihr eigen Urteil?

Da ihn aber der Hohepriester beschwört, beschwört bei dem lebendigen Gott, ihnen zu sagen, ob ER *der Messias sei, der Sohn Gottes, antwortet* ER *ihm: „Du sagst es."* Kaiphas, bekennt selbst, dass ER es ist, der Messias? Der zum Vater zurückgekehrte Sohn, von dem es heißt im Psalm 110,1: *Setze dich mir zur Rechten, bis ich dir zu Füßen lege all deine Feinde.* Erkennt der Hohepriester, dass er ihn bekannt hat? Zerreißt er darum seine Kleider und klagt ihn an der Gotteslästerung, weil Kaiphas in seinem Innersten erkennt und doch handelt wider den Geist, wider Gott? Wer, wenn nicht der Hohepriester selbst, macht sich hier schuldig der Gotteslästerung? ER aber steht vor Gericht und das befindet: *„ER ist des Todes schuldig." Und da das Urteil gesprochen ist, spucken sie ihn an, schlagen ihn mit Fäusten, schlagen ihn auch mitten ins Gesicht und spotten: „Du bist doch der Messias, also weissage uns, wer schlug dich da, sag wer?"* Sie fühlen sich überlegen, erhaben – kraft ihres eigenen Urteils? Wie lange aber wird Bestand haben ihr eigenes Urteil, wird nicht richten die Zeit über sie? Wähnen sie, ihr Urteil könne bestehen im Lichte der Nachwelt, die aufdeckt, was sie zu verbergen trachteten? Kommt nicht alles ans Tageslicht, wie tief es auch vergraben war? Mögen sie auch täuschen die Welt, sie täuschen sie doch nur einen Augenblick. Und wie wollten sie täuschen den, der alles überblickt: wie wollten sie täuschen den HERRN auch nur einen einzigen Augenblick?

Petrus aber sitzt draußen im Hof, am Feuer, um sich zu wärmen, und es tritt zu ihm eine Dienstmagd (nach dem Johannes-Evangelium ist es die Türschließerin), *die zu ihm spricht: „Du bist doch aus Galiläa und gehörst zu jenem, den sie da drinnen verhören." Petrus aber leugnet: „Ich weiß nicht, wovon du sprichst."* Noch zweimal wird der "Fels" darauf angesprochen, dass er doch zu jenem gehöre, der verhört werde im Palast des Hohen Priesters, doch Petrus leugnet jedes Mal. *Und als er leugnet zum dritten Mal und schwört: „Ich kenne diesen Menschen nicht", kräht gleich darauf der Hahn und Petrus erinnert sich, was ER ihm prophezeite: Ehe der Hahn kräht, wirst du mich dreimal verleugnen. Und Petrus geht hinaus und weint bitterlich.*

Nach dem Evangelium des Johannes ist es ausgerechnet ein Angehöriger dessen, dem Petrus abschlug ein Ohr, der ihn veranlasst zu leugnen zum dritten Mal. Wird Petrus hier gewahr, dass da mehr abgeschlagen war als "nur" ein Ohr, wird er inne seiner inneren Schwäche? Am Feuer, im Hof des Palastes, mag er gewärmt haben seinen Leib, sein Herz aber erwärmt es sich nicht erst jetzt? Ist die Erkenntnis der eigenen Schwäche, der entscheidende Funke, der das innere (Oster-)Feuer zum Lodern bringt und Begeisterung entfacht?

"Erkenne dich selbst" – ein Wort, ein Aufruf, gemeißelt in Stein an heidnischer Stätte: in Delphi – (unheiles) Orakel oder Schlüssel zur Wahrheit? Wie wollte Petrus aufschließen das Tor zum Himmelreich, wenn nicht durch Erkenntnis eigener Fehlbarkeit, eigener Schwäche und Schuld? Ist solche Erkenntnis *der Fels*, auf dem gebaut sein soll die Gemeinde derer, die IHM angehören? Dreimal verleugnet Petrus den, der ihn berief – wird auch dreimal verleugnen, wer steht in der Nachfolge, aufzubauen und zu errichten den Tempel des HERRN: die Gott gehörende Gemeinschaft? Wird abermals einstürzen der Tempel, weil verleugnet wird? Dreimal – hernach aber wird erwachen der neue Tag und laut krähen der Hahn (ihres Kirchturms) hoch über all dem Unrecht, das geschah inmitten der Nacht? Oder sollte nie wieder geschehen, was geschah in finsterer Stunde, dass seine (führenden) Anhänger nicht innewerden eigener Fehlbarkeit, dass sie fliehen vor dem Feind, dass sie verleugnen und also sprechen: Ich kenne IHN nicht?

Dem Johannes-Evangelium zufolge ist es nicht allein Petrus, der sich begibt zum Palast des Hohen Priesters, die Rede ist noch von einem weiteren Jünger, von einem, der nicht stehen bleibt vor dem Palast (vor dem Gesetz), sondern hineingeht (hinterfragt). Und er wird tatsächlich eingelassen, denn er ist dem Hohepriester bekannt. Warum legt Kaiphas Wert auf dessen Anwesenheit? Ist er als Zeuge geladen? Nicht als Zeuge zu berichten dem Hohen Rat alle Wahrheit, sondern zu berichten den Seinen, ihnen vor Augen zu führen, dass sie nun seien ohne Kopf: ihr Leib mithin verderben müsse? Denn war es nicht das, was der Hohe Rat beabsichtigte, den Kopf abzuschlagen, auf dass die ganze aufrührerische Bewegung vernichtet werde? Wie aber sollten seine Anhänger erfahren, dass sie verloren seien, wenn nicht aus erster Hand? Und je früher und je zuverlässiger sie es erfuhren, um so eher würden sie sich besinnen, spekulierte der Hohe Rat also? Warum aber wird der Name dessen nicht genannt, der hineingeht in den Palast, dem sich alle Türen zu öffnen scheinen, der sogar die Türschließerin veranlassen kann, Petrus aufzuschließen das Tor und ihn einzulassen in den Hof? Ist es Johannes, der Gewährsmann des gleichnamigen Evangeliums: ist es jener Jünger, den ER liebt: Nathanael? Wie sollte ihn je verlassen die Liebe? Die Liebe, findet sie nicht Einlass selbst am verschlossensten Ort, überwindet sie nicht jede Mauer?

Das Urteil
(Matthäus 27,1-30, Markus 15,1-19, Lukas 23,1-25, Johannes 18,28-19,16)

Ist das Urteil gefallen? Nach dem Evangelium des Johannes befragt ihn wohl der Hohe Rat, fällt aber noch kein Urteil. Offiziell noch nicht, im Herzen freilich haben sie ihr Urteil längst gefällt: ER muss sterben! Selbst die Verantwortung tragen, das aber wollen sie nicht, darum überantworten sie ihn einem anderen: Pontius Pilatus. Warum urteilen sie nicht selbst, sind sie ihres eigenen Urteils so wenig sicher? Spüren sie vielleicht in ihrem Innersten, wie unverantwortlich, wie ungerecht ist, was sie da anstreben? Soll ein anderer an ihrer statt verantwortlich zeichnen, auf dass sie selbst sich herauswinden können aus aller Schuld? Sich drücken vor den Folgen eigener Entscheidungen – eine Führungsschwäche, die nicht heute so vertraut und gewöhnlich ist, wie schon zu Zeiten des römischen Statthalters (26-36 n.u.Z.)? Dass sie zu ihm kommen, um aburteilen zu lassen einen der Ihren: einen Juden, muss Pontius Pilatus mehr als suspekt vorkommen und er versucht auch sogleich abzuwimmeln: *„Nehmt ihr ihn und richtet ihn nach eurem Gesetz"* (Johannes 18,31). Rom mischt sich nicht ein in die religiösen Angelegenheiten der Juden, in ihre Vorschriften und Gesetze. Pilatus kennt und achtet die jüdischen Vorschriften genau, kommt sogar eigens zu ihnen heraus: verlässt seinen Amtssitz, weil er weiß, dass sie nicht zu ihm hinein kommen können: in das Haus eines Heiden, um nicht "unrein" zu werden. Und nun soll ausgerechnet er, ein Heide: ein "Unberührbarer" richten einen der Ihren: einen Juden – zu einem Zeitpunkt, da sie feiern Pessach, das ihnen doch gilt als ihr heiligstes Fest? Warum richten sie ihn nicht selbst, da sie doch freie Handhabe haben in Glaubensfragen? Offiziell mochten die Römer dem Hohen Rat zwar das Recht verwehren, zu richten über Leben und Tod, doch würde in ganz Rom gewiss kein Hahn danach krähen, so da stürbe ein Jude, weil Juden ihn verurteilten. Stimmt denn, was sie behaupten, dass ihr Gesetz ihnen verbiete zu töten (vgl. Johannes 18,31)? Weiß Pilatus nicht zu gut, dass sie sehr wohl (hin)richten die Ihren, dass sie steinigen wegen religiöser Vergehen? Hat der römische Präfekt gespürt, dass hier etwas nicht ganz "koscher" ist?

Während der Hohe Rat abzuwälzen versucht alle Verantwortung auf einen anderen, einen Heiden: den römischen Statthalter, auf dass abgewaschen sei ihre eigene Schuld, erkennt Judas mit einem Schlage, was er tat, welche Schuld er auf sich lud. Und er geht hin, dem Hohen Rat die dreißig Silberstücke zurückzuerstatten. *„Ich habe gesündigt", gesteht Judas ein, „ich habe unschuldiges Blut auf mich geladen." Sie aber antworten: „Was geht das uns an? Das ist nicht unsere, das ist allein deine Sache"* (Matthäus 27,4ff). Da erkennt Judas, dass er verloren ist, wirft die Silberstücke in den Tempel und geht hin, sich zu erhängen, wie geschrieben steht (Sacharja 11,12-13): *Und ich nahm die dreißig Silberstücke und warf sie ins Haus des HERRN, dem Schmelzer hin.* Der "Judas-Lohn" ist dahin: geschmolzen. Blut klebt daran, darum will der Hohe Rat die Silberstücke auch nicht zum Tempelschatz legen, sondern beschließt, von diesem "Blutgeld" einen Begräbnisplatz zu erwerben für die Pilger: einen *Blutacker* für Fremde? Auf dass erfüllt sei, was geschrieben steht (Jeremia 32) vom *Ackerkauf*? Sollte aber nicht – der Schrift nach – erworben werden ein *Töpferacker*: geformt und bearbeitet nach dem Bilde des HERRN? Ein Acker des Lebens sollte es sein, kein Acker des Todes: kein *Blutacker*. Sind sie solche, die erwerben ihren Acker, wie geschrieben steht seit uralter Zeit (*Und ich schrieb einen Kaufbrief und versiegelte ihn und nahm Zeugen dazu und wog das Geld dar nach Recht und Sitte,* Jeremia 32,10) oder solche, die erwerben ihren Acker mit Blutgeld: mit dem Lohn des Judas?

Da der Hohe Rat erkauft einen Blutacker vom Lohn des Judas und Judas selbst sich erhängt, der Tod also um sich greift, steht ER vor dem römischen Statthalter, einem Heiden, der ihn fragt: *„Bist du der König der Juden?"* Und ER antwortet ihm: *„**Du** sagst es"* (Matthäus 27,11ff). Erkennt Pilatus tatsächlich einen König in ihm, einen Mächtigen (wie der Hohepriester erkannte in ihm eine höhere Macht), spürt er etwas Ungewöhnliches: eine ihm unerklärliche Kraft, die innewohnt diesem Juden? Zumindest scheint Pilatus irritiert, dass ER, gegen den erhoben wird schwerster Vorwurf, derart ruhig bleibt, sich nicht einmal verteidigt. Wieder etwas, das den römischen Statthalter mindestens aufhorchen lässt und ihm gebietet, wachsam zu sein? Fehler darf er sich keine erlauben, Fehler können, das weiß der römische Statthalter nur zu gut, tödlich sein, gerade jetzt, zum Pessach-Fest, da Jerusalem erfüllt ist von Pilgerströmen aus aller Herren Länder. Massenaufläufe, die an Roms Großereignisse gemahnen: an "panem et circenses"? Brot und Spiele: das Narkotikum fürs Volk, das freilich nur so lange wirkt, bis das Volk erwacht. Ein einziger Funke genügte und die ganze Stadt geriete zum Pulverfass. Und der Funke, könnte der nicht entzündet werden von der Anhängerschaft eben jenes Mannes, den Pilatus verurteilen soll? Ein Aufstand in einer überfüllten Stadt, wer wollte den beherrschen, gar niederschlagen? In dieser misslichen Lage muss es dem römischen Präfekten geradezu wie ein Geschenk der Götter erschienen sein, dass ER, der hier gerichtet werden soll, aus Galiläa stammt und mithin steht unter der Obrigkeit des Herodes Antipas, und der weilt – als frommer Jude – anlässlich des Pessach-Festes selbstredend in Jerusalem!

Wie der Hohe Rat versucht, Pilatus für sich einzuspannen, so versucht nun Pilatus, Herodes vor seinen Karren zu spannen (vgl. Lukas 23,6-12). Der römische Statthalter lässt den, der angeklagt wird von der Juden Hohen Rat, führen zu Herodes Antipas, dem Landesherrn über Galiläa, der was weiß über Wort und Werk dessen, der hier gerichtet werden soll? Nach Lukas (8,3) steht eine der Jüngerinnen, Johanna mit Namen, im Ehebunde mit Chuzas: einem hohen Beamten des Herodes. Ist sie die einzige Quelle am Hof des Herodes oder sprudeln weitere Quellen, kundzutun, wer da am Werke ist, um schließlich urteilen zu lassen den Landesfürsten: *„Das ist Johannes der Täufer. Er ist von den Toten auferstanden, darum wirken solche Kräfte in ihm"* (Matthäus 14,1-2)? Herodes hat schon einmal Blutschuld auf sich geladen und den Kopf abschlagen lassen dem Täufer (vgl. Matthäus 14,6-12), weil der ihn des Treuebruchs bezichtigte: seines Bruders Weib (Herodias) zu seinem eigenen genommen zu haben. Mit dem Bruder gebrochen, die Ehe gebrochen: den Bund auch gebrochen, der ihn verband mit dem angrenzenden Volk der Nabatäer: ist doch Herodes Erstfrau (Salome) Tochter des Herrschers der Nabatäer (vgl. *Sein und des Täufers Zeugnis* in: *Folget mir nach*). Herodes verstrickt sich in immer tiefere Schuld – eine blutige Schuld: Blut, das sich nicht abwaschen lässt – ein jüdischer *Macbeth*?

Dem Lukas-Evangelium ist zu entnehmen, dass Herodes zunächst erfreut scheint, endlich den zu sehen, über den er so vieles hörte in Galiläa und er hofft wohl auch, ein Zeichen zu sehen von dem großen "Wundertäter" – ein Zeichen vielleicht, ihn selbst zu befreien von seiner Blutschuld? Jedenfalls stellt Herodes ihm manche Frage, ER aber antwortet nicht, obschon die Hohepriester und Schriftgelehrten um ihn stehen und ihn hart verklagen. Warum schweigt ER stille, warum hilft ER sich nicht selbst, ER, der so vielen half? Fragt sich Herodes vielleicht, ob da vor ihm stehe ein Scharlatan, vor dem er sich gefürchtet habe ganz ohne Grund? Seine anfängliche Freundlichkeit jedenfalls schlägt um in Spott und Verachtung. Ein weißes Kleid lässt er ihm anlegen und sendet ihn wieder zurück zu Pilatus, als Zeichen der Loyalität – Rom oder dem Hohen Rat gegenüber?

Von Pontius zu Pilatus haben sie ihn geschickt. Keinen Schritt weiter gerückt scheint der Prozess: ist nicht aber doch Entscheidendes geschehen? *An dem Tag*, so heißt es im Lukas-Evangelium (23,12) *schließen Pilatus und Herodes Freundschaft miteinander; zuvor aber waren sie einander feind*. Wird ER, den Herodes steckt in ein weißes Kleid und (mit wehenden Fahnen) schickt zum römischen Machthaber hier zum Symbol des Friedens (gleich der Taube, die Picasso stilisierte als Friedenssymbol)? Zeichen des Friedens oder Zeichen der Kapitulation – Zeichen eigener Ohnmacht? Warum ergreift Herodes nicht die Gunst der Stunde und richtet selbst über den, der doch zählt zu seinen "Landeskindern"? Ist es Führungsschwäche: Furcht vor der Autorität des Hohen Rates oder Furcht vor der Macht Roms? Beraubt sich Herodes hier nicht selbst seiner Souveränität und wird vollends zur Marionette Roms? Wie denn soll bewahrt werden Galiläa vor römischer Herrschaft, wenn der eigene Souverän: der

Landesvater selbst, sich weigert, zu walten seines Amtes und zu richten über einen der Seinen? Pilatus weiß nun zumindest, dass Galiläa sich kaum erheben wird wider Judäa, so hier gerichtet wird einer aus Galiläa. Aber muss sich der römische Präfekt nicht fragen, warum die Juden so unbedingt richten wollen einen der Ihren, sich aber ebenso unbedingt weigern, diesen selbst zu richten?

Während Herodes den Angeklagten zu sich zitiert, vor seinen Richterstuhl und ihn befragt, verharren seine Ankläger draußen – vor des römischen Statthalters Amtssitz (vor dem Gesetz?): um nicht unrein zu werden (und zu bleiben reinen Herzens?), wartend auf das Urteil eines Heiden? Eines "Heiden" indes, der keine Schuld an dem entdecken kann, den sie anklagen. Womöglich beeindruckt den römischen Statthalter sogar dessen Wort; denn als *Pilatus ihn fragt: „Was hast du getan?", antwortet* ER *ihm: „Mein Reich ist nicht von dieser Welt. Wäre mein Reich von dieser Welt, so würde, wer mir dient, kämpfen um mich"* (Johannes 18,35-36). Wer aber kämpft hier um ihn – die Seinen: sein Volk, das ER führen soll heim ins Reich? Ist es nicht allein Pilatus, ein Heide, der kämpft, ihn verteidigt, der sich müht, ihn zu bewahren vor dem Schlimmsten? Eben dieser Verteidigung wegen, dieses Kampfes um ihn, feiert die koptische Kirche Pilatus bis auf den heutigen Tag als Heiligen. Erkannte Pilatus IHN, spürte der römische Präfekt hier das Walten einer höheren Macht – einer Macht, die ihm, dem Heiden, selbst (noch) fremd war? Oder war es ganz einfach die Umsicht eines mit allen Wassern gewaschenen "Machtpolitikers", der durchschaut seine Gegenspieler und messerscharf erfasst, dass da Unrecht durchgesetzt werden soll auf Biegen und Brechen, und die Strippenzieher ihm alle Verantwortung, alle Schuld in die Schuhe schieben wollen?

Da ER nun Pilatus offenbart, sein Reich sei nicht von dieser Welt, und der ihn fragt: *„Und dennoch bist du ein König?", antwortet* ER: *„Du sagst es, ich bin ein König – geboren und in die Welt gekommen, zu verkünden die Wahrheit. Wer aus der Wahrheit ist, der hört meine Stimme." – „Was denn ist Wahrheit?", fragt Pilatus zurück und geht hinaus zu seinen Anklägern, ihnen zu sagen: „Ich finde keine Schuld an ihm! Da es nun aber Brauch bei euch ist, freizulassen einen Gefangenen zum Pessach-Fest, frage ich euch also: Ob ich euch frei geben soll den König der Juden?" Sie aber schreien: „Nicht ihn gib uns frei, sondern Barabbas". Barabbas aber ist ein Räuber* (Johannes 18,28-40). Nach dem Evangelium des Markus (15,7) ist Barabbas sogar mehr als "nur" ein Räuber, er ist ein Aufrührer[*], ein Terrorist, der Blutschuld auf sich lud: dessen Revolte mündete in Mord. Einen solch fanatischen, vor Mord nicht zurückschreckenden Aufwiegler will der römische Statthalter freigeben? Ist das nicht gefährlich für Pilatus wie für Rom, gefährlich auch für das jüdische Volk? Vielleicht plant Barabbas schon den nächsten blutigen Anschlag. Liegt es tatsächlich in der Absicht des römischen Präfekten, einen Aufständischen freizugeben? Überschätzt

---

[*] Gehörte er an den "Zeloten"? Der extremistischen, jüdischen Partei, die im 1. Jh. v.u.Z. den Anbruch der messianischen Zeit mit radikalen Mitteln durchzusetzen versuchte und schließlich 66-70/73 n.u.Z. einen Krieg gegen die römische Herrschaft entfesselte.

242

Pilatus das Volk und dessen Meinungsbildung: dessen "gesunden Menschenverstand", rechnet er nicht damit, ein Mörder könne freigegeben, ein Unschuldiger aber ans Kreuz genagelt werden? Oder unterschätzt Pilatus den Hohen Rat, der seinen Einfluss geschickt zu nutzen weiß und das Volk aufzuwiegeln versteht (Markus 15,11, Matthäus 27,20): linientreue Einpeitscher gezielt platziert in der Menge, auf dass am Ende alle brüllen: *„Kreuzige ihn!"*

Das Volk entscheiden zu lassen, entpuppt sich hier als Spiel mit dem Feuer. So Pilatus auf das Volk setzt, um den frei zu bekommen, von dessen Unschuld er selbst überzeugt ist, irrt er sich gewaltig. Warum aber kämpft er, der Römer, so um einen Juden? Sind es dessen Worte, ist es das Walten einer höheren Macht? Nach dem Evangelium des Matthäus (27,19) erhält der römische Statthalter, als er zu Gericht sitzt, eine Botschaft von seiner Gemahlin, die ihn wissen lässt, was ihr träumte: *„Rühre diesen Mann nicht an, denn ER ist ein Gerechter. Schrecklich war der Traum, den ich seinetwegen erlitt letzte Nacht."* Ein Alptraum, eine schreckliche Prophezeiung: ist der römische Statthalter machtlos ausgesetzt einem drohenden Unheil? (Nicht Gottes) Volkes Stimme hat gesprochen: *Kreuzige ihn!* Da nun aber *Pilatus sieht, dass er nichts ausrichten kann, vielmehr ein Aufruhr zu entstehen droht, lässt er* (den Gesetzlosen) *Barabbas frei,* auf dass erfüllt werde die Schrift (Jesaja 53,12) und der Gerechte gezählt wird zu den Gesetzlosen. *Pilatus selbst aber lässt sich Wasser bringen, wäscht seine Hände vor dem Volk* (das doch soviel hält auf Reinheit) *und spricht also: „Ich wasche meine Hände in Unschuld. Nicht ich bin's, der hier richtet, ihr seid's." Das ganze Volk aber ruft: „Sein Blut komme über uns und unsere Kinder!"* Und wird es so geschehen, wird sein Blut über sie kommen; denn sind nicht alle schuldig geworden – angefangen von Judas, bis hin zum Volk? Wem klebt sein Blut nicht an Händen? Blieb dem römischen Statthalter tatsächlich nichts anderes übrig, als ihn zu überantworten dem Tod? Zumindest übergibt er ihn seinen Kriegsknechten, seinen Söldnern, und die handeln auf Befehl oder im Bewusstsein eigener Überlegenheit? Jedenfalls legen sie ihm *an einen purpurroten* (die Farbe der Herrschenden) *Mantel, setzen ihm eine Krone, geflochten aus Dornen, auf sein Haupt und geben ihm einen Stock als Zepter in seine rechte Hand. Dann fallen sie vor ihm auf die Knie und verhöhnen ihn: „Heil dir, König der Juden". Und sie spucken ihn an, reißen ihm den Stock aus der Hand und schlagen ihn damit* (Matthäus 27,27-30).

Der Kreuzigung konnte, musste aber nicht zwingend eine Auspeitschung vorangehen – warum ordnet Pilatus solch zusätzliche Folterung an? Nach dem Johannes-Evangelium könnte die Geißelung durchaus als weiterer Versuch des Pilatus zu werten sein, ihn zu retten vor dem Tod, ihm aufzubürden eine harte Strafe, um ihn so zu bewahren vor einer noch härteren Strafe: der Kreuzigung? Wie sonst sollten die Worte des römischen Statthalters zu deuten sein unmittelbar nach der Geißelung? *„Seht welch ein Mensch"* (Johannes 19,5). Was sollte solches Wort bewirken, wenn nicht, sie zur Besinnung zu bringen? Ist nicht eben das des Präfekten Geste? Seht, ich selbst halte ihn für unschuldig, auch Herodes, sein eigener Landesvater, zu dem ich ihn schicken ließ, findet keine

Schuld an ihn, hätte er ihn sonst zurück zu mir geschickt? Ich ließ ihn geißeln, obwohl ich weiß, ER ist ohne Schuld, und seht, wie ER trägt und erträgt solches Leid, solche Strafe, die doch nicht ihm gebührt! Lasst es also gut sein! Sie aber schreien: *Kreuzige ihn!* Und um ihrer Forderung den nötigen Nachdruck zu verleihen, bemühen sie das römische Gesetz, das fordere den Tod für eben jenes Vergehen, dessen der Angeklagte schuldig geworden, der sich selbst erhoben habe zum *Sohne Gottes*. Eine Anklage, die dem römischen Statthalter den Schweiß auf die Stirne treiben muss. "Sohn Gottes" ist ein Titel, der einzig dem römischen Imperator gebührt, ein Titel, der prägt jede römische Münze und nicht auch prägen soll das römische Volk? Wer sich selbst anmaßt einen solchen Titel, begeht nichts weniger denn Hochverrat und darauf steht – nach römischem Recht – die Todesstrafe. Weigert sich der römische Statthalter diese zu vollstrecken, macht er sich selbst schuldig des Hochverrates. Was wird, was kann er noch tun?

Dem Evangelium des Johannes (19,7-16) nach lässt Pilatus ihn erneut vor seinen Richterstuhl führen, um ihn zu befragen; denn ER wird angeklagt des Hochverrates. Nicht das jüdische Gesetz wird bemüht, sondern das römische – bemüht ausgerechnet von Juden, denen das heidnische Rom: Kaiserkult und Götzenverehrung doch gilt als Gräuel vor dem HERRN? Und da Pilatus ihn fragt, woher ER sei, aus welchem (Herrscher)Haus ER stamme, schweigt ER stille. Der römische Statthalter aber dringt in ihn: *„Warum sagst du nichts? Weißt du nicht, dass ich Macht habe, dich frei zu geben und auch Macht habe, dich kreuzigen zu lassen?"* ER *aber antwortet: Du hättest keine Macht über mich, so sie dir nicht gegeben wäre von oben. Doch der, der mich überantwortete, trägt größere Schuld."* Der warf den ersten Stein, trägt die größere Schuld, die größere Last, ihn ausgeliefert zu haben? Wie frei von Schuld sind die anderen – die Ankläger, die Richtenden? Und da ER sich weder verteidigt, noch gar widerspricht der Anklage, was soll Pilatus da von ihm denken? Sollte jener, der angeklagt ist des Hochverrates, selbst aber kein Wort verliert darüber und nicht spricht von weltlicher, sondern von höherer Macht, schuldig sein? Pilatus will ihn frei lassen; seine Ankläger aber halten dagegen: „Lässt du diesen frei, der sich selbst macht zum Herrscher und also ist wider den Kaiser, so bist du selbst wider den Kaiser." Und als Pilatus sie noch einmal fragt, fragt am Tage vor dem Sabbat, dem Sabbat ihres Pessach-Festes: *Soll ich kreuzigen euren König?",* antworten ihm die Hohepriester: *„Wir haben keinen König denn allein den Kaiser."* Die hohe jüdische Geistlichkeit bekennt sich zum heidnischen römischen Kaiser, und da sollte sich der römische Präfekt weniger eindeutig bekennen? Pilatus fällt das Todesurteil: ER soll gekreuzigt werden.

Unrecht zu Recht gebogen: hatte der römische Statthalter eine andere Wahl? Kann er getrost seine Hände in Unschuld waschen? Wer denn warf den ersten Stein auf den, der da ist ohne Schuld? Judas, der ihn verriet oder der Hohe Rat, der ihn anklagte? Welches Gericht tagte hier: ein jüdisches, ein römisches oder ein höheres Gericht? Wer verhängte welches Urteil über wen? Und wem wird zuteilwerden welcher Lohn? Der Lohn des Judas ist längst dahin, gesteckt das Geld in einen *Blutacker*, was sollte Fruchtbares erwachsen daraus? Und Judas selbst richtete sich, als er erkannte seine Schuld. Werden am Ende auch jene sich selber richten, die abließen von ihm in schwerer Stunde, die flohen, ihn verleugneten, oder werden sie dereinst erkennen ihre eigene Schuld, ihre eigene Schwäche? Petrus hat erkannt, ihm öffnete sich das Himmelreich. Und ER, über den die Welt verhängte das Todesurteil, ist ER nicht längst befreit von eben dieser Welt, hat ER sie nicht überwunden (über Wunden)?

Gott, der HERR, hat mir das Ohr geöffnet. Ich aber wehrte mich nicht und wich nicht zurück. Ich bot meinen Rücken dar, denen, die mich schlugen, und meine Wangen denen, die mich rauften. Mein Angesicht verbarg ich nicht vor Schmach und Speichel. Doch Gott, der HERR, wird mir helfen, darum werde ich nicht enden in Schande. Mein Antlitz habe ich hart gemacht wie einen Kiesel, denn ich weiß, ich werde nicht in Schande enden. Der mich gerecht spricht, ist nahe; wer also will mich richten? Lasst uns zusammen vortreten; hervor trete, wer da anfechten will mein Recht! Siehe, Gott, der HERR, hilft mir; wer will mich verdammen? Siehe, sie alle werden zerfallen wie ein Gewand, das zerfressen die Motten (Jesaja 50,5-9: *Drittes Lied vom Gottesknecht*).

Vom Unglauben des Volkes
(Johannes 12,20-50)

Während Pilatus seine Hände in Unschuld wäscht, schreit das Volk: „Kreuzigt ihn", weil es überzeugt ist, zu handeln in aller Unschuld? Wie sonst könnten sie rufen: *„Sein Blut komme über uns und unsere Kinder"* (Matthäus 27,24-25)? Oder sollte sich das Volk hier etwa selbst verwünschen? Sind nicht sie es, die ihm erst versetzen den tödlichen Schlag? Oder wollen sie abwälzen alle Verantwortung auf ihre geistlichen Führer? Der Hohe Rat hat, so ist den Evangelien zu entnehmen, das Volk aufgewiegelt: "Trojaner" geschickt in der Menge platziert: Einpeitscher, die den Ton, den Takt vorgaben. Auf dass da niemand aus der Reihe tanze? Oder weil das Volk nun einmal liebt den Gleichklang, die Harmonie – damals wie heute? Ließen sie sich verführen von ihren Führern? Können sie sich darauf berufen, Verführte zu sein, die nichts gewusst haben? So sie nicht wussten, wen sie da überantworteten dem Tod, warum riefen sie dann lauthals: „Kreuzigt ihn"? Warum schwiegen sie nicht stille? Und wo waren all jene Stimmen, die ihn kannten, ihm begegnet waren, sein Wort gehört und sein Werk gesehen, ihm zugejubelt hatten ("Heil"): *Hosianna, gelobt sei der Herr!*, als ER eingezogen war in Jerusalem auf einer Eselin. Gestern noch haben sie ihn gefeiert wie einen König: ihren König, ihren Befreier aus römischer Knechtschaft, jetzt fordern sie von Rom, ihren Unterdrückern, ihn zu kreuzigen! Hätten sie nicht fordern müssen den Tod des Gesetzlosen Barabbas? Ist Volkes Stimme zu trauen?

In seiner apokalyptischen Wucht und grausamen Konsequenz gemahnt der antike Volksentscheid an einen anderen ruchlosen Entscheid, eine andere verhängnisvolle Volksbefragung, die steht für den wohl finstersten Teil der deutschen Geschichte: des "Führers" Frage an sein Volk: "Wollt ihr den totalen Krieg?" Das Volk entscheidet sich für den Krieg, nicht für das Leben – das Volk, das welchem Führer folgt? Dem Leben dienen oder dem Tod: was ist Maßstab des Volks-Entscheids? Ein Urteil aus freien Stücken, gefällt in aller Unschuld oder ein Urteil, getragen von fremder Einflüsterung?

ER ist gekommen, sie zu führen und zu zeugen vom göttlichen Gesetz in Wort und Werk, sie aber zählen ihn zu den Gesetzlosen. Das Volk erkennt ihn nicht, erkennt ihn nicht als seinen Führer, mehr noch: das Volk fordert seinen Tod. ER aber kennt das Volk, weiß um dessen schwachen Willen, schwachen Glauben. Sie fällen ihr Urteil, ohne zu zögern, ohne nach dem Grund zu fragen, verurteilen ihn ohne jeglichen Beweis; ER aber soll beweisen, soll ihnen Zeichen geben. Wunder wollen sie sehen, Sensationen sollen sie begeistern. Und ist das Wunder getan, wenden sie sich wieder (gelangweilt) ab, und geraten sie gar in Not, schwindet ihr Glaube dahin, schwindet oder dreht sich wie ein Fähnlein im Wind. Was haben sie ihren Vorfahren voraus, den alten Ägyptern, Babyloniern, Assyrern, Persern, was zeichnet sie aus, macht sie zum erwählten Volk Gottes? Sind sie nicht alle gleich, ob sie sich nun Judäer, Galiläer, Griechen oder Römer heißen? Kinder ihrer Zeit: Kinder des Zeitgeistes, sollten sie nicht aber Kinder sein des ewigen Geistes? Hat ER ihnen kein klares Bild gegeben, wer sitzen wird am Tisch des HERRN, wenn gekommen ist die Hohe Zeit, und wer Platz nehmen wird auf dem Richterstuhl am Jüngsten Tag? Lasen sie nie Salomos großes Gebet vom *Walten der Weisheit in der Geschichte* (Buch der Weisheit 8,19-19,22)?

Das Gericht geht über die Welt und
der Herrscher dieser Welt wird ausgestoßen.
(Johannes 12,31)

Ausgestoßen aus dem Licht oder ausgestoßen aus der Finsternis, welcher Herrscher ist hier gemeint: der Fürst der Finsternis? Was denn verkündet ER dem Volk in seiner letzten großen Rede (vgl. Johannes 12,24-26)? *Fällt ein Weizenkorn nicht in die Erde und erstirbt, bleibt es allein; erstirbt aber das Weizenkorn, so bringt es reiche Frucht. Wer sein Leben hängt an diese Welt, der wird es verlieren, wer aber gering achtet sein Leben in dieser Welt, der wird es bewahren, bewahren zum ewigen Leben.* **Stirb und werde!**, lautet der kategorische Imperativ.

Sind sie ihm nah, (er)hören sie ihn oder ist ER ihnen fern, entrückt, wie ihnen entrückt und ferne ist der HERR? Sollte da nicht Nähe sein von Anbeginn? Sie aber wenden sich ab und rücken in weite Ferne, was ihnen nah, vertraut, was ihnen verwandt sein sollte. Auf dass sich erfülle, was gesagt ist im *vierten Lied vom Gottesknecht* (Jesaja 53,1): *Wer denn glaubt, was da verkündet wurde und wem enthüllte sich der Arm des* HERRN? Ist ER nicht der Arm des HERRN: die rechte Hand Gottes? Zeugt nicht sein Wort, sein Werk davon, dass ER es ist? Sie aber stellen sich taub und blind! Auf dass sich bewahrheite, was da weiter geschrieben steht im Buch der Bücher (Jesaja 6,10): *Verstocke das Herz dieses Volkes und lass ihre Ohren taub sein und ihre Augen blind, dass sie nicht sehen mit ihren Augen, noch hören mit ihren Ohren, noch verstehen mit ihrem Herzen und sich nicht bekehren und also auch nicht genesen.* Leicht unterwerfen sie sich irdischer Macht, bald sind sie besessen von diesem, bald von jenem Herrn, besessen, beherrscht, geknechtet; Knecht Gottes aber wollen sie nicht sein? Sind sie solche, *die lieber Ansehen haben und Ehre bei den Menschen denn bei Gott* (Johannes 12,43)? Erstirbt ihnen aber ihre Begierde nicht, wie wollten Frucht sie tragen?

Haben sie schon vergessen, was ER ihnen mitgab auf den Weg; sollten sie nicht verinnerlichen seine Worte und sie tragen in ihrem Herzen? *Wer an mich glaubt, der glaubt nicht an mich, sondern an den, der mich sandte. Und wer mich erkennt, der erkennt den, der mich sandte. Ich bin gekommen in die Welt als ihr Licht, auf dass, wer an mich glaubt, nicht bleibe in der Finsternis. Und wer meine Worte hört und bewahrt sie nicht, den werde nicht ich richten; denn ich bin nicht gekommen, die Welt zu richten, sondern zu retten. Wer mich verachtet und nimmt meine Worte nicht auf, der ist schon gerichtet. Das Wort, welches ich euch gab, wird ihn richten am Jüngsten Tag. Denn das Wort ist nicht von mir selber ausgegangen, sondern der Vater, der mich sandte, hat mir gegeben und aufgetragen, was ich sagen und reden soll. Und ich weiß, dass sein Auftrag heißt: Ewiges Leben. Was ich zu euch rede, sage ich so, wie es mir aufgetragen hat der Vater"* (Johannes 12,44-50). Sie aber erheben sich über das Wort des HERRN und richten den, der gekommen ist, sie zu retten.

Fürwahr ER trug unsere Krankheit und lud auf sich unsere Schmerzen. Wir aber meinten, ER sei von Gott geschlagen, von Gott getroffen und gebeugt. Doch ER wurde durchbohrt wegen unserer Verbrechen, wegen unserer Sünden zermalmt. Zu unserem Heil lag die Strafe auf ihm, durch seine Wunden sind wir geheilt. Wir haben uns alle verirrt wie die Schafe, jeder ging für sich seinen Weg. Doch der HERR lud auf ihn die Schuld von uns allen. ER wurde gemartert und niedergedrückt, aber ER tat seinen Mund nicht auf. Wie ein Lamm, dass man zum Schlachter führt, und wie ein Schaf angesichts seiner Scherer, so tat auch ER seinen Mund nicht auf. Durch Bedrängnis und Gericht wurde er dahingerafft, doch wen kümmerte sein Geschick? ER wurde vom Land der Lebenden abgeschnitten und wegen der Verbrechen seines Volkes zu Tode getroffen. Bei den Ruchlosen gab man ihm sein Grab, bei den Verbrechern seine Ruhestätte, obwohl ER kein Unrecht getan hat und kein trügerisches Wort in seinem Mund war. Doch der HERR fand Gefallen an seinem zerschlagenen Knecht und rettet den, der gab sein Leben hin als Sühneopfer. ER wird Nachkommen sehen und lange leben. Der Plan des HERRN wird durch ihn gelingen. Weil ER so vieles ertrug, wird ER das Licht schauen und die Fülle haben. Und durch seine Erkenntnis wird ER, mein Knecht, der Gerechte, den Vielen Gerechtigkeit schaffen; denn ER trägt ihre Sünden. Darum will ich ihm *die Vielen zur Beute geben, und* ER *soll die Starken zum Raube haben*[*], *dafür dass* ER *sein Leben gab und ward zugerechnet den Gesetzlosen, weil* ER *trug die Sünden der Vielen und betete für die Schuldigen* (Jesaja 53,4-12: *Viertes Lied vom Gottesknecht;* die Zeit des Propheten Jesaja ist datiert auf 740 -701 v.u.Z).

Die Kreuzigung
(Matthäus 27,31-56, Markus 15,20-41, Lukas 23,32-49, Johannes 19,17-37)

Die Kreuzigung gilt als eine der furchtbarsten Todesstrafen überhaupt. Ursprünglich aus Persien (dem heutigen Iran) stammend, wurde diese Hinrichtungsart praktiziert von vielen antiken Völkern. Der Verurteilte wurde an einem Kreuz, bestehend aus (schwerem) Pfahl und (tragbarem) Querholz, aufgespießt oder aufgehängt. Das Querholz musste der Verurteilte selbst zur Richtstätte tragen, wo es dem senkrecht im Boden befestigten (und von früheren Hinrichtungen vermutlich meist blutgetränkten) Richtpfahl aufgepfropft wurde (wahrscheinlich in Form eines T). Ein Holzklotz (Sedile/Fußstütze) in der Mitte des senkrechten Pfahls stützte den hängenden Körper und verhinderte einen zu raschen Tod. Möglichst lange sollte der Verurteilte leiden, möglichst lange sollten die Zuschauer beiwohnen können dem schaurigen Akt – auf dass sich erhöhe die abschreckende Wirkung oder länger sich ergötze das Volk am grausigen Spektakel?

Nach römischem Recht war die Kreuzigung eine Hinrichtungsart, die nur vom römischen Präfekten (= Statthalter) verhängt werden durfte und zwar im Allgemeinen nicht über römische Bürger, sondern über Sklaven und Aufständische. Religiöse Vergehen wurden nur dann mit dem Tode bestraft, wenn sie einhergingen mit Entehrung des Kaisers oder Entweihung rechtlich geschützter Einrichtungen (das Judentum stand unter dem Schutz Roms!) oder es sich um Hochverrat handelte. Die für Hochverrat vorgesehene Hinrichtungsart war Kreuzigung. Die Hinrichtung selbst durfte nur außerhalb der Stadtgrenzen vollzogen werden; in Jerusalem hieß die Stätte Golgatha (= Schädelstätte). Der Grund für die verhängte Todesstrafe musste dem Volk kundgetan werden; er wurde darum in eine Tafel (Titulus) geritzt und auf dem Weg zur Hinrichtungsstätte vor dem Verurteilten hergetragen und später am Richtpfahl befestigt.

Und sie bringen an über seinem Haupt die Aufschrift, die den Grund nennt für seine Todesstrafe: *König der Juden* (Matthäus 27,37); nicht: "Sohn Gottes", wie zuletzt die Anklage lautete. Hat Pilatus erkannt, dass ER dem Kaiser keinen Ti-

---

[*] In neuer Einheitsübersetzung (2003) findet sich folgender Wortlaut: "Deshalb gebe ich ihm seinen Anteil unter den Großen und mit den Mächtigen teilt er die Beute" – Wortbruch? Über-Setzung im Sinne der Großen und Mächtigen? Oder ist ER ihnen nicht der Gottesknecht, den Jesaja verheißt? Denn wie lässt sich die obige Wortwahl, die jüngste "Interpretation" vereinbaren mit seinem Wort vom Dienen und Herrschen? Predigte ER nicht, der Kleinste werde der Größte heißen, und hieß selig den, der da arm sei im Geiste, vgl. Bergpredigt. Sollen die Starken, die Großen und Mächtigen herrschen mit ihm, sollen sie nicht vielmehr seine Beute sein?

tel streitig machen wollte, dass es hier nicht um weltliche Macht ging, sondern um göttliche Herrschaft, göttliches Walten? Wollte ER denn errichten einen Gottesstaat: eine autarke Enklave innerhalb des römischen Imperiums, ER, der sich selbst hieß "Menschensohn" (vgl. Daniels endzeitliche Vision vom *Menschensohn*, Daniel 7,1-28)? Wollte ER nicht zurückführen zum Schöpfer, zum Vater? *König der Juden*, steht auf dem Titulus: König des erwählten Volkes? Ist ER ihr König und sie die Erwählten, die Söhne Abrahams (= Vater vieler Völker), die Söhne Israels (= Streiter Gottes), wie sollten sie ihn da ans Kreuz schlagen? Nach Johannes ist der Hinrichtungsgrund geschrieben in *hebräisch*: der (Schrift)Sprache der Einheimischen, *lateinisch*: der Sprache der römischen Besatzungsmacht und *griechisch*: der Verkehrssprache der hellenistischen Welt. Und die Juden, die ihn anklagten des Hochverrates, bitten Pilatus, **nicht** zu schreiben, dass der Verurteilte *König der Juden* sei, sondern dass jener solches behauptet habe. Pilatus aber antwortet: *„Was ich geschrieben habe, habe ich geschrieben"* (Johannes 19,19-22). Ein später Triumph des römischen Statthalters; denn fiel die Anklage nicht augenblicklich auf die Ankläger selbst zurück: auf den Hohen Rat und auf das jüdische Volk? Ist es nicht Erniedrigung, Provokation, ja, Verspottung, ihren obersten Herrn: den *König der Juden* auf so schmachvolle Weise hingerichtet zu sehen: geschlagen ans Kreuz, preisgegeben der Verachtung der Massen? Werden die Ankläger hier nicht selbst gerichtet, mindestens schmachvoll verhöhnt? "Das also ist euer König, euer Herrscher – ein Gesetzloser!"

"IESUS NAZARENUS REX IUDAEORUM", abgekürzt: INRI. In hebräischer Sprache könnte folgende Inschrift zu lesen (die Schrift selbst freilich wies keine Vokale auf) gewesen sein: "Yeshu HaNozri V$_e$Melek HaYehudim", abgekürzt: YHVH*. Das Tetragramm Gottes, die vier Buchstaben seines heiligen, unaussprechlichen Namens! Erkannte der Hohe Rat im Augenblick, da geschrieben war der Hinrichtungsgrund auf die Tafel (und vom Schreiber bewusst oder unbewusst auf obige Spitze getrieben?), mit welch ungeheurer Gewalt sich ihre Anklage gegen sie selbst richtete; erkannten sie, dass hier weniger das Judentum verhöhnt werde, denn der HERR selbst? Der Name des Höchsten beschmutzt, entehrt, ans Kreuz geschlagen! So tatsächlich das Tetragramm Gottes zu lesen war auf dem Titulus, mussten sie da nicht fürchten den Zorn des HERRN, fürchten, schuldig geworden zu sein der ärgsten Sünde, der schwersten Anklage, die später münden sollte in den Vorwurf: die Juden hätten Gott selbst ans Kreuz genagelt? Getötet ihren Gebieter, ihren Vater: der Vatermord – das Urverbrechen, der Urkomplex seit Ödipus. Urstoff der grch. Tragödie – nicht bloßes Hirngespinst, sondern ans Kreuz genagelte, grausige Realität? Sind sie selbst die Gerichteten, sie, die richten wollten über den Gerechten? Wer ist hier Richter, wer Gerichteter? Hat ER ihnen nicht verkündet die göttliche Wahrheit, als ER predigte vom Weltgericht und vom Himmelreich? Über-

---

* Das mutmaßliche Kopfbrett (= Titulus) des wahren Kreuzes, das heute aufbewahrt wird in der Reliquien-Kammer von Santa Croce in Gerusalemme, lässt eine vollständige Rekonstruktion der tatsächlichen Inschriften nicht mehr zu. Als Finderin des Wahren Kreuzes samt Titulus gilt Helena, die Mutter Kaiser Konstantin d. G., deren einstiger Palast in Rom heute Standort ist der Kirche Santa Croce.

spannt der Himmel nicht viel mehr als ihren kleinen Horizont; kennt der Himmel ihre Grenzen?

Und da sie ihn also verspottet haben, ziehen sie ihm den purpurroten Mantel wieder aus und geben ihm seine Kleider zurück, dann führen sie ihn hinaus, um ihn zu kreuzigen. Auf dem Weg zur Hinrichtungsstätte treffen sie einen Mann aus Zyrene, Simon mit Namen, den sie zwingen, sein Kreuz zu tragen (Matthäus 27,31-32). Simon von Zyrene ist auch im Evangelium nach Lukas bezeugt, im Markus-Evangelium wird er näher bezeichnet als Vater Alexanders und Rufus', die später angehören der christlichen Gemeinde (vgl. Römer 16,13). Üblicherweise trugen die Verurteilten selbst ihr Kreuz (d. h. den Querbalken, wird hier das Kreuz weitergereicht?). Die Hilfe, die ihm hier zuteil wurde, ist vermutlich dem Umstand geschuldet, dass ER, infolge zuvor vollstreckter Geißelung, zu geschwächt war, was die Vermutung erhärtet, dass die Geißelung ursprünglich als eigenständige Strafe gedacht, also mit besonderer Härte vollstreckt worden war. Einen bereits deutlich geschwächten Verurteilten zu kreuzigen, war sicher nicht üblich und widersprach eher der perfiden Absicht, einen möglichst langsamen Tod herbeizuführen.

Der "Kreuzweg" vom Amtssitz des römischen Statthalters bis zu der auf einer Anhöhe gelegenen Hinrichtungsstätte Golgatha (= Schädelstätte), heute als "Via Dolorosa" (Straße des Schmerzes und der Kränkung) bekannt, hat Nachbildungen gefunden an vielen Orten. Nachbildungen, die ursprünglich 7 bildhafte Darstellungen aufwiesen; seit dem 17. Jh. sind 14 Stationen üblich geworden. 7 oder 14 Stationen, wo beginnt sein Leidensweg, wo endet er? Ist ER nicht schon lange vor dem Verhör im Amtssitz des Pilatus, vor dem Verhör auch im Palast des Hohen Priesters verfolgt und verachtet worden? Und wird es nach Golgatha keine weiteren Stationen mehr geben; ist ER nicht auferstanden? Wohin also führt der Kreuzweg: in den Tod oder zu neuem Leben? Sollen sie um ihn trauern, ihn beweinen, sollten sie nicht vielmehr sich selbst betrauern? Wie denn spricht ER zu den Töchtern, den Nachkommen JeruSalems (vgl. Lukas 23,27-30)? *„Weinet nicht über mich, sondern weinet über euch selbst und über eure Kinder. Denn siehe, es wird kommen die Zeit, da man sagen wird: Selig sind die Unfruchtbaren und die Leiber, die nicht geboren haben, und die Brüste, die nicht genährt haben!"* Wer wird bestehen, wenn gerichtet wird am Jüngsten Tag, wer sich verfluchen, weil er nährte, was doch war dem Untergang geweiht?

Und als sie an die Stätte kommen, die Golgatha heißt, geben sie ihm Wein zu trinken, der bitter schmeckt wie Galle, und als ER *davon kostet, verschmäht* ER *den Trank* (Matthäus 27,33-34). Spuckte ER aus Gift und Galle? Reichten sie ihm Wein, versetzt mit einer Droge, die ein schnelles Dahinscheiden verhindern, die Leidensdauer verlängern sollte? Dass der Trank ihn erquicken, betäuben oder ihm gar einen schnellen, weniger qualvollen Tod bescheren sollte, dürfte kaum römischem Herrschaftsgeist entsprochen haben, ein möglichst langes, abschreckend-grausiges Spektakel zu bieten dem Volk.

Sie gaben mir Galle
und reichten mir Essig für den Durst.
(Psalm 69,22)

Und es ist um die dritte Stunde, da sie ihn kreuzigen (Markus 15,25). Die Juden zählten die 12 Stunden des Tages von Sonnenaufgang bis Sonnenuntergang: die dritte Stunde meint also die dritte Stunde nach Sonnenaufgang. Und es ist "Rüsttag", der Tag vor Sabbat. Als wahrscheinliches Datum wird heute der 7. April (= 14. Nissan) des Jahres 30 n.u.Z angenommen (ein Jahr nach der Enthauptung des Täufers); genannt werden aber auch der 27. 4. 31 sowie der 3. 4. 33. Nimmt man das erste Datum als wahrscheinlichstes und berücksichtigt ferner, dass ER (vermutlich) im Jahre 7 v.u.Z. geboren wurde (vgl. *Es begab sich aber: Stern über Bethlehem*), wäre ER zum Zeitpunkt der Kreuzigung 37 Jahre alt gewesen. Da ER (einem Rabbi entsprechend) erst mit 30 lehrte, wären es demnach sieben Jahre gewesen, die ER widmen konnte der Verkündigung der Frohen Botschaft vom nahen Reich Gottes. Für wen werden die sieben Jahre fette, für wen magere Jahre sein?

Da sie ihn aber gekreuzigt haben, teilen sie seine Kleider und werfen das Los darum (Matthäus 27,35-36). Sie nehmen ihm die Kleider: eine ungeheure Demütigung, nackt dazustehen vor der Welt: ohne Kleidung, die nicht erst verleiht ihrem Träger Würde? Kleider machen Leute!, gilt das nicht bis heute? Begehrtes Gut jedenfalls war dazumal der Stoff, das Kleid – auch das Kleid eines Verurteilten, das nach römischem Recht dem Hinrichtungstrupp als "Zubrot" zufiel. Wie der Trupp die Beute teilte, war seine Sache. Nach Johannes (19,23) teilen sie seine Kleider in vier Teile und geben jedem einen Teil davon, den (Unter)Rock aber, ohne Naht und *von obenan gewebt durch und durch,* den zerteilen sie nicht, sondern werfen das Los darum, auf dass sich erfülle die Schrift (Psalm 22,19): *Sie verteilen unter sich meine Kleider und werfen das Los um mein Gewand.*

Der mutmaßliche Heilige Rock, sein (sprichwörtlich gewordenes) "letztes Hemd": ohne Naht, "ohne Taschen", wird heute aufbewahrt in der Heilig-Rock-Kapelle des Trierer Doms, die sich mystisch nacherzählend erhebt über "Golgatha": über Helenas (Schädel-Reliquie) "Schädel-Stätte". Verehrt als "Heilige" wird die römische Kaiserin, weil sie als Finderin gilt des mutmaßlichen wahren Kreuzes wie auch als Finderin der mutmaßlichen Tunika Christi. Während die (Schädel) Reliquie der Helena selbst, einmal im Jahr, am Namenstag der römischen Kaiserin, zu besichtigen ist, wird der Heilige Rock nur selten öffentlich gezeigt. Zuletzt 2012 – ein denkwürdiges Datum: ein Datum, das woran erinnern will? Sicher nicht an das Ende der kalendarischen Aufzeichnungen der Maya, noch gar an deren Niedergang; gemahnt werden soll hier gewiss nicht an das Ende einer Hochkultur im 16. Jh.: kein Forum für irgendwelche Untergangszenarien. Erinnert werden soll vielmehr an Kaiser Maximilian, der sich im Jahr 1512 zeigen ließ, was lange(?) geschlummert hatte im Hochaltar des Doms: die "Tunika Christi". Anlass, die heilige Reliquie den dunklen Gemäuern zu entreißen (und ins rechte Licht zu rücken oder den Kaiser selbst zu schmücken mit einem "Heiligenschein"?), war der nach Trier einberufene Reichstag (der später nach Köln verlegt wurde). Noch ein weiteres Mal ließ sich der Kaiser zeigen den Heiligen Rock: im Jahr 1517, dem Jahr, da Luther anschlug seine 95 Thesen an die Schlosskirche zu Wittenberg. 500 Jahre Wallfahrt: ein heiles, ein heiliges Geschehen? Oder ist der Kult um den Heiligen Rock nichts weiter als „Beschiss", wie Luther schimpfte? Ist die Reliquie überhaupt echt? Ist denn ihr Glaube echt? Wessen wurde und wird gedacht anlässlich der Heilig-Rock-Wallfahrt: der weltlichen, der geistlichen oder der göttlichen Macht? Welche Zeitenwende, welcher Zeitgeist wurde und wird beschworen – die Freiheit des Christenmenschen? „ … und führe zusammen, was getrennt ist", das Motto der Heilig-Rock-Wallfahrt 2012: ein Aufruf zur Einheit? Gemahnt nicht nachgerade das letzte, das **ungeteilte** Hemd Christi an die **ungeteilte** Gemeinschaft derer, die Gott angehören? Hochzeitsgewand oder Leichenhemd, von welchem Stoff ist die Tunika Christi: die Tunika dessen, der da ist das Fleisch gewordene Wort? Und aus welchem Stoff gewirkt sind ihre Gedanken, ihre Absichten, wohin (wall)fahren sie? Wissen sie, was sie da anbeten, oder sind sie wie die (abtrünnigen) Samariter, die anbeten, was sie nicht kennen (vgl. *Gespräch am Jakobsbrunnen*, Johannes 4,1-26)?

Mit ihm gekreuzigt werden zwei Gesetzlose (wie geschrieben steht: *zu den Gesetzlosen wird man ihn rechnen,* Jesaja 53,12): *einer zur Rechten und einer zur Linken. Und die vorbeiziehen, schütteln den Kopf und verhöhnen ihn: „Wolltest du nicht in drei Tagen den Tempel niederreißen und wieder aufbauen, warum hilfst du dir jetzt nicht selbst? So du Gottes Sohn bist, steig herab vom Kreuz." Desgleichen sprechen auch die Schriftgelehrten und Ältesten* (Matthäus 27,38-44). Steht es nicht ebenso geschrieben im Buch der Weisheit (2,18)? *Ist der Gerechte wirklich Sohn Gottes, dann nimmt sich Gott seiner an und entreißt ihn der Hand seiner Gegner.* Sie denken, den Plan Gottes zu erfassen; sie wähnen, Gott habe ihn verlassen, aber hat Gott ihn nicht längst erhöht: wird ER nicht sitzen zu seiner Rechten und ist also längst entrissen der Hand seiner Gegner? So sie ihn nun lästern, lästern sie da nicht Gott? Alle schmähen ihn: ER, der so vielen half, wird überzogen mit der spöttischsten Häme, die sich denken lässt: Hilf dir doch selbst! Stachelt sich hier die Masse wechselseitig auf, oder ist ihre nach außen getragene freche Häme und Dreistigkeit Resultat innerer Verunsicherung, banger Ahnung, ungeheure Schuld auf sich zu laden? Warum überziehen sie gerade ihn mit ihrem beißenden Spott, warum lästern sie nicht über die Gesetzlosen, die neben ihm hängen am Kreuz? Identifiziert sich die Masse leichter mit dem Schuldigen, dem Täter denn mit dem Unschuldigen, dem Opfer? Und ist das heute anders: wird den Tätern, den Schuldigen mehr Verständnis, mehr Mitleid, mehr Hilfe zuteil denn den unschuldigen Opfern? Sollte es nicht aber nachgerade umgekehrt sein in einer Gesellschaft, die human sich nennt und erhaben über die Barbarei ihrer Väter?

Alle blasen in das nämliche Horn, sogar der neben ihm hängt am Kreuz, lästert ihn. *Der andere aber schilt ihn und weist ihn zurecht: „Fürchtest du dich denn nicht vor Gott? Wir sind zu Recht bestraft; denn wir erhalten unseren gerechten Lohn für unsere ungerechten Taten; den du aber schmähst, der hat nichts Unrechtes getan."* An diesen aber richtet ER die Worte: *„Wahrlich, ich sage dir, noch heute wirst du mit mir im Paradiese sein"* (Lukas 23,39-43). Wem ist verheißen das Paradies, wenn nicht jenem, der bekennt seine Sünden? Denn erstirbt nicht die Sünde, wo sie erst erkannt ist? Wie das Weizenkorn in der Erde (vgl. Johannes 12,24), so ersterbe auch die Sünde, auf dass Frucht bringe der Mensch und erwache, erwachse zu neuem Leben? **Stirb und werde!**

Ist jener Gesetzlose, der am Kreuz hinfindet zum Gesetz der Einzige, der sich zu ihm bekennt, der ihn verteidigt wider alle Schmähung? Wo sind die Seinen, wo ist sein Gefolge, wo seine Jünger? Fürchten sie seine Nähe, fürchten, nicht mit ansehen, nicht ertragen zu können sein Leid? Oder fürchten sie, erkannt und angeklagt zu werden als die Seinen, angeklagt der Mittäterschaft am Hochverrat? Betrachten sie darum das Geschehen aus der Ferne, wie es heißt im Evangelium nach Lukas (23,49): *Es stehen aber alle seine Bekannten von ferne und auch seine weibliche Gefolgschaft aus Galiläa,* zu denen – dem Matthäus-Evangelium nach (27,55) – zu zählen sind: *Maria Magdalena und Maria, die Mutter des Jakobus* (dem Kleinen) *und des Josefs* (= Joses*), und die Mutter der Kinder des Zebedäus* (Jakobus und Johannes). Im Markus-Evangelium (15,40) taucht des Weiteren der Name *Salome* auf; im Evangelium nach Johannes (19,25) ist noch angeführt des *Kleops Eheweib.* Stehen auch seine weiblichen Anhänger in der Ferne oder stehen sie ihm bei am Kreuz (wie bei Johannes zu lesen)? Ist hier gefragt nach der leiblichen Nähe oder nach der geistigen? Wer denn steht fern von ihm? Zeugt nicht gerade der Jünger, den ER liebt, zeugt nicht Johannes (Gewährsmann des gleichnamigen Evangeliums) eben davon: von der Raum und Zeit überwindenden und verbindenden Kraft der Liebe? Der unschuldigen Liebe, die gebiert unbefleckt: wieder gebiert – heraus aus aller Schuld? *Und da ER seine Mutter sieht und den Jünger, den ER liebhat neben ihr stehen sieht, spricht ER zu seiner Mutter: „Weib, siehe, das ist dein Sohn!", zu dem Jünger aber sagt ER: „Siehe, das ist deine Mutter"* (Johannes 19,26-27). Ist ihm spürbar die geistige Nähe, die geistige Verwandtschaft? Oder soll sich erfüllen der *Hilferuf eines unschuldig Verfolgten,* wie geschrieben steht im Psalm 69,21?

> *Die Schande bricht mir das Herz,*
> *ganz krank bin ich vor Schmach;*
> *umsonst habe ich auf Mitleid gewartet,*
> *auf einen Tröster,*
> *doch ich habe keinen gefunden.*

Und da ihn dürstet, tränken sie einen Schwamm mit Essig, stecken ihn auf einen Ysop-Stängel und halten es ihm hin zum Munde. Und da ER nimmt von dem Essig, spricht ER: „Es ist vollbracht" und neigt sein Haupt zur Seite (Johannes 19,28-30). Auch die synoptischen Evangelien berichten, dass ihm Essig dargereicht wird (s. weiter oben), nicht aber davon, dass ER nimmt davon. Dargereicht wird ihm dieser letzte "Trunk" auf einem Stock, wie es übereinstimmend bei Matthäus und Markus heißt – von Johannes näher als *Ysop-Stängel* bezeichnet. Der Ysop galt als Heilpflanze, der Stock indes, auf dem ein mit Essig getränkter Schwamm gesteckt wurde, war den Römern unverzichtbarer Hygieneartikel: unverzichtbar beim Latrinengang. Heilpflanze oder schmerzlichste Kränkung? Sollte die Demütigung tatsächlich so weit gegangen sein? Ein höheres Maß der Verspottung jedenfalls ließe sich schwerlich denken – ein Abgrund menschlicher Entgleisung, eine Verirrung, die zu heilen wäre durch welche Pflanze: Ysop?

> *Sie gaben mir Galle*
> *und für den Durst reichten sie mir Essig.*
> (Psalm 69,22)

Meine Kehle ist trocken wie eine Scherbe,
die Zunge klebt mir am Gaumen,
du legst mich in den Staub des Todes.
Viele Hunde umlagern mich,
eine Rotte von Bösen umkreist mich.
Sie durchbohrten mir Hände und Füße.
Man kann all meine Knochen zählen;
und sie gaffen und weiden sich an mir.
(Psalm 22,17-18)

Und von der sechsten Stunde an ward eine Finsternis über das ganze Land bis zur neunten Stunde. Um die neunte Stunde aber schreit ER laut auf: „Eli, Eli, lema sabachtani" (übersetzt: „Mein Gott, mein Gott, warum hast du mich verlassen?").

> *Mein Gott, mein Gott,*
> *warum hast du mich verlassen?*
> *Ich schreie aber meine Hilfe ist ferne.*
> (Psalm 22,2)

Andere wieder hören ihn nach Elijah rufen. Und da sie ihm den Essig reichen, höhnen sie: „Wir wollen sehen, ob Elijah kommt und ihm hilft" (Matthäus 27,45-50). Ruft ER Elijah oder Gott an: **ELI**? **EL** – die beiden Buchstaben, die seit Adam stehen für Gott und sich auch wiederfinden im Namen der Gedenkstätte des HERRN: Beth-**El** (vgl. 1. Mose 35,15). Warum aber sollte ER sich verlassen fühlen von Gott: seinem Vater – in eben jenem Augenblick, da sein Werk vollbracht, sein Auftrag erfüllt und der Himmel ihm nah ist? Hat Gott ihn verlassen; verließ ihn nicht die Welt? Eine Welt, die ihm legt die Worte in den Mund – als späte Rechtfertigung ihrer eigenen Untat? Hört doch selbst, den wir richteten, leugnet es nicht einmal: Gott hat ihn verlassen!

Wer will bezeugen seine letzten Worte am Kreuz? Wer sind die Ohrenzeugen: werden die Spötter erhört haben seine letzten Worte oder die Seinen? Worte, gesprochen unter entsetzlichen Qualen, Worte, kaum deutlich artikuliert – in einer Sprache (aramäisch), die längst nicht allen vertraut war in Jerusalem. Wen oder was also ruft ER zuletzt, da sein Auftrag, sein Werk erfüllt ist? *„Es ist vollbracht"*, heißt es im Evangelium nach Johannes (19,30). Nach Lukas (23,46) lauten seine letzten Worte: *„Vater, in deine Hände befehle ich meinen Geist."*

Ist sein Werk vollbracht, muss ER da nicht zu sich rufen all jene, die ihm vorangingen, die ihm den Weg bereiteten, wie Elijah – wie Johannes, der Täufer? Und so er jene zu sich ruft, wird ER da nicht auch gedenken all jener, die noch kommen werden, die noch nicht kennen sein Wort und darum nicht erkennen ihr falsches Tun und ihr falsches Lassen? Die falsch handeln, weil sie es nicht besser wissen, falsch handeln, aber doch ohne Falschheit, ohne böse Absicht? Wen gedenkt ER, wenn ER bittet seinen Vater: *„Vater, vergib ihnen; denn sie wissen nicht, was sie tun"*? Soll jenen vergeben werden, die sehen und hören und sich dennoch nicht bekehren; die ihn verraten, verurteilen, ans Kreuz schlagen, verspotten, sich weiden an seinem Leid – wissen sie nicht, was sie tun?

Sind sie Kinder des Lichts, verdunkelt sich ihnen nicht augenblicklich der Himmel? Die Sonne will nicht scheinen, nicht vor solcher Gräueltat, sie verbirgt sich, um nicht beizutragen seinem Leid. Gelindert soll es sein: die große Hitze des Tages, die Sonnenglut bleibt ihm erspart. Denn exakt in der Mitte des Tages (*6.-9. Stunde*) verliert die Sonne ihren Schein, wie die synoptischen Evangelien übereinstimmend berichten. Nicht der Himmel ist es, der ihn hier richtet, sie sind es! Erschrecken sie ob ihres Tuns: ist ihnen die Sonnenfinsternis ein böses Omen – ein Zeichen, dass sie wahrlich auf sich zogen Gottes Zorn? Hat erfasst Finsternis die Welt: Finsternis, die zuvor versteckt war in ihren Herzen? Warum aber verliert das Johannes-Evangelium kein Wort über die Sonnenfinsternis? Wie sollte dieses Evangelium Kunde geben darüber? Ist ER nicht das Licht, das in die Welt gekommen, das erhellt alle Finsternis – selbst dort, wo die Sonne verliert ihren Schein?

Nicht nur verfinstert sich die Sonne, nach dem Evangelium des Matthäus (27,51-54) *reißt im Tempel der Vorhang ein von oben bis unten. Und die Erde erbebt und die Felsen bersten und die Gräber tun sich auf, und die Leiber der Heiligen, die da schliefen, werden erweckt* (jene, die ihm vorangingen, die ER zu sich ruft am Kreuz?). *Sie steigen aus ihren Gräbern und folgen ihm nach seiner Auferstehung, folgen ihm in die Heilige Stadt.* Matthäus nimmt hier seine Auferstehung vorweg und die der Heiligen: der "Geheilten", die erstarben aller Sünde, die ER zu sich zieht, wie geschrieben steht im Johannes-Evangelium (12,32): *„Wenn ich erhöht werde, so will ich alle zu mir ziehen."* Die Erhöhung, die ihm diese Welt zuteilwerden lässt, ist, ihn ans Kreuz zu schlagen auf der knöchernen Höhe ihres Zeitgeistes: auf Golgatha; Gott aber hebt ihn empor über diese Schädelstätte in den Himmel. *Und da der Hauptmann und all jene,* *die ebenso bewachen die Kreuzigung, sehen, was da geschieht und erleben das Erdbeben, erschrecken sie sehr und sagen: „Wahrlich, dieser hier, ist wirklich Gottes Sohn."* Nicht das jüdische Volk, ein Vertreter der römischen Besatzungsmacht, ein Heide ist der Erste, der ihn bekennt!

Jetzt aber beim Untergang der Erstgeborenen,
müssen sie (die Ägypter) *bekennen:*
Dieses Volk ist Gottes Sohn.
(Buch der Weisheit 18,13)

Einst bekannten die Ägypter, jetzt sind es die Römer, die bekennen: *Wahrlich, hier ist Gottes Sohn.* Einst war das Volk der Israeliten (= Streiter Gottes) gemeint, jetzt ist ER gemeint. Ist ER der Letzte im Bunde? Oder steht ER am Anfang? Ist ER derjenige, der sie führt zurück zum Vater, führt zu neuem Leben, neuem Bund? Sind nicht auch sie Israeliten, so sie streiten für den HERRN? Oder sind sie beherrscht von fremder Macht, fremder Kraft und Begierde, beherrscht von Lug und Trug, von Mordlust gar? Folgen sie dem Gerechten oder nageln sie ans Kreuz alle Gerechtigkeit?

> *Der Übeltäter ist dem Gerechten ein Gräuel,*
> *wer aber wandelt in Gerechtigkeit,*
> *ist ein Gräuel dem Übeltäter.*
> (Spruch Salomos 29,27)

Weil aber Rüsttag ist: der Tag vor dem Sabbat – dem Sabbat vor dem höchsten Fest, vor Pessach, gehen die Juden zu Pilatus, ihn zu bitten, den Gekreuzigten, sofern sie noch nicht tot sein sollten, die Beine zu brechen, um sie abzunehmen vom Holz, wie es geschrieben steht im 5. Buch Mose (21,22-23): *So jemand eine Sünde getan hat, die würdig ist des Todes und man hängt diesen an ein Holz, so soll sein Leichnam nicht über Nacht an dem Holz bleiben, sondern du sollst ihn am selben Tage begraben; denn ein Aufgehängter ist verflucht bei Gott. Auf dass du dein Land nicht unrein machst, das dir der HERR, dein Gott, zum Erbe gibt.* So sie aber den ans Kreuz hängten, der ohne Schuld ist, sind sie da nicht längst verflucht? Wie wollten sie erfüllen das Gebot des Mose, wenn Dunkelheit hereinbrach über sie? Oder war es allein die Sonnenfinsternis, die wandelte den Tag zur Nacht?

Und hat sich, heutigen astrologischen Erkenntnissen nach, keine Sonnenfinsternis ereignet im Heiligen Land um das Jahr 30? Ein Himmelsphänomen, das noch heute, im Jahr 2015 (20. März), in seinen Bann zu ziehen versteht und darum Anlass bot der UNESCO, 2015 zum internationalen Jahr des Lichts auszurufen? Die schöpferische Kraft des Lichts, wird sie bewusst erst dem Menschen, wenn sich verdunkelt die Sonne? Ein Himmelszeichen, das 2015 ebenso prägnant gesetzt ist an den Frühlingsanfang wie zur Zeit der Kreuzigung? Gestern im Morgenland, heute im Abendland. Wie mag die plötzliche totale Verfinsterung der Sonne am wolkenlosen? Himmel damals gewirkt haben auf die Massen? Erklärbar war ein solches Phänomen vermutlich nur wenigen Gelehrten. Der großen Masse aber wird die plötzliche Verfinsterung der Sonne überaus bedrohlich, ja, beängstigend erschienen sein – nachgerade dem "einfachen" Volk.

Ein Zeichen Gottes, ein böses Omen? Eine Panik im Volk, daran konnte den Machthabern kaum gelegen sein. Vermutlich werden sie alles daran gesetzt haben, zu beschwichtigen, so gut es eben ging. Bloß kein weiteres Unheil heraufbeschwören, keinen weiteren Zorn entfachen: nicht den der himmlischen Macht und nicht den des Volkes! Immerhin nahmen die Pilgerströme in die heilige Stadt, so kurz vor Pessach, nicht ab, sondern weiter zu; und die Reinhaltung des Festes war oberstes Gebot und oblag die nicht zuvorderst dem Hohen Rat? Auf Golgatha aber hing – für alle sichtbar – am Kreuz: *der König der Juden*. Das Judentum verunglimpft durch den Titulus, beschmutzt das Pessach-Fest. Und sollte das Tetragramm Gottes tatsächlich zu lesen gewesen sein auf dem Kopfbrett, der Name Gottes selbst ans Kreuz geschlagen! Was, wenn allgemein bekannt würde, dass solches auf Betreiben des Hohen Rates hin geschah? War die Hohe Geistlichkeit nunmehr bemüht, zu retten, was noch zu retten war, zu vertuschen, zu verschleiern, zu beseitigen den Stein des Anstoßes: ihn so schnell wie möglich abzunehmen vom Kreuz mitsamt Titulus, auf dass nicht ein Aufruhr entbrenne im Volk?

Wie lange ließen sie sich Zeit? Von der dritten Stunde an, da die Kreuzigung begann, bis zur neunten Stunde, da ER sein Haupt neigt, sind es sechs Stunden. Sechs Stunden, die ER hing am Kreuz, oder verstrich mehr Zeit, bis die Soldaten kamen, wie das Johannes-Evangelium (19,31-36) berichtet und *dem ersten die Beine brechen und ebenso dem anderen, der mit ihm gekreuzigt ward. Als sie aber zu ihm kommen, sehen sie, dass ER schon gestorben ist, und so brechen sie ihm nicht die Beine, sondern einer der Soldaten stößt mit der Lanze in seine Seite, und es fließen sogleich heraus Blut und Wasser. Und der das gesehen hat, hat es bezeugt und sein Zeugnis ist wahr, und er weiß, dass er die Wahrheit sagt, damit auch ihr glaubet. Denn solches ist geschehen, auf dass erfüllt werde die Schrift* (und die Ordnung eingehalten werde für das Pessach-Lamm):

*In **einem** Hause soll man es verzehren,*
ihr sollt nichts von seinem Fleisch hinaus
vor das Haus tragen und
***sollt keinen Knochen an ihm zerbrechen**.*
(2. Mose 12,46)

Ist ER ihr Pessach-Lamm: das "Opfertier", das schon Abraham davor bewahrte, darzubringen seinen Erstgeborenen als Opfer für den HERRN, und das nun bewahrt die *Kinder Abrahams* (vgl. Johannes 8,37-47)? Ist ER "Opfertier" oder "Sündenbock"? Geopfert werden durften nur einjährige, männliche Tiere ohne Fehl; denen, wie dem obigen Gebot zu entnehmen, kein Knochen gebrochen werden durfte, und die zu schächten waren. Alles Blut musste erst herausflie-ßen, andernfalls galt und gilt Fleisch im Judentum als unrein und nicht für den Verzehr geeignet. Ist nicht erst dann der Tod gekommen, wenn kein Blut mehr fließt? Steckt nicht im Blut alles Leben – der genetische Code: die Bausteine des Lebens? Das fließende Blut als Zeichen des Lebens? Als der Soldat die Lanze (die heilige Lanze?) stieß in seine Seite, **floss sogleich Blut und Wasser heraus.** Sollte denn in ihm kein Leben sein; ist ER ihnen nicht lebendig? Gedenken sie seiner in *einem Haus* oder sind sie uneins? Für was steht ihnen sein Opfer? Sollen auf ihn geladen werden alle Sünden dieser Welt: ist ER ihr Sündenbock? Im alten Judentum wählte man für den Versöhnungstag einen Bock aus, dem alle Sünden aufgeladen wurden und der anschließend in die Wüste, sprich: zum Teufel gejagt wurde (vgl. 3. Mose 16,21-22). Sich einen, in aller Regel zweibeinigen "Sündenbock" zu suchen, ist bis heute beliebtes, gleichwohl schauriges "Gesellschaftsspiel" geblieben und keinesfalls beschränkt auf das Judentum, das – grausige Ironie des Schicksals – im Laufe der Geschichte häufig genug selbst zum Sündenbock wurde.

Sich selbst loszusprechen von aller Sünde, indem man einen anderen verantwortlich macht für alles Übel, mag bequem erscheinen, räumt nur eben nicht das Übel selbst aus der Welt. Wie sollten die eigenen Fehler, die eigene Schuld, die eigenen Laster ausgemerzt werden, so man sich ihrer entzieht: sie anderen zuschreibt? Das Lamm, das da geopfert wird zu Pessach, ist ohne Makel, ohne Fehl – sind sie aber solche, die rein halten, rein halten in *einem* Haus? Schwören sie ab aller Sünde oder sprechen sie zu all ihre Sünden ihrem Opfer? Soll ER ihr Pessach-Lamm sein: Ihr Opfertier, von dessen Fleisch sie zehren neue Lebenskraft: Kraft, die sie nutzen hin zum heilen Werk? Oder ist ER ihr Sündenbock, auf den sie laden all ihre Schuld, auf dass sie selbst entlastet seien? Wäre es nicht Narretei zu glauben und zu predigen, ER habe sich geopfert auch für jene, die sich nicht abwenden von ihrer Schuld, denen nicht erstirbt jener böse Wille, der IHN erst brachte ans Kreuz? Macht sein Blut etwa gut solchen Ungeist?

Aber über das Haus David und über die Bewohner Jerusalems
will ich ausgießen den Geist der Gnade und des Gebets.
Und sie werden auf den sehen, den sie durchbohrt haben,
und sie werden um ihn klagen, wie man klagt um das einzige Kind,
und werden sich um ihn betrüben, wie man sich betrübt um den Erstgeborenen.
(Sacharja 12,10)

Grablegung und Auferstehung
(Matthäus 27,57-28,15, Markus 15,42-47, Lukas 23,50-56, Johannes 19,38-42)

Die Evangelien berichten übereinstimmend, dass ein Mann aus Arimathäa, Josef mit Namen, Pilatus bittet, den Leichnam vom Kreuz nehmen zu dürfen. Arimathäa – eine Stadt in Judäa, in der viele warten auf das Reich Gottes, das

ER verkündete. Und auch Josef hängt ihm an, doch wagt er es nicht, sich offen zu bekennen vor dem Hohen Rat, dem er selbst angehört, wohl aber stimmte Josef gegen den Tötungsbeschluss. Und als er Pilatus (der für die Freigabe des Leichnams allein zuständigen Instanz) bittet, ihn vom Kreuz nehmen zu dürfen, ist der überrascht zu hören, dass der Gekreuzigte *schon tot sein solle, und Pilatus lässt den Hauptmann rufen und fragt ihn, ob ER denn schon gestorben sei. Und als der Hauptmann ihm das bestätigt, überlässt er Josef den Leichnam* (Markus 15,44-45). Ein Widerspruch zum Johannes-Evangelium, das berichtet, den Gekreuzigten seien die Beine gebrochen worden, oder eher Bestätigung? Bestätigung, dass die Zeitspanne, die gemeinhin verstrich bis hin zum Kreuzestod, noch nicht vergangen war? Den Beiden, die mit ihm gekreuzigt worden waren, brach man die Beine, brach sie, weil sie noch lebten? Waren sie nicht oder weniger hart gefoltert worden, bevor man sie hängte ans Holz, oder hatten sie gekostet von dem Trank, den ER verweigert hatte, hielt der sie länger am Leben? Gaben sie noch Lebenszeichen von sich, dass man ihnen brach die Beine; schien allein ER wie tot? Und doch floss Blut, als die Lanze ihm die Seite öffnete, floss Leben ... Bezeugt und beglaubigt vom Gewährsmann des gleichnamigen Evangeliums, bezeugt von Johannes selbst? Ist jener Jünger auch zugegen, da sie ihn abnehmen vom Kreuz und ins Grab legen? Wer seiner Jünger wohnt der Grablegung bei?

Und Josef aus Arimathäa nimmt ihn vom Kreuz und legt ihn in ein **neues** *Grab, das er für sich selbst hatte in einen Felsen schlagen lassen, und wälzt vor den Eingang einen großen Stein. Maria Magdalena und die andere Maria* (die Mutter des Jakobus und des Joses/Josefs, die beide auch zugegen sind bei der Kreuzigung) *aber setzen sich dem Grab gegenüber* (Matthäus 27,59-61). Zwei aus seiner Gefolgschaft wohnen der Grablegung bei, zwei aus seiner weiblichen Gefolgschaft. War es für seine Jünger zu riskant, sich blicken zu lassen am Grab, sich zu offenbaren als einer der Seinen: als Anhänger eines wegen Hochverrates Hingerichteten? Wer aber half bei der Grablegung, wer stand zur Seite dem Josef aus Arimathäa? Das Johannes-Evangelium (19,39-42) nennt einen weiteren Ratsherrn: Nikodemus – jener Ratsherr, der traf "das Fleisch gewordene Wort" im Anfang – und also auch am Ende (vgl. Johannes 3,1-13)? Nach dem Evangelium des Johannes legen sie den Leichnam nicht in ein Felsengrab, sondern in einen Garten; denn wie sollte Fels, wie sollte Stein sein jener Ort, wo gebettet liegt der Gesalbte des HERRN?

Und es ist ein *neues* Grab (vgl. auch Matthäus 27,60), in welches noch nie jemand gelegt war. Ein Grab (Synonym für Tod) – das da ist, aber zuvor nicht war und auch nicht bleiben wird? Und sie wählen aus das Grab, weil es nahe bei der Hinrichtungsstätte ist und sie eilen müssen, um des Rüsttages willen. Denn der Ruhetag des HERRN soll nicht gestört, nicht beschmutzt werden. Nicht durch einen Hingerichteten, nicht durch IHN? Wer aber wälzt einen Felsbrocken vor den Zugang, groß genug, das Grab zu verschließen – Josef allein? Soll vertilgt und begraben sein alle Erinnerung, vertilgt und verschlossen auch die Anklage-Schrift, der Titulus: *König der Juden*? Verborgen, begraben der

Stein (des Anstoßes), der da ist Eckstein am Hause des HERRN (vgl. Matthäus 21,42-44, Psalm 118,22-23)?

Des anderen Tages, der folgt dem Rüsttag, kommen die Hohen Priester und Pharisäer sämtlich zu Pilatus, ihm zu sagen: „Herr, wir haben uns beraten und noch einmal bedacht, dass dieser betrügerische Verführer zu Lebzeiten behauptete: Ich werde auferstehen nach drei Tagen. Gib also Befehl, das Grab sicher zu bewachen, sonst könnten seine Jünger kommen, seinen Leichnam rauben und dem Volk verkünden: ER ist auferstanden von den Toten. Und dieser letzte Betrug wäre noch ärger als der frühere." Und Pilatus teilt ihnen eine Wache zu, das Grab zu sichern und zu bewahren. Und sie gehen also hin, den Eingang zu versiegeln und lassen die Wache dort (Matthäus 27,62-66). Hat ER ihnen nicht verkündet, als sie verlangten nach einem Zeichen, es werde ihnen kein anderes Zeichen gegeben denn das des Jona, der verschlungen war im Bauch des Walfisches drei Tage und doch wieder zurück ans Land gespien, gespien aus den Untiefen der Urflut: aus der Unterwelt zurück ins Leben?

Die Vorstellung von Auferstehung und Wiedergeburt – tief verwurzelt im jüdischen Volk – war (und ist?) verknüpft mit der Erwartung, dass sich letztendlich erfülle, was verheißen ist in der Schrift. Geführt worden aus Ägypten, in babylonische Gefangenschaft geraten, zurückkehrt ins Gelobte Land und abermals unter Fremdherrschaft stehend: zur Stunde ist es die Knute Roms, die niederdrückt. Was bleibt, ist die Hoffnung, die sich verbindet mit der Heilserwartung um die Wiederkehr des großen Propheten Elijah. Die Vorstellung von Wiedergeburt und Auferstehung, verbunden mit dem Glauben an eine ausgleichende Gerechtigkeit in einer jenseitigen Welt, findet sich auch in anderen Kulturen, so im Buddhismus und im Hinduismus; sie scheint nachgerade universell. Ausgleichende Gerechtigkeit für das zum Himmel schreiende Unrecht auf Erden: Lohn bzw. Strafe für das Tun oder Lassen der Menschen – nicht im Hier und Jetzt, sondern in einem späteren Dasein, auf einer – dem Vorleben geschuldeten – höheren oder niederen Stufe. Schon die alten Ägypter glaubten an ein Leben nach dem Tod, an Wiedergeburt, an ein Obsiegen des Lichtes über die Mächte der Finsternis, an eine die Jetztzeit überwindende ausgleichende Gerechtigkeit und an die Macht und Kraft der Liebe (von Isis und Osiris) – einer Liebe und Sehnsucht, die überdauert, die fortklingt ... in Mozarts Zauberflöte, fortklingt in den Herzen? Oder ist die Sehnsucht geschwunden, die Sehnsucht nach Liebe, nach Gerechtigkeit? Sollen all die Verbrechen, die begangen, aber nie bestraft wurden hier auf Erden, ungesühnt bleiben auf ewig? Wird die Untat nicht zum doppelten Verbrechen, wenn sie ungestraft und ungesühnt bleibt, macht sie nicht erst das zum Übel schlechthin: zur Hölle auf Erden? Entfachte der Mensch selbst der Hölle Feuer durch all seine Untaten, und muss er darum durchschreiten diese Feuer, auf dass er geläutert werde und gelange in den Himmel, ins Reich Gottes? Ist das die "Göttliche Komödie", die Dante beschreibt, dass der sündige Mensch brennt in der von ihm selbst geschaffenen Hölle, den Himmel aber ersteigt am Ende der Geläuterte – als lachender Erbe des himmlischen Reiches?

Es war geeint mit ihrem Schöpfer,
jene Natur, wie sie geschaffen wurde, rein und gut.
Sie selber hat sich aus dem Paradiese vertrieben,
weil sie sich vom Weg der Wahrheit
und ihrem eigenen Leben hat abgewendet.
(Dante: Göttliche Komödie, Fegefeuer: 7. Gesang 35-39)

Und waltet die göttliche Gerechtigkeit allein in einem fernen, in einem imaginären Jenseits, ist sie nicht allgegenwärtig, zeugt nicht die Geschichte selbst vom Walten göttlicher Gerechtigkeit? Was blieb übrig von all den Mächtigen und Reichen, die sich für wichtig hielten, für unersetzbar in ihrer Zeit? Wer kennt die Stunde, da er abberufen wird und Rechenschaft ablegen muss für sein Tun und sein Lassen? Wovon denn kündet ER gleich zu Beginn seines Wirkens? *Nach dem Maß, mit dem ihr messt und zuteilt, wird auch euch zugeteilt* (Matthäus 7,2: Bergpredigt). Von der (All)-Gegenwart des göttlichen Gerichtes predigt ER am Anfang, wie ER predigt am Ende seines Schaffens vom endzeitlichen Gericht am Jüngsten Tag (vgl. Matthäus, 25,31-46: *Vom Weltgericht*). Glauben sie ihm aber? Der Hohe Rat zumindest ist überzeugt, das Volk werde ihm glauben, so seine Worte Bestätigung fänden. Dass ER tatsächlich auferstehen werde von den Toten, glauben sie wohl eher nicht, aber sie argwöhnen, seine Anhänger, seine Jünger könnten den Leichnam rauben, um dem Volk seine Auferstehung zu verkünden. Dann aber wäre das Gegenteil dessen geschehen, was sie beabsichtigten: Sie hätten ihn nicht vernichtet, noch weniger seine Lehre, sondern im Gegenteil dieser erst zum Durchbruch verholfen. Sie, die seinen Jüngern unterstellen, was sie auch ihm unterstellten: zu betrügen und zu verführen das Volk, sind nicht sie selbst die Betrüger und Verführer?

Und siehe, es geschah ein großes Erdbeben (Matthäus 28,2) – gewaltig genug, den Stein vom Grabeingang zu wälzen? Eine Botschaft, ein Zeichen Gottes? Das Zeichen des Jona! Wie einst Jona, so wird nun ER gespien aus der finsteren Höhle, die ihn verschlungen hielt drei Tage lang. Werden sie ihm jetzt glauben, glaubten sie dem Jona in Ninive? Die sein Grab bewachen, erschrecken jedenfalls zu Tode (Matthäus 28,4), und da sie sich vom ersten Schreck erholt haben, gehen sie hin in die Stadt, den Hohepriestern zu berichten, was geschehen war vor ihren Augen. *Und die Hohepriester kommen zusammen mit den Ältesten und fassen gemeinsam den Beschluss, die Wache mit Geld zu bestechen. Viel Geld geben sie ihnen und weisen sie an, dem Volk zu erzählen, seine Jünger seien des Nachts gekommen und hätten ihn gestohlen, während sie selbst schliefen. Und so der römische Statthalter ihnen auf die Schliche kommen sollte, hätten sie nichts zu befürchten, den zu beschwichtigen, dafür werde man schon sorgen. Und die Wache nimmt also an das Geld und zieht hinaus zu tun, was ihnen da aufgetragen ward. Und so hat sich denn dieses Gerücht im jüdischen Volk verbreitet und gehalten bis zum heutigen Tage* (Matthäus 28,11-15). Gilt ER darum nichts dem Judentum bis auf den heutigen Tag? ER, die Lichtgestalt des christlichen Abendlandes, verehrt im Morgenland nicht von Juden, sondern von Muslimen! Verehrt und geschmiedet fest in eherne Verse:

Dann ließen wir unsre Gesandten folgen auf ihre Spuren;
wir ließen Jesus folgen, den Sohn Marias,
und gaben ihm das Evangelium;
und in die Herzen derer, die ihm folgten,
legten wir Güte und Barmherzigkeit.
(57. Sura *vom Eisen*, 27)

Gilt der Prophet nichts im eigenen Land? Wem ist ER auferstanden, wem ist ER geraubt – geraubt durch Lug und Trug? Schändlichen Betrug der Hohen Geistlichkeit, wie Matthäus berichtet. Warum aber schweigen sich die übrigen Evangelisten darüber aus? Ist ihnen das Gerücht, die Jünger selbst hätten geraubt den Leichnam ihres Meisters, zu infam? Warum sollten sie zeugen von einer solchen Lüge, wo sie doch Zeugen sind der Wahrheit? Das Fleisch gewordene Wort, geraubt von jenen, die in der Nachfolge stehen des lebendigen Wortes oder in der Nachfolge des Leichnams, der blutleeren Worthülse? Wovon zeugt die Gegenwart? Davon, dass seine Nachfolger raubten den Leichnam oder raubten das Fleisch gewordene Wort? Wie lebendig ist ER heute den Seinen?

Auferstanden am dritten Tag, am Tag nach Sabbat: dem Ruhetag des HERRN. Der Sabbat ist der siebte Tag der (Schöpfungs-)Woche – auferstanden mithin am achten Tag? Ein neuer Tag: ein neuer Tag der Schöpfung? Am 8. Tag nach der Geburt neuen (männlichen) Lebens findet der jüdische Ritus der Beschneidung statt. Steht die Auferstehung am 8. Tag nunmehr für die innere Beschneidung; denn sollen sie nicht beschnitten sein am Herzen?
Ihr sollt die Vorhaut eures Herzens beschneiden
und nicht länger halsstarrig sein.
(5. Mose 10,16)

Und sind sie nun solche, die beschneiden die Vorhaut ihres Herzens (auf dass sie nichts Unreines mehren) oder bleiben sie halsstarrig, folgen sie ihrem Willen, statt zu folgen dem Willen des HERRN? So sie aber halsstarrig bleiben und sich nicht abkehren wollen von all dem Übel, wie wollten sie da erwachsen zu neuem Leben, wie soll ER sie da führen heim ins (Himmel)Reich?

Diese Krankheit führt nicht zum Tode,
sondern zur Verherrlichung Gottes ...
(Johannes 11,4)

Ein Neuer Morgen

(Matthäus 28,1-9, Markus 16,1-11, Lukas 24,1-12, Johannes 20,1-18)

*Als aber der Sabbat vorbei ist und der neue Tag anbricht, gehen Maria Magda-
lena und die andere Maria* (die Mutter des Jakobus und des Joses/Josefs) *hin,
nach dem Grab zu sehen. Und siehe, es geschieht ein großes Erdbeben: ein
Engel, ein Bote des Himmels, steigt herab, den Stein vom Grab zu wälzen.
Und seine Erscheinung ist wie ein Blitz und sein Kleid wie weißer Schnee. Und
der Engel spricht zu ihnen: „Fürchtet euch nicht! Ich weiß, ihr sucht den Gekreuzigten, aber ER ist nicht hier; ER ist auferstanden, wie ER gesagt hat.
Kommt und seht die Stätte, wo ER gelegen hat und dann geht eilends hin, seinen Jüngern zu berichten, dass ER auferstanden ist von den Toten. Wisset, ER
wird vor euch hergehen nach Galiläa; da werdet ihr ihn wiedersehen." Und sie
eilen vom Grabe mit Furcht und mit großer Freude, es also zu verkünden seinen Jüngern* (Matthäus 28,1-8).

Auch im Markus- sowie im Lukas-Evangelium werden Maria Magdalena und
die andere Maria genannt als diejenigen, die zum Grab gehen am Morgen nach
dem Sabbat, *ihn zu salben* (beide Evangelien führen noch weitere Namen an:
Lukas nennt *Johanna,* Markus *Salome). Und da sie sich noch fragen, wer ihnen den schweren Stein wälzen soll von des Grabes Eingang, werden sie gewahr, dass der Stein bereits fortgewälzt ist. Und als sie hineingehen in das
Grab, sehen sie einen Jüngling im weißen Kleid* (Markus 16,3-8). Nach Markus
erschrecken und entsetzen sie sich über die himmlische Botschaft derart (nach
Lukas sind es gleich zwei Boten, die ihnen erscheinen), dass sie nicht wagen,
irgend jemandem zu erzählen, wie ihnen geschah und was ihnen auftrug zu sagen der Bote Gottes. Ausgerechnet *Maria Magdalena* ist es – die Sünderin, die
ER befreite von (den "Todsünden") den *sieben bösen Geistern* (befreite sieben
Mal vom Tod?), die hingeht *zu verkünden all denen, die Leid tragen und weinen, die frohe Botschaft, dass ER auferstanden ist von den Toten* (Markus
16,9-10).

Die Ersten, die am Grab stehen und denen erscheint ein himmlischer Bote, zu
verkünden: ER ist auferstanden, sind nicht die Jünger, die Ersten sind die Jüngerinnen. Ihnen verkündet der Engel am Ende, was er verkündete den Hirten
auf dem Felde im Anbeginn: „Fürchtet euch nicht!" Steht sein weibliches Gefolge für den Neuanfang: steht "Sie", nicht "Er" für den Neuen Morgen? Denn ist
nicht angebrochen ein neuer Morgen, ein neuer Tag? Nach jüdischer Zeitrechnung ist der Sabbat, der siebte, der letzte Tag der Woche: am Tag danach aber
erscheint ihnen der Engel – erscheint ihnen mithin am ersten Tag der neuen
(Schöpfungs-)Woche? Nach christlicher Zeitrechnung indes ist dieser (erste)
Tag der letzte Tag der Woche: der (Oster-)Sonntag. Zum gesetzlichen Ruhetag
erklärt wurde der Sonntag unter Konstantin d. G. (306-337), unter dessen
Regierung das Christentum aufsteigen sollte von einer verfolgten Religion zu
einer staatlich anerkannten und geschützten. Steht der Sonntag, der letzte Tag
der Woche, aber tatsächlich für ein "Ende" oder für Anfang und Neubeginn, für

die Zeitenwende: den Anfang, geboren aus dem Ende? Der Ostersonntag, das Frühlingserwachen, der Neue Morgen (der Beginn des "Neuen Jahres", den der französische König Karl IX. 1564 von März auf Januar verlegte): Tag des Neubeginns, Tag auch der Versöhnung? Der Versöhnung der weiblichen mit der männlichen Seite? Schuf Gott den Menschen nicht als Mann und als Weib, auf dass sie EINS seien? Ein Fleisch und ein Bein – und also auch ein Herz und eine Seele? Auf dass sie Frucht bringen, statt Verlangen zu hegen nach der verbotenen Frucht und sie Geführte seien und nicht Verführte? Und steht am Anfang aller Verführung nicht das Weib, die Eva, die reichte dem Adam die verbotene Frucht? Wird nunmehr überwunden die Sünde und das Weib zur Heilsträgerin, zur Heilsverkünderin? Warum sonst sollte ausgerechnet Maria Magdalena, die ER befreite von Tod bringender Sünde, zur ersten Verkünderin werden der Frohen Botschaft: ER ist auferstanden?

Wer ist sie, die aus der Steppe heraufsteigt,
auf ihren Geliebten gestützt?
(Hohelied 8,5)

Mose führte sein Volk durch die Wüste – *sie* aber entsteigt der *Steppe*, gestützt allein auf ihn: *ihren Geliebten.* Wer nimmt hin und gibt hin, wer bewahrt und überwindet, wer entsteigt der *Steppe* und gebiert wieder Frucht: neues Leben, wenn nicht die Liebe? Hingabe, nicht Opfer! Was wäre das für eine Liebe, deren Verlangen, deren Passion, Opfer hieße? Wer wollte Opfer, der geliebt sein will – Gott? Nahm der HERR an Abrahams Opfer; opfert der HERR seinen Sohn? Ist ER nicht zurückgekehrt zum Vater, als Erster zurückgekehrt? Hat ER sich nicht hingegeben in all seiner Liebe, auf dass zu ihm finden die Seinen, zu ihm finde die Geliebte: die Braut? Die *Hochzeit* (von *Kana*, vgl. Johannes 2,1-12), die – dem Evangelium des Johannes nach – am Anfang steht des Heilsgeschehens, soll sie ebenso stehen am Ende, wenn beginnt ein neuer Tag, ein neuer Morgen? Nach Johannes ist die Hochzeit verbunden mit dem "Weinwunder", verbunden mit Wandlung: das erste Zeichen, das ER gibt den Seinen. Als Zeichen, dass kommen wird ein neuer Tag: der achte Tag der Schöpfung, an dem Hochzeit feiern die Seinen, die beschnitten sind an ihrem Herzen? Der achte Tag, gilt er dem Judentum nicht als Tag der Beschneidung von Anbeginn? Und steht die dreifache Acht nicht symbolisch für seinen Namen, weil ER ist der Geliebte, der Bräutigam? Was denn sagte ER ihnen *vom königlichen Hochzeitsmahl* (vgl. Matthäus 22,1-14)? Hören sie seinen Ruf, folgen sie seiner Einladung? Wer wollte teilhaben am hoheitlichen Mahl, der sich nicht beschneidet, bescheidet in seinem Herzen und sich abwendet von aller Sünde, wie sich abwandte Maria Magdalena? Wie wollen sie hören und erkennen die Frohe Botschaft: ER lebt, wenn sie weiter taub und blind sich stellen?

Und da Maria Magdalena die Frohe Botschaft verkündet jenen, die Leid tragen, verkündet, dass ER *lebt und ihr erschienen ist, glauben sie ihr nicht* (Markus 16,11). Ist ihr Zeugnis so wenig glaubhaft, weil sie vielen noch immer gilt als Sünderin, oder ist ihr Zeugnis unglaubwürdig, weil es ist das Zeugnis eines (sündhaften) Weibes: Weibergewäsch? Oder ist schlicht zu unwahrscheinlich, was Maria Magdalena ihnen da auftischt: auferstanden von den Toten? Wer sollte dergleichen glauben? Was damals schier unvorstellbar schien, erscheint heute kaum glaubwürdiger. Und doch glaubten und glauben sie an Auferstehung: an ein Leben nach dem Tod? Wenn aber eintritt, was sie beschworen hin auf eine ferne Zeit (wie sie beschworen ihre Sünden auf den Bock), wenn wahr wird im Hier und Jetzt der Zeit, will niemand wahrhaben, stehen alle verstört und ungläubig da? Haben sie schon vergessen all seine Worte *vom Anfang und vom Ende* (vgl. Matthäus 24; vgl. *Von der Auferstehung der Toten,* Matthäus 22,23-33); sind sie nicht *Kinder Abrahams* (vgl. Johannes 8,21-59)? Wie soll ER sie zurückführen in Abrahams Schoß, so ER ihnen nicht lebendig ist, so ER ihnen nicht auferstand? Erinnern sich die Seinen, die saßen mit ihm zu Tisch beim Letzten Mahl nicht seiner Worte vom neuen **Morgen,** seiner Worte *vom königlichen Hochzeitsmahl*?

Petrus aber, der Erste, den ER berief, *steht auf und läuft zum Grabe, bückt sich hinein und als er nur sieht die leinenen Tücher, geht er davon und wundert sich über das, was da geschehen ist* (Lukas 24,12*); denn die Jünger verstehen die Schrift noch nicht ...* (Johannes 20,9). Geht zuerst Petrus hin zum Grab, wie Lukas berichtet, oder ist Maria Magdalena die Erste, die berichtet: „*Sie haben den Herrn genommen aus dem Grabe, und wir wissen nicht, wo sie ihn hingelegt haben"*, wie es im Johannes-Evangelium heißt? Und Petrus und der Jünger, den ER liebt, und noch zwei andere Jünger eilen hin zum Grabe. Da sie aber das Grab leer finden und sehen *die leinenen Binden zusammengelegt und das Schweißtuch, das ihm aufs Haupt gelegt war, nicht zu den Binden gelegt, sondern zusammengewickelt, an einen besonderen Ort* (Johannes 20,1-9), da glauben sie: glauben, weil sie sehen? Nach dem Evangelium des Markus (15,46) ist es Josef, der Ratsherr, der ihn legte ins Grab, der auch kaufte die Leinwand: den Stoff, der sie glauben lässt? Ist gebunden ihr Glaube an ein Stück Tuch? Streiten sie nicht bis heute darüber, ob echt ist das "Turiner Grabtuch" oder echt der im Trierer Dom aufbewahrte "Heilige Rock"? Die einen glauben, weil sie sehen; die anderen glauben nicht, was sie sehen! Ist nicht trügerisch alle Wahrnehmung; was kann erkennen ihr Auge? Schauen sie in die Ferne, in die Tiefe, in die Herzen; erkennen, begreifen sie, was doch mit Händen zu greifen ist: dass ER löste alle Binden, auf dass nicht blind sie folgen dem Stoff und sich einwickeln lassen von dem, was vergänglich ist auf Erden? Wie sollte gebunden sein das Fleisch gewordene Wort, ist es nicht losgelöst von Raum und Zeit: allgegenwärtig und allüberall?

Die Jünger gehen wieder heim, *Maria aber steht vor dem Grab und weint. Und als sie schaut ins Grab, sieht sie zwei Engel sitzen in weißen Kleidern, eben dort, wo sie hingelegt hatten seinen Leichnam: der eine zu seinen Häupten, der andere Engel zu seinen Füßen. Die fragen Maria, warum sie weine, und Maria antwortet ihnen: „Sie haben meinen Herrn weggebracht und ich weiß nicht, wo sie ihn hingelegt haben." Und als sie das sagt, blickt sie um sich, und sieht ihn dastehen, erkennt aber nicht, dass ER es ist, sondern meint, es sei der Gärt-*

ner, den sie fragt: „Hast du ihn weggetragen, so sag mir, wohin du ihn gebracht hast, damit ich ihn hole." – „Maria", spricht ER sie da an, und als sie ihren Namen hört aus seinem Mund, erkennt sie, wer vor ihr steht, und spricht: „Rabbuni!", was soviel heißt wie Meister. ER aber sagt ihr: „Fass mich nicht an; denn ich bin noch nicht beim Vater. Gehe aber hin zu meinen Brüdern und sage ihnen: Ich ziehe hinauf zu meinem Vater und zu eurem Vater, zu meinem Gott und zu eurem Gott." Und ebenso verkündet es Maria Magdalena den Jüngern: „Ich habe den Herrn gesehen, und solches hat ER zu mir gesagt" (Johannes 20,11-18). Verkündigung der Frohen Botschaft durch das weibliche Geschlecht – im Anbeginn und also auch am Ende?

Maria Magdalena weint um ihn, weint, weil sie wähnt, ER sei ihr genommen, weint vor der Grabeshöhle, wie Martha und Maria weinten um ihren verstorbenen Bruder Lazarus (vgl. *Die Auferweckung des Lazarus*, Johannes 11,1-45). So wenig aber wie genommen war den beiden trauernden Schwestern ihr Bruder, so wenig ist ER genommen der trauernden Maria; denn wie Lazarus entstieg dem Grab und war wieder lebendig, so ist auch ER wieder auferstanden. Wie lebendig aber ist ER der Maria? Zunächst erkennt sie ihn nicht, hält ihn für den Gärtner? Und ist ER das nicht auch? Führt ER sie nicht zum Garten Eden, hin in sein Land: so herrlich, dass ihr die Augen übergingen, so sie denn sähe? Gärtner – oder Meister, Lehrherr: *Rabbuni*, wie Maria Magdalena ihn nennt? Spricht ER nicht aber selbst von sich als *Bruder*? Der Bruder, der zurückkehrt wie Lazarus: gegeben aufs Neue den Seinen? Die Auferweckung des Lazarus ist – nach Johannes – das siebte Zeichen, das ER gibt, das erste ist das"Weinwunder" auf der *Hochzeit von Kana*. Was sagen die Zeichen aus über ihn: Ist ER (Wein)Gärtner, (Lehr-)Herr, Bruder oder geliebter Bräutigam? Um die Liebe ringen zwei im Hause des Lazarus: Martha und Maria. Die eine dient, die andere lauscht andächtig dem Wort. Sollten nicht aber eins sein Wort und Werk? Und verbindet sich am leeren Grab nicht beides in Gestalt der Maria Magdalena? Ein Wort – ein Werk – ein Weib! Auf dass nicht länger Zwietracht herrsche, auf dass sie nicht länger streiten um den Einen, wie Sarah und Hagar stritten um den Erstgeborenen und rangen um die Liebe Abrahams, wie auch Lea und Rahel rangen um die Liebe Jakobs/Israels? Soll Widerstreit sein um der Liebe willen: Zwietracht herrschen statt Eintracht – im Hause des HERRN? Und sind sie nun EINS: eins in all ihrer Liebe, eins mit ihm und seinem Wort? Glauben sie dem Wort, das verkündet als Erste Maria Magdalena, warum beweinen sie ihn dann: lebt ER ihnen nicht?

„Was sucht ihr den Lebendigen bei den Toten?" (Lukas 24,5), fragen die Boten Gottes sie am leeren Grab. Und da ihnen verkündet wird die Auferstehung, halten sie das für ein Märchen? Endet nicht aber jedes Märchen mit dem Satz: "Und wenn sie nicht gestorben sind, dann leben sie noch heute"? Ist ER tot oder lebendig ihnen? Wie lebendig sind sie selbst; oder sind sie wie tot – gefangen in ihrer eigenen, kleinen Welt: ihrer finsteren Gedankenhöhle? Wagen sie überhaupt, hinauszutreten aus ihrer Höhle? Eine Frage, die schon Platon inspirierte zu seinem berühmten "Höhlengleichnis". Sehen sie Licht oder

nehmen sie nichts weiter wahr als des Lichtes Schatten? Weil sie nicht wagen, ihre Höhle zu verlassen, bleiben sie Gefangene ihrer Schattenwelt? Und doch meinen sie, urteilen zu können über Gott und die Welt, sie, die sie gefangen sind: begrenzt von der Enge ihres Raumes, begrenzt von der Enge ihrer Zeit, wollen urteilen über Raum und Zeit, wollen selbst "Maß aller Dinge sein" (Protagoras), Maß allen Seins? Und erkennen nicht das Licht, begreifen nicht, dass der Stern, der ihnen leuchtet in ihrer Zeit, längst erloschen ist im All? Wie begreifen, wie berechnen sie ihre Welt: absolut oder (seit Einstein) relativ? Von welchem Baum der Erkenntnis nahmen sie? Und mit welchem Maß messen sie: mit dem verlässlichen Maß, das ihnen gegeben ist? Ist ER nicht ihr All-Maß: Maß allen Seins: ER, der *Eckstein* (vgl. Matthäus 21,42-44), den sie verwarfen – und verwerfen bis heute?

Du wirst mich nicht dem Tode überlassen und zulassen,
dass dein Heiliger bleibe in der Grube.
Du tust mir kund den Weg zum Leben:
Vor dir ist Freude die Fülle
und Wonne zu deiner Rechten ewiglich.
(Psalm 16,10-11)

Auf dem Weg

("Emmaus": Matthäus 28,9-10, Markus 16,12-13, Lukas 24,13-29 und die "Tafelrunde": Matthäus 28,16-20, Markus 16,14-20, Lukas 24,30-53, Johannes 20,19-29)

Maria Magdalena und ihrer Begleiterin verkündet der Engel am leeren Gab: „ER *wird vor euch hergehen nach Galiläa, dort werdet ihr ihn wiedersehen"* (Matthäus 28,7). Und als sie sich aufmachen, zu verkünden die frohe Botschaft, da erscheint ER ihnen leibhaftig und grüßt sie. *Und wie sie vor ihm niederfallen und seine Füße umfassen, spricht* ER *zu ihnen* (wie zuvor der Engel)*: „Fürchtet euch nicht! Gehet hin und verkündet meinen Brüdern, dass sie nach Galiläa gehen sollen, wo sie mich sehen werden"* (Matthäus 28,9-10). Wird ihnen aber geglaubt; ist gültig das Zeugnis eines Weibes? Nach dem Evangelium des Markus (16,12-13) offenbart ER sich noch einmal den Jüngerinnen: *Zweien von ihnen* erscheint ER unterwegs, da sie über Land ziehen, erscheint ihnen in *anderer Gestalt. Und auch sie gehen hin, es den anderen zu verkünden; aber auch ihnen wird nicht geglaubt.* ER offenbart sich zuerst den Jüngerinnen, nicht den Jüngern; können die Seinen solches glauben? Warum zeigt ER sich nicht zuerst im Kreis derer, die ER zuerst berief, im Kreis der "Zwölf", die schrumpften seit des Judas' Verrat auf elf? Die Elf, glauben sie dem Zeugnis, das kommt aus dem Munde eines Weibes? Lassen sie seine Weisung außer Acht, wieder nach Galiläa zu ziehen, oder wollen sie ohnedies zurück in ihre angestammte Heimat?

Nach dem Evangelium des Lukas (24,13-29) ziehen zwei Jünger los, am selben Tage noch, da sie sehen das leere Grab und hören das Wort von seiner Auferstehung. Und sie ziehen gen Norden, in Richtung Galiläa, nach Emmaus. Ein Ort, der 11 km entfernt liegt von Jerusalem – ein Ort, der symbolisch steht für die Entfernung der Elf vom wahren Geschehen? Schicken die Elf vor andere, schicken sie eine Vorhut aus, zu erkunden die Lage, zu prüfen, ob (vielleicht) etwas dran sei am Wort der Weiber? Die Zwei, die nach Emmaus ziehen, gehören jedenfalls nicht zum engeren Kreis (wie an späterer Stelle noch deutlich wird). Mit Namen nennt Lukas indes nur einen der beiden: Kleopas.

Und wie sich die Zwei unterhalten über das, was geschah: das leere Grab und der Weiber Wort, da naht ER sich ihnen. Sie aber erkennen ihn nicht. Wie sollten sie erkennen, so sie nicht erhören wollten sein (wie auch der Weiber) Wort von der Auferstehung? Bleibt ihnen (noch) verschlossen seine Botschaft und ohne Wirkung sein Ruf "Hephatha": Öffne dich!? Oder erkennen sie ihn nicht, weil ER ihnen erscheint *in anderer Gestalt* (vgl. Markus 16,12-13): fremd und nicht vertraut, weil sie ihn fern von sich wähnen – wie man auf Anhieb einen Vertrauten nicht gleich erkennt, so man ihn trifft an einem (fernen) Ort, wo man nicht auf ihn rechnete? Ist ER noch der, den sie glaubten zu kennen: Yeshu (Jehoshua = Gott rettet)? Ist ER nicht der, mit dem Gott ist von Anbeginn: ImmanuEL (= "Gott ist mit uns", vgl. Matthäus 1,23)? Und wird Gott nicht sein mit all jenen, die mit IHM sind?

Viele haben sich entsetzt über ihn,
so entstellt sah ER aus:
Nicht mehr wie ein Mensch,
seine Gestalt war nicht mehr die eines Menschen.
(Jesaja, 52,14: *Viertes Lied vom Gottesknecht*)

Und da ER sie fragt, was das für Reden seien, die sie hielten, bleibt Kleopas stehen, um ihn zu fragen, ob ER etwa fremd sei und noch nichts gehört habe von alledem, was geschehen sei zu Jerusalem? Und als ER sie fragt, was denn geschehen sei, erzählen sie ihm von ihrem Meister, ihrem Rabbi, der gewesen sei ein Prophet, mächtig in Wort und Werk, mächtig vor Gott und vor allem Volk, und berichten ihm auch, wie die Hohepriester und Obersten des jüdischen Volkes ihn überantworteten dem Tode am Kreuze. „*Wir hofften, ER sei es, der Israel erlösen werde* (jetzt aber, nachdem er gekreuzigt wurde, sind sie solcher Hoffnung beraubt?). *Und uns haben auch erschreckt etliche Weiber aus unserer Mitte; die frühe sind beim Grabe gewesen. Seinen Leib aber haben sie nicht gefunden, dafür aber einen Engel gesehen, der ihnen verkündete: ER lebt! Und etliche gingen hin zu dem Grabe, und fanden es vor, wie die Weiber berichtet hatten, Ihn aber sahen sie nicht.*" Da entgegnet ER ihnen: „*Seid ihr denn Toren und trägen Herzens, begreift ihr nicht das Wort der Propheten, dass der Messias solches erleiden muss, um zu gelangen zu aller Herrlichkeit?*" Und ER legt ihnen die Schrift aus von Mose bis hin zu den Propheten. Und als sie Emmaus erreichen und der Tag sich zu Ende neigt, bitten sie ihn zu bleiben.

Und so geschieht es, dass ER mit ihnen zu Tische sitzt. Da ER nun aber das Brot nimmt, dankt und das Brot bricht und es ihnen gibt, gehen ihnen endlich die Augen auf und sie erkennen wahrhaft, wer da mit ihnen is(s)t; derweil ER wieder entschwindet ihren Blicken. Sie aber sprechen einander zu: „Brannte nicht unser Herz, da ER uns unterwegs auslegte die Schrift?" Und sie stehen auf noch zur selben Stunde und kehren zurück nach Jerusalem. Dort finden sie die Elf (keiner der Elf hat sich also auf den Weg begeben) versammelt und noch andere Jünger dazu, die bekunden: „Der Herr ist wahrhaftig auferstanden und Simon (Petrus) erschienen." Nun erzählen auch die beiden aus Emmaus, was ihnen geschehen auf dem Weg und dass sie ihn erkannt hätten, als ER brach das Brot. Da sie aber davon reden, tritt ER selbst mitten unter sie und spricht: „Friede sei mit euch!" Sie aber erschrecken und meinen nicht anders, als einen Geist zu sehen. „Was seid ihr so erschrocken", spricht ER sie da an, „und warum kommen euch solche Gedanken? Seht meine Hände und meine Füße, ich bin es selber. Seht mich an, hat ein Geist denn Fleisch und Bein, wie ich habe? Und weil sie sich noch immer verwundern, fragt ER sie: „Habt ihr etwas zu essen hier?" Und sie legen ihm vor ein Stück gebratenen Fisch und ER nimmt es und isst es vor ihren Augen (Lukas 24,30-43).

Inmitten der Tafelrunde erkennen die Zwei aus Emmaus ihn: an der Art wie ER bricht das Brot, die Übrigen aber erkennen ihn daran, dass ER isst und also wirklich ist. Und Simon Petrus, der Fels, woran erkannte er ihn − denn ist ER dem Petrus nicht schon zuvor erschienen, wie die Jünger berichteten den beiden, die kamen aus Emmaus. So ER aber dem Petrus schon erschienen ist und sie glauben, dass ER lebt, warum erschrecken sie dann derart, als ER leibhaftig vor ihnen steht? Über den Unglauben der Elf berichtet auch das Markus-Evangelium (16,14-20): Und ER schilt sie wegen ihres Unglaubens, als sie zu Tische sitzen, und offenbart sich ihnen. Warum glauben sie jenen nicht, die verkündeten, ER lebe? Warum glauben sie nicht, was ER ihnen selbst verkündete von Anbeginn, dass ER ihnen sei gegeben − nicht genommen? Sie, die Boten der Tafelrunde, der Kreis der Elf, der doch sein sollte ein Zwölferkreis, wie wollen sie rufen, wozu sie berufen sind: rufen all jene, die geladen sind am Tisch des HERRN, so sie selbst sind voller Unglauben?

Nach dem Evangelium des Johannes (20,19-29) erscheint ER ihnen gleich zweimal. Erstmals am Abend jenes Tages, da Maria Magdalena verkündete, ihn gesehen zu haben am leeren Grab. Und ER dringt vor zu ihnen, obschon sie die Türen verschlossen hatten aus Furcht; denn sie weilen ja fernab der Heimat: In Judäa, nicht in Galiläa und der Feinde sind viele (vermutlich mehr als vor der Kreuzigung). Durch die verschlossene Türe kann ER, kann sein Geist dringen, nicht aber durch das verschlossene Herz. *Und ER spricht zu ihnen: „Friede sei mit euch!" Und da ER das gesagt hat, zeigt ER seine Hände und seine Seite, und die Jünger freuen sich, ihren Herrn zu sehen ... Thomas aber, der Zwölfe einer, ist nicht zugegen, und als die anderen ihm sagen: „Wir haben den Herrn gesehen", erwidert jener: „Bevor ich nicht die Nagelmale sehe an seinen Händen und meine Hand lege in seine Seite, glaube ich's nicht." Acht Tage später (Acht, die Zahl, die hier steht für "Beschneidung", für "Neuanfang"?) erscheint ER seinen Jüngern abermals und diesmal ist auch Thomas zugegen. „Friede sei mit euch!", grüßt ER sie auch diesmal, hernach aber spricht ER Thomas an: „Streck deinen Finger aus – hier sind meine Hände und hier ist meine Seite – leg also hinein deine Hand und sei nicht länger ungläubig!" Da antwortet ihm Thomas: „Mein Herr und mein Gott!"; ER aber entgegnet ihm: „Du glaubst, weil du mich gesehen hast; selig sind indes jene, die glauben und nicht sehen"* (Johannes 20,26-29).

Sind sie solche, die nur glauben, was sie sehen? Und so sie allein glauben, was sie sehen, wie können sie da glauben an Gott: sehen sie denn Gott? Verschließen sie sich nicht aller inneren Schau, wenn sie sich verlassen allein auf den äußeren Anschein? Wie sollte, wer derart sich verschließt, erwachsen hin zu neuem Leben? Wie den Kampf bestehen gegen den inneren Feind, den inneren Zweifel, den inneren Schweinehund (den Kampf, den der Islam nennt den großen "Dschihad")? Und wie bestehen den Kampf gegen den äußeren Feind (den kleinen Dschihad), wie andere bekehren durch ihr Vorbild, so sie sich nicht selbst bekehrten, sich nicht abkehrten? Wer wollte belehren andere, der selbst unbelehrbar bleibt und unbeschnitten am Herzen? Nach dem Evangelium des Matthäus (20,16-28) ergeht der "Missionsbefehl" an die Jünger in Galiläa, wohin ER ihnen vorangehen wollte, wie der Engel verkündete der Maria Magdalena am offenen Grab (vgl. Matthäus 28,7). Und daselbst erscheint ER ihnen auch, auf dem *Berg*. Wo ER hielt *die Bergpredigt* im Anfang, hält ER daselbst sein Abschiedswort, und wird es sein das letzte Wort?

Und ER tritt zu ihnen und spricht: „Mir ist gegeben alle Macht im Himmel und auf Erden. Darum gehet hin und machet zu Jüngern **alle** *Völker und taufet sie auf den Namen des Vaters und des Sohnes und des* heilen *Geistes und lehret sie halten alles, was ich euch aufgetragen habe. Sehet, ich bin bei euch alle Tage bis an der Welt Ende."* Ergeht der Auftrag, hinauszuziehen in die Welt und allen zu predigen das Evangelium (vgl. auch Markus 16,15) erst jetzt, sind sie nicht längst berufen zum *Menschenfischer*? Von Galiläa zogen sie einst los, gemeinsam mit ihm: ER lehrte sie auf ihrer Reise, die sie fortführte aus ihrer angestammten Heimat, hin zu ihrer wahren Heimstatt? Folgt der inneren nun die äußere Mission: beschreiten sie erneut den Weg, den sie schon beschritten gemeinsam mit ihm, nunmehr als Gewandelte? Gewandelt hin zum Bilde Gottes, sind sie das? Sind sie seiner innegeworden: Eins geworden mit ihm und seinem Wort? Ist ER schon aufgestiegen in den Himmel; hat ER ihnen schon geschickt den Beistand, den ER ihnen versprach (vgl. Johannes 15,26): den *Tröster*, den *Geist der Wahrheit*: sie zu begeistern und zu vereinen mit ihm und seinem Wort, das da ist des Vaters Himmelsbrot (zu "Himmelfahrt" und "Pfingstfeuer" vgl. die *Apostelgeschichte*)?

Nach dem Evangelium des Lukas (24,50-52) ist Bethanien der Ort, da ER auffährt gen Himmel und sie segnet ein letztes Mal. Wo nun sehen sie ihn zuletzt: in Galiläa, in Bethanien oder – in Jerusalem, wie das Markus-Evangelium vermuten lässt? Ende oder Anfang – schließt sich zuletzt der Kreis? Gebiert nicht jedes Ende einen neuen Anfang, und der neue Anfang, strebt er nicht hin zu einem neuen Ende? Kreuzte ER nur ihren Weg oder wies ER ihnen den Weg? Weist sein Kreuz nicht in alle vier Himmelsrichtungen und wird ihnen also zum Wegkreuz? Wem ist richtungsweisend sein Wort: *Ich bin bei euch aller Tage*? Nicht länger gebunden an Raum und Zeit, sondern allgegenwärtig und allüberall. So sie für ihn da sind, ist ER auch da für sie; so ER ihnen aber nicht allgegenwärtig ist, wie wollen sie da bezeugen das lebendige Wort, wie beglaubigen die Botschaft, die schon beurkundet ist im Alten Testament?
So wahr der HERR *lebt.*
(Richter 8,19)

Sind sie selbst lebendig: haben sie ein Dasein oder ist ihnen ihr Leben nichts weiter als Geschäft? Bauen sie auf eine Welt aus toten Steinen und wollen ebenso errichten das Haus Gottes aus totem Stein? Soll der Tempel des HERRN nicht gebaut sein aus lebendigen Steinen: aus all jenen, die gewandelt sind hin zum Bilde Gottes? Und ist der Grundstein nicht längst gelegt, ist ER nicht der *Eckstein* (vgl. Matthäus 21,42-44, Psalm 118,22-23)? Gott kennt die Bausteine des Lebens: die Bausteine seines Hauses; werden sie aber auch erkannt vom menschlichen Geist?

Die Zeichen aber, die folgen werden jenen, die da glauben, sind die: in meinem Namen werden sie böse Geister austreiben, in neuen Zungen reden, Schlangen vertreiben und so sie etwas Tod bringendes zu sich nehmen, wird es ihnen nicht schaden (Markus 16,17-19). Der Tod kann ihnen nichts anhaben; denn sie haben ein Dasein, weil sie sind in dem, *der-da-ist* ewiglich. Und so sie neu belebt sind, ist auch neu ihre Sprache. Nicht länger reden sie unverständlich oder mit gespaltener Zunge, sondern in aller Klarheit, Wahrheit und Eindeutigkeit – bis überwunden ist alle babylonische Sprachverwirrung?

Epilog
(Johannes 20,30-21,25)

Nach dem Evangelium des Johannes schließt sich der Kreis dort, wo alles begann: am See, wo ER einst berief die Fischer zu Jüngern. Wie die Erde am Ende ihrer Umlaufbahn zurückkehrt zu ihrem Anfang, so fließen auch hier zusammen Anfang und Ende, fließen zusammen am Wasser: am Urquell des Lebens, zu gebären einen *Neuen Morgen*? Die Jünger gehen ihrer ursprünglichen Tätigkeit nach: sie fischen – als sei nichts geschehen? Der See aber, aus dem sie ziehen wollen ihre Fische, trägt bereits einen neuen Namen, keinen hebräischen, sondern einen römischen: nicht mehr vom See Genezareth ist die Rede, sondern vom See von Tiberias (benannt nach der zu Ehren des röm. Kaisers

Tiberius daselbst errichteten Stadt). Fischen sie noch an alter Stelle: in hebräischen Gewässern oder schon an neuem Ort: in römischen Gewässern; denn hat die Welt sich nicht längst gewandelt? Ist aus der "alten" nicht eine "neue" Welt entstanden, eine Welt im Namen und im Zeichen Roms? Fischen in fremden Gewässern, die da berufen sind zu Menschenfischern, oder sind im ureigensten Element sie?

Das Johannes-Evangelium nennt nur *drei* Fischer mit Namen. *Simon Petrus*: berufen im Anfang zusammen mit seinem Bruder Andreas. Der indes wird nicht erwähnt, genannt wird *Thomas*. Der Zwilling – der zwiefach ist: im Unglauben wie im Glauben? Und es fällt auch wieder der Name, der in keinem der synoptischen Evangelien zu lesen ist: *Nathanael* (vgl. *Berufung der ersten Jünger*). Ein Name, der im Johannes-Evangelium einläutet das Geschehen mit dem hochzeitlichen (Wein)Mahl, um auszuklingen mit dem (Fisch)Mahl? Ein Name, der für Liebe und Weisheit steht, die Johannes (Gewährsmann des gleichnamigen Evangeliums) erkennt unter dem Feigenbaum als *NathanaEL*, als *Jünger, den ER liebt*? Zugegen beim Fischfang ist ebenso Johannes' Bruder Jakobus – leibliche Brüder nur oder Brüder auch im Geiste? Beide sind benannt als *Söhne des Zebedäus*. Zudem sind aufgezählt zwei andere Jünger, die nicht näher bezeichnet sind. Und ist ihnen allen, namenlos oder nicht, aufgegangen ein *neuer Morgen*?

Als es aber Morgen wird, steht ER am Ufer, sie aber erkennen ihn nicht. Und da ER sie fragt: „Habt ihr nichts zu essen", antworten sie: „Nein". ER aber sagt ihnen: „Werfet aus das Netz zur Rechten (denn ER sitzt zur *Rechten des Vaters und kennt die rechte Zeit, da versammelt sind die Rechten) des Bootes, so werdet ihr fangen den Fisch." Und als sie das Netz auswerfen, können sie es kaum einholen, so viele Fische sind darin. Da sagt der Jünger, den ER liebt, zu Petrus: „Es ist der Herr!" Als Simon Petrus aber solches hört, gürtet er schnell um seinen Rock, denn er ist nackt, und wirft sich ins Wasser* (Johannes 21,4-7). Wie einst sich schämten Adam und Eva ihrer Nacktheit wegen, so schämt sich nun Petrus. Kann er aber verbergen seine Blöße, durchschaut ER ihn nicht, wie Gott durchschaut jeden Menschen? Petrus ist nicht gegürtet: nicht vorbereitet, nicht bereit zu tun, wofür ER ihn berief: zu verkünden das Wort; denn ist es nicht allein das Wort, das ihm nehmen kann alle Blöße?

Und als sie an Land gehen, sehen sie am Boden ein Kohlenfeuer: Wasser, Erde, Feuer – die drei elementaren Kräfte: die spendende, speichernde und speisende Kraft des Lebens. *Und ER legt aufs Feuer das Brot und sagt zu ihnen: „Bringt von den Fischen, die ihr gerade gefangen habt". Da geht Simon Petrus hin und zieht das Netz an Land, und es sind **153** große Fische, und obwohl es so viele Fische sind, reißt das Netz nicht* (Johannes 21,9-11).

153 Fische zählten die Jünger. Zählten sie die Fische so genau, um exakt die Steuer entrichten zu können, wie von den Römern gefordert für ihren Fang? Oder weist das Johannes-Evangelium hier hin auf die Anzahl der Völker, die

272

bekannt waren der damaligen Welt? Hat die Zahl nicht vor allem symbolische Bedeutung? **153**: *Eins*, das Symbol der Einheit. *Fünf*, die Zahl der Bücher Mose. *Drei*, das Symbol der neuen Einheit des Vaters, des Sohnes und des heilen Geistes? Die neue Einheit, die überwindet alle Sünden (= *Sieben*) und hält alle Gebote (= *Zehn*)? Zehn und Sieben ergeben *Siebzehn* – eine Primzahl wie die Fünf, wie die Drei der Zahlenkette. 153: teilbar allein durch sich selbst oder durch die Eins (= Gott). Die Summe aller Zahlen von 1 bis 17 ergibt, wie schon der Kirchenlehrer Augustinus feststellte, die Zahl 153 – eine *Dreieckszahl*. Denn graphisch dargestellt, bildet sich aus der Summe aller Zahlenwerte von 1 bis 17, aufbauend auf dem Grundwert 17 und dann verjüngend fortgeführt bis hinauf zur Eins, ein *gleich*schenkliges *Drei-Eck:* der Eckstein des Gotteshauses, der Leib Christi? Steht die 153 für die Gesamtheit derer, die durch Verkündigung der Frohen Botschaft zum Glauben kommen: die Geretteten, die "Wertzeichen" Gottes, die "Unteilbaren", die Bestand haben, eben weil sie Eins sind mit IHM: eins mit dem Wort, das da ist von Gott? Sind sie die edlen Steine, die lebendigen Bausteine (nicht Steine des Todes, wie die Pyramiden des ägyptischen Totenreichs), zu errichten das Haus des HERRN, gestützt und gebunden an den Eckstein, an das Wort: den ewigen Bund, der so wenig reißt wie das Fischernetz, das trug 153 Fische (die volle Zahl, die gebunden sein soll – nicht in einem fremden, sondern im ureigensten Element)?

Der Eckstein am Haus des HERRN – der dreieckige Stein, der sich findet im jüdischen Stern gleich zweimal! Sollte das eine Dreieck für das Morgenland, das andere für das Abendland stehen, das eine Dreieck für die alte, das andere für die neue Welt? Sind sie etwa getrennt, sind sie nicht untrennbar verbunden: baut nicht auf das Neue auf dem Alten? In der alten Welt, nach dem Alten Bund, dem Alten Testament, rang Abraham Gott ab das Versprechen, Sodom nicht zu vernichten, so noch zu finden seien 10 Gerechte (vgl. 1. Mose 18,26-33). Ist aufgehoben dieses alte Versprechen, wird es nicht vielmehr bekräftigt im Neuen Testament und fortgeführt bis hin zum letzten Gerechten, der sich finden lässt auf Erden – bis hinauf zur Spitze des Dreiecks? Und sind schon entdeckt alle Gerechten vor Gott wie vor der Welt? Ist schon erreicht die Spitze, zusammenzuführen beide Dreiecke zu einem Stern: dem leuchtenden Stern *IsraEL* – *Streiter für die Sache des* HERRN?

Ihr sollt nicht wähnen,
dass ich gekommen bin,
aufzulösen das Gesetz oder die Propheten.
Ich bin nicht gekommen aufzulösen, sondern zu erfüllen.
(Matthäus 5,17: Bergpredigt)

„Kommt her und haltet das Mahl!" Dem Abendmahl folgt ein morgendliches (Fisch)Mahl. Ein Mahl ohne Wein; denn sagte ER ihnen nicht beim Abendmahl, ER werde erst wieder Wein trinken bei seiner Rückkehr. Und noch ist ER nicht von ihnen gegangen, wenn ER aber zieht gen Himmel, wird ER auch wieder zurückkehren vom Vater und es wird wieder ein Mahl geben. Ein Mahl wie das

Hochzeitsmahl zu Kana, wo gewandelt ist das Wasser zu Wein? Steht das eine Mahl für die alte, das andere für die neue Zeit? Wer aus der alten, wer aus der neuen Zeit wird bleiben und sitzen am Tisch des HERRN? Beim Abendmahl waren sie Zwölf und einer unter ihnen war ein Verräter. Beim Morgenmahl sind sie nur noch halb so viele: das halbe Dutzend, das am Ende Hochzeit feiern wird, wie Nathanael im Anbeginn? *Niemand wagt noch länger zu fragen, wer* ER *sei; denn sie wissen, wer* ER *ist. Und* ER *nimmt das Brot und gibt es ihnen, und* ER *reicht ihnen auch den Fisch. Und es ist das dritte Mal, dass* ER *sich offenbart seinen Jüngern, seit* ER *auferstanden ist vom Tode* (Johannes 21,12-14). Auferstanden am dritten Tag, erscheint ER ihnen noch *drei*mal. Drei, die Zahl der neuen Einheit! Dreimal verleugnete ihn Petrus im Vorhof des Palastes. Nun, am See, da sie halten das Morgenmahl, fragt ER ihn dreimal: *„Simon, liebst du mich?"* Und Petrus ist traurig, dass ER ihn gleich dreimal fragt. Traurig, weil ER ihm nicht zu glauben scheint oder traurig, weil die dreimalige Befragung Petrus bitter daran gemahnt, dass er ihn dreimal verleugnete?

Dreimal fragt ER Simon Petrus und dreimal fordert ER ihn auf: *„Weide meine Schafe!"* Und ER fährt fort mit: *„Amen, Amen"* (im Sinne von "wahrlich, wahrlich" oder sagt ER: *"Aman, Amen"* im Sinne von "Wer glaubt, der bleibt, das ist gewiss"?, vgl. *Bergpredigt: Vom Beten), „ich sage dir: Als du jünger warst, gürtetest du dich und wandeltest, wohin du wolltest; wenn du aber alt wirst, wirst du deine Hände ausstrecken, und ein anderer wird dich gürten und dich führen, wohin du nicht willst."* In jungen Jahren führte Petrus ein selbst bestimmtes Leben, war sein eigener Herr und Meister. Im Alter aber, so prophezeit ER ihm, werde Petrus fremd bestimmt, beherrscht von fremder Macht: von den Römern, die ihn verfolgen und gefangen nehmen, ja, dem Tode ausliefern werden? Und ist solches nicht dem Petrus widerfahren (mehr dazu im nachfolgenden Kapitel)? Begreift Petrus, was ihm bevorsteht, was er wird zu erleiden haben, da ER ihm sagt: *„Folge mir nach!" Und als Petrus den Jünger erblickt, den* ER *liebt und der beim Abendmahl an seiner Brust gelegen und ihn gefragt hatte: „Herr, wer ist es, der dich verrät?", fragt Petrus, was denn aus diesem werden solle? Und* ER *antwortet dem Petrus: „Wenn ich will, dass er bleibe, bis ich komme, was geht das dich an? Folge du mir nach!" Und die Brüder meinen nicht anders, als dass dieser eine Jünger nicht sterbe. Doch* ER *hatte zu Petrus nicht gesagt: Er sterbe nicht, sondern: Wenn ich will, dass er bleibe, bis ich komme, was geht es dich an* (Johannes 21,17-23)?

Sind sie *Brüder* im Geiste? Haben sie entdeckt (wie Nathanael) unter dem Feigenbaum die (ewige, die bleibende) Weisheit und Liebe Gottes? Wissen sie, wer ihr wahrer Herr ist, ihr Bestimmer? Denn wie wollen sie bestehen bleiben bis zu seiner Wiederkehr, so sie nicht wandeln auf dem Pfad, den ER ihnen zeigte? Werden es nicht die Jüngsten sein, die richten werden über jene, die vorher waren, die sahen mit eigenen Augen und hörten mit eigenen Ohren und doch abwichen vom rechten Pfad (vgl. *Vom Anfang und Ende, Vom Weltgericht, Von der Auferstehung der Toten*)? So ER ihnen nicht ist ihr *A* und ihr *O*, ihr Anfang und ihr Ende, wie wollen sie da bestehen bis zu seiner Rückkehr;

und wer wollte führen all die versprengten Schafe hin zu ihm, der selbst in die Irre läuft? In alter Zeit zog das Volk Gottes durch die Wüste (ein Auszug, gefeiert bis heute zu *Pessach*): zog aus dem fremden Ägyptenland, dem Reich des Totenkultes, ins verheißene Land; sollen ebenso ausziehen die Seinen in neuer Zeit ins *heile Land?* Und ist ER nicht ihr *Heil-Land?*

Noch viele andere Zeichen, die nicht aufgeschrieben sind, hat ER getan vor den Augen seiner Jünger. Diese aber sind aufgeschrieben, damit ihr glaubt, dass ER der Messias ist, der Sohn Gottes, und damit ihr durch den Glauben habt das Leben in seinem Namen (Johannes 20,30-31). Dieser Jünger ist es, der all das bezeugt und aufgeschrieben hat, und wir wissen, dass sein Zeugnis wahrhaftig ist. Und es sind noch viele andere Dinge, die ER getan hat. So man sie alle aufschreiben wollte, eins nach dem anderen, die Welt könnte die Bücher nicht fassen, die dann zu schreiben wären (Johannes 21,24-25).

Über einige der Werke, die getan sind in seinem Namen, wird noch zu berichten sein im nächsten Kapitel: die Worte und Werke der Jünger der "ersten Stunde". Und nicht nur sie verkündeten sein Wort und wirkten mit an seinem Werk, es folgten weitere Boten. Verkündeten sie alle aufrichtig, wandelten sie (sich) wahrhaftig oder wandelten sie (ab) sein Wort? Predigten und wirkten sie in seinem Namen, seinem Auftrag oder in fremdem Namen? Aus dem *Heiligen* Land zogen sie einst aus in aller Herren Länder, zu schaffen ein *heil*ere Welt – und haben sie geschaffen eine solche? Was ist heute ihr *A* und *O?* Eine freie Welt: gewandelt oder beherrscht vom alten römischen Geist; eine reichere Welt oder eine beraubte, beraubt auch der Liebe? Sollte vergehen *der Jünger, den* ER *liebt?*

DIE APOSTELGESCHICHTE

Mit den Ohren werdet ihr's hören und nicht verstehen,
und mit den Augen werdet ihr's sehen und nicht erkennen ...
(Apg 28,26)

Und wenn sie nicht gestorben sind ...

Gott gab sich zu erkennen in Juda,
sein Name ist groß in Israel.
Sein Zelt entstand in Salem,
seine Wohnstatt auf dem Zion.
(Psalm 76,2-3)

Christus, der Gesalbte des HERRN, ist auferstanden, so lautet die neue, die junge, die unerhörte Botschaft: Gottes Wort ist (wieder) lebendig, ist Fleisch. Wir haben es gesehen mit eigenen Augen, gehört mit eigenen Ohren, berichten die Zeugen des auferstandenen, des lebendig gewordenen Wortes. Und sie berichten mit Leidenschaft: mit dem Feuer der Begeisterung, das ein schier unfassbares Geschehen entfachte (vgl. Apg 2,1-13: *Pfingstfeuer*). Und der Funke springt über, verbreitet sich wie ein Lauffeuer, entflammt mehr und mehr Anhänger, die gleichfalls erfüllt sind vom (langen) Atem des heilen Geistes und selbst zum Botschafter werden des lebendigen Wortes. Gott ist nicht ferne: nicht transzendent, sondern nah: immanent. Gottes Ferne mag das Gewissen beruhigen; seine Nähe aber, sein Wirken im Hier und Jetzt, erschüttert bis ins Mark: rüttelt auf, rüttelt wach. Erweckt in einer Zeit, da das Wort wie erstarrt schien im tausendjährigen Schlaf, erstarrt und überwuchert vom (dornigen) Ritual und konserviert in alter Schrift. Die Septuaginta, die (von 6 x 12 Übersetzern vorgenommene) Übertragung der alten hebräischen Schriften ins Griechische, der Schriftsprache der hellenistisch geprägten Zeit, mochte zwar schon vorliegen seit 250 v.u.Z., hatte sie aber neu belebt den alten Geist oder ihn nur konserviert in einer neuen Sprache?

Welcher Geist prägte zur Stunde die Zeit, da wirkten die Apostel; welche Schriften waren wie weit verbreitet, bekannt – prägend? Was wusste die römische, die heidnische Welt von der Septuaginta: von Sintflut, Zerstörung, Untergang und Verheißung? Und wie bekannt waren der Welt die damals bekannten großen Epen? Was wusste das Volk vom "Gilgamesch"-Epos, dem größten literarischen Werk der Babylonier, was von der "Ilias" des Homer, dem herausgenden Werk der Griechen und schließlich, wie vertraut war dem Volk das Nationalepos der Römer "Aeneis": Vergils Hauptwerk um den trojanischen Helden Aeneas? Wie lebendig waren diese Schriften den Aposteln, den Sendboten des "unerhörten" Wortes? Ist die Welt, der verkündet wird die Frohe Botschaft, so fern dem wahren Wort, dass sich ihr nicht erschließen sollte die Wahrheit selbst? Kündet nicht auch Vergil (70-19 v.u.Z.) von der bevorstehenden Geburt eines göttlichen Knaben und dem Nahen eines paradiesischen Zeitalters? Und Seneca (4 v. -65 n.u.Z), der Erzieher Neros, künden seine Prosaschriften nicht ebenso vom Einklang der Weltvernunft und vom Trost im Leid? Schriften, die wie nah standen dem Völkerapostel Paulus? Wurde nicht sogar angenommen, Seneca stehe im Briefwechsel mit Paulus? Dichtung oder Wahrheit? Wer gab ein dem Dichter den Geist, aus welcher Quelle speist sich sein Wort, wohin fließt es? Ist mehrdeutig die Wahrheit: beliebig interpretierbar, erschließt sie sich nicht unmittelbar im Herzen selbst?

Die uralte Überlieferung, die Prophezeiung aus längst vergangener, beinahe vergessener Zeit, sie sollte erweckt werden zu neuem Leben. Eine unerhörte Botschaft, die aufwühlt und erhitzt die Gemüter wie keine zuvor: ER *lebt!* Hätte sich verbreiten können sein Wort ohne Auferstehung, ohne leeres Grab? Was wäre geblieben von seiner Botschaft, so sich nicht eröffnet hätte der Zugang zu seinem "Grab"? Ein Zugang, unfassbar, unglaublich, ein Zugang, der nicht auch reizte zum Widerspruch, zur Feindseligkeit gar? Eine Nachricht jedenfalls, die weitergetragen wird, hinaus in die damals bekannte Welt. Eine Welt, der noch fremd ist die schriftliche Weitergabe und Vervielfältigung von Nachrichten, eine Welt, in der weitergetragen werden die neusten Nachrichten von Mund zu Mund – in der jeweiligen Landessprache: in vielen Zungen. Aber auch die schriftliche Form der Weitergabe gewinnt zunehmend an Bedeutung, zumal für die neue Zeit, die neue Lehre gilt, was schon galt für die alte Zeit und die alte Lehre: das Volk Gottes lebt in der Diaspora, weit verstreut, überall in der Welt. Was galt für die Juden, gilt nun ebenso für die Christen: wollen sie verlässlich bewahren den Urquell, dann müssen sie schriftlich fixieren das Wort in der Sprache der Zeit: ins Griechische. Ein Schriftwort, eine Sprache, ein Geist: die Aufhebung der babylonischen Sprachverwirrung?

Zu den Trägern der neuen Schrift zählen aus dem Kreis der Zwölf die Evangelisten *Matthäus* (dessen in hebräischer Sprache verfasstes Ur-Evangelium heute als verschollen gilt) und *Johannes:* "der Jünger, den ER liebt", des Weiteren *Markus* (Vetter des Paulus-Vertrauten Barnabas) und *Lukas* (der "geliebte Heilkundige"), die beide im engen Austausch standen mit dem Völkerapostel Paulus wie auch mit Petrus, dem Fels. Der Evangelist Lukas gilt der Überlieferung nach als der erste Heidenchrist unter den (judenchristlichen) Heilsboten der ersten Stunde. Ob die genannten Evangelisten tatsächlich selbst verfassten die ihnen zugeschriebenen Schriften, ist umstritten, dass ihr Name aber Garant sein sollte für Authentizität und Wahrhaftigkeit der Schrift, wer wollte zweifeln daran, zweifeln an der Handschrift, die zuweist die Urheberschaft unmittelbar dem Einen, der-da-ist? Eine Handschrift, die deutlich wird in den Apostelbriefen, die vor allem zu danken sind dem großen Völkerapostel Paulus. Gerade seine Briefe sind es, die Verbreitung und Vermittlung der neuen Lehre sicherstellen, die Nähe ermöglichen aller räumlichen Ferne zum Trotz, und die darum noch heute zum Vorbild gereichen den Hirten- bzw. Gemeindebriefen der Kirchen?

Die noch erhalten gebliebenen Apostelbriefe spiegeln sicher nicht ihre tatsächliche Anzahl wider; wer wollte annehmen, dass sämtliche Briefe tatsächlich auch gefunden wurden? Und werden nur Briefe von den Aposteln, werden nicht auch welche zu ihnen gesandt worden sein? Mag die Zeit auch eine der mündlichen Überlieferung gewesen sein, eine Zeit, in der nur die Wenigsten kundig waren der Schrift, bedienen konnte sich jeder des Mediums, sofern er denn bezahlen konnte einen Schreiber für sein Handwerk. Die Fingerfertigkeit der Schreiber, die zuweilen wahre Kunstwerke schuf, die Verfügbarkeit solcher Dienste an jedem beliebigen Ort (auch hinter Gefängnismauern) machte sie auch für jene unverzichtbar, die selbst durchaus mächtig waren des Schreibens (so schrieb beispielsweise Tertius den Römerbrief des Paulus, vgl. Röm 16,22). Und wie es Schreiber gab, so gab es auch Vorleser, die das Wort erst lebendig machten durch den Klang ihrer Stimme, wenn der Brief weitergereicht oder ausgetauscht wurde von Hand zu Hand, von Gemeinde zu Gemeinde, weitergetragen das verbriefte Wort auf den Handelswegen der Antike – zu Fuß, auf dem Rücken der Lasttiere, per Schiff oder per (Brief)Taube: dem zuverlässigsten und schnellsten Boten der Antike. War es nicht eine Taube, die schon Noah brachte die (frohe) Botschaft des HERRN? Die himmlische Botschaft getragen durch den Himmel selbst – was für ein Symbol!

Ich bin der Weg und die Wahrheit und das Leben. Zeugen die Evangelien nicht von eben diesem Wort, diesem Geist, der entflammen und auflodern ließ ihre Herzen? War die Frohe Botschaft nicht fixiert tief in ihrem Inneren, lange bevor aufgeschrieben, auf Papier fixiert wurde das Wort, um es zu erhalten der Nachwelt? Bleibt aber lebendig die neue Botschaft oder wird sie zum "geflügelten Wort": zur Irrlehre? Warnen nicht die Apostelbriefe selbst vor Irrlehre und trügerischem Wort? Was ist Wahrheit, was Lug und Trug? Empfängt die Welt mit den *Paulinischen Gemeindebriefen*, den *Pastoralbriefen*, den *katholischen Briefen* das Wort irgendeines Menschen, irgendeines Sendboten, empfängt die Welt nicht das Wort Gottes – und sollte es nicht erkennen?

Neben den Apostelbriefen gibt die Apostelgeschichte, die zugeschrieben wird dem Evangelisten Lukas, Aufschluss über die frühe Verbreitung und Wirkung der neuen Lehre. Zu werten ist das Werk als eine Art Missionschronik, die den Weg des Evangeliums aufzeigt von den Juden und den Samaritern, den Abtrünnigen, hin zu den Heiden, und die sich gliedert in drei Teile:
- die Urgemeinde in Jerusalem
- die Gemeinde in Judäa und Samarien
- die Gemeinde unter den Völkern.

Die Urgemeinde in Jerusalem
(Apg 1-2,47)

Nach der Auferstehung erscheint ER ihnen noch vierzig Tage lang und predigt ihnen vom Reich Gottes, dem niemand Fristen zu setzen habe, noch gar dürfe jemand begehren, Zeit und Stunde zu erfahren, und ER erinnert sie daran, dass Johannes sie mit Wasser getauft habe. *„Ihr aber"*, fährt ER fort in seiner Rede, *„werdet die Kraft des Heiligen Geistes empfangen, welcher auf euch kommen wird, und ihr werdet meine Zeugen sein zu Jerusalem und in ganz Judäa und Samarien und bis an das Ende der Erde"* (Apg 1,8). *Und da ER das gesagt hat, wird ER vor ihren Augen emporgehoben, und eine Wolke nimmt ihn* *auf und entzieht ihn ihren Blicken* (Apg 1,9). Emporgehoben in den Himmel, wo ER sich setzt (und wird?) zur rechten Hand Gottes (vgl. Markus 16,19). Ist ER ihnen entrückt oder gegenwärtiger denn je: allgegenwärtig, weil nicht mehr gebunden an Zeit und Raum?

Wie Elijah, der große Prophet und Verkünder des wahren HERRN, aufgenommen ward in den Himmel (vgl. 2. Könige 2,11-14), so wird auch ER enthoben der Welt und ihren Blicken. Emporgehoben vom Ölberg, weit hinaus über jenen Ort, wo Judas ihn verriet, emporgehoben gen Himmel, von wo ER – gleich seinem Vater – überblickt Raum und Zeit. Die liturgischen Feierlichkeiten zu Christi Himmelfahrt finden bis heute 40 Tage nach Ostern statt. Liturgische Feierlichkeiten von langer Tradition (die Himmelfahrt Mariens hingegen ist erst seit 1950 katholischer Glaubenssatz). Zum Gedenken (und nicht zuletzt zu Ehren seiner Gattin Auguste Victoria) ließ der deutsche Kaiser Wilhelm II. auf dem Ölberg die erst jüngst aufwändig restaurierte Himmelfahrtskirche errichten. Die Apsis der Kirche ist zum Süden (!) hin ausgerichtet: hin zum Platz der mutmaßlichen Himmelfahrt, der überbaut war und ist von einer Moschee zum Zeichen: ER lebt.

Und ob ihres Sagens:
wahrlich, wir haben den Messias, Jesus,
den Sohn Marias, den Gesandten Gottes, getötet.
Jedoch nicht getötet haben sie ihn ...
vielmehr hat Gott ihn zu sich erhoben,
denn Gott ist stark und allweise.
(4. Sura *von den Weibern,* 156)

Da ER nun enthoben ist ihren Blicken, kehren seine Jünger vom Ölberg, der einen *Sabbatweg* (etwa 1000 Meter = die Strecke, die ein Jude auch am Sabbat zurücklegen durfte) entfernt liegt von Jerusalem, zurück in die Stadt und gehen hinauf in das *Obergemach,* wie es in der Apostelgeschichte (1,12-13) weiter heißt. Ist das Obergemach gemeint, in dem sie sich schon versammelt hatten zum Letzten Abendmahl? Wird dieser Ort nun zu ihrem Versammlungsort schlechthin? Und wer gehört an dieser Urgemeinde? Genannt werden zwölf Namen: die Elf, die von Anfang an dabei und ebenso zugegen waren beim Letzten Abendmahl, und auch der 12. Name fällt: Judas! Gemeint ist hier freilich nicht der Verräter, sondern Judas, der Sohn des Jakobus. Und sie sind einmütig zusammen, Männer wie Weiber (zur weiblichen Gefolgschaft vgl. Lukas 8,2 f.). Vereint im Gebet: seine Brüder im Geiste wie auch seine leiblichen Brüder, und auch Maria, seine Mutter, ist unter ihnen (vgl. Apg 1,13-14). Wer aber von den Vielen, die sich hier versammeln, kann zeugen von allem, was sich da ereignet hat: angefangen von der Taufe des Johannes bis hin zu dem Tage, da ER emporgehoben ward in den Himmel? Und sollten es nicht Zwölf sein, Zeugnis zu geben: die Zwölf der "Tafelrunde": seine Boten (= Apostel) der ersten Stunde? Sie aber sind nur noch Elf – um Judas, den Verräter, ist es längst geschehen, er bekam seinen gerechten Lohn für seine Missetat.

Wer soll einnehmen seinen Platz, wer übernehmen sein Apostelamt? Mit eben dieser Frage wendet sich Petrus an die versammelte Gemeinde; und als sie zwei Männer auswählen und ihnen Lose geben, fällt das Los auf Matthias, der fortan zugerechnet wird den Aposteln (vgl. Apg 1,15-26).

Sollte besetzt werden der Platz des Judas oder frei bleiben: zum Gedenken und zur ewigen Mahnung, dass der Verräter sein könnte mitten unter ihnen? Frei bleiben vielleicht auch für ihn, für den Tag seiner Rückkehr, da ER sein wird "Gleicher unter Gleichen": Bruder unter Brüdern und keiner mehr belehren wird den anderen: "Erkenne den HERRN" (vgl. Jeremia 31,34)? Ist ihre Wahl, Matthias zu berufen zum 12. Apostel, eine einende, eine heile Wahl: eine Wahl in seinem Geiste? War ihnen schon gesandt der Beistand: der Helfer (grch. Paraklet), den ER ihnen versprach, so dass erfüllt sie sind von seinem heilen Geist?

50 Tage nach Pessach, zum Wochenfest der Juden (Schawuot), das erinnert an den entflammten Geist (den *brennenden Dornbusch*, vgl. 2. Mose 3,2): an Feuer und Rauch am Sinai: dem Ort, da Mose empfing die 10 Gebote (2. Mose 19,1-20,21); 50 Tage nach Pessach geschieht erneut ein Wunder: 50 Tage nach der *Kreuzigung*! 50: die 7 zum Quadrat plus 1: die 7, die sich vollendet in der 49, plus 1 als Zeichen eines neuen Tages: eines Neubeginns? In der Ferne der Zeit der *brennende Dornbusch*: Feuer und Rauch am Sinai 50 Tage nach Pessach – das göttliche Gesetz, geschrieben auf steinerne Tafeln. Im Hier und Jetzt das *Pfingstfeuer*: der entflammte Geist 50 Tage nach der Kreuzigung: die *Auferstehung* – das göttliche Gesetz (das wie erstarrt war) neu entflammt: geschrieben nunmehr in ihre Herzen? *Alle werden erfüllt vom Heiligen Geist und sie reden in fremden Zungen, reden, wie es ihnen eingibt der Geist* (Apg 2,4). *Und die Menge ist bestürzt und entsetzt sich; denn ein jeder hört sie reden in seiner Sprache* (Apg 2,7); gleich ob sie Parther sind oder Meder, aus Mesopotamien stammen, aus Asien oder aus Ägypten, Römer sind oder Juden, Kreter oder Araber, sie alle hören in ihrer Sprache von Gottes großen Taten. Die babylonische Sprachverwirrung (vgl. 1. Mose 11) ist sie überwunden; verstehen sie endlich einander und erkennen den heilen, den einen, den einenden Geist? Am Sinai wurde ihnen einst enthüllt des HERRN Gesetz, aber sie erfassten nicht dessen Geist. Augenblicklich aber sind sie erfüllt davon, augenblicklich erfassen sie das göttliche Gebot.

In der Apostelgeschichte (2,11-13) ist zu lesen, dass die einen zwar ergriffen waren ob des allgemeinen Taumels, die anderen aber ihren Spott trieben über diese Form der Völkerverständigung und allgemeinen "Begeisterung" und meinten, das "Wunder" sei einer einzigen Ursache geschuldet: *sie seien trunken vom Wein*. Blinder Taumel oder des Redners "Erleuchtung", in "neuen Zungen": griechisch statt aramäisch zu sprechen zum Volk? Wie sollte die flammende Erkenntnis, das Gottesvolk habe eine gemeinsame Sprache: die Sprache seiner Heiligen Schrift, der Septuaginta, nicht trunken machen vor Freude? In seiner *Pfingstpredigt* (Apg 2,14-36) preist Petrus IHN: den *Nazoräer*, den Auferstandenen, preist IHN als den verheißenen Messias, von dem

David gekündet habe: ER *schaue nicht die Verwesung* (vgl. Psalm 16,10), preist IHN in griechischer Sprache? David selbst sei nicht aufgestiegen zum Himmel; ER aber sei aufgestiegen zum Himmel, ER, der empfangen habe den Heiligen Geist und diesen nun, wie sie selbst sehen konnten und hören, ausgegossen habe unter ihnen.

3000 Seelen, heißt es in der Apostelgeschichte (2,37-47) weiter, nehmen noch am gleichen Tage an sein Wort und lassen sich taufen. *Und sie halten fest an der Lehre der Apostel, an der Gemeinschaft, am Brechen des Brotes und an den Gebeten. Und der* HERR *fügt ihrer Gemeinschaft täglich jene hinzu, die da gerettet werden sollen.* Und sie sind ein *Herz und eine Seele* und leben in Gütergemeinschaft, wie (Apg 4.32-37) weiter zu lesen ist. Keiner unter ihnen leidet Not, denn sie verkaufen und teilen all ihren Besitz: ob Grundstück, Haus oder sonstige Habe und jedem wird daraus zugeteilt so viel, wie er bedarf. Die Urgemeinde als Urkommune, in der sich das urkommunistische Ideal tatsächlich verwirklicht? Eine Utopie, verwirklicht, weil nicht geschuldet äußerem Gebot, äußerer Doktrin, sondern innerer Notwendigkeit: geschuldet dem inneren Bedürfnis zu teilen mit dem Bruder? Das Ideal der Besitzlosigkeit und der Gleichheit unter Brüdern mag heute noch präsent sein in den Ordensgemeinschaften der Klöster, in den kirchlichen Gemeinden selbst zeugt allenfalls noch ein kümmerlicher Rest in Form von Opfergabe, Almosen bzw. Kirchensteuer vom einstigen urchristlichen Ideal. Wer aber Almosen gibt oder Steuer entrichtet, behält doch seinen Besitz. Oder gedenkt heute tatsächlich einer unter den christlich Betuchten und sei er gleich der Wohltätigste, herzugeben seinen ganzen Besitz, um zu teilen all seine Habe mit seinen Brüdern? Fiel leichter den ersten Christen die Umsetzung solch hehren Anspruchs? In der Apostelgeschichte (5,1-11) ist vom *Betrug des Hananias und der Saphira* zu lesen: Das Ehepaar verkauft zwar seinen Grundbesitz, behält aber einen Teil des Verkaufserlöses für sich zurück. Ein Betrug, den Petrus als Betrug an Gott selber geißelt und der jenem Ehepaar nicht nur nichts einbringt, sondern sie ihr Leben kostet.

Durch solche Geschehen im Kreis der Apostel und andere Zeichen und Wunder mehr, wie die vielen Heilungen, von denen zu lesen ist in der Apostelgeschichte (5,12-16), kommen immer mehr zum Glauben. *Heilung*en und Genesungen, die nicht immer so spektakulär verlaufen sein mögen, wie die *des Gelähmten im Tempel*, über die in der Apostelgeschichte (3,1-10) so ausführlich berichtet wird. Und da das Volk Petrus anstarrt ob des Wunders und auch anstarrt Johannes, fragt Petrus sie in seiner *Rede vor dem Tempelplatz* (Apg 3,11-26):

„Was starrt ihr uns an, als hätten wir solches bewirkt aus eigener Kraft oder eigener Frömmigkeit?" Und er fährt fort: „*Ihr habt verraten, den verherrlicht der Gott eurer Väter, verleugnet habt ihr* (hat nicht Petrus selbst dreimal verleugnet?) *den Heiligen und Gerechten vor Pilatus und gefordert die Freilassung eines Mörders. Den Urheber des Lebens habt ihr getötet, Gott aber hat ihn auferweckt von den Toten. Dafür sind wir Zeugen. Und nur weil dieser hier, der ge-*

lähmt war und den ihr alle kennt, glaubte an seinen Namen, kam er wieder zu Kräften. Der Glaube, der durch IHN kommt, gab ihm zurück vor aller Augen seine volle Gesundheit. Nun Brüder, ich weiß, ihr habt aus Unwissenheit gehandelt (und Petrus, war er ebenso unwissend, da er ihn verleugnete?), *ebenso wie eure Führer. Gott aber hat auf diese Weise erfüllt, was im Voraus verkündet war durch den Mund aller Propheten: dass leiden werde sein Messias. Also kehrt um und tut Buße, damit eure Sünden getilgt werden (...) denn für euch zuerst hat Gott erweckt und gesandt seinen Knecht, auf dass* ER *euch segne und abbringe einen jeden von seiner Bosheit."*

Und durch dein Geschlecht (verkündete der himmlische Bote dem Abraham), *sollen gesegnet werden* **alle** *Völker auf Erden, denn du hast gehorcht meiner Stimme.* (1. Mose 22,18)

Alle Völker auf Erden sollen gesegnet sein, so sie folgen dem Wort Gottes: das Heil ist nicht vorbehalten dem jüdischen Volk! Wenn die Apostel solches verkünden, müssen sie da nicht Unmut erregen, weil sie berauben ihr eigenes Volk seiner Sonderstellung, seiner Erwähltheit? Muss solche Kunde nicht nachgerade empfunden werden als Verrat, der bedroht das Judentum an seiner empfindlichsten Stelle und betrügt um seinen traditionell sicher geglaubten Exklusivitätsanspruch? Die Frohe Botschaft von der Auferstehung und der Liebe Gottes, die sich wendet an jeden Einzelnen, wessen Volk er auch angehören mag auf Erden, bedroht sie nicht zuvorderst die jüdische Geistlichkeit, die fürchten muss um ihren alleinigen Führungsanspruch, mithin auch um ihre Stellung gegenüber den römischen Machthabern? Und gilt dies nicht umso mehr, als sein Wort von der Gleichheit unter Brüdern kein leeres (gelehrtes) Wort bleibt, sondern bezeugt ist im verwirklichten Werk: im gelebten Leben der Urgemeinde. Einer Gemeinde, die (an)erkennt nur einen Herrn als höchste Autorität und nur diesem einen dienen mag; einer eingeschworenen Gemeinschaft zudem, die mehr und mehr Anhänger findet?

Priester und Sadduzäer jedenfalls fühlen sich "in der Pflicht" und lassen die Apostel, die verkünden das Wort des Auferstandenen, festnehmen vom Tempelhauptmann (Apg 4,1-22). Und da der Hohe Rat und die Ältesten Petrus und Johannes (den "festen Grund" und die "bewegende Kraft", den "Kopf" mithin der neuen Widerstandsbewegung?) scheinheilig befragen, wie sie heilen konnten den Gelähmten: mit welcher Kraft oder in welchem Namen solches geschehen sei, antworten sie, dass ER es sei, der solches bewirke: *„der Stein, der von euch Bauleuten verworfen wurde, der aber zum Eckstein geworden ist."* Wie soll der Hohe Rat vorgehen gegen solch bezeugten Freigeist, noch dazu, wo das Volk preist die beiden Apostel ob der wundersamen Heilung? Da sie keinen anderen Rat wissen, beschließen sie, wieder frei zu lassen die Apostel, ihnen aber zu verbieten, weiterhin zu verkünden das Wort des Auferstandenen. Petrus und Johannes aber antworten ihnen unerschrocken: *„Wir können unmöglich schweigen über das, was wir gesehen und gehört haben."* Sie können nicht schweigen; gleichwohl sie wissen, dass ihr Wort sie in Bedrängnis bringen wird (vgl. Luthers Wort: „Ich kann nicht anders. Hier stehe ich. Gott helfe mir! Amen!"). Kommen sie auch frei für den Augenblick, sie werden doch wieder verfolgt werden, wie auch ER verfolgt war seit seines Lebens, und also *beten sie mit den Ihren um Furchtlosigkeit* (Apg 4,23-31). Ihren Weg werden sie weiter gehen und freimütig verkünden das Wort des HERRN, selbst wenn sie das zu Verfolgten macht; denn wie wollten sie verschweigen die Wahrheit? Die Wahrheit, wurde sie nicht zu allen Zeiten bekämpft und verfolgt – und doch, fand sie nicht immer ihren Weg?

Und da sie weiterhin predigen und Wort wie Werk ihnen mehr und mehr Seelen zuführt, entbrennen die Hohepriester und die Sadduzäer und alle, die auf ihrer Seite sind, in Eifersucht und lassen erneut verhaften die Apostel (Apg 5,17-42); ein himmlischer Bote aber befreit sie aus den Gefängnismauern. "Die Gedanken sind frei" – wie sollte da weniger frei sein Gottes Wort; wer wollte es einmauern? Die auf wundersame Weise dem Gefängnis Entkommenen werden abermals vor den Hohen Rat gebracht und der Hohepriester verhört und bedroht sie: *„Wir haben euch streng verboten, in diesem Namen zu lehren; ihr aber habt Jerusalem mit eurer Lehre erfüllt; ihr wollt das Blut dieses Menschen über uns bringen."* Die Apostel aber antworten: *„Man muss Gott mehr gehorchen als den Menschen."* Dem Hohen Rat, der obersten Autorität (der einzig wahren Lehre?) verweigern sie ihren Gehorsam mit Hinweis auf die einzig wahre Autorität: das Wort des HERRN? Solch freier Geist erregt den Zorn der Obrigkeit. Der Apostel Tod scheint schon beschlossene Sache, als sich im Hohen Rat die Stimme eines Pharisäers erhebt, der zu bedenken gibt, so Wort oder Werk dieser Apostel von Menschen stamme, werde es zerstört werden – mit oder ohne Zutun des Hohen Rates, so es aber von Gott sei, könnten sie nichts dagegen ausrichten, sondern würden am Ende selbst dastehen als Kämpfer wider den HERRN. Die Rede des Pharisäers überzeugt, man belässt es dabei, die Apostel "nur" auspeitschen zu lassen. Die freuen sich, solcher Schmach würdig geworden zu sein für seinen Namen, den sie verkünden werden auch weiterhin unermüdlich im Tempel und in den Häusern hier wie dort.

Den Kopf der neuen Bewegung, die um sich greift wie ein nicht zu zügelndes Feuer, hat der Hohe Rat nicht abschlagen können – vielleicht ist es leichter ein Glied abzuschlagen, kann nicht auch so am Ende verderben der ganze Leib? Stephanus wird der Erste sein, den es trifft. Der erste Märtyrer: Stephanus, berufen als einer der Sieben (Apg 6,1-7), sich zu kümmern um die tägliche Versorgung, um das leibliche Wohl aller (auch der Witwen, die von alters her gern übersehen wurden) und so zu entlasten die Zwölf, auf dass die sich – angesichts einer stetig wachsenden Gemeinde – ganz auf das geistliche Wohl der Ihren konzentrieren können. *Und Stephanus ist voll der Kraft und der Gnade Gottes und tut Wunder und große Zeichen im Volk.* Etliche aber der sogenannten "Libertiner", der freigelassenen jüdischen Sklaven, sowie der "Alexandriner" (Angehörige der grch. Provinz) und auch etliche derer, die aus der Provinz Asien stammen, streiten mit ihm; da sie aber Stephanus unterlegen sind an Geist und Weisheit, hetzen sie das Volk gegen ihn auf, schleppen ihn vor den Hohen Rat (Apg 6,8-15) und steinigen ihn (Apg 7,54-8,3). *Und die Zeugen legen ihre Kleider nieder zu Füßen eines jungen Mannes*, der trägt den hebräischen Namen *Saul* (Saulus) und ebenso trägt den griechisch-römischen Namen *Paulus;* denn er ist nicht allein Jude, sondern (als einer der wenigen Juden) auch im Besitz des römischen Bürgerrechtes und ganz offenkundig nicht nur einverstanden mit eben jenem Mord; der Römer Saul hat auch maßgeblichen Anteil an der nun in Jerusalem einsetzenden Verfolgung der Ur-Gemeinde.

Sollte mit der Steinigung des Stephanus ein Exempel statuiert werden? Warum eilte niemand zu Hilfe, warum erhob keiner seine Stimme gegen jene Untat, die doch durch nichts zu rechtfertigen war? Was hatte Stephanus denn verbrochen, und war er überhaupt verurteilt worden – verurteilt gar zum Tode? Sie wollten und könnten sich nicht zum Herrn machen über Leben und Tod, hatte der Hohe Rat solches nicht bekundet gegenüber Pilatus, nun aber fürchten sie weder Tod noch Teufel? Welcher Ungeist treibt sie an, was erfüllt sie derart mit Zorn, dass sie blind sind vor lauter Wut? Ist es die Rede, die Stephanus hält unmittelbar vor seiner Steinigung (Apg 7,1-53)? Eine Rede, die zeugt und bezeugt, wer ferne ist dem Wort und wer erfüllt vom heilen Geiste – eine Rede, die zu den Wurzeln führt, aus der sich speist die "neue" Lehre und die eben darum an dieser Stelle vollständig wiedergegeben werden soll. Denn wer wollte wachsen, der nicht weiß um seine Wurzeln?

Hört mich an! Der Gott der Herrlichkeit erschien unserem Vater Abraham, da er noch in Mesopotamien lebte, ehe er sich niederließ in Haran, und Gott sprach zu ihm (1. Mose 12,1): *„Geh fort aus deinem Land, fort von deiner Verwandtschaft und zieh in das Land, das ich dir zeigen will." Da zog er aus dem Land der Chaldäer fort und ließ sich nieder in Haran, bis sein Vater starb und Gott ihn übersiedeln ließ in dieses Land hier, das ihr nun bewohnt. Doch gab Gott ihm kein Eigentum am Land, auch nicht einen Fuß breit, sondern verhieß nur, es ihm geben zu wollen zu seinem Besitz* (steht der Besitzer nicht in der Pflicht, mindestens zu erhalten, was ihm anvertraut wurde?), *ihm und seinem Geschlecht nach ihm, obwohl er doch kinderlos war. Doch Gott sprach* (1. Mose 15,13-14): *„Deine Nachkommen werden Fremde sein in einem fremden Land, das sie versklavt und übel behandelt vierhundert Jahre lang; ich aber werde richten das Volk, das sie zu Sklaven macht und sie werden ausziehen und mich verehren an dieser Stätte." Und Gott gab Abraham den Bund der Beschneidung* (2012 von einem deutschen Gericht als "Körperverletzung" gebrandmarkt). *Und so zeugte er Isaak und beschnitt ihn am achten Tage, ebenso beschnitt Isaak den Jakob und Jakob die zwölf Patriarchen* (Väter der 12 Stämme Israels). *Die aber waren eifersüchtig auf Josef und verkauften ihn nach Ägypten; doch Gott war mit ihm und rettete ihn aus aller Trübsal und Not, schenkte ihm Weisheit und ebenso die Gunst des Pharaos, der ihn erhöhte und Macht gab, zu sorgen für Ägypten* (vorzusorgen auch für schlechte Zeiten). *Und da nun eine Hungersnot hereinbrach über das ganze Land, über Ägypten wie auch über Kanaan und große Teuerung herrschte und Trübsal, Jakob aber* hörte, dass da noch Getreide sei in Ägypten, schickte er aus unsere Väter ein erstes Mal nach Ägypten. Aber erst beim zweiten Mal gab Josef sich zu erkennen seinen Brüdern und offenbarte dem Pharao seine Herkunft. Seinen Vater Jakob und seine ganze Familie ließ Josef zu sich holen, 75 an der Zahl. Und so zog denn Jakob nach Ägypten; und er starb, wie auch starben unsere Väter (ER aber, den verriet einer der Seinen, starb nicht, sondern stand wieder auf aus seinem Grab). Und man brachte sie nach Sichem und bestattete sie in dem Grab, das Abraham gekauft und bezahlt hatte mit Silbergeld von den Söhnen des Hamors in Sichem.

Da nun aber die Zeit der Verheißung nahte, die Gott dem Abraham angekündigt hatte, wuchs das Volk und mehrte sich, bis ein anderer herrschte als Pharao über Ägypten, der nichts mehr wusste von Josef und der heimtückisch handelte gegen unser Volk und übel zusetzte unseren Vätern und sie zwang, ihre Kinder auszusetzen, so sie denn am Leben bleiben sollten. Zu jener Zeit nun wurde Mose geboren und genährt drei Monate lang in seines Vaters Haus, bis auch er ausgesetzt wurde und ihn fand des Pharaos Tochter, die ihn aufzog, als wäre er ihr eigener Sohn. Und so wurde Mose unterwiesen in der Weisheit der Ägypter, wuchs heran und wurde mächtig in Wort und Tat. Da er nun **vierzig** (= Symbolzahl der Buße und Reue) Jahre alt war, gedachte er seiner Brüder: der Söhne Israels. Und als er nach ihnen sah und entdeckte, wie sie litten, stand er ihnen bei und rächte den, dem schweres Leid widerfuhr und erschlug darum einen der Ägypter. Und Mose meinte nicht anders, als dass seine Brüder begreifen würden, dass Gott ihnen Rettung bringen wollte durch seine Hand; aber sie verstanden es nicht. Und als er am anderen Tage zu ihnen kam und sie miteinander stritten, versuchte er Frieden zu stiften unter ihnen und mahnte sie: „Ihr seid doch Brüder, warum also tut ihr einander Unrecht?" Der Urheber des Streites aber stieß ihn zur Seite, eben jener, der frevelte wider seinen Nächsten, erhob nun laut seine Stimme gegen Mose und fuhr ihn an (2. Mose 2,14): „Wer hat dich über uns gesetzt und zum Richter bestellt, oder willst du auch mich töten, wie du gestern tötetest einen der Ägypter?" Ob dieser Rede floh Mose nach Midian – ein Fremder (fremd den Seinen, die ihm keinen Schutz gewähren, sondern preisgeben wollen den Ägyptern), fremd in einem fremden Land; daselbst zeugte er zwei Söhne.

Da nun **vierzig** Jahre vergangen waren, erschien dem Mose in der Wüste beim Berge Sinai ein Engel im Feuer eines brennenden Dornbusches (das Feuer des heilen Geistes). Mose wunderte sich über diesen Anblick; da er aber näher trat, genauer zu schauen ("was da im Busche war"), hörte er die Stimme des HERRN, die zu ihm sprach (2. Mose 3,5-10): „Ich bin der Gott deiner Väter, der Gott Abrahams und der Gott Isaaks und der Gott Jakobs." Da fing Mose an zu zittern und wagte nicht hinzuschauen, der HERR aber sprach zu ihm: „Zieh die Schuhe aus; denn du stehst auf heiligem Boden! (Wer zieht heute noch aus seine Schuhe an heiliger Stätte?) Ich habe das Elend meines Volkes in Ägypten gesehen und ihre Klagen gehört und bin herabgekommen, sie zu erretten. Und jetzt geh; ich sende dich hin nach Ägypten!" Diesen Mose, den sie ver-

leugnet hatten mit den Worten: „Wer hat dich über uns gesetzt und zum Richter bestellt", den sandte nun aus Gott selbst als ihren Führer und Befreier, sandte ihn durch des Engels Hand, der ihm erschienen war im brennenden Dornbusch. Dieser führte sie aus und tat Wunder und Zeichen in Ägypten, am Roten Meer und in der Wüste **vierzig** *Jahre lang.* (Führt Mose sie aber aus eigener Kraft; ist es nicht die Hand Gottes, die da lenkt und spricht zu ihnen?) *Und es war Mose, der zu den Kindern Israels sagte* (5. Mose 18,15)*: „Einen Propheten wie mich wird Gott euch erwecken aus euren Brüdern."* (Ist ER dieser verheißene Prophet, ER, den sie verleugneten und ans Kreuz schlugen?) *Mose hörte das Wort Gottes auf dem Berg Sinai und empfing die Worte des Lebens; sie aber wollten sich nicht unterordnen, wiesen ihn zurück und wandten ihre Herzen lieber den Ägyptern zu* (und deren alten Kulthandlungen). *Von Aaron verlangten sie* (2. Mose 32,1)*: „Mach uns einen Gott, der vor uns herzieht; denn dieser Mose, der uns aus Ägypten herausgeführt hat – wir wissen nicht, was mit ihm geschehen ist." Und sie schufen in jenen Tagen ein* (goldenes) *Kalb und brachten diesem Götzenbild Opfer dar und freuten sich über das Werk ihrer Hände. Gott aber wandte sich ab und überließ sie ihrem Aberglauben, wie es heißt im Buch der Propheten* (Amos 5,25-27)*: Habt ihr etwa mir Schlachtopfer dargebracht oder andere Gaben während der vierzig Jahre in der Wüste, ihr aus dem Hause Israel? Als euren König, euren Gott trugt ihr vor euch her Sakkut und Kewan* (assyrische Gestirngötter)*, Götter, die ihr euch selber gemacht habt, und truget umher des Molochs Hütte* (Moloch: ein kanaanäischer Gott, dem Menschenopfer dargebracht wurden, heute Sinnbild alles verschlingender Gewalt)*; darum will ich euch verbannen jenseits von Babylon.*

Unsere Väter hatten in der Wüste die Stiftshütte (= Bundeszelt)*, die Gott dem Mose anbefohlen hatte zu errichten nach dem Vorbilde, das er schauen werde. Und unsere Väter haben die Stiftshütte übernommen und mitgebracht unter Josua in das Land, das innehatten die Heiden, bis von dort sie vertrieb der Gott unserer Väter, vertrieb bis hin zu den Tagen Davids, der Gnade fand vor dem HERRN und der darum bat, eine heile Stätte* (feste Wohnstatt) *erbauen zu dürfen dem Gott des Hauses Jakob* (= Tempel in Jerusalem, vgl. 2. Samuel 7,2-14)*, die dann errichten sollte Salomo* (Davids Sohn, vgl. 1. Könige 6,1)*. Aber der Allmächtige wohnt nicht in Häusern von Menschenhand gemacht, wie gesagt ist durch den Propheten* (Jesaja 66,1-2)*: Der Himmel ist mein Thron und die Erde der Schemel meiner Füße. Was für ein Haus wollt ihr mir bauen, welcher Ort denn könnte Ruhestätte sein dem, dessen Hand erst schuf, was da ist auf Erden?*

Ihr Halsstarrigen und Unbeschnittenen an Herzen und Ohren, ihr, die ihr widerstrebt dem heilen Geist, widerstrebtet alle Zeit, wie eure Väter, so nun auch ihr! Welchen der Propheten denn verfolgten eure Väter nicht? Sie töteten jene, die prophezeiten das Kommen des Gerechten, zu dessen Verräter und Mörder ihr nun geworden seid. Ihr habt das Gesetz empfangen durch die himmlischen Boten, aber ihr habt es nicht gehalten.

288

Stephanus führt in seiner Rede zurück zu den Wurzeln – den Wurzeln allen Übels? und hält ihnen den Spiegel vor: Sie haben den Bund der Beschneidung verraten, weil sie sich nicht beschneiden wollten am Herzen, weil sie widerstrebten dem heilen Geist, der einst aufloderte im Dornbusch und jüngst entflammte die Herzen der Massen zum Wochenfest (Pfingstfest) in Jerusalem. Abraham kaufte in der Fremde Land, sich eine Grabstätte zu errichten, erkaufte es sich für Silbermünzen. Welches Land erwarben sie; kauften sie nicht einen "Blutacker" für die Toten von den Silbermünzen des Verrates, vom "Blutgeld" des Judas? Abraham starb, wie auch ihre Väter starben; ER aber ist auferstanden von den Toten; ER ist lebendig, wie denn auch lebendig ist der Geist Gottes: im Feuer des Dornbusches – in den Herzen derer, die entbrannt sind in heiler Glut: in einem heilen Glaubenseifer. Wen kreuzigten sie gestern zum Pessach-Fest und wen wollen sie heute steinigen: Ist allein ER es, den sie kreuzigen, ist es allein Stephanus, den sie steinigen? Kreuzigen und steinigen sie nicht zugleich Gottes Wort – und wissen sie um solch ungeheure Schuld? Wirft Stephanus den ersten Stein oder baut er auf den Stein, den sie verworfen haben und der zum Eckstein werden sollte (vgl. Matthäus 21,42-44), zum Maßstab (= Kanon) des wahren Wortes? Ist nicht eben dies der Streit, der tobt zur Zeitenwende, was wahres Gotteswort sei und was menschliche Erfindung – ein Streit, wie er nicht heute noch tobt?

Welche der jüdischen Schriften, die mit der sog. Septuaginta bereits um 250 v.u.Z. ins Griechische übersetzt worden waren, sollten in den Kanon der rechtsverbindlichen und für den Glauben verpflichtenden Schriften aufgenommen werden? Das war die bohrende Frage. Einigkeit herrschte nur im Hinblick auf die fünf Bücher Mose und die Propheten, und selbst hier flammte immer wieder Streit auf hinsichtlich der Auslegung des wahren Wortes und der rechten Befolgung des Gesetzes. Wer aber vermag auszulegen und zu deuten Wort und Gesetz des HERRN, den nicht erfüllt der Geist des Höchsten? Das Gesetz, aufgeschrieben auf Papier, wie papieren ist es? Und wäre es gleich geritzt in Stein, könnte es nicht doch verloren gehen? War nicht verloren, geraubt die Bundeslade mitsamt der steinernen Gesetzestafeln (die erste Verfassung der Menschheit: die *Zehn Gebote Gottes*), geraubt dem Volke Gottes, als es geriet in babylonische Gefangenschaft nach der Zerstörung des Tempels? Wer aber wollte zerstören den Tempel, errichtet in ihren Herzen, oder rauben das Gesetz, geritzt in ihr Innerstes?

Worauf bauen sie: was ist ihr Gesetz, ihr Tempel, ihr wahres Wort? Worauf berufen sie sich, wen klagen sie an, gegen wen wüten sie? Erheben sie sich wider ihren Bruder, erschlagen ihn gar, wie einst erschlug Kain seinen Bruder Abel? Sind sie ohne Schuld, dass sie werfen den (ersten) Stein wider ihren Nächsten, wider Stephanus? IHN kreuzigten sie im Namen des Gesetzes, in wessen Namen nun verurteilen sie Stephanus, auf wen berufen sie sich, welches Gesetz legitimiert ihre Untat? Und so sie nicht mittun, sondern wegsehen, sind sie da weniger Täter? Wer ist hier wem zu Diensten und aus welchem Grunde? Die Hohe Geistlichkeit, der Hohe Rat zu Jerusalem hat keine Skrupel zu kollaborieren mit der weltlichen Macht: den römischen Besatzern, wohl aber Skrupel sich "gemein" zu machen mit den Verkündern der "neuen Lehre", die doch wurzelt in der uralten Überlieferung, dem uralten Gesetz? Ist ihnen so fern die neue Lehre und so fremd oder ist es die Nähe, die Vertrautheit, die sie fürchten, von der sie sich abgrenzen wollen: die Nähe, die ihnen unerträglich ist – die Nähe zu Gott? Ist Gott ihnen immanent oder transzendent: nicht erfahrbar – und also auch nicht spürbar ihrem Herzen?

Welche Macht hat Besitz ergriffen von ihnen – der heile, der ewige Geist oder der Ungeist der Zeit? Welche Kraft fürchten sie zu entfesseln: eine Kraft, die sprengt alle weltlichen Fesseln? Denn wer wollte herrschen über einen unabhängigen Geist? Und sollten sie herrschen, sich erheben einer über den anderen, oder Brüder sein – Brüder in einem heilen, einem einenden Geist? So sie erfüllt sind von solch heilem Geist, wie könnten sie da einander bekämpfen – gestern – heute? Juden, Christen, Muslime, glauben sie nicht alle an den einen, ewigen Gott, der da schuf, was da ist? Warum sind sie uneins und bekriegen einander, statt gemeinsam sich zu erheben gegen den wahren Feind: den Ungeist, von dem erfüllt ist ihre Zeit? Oder ist alle Sünde überwunden, gibt es in ihrer Welt kein Sündenbabel, keinen Moloch, der frisst ihre Kinder, keinen Tanz ums Goldene Kalb, keinen Kniefall vor dem Mammon? Wie wollen sie jemals loswerden all die Götter, Geister und Götzen, die schon (an)riefen ihre Väter, wenn sie sich nicht beschneiden in ihrem Herzen, um im Bunde zu sein: erfüllt und ergriffen vom heilen Feuer, das einst entzündete den Dornbusch inmitten der Wüste? Tragen sie weniger Feuer, weniger Leben in sich denn solch Gestrüpp der Wüste?

Gemeinde in Judäa und Samarien
(Apg 8,5-12,23)

Die Botschafter der neuen Lehre, überzeugen sie fern der heilen Stätte, fern des Tempels mehr denn zu Jerusalem? Entzündet sich das Feuer der Begeisterung wirklich und wahrhaftig erst in der Fremde: im Land der "Abtrünnigen", der Samariter, die nicht verehren den einen Gott zu Jerusalem, sondern an anderer, an "heidnischer" Stätte (vgl. *Gespräch am Jakobsbrunnen*, Johannes 4,1-26)? Philippus, der – wie Stephanus – gewählt worden war als einer der (für die tägliche Versorgung der Gemeinde zuständigen) *Sieben* (vgl. Apg 6,1-7), ist es, der verkündet das Wort in Samarien. Wohin es ihn wie viele andere aus der Urgemeinde verschlagen hat, weil man sie in Jerusalem verfolgte und ins Gefängnis werfen ließ wegen ihres Glaubens (Apg 8,1-3). *Und da die Menge die Worte des Philippus hört und sieht die Wunder, die er wirkt* (Apg 8,5-13), lassen sie ab von ihrer falschen Besessenheit und allem falschen Zauber. Selbst Simon, der die Menge stets zu betören verstand mit scheinheiligen Tricks, lässt sich taufen!

Als solche Kunde dringt hin zu den Aposteln, die geblieben sind in Jerusalem, schicken sie Petrus und Johannes nach Samarien. Dort mögen sie getauft sein mit Wasser, sind sie aber auch erfüllt vom heilen Feuer, vom heilen Geist? War nicht auch Judas getauft und wurde doch zum Verräter; und selbst Petrus, verleugnete er nicht, als das Feuer draußen brannte, nicht aber brannte in seinem Innersten? Also machen sich Petrus und Johannes auf nach Samarien und beten darum, auch dort möge sie erfüllen der heile Geist des HERRN, *und sie legen ihnen die Hände auf, auf dass sie empfangen den Heiligen Geist* (Apg 8,14-25). Noch ist nicht besiegt der Ungeist in Samarien! Der Zauberkünstler Simon, der gestern verführte die Massen, zeigt auch zur Stunde, welch Geistes Kind er ist. Mit Geld, mit Silber will er sich erkaufen Gottes Gunst. *Wende dich ab von deiner Bosheit und bitte den* HERRN, ermahnt Petrus ihn. Und wird Simon, wird der alte (Finanz)Magier sich tatsächlich abkehren, abwenden von seiner trickreichen (Finanz)Welt?

Petrus und Johannes kehren zurück nach Jerusalem, Philippus aber macht sich auf gen Süden: Richtung Gaza, das außerhalb liegt Judäas und Samariens (und heute steht für Unfrieden, für Krieg zwischen Nachbarn, zwischen Brüdern). Welcher Weg führt hin, welcher weg von Gott? Die Ferne, die Entfremdung des Menschen von Gott: auf welchem Weg wird sie überwunden? Und so der Mensch nicht hinfindet zu Gott, sondern sich weiter entfernt und entfremdet von Gott, beschreitet er da nicht einen Weg, der in die Irre führt und den Menschen letztlich "seiner selbst entfremdet", wie die marxistische Theorie (im bzw. vom "Kapital") formuliert? Wer ist wem fremd, wem nahe, wer wo beheimatet?

Philippus begegnet auf seinem Weg einem Äthiopier, dem Kämmerer der "Kandake", der Königin Äthiopiens – eines Landes, entdeckt von Stämmen aus Saba lange vor der Zeitenwende. Und wie einst stand das sagenumwobene Saba unter weiblicher Herrschaft, weiblicher Oberhoheit und war reich an Schätzen, so nun auch Äthiopien? Und wie sich einst aufmachte die Königin von Saba, zu erkunden das weise Wort Salomos, so schickt nun aus die Kandake ihren Kämmerer, zu erkunden das wahre Wort? Oder handelt der Kämmerer im eigenen Namen, verbindet er den ihm gegebenen Handelsauftrag mit einem ureigenen Verlangen? In der Apostelgeschichte (8,26-40) jedenfalls ist zu lesen, dass er gekommen ist, Gott anzubeten. Und als jener Äthiopier das Wort des Propheten Jesaja liest: ER *ist wie ein Lamm, das geführt wird zur Schlachtbank* (Jesaja 53,7-8), versteht er den Geist der Botschaft nicht. Philippus aber klärt ihn auf und tauft ihn mit Wasser.

Philippus zieht weiter nach Cäsarea; der Äthiopier aber kehrt zurück in seine Heimat. Entfacht er dort das Feuer, das ihn selbst entflammte? Wird Äthiopien, das reiche Land auf dem schwarzen Kontinent nicht zu dem Land, das sich zuerst bekennt? Was aber ist geworden aus jenem Land, ist es nicht heute arm wie die Kirchenmaus, arm und unheil: uneins mit sich und seinen muslimischen Nachbarn? Der heile, der eine und einende Geist, der innewohnte dem Philippus, innewohnte auch dem äthiopischen Kämmerer, der einte das äthiopische Land und um 350 n.u.Z. zur Gründung führte der ersten christlichen Staatskirche, noch vor Gründung der römisch-abendländischen Staatskirche (vgl. *Christlich-abendländischer Streifzug: Frühzeit*): was ist geblieben, was ist heute noch spürbar davon?

Wandel durch Handel. Bewegten die Menschen nicht zu allen Zeiten mehr als nur ihr Handelsgut, trugen sie nicht von Ort zu Ort auch ihr Gedankengut, ihre Glaubensvorstellung, ihr Weltbild, und tauschten viel mehr denn Gut und Geld? Wandelten sie aber die Welt und wohin wandelten, änderten sie: bereicherten oder entreicherten sie – gestern – und heute? Sind sie das *Salz der Erde* (vgl. *Bergpredigt*, Matthäus 5,13): das "Handelsgut" Gottes? Wer ist ihr Herr, wem verkaufen sie sich, wem dienen sie sich an?

Ist verloren auf ewig oder kann zurückfinden, wer sich entfremdete und dient fremder Macht: sich wandeln wie Saulus zum Paulus? Auf dem Weg nach Damaskus geschieht das Wunder (vgl. Apg 9,1-22). Der Verfolger all jener, die beschritten den neuen Weg, wird zum Verkünder eben jener neuen Lehre. Der Blinde wird zum Sehenden! und als solcher selbst zum Verfolgten! Zur Flucht aus Damaskus verhilft dem gewandelten Saulus Josef. Ein Levit (= Angehöriger der Priesterkaste), von den Aposteln Barnabas genannt (= Sohn des Trostes, vgl. Apg 4,36), der auch Partei ergreift für Saulus vor den Aposteln in Jerusalem und ihn bezeugt als einen, der wahrlich gewandelt und erfüllt ist vom heilen Geist.

Und das Wort verbreitet sich in Judäa, in Galiläa und in Samarien, das Wort bewegt. Wer innerlich bewegt ist, wird auch bewegen wollen und also losziehen, um zu bewegen? Unermüdlich sind die Apostel unterwegs von einem Ort zum anderen. Auch Petrus reist: nach Lydda und nach Joppe (Apg 9,32-43). Dort lebt eine Jüngerin, namens Tabita, die gerühmt wird ihrer guten Werke wegen, just in jenen Tagen aber ernstlich erkrankt und stirbt. Und als man nach Petrus schickt und ihn führt in ihr Obergemach, erweckt er sie zu neuem Leben, erweckt sie mit den Worten: *„Tabita, steh auf"*, aramäisch: „Tabita kum" – Tabita (= Gazelle) oder Talita (= Mädchen)? Worte gleichen Klangs – ewigen Klangs? Worte, wie ER sie sprach, da ER erweckte des *Synagogenvorstehers Tochter* (vgl. Matthäus 9,18-34)? Hier die Erweckung der Tochter, dort die Erweckung der Jüngerin und hier wie dort wird auch berichtet von einem frommen Hauptmann: Im Evangelium ist es der *Hauptmann von Kafarnaum*, in der Apostelgeschichte (10,1-48) der Hauptmann Kornelius in Cäsarea: dem Standort einer römischen Garnison.

Diesem frommen Hauptmann erscheint ein Bote Gottes, der ihn auffordert nach Simon Petrus auszuschicken, der weile in Joppe. Und während des Hauptmanns Leute noch unterwegs sind zu Petrus, hat dieser eine Vision, ein Traumgesicht. Eine Schale sieht er vom Himmel herabkommen, gleich einem großen Leinentuch, und darin allerlei unreines Getier, das Petrus schlachten und essen soll. *Unreines soll er essen? Niemals!* Und als sich Petrus weigert, hört er eine Stimme: *„Nenn du nicht unrein, was Gott für rein erklärt."* Und da Petrus noch darüber nachsinnt, was diese Vision, die ihm gleich dreimal erscheint, wohl bedeute, treffen die Männer des Hauptmanns Kornelius ein, ihm zu berichten von des Gottesboten Weisung, ihn nach Cäsarea zu bringen. Und als sie dort eintreffen und Petrus so viele Menschen versammelt sieht in des Kornelius Haus, sagt er ihnen: *„Ihr wisst, dass es einem Juden nicht erlaubt ist, mit einem Nichtjuden zu verkehren oder dessen Haus zu betreten; mir aber hat Gott gezeigt, dass man keinen Menschen unheilig oder unrein nennen darf."* Seine Vision, sein Traumgesicht, augenblicklich erschließt sich dem Petrus der Sinn: Gott achtet nicht auf das Äußere, auf die Schale, sondern auf das Innere, den Kern, das Sein eines Menschen.

Der neue Weg, er steht allen offen, und ER ist es, der ihn eröffnete, ER, der bezeugt ist von den Propheten und für den nun zeugen die Apostel: ER ist der von Gott eingesetzte Richter aller: der Lebenden und der Toten. Als aber die Juden, die sich schon bekehrt hatten zur neuen Lehre, solches hören, können und wollen sie es nicht fassen: ER, der Auferstandene, ist nicht allein gesandt, sie zu erretten, sondern zu erretten ebenso die Heiden? Soll etwa kein Unterschied sein zwischen ihnen (den Beschnittenen) und jenen (den Unbeschnittenen)? Soll das ihr Lohn sein, dass sie sich enthielten, fasteten, die Gebote achteten ihr Leben lang, dass sie nun, da sie empfingen die Taufe, gleich sind den Heiden, die vor ihrer Taufe führten ein ungezügeltes, ein ungebundenes Leben und sich nicht scherten um das Wort des HERRN? Was hätte ER, dessen Geist sie doch erfüllen sollte, ihnen geantwortet, was denn hat ER ihnen gesagt im *Gleichnis vom verlorenen Sohn* (vgl. Lukas 15,11-32)? Wussten sie sich nicht alle Tage nah ihrem Vater im Himmel, warum murren sie jetzt auf, wenn kommt zum Vater endlich auch ihr Bruder, der so lange ferne war der Heimat? Also fragt Petrus sie: *„Wer will verwehren das Wasser der Taufe jenen, die empfangen haben ebenso den Heiligen Geist wie wir?"*

Sind sie Brüder im Geiste? Die Juden, die sich taufen ließen, aber schon vor ihrer Taufe achteten das Wort des HERRN und sich beschneiden ließen nach dem Gebot des Mose, sollten gleich sein den Unbeschnittenen, die vor ihrer Taufe nie achteten Wort und Gesetz? Muss nicht auch von den Heiden gefordert werden, sich zu beschneiden nach dem Gebot des Mose? Diese Frage wird erörtert auf dem *Apostelkonzil in Jerusalem* (Apg 15,1-29). Und Petrus, dessen Stimme Gewicht hat unter ihnen, mahnt sie: *„Macht keinen Unterschied zwischen uns und ihnen."* Wer denn ist der wahrhaft Gereinigte: jener, der beschnitten ist am Fleisch oder jener, der beschnitten ist am Herzen? Und Paulus und Barnabas berichten, wie viele Zeichen und Wunder Gott durch sie geschehen ließ unter den Heiden. Wenn Gott keinen Unterschied macht, wie wollen sie da als unrein erachten den Unbeschnittenen? Und Jakobus, "der Bruder des Herrn" (vgl. Markus 6,3), der eine bedeutende Rolle spielte in der Urgemeinde, erklärt, *man solle den Heiden, die sich zu Gott bekehren, keine Lasten aufbürden* und keine Gesetze auferlegen, die ihnen fremd seien und die nicht einmal die Juden selbst gehalten, sondern wieder und wieder gebrochen hätten, wie die Geschichte zeige. *Man schreibe ihnen aber vor, sich aller Befleckung durch Götzen oder Unzucht zu enthalten und weder Ersticktes noch Blut zu essen.*

Und so war es beschlossen von den Aposteln und Ältesten zusammen mit der ganzen Gemeinde, und sie wählten Männer aus ihrer Mitte, die gemeinsam mit Paulus und Barnabas den Heiden verkünden sollten das Evangelium nach Ihrem Beschluss. Ins Land der Heiden sollten sie ziehen, wohin viele der Ihren bereits geflohen waren, als einsetzte in Jerusalem die große Verfolgung nach der Steinigung des Stephanus (Apg 11,19-26). Nach Antiochia, Syrien und Zilizien (vgl. Apg 15,36-41) sollten sie ziehen und **allen** verkünden das Evangelium, auch den "Heiden", den "Ungläubigen", die dem Judentum fremd gegenüber standen und ihm auch nie hatten angehören wollen – als "Proselyt". Der neue Weg, die neue Lehre, so die Botschaft, stehe jedem offen. Wer erfüllt sei vom heilen Geist der neuen Lehre, der sei ihr Bruder, sei Teil, sei (Mit)Glied der neuen Gemeinde. Und die wächst und wächst, hinaus über Jerusalem und die jüdischen Gebiete, weit hinein ins Land der "Heiden". Jerusalem freilich ist und bleibt die Urzelle, in der nicht allein beraten wird über alle strittigen Fragen, sondern auch ausgetauscht, gebündelt und weitergegeben wird, was ankommt an Nachrichten, Grüßen, Botschaften und nicht zuletzt auch an Spenden, wie *die Spende der Gemeinde von Antiochia für die Christen in Judäa* (Apg 11,27-30).

Für die *Christen*: In Antiochia (heute Antakya/Türkei) bezeichnet man die Jünger zum ersten Mal als Christen, "Gesalbte": getaufte Juden-Christen und getaufte Heiden-Christen. Gesalbte des HERRN, wie auch ER ein Gesalbter ist. "Christus", der "Gesalbte": die griechische Übersetzung des hebräischen "Messias". "Christ" (christianós), verbreitete sich als Bezeichnung für die Anhänger der neuen Lehre auch in *Judäa*. Welchen Namen trugen sie vorher im hebräisch bzw. aramäisch sprechenden Ursprungsland; gaben sie sich den Beinamen, den ER trug: *Nazoräer* (vgl. Matthäus 2,23)? Nazoräer war ER genannt, nach dem Ort seiner Herkunft, dem Ort, von wo ER aufbrach, zu verkünden das Wort. Nazoräer, ein Name, der zum Schimpfwort geworden war, verunglimpft von jenen, die verfolgten die neue Lehre bis aufs Blut und also noch koscher, noch rein? Nazoräer – die verkürzte Form heißt im Plural, man wagt es kaum zu denken, verkehrte sich doch die Form ins grausige Gegenteil, ins Unheilvollste, das sich bislang ergoss über diese Welt: Nazi. Ein Name, der zum Unwort wurde, der steht für den Ungeist, vernichten, ausrotten zu wollen das Judentum mitsamt seiner Wurzel. Ausreißen jene Wurzel, aus der erwuchs das Christentum; vernichten, was genannt war im Anfang Nazoräer?

Herodes Agrippa I., Enkel Herodes des Großen, König von ganz Palästina (41-44 n.u.Z., etwa 12 Jahre nach der Kreuzigung), ist es, der wütet gegen die Nazoräer, der sie verhaften und misshandeln lässt. Handelt er im eigenen Namen oder im Auftrag Roms, unter dessen Oberhoheit er steht? Wie gefährlich ist die neue Lehre für Agrippa, für Rom – eine Lehre, die verkündet: ihr seid alle gleich, seid Brüder und verpflichtet nur dem einen Herrn, der da ist der Höchste? Welcher Herrscher mag zugestehen Gleichheit und Freiheit seinen Untertanen? Die Unruhestifter (heute würden sie wohl Terroristen genannt) sollen bluten! Jakobus, der Bruder des Johannes, einer der ersten Vier, die ER berief zur Nachfolge, trifft es als Ersten: Herodes Agrippa lässt ihn hinrichten mit dem Schwert (Apg 12,1-5). Offenbar nicht gerade zum Missfallen all jener Juden, denen die neue Lehre ebenso ein Dorn ist im Auge. Und da Agrippa breite Zustimmung findet im Volk, fasst er den Beschluss, auch Petrus köpfen zu lassen, um so dem Haupt der neuen Bewegung, die nichts stiftet als Unruhe, im wahrsten Sinne des Wortes den Kopf abzuschlagen? Da aber die Zeit der ungesäuerten Brote gekommen ist, beschließt Herodes Agrippa, diesen Rädelsführer erst einmal ins Gefängnis zu werfen, um ihn nach dem Pessachfest vorzuführen dem Volk. Doch Petrus, in Ketten gelegt und bewacht von zwei Soldaten, wird befreit von einem himmlischen Boten. Und als er erscheint den Seinen, halten die ihn zunächst für einen Engel, bis sie erkennen: er ist es wirklich. Und Petrus trägt ihnen auf, hinzugehen zu Jakobus (dem "Bruder des Herrn") und den Brüdern und ihnen zu berichten, was geschehen sei; er selbst aber zieht hin zu einem anderen, ferneren Ort (Apg 12,6-19).

Große Aufregung herrscht, als bekannt wird, dass Petrus entkommen ist aus dem Gefängnis, und Herodes Agrippa verhört die Wachen, lässt sie abführen und nach Petrus suchen. Er selbst aber zieht von Judäa hinab nach Cäsarea; denn er ist in Zorn entbrannt über die Bewohner von Tyros und Sidon (Apg 12,19-23). Zornig, aufgebracht, worüber? Weil man sich dort widersetzt, die geforderten Abgaben nicht leisten will? Der Kämmerer soll's richten und schließlich kommt man überein, Frieden zu schließen. Und da nun der Tag des Friedensschlusses gekommen ist und Herodes dasteht im Königsgewand und eine Festansprache hält, ruft das Volk, (beschwichtigt durch Senkung der Abgabenlast?): *„Die Stimme eines Gottes, nicht eines Menschen!"* Und wahrlich, sie sollten sie vernehmen, die Stimme Gottes im nämlichen Augenblick, denn der Engel des Todes streckt Agrippa nieder *und von Würmern gefressen, stirbt er. Das Wort des HERRN aber wächst und breitet sich aus.*

Gemeinde unter den Völkern
(Apg 13,1-28,31)

Paulus – Saulus, der als einer der wenigen Juden römisches Bürgerrecht besitzt, und als Jude wie auch als Römer durchkreuzen wollte den neuen Weg und verfolgte die Anhänger der neuen Lehre, die Nazoräer, bis aufs Blut, ausgerechnet er sollte zum Wegbereiter werden und hinaustragen die neue Botschaft. In eine Welt, die unter römischer Vorherrschaft steht und doch geprägt ist vom Hellenismus, vom griechischen Geist: griechischer Philosophie, griechischer Bau- und Dichtkunst, griechischer Vielgötterei. Die Götter der Griechen sind auch die, die verehrt werden von den Römern, wie auch die römische

Kunst ihr Vorbild hat in der griechischen. Griechisch ist ebenso Amtssprache des römischen Weltreiches. Eine Sprache, die weit verbreitet ist, nicht allein unter Juden, sondern unter den verschiedensten Völkern und Stämmen der Alten Welt, was zumindest verbal eine Völkerverständigung ermöglicht, die seit der babylonischen Sprachverwirrung undenkbar schien. Ein Austausch von Nachrichten, Informationen, Wissen: eine Kommunikation, die heute noch denkbar scheint – zumindest in der Welt der Wissenschaft? Paulus jedenfalls hätte sich kaum verständigen können auf seinen langen Reisen, so er des Griechischen nicht mächtig gewesen wäre. Ist er aber auch vertraut mit der griechischen Denkweise, der griechischen Literatur und Philosophie oder der griechischen Rhetorik und Streitkultur? Mit den "Hellenisten", den griechisch sprechenden (und griechisch denkenden?) Juden, gerät er jedenfalls so sehr in Streit, dass die ihm sogar nach dem Leben trachten, weshalb Paulus von Jerusalem nach Cäsarea geschickt wird und von dort weiter nach Tarsus (Apg 9,29-30). Hier sucht er Barnabas auf, der ihn so vehement verteidigt hatte in der Urgemeinde zu Jerusalem, um ihn mitzunehmen nach Syrien. Nach Antiochia soll die Reise gehen, der nach Rom und Alexandria (mit etwa einer halben Million Einwohnern) drittgrößten Stadt des damaligen römischen Reiches mit großer jüdischer Gemeinde.

Von Seleuzia, der Hafenstadt Antiochias, bricht Paulus auf zu seiner **ersten Missionsreise** (Apg 13,4-14,28), gemeinsam mit Barnabas und dessen Vetter: Johannes, der den Beinamen (oder Taufnamen?) Markus trägt und Sohn ist eben jener Maria, in deren Haus sich die Urgemeinde versammelte in Jerusalem (Apg 12,12) und ebenso (Namens-)Träger des zweiten Evangeliums. Von Antiochia gelangen sie über Zypern bis nach Perge in Pamphylien (heute Türkei), wo Markus sich von ihnen trennt und zurückkehrt nach Jerusalem. Grundlos trennt? Scheidet Markus, um einen eigenen, einen anderen Weg zu beschreiten oder um Bericht zu erstatten in Jerusalem und neue Weisung zu erhalten? Paulus und Barnabas jedenfalls wandern weiter. Von Perge (dessen hellenistische "Überreste" noch heute zu bewundern sind) kommen sie nach Antiochia in Pisidien, wo sie am Sabbat aufsuchen die Synagoge. Daselbst hält Paulus eine Rede (Apg 13,14-52), um der jüdischen Gemeinde dort nahezubringen das Evangelium.

Nicht nur die griechische Sprache, die griechische Liebe zum Wort, sollte zur Stütze werden des Paulus und zum Motor der Glaubensvermittlung, sondern die jüdischen Gemeinden selbst, die, wenn nicht zu Stützpunkten, so doch zu ersten Anlaufstellen werden. Wie hätte sich das Evangelium verbreiten sollen ohne diese Anlaufstellen, ohne die weit verstreuten jüdischen Gemeinden, die erwachsen waren aus babylonischer Gefangenschaft? Sollte ausgerechnet in der Diaspora jener Boden gedeihen, der erst fruchtbar werden ließ das Christentum? Die Juden in Pisidien jedenfalls stehen der neuen Lehre zunächst offen gegenüber, es scheint sogar, sie seien gewonnen. Dann aber wenden sie sich unvermittelt ab, verschließen sich, weil die Obersten: die Reichen und Vornehmen hetzen wider Paulus und Barnabas; die aber schütteln ab den Staub von ihren Füßen und ziehen weiter.

Und so kommen sie nach Ikonien, nach Lystra und Derbe (Apg 14,1-20). Auch in Ikonien gehen sie zuerst in die Synagoge (Bet-, Lehr- und Versammlungsort der Juden), doch ihre Reden erbittern viele Juden, die sogleich hetzen wider Paulus und Barnabas und auch die Heiden aufbringen gegen sie. Als die Apostel merken, dass die Juden sich gemein machen mit den Heiden und entschlossen sind, sie zu steinigen, fliehen sie und kommen nach Lystra. Dort heilen sie einen Mann, der von Geburt an gelähmt war (Apg 14,1-20). Und als die Menge solch Wunder sieht, schreien sie: *„Die Götter sind zu uns herabgestiegen!"* Und sie nennen den Barnabas Zeus, den Paulus aber Hermes, weil er Bote ist der ihnen ergangenen Nachricht. Da aber die Apostel davon hören und auch hören, dass der Priester des Zeus schon Stiere bringe vor die Tore und Kränze, um mit der Volksmenge ein Opfer darzubringen, rufen sie der Menge zu: „Wir bringen euch das Evangelium, auf dass ihr euch abwendet von euren toten Götzen und zuwendet dem lebendigen Gott."

Doch der alte Aberglaube wütet weiter im Volk und so kommen von Antiochia und Ikonien Juden herbei, die Menge zu überreden, die Störenfriede auszuschalten. Und sie steinigen Paulus und schleifen ihn zur Stadt hinaus – in der Meinung, er sei tot. Paulus aber überlebt den mörderischen Anschlag – wie durch ein Wunder – und zieht mit Barnabas weiter nach Derbe, von wo aus sie zurückkehren nach Syrien (Apg 14,21-28).

Der **zweiten Missionsreise** des Paulus (Apg 15,36-18,22) geht *das Apostelkonzil in Jerusalem* (Apg 15,1-35, vgl. *Gemeinde in Judäa und Samarien*) voraus. Die Bekehrung auch der "Heiden", der "Unbeschnittenen", ist beschlossene Sache vor dieser zweiten Reise. Zu der will Barnabas wieder den (Johannes) Markus mitnehmen, was aber auf erbitterten Widerstand trifft des Paulus, der sich nicht begleitet sehen will von einem, der sie "im Stich ließ" auf ihrer ersten Reise. Setzte sich Markus also ab aus eigenem Antrieb auf ihrer ersten Reise oder besteht noch aus anderem Grund eine Rivalität zwischen dem Evangelisten Markus und dem Völkerapostel Paulus? Am Ende ihres wohl heftigen Streites steht jedenfalls die (vorläufige) Trennung. Barnabas nimmt Markus mit und segelt nach (dem heute griechisch-türkischen) Zypern; Paulus aber wählt sich Silas zum Begleiter und reist mit diesem durch Syrien und Zilizien (Apg 15,36-41), Lykaonien und Kleinasien bis nach Troas (Apg 16,6-10).

Troas, der antike Name der Landschaft, die umgibt das in der "Ilias" von Homer besungene sagenhafte Troja. 10 Jahre kämpften die Griechen unter Führung Agamemnons um die von Paris geraubte Helena. Trojas Mauern, galten sie nicht so uneinnehmbar wie die Mauern Jerichos, und doch fielen beide Mauern: die eine durch der Trompeten Schall, die andere durch kriegerische List, bis heute "trojanisches Pferd" genannt. Dichtung oder Wahrheit? Erst 1870 sollte es Schliemann gelingen, die Stätte der trojanischen Kriege auszugraben und zu erwecken die toten Steine zu neuem Leben. Das sagenhafte Troja, es ging

ganz real unter, starben aber auch all seine Söhne, seine Erben? Ist nicht Rom
– der Sage nach – ein Kind eben jenes Kriegsgottes, der in Troja wütete, des
Kriegsgottes, den die Griechen *Ares*, die Römer *Mars* nennen. Remus und Ro-
mulus, die von der Wölfin gesäugten sagenhaften Gründer der Ewigen Stadt
(gegründet der Sage nach 753 v.u.Z.), zeugen sie nicht selbst davon, wes
Geistes Kind sie sind, da in wildem Streit sie geraten um der Herrschaft willen?
Romulus erschlägt seinen Zwillingsbruder Remus, wie Kain erschlug den Abel
in allem Anfang. Was war dem Paulus bekannt auf seiner Reise von solchen
Sagen, welche Welt fand er vor und wie fremd oder nah war ihm diese Welt?
Verführung, Betrug, Raub der Liebe, Bruch des Bündnisses, Fall der Mauer,
Zerstörung, Vertreibung: die griechische Tragödie stand/steht sie denn im Widerspruch zur biblischen Wahrheit? Wer den Spuren des Paulus folgen will,
kann dem genügen die geografische Reise, muss der sich nicht auch begeben
auf eine Reise durch die Zeit und fragen, was auferstand aus all den Ruinen,
was unterging, was ewig ist und was preisgegeben dem Zerfall? Muss, wer
wissen will, wohin die Reise geht, nicht zuvorderst erkunden, woher er kommt?
Das christliche Abendland, weiß es um seine Wurzeln im alten Griechenland
und erkennt es sie in den mystischen Irrfahrten des Odysseus oder in den ganz
und gar realen Missionsreisen des Paulus?

Das Evangelium gelangt nach Europa! Von Troas geht die Reise weiter nach
Philippi (Apg 16,6-40), das seit der Eroberung Philipps II., des Vaters Alexanders des Großen, zu Makedonien (Mazedonien) gehört und seit 31. v.u.Z. römische Kolonie ist. Bei Philippi siegten im Jahre 42 v.u.Z. Antonius und Octavian
über Cassius und Brutus. Octavian rächte hier nicht allein seinen gemeuchelten
Adoptivvater Caesar, sondern ebnete sich daselbst auch den Weg hin zur Alleinherrschaft, hin zum Imperator, zum Augustus (= der Erhabene), zum Herrscher über ein Imperium, das zur Siegermacht werden sollte. Zur Siegermacht
auch über die altorientalischen Reiche, deren Niedergang mit dem Tod der letzten Pharaonin Kleopatra endgültig besiegelt ist. Unter Augustus steigt Rom auf
zur ersten globalen Macht der Weltgeschichte.

"Bei Philippi werden wir uns wiedersehen!" – ein Ruf, der noch heute erinnert
an eben jenen militärischen Aufstieg, wie auch erinnert an den schnöden Verrat, den Meuchelmord an Caesar. Des im Kampf errungenen blutigen Sieges
gedenkt der Mensch, nachgerade der Humanist, nicht aber gedenkt er des Sieges, den Paulus erringt ohne Schwert, allein durch die Kraft seines Wortes?
Die Bekehrung der Purpurhändlerin Lydia samt ihres Hauses (Apg 16,14-15),
die Gründung der christlichen Gemeinde im Jahre 50 n.u.Z., warum ist hieran
kein Gedenken im christlichen Abendland, warum ertönt nicht hier der ermah-
nende Ruf: "Bei Philippi werden wir uns wiedersehen!"? Paulus und sein Begleiter zahlen einen hohen Preis für das wahre Wort, das sie verkünden; sehen
sich doch die Mächtigen und Reichen arg gebeutelt durch derart entlarvende
Lehre, nachgerade an den Pranger gestellt in ihrem (redlichen?) Streben nach
Gewinn. Also machen sie ihren Einfluss geltend: Paulus und Silas werden –
ohne jedes Urteil – ausgepeitscht und ins Gefängnis geworfen. Weil aber zeit-

gleich ein beängstigendes Erdbeben tobt, das erschüttert selbst die Grundmauern des Gefängnisses, bittet man Paulus und Silas, die Stadt doch – um Himmels willen – zu verlassen.

Also ziehen Paulus und sein Begleiter weiter und gelangen nach Thessalonich (Saloniki): Hauptstadt der Provinz Makedonien. Auch dort suchen sie zunächst die Synagoge auf, den Versammlungs-, Lehr- und Betort der jüdischen Gemeinde (Apg 17,1-15). Und es lassen sich auch einige überzeugen von ihrem Wort, nicht nur Juden, sondern etliche auch der (heidnischen) Griechen. Der Apostel Erfolg und wachsende Einfluss im Volk aber erweckt die Eifersucht nicht weniger Juden, die zum Angriff blasen und den Aposteln vorwerfen, was ihr eigenes Ziel ist: zu versetzen das Volk in Aufruhr. Und es gelingt ihnen tatsächlich, das Volk lässt sich aufhetzen, empört sich wider die Apostel, nicht nur in Thessalonich, auch in Beröa, der nächsten Station der Paulusreise, von wo aus es denn weitergeht nach Athen.

Athen: Hauptstadt des sagenumwobenen Attika, bereits 86 v.u.Z. von Sulla erobert, ist zur Zeit des Paulus römische Provinzstadt! Die Wiege der Demokratie, geschaukelt (gestern wie heute?) von fremder Macht, überantwortet einem Herrscheranspruch, der nicht nur die griechische, sondern auch die römische Demokratie (den Senat) besiegte. Seit Octavian sich erhob zum Augustus und zum Gott erklärte seinen Adoptivvater Caesar (dessen julianisches Geschlecht – wie vom röm. Dichter Vergil besungen – vom trojanischen Helden Aeneas abstammen soll), sich mithin selbst erhöhte zum "Sohn Gottes", ist die Demokratie endgültig abgeschafft. Der Imperator regiert absolut, regiert kraft seiner Erhabenheit: keine vom Volk, sondern von höherer Macht legitimierte Herrschaft? Welcher Macht aber weiß sich der Imperator tatsächlich verpflichtet, so er sich quasi selbst zum Gott erhebt und sich erhaben wähnt über die Welt, über alles (göttliche) Recht, erhaben letztlich auch über den Gott, von dem Paulus kündet? Denn lebt nicht in der Verkündigung des göttlichen Wortes fort, was schon besiegt schien – in Griechenland wie in Rom: der Geist der Gleichheit unter Brüdern? Wie nah ist der Wiege der Demokratie jener Geist, von dem erfüllt ist des Völkerapostels Botschaft? Wie verträgt sich des Paulus Wort von der Weisheit und Liebe des einen und **einzigen** Gottes, wie verträgt sich dessen Theosophie mit der griechischen "Philosophie": der griechischen "Liebe zur Weisheit" und der griechischen "Theologie": der griechischen "Lehre von der Gottheit **Vieler**"?

Als Paulus durch Athen zieht, erfasst ihn heftiger Zorn (Apg 17,16-34): eine Stadt voll von Götzenbildern und Tempeln, überragt vom (447-432 v.u.Z. errichteten) "Parthenon", dem "Jungfrauengemach". Errichtet auf der Akropolis zu Ehren der Athene (röm. Minerva), der nicht gezeugten, sondern dem Haupt ihres Vaters Zeus entsprungenen und darum ewig jungfräulichen Göttin: Schutzpatronin des Ackerbaus, der Wissenschaft, der Künste und eben auch der Stadt. Die "Jungfrau" wird hier verehrt, angebetet als Schutzmacht in ihrem "Jungfrauengemach" – einem (heidnischen) Tempel, der im 6. Jahrhundert zur christlichen Kirche umgewandelt werden sollte, auf dass verehrt werde der eine Gott, sein Sohn oder die Jungfrau: die Jungfrau Maria? Heidentum oder Christentum, was blieb erhalten, was wurde besiegt, zerstört? Von der christlichen Kirche ist heute nichts mehr zu sehen, auch nichts von der Moschee, die sich ihrer bemächtigte. Erhalten geblieben sind nur Ruinen: Steine, die was bezeugen: einen heilen Geist?

Paulus indes findet nicht nur Heidentum vor in Athen, nicht nur Unheiles, sondern entdeckt auch einen heilen, einen heiligen Altar, einen Altar mit der Aufschrift: **DEM UNBEKANNTEN GOTT** (Apg 17,23). Sie verehren einen Gott, den sie nicht kennen? Sie, die Griechen, die als wissbegierig gelten und als aufgeschlossen gegenüber Neuem, sie räumen Platz ein einem Gott, von dem sie nichts wissen, von dem aber Paulus zu berichten weiß? Auf dem Areopag, der Stätte, wo schon tagte der Alte Rat, versammeln sie sich, um zu hören, was der Apostel: der Sendbote ihnen zu sagen hat. Die führenden Denker der Zeit kommen zusammen: epikureische und stoische Philosophen. Wie nah, wie fern ist ihre Weisheitslehre, ihre Philosophie, ihr Logos dem Wort, der Weisheit, von dem Paulus kündet? Widerspricht sein Wort dem ihren, ihrem "Glaubensbekenntnis", ihrem Credo der Vernunft (dem "Geist der Aufklärung", der "Moderne")? Die Vernunft suchen sie, Gott aber suchen sie nicht? Wenn ER ihnen nicht unbekannt bleiben soll, warum suchen sie ihn dann nicht? *„Suchen, ob sie ihn ertasten und finden können* (mit all ihren Sinnen); *denn Gott ist keinem fern",* verkündet Paulus ihnen. *„In Gott leben wir, in Gott sind wir – wie schon sagten einige eurer Dichter* (so der griechische Dichter Aratos, 3. Jh. v.u.Z)*: Wir sind von seiner Art. So wir nun also sind von Gottes Art, dürfen wir da wähnen, das Göttliche sei wie ein goldenes, silbernes oder steinernes Gebilde menschlicher Kunst, menschlicher Erfindung"* (Apg 17,27-29)?

Wie fern ist die christliche Botschaft dem Ziel, das die Griechen verkünden als ihr höchstes: die unerschütterliche Ruhe der Seele (die auch gilt dem Buddhismus als höchstes Ziel)? Soll der Mensch nicht heimgeführt werden ins Reich Gottes – dem himmlischen Land ewiger Ruhe? Liegt nicht in der Ruhe die Kraft? Die Kraft, sich nicht beherrschen zu lassen von finsteren Trieben und wechselnden Begierden; die Kraft, beherrscht zu sein in allem Genuss und allem Darben, allem Leid und aller Freud, allem Unrecht. Beherrscht im unerschütterlichen Glauben an ein gerechtes Ende: an den Endsieg? Wie denn war der Enderfolg all der Mächtigen, Bewunderten und Reichen, die sich erhaben wähnten in ihrer Zeit über alle Zeit? Was ist geblieben, was bleibt (von) ihnen am Ende ihrer Tage? Und was wird sein am Ende aller Tage; denn so verkündet Paulus ihnen: *„Gott hat einen Tag festgesetzt, den Erdkreis zu richten in all seiner Gerechtigkeit"* (Apg 17,31, vgl. *Vom Weltgericht*: Matthäus 25,31-46). Die ausgleichende, alles versöhnende Gerechtigkeit, die triumphiert am Ende aller Tage, soweit mögen die Griechen dem Paulus noch folgen, als der ihnen aber verkündet, wer ihr Retter und Richter sei: eben jener, der auferstanden sei von den Toten, haben sie genug und spotten seiner. Wer wollte nicht spotten, der heute hörte, da sei jemand auferstanden von den Toten? Einige aber schließen sich doch an dem Paulus, darunter einer, der ausgerechnet trägt den Namen eben jenes Gottes, dessen Kult steht im Zeichen der Ausgelassenheit, der Zügellosigkeit und des Weines: Dionysos (röm. Bacchus). Lebt fort der alte Kult oder wird er besiegt? Erwacht Dionysos hier nicht zu neuem Leben, so ihm eingegossen wird reiner Wein, reiner Geist, so das Wort (logos) erfüllt ist vom Geist (pneuma): vom (langen) Atem Gottes?

Paulus verlässt Athen (Apg 18,1-7) und begibt sich auf die Reise nach Korinth, das einst trieb Sparta zum Krieg gegen Athen und Theben (Peloponnesischer Krieg 395 -386 v.u.Z), trieb in wessen Namen: im Namen des Volkes; denn war dieser Bruderkrieg nicht demokratisch legitimiert? Und wie war der Enderfolg all ihres Bruderzwistes, wurde Korinth nicht zerstört im Jahre 146 v.u.Z. von fremder, von römischer Hand. Einer Hand, die im Jahr 44 v.u.Z. (unter Caesar) als Bürgerkolonie neu besiedelte die zerstörte Stätte. Was ist geblieben von der einst – nach Athen – reichsten und mächtigsten Handelsstadt, welcher Anblick bot sich dar dem Paulus? Vom einstigen Glanz wird sicher weit mehr zu bewundern gewesen sein denn das, was sich heute dem Betrachter zeigt: Reste des dorischen Apollo-Tempels.

Apollo, Sohn des Zeus und Zwillingsbruder der Artemis, Verkörperung des griechischen Schönheitsideals schlechthin und zugleich Schutzherr des Rechtes, der Ordnung und des Friedens – Schutzherr auch des berühmten Orakels von Delphi (der heilen Stätte am Parnass?): Musentempel, Dichtersitz. Ursprünglich geweiht der Erdmutter Gaia, hernach gewidmet dem Apollo, gewidmet ebenso der Wahrheit? Orakel oder Scharlatanerie, Kaffeesatzlesen oder wahre Erkenntnis? Erkennt das gegenwärtige Geschehen, wer wähnt, in die Zukunft blicken zu können? Wer wollte voraussehen des Menschen verschlungenen Lebensweg in all seiner schuld- oder schicksalhaften Verstrickung? Und so der Mensch erkennen würde, könnte er da entrinnen seinem Schicksal? Konnte Ödipus entrinnen, der vielleicht tragischste "Held" der griechischen Tragödie, tappte er nicht blind hinein in sein Schicksal und tat, was ihm düster prophezeit worden war: die eigene Mutter ehelichen und töten den eigenen Vater?, prophezeit von einem Blinden. Der sehende Blinde, der nicht erliegt dem schönen Glanz äußeren Scheins und folglich tiefer blickt denn der verblendet Sehende, der in Gestalt des Ödipus sich am Ende selber blendet! Auch Paulus war mit Blindheit geschlagen, nicht nur im übertragenen Sinne, sondern tatsächlich blind: drei Tage lang, bevor er erkannte (vgl. Apg 9,9). Innewurde, was schon verhieß das Orakel von Delphi lange vor seiner Zeit: *Erkenne dich selbst*. Seine eigene Schuld zu erkennen, zu verlassen die eigene finstere Gedankenwelt, die vermeintlich schützende Höhle (vgl. Platons Höhlengleichnis), um zu erblicken das Licht. Ist es möglich, die Wahrheit zu finden oder ist es die Wahrheit, die findet den Menschen? War es nicht die Wahrheit selbst, die fand den Ödipus und fand auch den Paulus? Die Wahrheit, findet sie nicht immer ihren Weg, mag der Mensch sich ihrer auch verschließen und nicht hören den Ruf der Kassandra – den Ruf inmitten der (geistigen) Wüste? Wer wollte hören die entlarvenden Fragen eines Sokrates, wer entblößt sehen den schönen Schein der

Lüge? Die schwarze Seele und ihre schwarzen Händel scheuen sie nicht das Tageslicht? Wer ist interessiert an der Wahrheit: die alten Griechen, die Völker der alten Welt, die heutige Zeit, die heutige (Finanz)Welt; orakeln sie nicht alle herbei, was lieb und teuer ist ihren Ohren, ihrer (Schein)Welt, ihrem Felsen, ihrem Black Rock?

Wie wahrheitsliebend sind die Athener, wie wahrheitsliebend die Korinther, auf die Paulus trifft? Öffnen sie sich seinem Wort, da er zu ihnen spricht und ihnen verkündet das Evangelium, hören sie ihn, wollen sie sehen, erkennen die Wahrheit: die Heiden – und die Juden? Krispus, der Synagogenvorsteher, so steht es geschrieben in der Apostelgeschichte (Apg 18,8), kommt zum Glauben mit seinem ganzen Herzen und seinem ganzen Haus, und auch viele Korinther werden gläubig und lassen sich taufen. Und Paulus erfährt weitere Stärkung: Silas, sein ehemaliger Begleiter trifft ein aus Makedonien, gemeinsam mit Timotheus. Mehr noch: eine Vision bedeutet ihm, sich nicht zu fürchten und nicht zu schweigen; denn niemand werde ihm etwas antun in dieser Stadt. Und so bleibt denn Paulus vorerst in Korinth, Heimstatt aber findet er dort nicht. Denn die Juden treten einmütig auf gegen ihn und zerren ihn vor den Richterstuhl des Gallio (51,52 oder 53 n.u.Z), da Paulus, so die Klage, Gott lästere und verstoße gegen das Gesetz. Doch Gallio weist sie fort von seinem Richterstuhl mit der Begründung, er sei zwar gesetzt als Schutzherr von Rom auch über ihren Glauben, doch ihr Glaube sei ihm fremd, wie solle er da entscheiden in ihren Glaubensfragen. *„Streitet ihr über eure Lehre und euer Gesetz",* wehrt er ab, *„dann seht selber zu"* (Apg 18,15).

Paulus bleibt noch einige Zeit (Apg 18,18-22), insgesamt ein Jahr und sechs Monate. Dann verlässt er Korinth, segelt nach Syrien, wo er sich das Haar scheren lässt und das Nasiräergelübde ablegt (ein Gelöbnis, sich weder Kopf-, noch Barthaar scheren zu lassen und sich des Weines zu enthalten, vgl. 4. Mose 6,1-21 – ein Gelöbnis, eine Weihe die dem Mönchtum zum Vorbild werden sollte?). Paulus, der Nazoräer, wird hier zum Nasiräer: zum Geweihten des HERRN. Gehört er damit endgültig an dem engeren Kreis der "Erwählten": dem Kreis der "Zwölf", die Augen- und Ohrenzeugen waren von Anbeginn? Oder sollte Paulus weniger Apostel, weniger erfüllt sein vom Geist der göttlichen Botschaft, weil er nicht sah mit eigenen Augen, nicht hörte mit eigenen Ohren, was sahen und hörten die Zwölf? Wer ist fester im Glauben: der glaubt, weil er sah mit eigenen Augen und hörte mit eigenen Ohren, oder der glaubt, obwohl er nichts sah und nichts hörte? Wer unter ihnen hätte je gesehen oder gehört den HERRN? Und **ist** Gott darum nicht?

Paulus kehrt über Cäsarea zurück nach Jerusalem, wo er begrüßt die Urgemeinde, die ihn fortan zählt zum Kreis der Apostel, Kreis der Sendboten: ihn, der das Wort brachte den Völkern, brachte es den in der Diaspora lebenden Juden und brachte es ebenso den Heiden. Welches Gewicht hat sein Wort in der Urgemeinde, kann es ebenso starkes Gewicht haben denn das des Petrus, der doch ist ihr Fels in der Brandung? Welche Nachricht gibt es von ihm: dem Ersten der Erwählten? Wohin zog es ihn, nachdem er verließ Jerusalem, verlassen musste die ewig heilige Stadt? Paulus zieht von Jerusalem weiter nach Antiochia, und Petrus, wo weilt er? Am Ende werden sie sich wiedersehen: Petrus, der sichere Grund und Paulus, der hinausträgt die neue Botschaft in die neue Welt. Nicht in der alten, sondern in der neuen "ewigen" Stadt werden sie einander begegnen: in Rom, dem Nabel der Welt und neuen SündenBabel?

Die dritte Missionsreise führt Paulus zunächst nach Ephesus (18,24-19,20), der an der Westküste Kleinasiens gelegenen und im Altertum so überreichen Handels- und Hafenstadt. Berühmt war Ephesus vor allem seines Artemis-Tempels wegen, der in der Antike als eines der sieben Weltwunder galt. Geweiht war der im 6. Jh. v.u.Z. errichtete (im 4. Jh. v.u.Z. erstmals zerstörte, sogleich wieder aufgebaute und heute noch in Resten zu bestaunende) Großtempel nicht etwa der Zwillingsschwester des Apollos: der griechischen Jagdgöttin Artemis (von den Römern der Diana gleichgesetzt), geweiht war dieser Tempel vielmehr einer uralten kleinasiatischen Muttergöttin: der vielbrüstigen (ewig nährenden und gebärenden) Artemis. Der Kult um diese uralte Muttergöttin, ist er heute verschwunden, oder lebt er – zumindest marginal – weiter in Gestalt der "Mutter Gottes"? Welche Blüten trieb der Kult um die Muttergöttin zu Zeiten des Paulus? Wird nicht, wer es sich irgend leisten konnte, aufgebrochen sein nach Ephesus, um mit eigenen Augen zu bestaunen das, was der Welt galt als (siebtes) Wunder, um niederzuknien vor der Muttergöttin und ihren Schutz zu erflehen? Götzenkult, Aberglaube, war es allein das, was Paulus vorfand an uralter Kult-Stätte; oder fand er mehr, fand er sie auch bereit, vorbereitet auf sein Wort? Bevor Paulus Ephesus erreicht, wirkte dort ein Jude namens Apollos, der sie lehrte und ihnen aus der Schrift nachwies, dass ER der verheißene Messias sei (Apg 18,24-28). Während nun aber Apollos sie getauft hatte im alten Namen: mit der *Taufe des Johannes,* tauft Paulus sie im neuen Namen: *im Namen des Vaters, des Sohnes und des Heiligen Geistes* (Apg 19,1-7). Keine Scharen sind es, die er da tauft, sondern *im ganzen ungefähr 12 Männer.* "Ungefähr 12": eine unpräzise und eine präzise Zahlenangabe zugleich: ist die Zahl 12 vielleicht weniger exakte Zahlenangabe denn Symbol für die 12 (Bekehrten), die ER im Anfang berief?

Paulus lehrt in der Synagoge und versucht, sie zu überzeugen vom Reich Gottes. Da nun aber nicht wenige spotten ob seines Wortes und verhöhnen den neuen Weg, verlässt er sie und lehrt fortan – zwei Jahre lang – im Lehrsaal des Tyrannus: lehrt Juden wie Heiden (Apg 19,8-10). Nicht die Synagoge ist ihm länger Lehr-, Bet- und Versammlungsort, sondern der Lehrsaal des Tyrannus, der mithin gestattet, eine Lehre zu verbreiten, die verkündet, alle Menschen seien Brüder und nur verpflichtet einem Herrn: dem Höchsten. An welche Form der Tyrannis gemahnt solche Offenheit? An die ältere griechische Tyrannis (des 7. u. 6. Jh. v.u.Z.), die zur kulturellen und wirtschaftlichen Blüte führte und vorbereiten half die demokratischen Staatsformen des 5. Jh. v.u.Z. oder an die jüngere Tyrannis (des 4. u. 3. Jh. v.u.Z.), die gestützt auf bewaffnete Macht, ausnutzte die Stadtstaaten im eigenen Interesse? "Niemand herrsche über den anderen", ist das nicht eine der Kernaussagen des Evangeliums? Kann Herrschaft legitim sein oder ist sie schlechterdings "Tyrannis": ungesetzlich? Wird sie legitim, wenn sie Königsherrschaft (basileia) wird und sich "legitimiert" kraft Geblüt oder der Gnade Gottes? Oder ist sie legitimiert erst, wenn sie sich erhebt im Namen des Volkes, im Namen der Mehrheit? Ist denn unfehlbar das Volk, kann es nicht irren oder in die Irre geführt werden? Sollte es legitimer sein, dass sich eine (irrende) Mehrheit erhebt über einen Einzelnen, denn dass sich erhebt ein Einzelner über einen Einzelnen? Braucht Herrschaft andere Legitimation als Wahrheit? Ist der Tyrannus, der Paulus gewährt, zu lehren in seinem Lehrsaal, nicht dadurch legitimiert, dass er zulässt die Wahrheit und sie fördert?

Viel Ungewöhnliches geschieht da in Ephesus, der Stadt des siebten Weltwunders, geschieht durch des Paulus Hand (Apg 19,11-20). Sie nehmen ihm sogar weg seine Schweißtücher, um sie aufzulegen den Kranken und sie so zu heilen. Sind sie schon befreit von allem Aberglauben und erfüllt vom reinen Geist? Müssen nicht erst ausgetrieben sein all ihre Ungeister: die uralten Dämonen, die *sieben* Sünden, die erfassten auch ihre *Söhne?* Wie wollten sie sich befreien, so nicht ausgetrieben ist mitsamt seiner Wurzel der alte Kult? In Ephesus schwören viele ab dem alten Zauber, und sie *verbrennen öffentlich* ihre *Zauberbücher.* Der heile Geist, der augenblicklich sie erfüllt, lässt brennen den Ungeist, der füllte ihre Bücher, füllte ihre Welt und (ver)führte zur geistigen Entartung? Vergangenheit, alte Geschichte, die den Heutigen nichts mehr sagt? Kennt die neue, die "jüngste" Geschichte keine Bücherverbrennung? In welchem Geist aber brannten da die Bücher: ein heiles Feuer? Entfacht von einem einzelnen Tyrannen, einem Führer, der entflammte ein ganzes Volk, um auszulöschen heilen Geist? Wen erfasste nicht der Ungeist jener Jahre, wer ließ sich nicht (ver)führen, wer schrie "Unheil" und nicht "Heil", als erst brannten Bücher und dann Menschen?

Als sie nun verbrennen ihre alten Dämonen, ihre teuren Zauberbücher (jede Art von Buch war material- wie zeitaufwendig und daher überaus kostbar) und ins Feuer werfen, was wertlos, was null und nichtig geworden ist, sind sie da geheilt vom alten Ungeist, ist ganz und gar besiegt der mächtige Mammon? In Ephesus kommt es zum Aufruhr der Silberschmiede (Apg 19,21-49), die massiv bedroht sehen ihren Wohlstand. Die Anfertigung der silbernen Artemistempel ist ein lukratives Geschäft, ein "Selbstläufer". Wer, der nach Ephesus pilgert, wollte kein solches Andenken erwerben, um es zu präsentieren den Seinen und auch daheim anflehen zu können den Schutz der Muttergöttin? Nun aber predigt Paulus, die von Menschen gemachten Götter seien keine Götter, und die von Menschen gemachten Wunder seien auch keine Wunder! Die silbernen Artemistempel lassen sich immer schlechter verkaufen, verlieren an Wert. Bedroht solch "Unglaube" nicht die Grundfeste ihrer Welt, ist gar in Gefahr die (Pilger)Stätte des siebten Weltwunders selbst? Am Ende bleiben die Pilger, die Massentouristen der Antike, aus! Wo der Glaube an den behaupteten Wert fehlt, ist kein Geschäft mehr zu machen, gilt das heute weniger? Knien sie nicht nieder vor dem Fruchtbarkeitstempel allgegenwärtiger Wirtschaftswunderzeit? Ein Wert aber, dem kein Vertrauen geschenkt wird, ist keiner mehr. Also muss das Vertrauen wieder hergestellt werden; und es gelingt dem Stadtschreiber tatsächlich, die Menge zu beruhigen mit Verweis auf die gesetzlichen Möglichkeiten: die Gerichtstage und die gesetzmäßige Volksversammlung, da jedermann Klage erheben könne, so er etwas vorzubringen habe gegen Paulus oder einen seiner Anhänger. Ist der Stadtschreiber hier das Pendant zu Kafkas "Torhüter vor dem Gesetz"? Der Torwächter hier schützt vor der Menge Willkür. Nicht der Einzelne, die aufgebrachte Menge wird in ihre Schranken verwiesen und der Aufstand endet an eben dieser Stelle: vor dem Gesetz.

Der Tumult löst sich auf, Paulus ruft seine Jünger zusammen, um sich zu verabschieden; denn er plant, nach Jerusalem zurückzukehren, um von dort endlich auch einmal nach Rom selbst zu sehen (Apg 19,21-20,5). Über Makedonien führt ihn die Reise. Über die Balkanhalbinsel, die sich einst erhob über alle Griechenstaaten und gebot über die Geschicke Griechenlands unter Alexander d. G. (336-323 v. u. Z): Sohn Philipps II. (Schüler Aristoteles'), Abkömmling der (griechisch stämmigen) Makedonier: (in den Augen der Griechen) ein NichtHellene? Ausgerechnet er sollte einleiten jene Epoche, die als Hellenismus in die Geschichte einging und fortan der Welt aufdrücken sollte ihren Stempel – bis weit in die römische Kaiserzeit hinein. Die Welt baut griechisch, spricht griechisch und ebenso allgegenwärtig sind die griechischen Sagen, ist die griechische Götterwelt. Das alte Griechenland, besiegt oder emporgehoben durch einen "Nicht-Hellenen", auf dass erfüllt sei die Welt vom griechischen Geist? Was ist zerschlagen, vernichtet, was auferstanden aus Ruinen? Die Makedonier triumphierten und doch oder gerade darum lebten die Griechen fort, wie nicht auch fortlebten die Trojaner, obschon sie besiegt waren von den Griechen; denn waren es – der Sage nach – nicht Trojas Söhne, die gründeten Rom?

Und es geschieht, dass Paulus nach den Tagen der *Ungesäuerten Brote* in Troas weilt und das *Brot bricht* mit den Seinen *im Obergemach* eines Hauses (Apg 20,7-12), bricht es zum Abschied, wie ER es tat beim letzten Abendmahl, bricht es und predigt ihnen, predigt ihnen lang. So lang, dass ein junger Mann, der sich lehnt an ein offenes Fenster, einschläft und hinausfällt aus dem dritten Stock. Und als sie hinunterlaufen und ihn aufheben, halten sie ihn für tot. Paulus aber beruhigt sie: *„Er lebt!"* Und tatsächlich, der Jüngling lebt! Meint Paulus aber allein diesen Jüngling, wenn er sagt: „Er lebt!", oder meint er auch und vor allem IHN. Lebt ER nicht fort in Paulus, dem wachen Geist, wie ER fortlebt in dem Jüngling, der fiel aus dem Fenster, fortlebt auch in den Schlafenden?

Von Troas geht die Reise weiter nach Milet (Apg 20,13-16), der ionischen Stadt (heute westliche Türkei), dem Ort, wo erstmals erblühte jene kühne Frage nach dem Ursprung der Welt. Eine Frage, die den Mythos und dessen Herrschaft selbst in Frage stellen sollte? Was ist wahr, was erdichtet, erfunden an aller Überlieferung? Nach dem Ursprung allen Seins fragt die alte Welt, fragen die alten Griechen – und die neue Welt, die Söhne: die Griechen von heute, wonach fragen sie? Wer weiß um den Ursprung allen Seins, weiß um die Wahrheit? Was sagt Paulus ihnen? In seiner *Abschiedsrede in Milet* (Apg 20,17-38) bekennt er, nicht zu wissen, was da im Einzelnen geschehen werde, wohl aber zu wissen, dass *Drangsal* ihn erwarte und dass sie ihn nicht mehr erblicken werden von Angesicht zu Angesicht. Was aber auch geschehen werde, er wolle *sein Leben nicht wichtig nehmen* und auch fürderhin nicht schweigen: *nichts verschweigen von dem,* was *heilsam sei.* Und so denn jemand verloren gehe, so sei das nicht ihm anzulasten. Wachsam sollten sie sein die *Hirten* (die Paulus hier *"Bischöfe"* nennt, eine Anrede, die noch nichts gemein hat mit dem späteren Titel); denn *reißende Wölfe* bedrängten auch ihre *Herde.* Und ist wachsam, wer blind darauf vertraut, es werde schon nichts geschehen? Wer wollte anvertrauen fremder Schutzmacht, was ihm übereignet wurde; wer einem anderen so sicher vertrauen wie dem HERRN? So sie verschließen Augen und Ohren und nicht wachsam sind, laden sie da nicht geradezu ein die Wölfe, zu reißen die Lämmer aus ihrer Herde? Gilt die Mahnung des Paulus an die Hirten heute weniger, dass falsche Rede geführt werde in ihrer Mitte? Welcher Hirte wollte führen seine Herde, führen aus aller Schuld, der sich nicht abkehrte von seinem Laster, der schändete und schindete die Unschuld selbst: der befleckte das unbefleckte Kind?

Von Milet geht die Reise weiter über Cäsarea nach Jerusalem (Apg 21,1-17), wohin es Paulus – entgegen aller prophetischen Eingebung – zieht. Möge ihn dort auch Drangsal erwarten, mögen sie ihn auch gefangen nehmen und in Fesseln legen: „Der Wille des HERRN geschehe", sagt Paulus ihnen. Und wer wollte in Fesseln legen den Willen des HERRN? Warum ist Paulus bedroht ausgerechnet in Jerusalem, der Stadt, in der sich gründete die Ur-Gemeinde? Sind die Seinen zu schwach, ihn zu schützen vor jenen Juden, die nicht glauben wollen, dass ER auferstanden ist, oder vor jenen Juden, die verbreiten das Gerücht, die Anhänger der neuen Lehre, die Nazoräer hätten geraubt seinen Leichnam aus dem Grab? Ist nicht auch Paulus Jude, bekennt er sich nicht klar zum Judentum? Das Nasiräergelübde legte er ab vor seinem letzten Besuch in der heiligen Stadt (vgl. Apg 18, 18-22) und diesmal erneuert er es sogar (Apg 21,18-26). Was werfen sie ihm vor: dass er unrein sei, unwürdig des Dienstes, den er verrichte? Er, der hielt die Gebote des HERRN und pries sein Wort; er, der andere stützte, ohne sich zu stützen auf andere oder ihnen zur Last zu fallen; er, der aß das Brot, das er selbst sich verdiente als *Zeltmacher* (vgl. Apg 18,3). Warum ereifert sich die Masse derart über ihn? Weil er, der Jude, auch bereiten will den Heiden eine Heimstatt, weil er Heiden mitnimmt in den heiligen Tempel (was bei Todesstrafe verboten war), mitnimmt unter das *Zelt,* dass die Juden getragen haben für ihren HERRN durch die Wüste? Sind nicht die Juden das erwählte Volk? Wie sollten die Heiden den Juden gleich sein und ebenso nah dem HERRN? *„Ganz Jerusalem ist in Aufruhr!",* wird dem Oberst gemeldet (Apg 21,27-40), der sogleich seine Soldaten schickt, um Paulus in die Kaserne bringen zu lassen. Paulus aber bittet den Oberst in *griechischer*

Sprache, ihn zuvor reden zu lassen zu den aufgebrachten Juden, und er spricht zu ihnen in *hebräischer Sprache.*

In seiner *Rede im Tempelvorhof* (Apg 22,1-21) bekennt sich Paulus zu seinem Judentum, wie er sich bekennt zum neuen Weg, der erwachsen sei aus dem Alten, wie alles Neue erwachse aus dem Alten und erwachsen müsse, solle das Alte nicht verdorren und ersterben. Zuvorderst aber bekennt sich Paulus zu seiner eigenen Schuld, bekennt, die neue Lehre selbst verfolgt und deren Anhänger dem Gefängnis ausgeliefert und auch nicht fern gestanden zu haben der Steinigung des Stephanus. Blind sei er gewesen, bis er auf dem Weg nach Damaskus tatsächlich geblendet worden sei vom Licht der Wahrheit und drei Tage lang erblindet, bevor er dann wahrlich ein Sehender geworden und erkannt habe das Licht des Lebens, das ihm gebot, in die Ferne zu ziehen: hin zu den Heiden. *„Weg mit* so *einem Menschen",* erzürnen sie sich daraufhin lauthals, lärmen und zerreißen ihre Kleider in blinder Wut. Und der Oberst lässt Paulus in die Kaserne führen und ordnet an, ihn unter Geißelschlägen zu verhören, um so herauszufinden, warum sich die Menge derart gegen ihn empört. Da sich aber Paulus auf sein römisches Bürgerrecht beruft und fragt, ob ein römischer Bürger gegeißelt werden dürfe – ohne jede Verurteilung, erschrickt der Oberst, der selbst ein Vermögen dafür hergab, römischer Bürger zu werden, und er erschrickt noch mehr, als er erfährt, das Paulus sogar als Römer geboren worden sei. Offenkundig zählen römische Bürger ungleich mehr: mehr als Juden, mehr als andere (eroberte) Völker – zählen überhaupt nur Römer? Sind alle anderen zu vernachlässigen, kaum wert, einen Gedanken auf sie zu verschwenden, wert allein als Steuerzahler, Humankapital, Arbeitskraft, Sklave? Ist der Römer gleich nur dem Römer, gleicher aber allen anderen gegenüber, wie der Kaiser gleicher ist denn alle anderen Bürger Roms: "Gleicher unter Gleichen"?

Da nun der Oberst wissen will, wessen Paulus schuldig geworden sei, ordnet er an, der Hohe Rat möge sich versammeln (Apg 22,30-23,11), und als Paulus vor ihnen steht und erklärt, er stehe allein wegen *der Auferstehung der Toten hier vor Gericht,* bricht ein Streit aus und die Versammlung spaltet sich. Denn während die Sadduzäer die Vorstellung von der Auferstehung nach dem Tode strikt ablehnen, bekennen sich die Pharisäer einmütig dazu. Die Auferstehung ist ihnen verheißen von den Propheten und ebenso ist ihnen verheißen der Messias: der Retter der Welt. Sollte aber ausgerechnet jener es sein, den man gekreuzigt hatte als "König der Juden", der als Erster auferstand von den Toten? Solches zu behaupten, war das nicht Blasphemie – eine Lehre, die in die Irre führte, die also entschieden bekämpft werden musste? Die Pharisäer mochten an Auferstehung glauben, aber die Verheißung blieb ihnen bloßes Wort – totes Wort, das ihnen nicht lebendig werden sollte? Das Wort, erstand es ihnen nicht in ihrer Seele: sind sie uneins, weil sie nicht annehmen wollen das lebendige Wort? Hier die Juden, dort die Judenchristen, die sich vereinen mit den Heiden, sofern die sich bekehren; nicht aber vereinen mit Juden, die sich nicht reformieren, nicht folgen wollen der neuen Lehre? Ist das die endgültige Spaltung, die Trennung, die sich schon abzeichnete auf dem Apostelkonzil in Jerusalem (Apg 15,1-35)? Hier die Gemeinschaft der Juden – dort die Gemeinschaft der Christen? Sind sie Gemeinschaft oder sind sie ein Herz und eine Seele nur in der Ablehnung des anderen: im Kampf wider ihren Bruder?

Paulus muss aus dem Weg geräumt werden, darauf schworen sie einen *heiligen Eid* (Apg 23,12-22), als könne der Eid heilen ihre unheile Tat. Doch ein Neffe des Paulus erfährt von ihren Plänen und unterrichtet den Oberst, der zu vereiteln weiß den geplanten Anschlag, indem er Paulus – streng bewacht und im Schutz der Nacht – nach Cäsarea bringen lässt zum römischen Statthalter (bis etwa 58. n.u.Z.) Felix. Also sind die Hohepriester und Ältesten gehalten, ebenso nach Cäsarea zu reisen, um gegen Paulus vorzubringen ihre Klage (Apg 24,1-27), die erhoben wird von dem Anwalt Tertullus. Der fährt schweres Geschütz auf, bezeichnet Paulus als *Pest,* stellt ihn dar als einen *Unruhestifter, Rädelsführer* einer Terrororganisation, der nichts heilig sei, nicht einmal ihr eigener Tempel. Diese sogenannte *Nazoräersekte* bedrohe nicht allein die Juden, nein, sie bedrohe die gesamte römische Welt. Paulus: ein fanatischer Extremist, Terrorist, Nazi? Niemals und nirgendwo einen Aufruhr angezettelt zu haben, verteidigt sich Paulus. Sie könnten nichts von dem beweisen, was sie da behaupteten. Das allerdings bekenne er, dass er dem *neuen Weg* entsprechend, den sie als Sekte bezeichneten, *diene dem Gott seiner Väter,* und dass er vor Gericht stehe allein der *Auferstehung der Toten* wegen. Felix unterbricht ihn in seiner Rede, da diese ihn selbst gemahnt an Gerechtigkeit, Enthaltsamkeit und an die letzte Instanz, der niemand sich entziehen kann: das Gericht am Ende aller Tage.

Paulus wird entlassen, Felix will ihn erneut befragen, sobald er Zeit dazu habe. Vorläufig aber bleibt der Angeklagte in Haft. Hofft der Statthalter, wenn er Paulus weiter schmoren lasse, ihn dazu bringen zu können, sich frei zu kaufen, oder will er es sich schlicht nicht verderben mit den Juden, die Sache aussitzen: in aller Ruhe seines Amtes walten? Zwei Jahre verbleibt Paulus in Haft – ohne jedes Urteil. Auch danach kommt er nicht frei, aber es kommt ein neuer Statthalter (ab etwa 58. n.u.Z.): Porzius Festus. Und da dieser gen Jerusalem zieht, erheben die Hohepriester und Vornehmsten der Stadt Anzeige gegen Paulus (Apg 25,1-12). Also zitiert Festus, als er wieder zurückgekehrt ist nach Cäsarea, diesen vor seinen Richterstuhl, um ihn zu vernehmen, und Paulus verteidigt sich: Nie habe er sich vergangen gegen das Gesetz der Juden noch gegen den Tempel oder gegen den Kaiser. So die Anklage also unbegründet sei, nehme er sein Recht als römischer Bürger wahr und appelliere *an den Kaiser selbst.* Einem Römer (freilich nur diesem) war es tatsächlich gestattet, sich in einem Rechtsstreit unmittelbar an die höchste Instanz auf Erden zu wenden!

Seine Ankläger wollen ein Urteil, am liebsten ein Todesurteil, aber sie finden keinen Grund, keinen Beweis, ein solches Urteil zu rechtfertigen, und so ergeht es Paulus ebenso, wie es erging seinem Vor-Bild: gefangen und geschickt von Pontius zu Pilatus. Der *Statthalter* Festus berät sich mit *Herodes* Agrippa II.

(Apg 25,13-26,30), der um 50 n.u.Z. Tetrarch ("Vierfürst") und seit etwa 53 n.u.Z. König war im "Heiligen Land" – ein König freilich mit sehr beschränkten Rechten: König kraft der Gnade römischer Kaisermacht. Paulus hat – als römischer Bürger – an den Kaiser appelliert und Festus hat entschieden, ihn in Haft zu lassen, bis er zum Kaiser selbst geschickt werde. Was aber soll er, der Statthalter, dem Kaiser schreiben, wessen man den Angeklagten beschuldige? Paulus wird erneut verhört, und er bezichtigt sich zunächst einmal selbst, bezichtigt sich, wie schon in seiner Rede im Tempelvorhof (vgl. Apg 22,1-21), selbst verfolgt zu haben den neuen Weg: Ankläger wie sie gewesen zu sein in gleicher Sache. Dann aber habe er Gottes Hilfe erfahren und erfahre sie bis zum heutigen Tage, und so stehe er hier und zeuge den Großen (Roms?) und den Kleinen (der übrigen Welt?), was schon gesagt sei von den Propheten und von Mose: dass ER, der Gesalbte (= Messias = Christus) des HERRN, werde leiden müssen, aber als Erster auferstehe von den Toten, auf dass dem Volk und den Heiden in aller Welt aufgehe ein Licht. *"ER lebt!"*, als Festus solches vernimmt aus dem Munde des Paulus, erklärt er ihn für *"verrückt"*. Verrückt, entrückt der (römischen) Welt des Festus: entrückt dem wahren Wort, der Wahrheit? Wer wollte befinden darüber in einer Welt, die selbst entrückt ist der Wahrheit: soweit entrückt, dass sie ihr als Gift erscheint, als etwas, das bekämpft, vernichtet werden muss? Wer wollte sagen, wes Geistes Kind er sei: Kind des Lichtes oder Kind der Finsternis: umnachtet, verwirrt, verirrt? Sinn oder Irrsinn? Musste nicht schon Sokrates nehmen den Schierlingsbecher (Gifttrank), weil er allzu entlarvende Fragen stellte? Fragen, die aus dem Dunkel führen, in dem lieber bleibt, wer scheut das Licht der Aufklärung? Und ist nicht auch Paulus eben darum bedroht, weil er anzündet ein Licht inmitten der Nacht? Wird er untergehen als "Nestbeschmutzer" oder "fliegen über das Kuckucksnest"? Vorerst gelingt ihm zumindest, Agrippa auf seine Seite zu ziehen, weil er in den König dringt, er glaube doch auch an der Propheten Wort. Fast sieht Agrippa, wie er sagt, sich überredet, selbst Christ zu werden, und an Festus gerichtet sagt der König: *„Der Mann könnte freigelassen werden, hätte er nicht an den Kaiser appelliert."*

Die Abfahrt des gefangenen Apostels nach Rom (Apg 27,1-13) ist beschlossene Sache. "Vor Gericht und auf hoher See ist man in Gottes Hand", heißt es nicht so? Für Paulus jedenfalls sollte es sich bewahrheiten. Der ungestümen Anklage folgt die ungestüme See. Schiff-Fahrten waren in damaliger Zeit stets verbunden mit großer Gefahr, dass dem Schiff aber ausgerechnet vor Kretas Küste Unheil widerfahren sollte, ist das nicht ein Zeichen? Kreta, die sagenhafte Insel, wohin der Göttervater Zeus – in Gestalt eines Stiers – entführte Europa. Trifft hier der Kult, der Mythos alter Zeit auf den wahren Glauben: das wahre Wort der neuen Zeit. Hier die "Braut", die entführt wird auf eine einsame Insel, dort der "Bräutigam", dessen Wort entführt ist aus der alten Welt und getragen in eine neue? Europa gebar auf Kreta den Minos. Soll nun geboren werden die christlich-abendländische Welt aus dem Wort, das Paulus ihr zuführt? Und wird diese neue Welt frei sein vom Ungeist alter Zeiten? Oder wird auch die neue Welt ein Ungeheuer beherbergen, wie Minos es tat: Europas Sohn? Den

Minotaurus, ein Ungeheuer, halb Mensch, halb Tier, hielt er gefangen in einem Labyrinth und hieß ihm opfern jährlich (vom tributpflichtigen Athen) 7 Mädchen und 7 Knaben, bis Theseus erschlug das Ungeheuer. Ist die Welt kein Labyrinth mehr, der Schrecken besiegt, der fordert Menschenopfer, unschuldiges Blut? Sind verschwunden die Ungeheuer der Urzeit, gibt es keinen Minotaurus mehr, keinen Moloch, dem zum Opfer fallen Unschuldige? Hat das nach Europa "entführte" Wort eine neue Welt erschaffen, einen christlich-abendländischen Geist entfacht, dem ferne ist alles Götzentum, dem fremd sind die Götter von einst? Ist die griechische Götter- und Sagenwelt der christlich-abendländischen Welt fremd, fremder als das Evangelium? Oder sollte es umgekehrt sein, die Irrfahrt des Odysseus vertrauter sein der Christenheit denn die Seefahrt des Paulus: List und Trug der Welt lebendiger denn Gottes Wort? Die Botschafter des Evangeliums, wie wollen sie erfüllen ihren Bildungsauftrag, ohne hinzuführen zu den Wurzeln? Wohin wollte gebildet und ausgerichtet sein, wer nicht weiß, woher er kommt? Reiste Paulus nicht in die Ferne, um nahezubringen der Welt das Wort – gerade auch in stürmischer Zeit?

Da die See tobt, beruhigt Paulus die Mannschaft (Apg 27,13-26), wie ER beruhigte seine Jünger, als die wähnten unterzugehen in stürmischer See (vgl. *Bewegte See*, Matthäus 8,23-27): *„Habt Mut!"* Paulus vertraut auf Gott, der ihn führt in die neue Welt. Sie werden ihr Ziel, sie werden Rom erreichen, aber zuvor werden sie stranden auf einer Insel. Muss stranden, wer aufbricht zu neuen Ufern, und wird es ein Stranden sein ohne Ausweg? Oder ein Stranden, das weiß um die Weiterfahrt – ein Atemholen, eine Verschnaufpause zur Stärkung vor weiterer Reise? Vor einer kleinen Mittelmeerinsel (Apg 27,27-44) erleiden sie Schiffbruch: Malta. Klein und doch in der Urzeit von größter kultischer Bedeutung, wie die Megalith-Tempel aus der Jungsteinzeit, die heute noch in Resten zu bestaunen sind, eindrucksvoll bezeugen. Verehrt wurde die "Magna Mater": die Große Mutter, Urbild der Fruchtbarkeit und Spenderin allen Lebens. Eine Göttin – weibliche Urkraft, Urmacht: das Matriarchat als ursprünglichste, anbetungswürdigste Herrschaftsform? Eine Herrscherin, eine Urmutter, eine Göttin – kein Gott? Ist nicht Blasphemie, sich ein Bild zu machen von dieser schöpferischen Urkraft, sie gar teilen zu wollen in eine zeugende und eine gebärende Kraft? Ist Gott nicht Einheit? Und soll der Mensch, erschaffen vom Urquell allen Seins, erschaffen als Zweiheit: als (zeugender) Mann und (gebärendes) Weib, nicht wieder Eins werden, nicht wieder Einheit sein? Trägt in sich das Götzenbild, wer verehrt eine Gottheit wie die Magna Mater? Und ist der Kult um diese Urmutter überwunden oder lebt er fort? Verehrt schon in der Urzeit, verehrt später von den Römern als "Kybele". (Die "Spenderin des Lebens und der Fruchtbarkeit" – eine schwarze Kultstatue – eigens nach Rom geschafft in der Notzeit des 2. Punischen Krieges, um zu erflehen gegen den schrecklichen Hannibal die Hilfe der Muttergöttin.) In Ephesus verehrt als Artemis: findet der Kult heute sein Pendant in der Verehrung der Mutter Gottes, deren Anbetung Zeugnis ist reinsten Glaubens oder tief verwurzelten Aberglaubens?

Auf Malta, so steht es geschrieben in der Apostelgeschichte (28,1-10) werden die Schiffbrüchigen ungewöhnlich freundlich aufgenommen – ausgerechnet von den "Barbaren" (griechische Bezeichnung für all jene, die nicht Griechisch sprachen). Sind die Barbaren der kleinen Insel so aufgeschlossen und freundlich gesonnen, weil sie sich als Inselvolk nicht abgrenzen müssen nach außen und mithin keine Angst kennen vor Überfremdung, sondern im Gegenteil neugierig sind auf die Fremden: hellhörig, begierig, endlich einmal etwas Neues zu erfahren? Die Gastfreundschaft, die hier früh bezeugt ist, hat sie sich bewahrt auf Malta (oder zählt dort heute wie anderswo der Schiffbrüchige weniger denn der zahlende Gast)? Und hat sich ebenso bewahrt der alte Kult oder konnte die neue Lehre, das Wort, das ihnen brachte der schiffbrüchige Paulus, ausreißen die alte Wurzel mit Stumpf und Stiel oder trieb neue Blüten der schwarze Urkult, vermischte er sich gar mit der neuen Lehre? Malta, die Insel inmitten stürmischer See: Rettungsanker für Paulus – Trutzburg, wehrhafter Hafen später dann der christlichen Kirche. Kaiser Karl war es, der den Johanniterorden, den ältesten geistlichen Ritterorden (1022 in Jerusalem von Kaufleuten aus Amalfi gegründet) der Insel Malta zum Lehen gab, auf dass dieser nunmehr "Malteser" genannte Orden zum Bollwerk werde der christlichen Welt gegen den "Unglauben" der islamischen Welt (gegen *Allah*?, wie Gott bis heute genannt ist auf der Insel!) und ihre Eroberungsversuche.

Auf Malta überwintert Paulus: ein Winter mit Folgen für die kleine Insel – mit Folgen ebenso für die große Welt? Als sie Segel setzen und die Insel verlassen, fahren sie da aus sicherem Hafen aus oder ein in sicheren Hafen? Was wird Paulus erwarten in Rom, dem Dreh- und Angelpunkt der neuen Welt? Rom, Moloch, neues (Sünden)Babel: von der Wölfin gesäugt, nicht genährt vom Manna (Himmelbrot) Gottes, beherrscht vom Götzenkult und einem Kaiser, der sich Gott gleich nennt. Kann dieses Rom sich öffnen, sich laben am wahren Wort: der "festen Speise", die Paulus ihnen reicht, kann es sich befreien von all seinen Begierden und Lastern, befreien auch vom Brudermord, der verknüpft ist mit der Gründung Roms von Anbeginn? Unbekannt ist den Römern der Monotheismus keineswegs, auch in Rom gibt es eine jüdische Gemeinde, aber das Judentum bleibt den Römern selbst fremd und unverständlich, wie den Juden fremd und abscheulich bleibt der Götzenkult der Römer. Für Paulus soll die jüdische Gemeinde in Rom zur ersten Anlaufstele werden. Ihnen erzählt er, was ihm widerfuhr, dass er angeklagt sei zu Unrecht und den Römern ausgeliefert werden solle, obwohl er nichts Unrechtes getan habe (Apg 28,11-31). Der jüdischen Gemeinde ist noch nichts zu Ohren gekommen über irgendwelche Beschuldigungen gegen Paulus, wohl aber haben sie gehört von einer Sekte, die überall auf Widerspruch stoße, und da sie mehr darüber zu erfahren begehren, erklärt Paulus ihnen die neue Lehre. Einige lassen sich überzeugen, andere aber bleiben ungläubig, und sie können sich nicht einig werden, obschon oder gerade weil Paulus ihnen in Erinnerung ruft die Worte des Propheten Jesaja (Jesaja 6,10), der treffend geweissagt habe: *Verstocke das Herz dieses Volkes und lass ihre Ohren taub und ihre Augen blind sein, dass sie nicht sehen mit ihren Augen, noch hören mit ihren Ohren, noch verstehen mit ihren Herzen und sich nicht bekehren und also nicht genesen.*

Sind die Juden verstockt, weil sie sich nicht bekehren wollen, ist ihnen darum genommen das Heil: der Bräutigam geraubt und entführt in eine neue Welt – hin zu den Heiden? Und werden sich bekehren die Heiden, werden sie sich vermählen dem Bräutigam, und wird ER ihnen nah bleiben oder wieder fern werden, so fern und fremd, wie Gott wurde der alten Welt? Ist die griechische Götter- und Sagenwelt die Klammer zwischen alter und neuer Welt, und wird am Ende überwunden die alte Welt und die neue beherrscht sein von dem einen Gott, der da ist und der sich offenbarte zuallererst dem jüdischen Volk? Die Botschaft, die Paulus bringt zu den Heiden, wird sie überzeugen, werden sie erkennen das wahre Wort oder werden sie es bekämpfen, wie sie schon bekämpften die Worte des Sokrates, wie sie nicht hören wollten die Rufe der Kassandra und nicht sehen wollten, was erkannte und wovor warnte der blinde Seher?

Soll der Mensch, wie in den griechischen Dramen mannigfach beschrieben, verstrickt bleiben in all seiner Schuld? Eine Schuld, die nach Reinigung schreit, nach "Katharsis" – und also auch nach Blut? Floss nicht Blut seit Menschengedenken: seit Kain erschlug den Abel? In der griechischen Dramen-Welt tötet Ödipus seinen Vater; hier der Vatermord, dort der Brudermord, hat sich diese Welt nicht schuldig gemacht an beidem, als sie IHN schlug ans Kreuz? Gab ER nicht hin sein Blut, auf dass sie gereinigt seien, auf dass sie ablassen von aller Schuld, aller Sünde, allem Blutvergießen? Und hat die Menschheit abgelassen und sich gewandelt, gereinigt? Oder muss sich die menschliche Tragödie noch wandeln hin zu der "Göttliche(n) Komödie", wie Dante (1265-1321) sie beschreibt in seiner Reise an der Seite des berühmten römischen Dichters Vergil (70-19 v.u.Z.)? Eine Reise durch die Sündenwelt, durch der Hölle Feuer: entfacht auf Erden, weil tot der Menschheit blieb das Wort, tot der Urquell allen Seins: die Liebe?

312

DIE APOSTELBRIEFE

Glaube, Liebe, Hoffnung, diese drei;
aber die Liebe ist die größte unter ihnen.
(1. Kor 13,13)

DIE PAULINISCHEN GEMEINDEBRIEFE

Die Paulinischen Gemeindebriefe wenden sich unmittelbar an die Gemeinden selbst – an die jüdischen oder an die christlichen Gemeinden? Kann denn schon von christlichen Gemeinden im heutigen Sinne gesprochen werden; sind es nicht jüdische Gemeinden, die zu Stützpunkten werden der Verkündigung, der Missionierung? Die jüdischen Gemeinden, die aufgebaut wurden überall in der Welt, aufgebaut infolge fortwährender Vertreibung, ausgerechnet sie sollten jetzt zur Basis werden der Verbreitung der neuen Lehre? Basis und erste Anlaufstelle sind sie jedenfalls für Paulus, der selbst entstammt einer jüdisch-gläubigen Familie und einst verfolgte die Anhänger der neuen Lehre, nun aber streitet für eben diese neue Lehre. Ein Israelit (= Streiter Gottes), ein Streiter für den HERRN, wie er im Buche steht? Kennt Paulus die neue Botschaft nicht besser als jeder andere, eben weil er einst selber war ihr erbitterter Feind? Wer wollte entschiedener verteidigen die neue Lehre denn jener, der sie einst bekämpfte bis aufs Blut? Und wer wollte erfolgreicher erörtern all die alten und neuen Glaubensfragen denn jener, dem neben (jüdischer) These und (griechischer) Antithese sich gleich auch erschließt die (christliche) Synthese: dem das alte Wort nicht länger fern und entrückt, sondern nah und lebendig ist, dem erstrahlt die alte Überlieferung im neuen Licht? Haben sich nicht erfüllt die Verheißungen der alten Schrift? Ist ER ihnen nicht gesandt und hat leiden müssen, wie da geschrieben steht, und ist ER nicht ebenso auferstanden: ER, der Messias, der Gesalbte des HERRN? So sich aber erfüllten die alten Verheißungen, muss da nicht erörtert und erblickt werden Gottes Wort aus neuer Perspektive: aus dem Geist der Erfüllung?

Geschrieben sind die Paulinischen Gemeindebriefe an die Römer, die Korinther (zwei Briefe), die Galater, die Epheser, Philipper, Kolosser und Thessalonicher (zwei Briefe). Sie dienen nicht allein der Vermittlung der neuen Lehre, sondern auch der Ermahnung und Stärkung und erörtern Glaubensfragen ebenso wie Schwierigkeiten im Gemeindeleben. Der im Hinblick auf Unterweisung und Verkündigung der neuen Lehre bedeutsamste und umfangreichste Gemeindebrief ist wohl der Brief an die Römer.

Der Römerbrief

"Testament des Paulus" wurde dieser Brief auch genannt. Ist er das aber: Testament, Vermächtnis des Paulus, ist er nicht vielmehr die Essenz des Neuen Testaments: Herzstück des lebendigen, vom heilen Geist erfüllten Wortes, das der Sohn brachte der Welt im Namen des Vaters? Verfasst hat Paulus den Brief vermutlich in Korinth, dem Zentrum seiner Griechenlandreise. Nach Rom zu reisen, dem Nabel der heidnischen Welt, plante Paulus früh (vgl. Apg 19,21). Verfasste der Apostel den Brief an Roms jüdische Gemeinde, um seine Ankunft dort geistig vorzubereiten; war die Gemeinde in Rom also schon eingeweiht in die Grundzüge der neuen Lehre, bevor Paulus selbst dort eintraf? Jedenfalls stellt der Brief an die Römer eine eindeutige Erklärung dessen dar, was das Evangelium ist und wessen es ist. Bereits im Grußwort (Röm 1-7) bekennt sich Paulus unzweifelhaft: *Knecht Christi* zu sein, berufen zum Apostel, auserwählt, das Evangelium Gottes zu verkünden. Gott ist Urheber, Urheber des wahren Wortes, Urheber aller Verheißung: kundgetan durch die Propheten. Urheber ebenso des Evangeliums, das ER verkündete, *der dem Fleisch nach geboren ist als Nachkomme Davids, dem Geist nach aber eingesetzt als Sohn Gottes in Macht seit der Auferstehung.* Gott, der in der alten Welt, wie im Alten Testament bezeugt, unmittelbar selbst wirkte, setzt den Sohn ein zum Herrscher der neuen Welt. Dem Sohn ist fortan gegeben alle Macht: Gott wirkt nicht mehr unmittelbar, sondern mittelbar durch seinen Sohn?

Hat sich der Schöpfergott mithin abgekehrt von der Welt, abgekehrt aus Zorn über der Menschen Ungerechtigkeit, die niederhält alle Wahrheit? Paulus resümiert (Röm 1,18-32), der Mensch gebärde sich, als könne er nicht erkennen den göttlichen Willen, als erschlösse sich der menschlichen Vernunft nicht Gottes *unsichtbare Wirklichkeit* unmittelbar an den Werken der (vollkommenen) Schöpfung. Die (unvollkommenen) Menschen aber sind voller Schlechtigkeit, voll der Habgier, Bosheit, voll des Neides, voller Streit- und Mordlust, voller List und Tücke, sie sind erfinderisch in allem Bösen und bereitwillig folgen sie jedem Frevler, sie vertauschen göttliche Wahrheit mit Lüge und beten an ihre eigenen Geschöpfe, statt anzubeten ihren Schöpfer. Ihre Verirrung gipfelt darin, dass sie frönen *entehrenden* Leidenschaften und tauschen den *natürlichen* Verkehr zwischen Mann und Weib (als die erschuf sie Gott!) mit dem *widernatürlichen* (was in Rom, dem Sündenbabel damaliger Zeit, fast schon zum guten Ton zählte): *Männer treiben Unzucht mit Männern* (Röm 1,27). Ist demnach Zucht, was fruchtbar und Unzucht, was nimmer fruchtbar sein kann; oder ist es heute unzeitgemäß, inhuman gar, Homosexualität anzuprangern als *widernatürlich*? Paulus nicht mehr zitierfähig? Unterliegt das wahre Wort, das Gebot des HERRN der Mode, obliegt es dem Belieben des Menschen, selbst zu bestimmen, welches Wort, welches Gebot ihm zu gelten habe?

Darf aber richten der Mensch: den Stab brechen über den anderen; wer wollte behaupten, ohne Schuld, ohne Fehl zu sein? *Denn worin du den andern richtest, darin verurteilst du dich selber, da du, der Richtende, dasselbe tust* (Röm 2,1, vgl. *Bergpredigt*, Matthäus 7,1-5). Gottes Gericht indes kann niemand entgehen (vgl. *Vom Anfang und vom Ende; Vom Weltgericht*): Jedem wird vergolten, wie es seinen Taten entspricht. Vor Gott sind nicht jene gerecht, die sich auf das Gesetz verlassen, die andere darauf verpflichten wollen, selbst aber nicht danach handeln. Jude ist nicht, wer befolgt das ihm gegebene Gesetz, befolgt nach außen, sondern wer es befolgt in seinem Innersten, wer nicht allein beschnitten ist am Fleisch, sondern auch beschnitten ist am Herzen (Röm 2,28). Abraham, so führt Paulus an späterer Stelle seines Briefes näher aus (Röm 4,1-23, vgl. *Abrahams Kinder*), war gerecht kraft seines Glaubens, schon als er unbeschnitten war. Als Siegel der Gerechtigkeit, die kommt aus dem Glauben, empfing er die Beschneidung, um Vater zu sein der Beschnittenen oder auch der Unbeschnittenen? Wes Geistes Kind ist, wer schreit nach dem Gesetz, und wes Geistes Kind ist, wem erstarb alle Sünde? Wissen sie nicht, dass alle, die getauft sind in seinem Namen, auch getauft sind in seinem Tod? *So sind wir ja mit ihm begraben durch die Taufe und gleichwie Christus auferstand von den Toten durch die Herrlichkeit des Vaters, also sollten auch wir wandeln in einem neuen Leben* (Röm 6,1-14); denn wer erstorben ist aller Sünde, der ist wahrlich erwacht zu neuem Leben. Wohl dem, dem vergeben sind die Übertretungen, dem die Sünde bedeckt ist, dem der HERR nicht zurechnet die Schuld, *in dessen Geist kein Trug ist* (vgl. Psalm 32,1-2). Wer ohne falsche, ohne böse Absicht handelt, wozu bräuchte der ein Gesetz? Und so nun die Heiden ohne Falsch sind und handeln nach dem Gesetz, obwohl es ihnen nicht gegeben ist, handeln, weil es ihnen vorschreibt ihr Herz, sind sie da unrein zu nennen, auszugrenzen als Unbeschnittene, zeugt ihr Gewissen nicht davon, wes Geistes Kind sie sind? Das Gewissen, das allen sagt, was Gottes Wille ist? *Beschneidung ist, was am Herzen durch den Geist, nicht was durch die Buchstaben* (des Gesetzes) *geschieht* (Röm 2,29).

Aus dem Evangelium spricht *die Kraft Gottes, die jeden rettet, auch die Heiden, zuvorderst aber die Juden* (Röm 1,16); denn ihnen offenbarte sich Gott zuerst, ihnen ist gegeben das Wort, das Gesetz Gottes und doch sind sie untreu geworden und verstießen gegen das Gesetz. Nun hebt aber die Untreue der Juden nicht auf Gottes Treue (Röm 3,1-20), und das Gesetz *ist auch nicht außer Kraft gesetzt, sondern soll neu aufgerichtet werden, aufgerichtet durch den Glauben* (Röm 3,31). Je mehr der Mensch abfällt von Gott und verstößt gegen göttliches Gesetz, umso sichtbarer wird Gottes Größe und Wahrheit. Heißt das aber, fragt Paulus (Röm 3,8), das Böse sei gerechtfertigt, wie einige Verirrte wähnen (vgl. "Gnostiker" in: C*hristlich-abendländischer Streifzug: Frühzeit*), weil durch das Böse erst entstehe das Gute (vgl. Mephisto in Goethes Faust: "Ich bin ein Teil von jener Kraft, die stets das Böse will und stets das Gute schafft")? Kennen sie nicht die Schrift? *Alle sind sie abtrünnig und verdorben, keiner tut Gutes, auch nicht ein Einziger* (Psalm 14,3-4). Haben keine Einsicht all die Übeltäter? *Den Weg des Friedens kennen sie nicht* (Jesaja 59,7-8) *und es ist keine Gottesfurcht in ihnen,* so dass der Frevler spricht (Psalm 36,2): *Ich bin entschlossen zum Bösen.* Gott fürchten sie nicht, sind sie darum furchtlos? Ist es nicht vielmehr so, dass sie sich fürchten vor diesem und jenem in der Welt, dass sie Verträge und Versicherungen abschließen, die sie schützen und absichern sollen, statt zu vertrauen auf den, der einzig schützen kann?

Der Mensch wird gerecht und gerechtfertigt allein durch den Glauben, nicht durch eigen Verdienst (Röm 3,21-31, vgl. *Christlich-abendländischer Streifzug: Spätzeit*: "Prädestinationslehre"), das gilt für Juden wie für Heiden. *Oder ist Gott allein der Juden Gott; ist Gott nicht auch der Heiden Gott* (Röm 3,29)? Die Liebe Gottes ist ausgegossen in unser Herz durch den heilen Geist*; der Hoffnung rühmen wir uns* (Ruhm Gottes vs. Ruhm der Welt)*, der Hoffnung auf zukünftige Herrlichkeit und auch der Trübsal rühmen wir uns: Trübsal lehrt Geduld, Geduld aber bringt Bewährung, Bewährung Hoffnung (Röm 5,1-11).*

Christus ist gestorben, als wir noch Sünder waren, durch ihn wird gerecht, wer erstirbt aller Sünde und sich versöhnt mit Gott. Denn wie die Sünde in die Welt gekommen ist durch einen Menschen und durch die Sünde der Tod, so soll die Sünde auch wieder genommen sein von der Welt und ebenso der Tod (Röm 5,12-20). Sünde war in der Welt, ehe das Gesetz kam; wo aber kein Gesetz ist, da wird die Sünde nicht zugerechnet. Gekommen ist das Gesetz aber, auf dass die Sünde mächtiger werde; denn wo die Sünde mächtiger ist, da ist auch mächtiger die Gnade. Sollen sie darum verharren in der Sünde, auf dass die Gnade umso mächtiger werde (Röm 6,1-7,25)? *Das sei ferne* (nah aber sei ihnen Gott, nah sei ihnen Christus)! Mit Christus ist *der alte Mensch gekreuzigt worden, damit der von der Sünde beherrschte Leib vernichtet werde und der Mensch nicht länger Sklave bleibe der Sünde. Sind wir nun mit Christus gestorben, so glauben wir, dass wir auch mit ihm leben werden.* Als Christen sind sie ledig aller Sünde (Röm 6,15-23) und frei das Gute zu tun und das Böse zu lassen. *Wie ihr eure Glieder in den Dienst der Unreinheit und der Gesetzlosigkeit gestellt habt, so dass ihr gesetzlos wurdet, so stellt jetzt eure Glieder in den Dienst der Gerechtigkeit, so dass ihr heilig werdet.* Denn als sie noch Sklaven waren der Sünde, welchen Lohn haben sie da davongetragen, waren das nicht alles Dinge, die ihnen brachten den Tod? *Der Sünde Sold ist der Tod; Gottes Gabe aber ist ewiges Leben* (Röm 6,23).

Der Christ bedarf keines Gesetzes (Röm 7,1-6); denn so er abgestorben ist dem, was ihn zuvor gefangen nahm, deutet und erfasst er in einem neuen Geist, der nicht länger fragt nach den Buchstaben des Gesetzes. Denn erst das Gesetz, das Verbot gebiert die Lust, es zu brechen und verführt zu einem Tun, das Untergang bringt, Verderben und Tod. Das Gesetz des Geistes aber macht lebendig (Röm 8,1-39); sind sie nun Kinder Gottes? So sie rufen können: *"Abba, Vater",* so sind sie auch Erben. Das Fleisch ist vergänglich, unvergänglich aber ist der Geist. Wie wollte Erbe sein des Unvergänglichen, wer vergänglich und bestimmt ist vom Fleisch und vom bösen Willen? Der aber erforscht die Herzen aller, kennt all ihr Trachten und ihre Absicht, sei sie gut oder bös. Und wird der HERR wider dem sein, der für IHN ist? S*o aber Gott für uns ist, wer mag da noch wider uns sein?*

Wer sind die Kinder Gottes: sind nicht die Israeliten (= Streiter Gottes) das auserwählte Volk, wie da geschrieben steht in der Schrift (Röm 9,1-30)? Ist nicht gesagt: *Nur was von Isaak* (Abrahams Sohn, dem erspart blieb der Opfertod) *stammt, soll heißen dein Geschlecht? Denn nach Isaak sollen deine Nachkommen benannt werden* (vgl. 1. Mose 21,12). Sie sind Israeliten, ihnen ist gegeben das Gesetz und die Verheißung; sie haben die Väter und dem Fleische nach entstammt ihnen Christus; über allem aber steht Gott (Luther-Übersetzung, Röm 9,5, vgl. Einheitsübersetzung von 2003: " ... Christus, der über allem steht als Gott"), und Gottes Wort ist nicht ungültig geworden. Gottes Kind ist nicht, wer es ist allein dem Fleische nach, sei ihm auch gegeben das Gesetz; Gottes Kind ist, wer es ist der Verheißung nach (vgl. C*hristlich-abendländischer Streifzug: Spätzeit:* "Prädestinationslehre"). So aber alles vorherbestimmt ist, wer kann da noch angeklagt sein, wenn doch niemand zu widerstehen vermag dem göttlichen Willen? Erhebt sich der Mensch nicht über seinen Schöpfer, so er derart fragt? Denn ist nicht der Töpfer Herr über den Ton: frei aus der Masse zu formen, was immer ihm beliebt, frei, sein Werk zu verwerfen, zu vernichten, wie auch zu veredeln und zu vervollkommnen? Warnt nicht die Schrift all jene (Hosea 1,9-2,2), die fern sind dem HERRN: *So ihr nicht mein Volk seid, so will ich auch nicht der Eure sein! Und ich werde zu meinem Volk berufen, was nicht mein Volk war und zur Geliebten machen, die nicht geliebt war.* Sind sie Söhne des *lebendigen Gottes*, so heißen sie *Bruder: Ammi* (= mein Volk), heißen sie *Schwester: Ruhama* (= Erbarmen). *Denn an jenem Tage, da geschlossen wird der neue Bund, wirst du zu mir sagen: "Mein Mann!"* (die Braut schenkt sich, gibt sich hin dem Bräutigam) *und nicht mehr: "Mein Baal"* (syrisch für Herr): Kein Opfer, sondern Hingabe, Liebe. *Ich traue dich mir an auf ewig; ich traue dich mir an um den Brautpreis von Gerechtigkeit und Recht, von Liebe und Erbarmen, ich traue dich mir an um den Brautpreis meiner Treue und ich will sagen: "Du bist mein Volk" und du wirst sagen: "Du bist mein Gott"* (Hosea 2,18-25).

Sind sie nun im Bunde mit Gott – die Israeliten, denen gegeben ist das Gesetz und alle Verheißung, oder trafen sie die falsche Entscheidung (vgl. Röm 9,30-10,21)? Suchen und gewinnen sie Gerechtigkeit aus Glauben oder aus Werken? Haben sie verworfen den Stein, der sein sollte ihr Eckstein (vgl. Matthäus 21,42,-44), ihr Fels, wie geschrieben steht in der Schrift (Jesaja 8,14; 28,16)? *Siehe, in Zion setze ich einen Stein des Anstoßes und einen Fels des Ärgernisses; und wer an ihn glaubt, soll nicht zuschanden werden.* Denn *wer anruft seinen Namen, der wird gerettet werden* (Joel 3,5). Wie wollten sie anrufen, an den sie nicht glaubten? Und wer sollte glauben, der nie gehört hat sein Wort? (Kennt der christliche Abendländler sein Wort, zu scheiden den falschen vom rechten Prediger?) Der Welt muss verkündet werden das wahre Wort von jenen, die gesandt sind. Denn der Glaube kommt aus der Verkündung, das Verkünden aber aus dem Wort Christi. Jesaja indes spricht (53,1): *Wer glaubt dem, was uns verkündet wurde?* Glauben sie nicht dem Wort des HERRN oder hören sie der Propheten Stimme? *Ich bin gefunden von denen, die mich nicht gesucht haben, und ich bin denen erschienen, die nicht nach mir gefragt haben* (Jesaja 65,1). Nicht der Mensch findet die Wahrheit, sondern die Wahrheit findet den Menschen.

Hat Gott etwa sein Volk verstoßen (Röm 11,1-24)? *Das sei ferne* (Gott ist nicht fern, sie sind es)! Aus Gnade werden etliche übrigbleiben, nicht aus Verdienst oder aufgrund ihrer Werke; sonst würde Gnade nicht Gnade sein. *Durch ihren Fall aber* (und fiel nicht das erwählte Volk, weil es mehr dem Gesetz vertraute und seiner auserwählten Stellung denn der Gnade Gottes?), *ist den Heiden Heil widerfahren: ihr Fall ist der Welt Reichtum* (Röm 11,12). Wie viel mehr Reichtum aber wird sein, wenn Israel in seiner ganzen Fülle gewonnen ist. *Ist die Wurzel heilig, so sind auch heilig die Zweige* (Röm 11,16), schreibt Paulus den Juden(Christen) ins Stammbuch. Den Heiden(Christen) aber gilt die Zeile:

Nicht du trägst die Wurzel, sondern die Wurzel trägt dich (Röm 11,18). Wie wollten sich erheben die Heiden über die Juden? Wer, der sich bekehrte zum Christentum, wollte leugnen, zu entstammen dem Judentum? Welcher Zweig denn wollte Frucht tragen ohne Wurzel? Wenn das, was von Natur aus wild war, hält Paulus ihnen vor Augen, abgehauen und in den guten Ölbaum gepfropft wird, wie sollten da nicht erst recht wieder eingepfropft werden in den eigenen Ölbaum die natürlichen Zweige?

So sie nun wissen um des Ölbaums Wurzel und wissen um dessen Zweige, kennen sie da auch den rechten Weg zum Heil, den Weg der Errettung? Verlasst euch nicht auf eure eigene Einsicht; denn auch dieses Geheimnis sollt ihr wissen (Röm 11,26): *Blindheit liegt auf Israel, bis gesammelt sind die Heiden in voller Zahl, dann wird auch ganz Israel gerettet werden, wie geschrieben steht* (Jesaja. 59,20)*: Es wird kommen aus Zion der Erlöser, abzuwenden das gottlose Wesen Israels.* Wer ist nicht ungehorsam geworden vor Gott, und wer könnte sich ihrer erbarmen denn Gott allein? Kann etwa ihre eigene Weisheit, ihre eigene (Er)Kenntnis sie führen hin zu Gott? Wer wollte je erforschen Gottes Weg und Gottes Sinn? Paulus fordert auf zu einem rechten Gottesdienst, der nicht allein in gottesdienstlicher Versammlung bestehe, sondern umfasse das ganze Leben. Darum gelte es, sich *nicht der Welt gleich zu machen* (Röm 12,2), *sondern sich zu verändern: Erneuern sollten sie ihren Sinn, auf dass sie prüfen, was Gottes Wille* (prüfen jeden ihrer Schritte, wie der Esel prüft die seinen – der Esel, auf dem ER einritt in die Heilige Stadt!)*, was Gott wohlgefällig sei, was gut und vollkommen ist* (wie die Schöpfung selbst).

Viele Gaben sind geschenkt der Welt und viele Glieder hat der Leib Christi; jeglicher tue also, wie ihm gegeben ist (wie der Wein reift und mundet in all seiner Vielfalt: ob alt oder jung, weiß oder rot, schwer oder leicht, so also auch der Mensch). Aus Liebe sollen sie handeln, fordert Paulus (Röm 12,9-21): *Hasset das Böse, haltet fest am Guten und seid einander zugetan in brüderlicher Liebe – ohne jede Heuchelei! Seid fröhlich in der Hoffnung, geduldig in der Bedrängnis, beharrlich im Gebet! Helft denen, die in Not sind, gewährt jederzeit Gastfreundschaft! Segnet eure Verfolger, segnet sie, verflucht sie nicht! Und haltet euch selbst nicht für weise* (keiner heiße sich selbst weise, halte sich für einen "Weisen aus dem Morgenland" oder einen "Weisen aus dem Wirtschaftswunderland")! *Niemand vergelte Böses mit Bösem! Seid allen Menschen gegenüber auf Gutes bedacht und haltet mit allen Frieden, soweit es euch möglich ist!* (Denn ist nicht längst sprichwörtlich geworden, dass "selbst der Frömmste nicht in Frieden leben kann, so es den bösen Nachbarn nicht gefällt"?) Das Böse kann nicht durch das Böse, sondern allein durch das Gute besiegt werden (denn "selbst der Böseste kann nicht in Frieden leben, so es den frommen Nachbarn nicht gefällt"), weshalb gilt: *Rächt euch nicht selber, sondern lasst Raum für den Zorn Gottes* (der allein überblickt alles Tun und Lassen in Raum und Zeit und also waltet nicht in blinder Wut, sondern in weiser Weitsicht und folglich in aller Gerechtigkeit). Gott allein gebührt alle Rache, alle Vergeltung, wie geschrieben steht in der Schrift (5. Mose 32,35): *Mein ist die Rache, ich werde vergelten, spricht der* HERR.

Was gilt im Umgang mit ihresgleichen, gilt das auch im Hinblick auf die Obrigkeit, im Hinblick auf jene, die über ihnen stehen, über sie herrschen? *Jedermann leiste der Obrigkeit, die Gewalt über ihn hat, den schuldigen Gehorsam*, so steht es im Römerbrief (13,1-7*); denn es gibt keine Obrigkeit, die nicht gesetzt ist von Gott.* Wer wollte sich aufschwingen, zu richten über die Führer auf Erden, wer sagen, dieser sei ein guter, jener aber ein schlechter Herrscher oder klagen, solche Herrschaft habe er nicht verdient? Bekommt nicht jedes Volk die Herrschaft, die es verdient? Was lehrt die Geschichte: dass jemals weiser war das Volk? Zeigt der geschichtliche Rückblick nicht vielmehr, wes Geistes Kind sie allesamt waren (und sind): Volk wie Führer? *Vor den Trägern der Macht hat sich nicht die gute, sondern die böse Tat zu fürchten.* Wie sollte jener, den trifft *die Hand eines ungerechten Herrschers,* dadurch selbst weniger gerecht sein; ist es nicht der ungerechte Herrscher selbst der am Ende gestraft wird ob seiner Ungerechtigkeit? *Gebt allen, was ihr ihnen schuldig seid* (wie ER gebot, zu geben dem Kaiser, was des Kaisers ist, vgl. *Entrichtet euren Tribut,* Matthäus 22,15-22), *sei es Steuer oder Zoll, Furcht oder Ehre.* Was nun sind sie wem schuldig, so heiler Geist sie trägt und nicht länger niederdrückt der alte Untertanengeist? Welcher Herrscher auf Erden sollte wen abbringen vom rechten Weg, vom wahren Wort? Und so ein Herrscher tatsächlich verlangte, abzulassen vom rechten Weg und zu verraten Gottes Wort, wer wollte einem solchen nicht die Stirn bieten? Und mit Luther sprechen: "Ich kann nicht anders. Hier stehe ich. Gott helfe mir! Amen!"

Bleibt niemand etwas schuldig (häuft keine Schuld an und keine Schulden auf); *nur die Liebe schuldet ihr einander immer*, heißt es weiter im Römerbrief (13,8-14,23). *Denn die Liebe tut dem Nächsten nichts Böses; und so sind alle Gebote in dem einen Satz zusammengefasst: Du sollst deinen Nächsten lieben wie dich selbst. Die Liebe also ist die Erfüllung des Gesetzes* (vgl. *Bergpredigt: Goldene Regel:* "Wie ihr wollt, dass euch die Leute tun sollen, so tut ihnen auch"). *Legt ab die Werke der Finsternis und legt an die Waffen des Lichtes* (Röm 13,12). Ehrbar wandeln sollen sie im Licht des Tages und nicht die Dunkelheit suchen um ihrer Begierden willen; vielmehr sei ihr Sinn darauf gerichtet, keinen Anstoß zu erregen. Auch verachte niemand seinen Bruder oder nenne ihn unrein, weil er sich störe an dessen Speise. Hat Gott nicht gemacht jegliche Speise und jeglichen Trank? ("Was durch euren Mund hervorgeht, kann euch verunreinigen, nicht aber das, was durch euren Mund in euch hineingelangt; denn das scheidet ihr wieder aus" – sprach ER nicht also?) Wer sündigt: Jener, der isst und trinkt und glaubt, es sei die rechte Speise, der rechte Trank oder jener, der isst und trinkt, aber zweifelt, ob es wohl recht sei? Warum Unmut erregen um der Speise oder des Trankes willen, statt sich in Zurückhaltung zu üben? Ist nicht das wahre Wort die wahre Speise? *Ein jeder lebe so,* lautet der "kategorische Imperativ" des Paulus (Röm15,2ff.), *dass es seinem Nächsten gefalle zum Guten, zur Erbauung. Die Starken sollen tragen der Schwachen*

Unvermögen und nicht sich selber zum Gefallen leben, wie denn auch ER nicht lebte sich selber zum Gefallen. Nehmt einander an, wie ER euch angenommen hat – Juden wie Heiden; denn also heißt es in der Schrift (5. Mose 32,43): *Freut euch ihr Heiden mit seinem Volk! Und: Lobet den HERRN, alle Heiden, und preiset ihn alle Völker* (vgl. Psalm 117,1).

Der Römerbrief schließt mit einem umfänglichen Grußwort und einem abschließenden Lobpreis sowie der eindringlichen Mahnung, sich nicht verführen zu lassen von schön gewandter Rede, sondern sich fernzuhalten aller Lehre, die Spaltung und Verwirrung stifte (Röm 16,17).

Sind die Grundsätze des Evangeliums, wie sie dargelegt sind im Römerbrief, nicht schon gegeben mit der Bergpredigt? Und so sie leuchteten von Anbeginn, werden und müssen sie da nicht auch aufleuchten aus den übrigen Gemeindebriefen? Ist schon alles gesagt mit dem Römerbrief oder finden sich in den weiteren Gemeindebriefen Aussagen, die so noch nicht getroffen wurden: Aussagen, die zum tieferen Verständnis führen gerade auch im Hinblick auf die weitere Verkündung, Aussagen, die auf Besonderheiten einzelner Gemeinden hinweisen oder auf spezifische Fragestellungen, wie sie erst das lebendige Gemeindeleben gebiert?

Der erste Brief an die Korinther

In Ephesus geschrieben, steht der erste Brief an die Korinther ganz im Zeichen der Mahnung zur Einheit. Gab es Spaltung nicht schon unter den Jüngern anlässlich seiner Rede vom Himmelsbrot (vgl. Johannes 6,60-71)? Und warnte ER selbst sie nicht vor Irrlehren, vor falschen Predigern, vor Pharisäern (vgl. Matthäus 16,5-12)? Die Warnung vor Spaltung, im Römerbrief ans Ende gesetzt, steht im Brief an die Korinther gleich zu Beginn (1,10-31). *Ist denn Christus zerteilt?*, fragt Paulus. Sind sie nicht getauft in Christus Namen, und doch sagten die einen, sie hielten zu Paulus, andere sagten, sie hielten zu Kephas (Petrus) und wieder andere, sie hielten zu Apollos (ebenso Missionar, vgl. Apg 18,24-28). So sie aber uneins sind und voll der Eifersucht und des Widerstreites, sind sie nicht Geist, sondern Fleisch (3,3-16). Sind sie aber Fleisch und nicht Geist, wie wollen sie da *Tempel* Gottes sein, wie soll ihnen da innewohnen der Geist des HERRN (verhieß ER ihnen nicht in seiner Rede im Tempelvorhof, einzureißen den *Tempel* in drei Tagen und wieder aufzubauen, vgl. Matthäus 21,12-17)? Sie schüren Zwietracht; Gott aber ist Einheit: *ein Geist, ein Gott – aber viele Gaben* (1. Kor 12,1-14,40). Jedem teilt Gott seine besondere Gabe zu. Wie der Leib viele Glieder hat, die alle unentbehrlich sind dem Leibe, so auch sie. Ob Juden, Griechen, Sklaven oder Freie, *sie alle sind Glieder eines Leibes: des Leibes Christi.* Gott selbst hat diesen Leib zusammengefügt und sie wollen trennen, unterscheiden nach den Gaben, die Gott ihnen zuteilte? Sie streiten, statt zu streben nach Höherem, nach dem, was ihnen niemand streitig machen kann. Denn was nutzte ihnen jede Gabe und sei es gleich die höchste Geistesgabe, entbehrten sie der Liebe? Die Liebe ist langmütig, gütig und freut sich der Wahrheit; die Liebe erträgt alles, hält allem stand und hört niemals auf. *Glaube, Hoffnung, Liebe, diese drei; aber die Liebe ist die größte unter ihnen* (13,13).

Wie Paulus die Römer warnt, sich selbst nicht für weise zu halten, so mahnt er auch die Korinther und fragt sie, ob ihre Lebensphilosophie, ihr (hedonistischer) Wahlspruch, der besage (6,12): *"Alles ist erlaubt"* (eine Maxime, die heute noch populär ist?), tatsächlich so weise sei? Nutzt es ihnen, sich alles zu erlauben, alles herauszunehmen, freien Lauf zu lassen ihren Begierden, sich in Abhängigkeit zu bringen von diesem und jenem: zum Sklaven zu werden, statt Herr ihrer selbst zu sein? Soll ihr Leib Macht haben über sie oder ihr Geist? Welcher Weisheit rühmen sie sich; hat Gott nicht alle Weisheit dieser Welt entlarvt als Torheit (hat all ihre Weisheit eine reichere, friedlichere, bessere Welt geschaffen)? Hat die Welt je erkannt Gottes Weisheit – so die Welt erkannte, wie konnte da gekreuzigt werden der Gesalbte des HERRN (2,1-10)?

Kein Ohr hat je gehört, kein Auge je gesehen einen Gott außer dir, der so wohl tut denen, die auf ihn harren (Jesaja 64,3). Wie Gott es offenbarte den Propheten, so enthüllte der HERR es auch den Aposteln. Stehen die Apostel darum vor der Welt da als die Allerhöchsten, stehen sie nicht da als die Allergeringsten? Denn Gott hat erwählt das Schwache, das Niedrige, das Verachtete, um das zu vernichten, was etwas ist, auf dass sich vor Gott rühme kein Fleisch (1,18-31). Und sind sie nicht behandelt worden wie der Abschaum der Welt, alle, die verkünden das wahre Wort: verachtet, verspottet, weil sie verkünden die Auferstehung (1,10-31, 6,1-18)? Ein Narr, wer behauptet, ihm sei erschienen der Gekreuzigte lebendigen Leibes? Eine derartige Botschaft galt vielen als abstrus, närrisch, lächerlich! Gelte der heutigen Welt weniger närrisch, wer behauptete, ihm sei leibhaftig erschienen der Gekreuzigte? Ist den Juden solche Lehre nicht ein Ärgernis (bis zum heutigen Tag), den Juden, die doch nach Zeichen verlangen, wie die Griechen verlangen nach Weisheit (1,1-18)? Sie sehen die Zeichen nicht und erkennen nicht die Weisheit; die Apostel aber haben IHN gesehen mit eigenen Augen. Und nicht nur dem engeren Kreis ist ER erschienen, sondern auch ihm: Paulus – vor Damaskus (vgl. Apg 9,1-19). Soll darum sein Rang ein geringerer sein (9,1-27), hat er weniger Vollmacht denn die Zwölf? Denken sie etwa, er verzichte auf Privilegien aus einem Mangel an Vollmacht (wurde nicht auch ER gefragt nach seiner Vollmacht, vgl. Matthäus 21,23-27)? Zweifeln sie an ihn, weil er nichts einfordert, weil er sich nicht rühmt? Wie könnte er sich rühmen, fragt Paulus sie, zu verkünden das Evangelium, da er doch nur erfülle den Auftrag, der ihm auferlegt sei und dem er sich nicht entziehen könne. Wer wollte sich entziehen der Hand Gottes? Warum zweifeln sie an seinem guten Willen, an der Rechtmäßigkeit seines Auftrages, weil er sich in Enthaltsamkeit übt, sich an kein Eheweib bindet – anders als andere Apostel, anders als Petrus/Kephas (dessen Schwiegermutter ER heilte, vgl. Matthäus 8,14-17)? Der Ehe freiwillig zu entsagen, sich gar selbst aufzuerlegen sexuelle Enthaltsamkeit, muss solches der damaligen Männerwelt, die

Vielweiberei als selbstverständliches Privileg der "Eliten" erachtete, nicht geradezu suspekt erschienen sein?

Nehmt mich zum Vorbild, wie ich Christus zum Vorbild nehme (11,1). Ruft Paulus sie hier auf, sich ebenfalls zu enthalten und der Ehe zu entsagen? Verkündet der Apostel (7,1-9) anderes denn das, was ER ihnen sagte über Ehelosigkeit und Enthaltsamkeit (vgl. Matthäus 19,3-12)? Warum denn enthält Paulus sich, enthält er sich der Verheißung wegen: der angekündigten Endzeit (vgl. *Königliches Hochzeitsmahl; Vom Weltgericht*)? Oder enthält er sich, *weil der Unverheiratete allein Sorge tragen muss um die Sache des* HERRN, *der Verheiratete aber auch um die Dinge der Welt? Wer sich nun aber nicht enthalten kann, der möge heiraten; denn: Es ist besser zu heiraten, als sich in Begierde zu verzehren oder der Unzucht zu verfallen* (und sich zu versündigen an unschuldigen Knaben)! Paulus wünscht sich zwar, der Mensch bliebe unverheiratet und damit ganz und gar frei für Gott, wegen der Gefahr der Unzucht aber, sollten sie lieber die Ehe schließen. Und so sie den Bund fürs Leben geschlossen haben, sollten sie auch festhalten daran und einander treu bleiben und den anderen Teil selbst dann nicht verstoßen, wenn der ungläubig sei. Wie ihnen heilig sei die Ehe, so sei ihnen auch heilig ihr Leib; denn versündigten sie sich an ihrem Leib, beschmutzten sie da nicht den Tempel des HERRN (zum Ehebruch vgl. Matthäus 5,27-32)?

Wer Unzucht treibt, schändet nicht nur seine eigene Heiligkeit, sondern schändet auch die der gesamten Gemeinde (5,1-13), darum gelte es, den aus ihrer Mitte zu stoßen, der sich versündigt habe (und stoßen sie aus ihrer Mitte jene, die schändeten: schändeten den unschuldigen Leib eines Knaben?). Denn wer nicht wolle, dass *ein wenig Sauerteig durchsäuere den ganzen Teig* (vgl. Matthäus 16,5-12), habe nichts zu schaffen mit Unzüchtigen, nichts zu schaffen mit einem, der sich Bruder nennt und dennoch Unzucht treibt, der habgierig ist, der lästert, trinkt oder raubt, mit einem solchen sollten sie nicht einmal essen. Reinhalten sollen sie sich und die Gemeinde, nicht aber richten: *Richtet nicht die Außenstehenden, denn die wird Gott richten, schafft aber fort aus eurer Mitte den Übeltäter* (5,13; gebot ER nicht, auszureißen das verdorbene Glied, auf dass nicht verderbe der ganze Leib (vgl. Matthäus 5,30)?

Sind sie eins: eins mit sich selbst und sollten nicht versuchen, eins zu sein auch untereinander? Warum streiten, Prozesse führen, das Gericht anrufen der Ungläubigen: das *Gericht der Ungerechten*, statt zu schlichten zwischen ihren Brüdern (6,1-11)? Denken sie etwa, irgend jemand könne entkommen dem Gericht Gottes oder könne erben Gottes Reich, so er sei ein Unzüchtiger oder Götzendiener, ein Ehebrecher, Knabenschänder, ein Habgieriger, ein Räuber oder Trinker? Sind sie selbst nicht der Tempel des HERRN – erkauft (wie man Sklaven zu kaufen pflegte dazumal) um einen hohen Preis? Warum leben sie nicht, wie Gott es ihnen zugemessen hat – als Beschnittene wie auch als Unbeschnittene (7,14-24)? *Wer als Sklave, als Unfreier berufen ward, ist doch frei in*

Christi, und wer als Freier berufen ward, bleibt doch Sklave des HERRN, nicht Sklave der eigenen Begierden und Begehrlichkeiten.

Wie sie ihren Leib heil und rein halten, so sollen sie auch heil halten die Gemeinde als Glied, als Teil des Leibes Christi. Heil soll ihre Gemeinde sein, nicht uneins und zerrissen. *Erkenntnis mache aufgeblasen,* mahnt Paulus, *Liebe dagegen baue auf* (8,1-13, vgl. 10,14, 11,1). Niemand gebe seinem Bruder Anlass, Anstoß zu nehmen, auch nicht um der Speise willen. *Meidet Götzendienst und Götzenfleisch,* heißt es weiter im Brief an die Korinther (10,14-11,1). Dem HERRN allein gehört die Erde und alles, was sie erfüllt. Wie wollen sie nehmen vom Fleisch, für das sie nicht danken können (oder müssen, weil sie selbst es erschufen mittels Genmanipulation?), weil es geopfert wurde einem Götzen, den erschuf der Menschen Hand? *Ihr könnt nicht trinken vom Kelche Christi und zugleich nehmen den Kelch der Dämonen;* wollen Diener sie sein zweier Herren? Wer dienen will allein dem einen Gott, der möge auch tun und essen alles allein zur Verherrlichung des einen HERRN, an dessen Tisch zu sitzen er geladen ist.

Ausdrücklich wendet sich Paulus gegen Missstände beim Abendmahl (11,17-34), gegen unwürdige Feiern, auf denen jeder verzehre, was er habe, ohne des anderen zu gedenken, so dass der eine am Ende trunken sei, während der andere darbe. Wird mit der Mahnung, kein Gelage zu machen aus dem Heiligen Abendmahl, der Grundstein gelegt weg von einem tatsächlichen Mahl, hin zu einer rein symbolischen Darreichung von Brot und Wein? ER brach das Brot und reichte es ihnen mit den Worten: "Das ist mein Leib" und ebenso reichte ER ihnen den Kelch, zu schließen den neuen Bund in seinem Blut. Sooft sie nun essen von diesem Brot und trinken von diesem Kelch, gemahnt Paulus sie, verkünden sie den Tod Christi, bis zu seiner Wiederkehr. Welcher also unwürdig sei zu essen vom Brot und zu trinken vom Kelch und nehme dennoch, der werde selbst schuldig am Leib und Blut Christi (11,27; wie auch Judas, der Verräter, sich versündigte am Blut Christi, das am Ende kam über ihn selbst). Jeder möge selbst sich prüfen, ob er wahrhaft würdig sei; denn wer nicht rein halte den Tisch des HERRN, der sei schon gerichtet. Und prüft heute der Christ, ob er würdig sei, teilzuhaben am Heiligen Abendmahl? Hält rein den Tisch des HERRN, wen inwendig mangelt es an Reinheit; wer in den Fokus rückt allein die Frage, ob Wein und Brot auszuteilen sei oder allein das Brot?

Wer sich selbst beschmutzt, beschmutzt die Gemeinde, beschmutzt die gottesdienstliche Feier, beschmutzt den Leib Christi, mahnt Paulus (11,2-16). Haupt Christi aber sei Gott. Und wie Gott Haupt Christi ist, so sei auch der Mann Haupt des Weibes; denn nicht der Mann stamme vom Weib, sondern das Weib stamme vom Manne und doch komme der Mann durch das Weib zur Welt: *Letztlich also stamme alles von Gott!* Darf das Weib es gleichtun dem Manne (in patriarchalisch geprägter Zeit): auftreten wie er, reden, belehren gar den Mann vor der gottesdienstlichen Versammlung? Paulus gestattet lautes Beten (Vorbeten) wie auch prophetische Rede ausdrücklich auch dem Weibe, vorausgesetzt ihr Haupt sei verhüllt. (Das Kopftuch als Zeichen weiblicher Vollmacht? Wie lässt sich solch verbrieftes Wort vereinbaren mit heutigen Kopftuch- bzw. Verschleierungsverboten? Darf sich die Nonne, nicht aber die Muslimin berufen auf das Paulus-Wort?) Wer prophetisch rede, der zeige sich würdig, fordert Paulus. Wie ein Mann, der prophetisch rede, sich entehre, so er bedecke sein Haupt (galt es weniger unehrenhaft zu Zeiten, da die Männer Hüte trugen, nicht zu lüften seinen Hut zum Gruße?), so entehre sich umgekehrt ein Weib unbedeckten Hauptes. Sollten sie ihre Schönheit zur Schau tragen, statt zu bedecken ihre (Blicke auf sich ziehenden) Gaben in der gottesdienstlichen Versammlung: im Angesicht des HERRN, dem allein aller Blick, alle Ehre und Bewunderung gebührt, da Gott allein schuf all ihre Gaben? Oder sollen die Weiber (von denen ausging alle Sünde?) überhaupt schweigen in der gottesdienstlichen Versammlung (14,34)? Ist das Gotteswort ausgegangen allein von Männern oder gekommen allein zu den Männern (15,36)? Gibt es nicht ein Buch Ruth und ein Buch Esther im Alten Testament und wird nicht verehrt die Jungfrau Maria bis in unsere Zeit? Oder wollen sie Gott vorschreiben, in welchem Leib sich zu offenbaren habe der göttliche Geist? War es nicht Maria Magdalena, die zuerst verkündete: ER *ist auferstanden*? Und waren es nicht die Leute der Chloe, die erst berichteten dem Paulus vom Zank und Streit unter ihnen und ihm Anlass gaben zum Brief an die Korinther (vgl. 1,11)?

Wer die Gemeinde aufbauen wolle, dringt Paulus weiter in sie, der befleißige sich verständlicher Worte und rede *nicht in Zungen* (14,1-25). So sie zu Gott beten, mögen sie in Zungen reden, Gott verstehe sie. So sie aber verstanden werden wollten von den Menschen, sollten sie sich deutlich erklären. (Und reden sie verständlich oder wollen sie ihr Wissen für sich behalten, auf dass sie Macht haben über das unverständige Volk?) *Seid doch nicht Kinder an Einsicht, sondern Unmündige an Bosheit, an Einsicht aber reife Menschen.* Und haben sie Einsicht? So sie Einsicht hätten, fragt Paulus sie (15,1-34), wie könnten dann einige von ihnen verkünden, es gebe keine Auferstehung? Ist ER denn nicht auferstanden, ist ER nicht erschienen dem Kephas (Petrus) und hernach erschienen noch mehr als *500 Brüdern*, erschienen sogar einer *Missgeburt* wie ihm, der selbst verfolgt habe, wie Paulus hier abermals bekennt, die neue Lehre, die besage: Wie in Adam alle starben, so werden in Christus alle lebendig gemacht. Denn ER wird herrschen, bis Gott ihm alle Feinde unter seine Füße gelegt hat; der letzte Feind, der entmachtet werden wird, aber ist der Tod. (Dem Reich Gottes folgt das Reich des Sohnes – das "dritte Reich" aber wird sein das Reich des Heilen Geistes, da vereint sind in einem Geiste Vater, Sohn und Gottesvolk?) Was wäre ihre ganze Lehre ohne Glauben an die Auferstehung? Sie sollten sich also nicht in die Irre führen lassen und schlechten Umgang meiden, denn: *Schlechter Umgang verdirbt die guten Sitten.*

Auch was du säst, fährt Paulus fort (15,35-47, vgl. Markus 4,26-29), *wird nicht lebendig, wenn es nicht erstirbt* (stirb und werde! *Erstirbt aber das Weizenkorn, bringt es reiche Frucht,* vgl. Johannes 12,24). *Was gesät wird, ist verweslich, was auferweckt wird, ist unverweslich. Gesät wird ein irdischer Leib, aufer-*

weckt aber ein überirdischer. *Der Erste Mensch stammt von der Erde und ist Erde; der Zweite Mensch aber stammt vom Himmel. Wie der von der Erde irdisch war, so auch dessen Nachfahren, und wie der vom Himmel himmlisch ist, so auch dessen Nachfahren* (gestaltet hin zum Bilde des Himmlischen Vaters). Fleisch und Blut können nicht erben das Reich Gottes; denn das Vergängliche erbt nicht das Unvergängliche (vgl. *Auferstehung der Toten*, Matthäus 22,23-33, *Vom Weltgericht*, Matthäus 25,31-46). Und auch ein Geheimnis enthüllt Paulus den Korinthern (wie er im Römerbrief enthüllt das Geheimnis, dass vor aller Errettung stehe die Sammlung aller Heiden): *Nicht alle werden entschlafen* (denn wie sollten die Letzten schmecken den Tod, da sie doch sind die "Jüngsten" und also richten werden jene, die vor ihnen waren?), *aber alle werden verwandelt werden* (15,51): Und es wird sie treffen plötzlich, mit einem einzigen Paukenschlag (einem *Posaunenschall* wie einst, da fielen die Mauern Jerichos), in einem einzigen Augenblick. Auferweckt werden dann die Toten (die lebendig waren in Gott) zur Unvergänglichkeit und alles Vergängliche bekleidet mit Unvergänglichkeit und alles Sterbliche bekleidet mit Unsterblichkeit, wie es heißt in der Schrift (Jesaja 25,8, Hosea 13,14*): Verschlungen ist der Tod vom Sieg. Tod, wo ist dein Stachel, Hölle, wo ist dein Sieg?*

Der abschließenden Ermahnung, standhaft zu bleiben und unerschütterlich (16,13-24), folgt eine Schilderung der nächsten Reisepläne, eine Aufforderung zur Kollekte für die Gemeinde in Jerusalem (vgl. Apg 11,27-30, Röm 15,25-28) sowie ein letztes Grußwort.

Der zweite Brief an die Korinther

Paulus erster Brief trug ganz offensichtlich weder die erhoffte Frucht, noch trug er dazu bei, seine Autorität zu untermauern, darum nun das zweite Schreiben. Wie schon im ersten Brief (9,1-27), so fragt Paulus auch im zweiten (11,5), worin er den *hohen Aposteln* (gemeint sind wohl die "Zwölf": die Jünger der "ersten Stunde") denn nachstehe? Ist nicht auch er *Gesandter* dessen, der da ist das Fleisch gewordene Wort (5,19-20)? Braucht er etwa ein Empfehlungsschreiben; ist nicht die Botschaft selbst Empfehlung genug? Ist sie ihnen nicht getrieben in ihr Herz? Geritzt nicht in *Tafeln von Stein* (wie die 10 Gebote), sondern geritzt in *Tafeln von Fleisch: Tafeln des Herzens* (3,3). Denn der Buchstabe tötet, der Geist aber macht lebendig (3,6*). Der HERR ist Geist, wo aber der Geist ist, da ist Freiheit* (3,17).

Wenn unser Evangelium dennoch verhüllt ist, so Paulus weiter (4,3-4), ist es nur denen verhüllt, die verloren gehen; denn der Gott dieser Weltzeit (der Zeitgeist: das angebetete "goldene Kalb"?) hat das Denken der Ungläubigen verblendet. Wer aber in Christus ist, der ist *neue Schöpfung* (5,17), ist wiedergeboren in einem neuen, einem jungen, jungfräulichen: reinen, unbefleckten Geist. Und so mahnt Paulus, *sich nicht mit den Ungläubigen unter das gleiche Joch zu beugen* (6,14), sondern rein zuhalten Leib und Geist und eben nicht zu verfallen dem Trug, dem schönen Schein dieser Welt. Denn das *Sichtbare ist vergänglich, das Unsichtbare aber ewiglich* (4,18).

Wer denn, der jung ist, schön, reich oder mächtig, könnte behalten seine Jugend, seine Schönheit, seinen Reichtum oder seine Macht auf ewig: warum heute verehren, was morgen schon vergangen ist? Sind nun vergänglich Reichtum und Macht, so sind vergänglich ebenso Armut und Ohnmacht. Der äußere Mensch mag aufgerieben werden (wovon das Schicksal des Völkerapostels eindrucksvoll zeugt, war Paulus doch bedroht an Leib und Leben so viele Male), wird darum aber auch aufgerieben der innere Mensch? Ist es nicht oft gerade die Not, die äußerste Bedrängnis, die dazu zwingt, sich neu zu besinnen, neu zu orientieren: einen neuen Weg zu finden? Wer wollte sagen, er sei schon angekommen; wer unter ihnen, der nicht in der Fremde lebt: fern vom Vater, fern vom Himmelreich? Und doch: *Vor dem Richterstuhl Christi müssen dereinst alle offenbar werden* (leisten ihren Offenbarungseid), *auf dass jeder seinen Lohn empfange für das Gute oder Böse, das er tat* (oder ließ) *in seinem irdischen Leben* (5,10).

Ausdrücklich wendet sich Paulus gegen die falschen Prediger, die *ein Geschäft machen mit dem Wort Gottes* (2,17). Wirtschaftet etwa Paulus in die eigene Tasche oder liegt ihnen finanziell zur Last? Und so er sie bittet um Spende: *um großzügige Gabe, nicht um eine Gabe des Geizes* (8,6-15), bittet er nicht für sich, sondern für die Armen, auf dass ihr Überfluss abhelfe deren Mangel. Was werfen sie ihm vor, dass er einen Ausgleich schaffen will zwischen arm und reich oder dass er über sie gebieten will? Nicht Herr über ihren Glauben will Paulus sein, sondern Helfer zu ihrer Freude (1,24.). Führen will er sie (11,2), wie ein Brautführer führt die Braut (= Angetraute = Volk Gottes) zum Bräutigam (= Christus). Darum ist es auch nicht an Paulus, sich selbst zu empfehlen oder gar selbst zu rühmen. *Wer sich rühmen will, der rühme sich des* HERRN*; denn nicht, wer sich selbst lobt, ist anerkannt, sondern der, den lobt der* HERR (10,17-18). Folgen sie den wahren Wortführern oder folgen sie Lügenaposteln? Soll sich verteidigen das wahre Wort, nicht aber die Lüge? Wissen sie nicht, dass *auch der Satan sich tarnen kann als ein Engel des Lichtes, als ein Diener der Gerechtigkeit* (11,14-15)? Lassen sie sich so leicht hinters Licht führen – von Narren?, fragt Paulus anklagend in seiner berühmten "Narrenrede".

Ihr ertraget gern die Narren, ihr, die ihr klug seid! Ihr ertragt es, wenn euch jemand zu Sklaven macht, euch schindet, ausbeutet, Gewalt antut; ihr ertragt es, wenn jemand anmaßend auftritt wider euch und euch frech ins Gesicht schlägt. Zu meiner Schande muss ich gestehen, zu alledem wahrlich zu schwach gewesen zu sein (11,18-21). Dieser Schwachheit rühmt sich Paulus gern, prahlen will er ob dieser Ohnmacht, die ihn aussetzte der Verfolgung, der Not, der Misshandlung und der Angst um Leib und Leben (11,23-33). Denn Gottes Kraft ist in den Schwachen, weshalb Paulus sich rühmt seiner Schwachheit (12,1-10). Wer ohne Macht ist und erträgt, was ihm aufgebürdet ist an Last und Übel, wer standhält und aufrecht bleibt trotz aller Pein, darf der sich nicht rühmen seiner Schwachheit? Wächst nicht der Mensch erst in Erkenntnis seiner Schwäche? Welche Schuld denn lädt auf sich der Ohnmächtige? Sind es nicht die Mächtigen, die sich zu verantworten haben am Ende aller Tage für das, was sie aufbürdeten den Ohnmächtigen: den Schwachen dieser Welt? So Paulus nun schwach ist und ohne Macht, was könnte er ihnen da aufbürden? Worin also sind sie zu kurz gekommen im Vergleich zu anderen Gemeinden; spüren sie nicht seine Liebe zu ihnen?, fragt Paulus sie (12,13) und beteuert: *Ich suche nicht das Eure* (nicht ihr Hab und Gut), *sondern Euch. Denn es sollen nicht die Kinder den Eltern Schätze sammeln, sondern die Eltern den Kindern* (12,14). Wie steht es gegenwärtig um solch Wort, solche "Narrenrede"? Sammeln heute Eltern für ihre Kinder oder hinterlassen sie nichts als Berge von Schulden, verbrannte Erde, ausgeraubte Böden und verseuchte Meere? Wer ist hier der Narr: der predigt Wachstum, höhere Rendite um jeden Preis oder der predigt, zu teilen seinen Überfluss mit den Armen und sich zu bescheiden (= zu beschneiden jeden Wucher): zu bekämpfen jede Form von Maßlosigkeit und Gier?

Wie wird Paulus sie wohl vorfinden, wenn er Korinth abermals besucht: so, wie er sie vorzufinden wünscht? Der Apostel macht sich nur wenig Hoffnung (12,20) und fährt fort in seiner Mahnung: *Denn ihr verlangt einen Beweis, dass durch mich Christus spricht, der nicht in seiner Schwachheit, sondern in seiner Kraft unter euch wirkt.* Prüft euch doch selbst: *Erfahrt ihr nicht in euch selbst, dass Christus in euch ist* (13,3-5)? ER, der ertrug am Kreuz die schlimmste Pein, dem aufgeladen war die schwerste aller Strafen, aufgeladen in all seiner Unschuld, all seiner Ohnmacht; ist ER ihnen nicht auferstanden, spüren sie nicht seine Macht, seine Kraft? Eine Kraft, die nicht wirkt in der äußeren Welt, sondern inwendig: in ihnen. Oder sind sie taub für diese Kraft, taub für die Wahrheit? Paulus ist es nicht; er vermag seine Kraft nicht einzusetzen wider die Wahrheit. Und so er ihnen auch als schwach erscheint, ihm ist seine Schwäche Freude, wie ihm Freude ist, wenn sie sich als stark erweisen, stark genug zur *vollständigen Erneuerung: zur Vollkommenheit* (13,8-10). Erwachen sollen sie zu einem neuen Leben!

Im Schlusswort (13,11-13) ermahnt Paulus sie abermals, eines Sinnes zu sein, in Frieden miteinander zu leben und sich zu grüßen mit dem heilen Kuss (der sein soll ein Zeichen ihrer Verbundenheit, ihrer Aufrichtigkeit; kein Judas-Kuss: kein Zeichen des Verrates oder der Heuchelei).

Der Brief an die Galater

Vermutlich in Ephesus (53-55 n.u.Z.) geschrieben, wendet sich dieses Schreiben nicht an Juden oder Griechen, sondern an einen Bund verschiedener keltischer Stämme, die bereits 278 v.u.Z. vom Balkan in die nach ihnen "Galatien" genannte kleinasiatische Landschaft (unter Augustus röm. Provinz) einwanderten. Einen weiten Weg legten sie zurück – äußerlich. Und innerlich, haben sie sich bekehrt durch das Wort des Paulus oder sind sie abgekommen vom rechten Weg, gar Irrlehren aufgesessen? Wem vertrauen, wem folgen sie? Wissen die Galater nicht, dass Paulus von Christus selbst berufen wurde und durch Gott? Berufen durch den Vater und den Sohn, nicht berufen von Menschen, wie der Völkerapostel den Galatern gleich zu Beginn seines Briefes vor Augen führt (1,10-24). Nicht um ihre Zustimmung ringt der Apostel: nach dem Munde sollen sie ihm nicht reden, noch will er ihnen nach dem Munde reden; denn wollte er gefallen den Menschen, wäre er ihr Knecht, nicht aber *Knecht Christi.* Diener des Wortes ist Paulus, führen will er sie auf den rechten Weg: den Weg, gegen den er einst selbst stritt und dessen Anhänger er grausam verfolgte.

Wie Petrus anvertraut ist das Evangelium für die Beschnittenen (= Juden), so ist es anvertraut dem Paulus für die Unbeschnittenen (= Heiden, 2,7-9). Darum gaben die *Säulen* Jerusalems (die Stützen der Ur-Gemeinde): Jakobus, der Bruder Christi, Kephas (Petrus), der Fels und Johannes, der Jünger, den ER liebt, ihm, dem Paulus – wie dem Barnabas – die Hand zum Zeichen ihrer Gemeinschaft. Und so war per Handschlag besiegelt, dass er ziehen solle hin zu den Heiden, auch zu den Galatern, um zu verkünden das lebendige Wort. Christen sind sie: Freie, nicht Sklaven. Wer kann sie zwingen, anzunehmen, was nicht das Ihre ist? Paulus verweist auf das Apostelkonzil (vgl. Apg 15,1-35), das die Freiheit der Heidenchristen vom jüdischen Gesetz anerkannte, sie mithin enthob der Verpflichtung, sich beschneiden zu lassen. Beschnittene und Unbeschnittene durften demnach (Tisch)Gemeinschaft miteinander pflegen, was unter den Juden nach wie vor nicht nur umstritten war, sondern Unmut erregte, ja, sogar auf erbitterten Widerstand stieß. Ein Widerstand, der derart druckvoll war, dass schließlich selbst Petrus (wie auch Barnabas) davon absah, Tischgemeinschaft mit den Heidenchristen zu haben. Eine Haltung, die Paulus als Heuchelei bezeichnet. Nicht hinter vorgehaltener Hand, so heißt es im Brief des Paulus, sondern offen kritisierte er Petrus (in Antiochien), dessen Haltung Heiden zwinge, nach Art der Juden zu leben (2,1-14). Was hat Glaube gemein mit Zwang? Sollen sie etwa alle gleich sein, sollen sie nicht Eins sein? Brüder, verschieden wohl ihrer Herkunft und Geschichte nach, verschieden auch in ihren Gaben und Werken, geeint aber im Glauben, geeint im Wort: im Vater. Was denn predigte ER: dass sie jungen Wein füllen sollten in alte Schläuche? Ist es nicht Heuchelei, Gleichheit zu predigen, sich selbst aber als gleicher zu erachten der Beschneidung wegen? Verrät Petrus, so er sich als reiner erachtet der alten Beschneidung wegen, nicht den Geist der neuen Lehre? Und war ihm nicht prophezeit, dreimal werde er verraten – noch vor dem ersten Hahnenschrei: vor dem Erwachen, dem neuen Morgen?

Durch die Werke des Gesetzes wird niemand gerecht (2,16); *denn käme die Gerechtigkeit durch das Gesetz, so wäre Christus vergeblich gestorben* (2,21). Um zu verdeutlichen, dass nicht das Gesetz, mithin auch nicht die Beschneidung, Gerechtigkeit bewirke, sondern allein der Glaube, verweist Paulus (3,6-18, vgl. Römerbrief 4) auf Abraham. Der als gerecht galte, weil er unbeirrt blieb im Glauben und eben darum sei ihm zugesprochen alle Verheißung, ihm und *seinem Nachkommen*. Seinem Nachkommen oder seinen Nachkommen: Einzahl oder Mehrzahl? Nachkomme jedenfalls ist Christus: Nachkomme, Sohn, Erbe aller Verheißung; denn das Alte Testament ist ja nicht ungültig geworden. Wer hätte je außer Kraft gesetzt ein Testament außer dem Erblasser selbst? Wird nicht erst recht fortbestehen das Testament Gottes und ebenso alle Verheißung: fortbestehen in Abrahams Nachkommen: in Christus (vgl. *Kinder Abrahams*, Johannes 8,46-59)? Das Gesetz ist ihnen nur gegeben ihrer vielen Übertretungen wegen, auf dass es helfe, sie in Zucht zu halten, bis zum Kommen Christi, bis zur neuen Schöpfung: neuen Zucht, neuen Menschen. Denn *nachdem der Glauben gekommen ist, stehen wir nicht unter Zucht* (3,25): nicht unter dem Zwang des Gesetzes, sondern sind selbst neue Zucht, neue Schöpfung. Wer nach dem Gesetz fragt und danach, was erlaubt ist und was nicht, ist abhängig vom Gesetz; unabhängig ist allein, wer aus dem Glauben wirkt. Was fragen sie nach dem Gesetz, wissen sie nicht, wie sie gerecht zu leben haben; tragen sie solches Wissen nicht in sich? So sie tragen solches Wissen in sich, welcher äußeren Gesetze sollten sie da noch bedürfen? Paulus warnt sie, zurückzufallen (4,8-26) und wieder zum Sklaven zu werden der alten Götzen oder sich zu beugen früheren Irrglaubens, wie dem von den vier Elementen (die nach antiker Lehre alles Irdische bedingten) und Kinder des Zeitgeistes zu sein, statt Kinder des ewigen Geistes.

Rühme dich, du Unfruchtbare, die nie ein Kind gebar!
Freue dich und jauchze, die du nicht schwanger warst!
Denn viele Kinder hat die Einsame, mehr als die Vermählte.
(Jesaja 54,1)

Freuen sie sich, dass aufgebrochen ist neue Frucht, dass sie Freie sind: Söhne Sarahs, die Abraham gebar den Isaak? Oder sind sie Söhne der Magd: der Unfreien, die Abraham gebar den Ismael – Söhne der Hagar? "Hagar" aber bedeutet in der arabischen Welt nichts anderes als "Sinai" – der Berg des Gesetzes. Sind sie schon über den Berg oder bedürfen sie des Gesetzes noch; verlangt es sie nach der Knute, nach der Fessel, gar nach Opferung? Wurde denn Isaak, der Sohn der Freien, geopfert, wurde er nicht entbunden aller Fessel: entlassen in die Freiheit? Und sollen nicht auch sie befreit sein von äußerem Zwang, von den Fesseln des Gesetzes, weil sie tragen Gottes Wort in sich? *Nicht der Sohn der Sklavin soll Erbe sein, sondern der Sohn der Freien* (4,30-31).

Zur Freiheit hat Christus uns befreit. Warum lassen sie sich auferlegen das Joch der Knechtschaft? *In Christus kommt es nicht darauf an, beschnitten oder unbeschnitten zu sein, sondern darauf, den Glauben zu haben, der wirksam ist in der Liebe.* Sie sind auf dem rechten Weg, wer hindert sie, weiter zu folgen der Wahrheit? *Jene Leute, die sie verwirren* (und welcher geistliche Führer verwirrt heute nicht?), *werden das Urteil Gottes zu tragen haben,* und so sie Unruhe stiften oder gar behaupten, Paulus predige die Beschneidung, so sollten sie sich lieber gleich entmannen lassen. *Zur Freiheit sind sie berufen!* Doch diene ihnen diese Freiheit nicht (wie in heutiger Zeit?) zum Vorwand! Niemand nutze diese Freiheit zur Sünde, sondern nutze sie zur Liebe und zur Erfüllung des wahren, des einzigen, des ganzen Gesetzes, das da heißt: *Du sollst deinen Nächsten lieben wie dich selbst!*

Wer folgt den Begierden des Fleisches, bleibt unterworfen dem Fleisch und handelt wider den Geist! Wer sich aber leiten lässt vom Geist, der steht unter keiner Fuchtel, weder unter der des Fleisches, noch unter der des Gesetzes (5,1-14). In einem "Laster- und Tugendkatalog" (5,19-23, vgl. Röm 1,29-31, 1. Kor 6,9) stellt Paulus die Werke des Fleisches, wie Unzucht, ausschweifendes Leben, Götzendienst, Eigennutz, Neid und Eifersucht den Früchten des Geistes gegenüber: der Liebe, dem Frieden, der Treue, der Sanftmut wie auch der Selbstbeherrschung. Tugenden, die, anders als Laster, in Einklang stehen mit dem Gesetz und eben darum keines Gesetzes bedürfen. *Alle, die Christus angehören, haben das Fleisch und damit ihre Leidenschaften und Begierden gekreuzigt. Wenn wir aus dem Geist leben, dann wollen wir auch folgen dem Geist. Wir wollen nicht prahlen, nicht miteinander streiten und einander nichts nachtragen* (5,24-26). Das *Gesetz Christi wird erfüllt im Glauben, der wirksam ist in der Liebe. Darum trage einer des anderen Last und jeder prüfe sein eigenes Tun; denn was der Mensch sät, das wird er auch ernten.* Nicht nachlassen sollen sie in ihrem Streben, das Gute zu tun und das Böse zu lassen (6,1-10).

Im Schlusswort seines Briefes (6,11-18), den Paulus schreibt *mit eigener Hand* (schrieb er selbst, um erst gar keinen Zweifel an der Echtheit dieses Dokuments aufkommen zu lassen?), unterstreicht der Völkerapostel noch einmal, dass es nicht darauf ankomme, ob jemand beschnitten sei oder nicht, sondern darauf, was aus ihm erwachse: ob er werde neue Zucht, neue Schöpfung. Wer sie nötige zur Beschneidung, tue das allein, um nicht dereinst verfolgt zu werden von ihnen: den Unbeschnittenen der Kreuzigung Christi wegen (denn waren es nicht Beschnittene, die lauthals schrien: Kreuzigt IHN?). Sie aber sollen solche sein, die kreuzigen den alten Menschen, kreuzigen all ihre Begierden, all ihre Laster. Und in Zukunft, so Paulus abschließend, solle ihm keiner mehr Schwierigkeiten bereiten; denn er *trage die Zeichen Christi.* Welche Zeichen sind gemeint: die äußerlichen Zeichen des Leibes: die Narben von Folter und Peinigung oder die innerlichen Zeichen des Geistes? Hat Paulus selbst nicht gekreuzigt den alten Menschen, der er einst war, hat er sich nicht gewandelt (vom Saulus zum Paulus) – hin zum Bilde Gottes? Denn so er nicht gewandelt wäre und nicht in ihm wirkte der heile Geist: das lebendige Wort, wie wollte er wirksam künden davon?

Der Brief an die Epheser

Verfasst wurde dieses – als Aufruf gestaltete Schreiben – vermutlich nicht von Paulus selbst, sondern von einem seiner Schüler. Appelliert wird darin nicht nur an die Epheser vor Ort (Ephesus wird von zahlreichen Textzeugen nicht einmal genannt als Adressat), sondern an die weltweite Gemeinschaft derer, die Gott angehören (ein katholischer Brief?). An alle "Epheser" – heute und morgen. An alle, die einst anhingen dem Götzenkult, sich aber abkehrten davon, sich bekehrten. Die entscheidende Frage lautet: Sind sie eines Geistes? Paulus, *der durch den Willen Gottes berufene Apostel* (1,1) betet für sie (1,15-23): bittet darum, dass ihnen gegeben werde der Geist der Weisheit und Offenbarung, auf dass sie nicht sehen mit den Augen, sondern mit dem Herzen, auf dass sie erkennen den Reichtum, die Macht und die Herrlichkeit dessen, dem Gott *alles hat zu Füßen gelegt.*

Kinder des Zorns sind sie gewesen; in Christus aber sind sie wieder lebendig gemacht. Aus Gnade sind sie gerettet (nicht infolge irgendeines Verdienstes; denn welches sollte das sein?, da sie doch Gefangene waren des Fleisches). *Seine Geschöpfe sind wir,* ruft Paulus den "Ephesern" zu: *in Christus dazu geschaffen, in unserem Leben die guten Werke zu tun, die Gott im Voraus bereitet hat* (2,1-10). Ist der Mensch nicht Geschöpf: geschaffen im Fleisch und geschaffen im Geist? So der Mensch nun geschaffen ist, was könnte er schaffen, das nicht schon geschaffen ist von seinem Schöpfer? *Einst waren sie Heiden,* fremd der Gemeinschaft mit Gott, fern dem "Israel": fern den "Streitern Gottes". *Ausgeschlossen vom Bund der Verheißung* waren sie. Nun aber sind sie nicht mehr in der *Ferne,* sondern in der *Nähe.* (Spricht Paulus hier von Transzendenz oder von der Immanenz Gottes?) Denn Christus vereinigte und versöhnte beide am Kreuz: Juden und Heiden, versöhnte sie mit Gott in einem einzigen Leib. ER *kam und verkündete den Frieden, euch, den Fernen und uns, den Nahen.* Auch ihr seid jetzt *Hausgenossen Gottes,* gebaut auf dem *Fundament der Apostel und der Propheten;* der *Eckstein* (vgl. Matthäus 21,42-44) aber ist Christus selbst. Durch ihn wird zusammengehalten der ganze Bau und wächst heran zu einem *heiligen Tempel im* HERRN. *Durch ihn werdet auch ihr erbaut im Geist zu einer Wohnung Gottes* (2,11-22). Eben das ist das *Geheimnis,* welches so lange verhüllt war, dem Paulus aber enthüllt wurde, um auch ihnen zu offenbaren, *dass die Heiden Miterben sind und teilhaben an derselben Verheißung in Christi durch das Evangelium.* Ihm dient Paulus und er dankt für die Gnade, die ihm geschenkt wurde durch *das mächtige Wirken Gottes:* die Gnade, verkünden und offenbaren zu dürfen, was so lange verhüllt war und *nun Wirklichkeit geworden ist* (3,1-12). Die Offenbarung, die Enthüllung der *vielfältigen Weisheit Gottes* und *seines ewigen Plans,* muss sie Paulus nicht erschüttert haben bis ins Mark, wie ein Blinder erschüttert ist im Augenblick, da ihm zurückgegeben ist sein Augenlicht? Und sind sie, die "Epheser" ebenso erschüttert und berührt vom leuchtenden Wort? Erkennen sie oder bleiben sie blind, verlustig des Lichts – gestern wie heute?

So sie nun (Er)Kenntnis haben, sollen sie nicht verzagen, auch nicht wegen der vielen Leiden, die Paulus (der in Ephesus dem Groll der Gierigen: der Götzen schaffenden Silberschmiede nur knapp entkam, vgl. Apg 19,23-40) für sie ertrage; denn sie seien *ihr Ruhm* (3,13). Ihr Ruhm, standgehalten zu haben auch in schwerer, ja schwerster Zeit? Denn wessen wollte rühmen sich, wer nur standhielte in guten Tagen? Eben darum bittet Paulus für sie, bittet, dass sie in ihrem Innern zunehmen an Kraft und Stärke durch den Glauben. Gestärkt in einem heilen Geist mögen sie sein und *verwurzelt in der Liebe, die übersteige alle Erkenntnis; verwurzelt in der Liebe und erfüllt von der Fülle Gottes,* der durch seine Macht unendlich mehr bewirken könne in ihnen, als sie je erbitten oder sich auch nur auszudenken vermöchten, und der darum verherrlicht werden solle durch die Gemeinschaft derer, die IHM angehören von Generation zu Generation. *Amen* (3,14-21). Denn dieses ist gewiss: gehören sie IHM an, erfüllen sie den Willen Gottes – und tun sie, wie ihnen aufgetragen ist? Führen sie ein Leben, das würdig ist des Rufes, der an sie erging: *Bild Gottes* zu sein? Ist das nicht des Menschen wahre Würde: Bild zu sein des Höchsten? Streben sie aber danach, vollkommen zu werden oder wollen sie *unmündige Kinder* bleiben, ausgeliefert *dem Betrug der Menschen, der Verschlagenheit, die in die Irre führt*? Warum lassen sie sich verleiten, statt zu folgen der Liebe und der Wahrheit? Wollen sie nicht wachsen und werden *wie Christus selbst in seiner vollendeten Gestalt* (4,1-16)?

Paulus beschwört sie: die im HERRN, im neuen Geist Getauften, nicht mehr zu leben wie die Heiden, deren *Sinn verfinstert ist und die entfremdet sind dem Leben, das Gott schenkt; entfremdet durch die Unwissenheit, in der sie gefangen sind, und durch die Verhärtung ihres Herzens* ("entfremdet" auch, weil sie – wie von Marx beschrieben – gehorchen dem "Kapital" und folgen und opfern dem Mammon?). *Entkleiden sollen sie sich des alten Menschen und all seiner Ausschweifung und Gier und anziehen den neuen Menschen: Bild Gottes sollen sie sein* (4,17-24). Und eben dieses Bildes, von Gott gemacht und ihnen vor Augen geführt, sollen sie sich würdig erweisen, indem sie ablegen alle Lüge und sich nicht länger hinreißen lassen zur Sünde durch ihre Bosheit. Nicht stehlen sollen sie, sondern sich's verdienen und geben den Notleidenden. Kein böses Wort komme über ihre Lippen und alles Üble sei verdammt aus ihrer Mitte. Von Unzucht, Schamlosigkeit oder Habsucht soll bei ihnen nicht einmal die Rede sein. Vergeben sollen sie einander, wie auch Gott ihnen vergibt durch Christus. Lieben sollen sie einander, wie Christus sie liebt, der sich hingegeben habe für sie. Nicht Kinder der Finsternis sollen sie sein, sondern Kinder des Lichtes, die hervorbringen das Gute, die Gerechtigkeit und die Wahrheit. *Nutzt die Zeit; denn diese Tage sind böse; seid darum nicht unverständig, sondern begreift, was Wille ist des* HERRN (4,25-5,20).

Zum Frieden, zur Einheit ruft Paulus auf (4,1-6): Eins sollen sie sein; denn da ist *ein* HERR, *ein Glaube und eine Taufe.* Einheit, nicht Zweiheit, Einheit auch zwischen Juden(Christen) und Heiden(Christen). Einheit und Eintracht; denn sie sind Glieder ein- und desselben Leibes. Haupt aber ist Christus. So sie sich unterordnen wollen diesem Haupt in gemeinsamer Ehrfurcht, wie können sie da streiten wider einander, statt zu erfüllen ihre Aufgabe, auf dass lebendig bleibe der ganze Leib und nicht verderbe ihre Gemeinschaft. Lieben sollen sie einander, wie der Mann liebt sein Weib und das Weib liebt ihren Mann, wie es heißt in der Schrift (1. Mose 2,24): *Denn darum wird ein Mensch* (= Adam = Erstgeborener dem Fleische oder auch dem Geiste nach?) *verlassen Vater und Mutter und anhangen seinem Weibe, und sie werden sein ein Fleisch* (vgl. Matthäus 19,5) – und werden auch sein ein Geist? Der Bräutigam verlässt den Vater, um anzugehören seiner Braut, die er liebt, wie Christus liebt die Gemeinde derer, die IHM angehören? Und ist solche Gemeinschaft gleichzusetzen mit der Institution Kirche und wenn ja, gleichzusetzen mit welcher Konfession? Ist nicht gemeint das Volk Gottes: all jene, die Eins sind von Generation zu Generation, unabhängig von Konfession, Nationalität, Hautfarbe?

Ist dies das Geheimnis, das Paulus lüftet: die Gott (an)gehörende Gemeinschaft ist die Braut und Christus ihr Bräutigam? So sie aber Liebende sind: Brautleute, wie wollten sie streiten wider einander oder ungehorsam sein gegenüber ihren Eltern, ihrem Vater, ihrer Mutter? Und ist oberster Vater und oberste Mutter nicht Gott: die zeugende und gebärende Kraft allen Seins? Wer wollte sich nicht willig unterordnen solcher Kraft – sei er Sklave oder Herr? *Jeder aber, der Gutes tut, wird es zurückerhalten, sei er Sklave oder freier Mann;* denn vor Gott gibt es *kein Ansehen der Person* (5,21-6,9). Wer wollte ändern, revolutionieren diese Welt, der nicht zuvorderst vermöchte zu ändern sein eigenes Leben? Wer indes änderte sein Leben und wandte sich zu dem höchsten HERRN, welcher Änderung, welcher anderen Ordnung bedürfte der noch?

Wie Jakob zu "Israel" wurde, zum "Streiter Gottes", so sollen auch sie sich wandeln und anlegen die *Rüstung Gottes,* auf dass sie standhaft bleiben und widerstehen den *Anschlägen des Teufels. Gürtet euch mit der Wahrheit,* zieht an den *Panzer der Gerechtigkeit* und schlüpft in eben den *Schuh,* der euch kämpfen lässt für das Evangelium. Greift zum *Schild des Glaubens,* setzt auf *den Helm des Heils* und zückt *das Schwert des Geistes,* das da ist das Wort Gottes. Hört nicht auf zu beten und zu flehen! Seid wachsam, harrt aus und bittet für die (im Geiste) Heilen. Auch für Paulus sollen sie bitten, dass Gott ihm schenken möge das rechte Wort, wenn es darauf ankomme, zu verkünden in aller Freiheit das Evangelium, dessen Gesandter er sei (6,10-20), ob in Freiheit oder Unfreiheit. Paulus Geist legt niemand Ketten an: mag man ihn auch ins Gefängnis werfen und ihm verwehren, sie zu besuchen, so kann er doch, wie Paulus in seinem Schlusswort schreibt (6,21-24), seinen geliebten Bruder und Helfer Tychikus (Schreiber auch des Epheser-Briefes?) zu ihnen senden, um ihnen zu berichten und Mut zuzusprechen. Nicht Gefangener der Menschen ist Paulus, sondern Gefangener des Wortes oder, wie er selbst über sich aussagt im Brief an die Epheser (3,1): *Gefangener Christi.* Oder, wie Luther eineinhalb Jahrtausende später formulieren sollte: "Ich kann nicht anders. Hier stehe ich!" Das ist mein Standpunkt, meine Überzeugung – daran bin ich gebunden: ein *Gefangener Christi.* Der Geist Christi aber ist frei: der Geist Christi befreit, bezwingt alle Mauern und Grenzen – wirkt über Raum und Zeit.

(Über Paulus Gefangenschaft und Drangsal vgl. 2. Kor 1,8-10 u. 11,22-33. Über die gegen Paulus gerichtete "Stimmungslage" in Ephesus und den "Aufruhr der Silberschmiede", deren leicht zu verkaufende Artemistempel ihren schönen Schein zu verlieren und damit wertlos, sprich: unverkäuflich zu werden drohten, vgl. Apg 19,23-40).

Der Brief an die Philipper

Das Schreiben wendet sich an die erste (in Ostmakedonien liegende) christliche Gemeinde, die Paulus gründete auf europäischem Boden (vgl. Apg 16,11-40) und der er sich, wie das Dokument belegt, offenkundig tief verbunden fühlt. Als *Knecht Christi* (1,1) liest er ihnen nicht die "Leviten", hält er ihnen keine Strafpredigt, keine "Philippika" (wie Demosthenes sie hielt wider Philipp v. Makedonien, dem Vater Alexanders d. G.). Seine Worte sind nicht wider sie gerichtet, sondern für sie: eine Liebesbotschaft an die *Heilen in Christus* (1,1). Paulus, der festsitzt im Gefängnis, will ihnen Mut machen, ihnen auch nehmen ihre Sorge; denn offenkundig sorgten sie sich um ihn (4,10-20). Und Paulus dankt ihnen dafür, dankt ihnen ebenso für ihre Opfergabe und beruhigt sie mit den Worten*: In jedes und alles bin ich eingeweiht: in Sattsein und Hungern, Überfluss und Entbehrung. Alles vermag ich durch* IHN, *der mir Kraft gibt* (4,12-13). Und auch das sollen sie wissen: Alles, was ihm je zugestoßen sei, habe letztlich der Verbreitung des Evangeliums gedient (1,12). Wie viele sind erst hellhörig geworden, eben weil sie hörten von seiner Verfolgung, wie vielen hat erst sein Leid gewiesen den rechten Pfad? Um Paulus müsse sich niemand sorgen; zwar sehne er sich danach, *aufzubrechen*, diese Welt zu verlassen und bei Christus zu sein, um ihretwegen aber sei es notwendiger, am Leben zu bleiben (1,22-23). Nicht sorgen sollen sie sich um ihn; denn wie er beschenkt sei durch Christus, so werden auch sie beschenkt aus dem Reichtum Gottes und teilhaben an seiner Herrlichkeit. Nicht länger sorgen müssten sie sich auch um ihren Bruder Epaphroditus, den sie zu Paulus sandten und der ihm wurde zum *Helfer in der Not*, dann aber selbst erkrankte und w*egen seiner Arbeit für Christus dem Tode nahe kam*. Nun aber, da er dank Gottes Hilfe genesen sei, will Paulus ihn wieder zu ihnen schicken, damit sie sich wieder freuen. Und auch Timotheus, der so ganz und gar eines Sinnes sei mit ihm, hofft Paulus bald zu ihnen senden zu können; mehr noch, er hege die Zuversicht, bald selber zu ihnen kommen zu können (2,19-30).

Nicht sorgen, freuen sollen sie sich, wie es gleich zweimal heißt in dem Brief: *Freut euch im* HERRN (3,1) und (4,4): *Freut euch!* (Eine Hymne an die Freude, wie sie, dank Beethoven, noch heute klingt in den Ohren – und auch klingt in den Herzen?) Ist die Freude nicht heiler, reiner, unschuldiger denn die Sorge? Wer wahrhaftig sei, edel, rechtschaffen und lobenswert, worum müsse der sich sorgen? Wird nicht ein jeder ernten, was er säte? Acht geben sollen sie aber auf jene, die *ihren eigenen Vorteil suchen und nicht die Sache Christi* (2,21), *gebt Acht auf diese* falschen *Hunde, auf diese schlecht gesinnten Arbeiter, gebt Acht auf diese Verschnittenen* (fallt nicht herein auf deren falsche "Beschneidung", deren falsche Predigt, die nichts ist als Irrlehre). Wer wegen irdischer Vorzüge diene und lehre das Wort, sei nicht recht beschnitten; *recht beschnitten ist, wer dient im Geiste Christi* (3,2-4). Wer nur das Irdische im Sinn habe, der lebe als Feind des Kreuzes Christi, und wie wollte ein solcher Vorbild ihnen sein? Achten und nachahmen sollten sie all jene, die – wie Paulus selbst – nach dem Vor-Bilde leben (3,17-18). Wer denn ist Vor-Bild: vollendetes Bild Gottes – Erstgeborener nicht allein dem Fleische, sondern auch dem Geiste nach? Im sog. **"Christuslied"** (2,5-11), den bekanntesten und bedeutsamsten Briefzeilen an die Philipper, beschreibt Paulus einerseits den Weg Christi, von seinem vorzeitlichen Sein über seine Menschwerdung hin zum Herrscher des Alls, und hebt andererseits den Gehorsam hervor des Sohnes, zu tun den Willen des Vaters. Ist es aber reiner Gehorsam, der folgsam sein lässt den Sohn, ist es nicht dessen eigener Wille, zu tun den Willen des Vaters? Ist ER nicht "Gefangener des Vaters", wie Paulus ist *Gefangener Christi*, und ist ER nicht eben darum Vorbild; weil sein Wille nichts anderes wollen kann als das, was will der Vater, weil Vater und Sohn eins sind? **Ein Wort – ein Wille – ein Geist.**

Wer zum Vorbild nimmt den Sohn, der eins ist mit dem Vater, ist auch aufgerufen zur Einheit und zur Eintracht (1,27-2,4). Eines Sinnes sollen sie sein, in Liebe einander verbunden und ohne Prahlerei. Niemand schätze sich selber höher als den anderen; auch höre niemand nur auf das eigene Wort, sondern achte ebenso das des anderen. So sie einig sind, sind sie da nicht auch stark? Sind sie aber stark, werden sie sich weniger schnell einschüchtern lassen von ihren Gegnern. Und Gegner werden sie haben; denn ihnen war nicht nur die Gnade zuteil, zu glauben, sondern auch zu leiden für ihren Glauben. Sind sie nun solche, die nach dem Vorbild, dem Ur-Bild streben, sind sie *Kinder Gottes? Ohne Makel inmitten einer verdorbenen und verwirrten Generation: Lichter in dieser* (finsteren) *Welt* (2,15-16), heil im Geiste: im Geben wie im Nehmen? Sind sie heile Gemeinschaft, wie sollten sie sich da nicht wiedersehen – im Lichte ihres Ur-Bildes, wenn zugeführt wird die Braut dem Bräutigam (vgl. 3,14-21, vgl. *Königliches Hochzeitsmahl*, Matthäus 22,1-14)? Heil mögen sie sein und heil mögen sie bleiben! Denn, was heil ist, erhebt sich über alles Zeitliche; und grüßt es sie nicht, winkt es ihnen nicht nachgerade zu aus dem Hause weltlicher Macht? Wenn vergolten war der Meuchelmord an Caesar bei Philippi (42 v.u.Z – den Zeitgenossen des Paulus sicher noch präsent), wie sollte da ungesühnt bleiben der Frevel wider den HERRN? "Bei Philippi werden wir uns wiedersehen" (vgl. *zweite Missionsreise*, Apg 16,6-40).

Der Brief an die Kolosser

Ein weiteres (spätes) Schriftwort dringt heraus aus Kerkermauern: der Brief an die Kolosser (Gemeinde in Phrygien, westl. Kleinasien). Entstanden entweder während der Gefangenschaft des Apostels in Cäsarea, um 57 -59 n.u.z. (Apg 23,33-26,32) oder in Rom, 59 -60 n.u.z. (Apg 28,17-31). Der *durch den Willen Gottes Apostel Christi* (1,1-2) gewordene Paulus wendet sich in dem Schreiben nicht allein, sondern gemeinsam mit seinem *Bruder Timotheus* an die *heilen*

Brüder in Kolossä. Wendet sich Paulus deshalb nicht allein, sondern gemeinsam mit Timotheus an die Gemeinde, weil er dort nie selbst missionierte (sondern Epaphras, der im Brief lobend erwähnt wird: 1,7f, 4,12f), den Kolossern mithin nicht (in Person) bekannt ist? Und stehen die Kolosser darum auch stellvertretend für all jene Gemeinden, denen der Apostel ebenso wenig bekannt ist; stehen sie stellvertretend auch für zukünftige Generationen: für alle, die noch kommen zum Glauben?

Paulus dient der Gemeinde (der ewigen Gemeinde, die da ist im Nun: im Hier und Jetzt?) auch im Leiden; denn auch sein Leiden ist *Dienst in Christi.* Also ihn keine Mauern hindern können, zu verbreiten, was ihm aufgetragen ist. Zu verbreiten das Geheimnis, das da lautet: *Christus ist unter euch:* ER *ist die Hoffnung auf Herrlichkeit* (1,24-29). Und so bittet Paulus, *dass sie in aller Weisheit und Einsicht, die der Geist schenkt, den Willen des* HERRN *ganz und gar erkennen* (1,9-11), auf dass sie Frucht bringen und ein Leben führen, würdig dem *Ebenbilde des unsichtbaren Gottes.* Wie im Philipper-Brief, so wird auch hier gefeiert der Hymnus auf Christus als *Ebenbild des unsichtbaren Gottes* (Ebenbild, das sichtbar macht den göttlichen Willen), als tragende Stütze und zentrale Aussage. *In Christus, dem Erstgeborenen der ganzen Schöpfung, ist alles geschaffen, was im Himmel ist und auf Erden: das Sichtbare und das Unsichtbare; seien es Throne oder Herrschaften oder Reiche oder Gewalten; es ist alles durch ihn und zu ihm geschaffen. Und* ER *ist vor allem und es besteht alles in ihm. Und* ER *ist das Haupt des Leibes, Haupt der* (Gott angehörenden) *Gemeinde;* ER *ist der Anfang, ist Erstgeborener von den Toten, auf dass* ER *Vorrang habe in allem; denn Gott wollte in ihm wohnen mit seiner ganzen Fülle, um durch ihn, der Frieden stiftete am Kreuz mit seinem Blut, alles zu versöhnen mit Gott, sei es auf Erden oder im Himmel* (1,12-20).

Und hat ER sie versöhnt, haben sie gekreuzigt ihr altes lasterhaftes Leben und sind erwacht zu einem neuen Sein? Paulus ruft sie auf (1,24-29), unerschütterlich und unbeugsam festzuhalten am Glauben und sich nicht abbringen zu lassen von der Hoffnung, die schenke das Evangelium. *In Christus sind alle Schätze der Weisheit und Erkenntnis geborgen* (2,1-7). Haben sie (durch die Taufe) Christus angenommen, sollen sie auch leben in IHM und sich nicht täuschen lassen durch die *Überredungskünste* anderer. Abermals warnt Paulus vor Irrlehren (2,8-23), mahnt sie, Acht zu geben, dass niemand sie verführe mit *seiner Philosophie und falschen Lehre,* die sich stütze auf *menschliche Überlieferung allein,* auf die sogenannten Elementarmächte der Welt, *sich aber nicht stütze auf Christus,* in dem allein wohne und leibhaftig sei *die ganze Fülle der Gottheit.* Haben sie nicht in Christus die Beschneidung empfangen, sind sie nicht getauft in seinem Namen? Und mithin *in der Taufe begraben und auch wieder mit ihm auferweckt durch den Glauben an die Kraft Gottes, der* IHN *auferweckte von den Toten.* Tot waren sie durch ihren bösen Willen, Gott aber hat sie lebendig gemacht und ihnen vergeben alle Sünden. Wenn sie nun mit Christus gestorben sind und sich lossagten vom Glauben an die Macht der Elemente (von der Verehrung der Gestirne und dem Schicksalsglauben oder der

Schicksalsergebenheit?), warum lassen sie sich dann noch vorschreiben (wie manche Irrlehrer predigten), dieses nicht zu berühren und jenes nicht zu verzehren? Sind solche Forderungen (wie die Reinheitsgebote der Juden?) nicht *menschliche Satzung*? Sind sie aber gemacht von Menschen, so sind sie zeitlich begrenzt und werden sich verbrauchen (mit der Zeit), untergehen, vergehen. Trügt nicht der Menschen Lehre und Gebot? Scheint es nur weise oder ist es auch weise, seinen Leib zu kasteien (wie in manchen Klöstern noch bis zum heutigen Tage) als *Zeichen von Demut*? Bringt solche Lehre, solche Weisheit, Ehre ein vor Gott, oder befriedigt sie allein *irdische Eitelkeit*?

Nicht auf das Irdische sei ihr Blick gerichtet. Nicht wie der alte Mensch, getrieben von all seiner Leidenschaft und Begierde, sollen sie sein, sondern neue Menschen: *erneuert nach dem Bilde ihres Schöpfers*. So solches geschehe, gäbe es keine Griechen oder Juden mehr (keine Christen, Juden oder Muslime), Beschnittene oder Unbeschnittene, Sklaven oder Freie, sondern alle seien gleich geliebt von Gott, seien seine auserwählten Heilen. Die Liebe sei ihr Band, *das alles zusammenführt und vollkommen macht* (3,1-17). Sind sie lebendig geworden in Christi, so sind sie Haus Gottes: lebendige Gemeinschaft. Sind sie aber Haus Gottes, wie wollte da unter ihnen herrschen anderes als Frieden (wie sich *unterwerfen* der *Technologie* und dem *Finanzwesen*, vgl. Papst Franziskus: Umwelt-Enzyklika "Laudatio si")? Kann es aber Frieden geben ohne *Hausordnung* (3,18-4,1; vgl. auch Eph 6,1-9)), ohne klare Regeln, ohne ein System der Über- und Unterordnung, in das jeder willig sich einfügt und gibt, was er schuldig ist? Warum hadern, warum unwillig sein als Weib, Kind oder Knecht seinem Manne, seinen Eltern oder seinem Herrn gegenüber? Und worauf sich etwas einbilden als Mann, Elternteil oder Herr gegenüber seinem Weibe, seinem Kinde oder seinem Knechte? Wer hat was wem voraus und wer wollte sagen, er stehe höher da vor Gott? Sind sie nicht alle geordnet hin zum HERRN? Und ist ER, das *Ebenbild des unsichtbaren Gottes*, nicht ihr Haupt: *Haupt der Gott angehörenden Gemeinde* (vgl. weiter oben: 1,2-20)? Und ist ER Haupt, weil ER herrschte auf Erden oder weil ER diente und tat den Willen des Vaters, weil ER *Knecht Gottes* war (Jesaja 42,1-9, 49,1-7, 50,4-9, 52,13-53,12), wie nun Paulus ist *Knecht Christi*? Sind sie, die lebendige Gemeinde (lebendiger Organismus, nicht tote Institution), nunmehr geeint in einem heilen Geiste und geordnet unter Christi hin zum Höchsten?

Der Brief an die Kolosser schließt mit einer langen Liste von Grüßen (4,2-6) – Dokument ihrer Lebendigkeit: ihrer stetig wachsenden Gemeinschaft, Ausdruck auch ihrer innigen Verbundenheit über Raum und Zeit? Vorangestellt ist die Mahnung, festzuhalten am Gebet und auch zu bitten für Paulus, auf dass Gott ihnen auftue eine Tür zu verbreiten das Wort. *Dankbar* sollen sie sein und *wachsam* (4,2-6) und *weise im Umgang mit Außenstehenden* (mit jenen, die ferne stehen ihrem Glauben?). *Nutzt die Zeit* (die Zeit, die ihnen gegeben ist auf Erden)! *Ihre Worte seien stets freundlich, doch mit Salz gewürzt* (vgl. "Ihr seid das Salz der Erde", *Bergpredigt*, Matthäus 5,13). Sie müssten jedem in der rechten Weise Rede und Antwort stehen. Keine Worthülsen, sondern Worte getränkt mit Herzblut! Worte, die berühren, bewegen; denn wie sollte weitergetragen werden das lebendige Wort, so tot bleibt ihre Rede? Wer nicht bewegt ist vom Wort, wie wollte der bewegen hin zu einem neuen Sein?

Der erste Brief an die Thessalonicher

Der erste erhalten gebliebene Brief des Völkerapostels, geschrieben in Korinth, wendet sich an jene Gemeinde, die Paulus im Jahr 50 gründete in der führenden Handels- und Hauptstadt Makedoniens, gemeinsam mit Timotheus. Darum wendet sich Paulus vermutlich auch nicht allein an die Thessalonicher, sondern gemeinsam mit Timotheus. Und noch ein Dritter ist hier im Bunde: Silvanus, der entstammt der Jerusalemer Urgemeinde. Zwei mögliche Stellvertreter, Nachfolger? Betreibt Paulus hier womöglich Vorsorge für die Zeit, da er ihnen genommen sein wird? Was wird dann sein, werden die Thessalonicher bleiben, was sie augenblicklich sind: *Vorbild* allen Gläubigen, weit über die Grenzen Makedoniens hinaus (1,2-10)? Einst lehrte Paulus sie, dass Gott ihre Herzen prüfe und beschwor sie und war ihnen selbst Beispiel, ein Gott gefälliges Leben zu führen (2,1-12), und nun ist ihr eigenes Leben beispielhaft geworden, würdig dem Urbild, würdig der Nachfolge?

Paulus dankt ihnen (2,13-16), dass sie das Wort annahmen – nicht als **Menschenwort**, sondern als das, was es ist: **Wort Gottes**, und dass es jetzt wirksam ist in ihnen – aller Bedrängnis und aller angezettelten Verfolgung zum Trotz (vgl. Apg 17,5-9). Und hat ER, den sie töteten, wie sie schon töteten die Propheten, solche Bedrängnis, solche Verfolgung nicht vorhergesagt? *Denn sie werden euch vor die Gerichte bringen und in den Synagogen auspeitschen. Um meinetwillen werdet ihr vor Statthalter und Könige geführt, damit ihr vor ihnen und den Heiden Zeugnis ablegt* (Matthäus 10,17f). *Dann wird man euch in große Not bringen und euch töten und ihr werdet von allen Völkern gehasst um meines Namens willen* (Matthäus 24,9). Wer sie aber hindern wolle, das Evangelium zu verkünden, hindern wolle, den Heiden zu bringen das Heil, der mache *voll das Maß seiner Sünden* und habe schon auf sich gezogen den *ganzen Zorn Gottes* (2,16).

Wer wollte ihnen verwehren, zu verkünden das lebendige Wort; wer sie hindern, einander nah zu sein? Mag Paulus selbst auch gehindert sein, sie zu besuchen, so ist er doch nur *fern den Augen, nicht aber fern dem Herzen* (2,17-20); und er kann Timotheus zu ihnen senden (3,1-5) und sich durch ihn berichten lassen (3,6-10), bis er selbst kommen und sie wiedersehen kann (vgl. dritte Missionsreise, Apg 19,21-22). Bis dahin mögen *sie wachsen und reich werden in Liebe zueinander* (Wachstum und Reichtum, gepriesen hier nicht als materieller Wert!, 3,1-13) und noch *vollkommener werden* in allem, auf dass sie heiligen ihr Leben und ein rechtschaffenes Leben führen vor den *Außenstehenden* (vgl. 1. Kor 5,12 sowie Kol 4,5) und auf niemand angewiesen seien (4,1-12). Frei und unabhängig, selbst für sich sorgend und niemandem auf der Tasche

liegend (wie auch Paulus selbst seinen Lebensunterhalt verdiente als Zeltmacher, vgl. Apg 18,3 – und mithin schuf den Suchenden ein schützendes Dach,
wie ER, der Sohn des Zimmermanns schuf feste Wohnstatt den Bleibenden).
Verpflichtet sein und folgen sollen sie allein ihrem HERRN, auf dass sie allzeit
bereit seien für den *Tag des* HERRN, der kommen werde *wie ein Dieb in der
Nacht* und dem niemand *entrinne.* Als *Söhne des Lichts* sollten sie nicht
schlafen wie die anderen (die wie tot sind), sondern wach (und lebendig) bleiben, auf dass sie gerüstet seien mit dem *Panzer des Glaubens und der Liebe
und dem Helm der Hoffnung auf das Heil.* ER *ist gestorben, damit wir vereint
mit* IHM *leben* (5,1-10).

Der *Tag des* HERRN, wie nahe wähnten man ihn in Thessalonich; glaubte
man, er stünde unmittelbar bevor? Jedenfalls scheinen die Thessalonicher in
großer Sorge – weniger um ihr eigenes Heil als um das ihrer Toten. Führten die
ihnen nicht schmerzlich vor Augen, wie fern doch sei das ewige Leben? Wie
denn sollten teilhaben ihre Verstorbenen am *Tag des* HERRN? Und Paulus findet die tröstenden Worte (4,13-18): *Wenn Christus – und das ist unser Glaube
– gestorben und auferstanden ist, dann wird Gott durch Christus auch die Verstorbenen mit* IHM *zusammen zur Herrlichkeit führen.* Und weiter heißt es in
dem Schreiben: *Wir, die Lebenden, die noch übrig sind, wenn der* HERR
*kommt, werden den Verstorbenen nichts voraushaben. Wenn die Posaune
Gottes erschallt,* werden die im Glauben an Christus Verstorbenen auferstehen,
und die Lebenden, die noch übrig sind, gemeinsam mit ihnen entrückt auf den
Wolken, dem HERRN entgegen (vgl. *Von der Auferstehung der Toten,* Matthäus 22,23-33).

Dem abschließenden Segenswunsch (5,23-28), verbunden mit der Bitte, sich
zu grüßen mit dem *heiligen Kuss* und allen Brüdern diesen Brief vorzulesen
(dass sie Kinder sein sollen des Lichtes, nicht der Finsternis!), geht der dringli-
che Appell (5,12-22) voran: *Den Geist nicht auszulöschen!* Alles zu prüfen, das
Gute zu behalten und das Böse zu meiden in jeglicher Gestalt!

Der zweite Brief an die Thessalonicher

Grund, sich erneut an die Thessalonicher zu wenden, war für Paulus (Silvanus
u. Timotheus) die kursierende Irrlehre, die verkündete, der Tag des HERRN sei
schon da, und die sich offenbar auf einen angeblich von den Aposteln selbst
stammenden Brief berief (2,1-3: Eine Fälschung, die Paulus zum Anlass nahm,
als Zeichen der Echtheit jeden seiner Briefe eigenhändig zu unterschreiben,
3,17, vgl. 1 Kor 16,21, Gal 6,11, Kol 4,18). Paulus ruft die Gemeinde auf, standhaft zu bleiben und sich nicht täuschen zu lassen von solchen Irrlehrern. Denn
bevor komme der Tag des HERRN, müsse erst *der Abfall von Gott kommen
und der Mensch der Gesetzwidrigkeit erscheinen: der Sohn des Verderbens.
Der Widersacher,* der sich über alles, was Gott oder heilig heiße, so sehr erhebe, dass er sich Gott gleichsetze. Die *geheime Macht der Gesetzwidrigkeit* sei

schon am Werk; nur müsse erst beseitigt werden, was sie noch zurückhalte. Komme der *Gesetzwidrige* aber, werde er *die Kraft des Satans* haben; er werde mit *großer Macht auftreten und alle, die verloren gehen, betrügen und zur Ungerechtigkeit verführen* (2,4-10).

Wer ist dieser *Sohn des Verderbens*, dieser *Antichrist:* das Gräuelbild (von dem schon kündete der Prophet Daniel 9,26), das erst errichtet sein muss an *heiliger Stätte*, wie ER ihnen offenbart in seiner *Rede von der Endzeit* (vgl. Matthäus 24,15-28)? Das Gräuelbild der Verwüstung als Gegenentwurf zum Ebenbild Gottes? Wird der Tag gekommen sein, wenn sich am Ende alle abwenden von dem Bild, zu dem Gott sie schuf in allem Anfang, wenn sie aus dem Rahmen fallen, der ihnen gesetzt ist von ihrem Schöpfer, und aus der heilen Stätte eine Mördergrube machen (vgl. *Vom Anfang und Ende*, Matthäus 24,3-42 und *Vom Weltgericht*, Matthäus 25,31-46)? Beherrscht im Innersten nicht von der Gutheit, sondern der Bosheit, gefangen nicht im (Fischer)Netz der (heilen) Apostel, sondern gefangen im Netz der (unheilen) Paten, unterjocht und versklavt vom Ungeist (der globalen Endzeit), statt frei zu sein und lichten Geistes?

Plan Gottes sei es, so heißt es im Brief an die Thessalonicher (2,12), *dass alle gerichtet werden, die nicht der Wahrheit geglaubt, sondern die Ungerechtigkeit geliebt haben.* Denn wer sich *der Liebe zur Wahrheit* verschließe, den lasse Gott *der Macht des Irrtums* verfallen, so dass solche der Lüge folgten (3,11-12) und dienten dem Betrug. Wer aber standhaft bleibe, und der Wahrheit diene, auch dann, wenn er selbst in Bedrängnis gerate, der werde gerettet werden (2,13-15). *Denn das ist die Gerechtigkeit Gottes, denen mit Bedrängnis zu vergelten, die euch bedrängen, euch aber, den Bedrängten, zusammen mit uns Ruhe zu schenken* am Tag des HERRN (1,6-7). Also ermutigt Paulus die Gläubigen, standhaft zu bleiben, segnet sie (2,16-17) und bittet um ihr Gebet (3,1-5), auf dass sie gerettet werden vor den schlechten Menschen und sich ausbreite das lebendige Wort, dem sie sich verschrieben haben. Ihr Herz sei allzeit darauf gerichtet, Gott zu lieben und unbeirrt auf Christus zu warten. Nicht müde sollten sie werden, Gutes zu tun, und sich fernhalten von dem Bruder, der ein liederliches Leben führe (3,6-15): der alles Mögliche treibe, nur nicht seiner Arbeit nachgehe, *um sein selbst verdientes Brot zu essen.* Solche *Müßiggänger* sollten sie in ihre Schranken verweisen – nicht als ihren Feind, sondern als ihren Bruder – und den Umgang mit ihnen meiden, auf dass solche sich *schämten.* Faulpelze, die anderen auf der Tasche liegen, die aller Arbeit aus dem Wege gingen, die untätig seien aus Bequemlichkeit (nicht aus einem Mangel an Arbeit)! Unter dem Vorwande womöglich, der Tag des HERRN sei schon gekommen: alle Sünden getilgt durch sein Blut am Kreuz – Arbeit und Anstrengung nicht mehr vonnöten? Wie aber wollten getilgt sein die Sünden, so nicht zuvor eine Abkehr stattfände von aller Schuld und allem liederlichen und lasterhaften Leben?

Der HERR sei mit euch allen!

DIE PASTORALBRIEFE

Nicht an die Gemeinden selbst, sondern an deren "Hirten" (lat. "pastores") wenden sich die Pastoralbriefe. Sie sind zu verstehen als Richtlinien, als seelsorgerische Anweisungen an die gemeindlichen Amtsträger: den "Aufseher" (grch. "Bischof"), den "Ältesten" (grch. "Presbyter") und den Diakon (grch. "Diener"). Ämter, die zur Zeit des Paulus erst ansatzweise vorhanden sind und daher in Funktion und Struktur den heutigen Ämtern keineswegs vergleichbar. Inwieweit aber beeinflussten die Pastoralbriefe Entwicklung und Ausgestaltung der kirchlichen Ämter, inwieweit beeinflussten sie die innere Ordnung und Hierarchie der kirchlichen Gemeinden? Hat Paulus tatsächlich Vorsorge treiben können für die Zeit, da er selbst nicht länger würde wirken können unter ihnen, auf dass bewahrt bleibe das lebendige Wort und jedes Schäflein getreu geführt, statt verführt zu werden von seinem Hirten? Wie verpflichtend waren die Pastoralbriefe den Adressaten, den Trägern gemeindlicher Arbeit, und können sie heute noch bindend sein? Ist Paulus überhaupt der Verfasser? Unumstritten ist seine Urheberschaft nicht; leuchtet nicht aber auf aus jeder einzelnen Zeile der wache Geist des Apostels? Des *Knechtes Christi* – eines Knechtes zumal, der manch unbequeme Wahrheit aufzutischen weiß. Unbequem auch der heutigen Zeit – und vielleicht darum weder authentisch, noch glaubwürdig?

Nicht Menschenwort verkündet Paulus, sondern Gottes Wort, dessen Wahrheit sich allen enthüllen wird am "Jüngsten Tag", wenn gerichtet werden alle, die sich nicht bewährten, sich nicht erneuerten und abkehrten von ihrem bösen Willen. Die tragenden Kräfte der Gemeinde sind aufgerufen, Sorge zu tragen, dass die ihnen Anvertrauten nicht ins Verderben geführt werden oder in die Irre. Wie die an die Gemeinden gerichteten Briefe des Paulus, so wenden sich auch seine an die Hirten adressierten Schreiben gegen Irrlehren und Erfindungen des menschlichen Geistes, die eben nicht zeugen von dem einen, heilen, ewigen Geist, sondern zeugen von einem vergänglichen Geist: dem Ungeist der Zeit. Gegner des einen, wahren Geistes sind nicht länger die streng nach dem mosaischen Gesetz ausgerichteten Judenchristen, die forderten die Beschneidung aller; Gegner jetzt sind die Vertreter einer anderen religiösen Gruppierung: der Gnosis. Grundlegend ist dieser sog. Erkenntnislehre die Vorstellung eines Stufenaufbaus der Welt und einer Gefallenheit der Seele in die niedere, materielle Welt, welche eben nicht geschaffen ist von der höchsten, sondern von einer niederen Macht. Eine Lehre, die dem Theodizeeproblem, der bis heute aktuellen Frage, wie die Unzulänglichkeit der Welt erklärbar sei angesichts der Vollkommenheit ihres Schöpfers, zuvorkommt? Woher die Unvollkommenheit? Schuf Gott keine vollkommene Welt, zeugt nicht die Natur von der Vollkommenheit der Schöpfung? Ist es nicht der Mensch, der sich herauskatapultierte aus dem Paradies, weil er missbrauchte den ihm von seinem Schöpfer zugebilligten freien Willen? Der Mensch, der missachtete und bis heute missachtet den Willen Gottes, der agiert wider die göttliche Vollkommenheit und so erst schafft alles Übel? Und dient eine Lehre, wie die von der (unverschuldeten) Gefallenheit der menschlichen Seele, nicht – wie alle Irrlehre –

letztlich dazu, hinwegzutäuschen über die Boshaftigkeit menschlichen Handelns und also abzuhalten von der Umkehr: der Abkehr von aller Sünde und Heimkehr zum Vater, zum Garten Eden? Was denn zeichnet aus den Menschen vor aller Kreatur, wenn nicht sein freier Wille, sich zu entscheiden für das Gute – wie für das Böse? Geben die Pastoralbriefe Antworten?

Der erste Brief an Timotheus

Paulus selbst bezeichnet Timotheus (der ihm seit etwa 50 n.u.Z. zur Seite steht, vgl. Apg 16,1-3, und den er beauftragte, sich um die Gemeinde von Ephesus zu kümmern) als *seinen rechten Sohn durch den Glauben* (1. Tim 1,2-3): seinen legitimen Nachfolger, der mithin entsprechend vorzubereiten und anzuweisen ist (4,12-5,2). Auf dass Timotheus würdig sei der Nachfolge und – wie der vom Saulus zum Paulus geläuterte Apostel selbst – stetes Vorbild. Ungeachtet seiner Jugend (die nicht eher verführt zur Untugend denn das Alter?) solle Timotheus *Vorbild sein – in Worten und Lebenswandel, in der Liebe, im Glauben und in der Lauterkeit.* Festhalten solle er am Evangelium und niemals vernachlässigen die Gnade, die ihm verliehen ward, als *die Ältesten ihm auflegten die Hände:* ihn einsetzten in sein Amt. Des Weiteren mahnt Paulus (1,18-20), *nicht zu missachten die Stimme seines Gewissens,* auf dass er *nicht Schiffbruch erleide im Glauben,* wie andere vor ihm. Lehren solle Timotheus die Gemeinde, lehren durch Wort und Vorbild. Lehren, Beispiel geben – Mittler aber zwischen Gott und Mensch kann Timotheus nicht sein. Denn (2,5): *Einer ist Gott. Einer auch Mittler zwischen Gott und den Menschen: Christus.* Wie das Judentum nie einen Mittler zwischen Gott und den Menschen kannte, so soll auch das Christentum keinen Mittler kennen außer IHN: Christus. Was ist aus dieser Forderung geworden, sehen sich die geistlichen Führer, die Vertreter der Amtskirchen als Mittler, ohne die es kein Heil geben kann, oder als Lehrer – Vorbild?

Gott will, dass *alle Menschen gerettet werden und zur Erkenntnis der Wahrheit gelangen* (2,4): die Hirten sollen ihre Schäflein ins Licht und nicht hinters Licht führen. Und tun bzw. taten sie das; sind denn die Menschen zur Erkenntnis gelangt und zur Wahrheit? Oder leben sie in Finsternis – in einer ungeordneten Welt, die eben nicht hin auf den Schöpfergott geordnet und gerichtet ist? So aber in Unordnung ist die Welt und in Finsternis, müssen sie darum nicht doch bemüht sein, Ordnung zu halten wenigstens innerhalb ihrer eigenen Reihen? Denn so sie nicht Ordnung halten in ihrer eigenen Gemeinde, wie soll da Frieden herrschen unter ihnen? Paulus legt Timotheus darum ans Herz, in den Gemeinden für die rechte Ordnung zu sorgen (2,1-6,19, vgl. Apg 4,32-37: *Urgemeinde in Jerusalem*), auf dass jeder dem Platz gerecht werde, an den er gestellt ist? Denn arbeitet nicht jeder am Werke Gottes, gleich ob ihm – in den Augen der Welt – ein höherer oder niederer Rang gegeben ist? Wer ist stark, wer schwach, wer steht oben, wer unten in den Augen Gottes? Und in den Augen der Welt? Wer lehrt und wer muss sich belehren lassen? Nach Paulus

(2,8-15) soll sich das Weib *belehren lassen in aller Unterordnung* und nicht *selber lehren.* Denn war es nicht Eva, die verführte zur Sünde: wie sollte herausführen aus aller Sünde, wer im Anfang erst verführte dazu? Muss das "sündige" Weib mithin ausgeschlossen bleiben von aller Lehre (dürfte es gar keine Kirchenlehrerin geben, wie etwa Hildegard von Bingen?) oder nur ausgeschlossen bleiben von allem kirchlichen Amt (wie in der katholischen Kirche bis zum heutigen Tage)? Hieße das nicht aber, Gott vorschreiben zu wollen, wer berufen werden soll zur Lehre, wen Gott sich mitzuteilen hat? Wer gilt mehr vor Gott – Mann oder Weib: wer zur Sünde sich verführen lässt oder wer verführt zur Sünde? Was wird sein, wenn die himmlische Ordnung wieder hergestellt, der Mensch wieder eins ist mit seinem Schöpfer? Wer hat dann wem was voraus: die Verführten oder die Verführer – die Starken oder die Schwachen – die Mächtigen oder die Ohnmächtigen? Stehen nicht alle in Verantwortung vor Gott – nach dem Maß der Verantwortung, die ihnen gegeben ist auf Erden? Wird der Starke sich nicht für viel mehr zu verantworten haben denn der Schwache, also doch die Starken Sorge tragen sollen für die Schwachen?

Und wer nun ist das schwächste Glied – wer ist ohne Schutz, ohne Unterstützer: die Witwe? Paulus jedenfalls gebietet ihnen, sich der älteren Witwen, jenen also, die nicht selbst für ihren Lebensunterhalt sorgen können, anzunehmen; die jüngeren Witwen aber sollten sich wieder verheiraten (5,3-16). Die Gemeinde soll keine Unterstützung gewähren nach dem Gießkannenprinzip, sondern nur jene stützen, die der Stütze wirklich bedürfen. Sind tatsächlich die Witwen die untersten der Hierarchie oder die Sklaven? Wer aber ist Sklave, Knecht – wer Herr: Wer dient wem und wer herrscht über wen oder was? Tritt etwa Paulus auf als Herr, sieht er sich nicht als Knecht: *Knecht* Christi? Und Christus selbst, ist ER nicht der (von Jesaja prophezeite) *Gottesknecht*? Wie wollte herrschen, wer nie diente, wie herrschen, wer selbst unbeherrscht ist? Hat nicht jeder seinen freien Willen: Sklave wie Herr? Hat nicht auch der Sklave die Wahl, das Gute zu tun und das Böse zu lassen? Also richtet sich Paulus an die Sklaven (6,1-21), sie mögen ihrem Herrn, sei er gläubig oder ungläubig, *alle Ehre erweisen.* Und ehrt der Sklave seinen irdischen Herrn, wenn er missachtet seinen höchsten HERRN? Ist nicht auch der Sklave letztlich Diener nur des einen HERRN? Was hat der Sklave seinem (irdischen) Herrn voraus, so er nicht gibt, was er schuldig ist? Und was hat der Herr seinem Sklaven voraus, so er sich nicht einmal selbst beherrscht, sondern Gefangener bleibt seiner Macht, seines Reichtums, statt frei zu dienen dem Höchsten? Paulus abschließende Ermahnung gilt den Reichen (6,17-19), nicht überheblich zu werden und ihre Hoffnung nicht zu setzen auf vergänglichen Reichtum, sondern *reich zu werden an guten Werken und zu sammeln einen sicheren Schatz.* Und wird der Reiche solches beherzigen oder soll sich bewahrheiten, was ER prophezeite (Matthäus 19,24): *Eher geht ein Kamel durch das Nadelöhr, als dass ein Reicher ins Himmelreich gelangt.*

Dem Bischof, dem Aufseher, jenem, der darauf sehen soll, dass keiner verderbe, schreibt Paulus ins Stammbuch (3,1-7): *Ohne Tadel zu sein*, kein Trinker, nicht streitsüchtig, nicht geldgierig, sondern von würdiger Haltung. *Mann eines einzigen Weibes* (keine Vielweiberei, keine sexuellen Ausschweifungen – keine Scheidung, auch keine Wiederverheiratung?) solle der Bischof sein. *Ein guter Familienvater, der seine Kinder zu Gehorsam und allem Anstand erzieht. Denn wer nicht vorstehen kann seinem eigenen Hauswesen, wie soll der vorstehen der Gott angehörenden Gemeinde?* Eine Frage, heute so aktuell wie ehedem – eine grundsätzliche Überlegung, die der (protestantischen) Kirche noch gilt? Und die sich wie vereinbaren lässt mit dem (katholischen) Dogma der Ehelosigkeit? Achtbar, nicht doppelzüngig, reinen Gewissens und fest im Glauben, das fordert Paulus auch vom Diakon (3,8-13); denn wer wollte dienen der Gemeinde, wer rein halten den Tisch des HERRN, der selbst nicht reinen Gewissens ist? Wer aber das Amt des Vorstehers gut versehe, so Paulus weiter (5,17-22), gegen den solle keine Klage erhoben werden, es sei denn, zwei oder drei Zeugen bekräftigten die Anschuldigung. Verfehle sich einer der *Ältesten,* so solle man sie in Gegenwart aller zurechtweisen (und eben nicht die Verfehlung verschweigen oder vertuschen), auf dass auch die anderen gewarnt seien (durch abschreckendes Beispiel) und sich *fürchteten* (vor einem solchen Gesichts- und Ehrverlust). Paulus beschwört Timotheus, *jede Bevorzugung zu vermeiden*, nicht mitschuldig zu werden an *fremden Sünden* und *niemandem vorschnell die Hände aufzulegen*. Keinen ohne gründliche Prüfung ins Amt einzusetzen, und auch keinen zu taufen, der sich nicht zuvor reuig abwandte von seinen Sünden?

Der Völkerapostel mahnt, kein schlechtes Beispiel zu geben als lenkende Kraft, nicht in die Irre zu führen und sich auch nicht in die Irre führen zu lassen von *falschen Lehren*, die sich mit *Fabeleien* und *endlosen Geschlechterreihen* abgeben (1,3-7). Gemeint sind hier die Gnostiker, die ihre Aussagen über die jenseitige Welt auf Stammbäume und große Namen des Alten Testamentes stützten. Was wollen sie ableiten aus dem Alten Testament, aus den Geboten, aus dem Gesetz, so sie nicht erfassen dessen Geist? Denn (1,8-11): *gut ist das Gesetz allein, wenn es im Sinne des Gesetzes angewendet und bedacht wird, dass es nicht für den Gerechten, sondern für den Gesetzlosen, für den Sünder, den Menschen ohne Glauben gemacht ist.* (Und trifft das Gesetz den Gesetzlosen, straft es ihn oder schützt es ihn: Täterschutz oder Opferschutz?) Wer allein frage nach den Buchstaben des Gesetzes, ohne zu erfassen dessen Geist, wer sodann verbiete die Ehe oder predige den Verzicht bestimmter Speisen, der sei ein heuchlerischer Lügner (4,1-5). Kann denn, was Gott geschaffen hat, von Übel sein? Warum sollte sich der Mensch abkehren von dem, was Gott schuf für ihn, schuf auch an Speise: an Fleisch, Fisch, Getreide und Früchten, statt zu danken für solche Vielfalt? Wird die Speise nicht erst erhöht durch den Dank, und gibt die Speise: sei es Fleisch, Fisch oder Frucht, nicht erst die Kraft, zu arbeiten am Werk? Wandeln, erhöhen sie die Speise nicht, so sie danken dafür? Nicht die Speise ist von Übel; von Übel ist, wie der Mensch damit umgeht: dass er missachtet Gottes Gaben, missachtet den Reichtum der Schöpfung, nicht dankt und bewahrt, sondern ausraubt und frevelt. Wie wollte der Mensch sein "das Salz der Erde", wenn er für verderblich, ungesund oder unwirtschaftlich erklärt, was Gott schuf in aller Vielfalt, für gesund, unbedenklich und rentabel aber hält, was er selbst produziert und manipuliert in aller Einfalt? Monokultur und Wüste, wo einst fruchtbare Erde war; Kloake, wo einst reines Wasser floss: Ist es Gott oder der Mensch, der schafft das Übel auf dieser Welt?

Paulus mahnt Timotheus (4,6-11), zu *kämpfen für das Wort* und all seine Hoffnung zu setzen auf den *lebendigen Gott*. Kein Gott geformt aus Ton, geschmiedet aus Silber, gemeißelt aus Marmor, kein von des Menschen Hand oder von des Menschen Gedanken erschaffener Gott kann sie retten, sondern allein einer: "der-da-ist" ewiglich, unbegrenzt. Menschliche Schöpfungen aber sind begrenzt, sind vergänglich, seien sie aus Ton, Silber oder Marmor. Und wie sollte sie auch retten können eigene Schöpfung und sei es gleich eine im Geiste: vergeht nicht auch der Gedanke? Wer wollte es sich genügen lassen an einem bloß gedachten Gott? Wer seine Hoffnung auf etwas anderes setzen als auf den *lebendigen Gott*? Also gelte es, festzuhalten am Glauben, so Paulus weiter (6,2-10), und sich nicht blenden zu lassen von Menschen, die *von der Wahrheit abgekommen* sind und für die (gestern wie heute?) *Frömmigkeit* nur ein Mittel sei, *irdischen Gewinn zu erzielen*. Frömmigkeit bringe *in der Tat* Gewinn, so man genügsam sei; *denn wir haben nichts in die Welt mitgebracht und wir können auch nichts aus ihr mitnehmen*. Alles ist nur geliehen auf Erden; und wer viel leiht, wird auch hohe Leihgebühr zu entrichten haben am Tag der Abrechnung? Werden also jene ins Verderben gestürzt, die verdarben die Welt, weil sie frönten sinnloser Begierde und verfielen ihrer Maßlosigkeit, ihrer Gier*? Denn die Wurzel aller Übel ist die Habsucht* (6,10).

Fern halten soll Timotheus sich von *gottlosem Geschwätz*, von der Seuche der Wortklauberei und Besserwisserei, der falschen Lehre von der sogenannten Erkenntnis (6,20-21). Zu was hat alle (Er)Kenntnis, alles Wissen, alle Weisheit geführt: zu einer besseren Welt oder zu einer Welt ohne Gottheit? Pflückte die Menschheit vom Baum der Erkenntnis, pflückte mit Eva die Frucht des Abfalls? Wie sollte es Erkenntnis geben abseits vom höchsten Geist, abseits von dem, was da heil und unzerstörbar ist? Timotheus ist aufgerufen, Schwätzern, die sich etwas zugute halten auf ihren eigenen "Geist", den wahren Geist aber verkennen, nicht auf den Leim zu gehen und seinen Auftrag zu erfüllen *ohne Tadel*. Gilt das bis heute für alle, die stehen in der Nachfolge: in der Wahrheit und ohne Tadel zu sein? Für alle, bis *zum Erscheinen des Königs der Könige, des Herrn der Herren, der allein Unsterblichkeit besitzt, der wohnt in unzugänglichem Licht, den kein Mensch zuvor hat gesehen, noch je zu sehen vermag*. IHM *gebührt Ehre und ewige Macht* (6,11-16).

Der zweite Brief an Timotheus

Mehr noch als der erste trägt der zweite Brief an Timotheus Züge eines Vermächtnisses, eines Testaments, zudem ist er sehr viel persönlicher gehalten und (ein)dringlicher, mahnender. Gleich zu Beginn appelliert Paulus als geistiger Vater an seinen *geliebten Sohn* (1,2) und (baldigen?) Nachfolger, sich nicht zu *schämen, sondern sich freimütig zu bekennen* (1,7-8). Nicht zu schämen einer Lehre, die viele verhöhnten, verspotteten: der Auferstehung wegen, die heute weniger unglaubwürdig, weniger abstrus erscheint? Ist Christus nicht ihr *Retter*, wie Paulus schreibt (1,10-13)? ER, *der dem Tod die Macht genommen und das Licht des unvergänglichen Lebens gebracht hat durch das Evangelium*, für dessen Verkündigung sich Paulus unermüdlich einsetzt und viel Leid ertrug dafür, sich aber niemals schämte der *heilsamen Lehre*, ebenso solle es auch Timotheus halten. Und der Völkerapostel erinnert daran, wie viele sich abgewandt haben von ihm und dem Wort in der Provinz Asien, aber er habe auch Freunde gewonnen, wie Onesiphorus (und dessen Familie), der ihn oft getröstet habe und der nach ihm suchte, als er in Rom *in Ketten lag* (1,15-17). Ihn, den Verkünder der *heilsamen Lehre*, mögen sie in Ketten legen, aber wie wollten sie Ketten anlegen dem Wort des HERRN (2,4-9)?

Das Wort ist gewiss, verlässlich und wahr: *Sind wir gestorben* (mit IHM am Kreuz: erstorben aller Sünde), *so werden wir auch* (mit IHM) *leben; dulden wir, so werden wir* (mit IHM) *herrschen; verleugnen wir, so wird* ER *uns auch verleugnen; sind wir untreu, so bleibt* ER *doch treu; denn* ER *kann sich nicht selbst verleugnen* (2,11-13). Paulus beschwört Timotheus, sich solches ins Gedächtnis zu rufen, des Wesentlichen der Lehre zu gedenken und nicht um Worte zu streiten, sich zu verlieren im Detail oder gar einzulassen auf die Wortklaubereien der Gnostiker, die behaupteten, bereits vom Tode auferstanden und im Besitz der Erkenntnis gelangt zu sein. Wer *Knecht sei des* HERRN, müsse sich besinnen und befreien aus dem *Netz des Teufels* (2,22-26). Düstere Zeiten, so Paulus weiter (3,1-9), harrten ihrer: Selbstsüchtig, habgierig, prahlerisch und überheblich seien dann die Menschen, bösartig, lieblos, verleumderisch und mehr dem Vergnügen denn Gott zugewandt. *Den Schein eines gottgefälligen Seins werden sie zwar wahren, doch die Kraft* (also Gott selbst?) *des gottgefälligen Seins werden sie verleugnen.* Düstere Zeiten – eine Endzeit, die wie nah herangekommen ist? Werden mit dem Ende, dem Tod der zwölf Apostel auch vergehen die lichten Stunden des Tages und hereinbrechen die finsteren Stunden? Und wie lange wird währen diese Finsternis? Angesichts heraufziehenden Unheils mahnt Paulus, *sich fernzuhalten von Menschen, die sich beherrschen ließen von ihren Begierden, die behaupteten, Erkenntnis zu haben, doch nie zur Wahrheit gelangten, deren Denken verdorben sei und deren Glauben sich nicht bewähre, deren Unverstand aber offenkundig werde* – in der Endzeit?

Timotheus kenne die wahre Lehre von Kindesbeinen an, solle also standhaft bleiben, denn (3,10-17): Wer IHM angehöre, werde zwar verfolgt werden, aber am Ende auch errettet. *Böse Menschen und Schwindler dagegen werden immer mehr in das Böse hineingeraten; sie sind* (um das Himmelreich) *betrogene Betrüger.* Paulus beschwört Timotheus (4,1-8, vgl. Apg 20,18-35: Abschiedsrede in Milet) – und seine Worte bekommen nun vollends den Charakter einer letztwilligen Verfügung, beschwört ihn *bei dem kommenden Richter der Leben-*

den und der Toten und *bei seinem Reich*, im Wort zu bleiben: das Evangelium zu verkünden, dafür einzutreten in jeder Weise und zu mahnen *in unermüdlicher und geduldiger Belehrung.* Denn es werde eine Zeit kommen (die wie nah schon ist?), da man nicht länger ertrage die *heilsame Lehre*, sondern Worte suche, die schmeichelten den Ohren. (Ist nicht die Lüge gefälliger dem Ohr denn die Wahrheit?) *Und man wird nicht mehr der Wahrheit Gehör schenken, sondern sich Fabeleien zuwenden.* Timotheus aber möge treu seinen Dienst verrichten, wie Paulus selbst treu kämpfte den guten Kampf. Nun aber sei seine Zeit nahe: *die Zeit seines Aufbruchs.* Sein Kranz liege schon bereit. Der Kranz des Sieges: des Lebens, nicht des Todes. Zu neuen Ufern bricht Paulus auf; denn (4,18): *Der HERR wird ihn entreißen allem Bösen*, ER *wird ihn retten und führen in sein himmlisches Reich.* Paulus steht sein nahes Ende vor Augen; Chancen, einer Verurteilung zu entgehen, rechnet er sich keine mehr aus. Schon bei seiner ersten Verteidigung ist niemand für ihn eingetreten (4,16), wie sollte es bei der letzten anders ein? Doch mögen sie ihn auch verurteilen, sie können ihm nur nehmen, was ohnehin begrenzt ist: das Leben auf Erden, das ewige Leben aber, wer wollte ihm das entreißen denn Gott allein?

Einem (letzten?) Gruß (4,19-22) ist eine (letzte) Weisung, eine Warnung (4,14-15) vor dem *Schmied* (Alexander) vorangestellt – eine Warnung vor allen Glücksschmieden dieser Welt? Und nehmen sie sich nun in Acht vor solchen (Glücks)Schmieden, die bekämpfen die wahre Lehre und führen ins Unheil? Was ist von Nutzen ihnen: das, was sie sich selbst zusammenschmieden an "Wahrheiten" oder das, was ihnen gegeben ist von Gott? Paulus schreibt (3,16): *Jede von Gott eingegebene Schrift ist auch nützlich zur Belehrung, zur Aufdeckung der Schuld, zur Besserung und zur Erziehung in der Gerechtigkeit.* Nicht vom eingegebenen Wort ist hier die Rede, sondern von eingegebener Schrift. Welche Schrift ist gemeint – etwa das Evangelium? Sollte es tatsächlich – ganz oder teilweise – schon vorliegen zu diesem frühen Zeitpunkt? Sind das die *Pergamente*, um die Paulus bittet (4,13)? *Bring mit die Bücher* (das *Buch der Bücher,* die "Septuaginta": die grch. Übersetzung der hebräischen Texte des Alten Testaments?), *vor allem aber die Pergamente,* heißt es im Brief an Timotheus. Gibt es bereits erste Abschriften des Evangeliums, handelt es sich womöglich um das heute verschollene Matthäus-Evangelium? (Sollte es, wie vielfach gemutmaßt, tatsächlich das erste, das älteste – ursprünglich in hebräischer Sprache verfasste – Evangelium sein?) Oder liegen auch schon erste Abschriften vor von Markus oder Lukas? Abschriften (die, wie die Septuaginta in griechischer Sprache verfasst sind), die Paulus jetzt gemeinsam mit den Evangelisten überprüfen, überarbeiten will, auf dass sich zwischen dem wahren Wort kein falsches zwänge? Lukas jedenfalls ist, wie Paulus schreibt, noch bei ihm (4,11) und Markus (den Paulus nicht mehr mitnehmen wollte auf seiner 2. Reise, vgl. Apg 15,37-38, mit dem er sich nun aber versöhnen will?), so bittet er, solle man zu ihm bringen; *denn er werde ihm ein guter Helfer sein.* Helfen, abzufassen und schriftlich zu fixieren, was nicht verloren und noch weniger verfälscht werden darf: das Wort, von dem Paulus kündet, das Wort des HERRN. Wobei sonst sollten die Evangelisten ihm helfen in seinen letzten Tagen, denn zu erhalten das lebendige Wort für das der Völkerapostel stand und steht und bürgt mit seinem Leben?

Der Brief an Titus

Neben Timotheus zählt Titus zu den engsten Gefährten des Völkerapostels (vgl. auch die Briefe an die Korinther und Galater). Und wie Timotheus sich um die Gemeinde von Ephesus kümmern sollte, so beauftragt Paulus Titus, seinen *rechten Sohn* (1,4), *den niemand gering achten solle* (2,15), Sorge zu tragen für die Gemeinde von Kreta. Wozu zuvorderst zählt, in den einzelnen Städten Vorstände: Älteste auszuwählen, die nicht nur lehren das Wort, sondern es auch leben; denn ein Leben in Gott, so Paulus, sei die trefflichste Art, ihre Gegner zu widerlegen (1,6-9). Auch in diesem Brief ruft der Apostel zum Kampf gegen die Irrlehrer auf (1,10-16): gegen *Schwätzer und Schwindler*, wovon es besonders viele gebe unter den *Juden* (ist hier mit "Juden" gemeint ein Stamm oder die geistige Anhängerschaft eines toten, irregeleiteten Judentums?), solche, *die aus übler Gewinnsucht ganze Familien zerstörten mit ihrer falschen Lehre.* Und Paulus zitiert an dieser Stelle den Dichterphilosophen Epimenides (6. Jh. v.u.Z.): *alle Kreter seien Lügner, faule Bäuche, gefährliche Tiere.* Eine Aussage, die der Apostel für wahr erklärt und eben darum Titus streng anweist, auf der Hut zu sein und das "gefährliche Tier" in Schach zu halten? Auf dass nicht erneut hervorbreche der alte "Minotaurus", der Schrecken von einst und fresse die Kinder? An die reine Lehre solle Titus sich halten, nicht an jüdische Fabeleien oder an Satzungen, gemacht von Menschen, die sich abwandten von der Wahrheit. *Für die Reinen ist alles rein; für die Unreinen und Ungläubigen aber ist nichts rein, sogar ihr Denken und ihr Gewissen sind unrein.* Törichte Auseinandersetzungen solle Titus meiden, heißt es weiter (3,9-11), und Ketzern aus dem Wege gehen. Es genüge, sie einmal und dann noch einmal zu ermahnen, so sie sich auch dann nicht bekehrten, hätten sie ihr Urteil über sich selbst gesprochen.

Den Irrlehrern und Ketzern begegneten sie am wirksamsten nicht durch ihr Wort, sondern durch ihr Beispiel (2,1-10). Vorbild sollten sie sein in allen Dingen des Lebens, den *Jungen* sollten Beispiel geben die *Alten* – ob Mann oder Weib, wie auch Titus selbst Beispiel gebe durch gute Werke und die Wahrheit unverfälscht lehre, auf dass jeder Gegner beschämt werde und keiner Schlechtes sagen könne über sie. Geordnet sei ihr Leben, treu und gehorsam sollten sie sein, ergeben und allzeit bereit Gutes zu tun – auch der Sklave. Ist denn der Sklave weniger denn sie? Waren sie nicht alle Sklaven? (3,1-8): *Sklaven aller möglichen Begierden und Leidenschaften; lebten sie nicht in Bosheit und Neid und hassten einander?* Durch die Gnade Gottes aber – nicht etwa durch ihre eigenen Werke: durch das Bad der Taufe seien sie wiedergeboren, erneuert in einem heilen Geiste. Sichtbar geworden sei diese Gnade in Christus; denn (2,11-15, wie es hieß in der urchristlichen Taufliturgie): ER *hat sich für uns hingegeben, um uns zu erlösen von der Schuld und sich zu schaffen ein reines*

Volk, das IHM *angehört als sein besonderes Eigentum und das voller Eifer danach strebt, das Gute zu tun.* Und sind sie nun Getaufte: Wiedergeborene in einem reinen, einem heilen Geist, der allein IHM angehört und gar nicht anders kann, als zu wollen, was ER will?

Der Brief an Philemon

In der sehr persönlich gehaltenen Schrift bittet der Apostel, einem entlaufenen Sklaven zu verzeihen. Die Bitte richtet sich unmittelbar an dessen Herrn: an den *geliebten Gehilfen* Philemon, dessen Haus in Kolossä der dortigen Gemeinde als Versammlungsort dient (1-7). Paulus beruft sich nicht auf seine Autorität, sondern bittet, bittet *als alter Mann, der für Christus in Ketten liegt,* bittet *für Onesimus, den Sohn seiner Gefangenschaft,* der offenbar mehr als nur nützlich war dem Paulus, gleichwohl es Philemon selbst so schien, als sei Onesimus zu nichts zu gebrauchen. *Doch jetzt,* heißt es weiter in dem Schreiben (8-14), *ist er dir und mir recht nützlich.* Denn Paulus will *seinen Sohn* zu Philemon zurücksenden, was soviel bedeute, dass er ihm sende *sein eigenes Herz.* Wie ein Vater fühlt sich der Apostel verbunden dem Sklaven, der ihm sicher auch weiterhin hilfreich zur Seite stehen würde. *Aber solch gute Tat soll nicht* (gegen den Willen Phillemons) *erzwungen, sondern freiwillig sein* (Freiheit), bedarf mithin der Zustimmung des Philemon selbst.

So Paulus nun zurückschickt den Sklaven zu seinem Herrn, möge dieser bedenken (15-20), weshalb er getrennt war von Onesimus. Womöglich allein deshalb, um ihn zurückzugewinnen? Für sich zu gewinnen auf ewig – nicht als Sklaven, sondern als *geliebten Bruder* (Brüderlichkeit!), wie er es für Paulus selbst ist? *Nimm ihn also auf,* wie mich selbst (ohne Ansehen des Standes – Gleichheit!), lautet der kategorische Imperativ des Paulus. Und falls Onesimus dem Philemon etwas schuldig sei, heißt es weiter in dem Schreiben, möge er es Paulus selbst auf die Rechnung schreiben; er stehe gerade dafür und verbürge sich mit diesen Zeilen, die er schreibe *mit eigener Hand.* Nichts schuldig bleiben will der Apostel ihm, aber ist es nicht Philemon selbst, der schuldet? Hat er denn getan, was er tun konnte, hat er Frucht, hat er Nutzen gebracht? *Ja, Bruder,* schreibt Paulus diesem (ins Herz), *um des* HERRN *willen möchte ich einen Nutzen haben von dir.* Also möge Philemon ihn erfreuen und den Sklaven willkommen heißen als Bruder, um so auch dem Apostel selbst *Herberge zu bereiten* (21-25). Ist das nicht sein Wort: *Was ihr getan habt einen meiner geringsten Brüder, das habt ihr mir getan* (vgl. Matthäus 25,40)? Sollten sie nicht Brüder sein (vgl. Matthäus 12,46-50), die einander dienen? Dienen, nicht herrschen; denn wie sollte Unterdrückung, Versklavung, vereinbar sein mit dem Gebot der Brüderlichkeit und der Nächstenliebe? Mochte der Zeit auch nichts gelten der Sklave: der Unfreie, mochte ein solcher auch rechtlos sein, unbedeutend, kaum wert, auch nur einen einzigen Gedanken auf ihn zu verschwenden; galt darum der Sklave auch nichts in den Augen Gottes, war er darum weniger Bruder? Und hat es seither keine Versklavung, keine Unterjochung, keine Ausbeutung mehr gegeben (schuf solche Ausbeutung nicht erst allen Reichtum?) und auch keine "Untermenschen" – keine "Herrenmenschen" mehr? Ist die Gleichheit verwirklicht und die Menschheit mithin frei? Frei und ohne Bindung: ohne Bindung an Gott, ohne Bindung an den Nächsten, ohne Bindung an Recht und Ordnung? Im Hinblick auf diese Fragen scheint der kleine Brief an Philemon weit weniger klein.

Der Brief an die Hebräer

Bezeugt ist dieses Schreiben durch den ersten Clemensbrief (**97** n.u.Z): ein Zeugnis, ausgestellt unmittelbar nach der ersten reichsweiten Christenverfolgung unter Kaiser Domitian (81-**96** n.u.Z.) vom Bischof Roms. Ein spätes Zeugnis, das ausschließt, dass der Hebräerbrief früher verfasst wurde, womöglich von Paulus selbst? Dessen enger Gefährte Timotheus jedenfalls wird ausdrücklich erwähnt im Schlusswort eben jenes Briefes (13,23), wo es heißt, der Verfasser der Schrift hoffe den offenbar gefangen genommenen, zwischenzeitlich aber wieder frei gelassenen Timotheus bald zu treffen, um gemeinsam mit ihm die Brüder (im "heilen" Land) zu besuchen. Wie sollte Paulus nicht gedenken seiner alten Heimat: seiner hebräischen Wurzeln? Könnte der Hebräerbrief das Pendant sein zum Römerbrief, und wenn nicht von Paulus selbst verfasst, so doch in dessen Geist geschrieben? Werden die Hebräer: die "Alten" (zu denen Paulus selbst zu zählen ist) nicht weit dringlicher gemahnt denn die "Jungen": die Römer? Sind nicht nachgerade die "Alten" gehalten, Beispiel zu geben den "Jungen" (wie in den Pastoralbriefen des Paulus vielfach gefordert)? Wer denn trägt den Baum (ewigen Lebens), wenn nicht die Wurzel? Und wer, der erwächst dieser Wurzel, wollte sich ihrer nicht erinnern? Wie aber gedachten die neuen Triebe ihrer alten Wurzeln und wie willkommen waren die neuen Triebe dem alten Stamm? Sahen sie womöglich in der grausamen Verfolgung der Christen (entfacht erstmals – wenn auch noch lokal begrenzt – im Jahr 64 unter Nero, nach dem Brand Roms) ein Zeichen, dass sie in die Irre gingen? Ein Zeichen Gottes an die Alten: an die "Beschnittenen", sich zu scheiden, sich abzuspalten von den Jungen: von den "Unbeschnittenen"? Hatte nicht Paulus selbst verfolgt die neue Lehre, als er noch war ein Saulus? Sind nun sie die Blinden, die nicht sehen wollen? Sollten sie nicht aber sein ein Volk: die Alten und die Jungen: Hebräer und Römer – beide erneuert im Glauben? Was sagt der Hebräerbrief selbst dazu?

Viele Male, so beginnt der Brief (1,1-14), habe Gott zu den Vätern gesprochen durch die Propheten und die himmlischen Boten (= Engel); in diesen "Letzten Tagen" aber (die beginnen mit seinem Tod am Kreuz und führen über die Christenverfolgung hin zum "Jüngsten Gericht"?) ist den "Erben" des Reiches gegeben der Sohn als *Abbild göttlichen Wesens*. ER ist es, von dem gesagt ist (Psalm 2,7)*: Du bist mein Sohn, heute habe ich dich gezeugt. Und: Ich will sein Vater sein, und* ER *soll mein Sohn sein* (2. Sam. 7,14). Von dem ebenso geschrieben steht im *Lied zur Hochzeit des Königs* (Psalm 45,8): *Du liebst*

Gerechtigkeit und hassest gottloses Treiben; darum hat dich der HERR, *dein Gott, gesalbt mit Freudenöl wie keinen deinesgleichen.* ER ist der Messias, der Gesalbte des HERRN, der verheißene Bräutigam, der Hochzeit feiern soll. Wer aber ist die Braut, die IHM ihr JA-Wort gibt, an IHN sich zu binden in guten wie in bösen Tagen?

Wie die Engel und Propheten Boten waren im Alten Bund: Vermittler zwischen Gott und Mensch, so ist ER nun Mittler im Neuen Bund; und wie das von den Engeln und Propheten verkündete Wort rechtskräftig war, so ist auch rechtskräftig das Wort des Sohnes, für den Gott selbst Zeugnis ablegt (2,1-4): ER ist es, der sitzt zur Rechten Gottes und dem zu Füßen gelegt sind all seine Feinde (Psalm 110,1). Nicht den Engeln hat Gott die zukünftige Welt unterworfen, sondern dem Sohn (2,5-18). Noch mag nicht alles sichtbar sein, was *ihm ist zu Füßen gelegt*, doch wird jede Übertretung seines Wortes (das kommt von Gott) Vergeltung finden. Nur ER kann sie führen aus aller Sünde, aus aller Versuchung; ER, der um ihre Schwäche weiß, weil ER selbst kämpfte wider die Versuchung in der Wüste (vgl. Matthäus 4,1-11), kämpfte und widerstand dem Bösen. ER allein kann sie führen aus ihrem Todestal – führen, wie einst Mose führte die Hebräer aus der Wüste, wie schon Abraham führte die Seinen ins Land der Verheißung? Oder wird ER führen die Seinen auf andere Art: führen als ihr wahrer und endgültiger Hoherpriester (4,14-5,10)?, wie geschrieben steht (Psalm 110,4): *Du bist ein Priester in Ewigkeit nach der Ordnung Melchisedeks* (7,1-10): *"der König des Friedens", "der König der Gerechtigkeit".* Verbunden allein dem Höchsten, ohne Stammbaum, ohne Vater, ohne Mutter, ohne Anfang und ohne Ende. (Jeru)Salems Priester und König, der bringt *Brot und Wein* dem Abraham und entrichtet ihm *den Zehnten* (vgl. 1. Mose 14,18: versöhnen sich hier weltliche und göttliche Macht?). Priester auf ewig (7,25-28): Einer, der allezeit lebt, um sie zu retten und für sie einzutreten. Einer, der sich nicht unterwirft seiner Schwachheit (wie die Priester, die ernannt sind nach dem Gesetz), sondern überwindet all seine Schwachheit, der sich absondert von allen Sünden – ein Nasiräer: ein Abgesonderter, ein Erwählter des HERRN? Und folgen sie IHM, dem Nasiräer – der genannt ist "Nazoräer" (ein zufälliger oder gewollter Gleichklang der Beinamen Nasiräer/Nazoräer)? Nannten sich die Ersten, die IHM folgten, nicht selbst so: Nazoräer? Und sollte da nicht auch anklingen das Wort Nasiräer; denn sahen sie sich nicht an als Erwählte? Und sind sie es geblieben, sind sie Söhne des Höchsten, abgesondert aller Sünde und darum bar jeden Opfers? Denn wer sich nie ver-sündigte, wovon sollte der sich ent-sühnen?

Gehorchen sie dem Wort, wie Abraham, ihr Stammvater (11,8-22) gehorchte dem Höchsten, da er fortzog aus seinem angestammten Land, ohne zu wissen wohin, fortzog *als Fremder* in ein *verheißenes* Land? War dem Abraham nicht eben darum erlassen sein schwerstes Opfer, weil er gehorchte und getreu folgte dem Willen des Einen, des Höchsten, der ihm (und seinem Weib) schenkte den Isaak noch im hohen Alter (was grenzte an ein Wunder), auf dass Abraham Vater werde Vieler. Abraham vertraute Gott und war bereit, zu opfern den

Sohn der Verheißung; und war es nicht dieser unerschütterliche Glaube an Gottes Wort und an dessen Erfüllung, der Abraham gab die Kraft, zu tun den Willen seines HERRN, wie schwer das Opfer auch sei? Will Gott aber Opfer, sollen sie nicht frei und willig folgen dem Gotteswort (ihrem Gewissen, ihrer inneren Stimme), auf dass ihnen erlassen sei jedwedes Opfer, wie dem Abraham erlassen war, zu opfern seinen Sohn? Sind sie Nachkommen, *Kinder Abrahams*, folgen sie dem Gotteswort, lassen sie sich führen oder verführen? Wer denn führte ihre Väter, führte Abraham, führte Mose, wenn nicht die Hand Gottes selbst? Wie hätte Mose (11,23-12,3) sie führen sollen aus der Knechtschaft Ägyptens durch die Todeszone Wüste, führen durch das Meer wie durch trockenes Land, so es nicht Wille gewesen wäre des Höchsten? Warum geschahen all diese "Wunder", warum stürzten ein Jerichos Mauern, weil schwach im Glauben sie waren oder stark?

Am siebten Tag ruhte Gott aus von seinem Werk (4,1-13, vgl. 12,18-29), am siebten Tag fielen auch Jerichos Mauern. Sind sie aber gelangt ins verheißene Land: ins Land der himmlischen Ruhe? Beraubten sie sich nicht selbst des Paradieses, weil sie nicht wahrten den Ruhetag, sondern verstießen gegen göttliches Gebot und lieber frönten ihrem toten Werk, statt zu folgen dem lebendigen Gott? Also hat Gott, *der-da-ist* erhaben über Raum und Zeit, einen neuen Tag festgesetzt (der Schöpfung?): die Welt zu bewegen und zu erschüttern *noch einmal*, wie geschrieben steht (Haggai 2,6): *Es ist nur noch eine kleine Weile* (für Gott oder für den Menschen?), *so werde ich Himmel und Erde, das Meer und das trockene Land erschüttern. Ja, alle Heiden will ich erschüttern. Da soll dann kommen* (ans Licht) *aller Völker Reichtum* (die Früchte aller Völker auf Erden, die Früchte aller Zeiten?), *und ich will das Haus voll Herrlichkeit machen.* Wann nun beginnt dieser neue Tag, beginnt er nicht im Nun, im Hier und Jetzt: ist das nicht die heilige Stätte, der Ort wahrer Verehrung – das himmlische Jerusalem? Und gehören sie IHM also an, lassen sie sich bewegen von dem, *der-da-ist* auf ewig (unwandelbar), oder bleiben sie unbewegt von seinem Wort und wollen sich nicht (ver)wandeln? So aber verstockt bleibt ihr Herz, wie wollen sie da gelangen ins verheißene Land? Müssen sie nicht zu Fall kommen, so sie nicht hören wollen das Wort des HERRN, das lebendig ist auf ewig und das *schärfer trifft und kräftiger denn jedes zweischneidige Schwert:* durchdringend Seele und Geist, Mark und Bein, scheidend und richtend den bösen Gedanken, den bösen Sinn von aller guten Absicht. Nichts ist so verdeckt und verborgen, dass es nicht entblößt und aufgedeckt werde vor dem Auge Gottes. Denken sie etwa, keine Rechenschaft ablegen zu müssen, dass derart schwerhörig sie bleiben und nicht ablassen von ihren Lastern?

Sollten sie, die Hebräer (3,7-19) von Heute ebenso verstockt sein wie ihre Vorfahren, die Gott selbst führte durch die Wüste vierzig Jahre lang, die aber lieber folgten dem *Betrug der Sünde*? Sollten sie nicht längst ihre Lehren gezogen haben (5,11-6,12) und selbst Lehrer, Vorbild sein den Jungen? Müssen sie noch *genährt werden mit Milch wie die Kinder, vertragen sie keine feste Speise* (= wahres Wort, rechte Lehre), sind sie immer noch nicht daran gewöhnt, zu scheiden das Gute vom Bösen? So nun das wahre Wort in ihnen wohnt und sie sich dennoch wieder abwenden, handeln sie wider den heilen Geist und schlagen das Gotteswort, schlagen den Sohn erneut ans Kreuz. Wer denn brachte ihnen das Wort des lebendigen Gottes und wer steht ihnen, steht ihrer (Haus)Gemeinschaft vor: Mose? Mose (3,1-6) war treu als Diener, Christus aber ist treu als Sohn und gesetzt über das *ganze Haus Gottes*. Wer aber gehört an diesem ganzen Haus, wenn nicht jene, die IHM folgen mit ganzem Herzen: die Alten, die im Glauben waren und die Jungen, die (noch) zum Glauben kommen: die Heiden, *die feststehen in dem, was sie erhoffen und überzeugt sind von dem, was sie nicht sehen* (11,1) mit eigenen Augen (die Alten aber sahen und war ihr Glaube darum fester?) und ebenso wenig greifen können mit eigenen Händen, aber erspüren in ihren Herzen! Ist die Verheißung (11,40) gegeben allein den Alten, soll sie sich erfüllen ohne jene, die noch kommen zum Glauben an den einen HERRN? Ist das lebendige Wort allein da für die Hebräer: fragt Gott etwa danach, von wem sie abstammen dem Leibe nach – ob sie Grieche sind, Römer oder Hebräer; will Gott nicht vielmehr wissen, wes Geistes Kind sie sind? Also (12,1-3) mögen sie abwerfen *die Fesseln der Sünde*, abwerfen und bedenken, wer da gesetzt ist zur Rechten Gottes.

Wie Noah rettete die Seinen durch den Bau der Arche (11,1-7), so rettet ER die Seinen durch das Wort, *das-da-ist* von Gott: das Wort, das vor Urzeiten *schuf aus dem Unsichtbaren das Sichtbare*. Das Wort, *das-da-ist* ihre Arche, die trägt, die rettet aus der Urflut, rettet aus der Sünde. Das Wort, das verkündet(e) der Sohn der Verheißung: Urbild des Schöpfers, Erneuerer des alten Bundes, Überwinder aller Sünde, Überwinder selbst des Todes: des ärgsten (und nicht auch letzten?) Feindes der Menschheit? ER besiegelte den ewigen Bund: besiegelte ihn durch sein Blut oder weil ER offenbar machte alle Verheißung, offenbarte das ewige Leben? Entrückt war ER in den Himmel, gleich Henoch, der Gott gefiel, der zeugte den ewig alten Metuschelach (1. Mose 5,21-25), dessen Lebenszeit 969 Jahre währte auf Erden – beinahe die Zeit eines ewigen, eines tausendjährigen Reiches. 31 Jahre fehlen noch daran – die Zeit auf Erden, die verstrich, bis ER wirkte erstmals öffentlich (vgl. Lukas 3,23). Emporgehoben zum höchsten Himmel, sitzt ER zur Rechten Gottes; denn sein Opfer gefiel besser dem HERRN als alle Opfer zuvor – so wie das (reine, "unschuldige": ohne "Hintergedanken" gegebene) Opfer Abels Gott besser gefiel als das Opfer des (sündigen: "gefallsüchtigen") Kains? Denn ER, der rein war und bar jeder Sünde, brachte sich selbst dar als makelloses Opfer, zu tilgen alle Sünden. ER, der Hohepriester auf ewig: Priester nach der Ordnung Melchisedeks (7,11-24), nicht Priester nach der Ordnung Aarons (Bruder Moses, aus dem Stamm der Leviten): nicht Spross aus dem Stamm der Leviten, sondern Spross des Stammes Juda, Spross aus dem Hause David (7,11-24). Sein Priestertum ist unvergänglich, denn ER ist der *Anker aller Verheißung* (6,12-20). Die Priester auf Erden dienen einem Abbild: dem Schatten nur der himmlischen Wahrheit – dienen nach der Weisung, die Mose empfing auf dem Berg, und errichten ihr Zelt, ihr Heiligtum danach (8,1-13); aber es ist ein irdisches Heiligtum. Nicht einmal ihre Priester selbst dürfen lüften den Schleier und schreiten hinein in das Heiligste (nach Levitikus, dem 3. Buch Mose 16, ist es den Priestern nur am Versöhnungstag gestattet, den Vorhang des *Zelt*-Heiligtums zu heben, um den Sühne-Ritus zu vollziehen). Soll das Heiligste verhüllt bleiben auf ewig, ist ihnen kein Weg sichtbar geworden hinein ins Heiligste, so dass Versöhnung sie feiern könnten? Ist ER nicht ihr Hohepriester, der sie führt durch das *erhabene* (Himmels)*Zelt*, das nicht gemacht ist von Menschenhand und also auch nicht ist von dieser Welt? Ist ER nicht geschritten mitten hinein ins Heiligtum (9,11-28), zu lüften das Geheimnis, wie der Bräutigam lüftet den Schleier der Braut am Hochzeitstag? ER, der Erlösung bewirkt(e) nicht mit dem *Blut von Böcken*, sondern mit seinem eigenen Blut, auf dass ihr Gewissen gereinigt werde von allem *toten Werk*.

Das Blut des Bundes: im Alten Testament war es das Blut junger, makelloser Stiere und Böcke, das besiegelte den Bund – und sie reinwusch von aller Schuld, aller Sünde (9,1-10)? So ihr Gewissen rein wäre, wozu noch Opfer darbringen? Opfern sie, weil ihr Gewissen zur Vollendung gelangt ist; sind ihnen die gottesdienstlichen (Opfer)Vorschriften nicht nur gegeben, bis gekommen ist eine bessere Zeit, bessere Ordnung, da sie folgen einem inneren Geheiß und überflüssig ist jede äußere Vorschrift? Sind sie etwa erstarkt aufgrund äußerer Vorschrift? Ist ihr alter Bund erstarkt oder schwach geworden, geradezu erstarrt im äußeren Ritus? Muss sich nicht erneuern, reformieren das Alte, um wieder zu erstarken, um zu überdauern? Was soll bewirken ihr altes Ritual, ihr alter Opferglaube (10,1-18)? Hätten sie nicht aufgehört zu opfern, so sie ein für allemal gereinigt wären und sich keiner Sünde mehr bewusst? Wie sollte das Blut von Stieren oder Böcken tilgen können ihren bösen Willen, wie ein solches Opfer wirksam sein vor Gott? Ein Opfer, wieder und wieder dargebracht, ein Opfer, das geradezu bestätigt ihre Sünden: wieder und wieder begangen? Wähnen sie, so in Kraft zu setzen den Bund mit Gott? Jedes Testament wird erst rechtskräftig mit Tod des Erblassers (9,11-28): *Das ist das Blut des Bundes*. Mit seinem eigenen Blut besiegelt ER den ewigen Bund: ER – der Hohepriester auf ewig – opfert nicht viele Male, wie die Priester auf Erden, sondern ein einziges Mal: sich selbst bringt ER dar als Opfer. Wie es dem Menschen bestimmt ist zu sterben ein einziges Mal, so hat ER sich geopfert *ein einziges Mal*, um die Sünden *vieler wegzunehmen* (*vieler*, nicht aller: wie sollten weggenommen werden die Sünden derer, die sich nicht abkehren von ihrer Schuld und nicht im Bund sein wollen mit IHM?). *Beim zweiten Mal wird* ER *nicht wegen der Sünde erscheinen, sondern um die zu retten, die ihn erwarten.* Die im Bunde sind mit IHM, wie geschrieben steht (Jeremia 31,33-34): ... *das soll der Bund sein, den ich mit dem Hause Israel* (den Streitern Gottes) *schließen will nach dieser Zeit, spricht der* HERR: *Ich will mein Gesetz in ihr Herz geben und in ihren Sinn schreiben, und sie sollen sein mein Volk, und ich will sein ihr Gott.* So sie aber im Bunde sind mit Gott, welcher Vergebung, welcher Opfer bedürften sie da noch? *Wo aber Vergebung ist der Sünden, da geschieht für sie kein Opfer mehr* (10,18). Und bedürfen sie weiterhin des Opfers, der äußeren Vorschrift, oder folgen sie dem inneren Gebot treu und unverbrüchlich (wie befolgt die Natur das Gesetz, dem sie unterworfen ist)? Ist dem Menschen nicht gegeben der freie Wille, zu tun den Willen seines Schöpfers aus innerer Notwendigkeit, innerer Einsicht? Stehen sie nun fest im Bunde mit IHM, die Hebräer? Und ist dieser Gott, dem sie folgen, dem sie angehören wollen im ewigen Bund allein ihr Gott? Ist es allein ihr Bund? Sollen zu diesem Bund nicht gehören alle, die IHM folgen, IHM angehören wollen: die Alten wie die Jungen: die waren im Glauben schon in alter Zeit und die neu hinzukommen zum Glauben an den einen HERRN? Die Hebräer sind die Erstgeborenen im Glauben – sind sie aber auch die Erben der Verheißung? Bringen sie sich nicht selbst um ihr Erbe, wenn sie sich nicht erneuern, nicht reformieren wollen? Verraten sie nicht den ewigen Bund und verkaufen nachgerade ihr Erstgeburtsrecht – wie Esau verkaufte das seine für ein Linsengericht (1. Mose 25,27-34)?

Wer im Bunde ist mit Gott, wer IHM ange**hören** will, wie sollte der nicht **hören** die Stimme seines HERRN, nicht hören, wie geschrieben steht (Psalm 40,7-9): *An Schlacht- und Speiseopfern hast du kein Gefallen, Brand- und Sündopfer forderst du nicht. Doch du hast mir gegeben, dich zu hören, also sage ich: Ja, ich komme!* Kommen sie nun zum Glauben und folgen dem Weg, den ER ihnen erschlossen hat (10,19-25): *durch den Vorhang hindurch* (erschlossen, was zuvor verhangen war: der Weg ins Heiligste, ins Heilige Reich)? Reinigen sie ihr Herz vom schlechten Gewissen und spornen sich an in wechselseitiger Liebe zu guten Taten? Denn (10,26-31) so ihnen solche Wahrheit ward zuteil und sie doch wieder abfallen von dieser Wahrheit, so wird kein Opfer, kein Blut sie mehr reinwaschen können: Wer wissend, wer mit Vorsatz sündigt, der schmäht den Sohn und verachtet das Blut des Bundes und soll preisgegeben sein dem Gericht. *Und es ist furchtbar in die Hände zu fallen des lebendigen Gottes* (10,31); denn *Gott ist ein verzehrendes Feuer* (12,29). Also gilt es, stark und standhaft zu bleiben, auf dass sie nicht verloren gehen und ausgelöscht werden auf ewig (10,32-39). Noch haben sie ihren Kampf gegen die Sünde nicht gewonnen, nicht Widerstand geleistet *bis aufs Blut* (12,4-13,19). Gott, der HERR, liebt seine Kinder und wie liebende Eltern zurechtweisen ihre Kinder, so züchtigt auch der HERR die Seinen. Darum mahnt der Schreiber des Briefes die Hebräer, im Bunde zu bleiben mit Gott und im Bunde auch miteinander: verbunden bleiben sollen sie einander in brüderlicher Liebe und nacheifern und folgen ihrem Vorbild: Christus, "der-da-ist" *heute und in Ewigkeit*. Aufbrechen sollen sie zu IHM; denn hier, in dieser sündigen Welt, haben sie keine (reine) Stätte. Sie können das Innere nicht rein halten durch äußere Vorschrift; sie können das Unreine nicht verbannen nach außen: so es erwächst aus ihrem Inneren, müssen sie es da nicht auch verbannen aus ihrem Inneren? ER, den sie schlugen ans Kreuz (waren es Hebräer, die schrien: Kreuzigt ihn! oder schrien da Römer?), den sie hinrichteten "außerhalb des Stadttores", auf dass rein bleibe ihre Stadt (rein wie die heile Stätte, wo dargebracht wurde das Blut der Entsühnung, vgl. 3. Mose 6,23)? Sein Blut floss außerhalb der ("heilen") Mauern – und wie viele Mauern sind seither gefallen? Wo ist ihre heile, ihre reine Stätte? Ist nicht ER es? IHN sollen sie preisen, auf dass ihr Lobpreis Frucht bringe und nicht bloßes Lippenbekenntnis sei. Denn (13,20-25): ER *ist der erhabene Hirte,* *der seine Schafe heraufführt von den Toten durch das Blut des ewigen Bundes.*

Und nehmen die Hebräer an solche Mahnrede? Wie gedenken sie des ewigen Bundes, halten sie unverbrüchlich fest daran – erneuern, verjüngen sie sich im Glauben an den einen HERRN? Leben sie in Eintracht mit dem äußeren oder dem inneren Gesetz; in Eintracht mit den Ihren oder in Eintracht mit allen, die kommen zum Glauben an den einen Gott? Sofern der (Hirten)Brief den Hebräern "die Leviten liest" und die Alten im Glauben aufruft, Vorbild (Hirte) zu sein den Jungen: den Neuen im Glauben, auf dass gewahrt bleibe die Einheit derer, die Gott angehören, ist er da nur "pastoral", nur Hirtenbrief, ist er da nicht ebenso "katholisch" zu nennen (weshalb der Hebräerbrief in der Lutherbibel den "katholischen" Briefen zugeordnet ist), wie die nachfolgenden Briefe? Katholisch im ursprünglichen Sinne, im Sinne von: "universell", "allgemein verbindlich".

DIE KATHOLISCHEN BRIEFE

Nicht an einzelne Gemeinden wenden sich die katholischen Briefe oder an einzelne Gemeindevorsteher, sondern an die Gemeinschaft aller, die angehören dem einen Gott. Ein universeller Gott, ein universelles Gotteswort – und eine universelle Glaubensgemeinschaft? Bewahren sie diese Einheit im Glauben an den einen Gott kraft der Erneuerung? Ist vorbei der Väter alte (Glaubens)Zeit linearer Nachfolge und angebrochen eine neue (Glaubens)Zeit der Brüderlichkeit (und also auch der Bruderreligionen)? Oder soll wachsen der alte Stamm in lichte Höhe: höher und höher werden (wie der Turm zu Babel), statt stärker zu machen die Äste und üppiger die Krone? Schätzen die Alten, was da erwächst aus uralter Wurzel: achten sie die neuen Triebe oder allein den alten Stamm? Und die Jungen, wissen sie um die Wurzel, der sie entstammen? Oder erhebt sich einer über den anderen? Waschen sie sich gar rein auf Kosten des anderen und machen wechselseitig sich zum Sündenbock, statt rein sich zu waschen von aller inneren Schuld? Wohnt ihr wahrer Feind in der äußeren Welt, wohnt er nicht tief in ihrem Inneren? Was haben voraus die Alten den Jungen, und worin sind überlegen die Jungen den Alten? War die alte orientalische Welt besser, unschuldiger, getreuer den Gesetzen denn die neue römische Welt? Das Zentrum der weltlichen Macht, ein Hort des Rechts, der Wahrheit, der Reinheit oder ein Hort des Unrechts, der Lüge, des Lasters und der Götzenverehrung – gestern wie heute? Wer will bestehen in unheiler, zerstrittener Welt, der selbst uneins ist und zerrissen?

Was sagen die Verfasser der katholischen (der Einheit stiftenden?) Briefe: die judenchristlichen "Säulen" dazu aus? Was sagen Petrus, der "Fels" und Johannes, der Apostel, "den ER liebt", und was sagt Jakobus, der "Bruder Christi", das Haupt der Urgemeinde Jerusalems? Und schließlich was sagt Judas? Judas, der nichts gemein hat mit seinem Namensvetter, nichts gemein mit jenem, der den Beutel hatte und war ein Verräter. Wann hätte je geklingelt der Beutel eines Geistlichen oder Verrat geübt ein Hirte?

Der erste Brief des Petrus

Petrus (wie alle Verfasser der katholischen Briefe dem Judentum entstammend, beschnitten nach dem Alten Bund und ebenso getauft nach dem Neuen Bund), *Apostel Christi*, Augenzeuge des Werkes, Ohrenzeuge des Wortes (5,1), Fischer einst in seiner angestammten Heimat, jetzt Menschenfischer im universellen Reich Gottes, wendet sich in seinem Schreiben (1,1) an die *Auserwählten*, die leben als *Fremde* überall *in der Zerstreuung,* wie schon das alte, von Gott erwählte Volk lebte in der Diaspora. Denn so Gott sie erwählte und sie nah sind diesem einen HERRN, müssen sie da nicht *Fremdlinge* sein einer Welt, die fern ist diesem einen Gott? Verheißen war ihnen das gelobte Land – wie viele aber sind diesen Weg gegangen in der alten Welt, wie viele abgekommen vom rechten Weg? War noch lebendig die alte Hoffnung: waren sie lebendig im Glauben oder verblendet durch ihr totes Werk? Nun aber durch die Auferstehung Christi (1,3-12) haben sie die *lebendige Hoffnung und empfangen ihr unvergängliches Erbe, das aufbewahrt ist für sie im Himmel*. Für sie: die glauben und lieben das Wort und das Werk, obwohl sie nicht sahen mit eigenen Augen und nicht hörten mit eigenen Ohren, wie Petrus sah und hörte – obwohl sie keine Judenchristen sind? Wendet sich Petrus an die Juden- oder an die Heidenchristen, so er sie mahnt, *gehorsame Kinder* zu sein und sich nicht länger treiben zu lassen von ihren *Begierden* wie früher in *der Zeit ihrer Unwissenheit* (1,14)? Macht Petrus hier überhaupt einen Unterschied zwischen Juden- und Heidenchristen; wäre eine solche Unterscheidung noch statthaft nach dem Apostelkonzil (Apg 15) zu Jerusalem? Sollten sie danach fragen, ob jemand beschnitten sei am Leibe, sollten sie nicht fragen, ob sie beschnitten seien am Herzen und im Bunde mit Gott? Und doch, war es nicht Petrus, der, auf Druck der Juden(Christen), keine (Tisch)Gemeinschaft mehr halten wollte mit den Heiden(Christen), was Paulus ihm als Heuchelei vorwarf? So Petrus in Jerusalem, in der alten Welt, schied: unterschied, wird er da auch scheiden in der neuen Welt, in Rom: scheiden die Heiden(Christen) von den Juden(Christen)? Denn den Brief schreibt er aus Rom: aus *Babylon*, wie Petrus selbst diesen Sündenpfuhl nennt der neuen Welt (5,13). Sind sie oder sind sie nicht Brüder im Geiste: Heiden(Christen) wie Juden(Christen), wie Silvanus *Bruder* ist des Petrus. *Silvanus*, der den Brief schreibt für Petrus (denn wie hätte der Fischer, der einfache Mann aus dem Volk, kundig sein sollen der griechischen Schrift: der Verkehrssprache des römischen Reiches?). Und Silvanus schreibt den Brief auch im Namen dessen, den Petrus im Schlusswort (5,12-14) nennt seinen geistigen *Sohn*: Markus (Johannes "Markus", vgl., Apg 12,12 – der Evangelist, vgl. 2. Tim 4,11, der auch dem Paulus "Sohn" ist?, vgl. Apg 15,37-39).

Ist der Brief als Mahnung zu verstehen, im Geiste zu bleiben des Vaters und des Sohnes und die Einheit zu wahren des Wortes wie des Gottesvolkes? Was sonst sollte Grund sein für dieses Schreiben? Warum wendet sich Petrus, der sicher kein Freund war des geschriebenen Wortes und – gemessen an griechischer oder römischer Redegewandtheit – vermutlich nicht einmal ein großer Redner, in einem Brief an die *Auserwählten*? Sah er sich der Möglichkeit beraubt, sie noch einmal lebend zu sehen, steht ihm sein eigener Tod unmittelbar vor Augen? Seine Hinrichtung in Rom fällt in das Jahr 64 oder 67 n.u.Z. Oder ist es eine allgemeinere, sich ihm ankündigende, Endzeit, die ihn drängt, schriftlich zu fixieren und zu beglaubigen das (mündlich überlieferte) Wort, auf dass die *Auserwählten* glauben jetzt und immerdar: Da ist ein Wort – ein Werk – ein Gott.

Im Jahr 64 n.u.Z. brennt Rom; Nero gibt den Christen die Schuld und bläst zur Hatz auf sie. Ist das die Feuersglut von der die Rede ist in dem Schreiben: *die Feuersglut*, die über sie gekommen ist *zu ihrer Prüfung* (4,12) oder ist gemeint eine innere *Hitze*: das Feuer der Verführung? Ist die Zeit gekommen, beginnt das Gericht Gottes (4,17-19)? So nun in dieser Zeit des Gerichtes *der Gerechte kaum gerettet wird, wo wird man dann finden die Frevler und Sün-*

der? Petrus mahnt sie, standhaft zu bleiben, auch wenn sie – nach dem Willen Gottes – leiden müssen. Weiß der Apostel nicht zu gut um der Menschen Schwäche, hat er die Schwachheit nicht erfahren am eigenen Leib, er, der IHN verleugnete in dunkler Nacht dreimal, noch vor dem ersten Hahnenschrei? Werden auch jene, die anbefohlen sind dem Petrus, verleugnen ihren Glauben, verleugnen den Namen des HERRN aus Schwachheit, aus Furcht leiden zu müssen für ihren Glauben? Wer schwach ist, bedarf der Stärkung. Und welches Wort könnte besser stärken denn das eines Menschen, der einst selbst schwach gewesen ist?

Ist es so verwunderlich, dass Gott die Seinen prüft? Und ist es nicht besser, für gute Taten zu leiden, so es Gottes Wille ist, denn für böse? Musste nicht leiden auch der Sohn Gottes? Christus, der Gerechte, ist gestorben für die (oder wegen der?) Ungerechten. *Dem Fleisch nach wurde ER getötet, dem Geist nach aber lebendig gemacht* (3,13-4,11). Und sie, sind sie ebenso lebendig geworden: auferstanden zu einem neuen Leben; ist ER ihre Rettung, ihre Arche? Die Rettung aus der Sintflut war Noahs Arche, die Rettung aus der Sündflut ist die Taufe, so sie nicht allein reinigen den Leib, sondern reinwaschen auch ihr Gewissen und sich nicht länger hinreißen lassen vom Strudel ihrer Leidenschaften. Wer sich aber nicht abwendet von seinen Begierden, gleichwohl ihm gepredigt war das Evangelium: das lebendige Wort Gottes, ist schon gerichtet und wird untergehen in der Flut seiner Sünden? *Das Ende ist nahe.* Wissen sie denn, wann ihr letztes Stündlein geschlagen hat; fürchten sie nicht ihr Ende: den Tag, da sie Rechenschaft abzulegen haben oder ist eben dies ihre Todesangst?

Wer sich nun abkehrt von seinem alten Leben, wird der auf Zustimmung treffen oder den Unmut erregen all jener, die Gefangene bleiben alter Begierden und Leidenschaften? Hat nicht auch ER Anstoß erregt und erhitzt die Gemüter? *Der Stein, den die Bauleute verworfen haben* (Matthäus 21,42-44, vgl. Psalm 118,22-23), von dem zerschmettert werden die Feinde Gottes, mögen sie noch so mächtig sein, wie einst schon zerschmetterte David den Goliath – den Riesen der Philister – mit einem Stein (1. Samuel 17). *Eckstein* ihrer Glaubensgemeinschaft ist ER: der Sohn des Zimmermanns baut auf das Gotteshaus. Gehören sie an dem erwählten Volk, getrieben aus dem heilen Stamm, der erwuchs aus uralter Wurzel? Wer sich zählt zum Volk Gottes und beschreitet den Weg ins Heil, wie sollte der kein *Fremdling* sein dieser Welt? Sind nicht alle Gäste nur auf Erden (2,11-17)? Warum den Unmut erregen ihrer Gastgeber, statt sich unterzuordnen fremder Ordnung? Erregt nicht schon genug Unmut, wer gilt als *Fremdling* auf Erden: fremd und ferne einer Welt, der fremd und ferne ist das Reich Gottes? Unterwerfen, unterordnen sollen sie sich durch *ihre guten Taten*; auf dass zum Schweigen gebracht werden die Unwissenden: *Handelt als Freie*, so der Aufruf des Petrus*, aber nicht als solche, die nehmen die Freiheit als Deckmantel für das Böse, sondern wie Knechte Gottes.* Nicht Sklaven ihrer Begierden und Leidenschaften sollen sie sein, sondern Sklaven in der Nachfolge Christi (2,18-25). Kehren sie nun heim wie *die verirrten Scha-*

fe zum Hirten und entsagen aller Sünde, allem Unrecht – auch wenn sie Unrecht erleiden? Ist nicht eben das Gnade, Auszeichnung vor Gott; denn hat nicht auch ER gelitten, Christus, durch dessen Wunden sie geheilt sind? Und leiden nicht seither alle, die IHM folgen? Wurde nicht verfolgt die Urgemeinde in Jerusalem? Gesteinigt Stephanus, verfolgt und ins Gefängnis geworfen Paulus wie auch Petrus selbst, verfolgt und bedroht die Brüder überall in der Welt (5,9). Wie sollten sie nicht leiden in einer unheilen Welt, der fremd sie sind und darum bedrohlich?

Um einen hohen Preis wurden sie losgekauft von der *ererbten Lebensweise ihrer Väter: losgekauft mit dem kostbaren Blut Christi, des Lammes ohne Fehl und Tadel* (1,13-25). Sind sie aber losgekauft um so hohen Preis, müssen sie sich da nicht würdig erweisen und rein halten ihr Herz von aller Unwahrheit und Sünde? Sind sie neu geboren, *geboren nicht aus vergänglichem Samen, der verdorrt wie Gras oder wie die Blume im Gras*, sondern geboren aus *Samen, der unvergänglich* ist und bleibt *bis in alle Ewigkeit*: geboren aus dem Worte Gottes? Verlangt es sie nach diesem Wort, *wie die neugeborenen Kinder verlangen nach der unverfälschten Milch,* gieren sie nach eben dieser Nahrung, die allein bekömmlich ist ihrem Geist? So sie verlangten nach der *unverfälschten Milch* und folgten dem Fleisch gewordenen Wort, wie sollten sie da nicht ihr eigener Priester sein?, wie geschrieben steht (Psalm 40,8-9*): Ja, ich komme! Gott zu hören, seinen Willen zu tun, seine Weisung trage ich im Herzen.*

Sind sie im Bunde: im Bunde mit Gott – und im Bunde auch miteinander: Mann wie Weib (3,1-7), die Alten wie die Jungen, die Hirten wie die Herde (5,1-11): einander verbunden in (*brüderlicher) Liebe*? Denn: *Hass erregt Hader, Liebe aber deckt alle Übertretungen zu* (Sprüche 10,12). *Nicht Böses gelte es zu vergelten mit Bösen oder Kränkung mit Kränkung* (3,8-12), sondern in allem zu tun das Gute: *Die Augen des* HERRN *blicken auf den Gerechten, das Antlitz Gottes aber richtet sich gegen die Bösen.* Einander begegnen sollten sie sich *in Demut, in Demut sich beugen unter Gottes mächtiger Hand* und Widerstand leisten allein ihrem wahren Feind: dem Teufel, ihrem alten Widersacher – Widerstand leisten kraft ihres Glaubens (5,1-11), kraft ihrer Glaubensgemeinschaft. Stärkt nicht die Eintracht ebenso, wie entzweit und schwächt die Zwietracht? Petrus schließt seinen Brief (5,12-14) mit dem *Kuss der Liebe* und dem Grußwort *Friede sei mit allen, die in Christus sind.*

Der zweite Brief des Petrus

Wie der erste, so wendet sich auch zweite Brief an die Gemeinschaft derer, die Gott angehören: *an alle, die durch Gottes Gerechtigkeit den gleichen kostbaren Glauben erlangt haben durch Christus, ihren Retter* (1,1). Göttliche Macht hat sie erkennen lassen den, der sie berufen hat, also mögen sie *allen Eifer daran setzen, mit ihrem Glauben zu beweisen die Tugend, mit der Tugend die Erkenntnis, mit der Erkenntnis die Mäßigung, mit der Mäßigung die Geduld, mit der Geduld die Ehrfurcht vor Gott, mit der Ehrfurcht die Brüderlichkeit und mit der Brüderlichkeit die Liebe zu allen Menschen* (1,5-7). Petrus ermahnt sie in seinem zweiten Schreiben noch einmal, auf dass sie nicht abkommen vom rechten Pfad, solange sie noch leben *in diesem Zelt* (auf Erden ist ihnen nur gegeben ein Zelt: die Wohnstatt der Reisenden. Im Haus des HERRN aber werden sie bleibende Wohnstatt finden), auf dass sie gewappnet seien für die Zeit nach seinem Tod, der nah ihm vor Augen steht. Bald schon werden keine Augenzeugen mehr sein des machtvollen Geschehens, keine Zeugen dessen, der da Ehre und Herrlichkeit empfangen hat von Gott, dessen Stimme kam vom Himmel her, um zu verkünden: *Das ist mein geliebter Sohn, an dem ich Wohlgefallen habe.* Petrus ermahnt sie, dessen zu gedenken, dass sie folgen keinen *ausgedachten Geschichten* (über ausgedachte Götter), sondern einem wahrhaftigen Geschehen, folgen *einem Licht, das scheint am finsteren Ort* (dieser Erde), *bis der Tag anbricht und aufgeht der Morgenstern in ihren Herzen* (1,12-19).

Vor Irrlehren warnt Petrus sie, bedenken mögen sie vor allem eins*: Keine Weissagung der Schrift darf eigenmächtig ausgelegt werden; denn niemals wurde eine Weissagung ausgesprochen, weil ein Mensch es wollte, sondern getrieben von einem heilen Geist haben die Menschen geredet im Auftrag Gottes* (1,20-21). Wie es falsche Propheten gab, so wird es auch falsche Lehrer geben, die sie in ihrer Habgier zu kaufen versuchen mit verlogenen Worten (2,1-3), doch das drohende Gericht wartet schon ihrer (2,4-10): Hat Gott verschont sein himmlisches Gefolge (1. Mose 6,1-4) oder die Gottlosen zur Zeit des Noahs, hat Gott verschont Sodom und Gomorrha? Waren nicht gerichtet die Ungerechten und verschont allein der Gerechte, der gleich Noah, gleich Lot sehen und hören musste das gottlose Treiben tagein und tagaus, sich aber nicht anstecken ließ davon? *Der HERR kann die Frommen retten aus der Prüfung, bei den Ungerechten aber wartet Gott, um sie zu bestrafen am Tag des Gerichtes, besonders zu bestrafen jene* (Auge um Auge, Zahn um Zahn?)*, die sich beherrschen ließen von der schmutzigen Begierde ihres Leibes. Si*e lästern der Wahrheit, die sie nicht verstehen, doch werden sie umkommen und *als Lohn ihres Unrechtes Unrecht erleiden; sie, die es für ein Vergnügen halten, ein üppiges Leben zu führen – ein schmutziger Schandfleck sind sie.* Unersättlich in ihrer Geltungs- und Gewinnsucht laden sie haltlose Menschen ein, die ungefestigt sind in ihren Herzen, ebenso zu prassen und zu schwelgen wie sie selbst. *Kinder des Fluches* sind sie, in die Irre gegangen, vom rechten Wege abgekommen, wie einst Bileam, der nicht erkennen wollte den Boten Gottes (4. Mose 22,15-35). Ein Esel erst musste ihn zur Besinnung bringen – ein stummes Lasttier, das unvermittelt sprach mit menschlicher Stimme! War es nicht auch ein Esel, der Einzug hielt mit IHM in Jerusalem, der ewigen Stadt? Der Esel prüft jeden seiner Schritte, prüfen ebenso die Menschen? Oder sind sie wie *Quellen ohne Wasser,* aus denen weiter nichts sprudelt als *nichtssagende Rede? Freiheit versprechen sie ihrem Gefolge und sind doch selbst Sklaven des Verderbens.* So sie aber erkannten Christus als ihren Retter und sich dennoch wieder abwandten, um sich hinzugeben alter Begierde, so steht es am

Ende schlimmer mit ihnen als zuvor und es wäre besser für sie, sie hätten den Weg der Gerechtigkeit erst gar nicht beschritten. Denn auf sie trifft zu das Sprichwort: *Der Hund kehrt zurück zu dem, was er erbrochen hat.* Und: *Die gewaschene Sau wälzt sich wieder im Dreck* (2,10-22).

Spötter und Lästerer werden fragen, wo sie denn bleibe die Verheißung? Ihnen, die meinen, seit entschlafen seien die Väter, sei alles so geblieben, wie es war seit Anbeginn der Schöpfung, übersehen eines (3,1-7), dass Himmel und Erde einst entstanden durch Gottes Wort: entstanden aus Wasser und Bestand hatten durch Wasser und ebenso zugrunde gingen durch Wasser. Der jetzige Himmel und die jetzige Erde aber sind aufgespart und bewahrt bis zum Tage des Gerichtes, da zugrunde gehen *die Gottlosen*. Bedenkt (3,8-13): *Beim HERRN sind ein Tag wie tausend Jahre und tausend Jahre wie ein Tag.* Der HERR ist geduldig, nicht zögert Gott mit der *Erfüllung der Verheißung;* die Zeit ist ihnen vielmehr gegeben, sich zu bekehren! Denn der Tag des HERRN wird kommen *wie ein Dieb* (*in der Nacht,* also ER ihnen verheißen hat, vgl. Matthäus 24). *An jenem Tag wird sich der Himmel auflösen in Feuer und die Elemente werden im Brand zerschmelzen. Dann erwarten wir, gemäß der Verheißung, einen neuen Himmel und eine neue Erde, in der die Gerechtigkeit wohnt* (die dritte Schöpfung, das dritte Reich?).

Ging nicht unter die urzeitliche Welt: die Welt der Dinosaurier, wie auch unterging die Welt des urzeitlichen Menschen? Acht Menschen wurden errettet aus der Urflut, fanden Zuflucht in der Arche Noahs. *Acht:* Zahl, Symbol der Erfüllung von Ewigkeit zu Ewigkeit? Ist ER nicht auferstanden am Morgen eben des achten Tages (im Morgenland), und wird also wieder erscheinen am Abend des achten Tages (im Abendland)? ER, das Licht, das in die Welt gekommen ist. *Und Gott sprach: Es werde Licht. Und es ward Licht* (1. Mose 1,3). ER, dessen Name (nach dem hebräischen Alphabet) der Zahl 888 entspricht. Drei Achten, drei Schöpfungen, drei Reiche, das urzeitliche, das weltlich-zeitliche und das göttliche: das ewige (tausendjährige) Reich? Lehrte ER nicht ebenso zu beten: *Dein Reich komme?* Wer solchen Tag erwarte, fährt Petrus fort (3,14-16), möge zusehen, ohne Makel und in Frieden angetroffen zu werden. Die Geduld des HERRN sei ihre Rettung, wie auch Paulus ihnen geschrieben habe. Dessen *eingegebener Weisheit* sollten sie folgen, statt zu verdrehen seine Worte, wie sie schon verdrehten andere Schriften (welche sind gemeint: erste Abschriften des Evangeliums oder Schriften der Septuaginta?). Ist das Wort des Paulus etwa ein anderes als das des Petrus: ist es Menschenwort, ist es nicht Gotteswort, verkündet zuerst von dem einen, der als Erster heimkehrte zum Vater? Ein Wort – ein Gott – ein Werk.

In seinem Schlusswort (3,12-18) mahnt Petrus sie abermals, sich nicht mitreißen zu lassen von Wortverdrehern und Gottesverächtern, auf dass sie ihren Halt nicht verlieren und zu Fall kommen. Nicht verderben sollen sie, sondern wachsen in der Gnade und der Erkenntnis ihres HERRN und ihres Retters Christus.

Der erste Brief des Johannes

Eine unzweifelhafte Nähe, ja, geistige Verwandtschaft zum Evangelium des Johannes zeigt dieser Brief, stehen doch beide Schriften ganz im Zeichen der Liebe. Der Liebe, die erwacht unter *dem Feigenbaum* (vgl. Johannes 1,47-51), der Liebe, die bindet, verbindet ewiglich: der heile Bund, den schloss der Jünger, den ER liebt – *Johannes*. Spricht nicht aus jeder einzelnen Briefzeile Liebe: der Geist, der zeugt und bezeugt *das Wort des Lebens* (1,1-4)? Der Verfasser des Briefes hat – eigenem Bekunden nach – alles selbst gesehen mit eigenen Augen, gehört mit eigenen Ohren und betastet mit eigenen Händen; werden ebenso begreifen all jene, die nicht sehen mit eigenen Augen und nicht hören mit eigenen Ohren; oder wird unbegreiflich ihnen bleiben die Liebes-Botschaft?

Wir haben gesehen und bezeugen, dass der Vater den Sohn gesandt hat als den Retter der Welt. Wer sich zum Sohn bekennt, bleibt im Vater, heißt es in dem Schreiben (4,7-16). Und: *Wer nicht liebt, hat Gott nicht erkannt; denn Gott ist Liebe.* Lieben sie und schützen sie, was sie lieben, oder zerstören, hassen sie? So sie nun nicht sind in der Liebe, müssen sie sich da nicht fürchten oder rechnen sie nicht mit Strafe? In der Liebe gibt es keine Furcht. *Wer sich fürchtet, dessen Liebe ist noch nicht vollendet.* Und wer sagt, er liebe Gott, hasst aber seinen Bruder, der lügt. *Denn wer seinen Bruder nicht liebt, den er sieht, kann Gott nicht lieben, den er nicht sieht* (4,16-21). Die Bruderliebe ist ihnen gegeben als Gebot von Anbeginn. Nur wer seinen Bruder liebt, *ist im Licht*. Wer seinen Bruder aber hasst, ist wie Kain, der erschlug seinen Bruder *in Finsternis* (2,7-11). Wer in Finsternis ist, ist nicht in Gott; *denn Gott ist Licht*. Wer behauptet, in Gemeinschaft zu sein mit Gott und doch wandelt in Finsternis, der lügt; denn nur wer im Licht ist, hat Gemeinschaft (1,5-7). Wie wollen sie bleiben in der Liebe Gottes, so sie ihrem Bruder verschließen ihr Herz? *Nicht mit Wort und Zunge sollen sie lieben* (keine bloßen Lippenbekenntnisse!)*, sondern in Tat und Wahrheit.* Und nicht wundern sollen sie sich, so die Welt sie hasst; denn hasste nicht schon Kain seinen Bruder, weil dessen Taten gut, seine eigenen aber böse waren? Wurde Kain nicht eben darum zum Mörder? *Kein Mörder aber hat ewiges Leben* (4,16-21). Jede Sünde ist Unrecht; es gibt aber auch Sünden, die nicht zum Tode führen. Wer nun sieht, dass sein Bruder eine solche Sünde begeht, der möge bitten für ihn; denn (5,13-21): *Gott wird allen Leben geben, deren Sünde nicht zum Tod führt* (als Todsünde, die zum Verlust der heilig machenden Gnade führt, gilt die Übertretung eines göttlichen Gebots in klarer Einsicht und voller Freiheit des Handelns).

Wer sagt, er sei ohne Sünde, betrügt sich (1,8-2,6) und bringt sich selbst um die Erkenntnis. Was wollte erkennen, wer nicht zuvorderst erkennt und bekennt das eigene Fehlverhalten? Und wer wollte bleiben in der Wahrheit, der nicht lebt nach dem Vorbilde, gegeben durch den Sohn, der hingab sein Leben, zu tilgen die Sünde? Wie wollte hoffen auf Vergebung, wer zudeckt seinen bösen Willen? So sie aber lieben den, der da ist von Anbeginn, haben sie da nicht besiegt das Böse dieser Welt (2,12-17)? Oder sind sie solche, die lieben diese Welt der Begierden, der Fleischeslust und des Prahlens mit Besitz und Reichtum? Vergeht nicht aller Besitz und mit ihm auch die Begierde? Wie aber sollte vergehen Gottes Wort; wie sollte vergehen, wer bleibt in des Vaters ewiger Liebe?

Daran aber erkennt man die *Kinder Gottes* und die *Kinder des Teufels*: *Wer die Gerechtigkeit nicht liebt und hasst seinen Bruder, der ist nicht in Gott* (2,28-3,10). So sie aber einander lieben und folgen dem Sohn und halten die Gebote, so bleiben sie im Vater und der Vater in ihnen. Und wer wollte zeugen davon, dass sie sind im Vater: in der Wahrheit, wenn nicht der heile Geist, der ihnen eingegeben ist und der spricht aus ihnen (3,19-24)? Wer den Vater liebt, liebt auch, was vom Vater stammt: liebt den Sohn, liebt die Schöpfung, liebt die Gebote – liebt, beschützt und bewahrt sie auch! Was von Gott stammt, ist bleibend und wird mithin überdauern und besiegen, was vergänglich ist; wie denn sollte überdauern das Vergängliche? Drei sind es, die Zeugnis ablegen (5,1-8): das *Wasser* (der Taufe, der Reinigung), aus dem ist alles Leben, das *Blut* (der Eucharistie, der Danksagung), in dem ist alles Leben und der heile *Geist* (der Wahrheit), der trägt alles Leben über Raum und Zeit – *und diese drei sind eins*. Wer an den Sohn glaubt, trägt der nicht in sich solches Zeugnis (5,9-12)? Wer aber nicht glaubt an den Sohn, macht der nicht Gott zum Lügner, weil er nicht glaubt dem Zeugnis, das ablegte der Vater für seinen Sohn: *Wer den Sohn hat, hat das* (ewige) *Leben; wer den Sohn nicht hat, hat das Leben nicht* (5,9-12).

Wer sich bekennt zum Sohn und ist im Sohn, der ist in der Wahrheit. Wer aber in der Wahrheit ist und erfüllt von einem heilen Geist, der erkennt den unheilen, den antichristlichen Geist (2,18-27), welcher *schon jetzt ist in der Welt. Jetzt:* zu der Stunde, da der Brief verfasst wurde oder zu der Stunde, da sie lesen den Brief? Muss erst erscheinen der Antichrist (der Widersacher, das Gräuelbild) – oder ist er längst da? Wer denn verriet den Messias, schlug ans Kreuz den Gesalbten des HERRN, wenn nicht der antichristliche Geist? Der Geist, der verfolgt den Glauben, verfolgt die Wahrheit, der hetzt, meuchelt und mordet – ist der heil, gesund oder krank zu nennen? Hat es nicht *Antichriste* gegeben – zu allen Zeiten? Oder gibt es sie heute nicht mehr, sind verschwunden die *Antichriste*: die Widersacher der Wahrheit, die nichts anderes sind als Widersacher des heilen, unversehrten Geistes? Wer den heilen Geist leugnet, leugnet den Sohn, und wer den Sohn leugnet, leugnet den Vater. Wer aber sich bekennt zum Sohn, der bleibt im Sohn und auch in der Wahrheit; denn wie sollte von der Wahrheit abstammen können irgendeine Lüge? Und ist die Wahrheit nicht größer und stärker als die Lüge? Wie sollte Bestand haben die Unwahrheit, muss nicht einstürzen das ganze Lügengebilde, wenn erst – wie einst beim Turmbau zu Babel – erreicht ist der schmutzige Gipfel? Wer aus Gott ist, hört auf Gott, *sie aber* (die *Antichriste*: die Verführer und falschen Propheten) *sind aus der Welt, deshalb sprechen sie, wie die Welt spricht, und die Welt hört auf sie* (4,1-6). Die Welt mag unter der Macht des Bösen stehen, der Sohn Gottes aber ist gekommen, ihnen einzugeben den heilen Geist, auf dass sie erkennen den Wahn, den Trug ihrer Zeit und sich hüten vor den Götzen ihrer Zeit und deren falschen Predigern (5,13-21).

Der zweite Brief des Johannes

Eine kurze Botschaft nur ist das zweite Schreiben – aber liegt nicht in der Kürze die Würze? Und wer ist die Würze: das *Salz der Erde* (vgl. *Bergpredigt*, Matthäus 5,13), wenn nicht jene, die verbunden sind in brüderlicher Liebe, untrennbar zusammengefügt, wie die Worte des Johannes auf einem einzigen Blatt Papyrus. An wen denn ist geschrieben der Brief? Der *Älteste* wendet sich darin an *die von Gott auserwählte Herrin und an ihre Kinder* (1-3) – wendet sich an die auserwählte Herrin, nicht an den auserwählten Herrn. Eine Gebieterin? Weibliche Herrschaft – keine männliche: ist dergleichen denkbar zu Zeiten des Johannes? Denn geschrieben ist der Brief, wenn nicht von Johannes selbst, so doch in dessen Namen und im Geist des Jüngers der ersten Stunde. Schreibt dieser Älteste im neuen Glauben hier an die Jüngste der letzten Stunde (= des "Jüngsten Tages"): die Braut, die erwählt ist, Hochzeit zu feiern mit dem Bräutigam (vgl. *Königliches Hochzeitsmahl*, Matthäus 22, *Vom Weltgericht*, Matthäus 25,31-46), die Jüngste der Endzeit? Denn so es Wille ist Gottes, dass Hochzeit, dass Versöhnung gefeiert werde auf Erden, so ist schon erwählt die Braut, ebenso wie erwählt ist der Bräutigam; also der göttliche Wille geschieht und schon geschehen ist, mag solches der Menschheit (in ihrer zeitlichen Befangenheit) auch noch nicht gegenwärtig sein. Wer Hochzeit feiern will, der bleibe in der Liebe. Solches Gebot gilt der Braut – gilt für *alle* ohne Ausnahme: für jene, die sind zu Zeiten des Johannes wie für jene, die noch kommen – gilt der Gott angehörenden Gemeinde: *Ihr sollt in der Liebe leben* (7-11).

Das Gebot der ersten Stunde gilt bis zur letzten Stunde. *In der Liebe sollt ihr leben!* So aber gebrochen wurde dieses Gebot schon in der ersten Stunde, werden sie es da halten in der letzten Stunde, oder wird ihnen jenes Gebot umso ferner, je weiter entfernt ihnen scheint jene Zeit, der noch gegenwärtig war die Botschaft, der noch lebten Zeitzeugen des (göttlichen) Geschehens, Zeitzeugen wie Johannes? Wird ihnen vergehen die Botschaft, wie ihnen vergangen ist die Zeit des Johannes? Werden sie sich entfernen mit der Zeit oder werden sie bleiben, so fern ihnen das (göttliche) Geschehen auch scheine in ihrer Zeit? Wer denn vermag zu bleiben, der nicht – gleich Johannes – getragen ist von den mächtigen Schwingen der Liebe? Sich adlergleich erheben über die Grenzen dieser Welt, über Raum und Zeit und doch treu sich bleiben, sich und seinem Weg, seiner Bahn, ist das die Botschaft? Denn heißt nicht eben das, zurückzukehren zu guter Letzt: zurück zu allem Anfang, just in eben jenem Augenblick, da der Punkt erreicht ist der äußersten Entfernung, wie auch die Erde zurückkehrt zum Ausgangspunkt am Ende: nach Vollendung ihrer Umlaufbahn? Wer in der Liebe bleibt, wer ausharrt bis zum (bitteren) Ende, der wird gehören zu den Ersten, hat ER ihnen solches nicht verheißen? *Die Letzten werden die Ersten sein.* Die Ersten, die herrschen: sind sie am Ende noch solche, die bedürfen der Herrschaft? Wird die *Herrin* vor sie treten am Ende aller Tage oder wird sie grüßen *die auserwählte Schwester* (12-13) und die Kinder, die erwachsen sind in ihr in aller Liebe, werden sie nicht ebenso grüßen, wenn da Hochzeit gefeiert wird?

Lassen sie sich nun führen vom Gebot der Liebe oder verführen von den Irrlehren des Ungeistes ihrer Zeit? *Wer in der Liebe bleibt, hat den Vater und den Sohn. Wenn aber jemand kommt und bringt nicht mit diese Lehre, dann nehmt ihn nicht auf in euer Haus, sondern verweigert ihm den Gruß. Denn wer einem solchen den Gruß entbietet, macht sich mitschuldig an dessen bösen Taten* (7-11).

Der dritte Brief des Johannes

Absender ist auch hier der *Älteste*, Adressat der *geliebte Bruder* (1-4), der hier den Namen *Gaius* trägt. Den Heutigen ist dieser Gaius ein Unbekannter, wie bekannt war er den Zeitgenossen des Johannes? Ein bekannter Bruder oder ein unbekannter Freund? Wer kennt schon all seine Freunde: wer weiß, welche Unbekannten, welche Fremden noch zu Bekannten, vielleicht zu Freunden werden oder gar zu Brüdern im Geiste? Denn gedenkt *der Älteste*, der Schreiber des Briefes, nicht ausdrücklich der *fremden Brüder* (5-8), die nicht ausgeschlossen, sondern eingeschlossen sein sollen in ihre Gemeinschaft? Keine eingeschworene, sich verschließende Gemeinschaft sollen sie sein. Woher auch wollten sie wissen, wie fremd oder nah ihnen welcher "Fremde" ist, wenn sie ihn fern von sich halten? Wer steht wem nah, wer wem fern – allein der Fremde: ist der ihr Feind? Können nicht aus Feinden Freunde und aus Freunden Feinde werden? Und gebot ER ihnen nicht (auch darum): *Liebet eure Feinde*? Woher wollen sie wissen, dass nicht Gott sandte den Feind, auf dass sie wachsen an ihm und erproben an ihm die besseren Waffen?

Im dritten Brief des Johannes trägt der Feind einen Namen: *Diotrephes* (9-10). Wessen Feind ist dieser Diotrephes: Feind des *Ältesten*, Feind des *geliebten Bruders*, Feind der *Gemeinde*, Feind der *fremden Brüder*? Geht es hier überhaupt um persönliche Feindschaft oder mehr um die Frage, wer Feind ist des Wortes, der Botschaft, wer Feind ist Gottes? Ist das nicht der Widersacher, der in Wahrheit sein sollte ihr Feind; dem sie, wie schon im zweiten Brief des Johannes gefordert (11), den Gruß verweigern und den sie nicht in ihr (Gottes) Haus lassen sollten? Können sie nicht erkennen die Feinde Gottes, auf dass sie Freunde seien in eben dieser Erkenntnis? Sind es die Feinde, die siegreich enden oder die *Freunde*, die grüßen zu guter Letzt, die Freunde, die gegrüßt werden im Schlusswort des Johannes (13-15)?

Der Brief des Jakobus

Verfasst haben kann diesen Brief nicht der Apostel, der gemeinsam mit seinem Bruder Johannes berufen war als einer der Zwölf; denn dieser Jakobus (der Ältere) wurde schon im Jahr 42 n.u.Z. hingerichtet von Herodes Agrippa I. (vgl. Apg 12,1-2) – noch vor dem Apostelkonzil zu Jerusalem (48/49 n.u.Z.). Ist der andere Apostel, ist Jakobus, der Sohn des Alphäus, Verfasser des Briefes? Würde er sich dann nicht ausweisen als einer der Erstberufenen in der Anschrift? Nicht aber als einer der Zwölf schreibt dieser Jakobus ihnen, sondern als *Knecht Gottes, Knecht Christi* (1,1): sahen sich nicht ebenso die Apostel? Also doch einer der Erstberufenen: einer der Brüder dem Geiste nach? Oder schreibt hier einer der Brüder dem Leibe nach: ist Jakobus, *der Bruder des Herrn,* Verfasser des Briefes? So er es ist, schreibt er als Haupt der Urgemeinde in Jerusalem (nach dem Weggang des Petrus fiel dem *Bruder des Herrn* die führende Rolle zu in Jerusalem). So er es ist, muss der Brief jedenfalls vor 62 n.u.Z. entstanden sein; denn in jenem Jahr erlitt Jakobus den Märtyrertod. Und sollte er auch nicht selbst Verfasser sein des Briefes, hieße das darum, die Worte seien nicht doch geschrieben in seinem Namen, in seinem Geist – dem Geist der Brüderlichkeit? An wen denn wendet sich dieser Jakobus, schreibt er nicht an seine Brüder? Soll nicht ein jeder von ihnen sein, was Jakobus ist: *Bruder des Herrn,* auf dass sie seien ein Leib?

Jakobus, Knecht Gottes und Knecht Christi, grüßt die zwölf Stämme, die in der Zerstreuung leben, heißt es in der Anschrift (1,1). Das Haupt der Urgemeinde in Jerusalem wendet sich an die zwölf Stämme, an die "Alten": die zwölf Stämme Israels, die zwölf Söhne des Jakobs? Oder sind gemeint die "Neuen": die Zwölf, die ER erwählte, die IHM nachfolgten und folgen, IHM und seinem Wort? Welche Nachkommenschaft, welche Nachfolge ist gemeint? Haben sie nicht ein- und dieselbe Wurzel: die "Alten" wie die "Neuen"; ist nicht ihnen beiden bestimmt, zu leben in der Zerstreuung? Und schafft nicht gerade das ihnen Raum, sich auszubreiten, zu wachsen, sich zu mehren, so sie nur gedenken ihrer gemeinsamen Wurzel, gedenken ihrer Bruderschaft?

Voll Freude sollten *die Brüder* sein, heißt es in dem Brief (1,2-8) gleich zu Beginn, voll Freude, wenn sie in *Versuchung* gerieten, auf dass solche *Prüfungen* ihres Glaubens ihre *Geduld* bestärke und sie führe hin zum *vollendeten Werk.* Und wo es an *Weisheit* fehle, mögen sie solche erbitten; bitten aber sollten sie stets *ohne zu zweifeln.* Keine "zwei Seelen in einer Brust", sondern *eindeutiges* Bekenntnis; denn wie wollte nah sein dem EINEN, wer selbst uneins ist: in sich gespalten und voller Zweifel, hin- und hergerissen? Glücklich könne sich schätzen, heißt es weiter in dem Schreiben (1,12-18), wer standhalte der Versuchung. Denn wer sich bewähre, trage den *Kranz des Lebens,* der jenen verheißen sei, *die Gott liebten.* Niemand solle sagen, Gott habe ihn in Versuchung geführt; denn Gott könne niemals versucht sein, Böses zu tun, noch gar verleiten zu Bösem. *Jeder wird von seiner eigenen Begierde, die ihn lockt und fängt, in Versuchung geführt. Wenn die Begierde dann schwanger geworden ist, bringt sie die Sünde zur Welt; ist die Sünde dann reif, bringt sie den Tod hervor.* Sie sollen sich nicht irreführen lassen, sondern bedenken, dass alles Gute abstamme vom *Vater des Lichtes.* (Der schuf das Licht, schuf auch alles Gute. Woher aber kommt dann alles Böse, alle Finsternis – vom bösen Willen des Menschen?) Bei Gott gibt es keine Finsternis, keine Unbeständigkeit, keinen Wankelmut und keine Sinnesänderung. Aus freiem Willen habe der Vater, so Jakobus, sie geboren durch das Wort der Wahrheit, auf dass sie gleichsam seien die *Erstlingsfrucht seiner Schöpfung.* Und hören, folgen sie nun dem Wort der Wahrheit; denn so sie nicht hören, wie wollen sie da angehören dem Vater, wie Erstlingsfrucht sein seiner Schöpfung?

Bereit zu sein zu hören, ist das nicht wahrer Gottesdienst (1,19-27)? Mehr hören und weniger reden? So sie aber reden, sollten sie nicht im Zorn reden. Wer seine Zunge nicht im Zaum halte, *dessen Gottesdienst sei wertlos.* Denn, wie es an späterer Stelle des Briefes heißt (3,1-12): *Die Zunge ist der Teil, der den ganzen Menschen verdirbt und das Reich des Lebens in Brand setzt.* Müssen nicht gerade die Wortführer, die Lehrer des wahren Wortes (die denn auch Jakobus warnt in seinem Brief) auf der Hut sein, auf dass sie *Segen* hervorbringen und keinen *Fluch* und niemals schöpfen aus einer *Quelle, aus der zugleich sprudelt süßes und salziges Wasser*? Das Wort ist unzweideutig, ist ebenso ihre Rede? Wer das Wort hört und handelt nicht danach, betrügt der sich nicht selbst, so er sagt, er nehme teil am Gottesdienst? Heißt Gottesdienst nicht, umzusetzen das Wort in die Tat? Das Wort für sich allein, mahnt Jakobus sie (2,14-25), sei tot, lebendig werde es erst mit dem Werk. Wort und Werk sind Eins: Wie sollte Bestand haben das Wort ohne Werk? Schuf nicht erst das Wort: ist das Wort durch die Schöpfung oder die Schöpfung durch das Wort? Wie das Werk keinen Bestand hat, so es nicht ist im Wort, so hat umgekehrt das Wort keinen Bestand, so es nicht ist im Werk, wie Jakobus betont. *Denn wie der Leib tot ist ohne den Geist, so ist auch der Glaube tot ohne die Werke* (2,26).

Wessen Wort folgen sie: dem irdischen, dem eigennützigen Wort – der *teuflischen Weisheit* oder folgen sie dem wahren Wort (3,13-18)? Wo immer sie folgen der *göttlichen Weisheit*, mögen sie nicht prahlen damit, noch gar verfälschen das wahre Wort, auf dass da *Friede herrsche* und aufgehe die *Saat der Gerechtigkeit.* Krieg und Streit sei nur Folge ihrer Leidenschaften, ihrer Begierden und Eifersüchteleien (4,1-12). Sind sie Kinder dieser Welt, die suchen die Nähe zu dieser Welt oder sind sie Kinder Gottes, die suchen die Nähe zum Vater? Wem leisten Widerstand sie: dem Teufel oder ihrem Bruder? Wen verleumden sie, über wen richten sie? *Wer bist du, dass du richtest über deinen Nächsten?!* Und weiter warnt Jakobus sie davor (4,13-17), Pläne zu schmieden; wissen sie etwa, was der morgige Tag ihnen bringt; kennen sie Gottes großen Plan? *Dein Wille geschehe* (vgl. *Bergpredigt*), lehrte ER sie nicht also zu beten? Und lehrte ER sie nicht ebenso, dass es Wille sei ihres Vaters im Himmel, zu tun das Gute? *Denn wer das Gute tun kann und es nicht tut, der sündigt.* Wie sie nicht planen sollen, so sollen sie auch nicht schwören (5,12), ein *Ja* oder ein *Nein* genüge ihnen, auf dass sie sich nicht versündigen. Haben sie nicht selbst die Macht, ihr Wort zu halten? Warum also berufen sie sich auf eine andere, eine höhere Macht, die höchste Macht; gilt ihnen ihr eigen Wort so wenig? So es ihnen selbst so wenig gilt, wie viel wird es da gelten der Macht, auf die sie sich berufen?

Frei halten sollen sie ihren Glauben von *jedem Ansehen der Person* (2,1-13). Wo immer jemand in prächtigen Kleidern erscheine in ihrer Versammlung und sie ihm den guten Platz (in der vordersten Reihe) einräumten, den Armen aber stehen ließen oder ihm anböten einen Platz zu ihren Füßen, machten sie Unterschiede aufgrund *verwerflicher Überlegungen* (buhlen um die Gunst der Reichen und Mächtigen, heißt das nicht: sich zu prostituieren?). Wissen sie nicht, dass Gott nicht die Reichen, sondern *die Armen hat auserwählt, um sie durch den Glauben reich und zu Erben zu machen des Königreiches, dass denen verheißen ist, die Gott lieben.* Sie verachten die Armen: *Sind es nicht aber die Reichen, die da unterdrücken?* Sind nicht sie es, die der Gerechtigkeit ins Gesicht schlagen, *die lästern den hohen Namen, der über sie ausgerufen worden ist?* Pries ER nicht selig die Armen (vgl. *Bergpredigt*, Matthäus 5,3), sagte ER nicht*: Eher gehe ein Kamel durch das Nadelöhr, als dass ein Reicher ins Himmelreich gelange* (Matthäus 19,24)? Auf wessen Kosten denn sammeln sie ihre Schätze? Schreit nicht der Lohn derer zum Himmel, denen sie gerechten Lohn verweigern, wie Jakobus anprangert (5,1-6)? *Noch am Schlachttag mästen sie ihr Herz* – was aber nutzt es ihnen? *Ihr Reichtum verfault.* Welchen Reichtum also bewundern: den vergänglichen oder den bleibenden? *Der Bruder, der im niederen Stande lebe,* so heißt im Brief des Jakobus (1,9-11), *rühme sich seiner hohen Würde; der Reiche aber gedenke seiner Niedrigkeit; denn er werde vergehen wie die Blume im Gras.* Niemand vermag zu bestehen, der nicht befolgte das Gesetz des HERRN, das lebendig ist in dem einen Gebot: *Du sollst deinen Nächsten lieben wie dich selbst.* Lieben sie ihren Nächsten nicht, wie wollen sie da lieben Gott? Ist ihnen ferne ihr Nächster, den sie mit Augen sehen und mit Händen greifen können, wie wollte ihnen da nahe sein Gott, den sie doch nicht sehen – und auch nicht begreifen können? Ist ihnen nicht gegeben der freie Wille, das Gute zu tun und das Böse zu lassen? Tun sie indes das Böse und lassen das Gute, tun und lassen es aus freien Stücken, wie sollten sie da nicht gerichtet werden nach dem *Gesetz der Freiheit? Das Gericht aber ist erbarmungslos gegen den, der kein Erbarmen gezeigt hat. Barmherzigkeit aber triumphiert über das Gericht* (2,12-13).

Ist das Wort des Jakobus ein anderes denn das, das ihnen gegeben ist von Anbeginn: ist das Wort des Jakobus Menschenwort oder Wort des Vaters im Himmel – lebendiges Wort? Hat ER, der Sohn, jemals anderes verkündet (vgl. *Bergpredigt*, vgl. *Abschiedsreden*)? Der Menschen Wort mag heute so klingen und morgen so, wie aber sollte nicht ewig gleich klingen das Wort des HERRN? Steht nun das Gotteswort in Einklang über Zeit und Raum, wie wollen dann bleiben jene, die verursachten Missklang: Kakofonie? Jakobus mahnt zu Geduld und Beharrlichkeit; denn (5,7-11): *der Richter stehe schon vor Tür.* Worüber klagen sie; wird nicht auch ihr Leid vergehen, ebenso wie vergeht aller Reichtum? An *Hiob* mögen sie denken, so sie ein Schicksalsschlag treffe, auf dass sie ihr Kreuz tragen, wie ER es trug, und ihren Weg gehen unbeirrt, ohne zu klagen: ist ihnen nicht schon gegeben alle Hilfe?

Wer bedrückt sei, der möge beten, rät Jakobus ihnen (5,13-18); wer fröhlich sei, der solle singen. Über den Kranken aber mögen sie Gebete sprechen und ihn *salben mit Öl*. Wird Jakobus hier zum Schutzpatron der Kranken? Und welcher Kranke ist gemeint: der darbt an einem äußeren oder der darbt an einem inwendigen Gebrechen? So Jakobus mahnt, der Kranke solle bekennen seine Sünde, ist da nicht der innere Bruch gemeint, der geheilt werden muss: der Bruch mit Gott. Wie wollte als heil, als unversehrt und ganz gelten, wer uneins ist mit Gott, wer gebrochen hat den Bund? Haben sie nicht gelesen in der (heilen) Schrift, was und wer allein sie heilen kann? *Ich bin der* HERR, *dein (Arzt:* nicht Behandler, sondern) *Heiler* (2. Mose 15,26). Wie sollten die Kranken, die Unheilen, Kaputten, geheilt werden, so sie sich nicht abkehren von allem, was krank macht und nicht bitten um Vergebung? Das *gläubige Gebet* (nicht die äußere, die innere Mission: die große Pilgerreise, die nicht wahrhaft verdiente den Namen Jakobsweg?), wird den *Kranken retten* und Frucht bringen, verheißt Jakobus, wie schon Frucht brachte das Wort des Propheten *Elijah* (vgl. 2. Könige 1,1-18). Aufgerufen sind sie alle (5,19-20), Verantwortung zu tragen für den (gefährdeten) Bruder; denn *wer einen Sünder, der auf dem Irrweg ist, zur Umkehr bewegt, der rettet ihn vor dem Tod und deckt zu viele Sünden.*

Der Brief des Judas

Nicht von Judas, dem Verräter, stammt dieser Brief, der ist längst gerichtet, sondern – wie es in der Briefanschrift (1-2) heißt – von *Judas, dem Bruder des Jakobus* (dem leiblichen Bruder Christi). Dem Matthäus- (13,55) wie auch dem Markusevangelium nach (6,3) sind Jakobus, Josef/Joses, Simon und eben Judas genannt als *Brüder des Herrn*. Welche Verwandtschaft aber verbindet stärker: die des Leibes oder die des Geistes? Was denn sagte ER, da ER beisammen saß mit seinen geistigen Brüdern und Maria, seine Mutter ihn rief? *Wer den Willen tut meines Vaters im Himmel, der ist mein Bruder und meine Schwester und meine Mutter* (Matthäus 12,50). Und doch, keiner der leiblichen Verwandten war der Verräter, sondern Judas: einer der Erstberufenen – einer der Brüder dem Geiste nach? War Judas aber Bruder im Geiste? Der Judas, der hier schreibt, ist nicht allein Bruder dem Leibe nach, er ist auch Bruder im Geiste. Denn ist er nicht zurückgekehrt zum angestammten Wort, wie auch die *Berufenen*, an die sich dieser Judas wendet, (1-2) zurückgekehrt sind zum Wortstamm des Vaters? Bleiben sollen sie bei dem Wort, aus dem sie stammen; ausdrücklich warnt Judas sie vor falschen Lehrern (3-4): vor *gottlosen Menschen, die ein zügelloses Leben führen und verleugnen* das Fleisch gewordene Wort. Wer aber wollte entgehen dem drohenden Gericht (5-7)? Strafte

Gott nicht selbst die Engel, weil sie missachteten ihren hohen Rang; und wie erging es Sodom und Gomorrha (vgl. 1. Mose 19)?

Sollen davonkommen all diese Irrlehrer, die missachten Gottes überirdische Macht? Sie, die *lästern über alles, was sie nicht kennen? Was sie aber wie die unvernünftigen Tiere von Natur aus verstehen,* heißt es weiter im Brief des Judas*, daran eben gehen sie zugrunde.* Sie gehen den *Weg Kains,* der mordete seinen Bruder: ein *Schandfleck bei ihrem Liebesmahl* (wie Judas beim Abendmahl?), das sind sie: Hirten, *die eine Weide für sich selber suchen* (die abgrasen statt zu nähren). Für sie gilt, was schon *Henoch, der Siebte nach Adam* (der Vater des "Langlebigen", vgl. 1. Mose 5) erkannte, der wandelte in Gott: *Seht, der HERR kommt mit seinen heiligen Zehntausenden, um über alle Gericht zu halten und alle Gottlosen zu bestrafen wegen all ihrer gottlosen Taten, die sie verübt haben, und wegen all der frechen Reden, die geführt haben die gottlosen Sünder wider* IHN. Nörgler sind sie, immer unzufrieden mit ihrem Geschick, lassen sie sich leiten von ihren Begierden; sie *nehmen große Worte in den Mund* und *schmeicheln den Menschen aus Eigennutz* (8-16).

Spötter, die sich von gottlosen Begierden leiten lassen, mahnt Judas weiter (17-23), *irdisch gesinnte Menschen*, die nicht besitzen den Geist, werden *die Einheit zerstören* am Ende der Zeit. Sie aber sollten festhalten am Wort, an ihrem Glauben und geduldig Warten auf Christus, der schenke ewiges Leben. Den *Zweiflern* sollten sie sich erbarmen und *dem Feuer entreißen. Der anderen aber* (der Gottlosen) *erbarmt euch voll Furcht; verabscheut sogar das Gewand eines Menschen, der verfallen ist der Sünde.* Was ist Erbarmen, was Mitleid, das nicht darauf sinnt, Abhilfe zu schaffen? Den Armen zu unterstützen in seiner Not, den Kranken zu heilen von seinem Gebrechen, den Zweifler zu entreißen dem Feuer und zu bringen auf den rechten Weg. Dem Spötter aber: dem Gottlosen, wie wollte man jenem begegnen? Wer auf Abhilfe bedacht ist gegenüber dem Spötter: dem Gottlosen, der erweise ihm keine Achtung, sondern zeige ihm alle Missachtung und bezeuge so den rechten Weg. Dem *einen Gott* aber, der die Macht hat, sie zu bewahren, der sie rettet durch Christus, IHM *gebührt die Herrlichkeit, Hoheit, Macht und Gewalt* **vor aller Zeit und jetzt und für alle Zeiten** (24-25).

CHRISTLICH–ABENDLÄNDISCHER STREIFZUG

Die Weltgeschichte ist das Weltgericht.
(Schiller: *Resignation*)

Im Wandel der Zeiten

Siehe, es kommt die Zeit, spricht der HERR, da will ich mit dem Hause Israel und mit dem Hause Juda einen neuen Bund schließen, nicht wie der Bund gewesen ist, den ich schloss mit ihren Vätern, als ich sie bei der Hand nahm, um sie zu führen aus dem Land der Ägypter – ein Bund, den sie nicht gehalten haben, obgleich ich ihr HERR war, spricht der HERR. Sondern das soll der Bund sein, den ich mit dem Hause Israel schließen will nach dieser Zeit, spricht der HERR: Ich will mein Gesetz in ihr Herz geben und in ihren Sinn schreiben, und sie sollen mein Volk sein, und ich will ihr Gott sein. Und es wird keiner den andern noch ein Bruder den andern lehren und sagen: "Erkenne den HERRN", sondern sie alle, seien sie groß oder klein, sollen mich erkennen, spricht der HERR; denn ich will ihnen ihre Missetat vergeben und Ihrer Sünde nimmer mehr gedenken.
(Jeremia 31,31-34: *Der neue Bund*)

Der neue Bund, der überwindet den alten Menschen – ein Bund noch ferner Zukunft oder ein Bund, der schon verwirklicht ist? Die *Frohe Botschaft* jedenfalls, das lebendige Wort wird hinausgetragen in die Welt, in alle *vier* Himmelsrichtungen, und festgeschrieben in den *vier* Evangelien: festgeschrieben ebenso in ihren Herzen? Verbunden bleiben die Evangelien bis heute mit den Namen Matthäus, Markus, Lukas und Johannes. Symbolisch dargestellt werden die vier Evangelisten als *Mensch* (stellvertretend für das Wissen), als *Löwe* (Wollen), als *Stier* (Wagen) und als *Adler* (Schweigen: Symbolfiguren, die in der Zusammenfügung – gewollt oder ungewollt – zur ägyptischen Sphinx geraten). Die tragenden Säulen der neuen Schrift, sie stehen sinnbildlich für die zentrale Forderung der jungen Botschaft:

Wisse – Wolle – Wage – Schweige!

Eine Forderung, die Paulus nicht mehr als erfüllte? Der Völkerapostel, der Jude und Römer war, dem die jüdische Theosophie so wenig fremd war wie die griechische Philosophie. Der in sich aufnahm das Wissen seiner Zeit und unbeirrt den Weg beschritt, den er erkannte als den einzig wahren, der alles wagte und doch am Ende verstummen musste: zum Schweigen gebracht wurde. Schweigt er aber tatsächlich; hören ihn nicht jene, für die er erhob seine Stimme? Ist es nicht die Liebe, die überwindet alles Schweigen; die Liebe, die alles will und alles wagt und doch am Ende schweigen muss, will sie sich nicht selbst verlieren?

Die neue, die nie zuvor gehörte Liebes-Botschaft, **allen** stehe offen der Heilsweg, stieß indes nicht nur auf Begeisterung, sie entfachte auch von Anbeginn einen Sturm der Entrüstung, sah sich doch das Judentum unvermittelt seines Exklusivitätsanspruches beraubt, erwähltes Volk zu sein des HERRN und seines himmlischen Reiches. Sollten die Unbeschnittenen etwa gleichen Anteil haben am Heil wie sie: die Beschnittenen, die folgten den Geboten ihres HERRN schon seit Urzeiten? Ein Dorn im Auge war die neue Lehre vor allem der hohen Geistlichkeit, die sich ihres Einflusses, ja, ihrer Macht beraubt sah. So sich bewahrheitete die alte Prophezeiung im Hier und Jetzt: der Messias, der lang erwartete Heilsbringer gekommen, gegenwärtig war, welches Gewicht hatte da noch ihr Wort, das verkündete ein Heil in ferner Zukunft, das einem Gott huldigte, der wirkte aus der Ferne der Zeit, hinein in eine Zeit, die ebenso ferne lag? War es nicht die hohe Geistlichkeit, die ans Kreuz nagelte das Fleisch gewordene Wort, um zu bewahren ihr eigen Wort vor dem sicheren Aus? Lehnten sie sich nicht aber auf gegen die von ihnen selbst propagierte Verheißung, just im Augenblick ihrer Erfüllung (vgl. Matthäus 5,17: *Bergpredigt: Ich bin nicht gekommen aufzuheben, sondern zu erfüllen*)? Von Leibhaftigkeit und Auferstehung aber wollten sie nichts hören, verbreiten ließen sie statt dessen die Nachricht, die Jünger hätten geraubt den Leichnam (vgl. Matthäus 27,62-66 u. 28,11-15). Mag ihnen das Wort tatsächlich tot erschienen und tot geblieben (?) sein, hinausgetragen in die Welt wurde es dennoch. Und sollte es paradoxerweise gerade ihre Ablehnung gewesen sein: ihr erbitterter Widerstand gegen ein Heilsversprechen, einen Heilsweg, der sich allen eröffnete, ihr eifersüchtiges Bewahren des eigenen Exklusivitätsanspruches: ihr Alleinanspruch auf Gott, der erst forcierte die Missionierung und Bekehrung der Heiden?

Nicht nur der Konflikt zwischen Juden(Christen) und Heiden(Christen) schwelte, der revolutionäre Gedanke der Auferstehung sowie die radikale Auslegung des Wortes erhitzte die Gemüter und reizte zum Widerspruch, ja, führte zur Spaltung selbst in den eigenen Reihen (vgl. "Rede vom Himmelsbrot" in: *Spaltung unter den Jüngern*, Johannes 6,60-71). Es ist der Konflikt zwischen einer buchstabengetreuen und einer vom Geist des Wortes erfüllten Auslegung der uralten Schriften, ein Konflikt auch um die Deutungshoheit. Der alleinige Auslegungs- und exklusive Wissensanspruch einer alten, geistlichen Elite (Priesterkaste, Ältestenrat) trifft auf den Anspruch der neuen (Laien)Verkünder (Jünger) des Gotteswortes, berufen zu sein von Gott selbst. Die "Alten" berufen sich auf die Buchstaben der Schrift, die "Jungen" auf den Geist: den Urheber des Wortes selbst. Ein Generations-, ein Autoritätskonflikt auch: alte Tradition vs. junge Bewegung. Wer setzt sich durch; wer hat Vollmacht (vgl. Petrus' Forderung in seinem zweiten Brief, die Schrift dürfe nicht eigenmächtig ausgelegt werden, 1,20)? Die Apostel mögen sich darauf berufen, dass ER sie bestimmte zur Nachfolge, was aber ist mit jenen Verkündern, die nicht unmittelbar berufen wurden, Verkündern wie Paulus: genießen sie weniger Autorität? Eine Frage, die umtreibt von Anbeginn (wie die Apostelbriefe belegen) und nicht geradezu zwingt, für Klarheit zu sorgen? Auf dass Einigkeit herrsche unter ihnen und keine falsche Lehre oder Auslegung der Schrift sie verwirre. Galt es doch, nicht nur den schwelenden Autoritätskonflikt um die Deutungshoheit oder den Konflikt zwischen Juden(Christen) und Heiden(Christen) zu überwinden, sondern vor allem zu bewahren das reine, das wahre Wort vor falschen Wortführern und Irrlehren (vor denen in den Apostelbriefen an vielen Stellen gewarnt wird).

Die neue Botschaft steht nicht nur in Konkurrenz zu anderen monotheistischen Lehren, sie muss sich auch behaupten gegenüber der Vielgötterei und dem ausufernden römischen Kaiserkult. Für sich in Anspruch nimmt die junge Lehre, nicht Menschenwort, sondern Gottes Wort zu sein. Kein unbeständiges, zeitlich begrenztes, sondern ewiges, unveränderlich gültiges Wort. Deckt nicht erst der geschichtliche Rückblick auf den Lug, Trug und Irrglauben vergangener Zeiten? Wie aber und woran erkennen die Kinder der Zeit das wahre Wort? Sind sie denn Kinder des Zeitgeistes; sind sie nicht getauft, gesalbt und erfüllt von dem einen heilen Geist, der sie erkennen und scheiden lässt das Gute vom Bösen, die Wahrheit von der Lüge? *Denn der heilige Geist, der Lehrmeister, flieht von der Falschheit, er entfernt sich von unverständigen Gedanken und wird verscheucht, wenn Unrecht naht* (Buch der Weisheit 1,5). (Er)Kennen sie das wahre Wort – und handeln sie danach? Wie wollen sie angehören dem Höchsten, wie Wohnstatt, Tempel sein des HERRN, so sie nicht folgen seinem Wort, seinem Gebot? Sind sie *Kinder Gottes* oder sind sie Sklaven ihrer Begierden, ihrer Leidenschaften, ihrer Planungs- und Sicherungssucht? Wer bestimmt sie – wer knechtet sie? Gott? Verschulden sie nicht selbst ihre eigene Unfreiheit, ihre Abhängigkeit? Wie soll Gott sie befreien, für sie streiten, so sie sich nicht zuvorderst selbst befreien und streiten für Gott, wie schon stritt "Israel" (= "Streiter Gottes", vgl. 1. Mose 32,29: Jakob wird der Ehrenname Israel zuteil)?

Ist dem Menschen nicht gegeben der freie Wille, das Gute zu tun und das Böse zu lassen? Sind nicht alle frei vor Gott und gleich vor dem göttlichen Gebot? Und fordert solche Gleichheit nicht nachgerade, einander verbunden zu sein in brüderlicher Liebe? Wer wollte hinfinden zu dem einen Gott, den nie jemand sah, der nicht einmal hinfindet zu seinem Bruder, den er sieht Tag für Tag? Die Tiere auf dem Lande, die Fische im Wasser, die Vögel in der Luft, sie alle finden ihren Weg, dank des ihnen eingegebenen Navigationssystems – ist dem Menschen kein vergleichbarer Kompass gegeben in dem einen Gebot: der *goldenen Regel*? ***Wie ihr wollt, dass euch die Leute tun sollen, so tut auch ihnen*** (Lukas 6,31). Der kategorische Imperativ Kants, die Forderungen der Französischen Revolution, stießen sie nicht von Anfang an auf erbitterten Widerstand? Den Widerstand einer Führungselite, die um ihren Machterhalt fürchtet, so *Freiheit, Gleichheit, Brüderlichkeit* keine bloße Utopie, bloßes Idealbild bleiben, sondern gelebte Wirklichkeit werden.

Sich freiwillig zu unterwerfen allein dem göttlichen Wort, wie lässt sich solches Gebot vereinbaren mit dem Anspruch weltlicher Macht, sich ihr zu unterwerfen? Kollidiert der Allmacht-Anspruch Gottes nicht mit dem Allmacht-Anspruch des römischen Imperators, der sich seit Augustus "Sohn Gottes" nennt? Folgt das Volk dem römischen Kaiser oder folgt es Gott? Wer beherrscht sie, wer lenkt und führt das Volk, führt sie ins Heil: heim ins (tausendjährige) römische Reich oder heim ins ewige Reich Gottes? "Salem aleikum" (Friede sei mit euch) lautet der alte Gruß des Orients, der des Okzidents heißt: "Heil dir, Caesar". Wem jubeln sie zu, wem entrichten sie ihren Tribut (vgl. Matthäus 17,24 u. 22,15-21)? *Gebt dem Kaiser, was des Kaisers ist*, gebot ER ihnen. Was sind sie schuldig

dem Kaiser, der gebietet über eine Welt, die, mag sie noch so groß und dauerhaft scheinen, doch begrenzt ist: zeitlich wie räumlich; und was schulden sie
Gott, der erhaben ist über Raum und Zeit? Dem Kaiser mag genügen ihre Unterwerfung nach außen, will Gott nicht aber mehr, will Gott nicht ihre innere Unterwerfung: auf dass geformt sie seien hin zu seinem Bilde – vollkommen? Die
Götterwelt der Römer (wie der Griechen), ist sie vollkommen oder ebenso un-
vollkommen wie die Welt der Menschen? Eine Welt voller Begierden, Leidenschaften und Laster. Erhaben scheinen die Götter im Hinblick auf ihre Unsterblichkeit und vollkommen in ihrer äußeren Gestalt, inwendig aber stehen sie
der unvollkommenen Menschheit in nichts nach, und sollten Vorbild sein?

Mit der Zeitenwende aber ist der Menschheit (auf)erstanden ein vollkommenes,
ein lebendiges (kein totes, aus Stein oder Metall geformtes Bildnis), ein leibhaf-
tiges (Vor)Bild, das Unsterblichkeit verheißt: nicht einem Gott, einem Kaiser,
sondern einem jeden, selbst dem Sklaven! Die Demokratisierung der jenseitigen Welt! Ist das der tiefere Grund, warum sich eine kleine, jüdisch geprägte,
monotheistische "Sekte" aus dem Orient nicht nur behaupten konnte in römischer, polytheistischer Zeit, sondern gar zur beherrschenden Kraft aufsteigen
sollte des Okzidents? Was waren die prägenden Geschehnisse der *frühen*, der
hohen, der *späten* Zeit des christlichen Abendlandes? Wer waren die Botschafter, wer die großen Weichensteller, wer lehrte was in wessen Auftrag und in
welcher Absicht? Wer diente dem Wort, wer stritt wider das Wort, wer machte
es sich dienstbar? Fragen, die hier nur in einem kurzen Überblick, einem Streifzug eben, erörtert werden sollen. Fragen indes, die sich nicht jeder zu stellen
hätte – selbst der Atheist? Denn wer keine Ahnung hat, woher er kommt, wie
sollte der wissen, wohin die Reise geht?

Frühzeit

Gott gab sich zu erkennen in Juda,
sein Name ist groß in Israel.
Sein Zelt entstand in Salem,
seine Wohnstatt auf dem Zion.
(Psalm 76,2-3)

Zum Dreh- und Angelpunkt der Missionierung werden die in der Diaspora gegründeten jüdischen Gemeinden: die stummen Zeugen vergangener Verfolgung und Verbannung werden zu ersten Anlaufstellen einer Lehre, die – Ironie der Geschichte – bald selbst verfolgt werden sollte. Hätte sich die junge Botschaft derart schnell ausbreiten können ohne dieses weit verzweigte jüdische Netz wechselseitigen Austausches? Die jüdischen Gemeinden bleiben nicht nur Anlaufstelle, sie werden auch zu Stützpunkten der neuen Lehre, sofern sie sich denn öffnen, reformieren: sich wandeln von einer rein-jüdischen hin zu einer jüdisch-christlichen Gemeinde. Judenchristliche Apostel sind es, die hinaustragen die neue Botschaft: "Gottes Wort ist lebendig und es gilt auch dir". In eine neue Zeit tragen sie das Wort, in eine neue Welt, mitten hinein ins neue Machtzentrum: Rom. Metropole und Sündenbabel zugleich. "Von der Wölfin gesäugt": nicht genährt vom göttlichen Manna, vom Wort des einen vollkommenen Gottes, sondern labend sich an einer lasterhaften, unvollkommenen Götterschar.

Mitten in die *Höhle des Löwen* (wie einst Daniel), mitten ins Herz der Hure Babylon stoßen die Apostel vor. Allen voran Paulus, der Zeltmacher, der als Erster trägt das *in Salem entstandene Zelt* (s. o.) hinaus in die Welt. *Der Sünde Sold ist der Tod*, heißt es in seinem Brief an die Römer (6,23): ein prophetisches Wort an das neue Sündenbabel? Tatsächlich brennt Rom (64 n.u.Z) – Gottes Zorn? Der Zorn einer überirdischen, einer himmlischen Macht (wie sie sich wenige Jahre später noch zerstörerischer zeigen sollte, als ausbrach der Vesuv, der Pompeji, das exklusive Ferien- und Freizeitdomziel der römischen Elite, in Schutt und Asche legte)? Die Hölle auf Erden (apokalyptische Bilder, wie sie offenbar werden in der Offenbarung des Johannes?), entfacht von himmlischer Macht? War es nicht irdische Gewalt: der größenwahnsinnige (Bau)Plan (der Stein gehaune Wirklichkeit werden sollte mit dem noch heute zu bestaunenden 70-80 n.u.Z. errichteten Kolosseum) des römischen Kaisers Nero (54-68 n.u.Z), der das Feuer entfachte in Rom? Oder war es, wie feurige Zunge verbreitete, der fanatische Glaubenseifer der neuen Sekte um Petrus und Paulus, der niederbrannte, was den Römern lieb und teuer war? Die *Sekte der Nazoräer*, Unruhestifter von Anbeginn (vgl. Apg 24,5), waren sie nicht der ideale Sündenbock: ein Dorn im (sündigen) Fleische Roms, ein Stachel, den es auszureißen, auszumerzen galt? Der zeitgleich mit dem Brand Roms wütenden ersten – noch lokalen – Christenverfolgung fallen auch die beiden Apostel Petrus und Paulus zum Opfer.

Verliert die neue Bewegung ihre tragende Kraft; zerfällt mit dem Haupt auch der Leib? Rom, das verfolgt und mordet Führer wie Anhänger der neuen Bewegung, wie wollte es HeimStätte sein: neue, ewige Stadt gar? Und was sollte aus Jerusalem werden, der alten, ewigen Stadt, da Petrus und Paulus nie wieder werden zurückkehren dorthin? Die Juden stehen unter Roms Schutz, können ihren Glauben frei praktizieren und Glaubensfragen oder -streitigkeiten selbst regeln. Für die Römer ist der jüdische Gott ein Gott mehr. Ein Gott allein für die Juden, ein Gott, der nichts zu tun hat mit ihnen, nichts will von Rom und seinen Bürgern und sie darum nichts angeht? Der Gott aber, den die neue, dem Judentum entstammende Sekte verkündet, will nicht nur Gott sein der Juden, sondern auch Gott der Römer, der Griechen, Gott aller: alleiniger, allmächtiger Herrscher des Himmels und der Erde. Ein Gott, der keine anderen Götter duldet neben sich – wie auch Rom keine andere Macht duldet neben sich, keine zweite Macht im Staate. Dem gottgleichen Kaiser allein hat sich zu unterwerfen das Volk, ihm ist zu huldigen und zu opfern.

Die Einführung des Kaiser-Opfers führt in Palästina (66-70 n.u.Z) zum ersten jüdischen Aufstand, angeführt von der radikal-jüdischen Partei der "Zeloten", die mit allen, auch extremistischen Mitteln versuchte, die messianische Zeit zu verwirklichen. Die Niederschlagung des Aufstandes führt nicht nur zur Zerstörung der (Kloster ähnlichen) Siedlung Qumran (deren in hebräischer und aramäischer Schrift verfasste Heilige Schriftrollen – wiederentdeckt erst 1947 – bis heute Anlass sind zu Text- bzw. Übersetzungskritik an den Heiligen Schriften), sondern zeitigt weit dramatischere Folgen. Unter Titus kommt es zur Eroberung Jerusalems und zur Zerstörung des Tempels. Da sich die Christen, dem Gebot der Nächstenliebe und Gewaltfreiheit folgend, nicht am Aufstand gegen Rom beteiligt hatten, gelten sie fortan in den Augen vieler Juden als Verräter und eigentliche Zerstörer des Tempels: der Wohnstatt des HERRN. Schon in alter Zeit war dieses Heiligtum zerstört worden (586 v.u.Z.) unter Nebukadnezar, der das Gottesvolk führte in die babylonische Gefangenschaft und ihnen raubte ihr Heiligstes: die Bundeslade mitsamt der Zehn Gebote? Verschollen jedenfalls ist seither dieser Heiligste Schatz. Der Tempel, den Herodes d. G. neu errichten bzw. ausbauen ließ und den 70 n.u.Z. zerstörten die Römer, war er eine heilige Stätte ohne Heiligtum, eine Schatztruhe ohne Schatz, eine leere Hülle ohne Wert? Geraubt ihr Heiligstes? Ist ihnen nicht zurückgegeben das Wort des HERRN, ist es ihnen lebendig oder tot? Geraubt, weil sie Anstoß nahmen an dem Stein, der Eckstein ist am Haus des HERRN? Prophezeite ER ihnen nicht, den Tempel niederzureißen und wieder aufzubauen in drei Tagen?

Die Zerstörung des Tempels besiegelt, was sich lange vorher schon abzeichnete (vgl. Apostelkonzil zu Jerusalem, Apg 15,1-35): die Spaltung von Juden und Christen. Im Jahre 100 n.u.Z. erklärt die Synode vom Jamnia den Ausschluss der Judenchristen aus der Synagoge. Die neue Lehre, sie ist nicht lebendig geworden den alten Verkündern des Gotteswortes. Und die jungen Verkünder, beherzigen sie, was Paulus ihnen schrieb im Römerbrief (11,18)? *Nicht du trägst die Wurzel, die Wurzel trägt dich!* Eine Wurzel, die fortan zwei Stämme tragen soll? Denn der jüdische Monotheismus erneuert, reformiert sich nicht in seiner Gesamtheit, integriert auch nicht die neue Lehre als weitere Strömung, wie die der Pharisäer oder Sadduzäer, sondern spaltet sich. Die einen verkünden, die alte Verheißung habe sich erfüllt, der Erlöser, der Messias sei erschienen; die anderen prophezeien einen solchen Heilsbringer erst einer ferneren Zukunft. Zeichen des Bundes (der Verbundenheit) mit Gott ist den einen die innere, den anderen die äußere Beschneidung. Beiden gemein indes ist der Grundsatz, dass der Mensch sich zu bewähren habe vor seinem Schöpfer. Beiden gemein ist auch der Anspruch, zu verkünden nicht Menschenwort, sondern Gotteswort: zu verkünden das Wort des einen *alleinigen* Gottes. Ist es womöglich diese Gemeinsamkeit, diese Berufung auf die Ur-Quelle, aus der beide schöpfen, diese glasklare Verwandtschaft, die den Streit, den Hass erst schürt? Geraten sie mehr in Zorn über den Bruder denn über den Fremden? Ist es nicht die Eifersucht auf den Verwandten, die schon Kain trieb zum Brudermord, die nun auch streut die giftige Saat der Zwietracht unter ihnen? Statt Eintracht zu hegen im Kampf gegen ihren gemeinsamen Widersacher: die Hure Babylon, das sündige Rom, das doch beide unterdrückt: Juden wie Christen.

Im Jahre 96 n.u.Z. beginnt unter Kaiser Domitian die erste große Christenverfolgung, Kaiser Trajan erklärt das Christentum 111 für illegal, während Kaiser Hadrian 135, nach der Niederschlagung des zweiten jüdischen Aufstandes ("Bar Kochba"), den Juden nicht nur den Zutritt verbietet zu Jerusalem, sondern deren heilige Stadt auch umbauen lässt in eine heidnische.

Die Juden beraubt ihres Tempels, beraubt auch ihres Gotteswortes, ihrer Heiligen Schrift? Kann die Septuaginta, die griechische Übersetzung der Heiligen Schrift, noch gelten für die "Beschnittenen", da sie ebenso vereinnahmt wird von den "Unbeschnittenen", den Christen? Rabbiner legen um 100 n.u.Z. den Kanon fest der hebräischen Bibel. Die sog. deuterokanonischen Schriften (wie die Bücher der Makkabäer, das Buch der Weisheit oder das Buch Jesus Sirach) werden, wie später von Luther, verworfen als nicht originärer Teil der Heiligen Schrift. Um 100 liegen auch die Evangelien vor in der Sprache der Septuaginta, in griechisch. Fixiert wird der Kanon der heiligen christlichen Schrift indes erst mit der Synode in Rom (382). Es ist Damasius, der Hieronymus mit der Übersetzung der Bibel (Vulgata) ins Lateinische (das dem Griechischen mehr und mehr den Rang ablief) beauftragt. Auch ins Gotische wird die Bibel übertragen in jener Zeit – von Ulfila. Ein Vergleich beider Übersetzungen ist heute leider nicht mehr möglich, da von der gotischen Bibel nur wenige Fragmente erhalten geblieben sind.

Seither hat es viele Übersetzungen und Neufassungen gegeben: Wie verlässlich, wie originalgetreu, wie authentisch sind all diese Übertragungen und Übersetzungen einer ursprünglich ausgeprägt bildhaften Schriftsprache in die Wortbilder einer neuen Zeit? Schlichen sich – gewollt oder ungewollt – Fehler ein? Inwieweit prägte und beeinflusste die geistige Strömung der jeweiligen Zeit, die intellektuelle Überzeugung der Übersetzer und ihrer Auftraggeber die Übersetzungsleistung? War allein Einsicht am Werk oder auch Absicht: die Absicht derer, die in Auftrag gaben die Übersetzung? Warnte nicht schon Jesus Sirach (37,8) vor dem falschen Lehrer, dem falschen Ratgeber? und mahnte darum: *Erforsche zuerst, was seine* (des Ratgebers) *Absicht ist.* Sind heute wertfrei all die in Auftrag gegebenen Schriften, Expertisen und Gutachten oder geschuldet den Interessen, den Absichten derer, die hierzu Auftrag erteilten? "Wes Brot ich ess, des Lied ich sing!" In wessen Auftrag, wessen Namen wurde übertragen, schriftlich fixiert, weitergegeben? Verklärte Botschaft oder rein gehaltener Urquell?

Und der Geist Gottes schwebte über dem Wasser ...
(1. Mose 1,2)

Originäres Wort oder Fälschung – Gotteswort oder Menschenwort? Wer legt(e) fest den Maßstab (hebräisch = Kanon)? Warnten nicht schon die Apostel vor Irrlehren in ihren Briefen? Irrlehren, wie sie kennzeichnend sein sollten für das 2. und. 3. Jh.: monotheistische Bewegungen, die das originäre Christentum ernsthaft gefährdeten? Eine der Hauptströmungen war die gnostische (der östlichen Theo- bzw. Philosophie nahe stehenden) Lehre. Eine Lehre, die nicht durch Glauben, sondern durch Erkenntnis und Selbsterkenntnis, die irdisch-trügerische Welt zu überwinden und so Erlösung zu erlangen suchte. Weitere Strömungen waren der Marcionismus (benannt nach dessen Hauptvertreter Marcion), der das Alte Testament verwarf; der Montanismus (benannt nach dessen Lehrer Montanus), der eine rigorose Moral lehrte und schließlich der Manichäismus. Eine asketische, sexual-feindliche (bis heute in der katholischen Kirche wirksame?) Strömung um den persischen Propheten Mani (216-277), der in seiner ("dreieinigen") Person nicht nur den "Usetar Bamik" des (altpersischen) Zoroastrismus sowie den "Maitreya", den nächsten Buddha, vereinigt sah, sondern auch den im Johannesevangelium (14,16 u. 14,26) angekündigten "Tröster".

Die Einheit des Glaubens, war und ist nicht sie es, die alle monotheistischen Strömungen anzustreben und zu bewahren haben; denn wo ein Gott ist, kann da mehr sein als ein Wort – ein Geist – ein Glaube? Neben der Frage der Einheit, der Frage des einzig wahren Glaubens, einzig wahren Wortes beschäftigte all diese Strömungen die nicht minder brisante Frage, wie sich das Wort des einen vollkommenen Gottes vereinbaren lasse mit der doch allen sichtbaren Unvollkommenheit der Welt? Wie konnte ein vollkommener Schöpfer erschaffen eine derart unvollkommene Welt? Ein Problem, das später als "Theodizeeproblem" formuliert und von Leibniz (1646-1716) so beschieden werden sollte, dass diese (diesseitige) Welt als "beste aller möglichen Welten" anzunehmen sei. Welche Welt aber: die von Gott geschaffene oder die vom Menschen gestaltete und verformte? Zeigt sich die Vollkommenheit der Schöpfung nicht überall dort, wo es noch letzte Paradiese gibt: Refugien, in die der Mensch (noch) nicht eingriff? Anders gefragt: ist die Unvollkommenheit der Welt Werk der Gottheit oder Machwerk der Menschheit (wie die ursprünglichste aller monotheistischen Lehren, das Judentum, verkündet)? Und sollte der Mensch sich etwa ein Bild machen von Gott, fragen gar nach der Rechtfertigung Gottes angesichts der Übel dieser Welt, sollte der Mensch sich nicht vielmehr fragen, wie sein eigenes Leben zu rechtfertigen sei vor Gott und dessen Menschenbild? Kannten denn die Urchristen ein Theodizeeproblem, lehrten nicht auch sie (wie die Juden), das Übel der Welt sei geschuldet dem Abfall von Gott, dem Missbrauch der ihnen verliehenen Freiheit? Abgewandt habe sich der Mensch von seinem vollkommenen Schöpfer und dem Bilde, nach dem er geschaffen sei, aus dem Rahmen gefallen sei der Mensch und habe so erst bewirkt alles Unheil, alles Übel dieser Welt. (Fiel nicht schon das himmlische Volk der Engel, weil es sich widersetzte dem himmlischen Ratschluss, auch auf Erden zu schaffen Gott gleiche Wesen?)

Noch eine weitere Streitfrage erhitzte die gelehrten Gemüter der Gläubigen – oder der Ketzer? Wer ist rechtgläubig? Wer wie Arius befindet, Gott und Christus, Vater und Sohn, seien wesensverwandt, nicht aber wesensgleich? Oder wer mit Athanasius, dem Beförderer des Mönchtums, die Wesensgleichheit postuliert? Vater, Sohn und heiliger Geist, die Trinitätslehre, für die auch Damasius eintritt, der die Übersetzung der Bibel ins Lateinische (= Vulgata) in Auftrag gibt (an Hieronymus). Ulfila (= Wulfila), der Übersetzer der Bibel ins Gotische, hält hingegen strikt fest am Arianismus: der klaren Über- und Unterordnung von Vater und Sohn. Stehen Vater und Sohn nun in einer Hierarchie oder sind sie eins: Vater, Sohn und Heiliger Geist? Lehrt nicht die griechische Philosophie, dass die These, so sie trifft auf die Antithese, sich vereine in der Synthese? Ist womöglich erst die Dreiheit wahre Vollendung der Einheit? Oder ist die Trinitätslehre geschuldet der römischen Trias, der Verehrung der drei höchsten Gottheiten: Jupiter, Juno und Minerva? Und inwieweit ist die Trinitätslehre zu vereinbaren mit dem strikten Monotheismus des Judentums, dem doch entstammt das Christentum; inwieweit zu vereinbaren mit der Aussage, die ER selbst gibt, da ER den reichen Jüngling fragt: *Was nennst du mich gut? Gut ist nur Einer* (Matthäus 19,17). Die Gutheit ist gleich der Gottheit, und diese Gottheit ist sie nicht Urheber allen Seins, Urheber auch des Wortes? Wie aber wollte das Wort lebendig bleiben, neu geboren werden ohne Nachkommen, ohne Sohn?

Der sogenannte arianische Streit eskaliert in konstantinischer Zeit und wird auf dem Konzil zu Nicaea (325) entschieden: zugunsten der Lehre des Athanasius. Befriedet ist damit noch gar nichts – doch dazu mehr an späterer Stelle. Zunächst sei die Frage, wenn nicht beantwortet, so doch zumindest gestellt: Wie sich die christliche Lehre behaupten konnte angesichts der unterschiedlichsten geistigen Strömungen und des eskalierenden Streites? Wie konnte sich eine einheitliche, allgemein verbindliche Lehre ausbilden in einer Zeit, da noch keine der verkündeten Lehren für sich selbst in Anspruch nehmen konnte, einzig wahre, einzig gültige Lehre zu sein? Einer Zeit, da sich noch keine klaren hierarchischen Strukturen gebildet hatten, die geistige Elite selbst noch um Autorität rang und man wechselseitig versuchte, sich den Rang streitig zu machen, wie etwa der "Ketzerstreit" um Stephan (253-57) demonstriert. Als Bischof von Rom erklärte Stephan nicht nur die von Häretikern gespendeten Taufen für gültig, sondern positionierte sich wenig später (unter Berufung auf Matthäus 16,18) selbst als Nachfolger Petri: als oberste Autorität, was zu Konflikten mit den Bischöfen Kleinasiens und Nordafrikas führte. Solcher inneren Konflikte und Differenzen ungeachtet, hat sich die christliche Lehre dennoch verbreiten können. Sollten diese inneren Auseinandersetzungen weniger geschwächt denn gestärkt, sollten sie der Lehre erst zur Profilierung verholfen haben, wächst und erstarkt die junge Botschaft kraft der Konfrontation? Und gab ER ihnen auch darum mit auf den Weg: *Liebet eure Feinde* (vgl. *Bergpredigt*, Matthäus 5,43-45)?

Der größte Kampf aber, den die Christen zu bestehen hatten, war er tatsächlich geschuldet einer inneren Feindschaft und Zerrissenheit oder geschuldet der weltlichen Macht? Rom verehrte eine Vielzahl von Gottheiten und stand dem Monotheismus der Christen unversöhnlich, ja, feindlich gegenüber. Der Gegensatz war evident und bedurfte keiner weiteren geistigen Auseinandersetzung oder Abgrenzung. Hier die Götter von Menschenhand gemacht, dort der eine lebendige Gott, der keine anderen Götter duldet neben sich. Der Kampf, den Rom den Christen aufzwang, war denn auch weniger ein Kampf um den Geist als einer um den Leib. Nicht nur Petrus und Paulus fielen der Verfolgung zum Opfer. Sollte es nicht jeden der Apostel treffen, jedem beschieden sein der Märtyrertod (auch dem Jünger, den ER liebt(e): Sollte Johannes nicht bleiben – als Liebender, und starb er denn als Märtyrer)? Erlosch mit der Flamme des letzten der Zwölf auch die letzte Stunde des lichten Tages? Wem brannte nieder das Feuer der Liebe, wem war helle die Zeit; wem leuchtete der *Stern von Bethlehem*: der weltlichen Macht oder der geistigen Kraft: den Römern oder den Christen, den Verfolgern oder den Verfolgten?

Nach der, noch lokal begrenzten, Verfolgung unter Nero und der größeren unter Domitian (96), kommt es unter Kaiser Maximinus Thrax (235), Kaiser Decius (250) und Kaiser Valerian (257/58) zu weiteren, allgemeinen Christenverfolgungen. Die größte Verfolgung veranlasst (303-304) Kaiser Diokletian. Dennoch kann sich das Christentum weiter verbreiten. Bereits Ende des 1. Jh. hat es sich über die Grenzen des Römerreiches hinaus bis nach Indien verbreitet und wird schließlich unter Konstantin von einer verfolgten zu einer geschützten Religion. Das Christentum steigt sogar auf zur "Staatsreligion" – zunächst außerhalb Roms (301 in Armenien unter Führung Gregors d. Erleuchteten und um 350 in Äthiopien und Georgien).

Die Römer wollten das Christentum ausmerzen, doch die Folgen ihres Handelns liefen den ihnen zugrunde liegenden Absichten zuwider (von M. Weber in seiner "protestantischen Ethik" als "paradoxer Effekt" bezeichnet). Das Christentum erstarkte und verbreitete sich unaufhaltsam – inner- wie außerhalb der römischen Grenzen. Erstarkte trotz Verfolgung, die zur Flucht zwang und so die weitere Verbreitung der neuen, christlichen Lehre erst forcierte? Erstarkte, weil da, neben aller Ablehnung auch Bewunderung herrschte, selbst in den Reihen der ärgsten Feinde, selbst in den Reihen der Verfolger? Bewunderung, weil sie dem gottgleichen Kaiser die Stirn boten und sich als *Kinder Gottes* versichert wussten ewigen Lebens, weder Tod noch Teufel fürchteten – sich unsterblich wähnten oder gar waren? Dergleichen Geisteshaltung, die lieber hinwarf den eigenen Leib den Löwen zum Fraße, denn zu opfern dem Kaiser und preiszugeben die eigene Überzeugung, mochte manchen Römer provozieren, wer aber wollte besiegen solch freien Geist, wer nicht bestaunen solch innere Freiheit, die lieber opfert den Leib denn den Geist (wie nicht schon Sokrates vorlebte, als er trank den Schierlingsbecher)? Rom mochte zur Schau tragen seinen äußeren Reichtum, aber des Reiches Glanz war nicht gegründet auf Freiheit, sondern auf Unterdrückung, Versklavung – ein fauler Reichtum, während der Christen innerer Reichtum wahrhaft Frucht trug? Hatten die Christen Bewunderer auch unter den Römern, hatten sie auch hier Helfer, Anhänger gar? Hätten sie denn – angesichts der massiven Verfolgungen – bestehen können ohne Hilfe von außen? Oder war es die pure Not, die Last der Verfolgung und Unterdrückung, die erfinderisch machte und eben darum ihr Überleben sicherte? Oder die Kraft ihrer Botschaft, die Verheißung ewigen Lebens, die Kraft gelebter Überzeugung: *Liebet eure Feinde*?

Den Christen war aufgetragen, zu bewahren und zu schützen das wahre Wort. Wie aber schützten sie sich selbst, wie kommunizierten sie miteinander in Zeiten der Verfolgung? Wo versammelten sie sich, seit sie ausgeschlossen waren aus den Synagogen? Wie kennzeichneten sie die Orte ihrer Zusammenkünfte? Die ersten Kirchen (der älteste bislang entdeckte Kirchenbau wurde 231/232 in Duro Europos – heute Syrien – errichtet), wann wurden sie errichtet und an wie vielen Orten standen sie? Und schließlich, wie gaben sich die Christen zu erkennen ihren Glaubensgenossen, wie verständigten sie sich? Die Sprache der alten Welt jedenfalls war der neuen Zeit längst nicht mehr geläufig, nicht mehr verständlich. Als "Nazoräer", wie im Anbeginn (vgl. *Apostelgeschichte,* Apg 24,5), konnten sich die Anhänger nicht länger bezeichnen, wie sie auch nicht mehr (hebr.) "Messias" nannten den "Gesalbten des HERRN", sondern (grch.) "Christos". Der gesalbte, von Gott eingesetzte Herrscher, verspottet und gerichtet von irdischer Macht, verhöhnt und gemartert am Kreuz als "König der Juden". Nannten seine Anhänger sich "Christen" in treuem Gedenken eben daran? Bezeugt jedenfalls ist der Name früh: sowohl im Petrusbrief (4,16) als auch in der Apostelgeschichte (11,26 u. 26,28). Und welcher andere Name hätte besser zum Ausdruck bringen können, dass sie annahmen den Spott, den ER ertragen hatte, dass auch sie trugen ihr Kreuz? Wurde mit dem Namen "Christ" auch das Kreuz selbst kennzeichnend für die neue Bewegung, die junge Lehre? "Graffiti" aus frühchristlicher Zeit zeigen ein in Stein geritztes Kreuz mit einem Eselskopf darauf: Verhöhnung statt Verehrung? Ein Dummkopf – ein Esel, wer sich kreuzigen lässt für seinen Gott, seinen Glauben? Steht der Esel, das anspruchslose Lasttier, nicht aber für wirtschaftlichen Aufschwung: der Antriebsmotor früh-wirtschaftlicher Entwicklung? Und verehrten nicht schon die alten Ägypter den Esel und stellten dar einen ihrer Götter (den Gott des Chaos

"Seth") mit Eselskopf? Verhöhnen oder verehren die frühchristlichen Graffiti? Der Esel, der schultert des Menschen Last und befreit den Rücken des Sklaven, trägt er nicht ein Schulterkreuz als Rassemerkmal, als Kennzeichen seiner Art? War und ist es nicht Zeichen, dass ER erwählte den Esel, um Einzug zu halten in Jerusalem? Zeichen und Symbol des Todes oder des tätigen Seins: Last und Kreuz zu tragen – wie der Esel – und ebenso sorgsam zu prüfen jeden einzelnen Schritt?

Gab es weitere Zeichen? Die Taube etwa, die erschien, da Johannes IHN taufte, erhellt sie fortan ihren Weg: ein Stern am (östlichen) Nachthimmel, wie das Kreuz, wie der Stern von Bethlehem: Wegweiser in finsterer Nacht? Oder werden Boot und Fisch zu ihren Zeichen, zum Symbol der Wandlung vom Fischer zum Menschenfischer: Zeichen des Jona, der Auferstehung, der inneren Reise? Frühchristliche Graffiti zeigen das Boot, verbunden mit der Inschrift: "Wir sind angekommen". Kennzeichneten sich die frühen Christen selbst? Gaben sie sich und ihren Nachkommen, ihren Kindern (Tauf-)Namen, die keinen Zweifel ließen, wem sie angehörten, indem sie etwa das griechische "Theos" zum Teil ihres Namens machten, sich nach einem der Apostel benannten oder einem der frühen Märtyrer?

Welche Feste feierten die Ur-Christen, welche Tage waren ihnen heilig? Heiligten sie den Sabbat als Tag des HERRN – wie die Juden? War nicht aber angebrochen ein neuer Tag: ist ER ihnen nicht auferstanden am Tag nach dem Sabbat? Zum wöchentlichen Tag der (Arbeits-)Ruhe wurde der Sonntag erst (321) unter Kaiser Konstantin, der auch kalendarisch festlegte das christliche Weihnachtsfest. Waren nicht aber beide, Sonn- wie Weihnachtstag, ursprünglich gewidmet einer anderen Lichtgestalt: dem Sol invictus, dem unbesiegbaren Sonnengott (vgl. *Stern über Bethlehem*)? Konnte ein solcher Tag, ursprünglich einem (von Menschenhand geschaffenen) Götzen geweiht, tatsächlich heilig sein dem jungen Christentum? Wen oder was verehrten die Urchristen als ihr heilstes Gut? Die Geburt zu Bethlehem? Oder ist die Wiedergeburt, die Auferstehung ihr Heiligstes und zugleich Kern ihrer Botschaft? Beglaubigt durch das äußere Zeichen der Taufe: das äußere Zeichen inneren Bekenntnisses, selbst auferstehen zu wollen zu neuem Leben und hinter sich zu lassen die tote (alte) Zeit. Wann aber feiern dieses Fest der Auferstehung? Sollten sie sich orientieren am jüdischen Pessach-Fest, wie von den christlichen Gemeinden Kleinasiens praktiziert? War nicht aber untergegangen die alte Zeit (die bestimmte ihren Kalender nach dem Mond) und aufgegangen ein neuer Tag? Ein bestimmter (Fest)Tag: ein bewegliches oder ein unbewegliches Fest? Fragen sie nach der rechten Zeit oder dem rechten Grund: fragen, ob sie selbst bewegt sind, auferstanden zu neuem Leben? So solches geschah, ist da nicht gekommen ihr Fest-Tag?

Der sogenannte Osterfeststreit entbrannte Ende des 2. Jh. und wurde 325 zugunsten des römischen Brauches entschieden, am Sonntag nach dem Frühlings-Vollmond zu begehen das Fest der Auferstehung (ohne indes eine einheitliche Regelung für West- wie Ostkirche dauerhaft bewirken zu können). Eine Entscheidung, geschuldet auch der Tatsache, dass ER gekreuzigt wurde vor Pessach: gefeiert am ersten Sabbat nach Frühlings-Vollmond? Eine Entscheidung, die gedenken will der Auferstehung, des neuen Lebens, neuen Weges: des Auszuges aus der Wüste, gefeiert von den Juden zu Pessach? Oder eine Entscheidung, die gedenken will der Anklage, die ihn ans Kreuz brachte und zur Anklage werden sollte, die Juden hätten ans Kreuz gebracht Gottes Sohn? Eine Entscheidung, die klare Grenzlinie ziehen sollte und nun (nach dem Ausschluss der Christen aus den Synagogen) auch seitens der Christen endgültig besiegelte die Spaltung? Was hätten die Zeugen der gefeierten Auferstehung, was hätten die judenchristlichen Apostel selbst gesagt zu solcher Grenzziehung?

Die Zeugen der Auferstehung mochten nicht mehr unter ihnen weilen, ihnen nicht mehr Rede und Antwort stehen können, die Stätte aber, da sich ereignet hatte solches unglaubliche Geschehen, gab noch Zeugnis, war erhalten – erhalten als Stätte heiler, unversehrter Verehrung? Das Heilige Grab, es lag (wie die Kreuzigungsstätte Golgatha) nicht mehr außerhalb, sondern innerhalb der Stadtmauern; denn der römische Kaiser Hadrian hatte, nach der Niederschlagung des zweiten jüdischen Aufstandes ("Bar Kochba"), Jerusalem ausgebaut, über die alten Stadtgrenzen hinweg. Aus- und umgebaut: von einer heilig-jüdischen Stätte hin zu einer den römischen Gottheiten geweihten Stadt. Auch über dem heiligen Grab wurde ein heidnischer Tempel gebaut: das errichtete (und prophezeite) *Gräuel* im Haus des HERRN (vgl. 2. Thess 2,1-17, vgl. Matthäus 24,15-28)? Sollte es wahrhaftig dieser heidnische Tempel sein, der konservierte das leere Grab als Ort der Auferstehung: als heile Stätte lebendigen Fleisches? Kein toter Knochen, sondern Herzstück ihres Glaubens und Wegweiser den (pilgernden) Christen? Wegweiser auch der (heiligen) Helena, der Mutter Konstantins, die hier gefunden haben soll das Heilige Kreuz, was ihr Anlass war, zu errichten an diesem heiligen Ort die Auferstehungskirche. Erhalten geblieben ist diese wegen ihrer Schönheit weithin gerühmte Basilika nicht; der heute zu besichtigende, Grabeskirche genannte Bau, stammt aus der Kreuzfahrerzeit (1. Hälfte des 12. Jh.). Auferstehungs- oder Grabeskirche, Ort lebendigen Glaubens oder toten Kultes, Ort des Heils oder *Ort des Gräuels* (vgl. Daniel 11,31, Matthäus 24,15: *Vom Anfang und vom Ende*)? Ein würdiger, ein heiler, intakter Ort oder Stätte der Zerrissenheit, des unwürdigen (Rang)Streites der christlichen Kirchen – bis auf den heutigen Tag?

Die Auferstehungskirche blieb nicht die einzige Kirche, die errichtet wurde in konstantinischer Zeit, weitere sakrale Bauten (wie die Basilika der Geburtsgrotte) entstanden im Heiligen Land wie in Rom selbst. Über des Erstberufenen Grab, des Felsen (= Petrus), auf den ER aufbauen wollte die Gemeinschaft aller, die Gott angehören, ließ Konstantin errichten eine Basilika. Die sollte mehr als tausend Jahre bestehen und erst abgerissen werden zu Beginn einer neuen Zeit: abgerissen und ersetzt durch den heute zu bestaunenden Petersdom.

Heile, heilige, ewige Stätte: Rom oder Jerusalem – Grabes- oder Auferstehungskirche?

Aus welchem Stoff sind ihre Gedanken, sind sie gewandelt in neues Tuch oder klammern sie sich fest an Fetzen alten Stoffes, wie an jenes Tuch (seit 1578 verehrte und in Turin aufbewahrte), in das sie wickelten den Leichnam? Welches Kleid soll sie schmücken, welchen Stoff verehren sie: den Heiligen Rock, der zuletzt 2012 gezeigt wurde im Trierer Dom und der bewegt(e) die Massen? Ungeteilt, ohne Naht ist der Rock – das letzte Hemd Christi: ungeteilt, wie die Wallfahrer selbst? Sollte das Kleid, das sie verehren, nicht gewirkt sein aus unvergänglichem Stoff; sollten nicht sie selbst gewandelt sein in ebensolches Tuch? Bedürfen sie toter Reliquien, um zu glauben, vergänglichen Stoffes, toten Holzes? Wird etwa lebendig das Kreuz, wenn sie es anbeten, wird es nicht erst lebendig, wenn sie es auf sich nehmen? Welche Heilige Lanze wollte Waffe sein ihres Glaubens, wenn nicht ihr Glaube selbst, ihre innerste Überzeugung zur Streitaxt wird? Welcher Kreuznagel vermöchte Werkzeug zu sein ihres Glaubens, so sie nicht selbst zum Werkzeug werden? Und wie wollte lebendig bleiben ihnen das Wort und schrieben sie es gleich tausendfach nieder, so sich bewegte allein ihre Hand, nicht aber ihr Herz? Wer unter all den Wallfahrern und Reliquien-Verehrern ist berührt, bewegt in seinem Innersten: welche Reliquien sind tatsächlich lebendig dem, der sie verehrt? Sind sie also echt: echt als Relikt, stummer Zeuge vergangener Zeit oder echt auch im Hinblick auf das Wort, das sie beseelen sollen?

Ist denkbar, dass bewahrt und bewacht wurde, was Zeugnis geben konnte der Nachwelt, dass ER tatsächlich geweilt hatte mitten unter ihnen? Wo wären solche Erinnerungsstücke sicherer aufbewahrt worden denn am heiligsten Ort, dem leeren Grab? Zu dem die (Ur)Gemeinde in Jerusalem einen geheimen, unterirdischen Zugang kannte und bewahrte? Oder sind diese Reliquien allesamt Fälschungen, Nachbildungen, Erfindungen menschlichen Geistes, wie die Geschichten, die sich um sie ranken – fromme Legende nur? Die bedeutsamste, dem Rang ihrer Verehrung nach der jüdischen Bundeslade vergleichbaren, Reliquie, verehrt als das Wahre Kreuz, ging der Christenheit verloren im Kampf wider die Heiden (vgl. Kreuzzüge in: *Hochzeit*). Erhalten geblieben aber ist (oder sollte auch das Fälschung sein?) das mutmaßliche Kopfbrett: der Titulus mit der Inschrift "König der Juden". Heute aufbewahrt in der Reliquienkammer der Kirche Santa Croce in Gerusalemme: errichtet in Rom am ehemaligen Standort des Palastes der Helena, der mutmaßlichen Finderin des (mutmaßlichen) Wahren Kreuzes.

Als Augusta, als erste, oberste Herrin des Reiches hatte Helena direkten Zugriff auf die Staatsfinanzen; sie schuldete niemandem Rechenschaft darüber, wie viel sie entnahm und wofür. Was aber trieb die Kaiserin zu einem derart tiefen Griff in die Staatskasse, um prunkvolle Bauten errichten zu lassen zur Verherrlichung eines Glaubens, der lange Zeit verfolgt worden war im römischen Reich und erst 312 durch das Mailänder Toleranzedikt ihres Sohnes erlaubte Religion wurde? War es innere Wandlung, tiefer Glaube, der sie (327/28) bewog, noch im hohen Alter, die beschwerliche Reise ins Heilige Land auf sich zu nehmen? Wollte sie verherrlichen den einen von den Christen gepriesenen Gott und seinen Sohn, oder wollte sie verherrlichen den eigenen Sohn? Sollte der Glanz der errichteten Gotteshäuser auch widerspiegeln den Glanz des konstantinischen Herrscherhauses, Zeichen sein einer neu angebrochenen, ruhmreichen Zeit, wie sie die Welt noch nicht gesehen hatte? Kurzum, stellte sich die Kaiserin in den Dienst des neuen Glaubens oder wollte sie sich und ihrem Sohn dienstbar machen den neuen Glauben? War sie überhaupt die treibende Kraft oder war es ihr unehelich geborener Sohn Konstantin?

Als Monotheist, Verehrer des einen Gottes: des (unbesiegbaren) Sol (invictus), stand Konstantin der neuen monotheistischen Religion vermutlich nicht ganz fremd gegenüber, zumal deren Lichtgestalt mit dem gleichen Makel behaftet war wie der Kaiser selbst: dem Makel der illegitimen Geburt. Vertrauter wurde dem Kaiser die neue Lehre, der neue Glaube vermutlich durch persönliches Erleben: durch den Bund, den er schloss mit Fausta, die nicht nur Spross war des alten Herrscherhauses, sondern auch Tochter einer Ur-Christin (der Syrierin Eutropia, deren ältere Tochter vermählt war mit dem Vater Konstantins: Constantius Chlorus). Beförderte Konstantins Ehebund mithin jenen Bund, den schließen sollte der römische Imperator mit dem einen Gott, den verehrten die Christen, den aber verhöhnten und bekämpften die polytheistischen Römer? Der Sieg jedenfalls, den Konstantin errang auf seinem Romzug an der Milvischen Brücke (312) und der ihm ebnen sollte den Weg hin zur Alleinherrschaft, stand ganz im Zeichen der jungen Botschaft, im Zeichen der neuen Lichtgestalt. Konstantins Soldaten trugen auf ihren Schilden das Christogramm: die ersten beiden, sich überkreuzenden, griechischen Buchstaben (*Chi* und *Rho*) seines Namens: das PX-Zeichen des neuen (unbesiegbaren) Herrschers. Symbol einer neuen Epoche, neuen Dynastie – Zeichen der Nachfolge: Christus-Symbol oder Zeichen auch des Crispus, des (ebenfalls unehelich geborenen) Sohnes und potentiellen Nachfolgers Konstantins?

Die Zeiten der Zeit erkennen, um zu bewahren, was des Kaisers eigener Name verhieß: Konstanz! Zu bewahren auch mittels der Einheit verheißenden, Einheit stiftenden, neuen Glaubenslehre, mochte erklärtes Ziel sein Konstantins, erreichen konnte er es indes nicht. Der die Konstanz sichern sollende, für die Nachfolge vorgesehene Sohn starb durch des Kaisers eigene Hand bzw. durch dessen Urteil. 326 wurde Crispus hingerichtet, ebenso Fausta, des Kaisers Gemahlin, die (wie Konstantins Mutter) trug den Titel "Augusta". Waren sie schuldig geworden eines Verbrechens, das nach römischem Recht bedroht war mit der Todesstrafe, wie etwa Ehebruch oder Hochverrat? Oder waren beide Opfer einer Intrige, die sich rankte um den arianischen Streit, der zwar (325 auf dem Konzil von Nicaea) zugunsten der Lehre des Athanasius entschieden, aber mitnichten überwunden war? Oder Opfer eines tobenden Machtkampfes zwischen altem und neuem Herrscherhaus: eines Machtkampfes, der nur einen Herrscher duldete: einen Augustus – eine Augusta? Nach der Tragödie am kaiserlichen Hof wandte sich der Kaiser jedenfalls ab von seiner Residenz in Trier und machte Konstantinopel zur neuen Hauptstadt und ersten christlichen Stadt des römischen Reiches! Ein (Ausrufe)Zeichen in Richtung Rom, das heidnisch war und dem Kaiser verhasst? Ein Zeichen auch in Richtung seiner Mutter Helena, die nach Beendigung ihrer Pilgerfahrt (bis zu ihrem Tod) in Rom residieren sollte?

Rom, die Metropole im Westen – Konstantinopel (Byzanz), die Metropole im Osten: eine Rivalität, ein Wettstreit um Macht und Einfluss, ein Konflikt, der die Welt in Atem halten sollte. Wie wollten die drei ehelichen Söhne, die nach des Kaisers Tod (337) antraten die Nachfolge, bewahren die Einheit in ihrer Dreiheit? Zerrissenheit denn statt Einheit, Zerstrittenheit statt Eintracht – im weltlichen Reich wie im Glauben?

Es ist nur EINER,
und ist kein anderer außer IHM.
(Markus 12,32)

> *Es sind mancherlei Gaben;*
> *aber es ist* ein *Geist.*
> (1. Kor 12,4)

Noch auf dem Totenbett ließ Konstantin sich taufen – arianisch. Der Kaiser, der als Pontifex maximus, als oberster Herr über alle Glaubensfragen, den arianischen Streit hatte überwinden wollen (zugunsten der Lehre des Athanasius, die Wesensgleichheit von Vater und Sohn postulierte), ausgerechnet er ließ sich am Ende seines Lebens arianisch taufen. Rechtfertigte die Lehre des Arius: die klare, eindeutige Über- bzw. Unterordnung von Vater und Sohn mehr denn die Lehre der Wesensgleichheit, dass gebot der Vater über Leben und Tod seines Sohnes; wollte sich Konstantin mit der Taufe rein waschen von persönlicher Schuld? War der Kaiser vielleicht auch beeinflusst vom arianischen Bischof Ulfila (Übersetzer der Bibel ins Gotische), der Gesandter war an seinem Hof? Setzte Konstantin mit der arianischen Taufe am Ende seines Lebens ein Zeichen? Ein Zeichen der christlichen Welt, die ihm verdankte Glaubensfreiheit, verdankte den Sonntag: den Ruhetag der Woche, verdankte ebenso das Weihnachtsfest. Ein (Tauf-)Zeichen jedenfalls, das der römische Bischof Silvester umzulenken verstand, indem er schlichtweg behauptete, er selbst habe Konstantin getauft im Namen des Vaters, des Sohnes und des Heiligen Geistes: im Namen der Trinität also. Später wird dieser Verbiegung historischer Tatsachen noch eine bei weitem dreistere Lüge folgen, die als sogenannte "Konstantinische Schenkung" Geschichte schreiben sollte mit weitreichenden Folgen. Einer gefälschten Urkunde nach, hatte Konstantin nicht nur den Primat Roms anerkannt und dem römischen Bischof, als Entschädigung für die Zeit der Verfolgung, den Lateranpalast (an dessen Stelle die Erlöserkirche – heute S. Giovanni in Laterano – getreten war) und die (326 eingeweihte erste) Peterskirche abgetreten, sondern ganz Rom samt all seiner abendländischen Provinzen! Diese dreiste Lüge (752 entstanden oder früher?) diente der römischen Kurie bzw.

dem römischen Bischof dazu, obersten Machtanspruch zu behaupten gegenüber den weltlichen Herrschern und selbst da noch zu verteidigen, wo die "Konstantinische Schenkung" (wie von Otto III. im 10. Jh. und Nikolaus v. Kues im
15. Jh.) klar als Fälschung enttarnt worden war.

Die von der weströmischen Kurie propagierte ebenso ungewöhnliche wie ungeheure Großzügigkeit des Kaisers führte bezeichnenderweise nicht zu dessen
Heiligsprechung (als Heiliger verehrt wird Konstantin nur seitens der Ostkirche).
Heilig indes war der weströmischen Kirche und ist es bis heute geblieben Helena, die Mutter Konstantins und Finderin des Wahren Kreuzes, Konkubine seines Vaters (Constantius Chlorus): Konkubine der weltlichen Macht – nun auch
Konkubine der geistlichen Macht? Haben die Mächtigen nicht zu allen Zeiten
versucht, den Glauben (wie auch das Recht) zu prostituieren? Trug, Dichtung
oder Wahrheit: ewiger Zank-Apfel? Die Auffindung des Kreuzes, die erste Pilgerreise der Helena löste jedenfalls eine wahre Massenbegeisterung aus: Wall-
fahrten kamen in Mode, wurden zur ersten touristischen Massenbewegung. Die
Verehrung des Kreuzes nahm im weiteren Verlauf der Geschichte immer ab-
strusere Formen an. Eine an Irrsinn grenzende Reliquienverehrung setzte ein,
ein unheiliger Handel mit behaupteten echten Stücken vom wahren Kreuz, echten Nägeln, echten Knochen von diesem oder jenem Heiligen. Eine (un)heilige
Verehrung, die vor nichts und niemandem Halt machte – auch nicht vor ihrer
Urheberin Helena, deren Schädeldecke selbst Gegenstand werden sollte "frommer" Verehrung. Schon der große (340 in Trier geborene) Kirchenlehrer Ambrosius warnte vor unheiler Verehrung, krankem Eifer. Was hat die Reliquienverehrung voraus der als antiquiert geltenden Götzenverehrung? War, ist es
heiliger, Knochen anzubeten und totes Holz denn anzubeten toten Stein? Sollten und sollen sie nicht anbeten den lebendigen Gott? (Mag der Reliquienhan-
del auch heute offiziell verboten sein seitens der katholischen Kirche; so steht
die Hintertür doch weiter offen dem zahlungskräftigen "Frommen".)

Toter Knochen oder lebendiges Fleisch – totes Holz oder Lebensbaum? Einer
alten Legende nach (verzeichnet in einer religiösen Enzyklopädie aus dem 13.
Jh.) soll das Wahre Kreuz entstammen dem Holz jenes Lebensbaumes, der er-
wuchs aus dem in Eden ausgesäten Samen. Ein Engel gab Seth, dem dritten
Sohn Adams, einen Zweig eben jenes Baumes, unter dem gesündigt hatte
Adam, und Seth pflanzte den Zweig auf des Vaters Grab, wo er noch stand zu
Salomos Zeiten. Voller Bewunderung ob des Baumes Schönheit ließ Salomo
aus seinem Holz eine Brücke bauen über eines seiner königlichen Gewässer.
Als aber die Königin von Saba im Geiste vor sich sah, dass an diesem Holz
hängen werde der Heiland der Welt, ließ Salomo das Holz vergraben in heiliger
Bestürzung – und doch sollte es finden seinen vorbestimmten Weg. Fromme
Legende, Mythos, Märchen? Findet sich nicht in jeder Legende, jedem Mythos,
jedem Märchen ein wahrer Kern, eine tiefere Wahrheit und ewige Weisheit? Ist
der märchenhafte Schluss "und wenn sie nicht gestorben sind, so leben sie
noch heute" etwa unwahr? Wird das Wort nicht erst belebt durch den Geist,

und lebt dieser Geist nicht fort und füllt, erfüllt erst Geschichten wie Geschichte mit Leben? Geist oder Ungeist, Wahrheit oder Trug, Sein oder Nicht-Sein?

Was sucht ihr den Lebendigen bei den Toten?
(Lukas 24,5)

Hochzeit

Ich bin nicht gekommen aufzulösen,
sondern zu erfüllen.
(Matthäus 5,17)

391 wird das Christentum unter dem oströmischen Kaiser Theodosius zur einzig erlaubten Religion im gesamten Römerreich. Hat das Christentum obsiegt – aller Verfolgung zum Trotz, triumphiert über Aberglauben und Vielgötterei? Der alte Schicksalsglaube, der menschliches Geschick zuschrieb dem Walten überirdischer Mächte und letztlich den Einzelnen enthob seiner Verantwortung, ist er nicht zu tief verwurzelt im Volk, als dass erhört werden könnte ein Glaube, der verkündet, jeder habe sich zu verantworten vor seinem Schöpfer für sein Tun und sein Lassen? Sollten die alten Götter nicht mehr lebendig sein, weder innerhalb noch außerhalb der römischen Grenzen? Gottvater Zeus – Jupiter, samt Gefolge, wirkten sie nicht fort in der griechischen wie der römischen Kunst, in der Tragödie, in der Welt, erschaffen von Menschen Hand? Und wie weit entfernt war der antike Götterglaube der germanischen Welt, mit der sich konfrontiert sah das römische Reich: lebte hier nicht fort als höchster Gott Thor? Standen sich alte und neue Glaubenswelt ausnahmslos unversöhnlich gegenüber, gab es keine Gemeinsamkeiten? Einen höchsten Gott kannten schließlich auch die Anhänger der Vielgötterei – den Gottvater, und verehrten nicht auch sie Fruchtbarkeit wie Unsterblichkeit? Die christliche Verheißung, das Volk Gottes werde geführt ins Heilige, ins ewige Reich, wie fern lag diese Vorstellung dem Aberglauben der Germanen, Thor werde sein siegreiches (Krieger)Volk führen nach Walhall? Verdrängte der neue Glaube alte Vorstellungen, überwand oder wandelte er sie um, machte sie sich dienstbar? Einheit stiften, das wollte der neue Glaube von Anbeginn, wie aber sollte das Volk an etwas glauben, das ihm innerlich fremd blieb und unverständlich? Und wie sollte die Einheit des Reiches gewahrt werden durch einen Glauben, der selbst uneins ist, in sich gespalten?

Mochte der oströmische Kaiser Theodosius auch schon 380 (noch bevor er das Christentum erhob zur einzig erlaubten Religion) den Arianismus verboten und die Lehre von Nicaea als allein gültig vorgeschrieben haben, aus der Welt geräumt war der Streit damit nicht. In dem großen Kirchenlehrer Ambrosius (340-397), Bischof von Mailand (der Stadt des Kaiser-Sitzes), fand der Arianismus seinen wohl schärfsten und gelehrtesten Widersacher. Ein Redner, der zu überzeugen verstand, der auch Augustinus (einem Anhänger des Mani) überzeugte und taufte. Als Bischof von Hippo (Nordafrika) sollte der "Theologe der Gnade", wie Augustinus (354-430) auch genannt wurde, entscheidenden Einfluss nehmen auf das philosophische (neuplatonische) wie theologische Schriftwerk. Das theoretische Fundament der "Trinitätslehre" geht ebenso auf Augustinus zurück wie die bis heute gültige Lehre, die Heiligkeit der Sakramente hänge nicht ab von der Heiligkeit des Spenders: Gnade und Liebe könnten auch fließen durch einen "Unheiligen". Gebietet solche Lehre aber, unbehelligt zu lassen die "unheiligen" Spender der Sakramente? Gebot ER ihnen nicht, auszureißen das verdorbene Glied, auf dass nicht verderbe der ganze Leib? Plädierte Augustinus für die Ausrottung der Ketzer oder für die Ausrottung der Gottlosigkeit? Wer wollte festlegen, wer "rechtgläubig" ist und wer ein Ketzer, ein Häretiker? Von welchem Geist war, ist erfüllt die Zeit: gilt Gotteswort oder Menschenwort?

Mit zunehmendem zeitlichen Abstand vom unglaublichen Geschehen im Heiligen Land wird immer weniger der originären Frage, was ER sage zu diesem oder jenem Punkt, oberste Priorität eingeräumt, sondern darüber disputiert, was dieser oder jener Gelehrte dazu meine. Originäres Wort: heil und intakt der Geist oder unheil und entzweiend? "Jede Wahrheit, von wem auch immer verkündet", lehrte Ambrosius, "komme vom Heiligen Geist." Ist in diesem Sinne als wahr anzunehmen, was 431 erklärt wurde auf dem Konzil von Ephesus: dass Maria zu Recht "Theotokos" ("Gottesgebärerin") genannt werden dürfe, weil der Mensch Christus identisch sei mit dem Gott-Logos. Eine Lehre, die von Leo d. G. bestätigt werden sollte am Bosporus: auf dem Konzil von Chalcedon (451). Die Bestätigung der Lehre von den "zwei Naturen" Christi legitimiert endgültig die ausgesprochene Erlaubnis, Maria als "Mutter Gottes" anzurufen. Eine Bestätigung, eine Legitimation, geschuldet altem Aberglauben und Fruchtbarkeitszauber: der Verehrung der Magna Mater, der Anbetung der Artemis (vgl. Paulus Kampf in Ephesus wider die Silberschmiede, Apg 19,23-40), der Verehrung auch der germanischen Fruchtbarkeits-Göttin Freyja? Sollte die neue "Mutter Gottes" erleichtern die Identifikation mit dem neuen Glauben, erleichtern ebenso die Identifikation mit dem Sohn?

Mit dem Sohn mochte sich identifizieren das Volk, wie aber nahe sein und nacheifern einem Menschen, der zugleich Gott ist? Kann der Sohn identisch sein mit Gott, so er zugleich Mensch ist? Der Monophysitismus (der in Christus nur eine, die göttliche Natur sieht) der sogenannten "Altorientalen" (assyrische, armenische und koptische Kirche) lässt sich schwerlich vereinbaren mit der Lehre von den "zwei Naturen", was 451 zur Trennung führt von der Reichskirche. Eine Trennung, die bis heute nicht überwunden ist. Nicht überwunden, weil Rom sich weigerte, dem Bischof von Konstantinopel zuzubilligen, was das Konzil von Chalcedon ihm einräumte: den gleichen Rang und die gleichen Rechte wie dem Bischof von Rom. Ein Konflikt, den Gregor der Große (590-604), über den noch zu berichten sein wird, zu überwinden glaubte, als er erklärte, nur der römische Bischof sei geistlicher und politischer Hirte zugleich und nur er dürfe "Papa" (Papst) heißen? Ein postulierter Vorrang, eine klare Über- und Unterordnung, die indes von der selben Kirche im Hinblick auf die von ihr vertretene Trinitätslehre strikt abgelehnt wird. Lehrte ER nicht, keiner solle herrschen über den anderen? Provozierte und provoziert solcher Vorrang nicht Zwietracht – bis heute? Ein Vorrang, den zu stützen versucht die katholische These von der einen wahren, allgemein gültigen Lehre, die von Anbeginn bestand. Eine These, die wie wahr ist? Wahr im Hinblick auf das allgemein gültige, das ewige, das göttliche Wort, wahr aber auch im Hinblick auf Auslegung bzw. Festschreibung des Wortes? Lehrt die historische Wirklichkeit nicht, dass sich hier schieden die Geister von Anbeginn und sich scheiden bis heute? Wie wahrhaftig aber ist diese historische Wirklichkeit selbst, wie wahrhaftig kann Geschichtsschreibung sein? Wer erteilte den Auftrag, was zu fixieren, was weiterzugeben der (staunenden) Nachwelt – in welcher Absicht? Kann Glauben schenken der historischen Überlieferung, wer anzweifelt den Wahrheitsgehalt der biblischen Überlieferung? Was kann als gesichert gelten: gesicherte Erkenntnis einer neuen Zeit, die bewegt war wie vielleicht nur eine vor ihr: die alt-biblische Zeit?

Wie in alt-biblischer Zeit orientalische Stämme (wie der Abrahams) aufbrachen, Neuland zu erobern, so machen sich auf in der neuen Zeit Stämme im Abendland: überwiegend germanische. Die Völkerwanderung beginnt – eine gigantische Fluchtwelle, ein mörderischer Plünderungszug setzt ein. Die (wilden) Hunnen kommen (375) und vertreiben alle Germanen aus dem Osten. 410 plündern die Westgoten unter Alarich Rom, während die Vandalen Nordafrika beherrschen und – als Arianer – alle Anhänger verfolgen der Trinitätslehre. Leo d. G., der auf dem Konzil von Chalcedon bestätigte die Lehre von den "zwei Naturen Christi", gelingt es durch kluge Verhandlung, sowohl die unter Attila plündernden Hunnen als auch die unter Geiserich brandschatzenden Vandalen zu bewegen, Rom zu schonen. Erfolge, die Leos Autorität stärkten. Erfolge, die unterstrichen den gegenüber Byzanz betonten Primat Roms? Erfolge jedenfalls, die Leos Einfluss sicherten, weit über Chalcedon, weit über 451 hinaus und ihm bescherten, in der West- wie in der Ostkirche als Heiliger verehrt zu werden.

451 – das Jahr, das nicht nur steht im Zeichen des Konzils und der (geistlichen) Spaltung: der Entzweiung, der Abspaltung der "Altorientalen" von der Reichskirche, sondern auch (und vor allem?) steht im Zeichen der Schlacht auf den Katalaunischen Feldern. Im Zeichen des (weltlichen) Bundes gegen den gemeinsamen Feind: Römer verbünden sich mit Westgoten und Franken gegen Attila, gegen die Hunnen – und siegen! Legende, Mythos, Sage, wie die von den Nibelungen? Die Hunnen verschwanden, als hätte es sie nie gegeben, gingen unter, wie auch untergingen die Burgunder, wie auch unterging das weströmische Reich. Ein sagenhafter Untergang, geschuldet einem perfiden, intriganten Kampf um Macht, Einfluss, Reichtum? Sind das die Zutaten, aus denen bereitet ist der Untergang eines Imperiums?

476 wird der weströmische Kaiser Romulus Augustus abgesetzt vom Germanenkönig Odoaker. War der Untergang des weströmischen Reiches nicht vorher schon besiegelt, war dieses Reich noch reich? Hatte der Reichtum Roms nicht geradezu provoziert, was zu seinem Untergang führen sollte: Verschwendung? Prestigebauten, wohin das Auge blickte: Paläste, Thermen, Amphitheaters, die alle finanziert und unterhalten werden wollten und so zu immer drückenderen Abgaben führten und in der Folge zu Ausbeutung und Verelen-

dung immer breiterer Bevölkerungsteile. Wer schützte dieses Rom, schützte die Römer, wer führte sie? Der Kaiser, war er Alleinherrscher – Souverän? Souveräner als der Senat alter, demokratischer Zeit? Oder sollte auch in neuer, postdemokratischer Zeit obsiegt haben die Kleptokratie: die Vetternwirtschaft und Korruption? Wie blind war Rom im Hinblick auf die innere wie äußere Bedrohung? Ignorierte es arrogant die Zeichen der Zeit, feierte gar in seliger Verblendung den eigenen Niedergang und lud geradezu ein in sein Haus die *Brandstifter,* wie Dürrenmatts *Biedermann*? Was bewegte die Römer in jener bewegten Zeit oder waren sie unbewegt, gleichgültig, erstarrt in einer Welt, die geweiht war dem Untergang?

Das weströmische Reich mochte besiegt sein, war darum schon überwunden die alte Geisteshaltung, die Vielgötterei? Zumindest verbreitete sich eine andere Geisteshaltung unaufhaltsam weiter: die christliche. Verbreitete sich, weil sie Menschen bewegte, über ihre Grenzen hinauszugehen? Obsiegt die geistliche Macht über die weltliche – und hat darum Vorrang? Oder haben, wie Gelasius Ende des 5. Jh. lehrt, Kirche und Staat je eigene Kompetenzen? Wem kommt welche Macht zu auf Erden? Wer behauptet die geistliche Macht: die Kirche in Rom oder die in Konstantinopel (Byzanz) oder sollte sich am Ende doch durchsetzen der Arianismus? Und wer wollte geistliche Vormacht behaupten ohne Schutz der weltlichen? Lautete nicht die entscheidende Frage, wer in die Fußstapfen treten würde des untergegangenen weströmischen Reiches? Oder sollte tatsächlich der Bischof von Rom füllen können das Machtvakuum als geistlicher Caesar?

493 nimmt Theoderich, Herrscher der Ostgoten, Ravenna ein und lässt den hinrichten, der absetzte den letzten weströmischen Kaiser: Odoaker. An Stelle des alten weströmischen Reiches soll ein arianisch-germanisches Großreich entstehen. Pläne, die 552 jäh enden sollten. Das Ostgotenreich geht unter, besiegt von Byzanz, das nun herrscht über Italien. Unter dem oströmischen Kaiser Justinian I. (527-565), dem Erbauer der berühmten Hagia Sophia (= Heilige Weisheit), soll nicht nur das Reich der Ostgoten enden, sondern auch das der Vandalen. Treu (wie seine Gemahlin Theodora) zum Konzil von Chalcedon stehend, strebt der Kaiser Reichs- und Glaubenseinheit an und beruft aus diesem Grunde ein das Konzil von Konstantinopel (553). Gebieten ihm Treue und Reichseinheit ebenso, schließen zu lassen die von Platon gegründete Akademie in Athen (die immerhin 900 Jahre bestand) oder zu erlassen ein Reichsgesetz, das Juden verbietet, christliche Sklaven zu halten und Pessach (!) vor Ostern zu feiern? Eine antijüdische Politik, die sich auch im Westen findet: im von Westgoten beherrschten Spanien. Ein Westgotenreich, das 589 römisch-katholisch wird und den Arianismus untersagt.

Gregor der Große (590-604) ist es, der sich gegen die antijüdische Politik erhebt, gegen Gewalt und Zwangstaufe, dem Gebot des Kaisers indes soweit zustimmt, dass Juden verwehrt bleiben soll, christliche Sklaven zu haben. Unter Gregor zeigen sich in Italien auch erste Ansätze einer Sozialpolitik (angesichts der Folgen von Pest und Hochwasser bitter nötig) sowie erste und entscheidende Schritte, den Kirchenbesitz neu zu ordnen und eine Verwaltung aufzubauen und hierarchisch zu strukturieren. 592/93 gelingt es ihm, die (ursprünglich arianischen) Langobarden zum Abzug aus Rom zu bewegen. Nicht nur als geistlicher, sondern auch als politischer Hirte, als "Pontifex maximus" (frühe Wegbereitung hin zur "Konstantinischen Schenkung"?) sieht Gregor sich, woraus sich sein Postulat ableitet, nur der römische Bischof dürfe "Papa" (Papst) heißen. Ein Protest auch gegen den byzantinischen Bischofstitel "Ökumenischer Patriarch"? Ein Protest wider die Ökumene? In der griechischen Antike steht Ökumene für den Einflussbereich der griechischen Kultur; im römischen Reich entspricht der Begriff dem des Imperiums. Was strebt der byzantinische Bischof, was strebt der römische Bischof an: die Verbreitung einer ost- wie weströmische Bekenntnisse umfassenden christlichen Lehre, oder die Verbreitung einer ganz bestimmten Lehre: der griechisch-orthodoxen bzw. der römisch-katholischen?

Welcher Einfluss wird sich am Ende durchsetzen: der west- oder der oströmische? Sucht Gregor die endgültige Entscheidung, will er seine Autorität stärken und seinen Einflussbereich erweitern, als er, der erste Mönchspapst, benediktinische Mönche auf die britische Insel schickt? *Ora et labora* (bete und arbeite): der Geist des heiligen Benedikt (der in Montecassino das erste abendländische Kloster errichtete), wird er vereinnahmen das von Angeln und Sachsen eroberte Britannien? Nicht im Namen Gregors, sondern im eigenen Auftrag, missionieren zeitgleich in Britannien irische Mönche. Die Christianisierung Irlands selbst begann schon 432 unter Patrick. Die Missionierung Schottlands erfolgte später; sie begann 563 unter dem Iren Columban d. Ä. Eine Christianisierungswelle, die später, angeführt von iro-schottischen und angelsächsischen Mönchen wieder das Festland erreichen sollte (dazu mehr an späterer Stelle).

Konnte die Christianisierung die Rivalität überwinden zwischen Rom und Byzanz, die Einheit der Reichskirche wahren, heilen die Wunden des arianischen Streites, heilen ebenso den Bruch mit den "Altorientalen", die sich nach dem Beschluss von Chalcedon (der bestätigte die Lehre von den "zwei Naturen" Christi) getrennt hatten von der Reichskirche? Wie sollte sich angesichts derartiger Zerrissenheit behaupten die Christenheit gegenüber der neuen monotheistischen Lehre, die zur Stunde verbreitete der Prophet ("der Gepriesene") Mohammed (570?-632)? War nicht Mitursache für den Erfolg des Islam ihre Zerstrittenheit, die auch geschuldet war der Abkehr von einem strikten Monotheismus, wie er dem Judentum, wie er ebenso dem Islam zu eigen ist? Wer in seinem Innersten anerkennt und anbetet allein den einen Gott als den Höchsten, muss dem nicht fremd bleiben alle Rede von "Dreieinigkeit", von den "zwei Naturen", von der "Mutter Gottes", fremd bleiben eine Lehre, die es erlaubt, nicht allein anzubeten den einen Gott, sondern – wie abergläubische Götzendiener – anzubeten viele, seien sie Gottheiten genannt oder Heilige? Steht nicht geschrieben: *Du sollst keine anderen Götter haben neben mir* (2. Mose 20,3)? Kann die byzantinische Kompromissformel "In Christus ist nur eine

Energie" einen Zwiespalt lösen, den sie nicht selbst erst schufen? Mag dieser Kompromiss die "Altorientalen" auch vorerst versöhnen mit der Reichskirche, herrscht darum schon Einigkeit, Geschlossenheit in ihren Reihen? Hatte ihre innere Zerstrittenheit sie nicht längst zu sehr geschwächt, um die rasante Ausbreitung des Islam noch stoppen zu können?

Von Arabien, wo viele Christen beheimatet waren vor der neuen, islamischen Zeit (die 622 beginnt mit Mohammeds Flucht aus Mekka), ging der Sturm aus. Ein Sturm, der wegfegte auch das Land, das der westlichen Welt heute gilt als Hort permanenter, terroristischer Bedrohung: Jemen. 100 Jahre zuvor von christlichen Äthiopiern erobert, kam (Saba) Jemen nun unter islamischer Herrschaft. Dem Ansturm der Araber erlag auch das Perserreich, ebenso Babylonien und Ägypten. Was war der Grund für den rasanten Erfolg? Wurde die Fremdherrschaft als solche erfahren: erlebt allein als Unterdrückung? Wie vielen Christen und wie vielen Juden galt sie als Akt der Befreiung: Christen und Juden, die gelebt hatten in einem Land, das ihnen keine geistige Heimat bot, das nicht mehr das ihre war, sondern das ihrer persischen wie auch byzantinischen Herren? Mussten sich nicht nachgerade befreit fühlen alle Juden, als sich ihnen mit der arabischen Eroberung Jerusalems (638) wieder öffnete der freie Zutritt zu ihrer heiligen Stadt, ihren heiligen Stätten? An ihrem heiligsten Platz indes wird kein neuer Tempel entstehen, sondern (692 unter Abd al-Malik) das Wahrzeichen des neuen Glaubens: der Felsendom. Wahrzeichen eines Glaubens, der, wie fremd, wie neuartig, wie anders er dem einen oder anderen auch erschienen sein mag, eines jedenfalls gemein hatte mit dem christlichen: die innere Uneinigkeit, die Zerstrittenheit. 680 (nach der Schlacht von Kerbela) spalten sich die Schiiten endgültig ab von den Sunniten.

Eine Spaltung, die dem weiteren Vordringen der Araber – zumindest vorerst – keinen Riegel vorschiebt. 711/12 erobern Araber (Mauren) Spanien und besiegen das christliche Reich der Westgoten, ohne indes die christliche oder jüdische Kultur zu verdrängen oder gar auszumerzen! Eine gelebte Toleranz, die in Spanien über regen Gedanken- und Warenaustausch (wie in Toledo) zu einer einzigartigen Blüte führte. Zu Wohlstand und Gelehrsamkeit, was heutige politische Überzeugungen, "Multikulti" führe zu nichts oder sei zum Scheitern verurteilt, nachgerade Lügen straft. Warum einander bekämpfen, warum nach dem Trennenden fragen, statt nach dem Verbindenden: glaubten und glauben sie nicht alle an den einen Gott? Lehrte ER sie nicht, einander zu lieben, einander zu dienen? Lehrte ER sie nicht ebenso (als auftrat ein fremder Prediger, vgl. Markus 9,40): *Wer nicht gegen uns ist, der ist für uns?* Sind sie Gegner, Feinde, entstammen sie nicht alle einer Wurzel: Juden, Christen, Muslime? Sind die Offenbarungen (des Koran) gerichtet gegen die Gläubigen; richten sie sich nicht gegen die Gottlosen, gegen jene, die sich abwenden von Gott?

Wir glauben an Gott und an das, was uns geoffenbart worden ist, was Abraham, Ismael, Isaak, Jakob und den Stammesvätern geoffenbart worden ist, was Moses und Jesus überliefert worden ist, und was den Propheten von ih-

rem HERRN *überliefert worden ist; wir unterscheiden unter niemand von ihnen, und nur* IHM *sind wir ergebene Bekenner. Glauben sie dasselbe, was auch ihr glaubt, sie sind gerechtleitet, wenden sie sich aber ab, sie sind in der Ketzerei. Aber Gott wird dich vor ihnen schützen; und* ER *ist der Allhörende, der Allwissende. Es ist die Religion Gottes. Und was ist besser als die Religion Gottes?* IHM *sind wir Diener. Sprecht: Wollt ihr mit uns streiten über Gott?*
(2. Sura *von der Kuh,* 130-133. Wovon nähren sie sich: trinken sie die Milch oder schlachten sie die Kuh?)

Forderte der Islam nicht geradezu eine Rückbesinnung auf die Wurzeln? Eine Rückbesinnung, der sich stellen konnte, wer lieber verschloss seine Augen vor begangenen Fehlern: den Sünden der Vergangenheit, um seinen Vorrang zu behaupten, wie die römische Kirche? Wer fragt noch nach gemeinsamen Wurzeln, wenn der Feind längst ausgemacht ist, wenn er – für alle sichtbar – gewissermaßen schon vor der Tür steht?

Die Islamisierung mochte unaufhaltsam voranschreiten, galt das nicht aber ebenso für die Christianisierung – in der östlichen wie in der westlichen Welt? Ab 643 missionierte der syrische Mönch Alopen sogar in China[*], ab 641 beginnt die Christianisierung der Kroaten, die der Friesen ab 692. Einflussreiche Glaubensboten sollten neben iro-schottischen Mönchen, wie Columban d. J. (der zuerst in Gallien, später in der Schweiz wirkte), angelsächsische Mönche werden, wie Willibrord (betraut mit der Friesen-Mission) und vor allem Bonifatius, der "Apostel der Deutschen", der vielen gilt als Wegbereiter des christlichen Abendlandes. Mit dem Fällen der "heiligen" Eiche, dem Donar geweiht, setzte Bonifatius im hessischen Geismar ein eindrucksvolles Zeichen den Heiden. Die Christianisierungswelle, die unter Gregor d. G. die britische Insel erfasst hatte, sie kehrt unter Gregor II. zurück (der Bonifatius mit der Missionierung beauftragt) und überrollt das europäische Festland – mit welcher Wucht? Wuchs hier eine geistige Kraft heran, stark genug, sich weiterer Islamisierung zu erwehren? Oder bedurfte es hierzu auch profaner, militärischer Stärke – einer Macht, die zum Gegenpol werden konnte der byzantinischen?

Das fränkische Herrscherhaus der Merowinger/Karolinger bot sich an als neue Schutzmacht. (Schon der Frankenkönig Chlodwig hatte sich 496? taufen lassen vom Bischof Remigius und war so zum Vorbild geworden seinem Volke?) Karl Martell, der seine Reihen schloss und stärkte, indem er demjenigen Land zusicherte, der sich mit seinem Gefolge militärisch engagierte, besiegt 732 in Tours und Poitiers die Araber und stoppt das weitere Vordringen des Islam. Mehr noch, die fränkische Reichskirche erkennt 747 (angeregt von Bonifatius) den römischen Bischof an als Kirchenoberhaupt. Im Gegenzug wird Pippin (Sohn Karl Martells) zum Franken-König gesalbt. Pippins Sohn Karl soll es nicht nur gelingen, die heidnischen Sachsen zu missionieren und die langobar-

---

[*] Als die ersten China-Missionare den Namen "Tomos" hörten, dachten sie, der Apostel Thomas habe hier schon vor ihnen missioniert und verbreiteten diese Kunde in ihrer Heimat. Tatsächlich aber war mit "Tomos" der chaldäische Sonnengott "Thammuz" gemeint.

dische Königskrone zu erringen, sondern auch die höchste Stufe zu erklimmen: 800 wird Karl der Große zum römischen Kaiser erhoben. Hat das weströmische Reich seinen Herrn gefunden: einen Herrn, der die römische Kirche schützt und den darum salbt und heiligt die Kirche? (Oder salbt und heiligt die Kirche, was ihr Freiheit und Unabhängigkeit verspricht vom verhassten byzantinischen Kaiser, dessen Konsens nicht länger eingeholt werden muss bei einer Papst-Wahl?) Newton sah die Krönung Karls (als Zäsur: Basis seiner Berechnung des Weltuntergangs, den er auf 2060 datierte) als Sündenfall der Kirche, weil die geistliche Macht hier ein Bündnis einging mit der weltlichen (die 2016 Papst Franziskus den Karlspreis verlieh)? Lehrte ER sie nicht, niemand könne Diener sein zweier Herren?

Die merowingisch-karolingische Schutzmacht selbst stellt sich unter dem Schutz des heiligen Martin (371 Bischof von Tours), dessen legendäre Frömmigkeit im Zeichen steht der Mantelteilung.

Ich bin nicht gekommen,
Frieden zu bringen, sondern das Schwert.
(Matthäus 10,34)

Wird erfüllt oder aufgelöst? Steht die Mantelteilung symbolisch auch für die Teilung, die Spaltung der Kirche? Hier die weströmische Kirche, die unter Schutz steht des (west-)römischen Kaisers, dort die Ostkirche, die unter Schutz steht des byzantinischen Kaisers? Der römische Bischof (Leo III.) hält den byzantinischen Thron nach der Kaiserkrönung Karls sogar für vakant! Byzanz selbst erkennt den West-Kaiser erst 812 an. Zwei Kaiser, zwei Reiche und eben auch zwei Kirchen?

843 wird zumindest ein Streit beendet zwischen Ost- und Westkirche: die Zeit des Ikonoklasmus, des Kampfes gegen religiöse Bilder im byzantinischen Osten. Ein Streit, geschuldet dem Gebot: *Du sollst dir kein* (Gottes)*Bild machen* (2. Mose 20,4): also auch nicht niederknien vor einem Bild oder einer Figur? Während byzantinische Kaiser die Bilderverehrung mehrfach verboten, gaben gleich mehrere Päpste die Erlaubnis dazu. Das Konzil von Nicaea, das letzte Konzil, das West- und Ostkirche als allgemein verbindlich anerkannten, hatte schon 787 die Bilderverehrung befürwortet, da die Verehrung nicht dem Bild an sich, sondern der dargestellten Person gelte. Auch Christus dürfe, da ER (nicht nur Gott, sondern) auch wahrer Mensch sei, bildlich dargestellt werden. Die ausdrückliche Erlaubnis der Bilderverehrung von 843 gestattete es nun auch dem byzantinischen Osten, Gotteshäuser bildhaft auszuschmücken (um wen glänzen zu lassen?). Sind sie noch nach dem Bilde Gottes, wenn sie niederknien vor Bildern von Menschenhand gemacht? Wer denn ist Vor-Bild und "Stellvertreter Gottes" auf Erden, wenn nicht ER? Oder ist es der Papst (der sich seit Nikolaus d. G. schmückt mit dem früheren Kaisertitel)? Versucht Rom so seinen Vorrang zu behaupten: durch fingierte Urkunden (über angebliche Papstrechte) und anmaßende Titel? Das Konzil von Konstantinopel (869) jedenfalls steht klar im Zeichen solchen Vormachtstrebens, wird dort doch die Rangfolge der fünf Patriarchate festgelegt: Rom, Konstantinopel, Alexandria, Antiochia,

Jerusalem. Eine Rangfolge mit dem Vorrang Roms – ein Vorrang, den indes nur anerkennt Rom selbst. Der römische Bischof mag sich "Papst", "Pontifex maximus" nennen oder "Stellvertreter Gottes", Oberhaupt ist er nur der Westkirche. Die Ostkirche hat ihren eigenen Patriarchen.

Eine geistige Macht, die herrschen will und doch dienen sollte; eine Macht, die sich selbst schwächt, weil sie nicht das Verbindende sucht, sondern das Trennende? Ein Glaube, der im Zeichen steht der Teilung? Sollte ihr Glaube nicht stehen im Zeichen der Einheit, im Zeichen der ungeteilten Tunika, des letzten Hemdes, das ER hingab für sie. Im Zeichen des Heiligen Rockes, der anzieht die Massen bis heute (nach Trier, zuletzt 2012)? Feierten die Wallfahrer aber je die Einheit, führten sie zusammen, feierten sie eine einende, eine allgemeine Kirche oder feierten sie die römisch-katholische Kirche? Eins, ungeteilt, heil, ist die Kirche das? Die Einheit der Christenheit, nicht hergestellt bis auf den heutigen Tag, sie sollte 1054 endgültig(?) verloren sein. Das große Schisma, die Spaltung von griechisch-orthodoxer Ostkirche und römisch-katholischer Westkirche: stellte die Kaiserkrönung Karls hier die Weichen, war sie der entscheidende Schritt? Ein *Sündenfall*, der wem die Krone aufsetzte: dem Kaiser, der christlichen Welt oder dem Abendland?

Nach Karls Tod wird das Reich geteilt und zerfällt unter seinen Söhnen. Schon Ende des 9. Jh. kommt es zum Zusammenbruch der karolingischen Ordnung. Keine Macht, auf die der Papst (Leo IV.) noch bauen konnte. Als Schutz vor den nächsten Feinden, den Sarazenen, wird die Vatikan-Mauer (Leostadt) errichtet. Stephan V. wird sogar in Byzanz Hilfe erflehen gegen die Sarazenen. Zeitgleich drängen die Adligen Roms nach Macht und bedrängen, ja beherrschen das Papsttum. Ein Schutzherr wird erst wieder in Otto d. G. erwachsen, der 955 siegreich die "Heilige Lanze" führt auf dem Lechfeld gegen die Magyaren (Ungarn) und 962 zum Kaiser gesalbt wird. Das Sacrum Imperium Romanum, das Heilige Römische Reich Deutscher Nation beginnt, enden wird es 1806. Wie heil, wie intakt ist dieses heilige Reich; wie heil, wie unversehrt sind seine Träger: sind sie Herrscher der vereinigten Stammlande, Herrscher derer, die streiten für Gott? Stehen sie in der Nachfolge der gesalbten Könige David und Salomo, deren Namen eingraviert sind in der Reichskrone? Wer salbte die Träger der Krone des Heiligen Römischen Reiches Deutscher Nation: Gott – sein Stellvertreter auf Erden? Ist nicht ER der Gesalbte des HERRN?

Otto d. G. sah sein Kaisertum als heiligen Dienst, weshalb der Kaiser, bevor er sich schmückte mit der Reichskrone, einen ganzen Tag lang fastete (wie vorgegeben in der Bergpredigt, vgl. Matthäus 6,16-18: fastete so, dass niemand etwas bemerkte?). Dem Papst indes, der Otto und dessen Gemahlin Adelheid gekrönt hatte zu Kaiser und Kaiserin, schien weniger gelegen zu sein an einem heiligen Dienst. Johannes XII. war ein junger, wenig gebildeter Lebemann, dem sogar nachgesagt wird, einen Diakon geweiht zu haben im Pferdestall! Eine Synode Ottos I. setzte ihn 963 ab und wählte Leo VIII. zum Nachfolger.

Den Auswüchsen einer verweltlichen Kirche, die unter Johannes XII. einen vorläufigen Gipfel erreichten, sollte sich eine Reformbewegung entgegenstellen, die von Cluny ausging. Mit der Gründung des Klosters von Cluny (909) war ursprünglich lediglich eine Reform des auf den heiligen Benedikt von Nursia zurückgehenden abendländischen Mönchtums geplant. Im 11. Jh. aber sollte Cluny vor allem gegen den Sittenverfall der geistlichen Würdenträger kämpfen und für einen strikten Zölibat. Das 2. Laterankonzil (1139) erklärte alle Ehen der Geistlichen höherer Weihen für nichtig. Gilt und galt nicht aber gerade die Ehe als heiliger Bund – weil geschlossen vor Gott? Wem denn gaben sie ihr Ja-Wort? War nicht selbst Petrus verheiratet (vgl. Matthäus 8,14-15)? Ist es nicht besser, den Bund der Ehe zu schließen, denn sich zu ergehen in sexueller Ausschweifung? Geht der Zölibat, geht die Ehelosigkeit (1967 erneuert und danach wiederholt bekräftigt) denn tatsächlich einher mit sexueller Enthaltsamkeit, mit Tugendhaftigkeit? Die Sittenstrenge, wie sollte sie angeordnet werden von außen, wo sie doch Resultat nur sein kann eines inneren Reinigungsprozesses?

Die Bewegung von Cluny sollte nicht die letzte sein, die sich zunehmender Verweltlichung der Kirche und dem Sittenverfall ihrer Amtsträger entgegenstellte. Auch die sogenannten Bettelmönche des 13. Jh., zu denen die (nach Franz von Assisi benannten) Franziskaner zählen, verstanden sich als Protestbewegung gegen die "unheilige" Kirche und die mittelalterliche Seuche der Simonie (Korruption und Käuflichkeit geistlicher Ämter). Der Kirchenlehrer und Ordensgeneral der Franziskaner Bonaventura (1221?-1274) bezeichnete die römische Kurie gar als "babylonische Hure". Rückbesinnung auf die Wurzeln war das Credo der Bettelmönche. Besitzlosigkeit und Armut als Ideal – als Vorbild für wen? Vorbild den hohen Würdenträgern oder Vorbild dem niederen Volk, das nicht schon bettelarm war? Verklärung allgemeinen Elends oder allgemeine Aufklärung, sein Herz nicht zu hängen an vergänglichen Besitz? Wie fern, wie nah ist dem Volk die klösterliche Welt: eine asketische Lebensweise, deren Wurzeln im Orient zu finden sind, ein Leben nach (mehr oder weniger) strengen Regeln? Die Disziplinierung des Alltags, die Schulung des Geistes und nicht zuletzt die Gründung und Führung landwirtschaftlicher Betriebe (zu denen Kellereien, Mühlen und Meiereien gehören), Krankenhäuser und Apotheken lassen die Klöster zum Träger werden wirtschaftlichen Aufschwungs und zum Hort des Wissens: zum Leuchtfeuer des Geistes? Wie durchdrungen ist die Welt, wie durchdrungen ist das Volk vom klösterlichen Geist, bleibt es nicht ausgeschlossen von dicken Mauern, die verbergen das Wissen der Zeit und es offenbaren allein den (Ein)Geweihten? Mönch wie Nonne wandten sich (wie freiwillig?) ab von der diesseitigen Welt und prägten ein innerweltliches Ideal, das sein Pendant finden sollte im Idealbild des edlen Ritters.

Wie Mönch, wie Nonne ihr Leben weihten ganz und gar dem HERRN, so auch der Ritter, mit dem Unterschied, dass sich zum Ritter als weibliches Pendant gesellt die Herzens-Dame: die Angebetete, der treu dient und die verehrt der Ritter in ewiger, unerfüllt bleibender, sich selbst verleugnender Liebe. Der irdischen Überhöhung der Liebe entspricht die himmlische Liebe zu Christus, die Liebe zur reinen Weisheit: zur Jungfrau Sophia (gleich der *Beatrice* in Dantes Werk *Göttliche Komödie*). Die selbstlose Entsagung, die Opferbereitschaft bis hin zum Tod ist verbunden mit der Verheißung ewigen Heils im Jenseits. Ein zarter Minnesang (Vogelweide, Eschenbach), ein weicher Liebesklang, der nicht durchdrungen wäre von Wehklage über den sittenlosen Lebenswandel der Mächtigen, durchdrungen vom harten, hasserfüllten Laut der Zeit: dem Gemetzel der Kreuzzüge?

Veranlassung zum 1. Kreuzzug war die Eroberung Palästinas 1071 durch die türkischen Seldschuken. 1099 eroberten die Kreuzritter Jerusalem. Die wichtigste christliche Pilgerstätte: die von Helena erbaute prächtige Auferstehungskirche (schon 967 – von Muslimen und Juden – in Brand gesetzt) wurde neu errichtet, wenn auch weit weniger prunkvoll. Erobert und zum Lehnsstaat gemacht wurden auch Edessa, Antiochia und Tripolis. Als Edessa wieder verlorenging, rief der heilige Bernhard von Clairvaux auf zum 2. Kreuzzug (1147/48). In Bernhards Namen zogen sie ins Feld – ein Name, der steht für den Orden der Zisterzienser, für Kontemplation (religiöse Versenkung), Christus-Mystik, Marienverehrung, für die Abkehr von der sündigen Welt: für Heiligkeit? Diffamierte Bernhard seine intellektuellen Widersacher nicht als "Ketzer", um sich ihrer zu entledigen? Seinen Orden mochte Bernhard zu hoher Blüte bringen; der blutige Kreuzzug indes, zu dem er aufrief, scheiterte.

Als 1187 Sultan Saladin Jerusalem eroberte, führte das zum 3. Kreuzzug (1189-92), der diesmal als Reichskrieg verstanden wurde: als "Heiliger Krieg" der abendländischen Welt gegen die ungläubigen Orientalen. Auch König Philipp von Frankreich und Richard Löwenherz von England schlossen sich dem Kreuzzug an; die Führung übernahm der Staufer-Kaiser Friedrich Barbarossa. Im Kampf gegen die "Ungläubigen" sollte siegreich geführt werden die christliche Welt. Die indes verlor im heiligen Kampf ihre kostbarste Reliquie: das Wahre Kreuz. Wie das alte (jüdische) Volk Gottes verloren hatte seine Bundeslade an die sündigen Babylonier, so verlor jetzt das neue (christliche) Volk sein heiliges Bundeszeichen – verlor es im Kampf gegen eine sündige Welt? Zwar gab es Gerüchte, die Templer hätten irgendwo vergraben das Wahre Kreuz (s. weiter unten), indes es tauchte nie wieder auf.

Das Wahrzeichen der Christenheit, es war unwiederbringlich verloren. Erhalten geblieben ist allein der Titulus – das mutmaßliche Kopfbrett – die Anklageschrift: "König der Juden". Vom Kreuz genommen (und sicher verwahrt?), um solche Anklage nicht zu wiederholen, nicht länger zu beschmutzen das heile Andenken? Die Klageschrift, heute aufbewahrt in der Reliquienkammer von Santa Croce in Gerusalemme, sie blieb erhalten der christlichen Welt, das Kreuz selbst aber war verloren. Verloren als Zeichen des Leidens, des Todes oder verloren als Zeichen der Auferstehung, Zeichen des Lebens? Wofür stand ihnen das Kreuz im ersten Jahrtausend: war es nicht Zeichen der neuen Bewegung: ihr dickes **✝**? Im zweiten Jahrtausend aber sollte es zum Symbol werden des Leidens und des Todes, von ihnen verehrt und ins Feld geführt auf ihren Ritt ins Heilige Land? Gebot ER ihnen nicht: *Liebet eure Feinde?* So sie erfüllt sind von Liebe, wie wollten sie da wandeln den fruchtbaren Acker Gottes in ein blutiges Schlachtfeld? Verloren sie nicht mehr als das Kreuz, mehr als ein Stück Holz?

Der vierte Kreuzzug (1202-04) erreichte nicht mehr das Heilige Land, sondern gelangte, unter Leitung des Dogen von Venedig, nur bis nach Konstantinopel und sicherte – wenn nicht inneren Wandel – so doch zumindest lukrativen Handel und schwächte zudem das byzantinische Reich! Die ins Feld geführte Mission aber: die Rückeroberung des Heiligen Landes, sie misslang gründlich Auch die nächsten drei der insgesamt sieben großen Kreuzzüge scheiterten; sieht man einmal davon ab, dass der auf Drängen des Papstes vom Staufer Friedrich II. (s. weiter unten) unternommene Kreuzzug (1228/29) immerhin zu einem 10j. Waffenstillstand führte und der christlichen Welt zumindest eine, wenn auch sehr vorübergehende, Übergabe der heiligen Stätten: Jerusalem, Bethlehem und Nazareth bescherte. Neben den großen Kreuzzügen gab es verschiedene kleinere, darunter: ein Kinderkreuzzug (*Lasset die Kinder zu mir kommen* – sein Wort derart pervertiert)!

Gegen die muslimischen Angriffe war Palästina auf Dauer nicht zu halten.1291 ging mit Akkon der letzte christliche Besitz in Palästina verloren und fiel in die Hände der Sarazenen. Schuld daran wurde auch der Käuflichkeit und Habsucht vieler Christen beigemessen, beförderten die Kreuzzüge doch insgesamt einen Gewinn bringenden, keineswegs auf die Kriegsbedürfnisse allein abgestellten, sondern weit umfassenderen Handel. Ein lukratives Geschäft, um das viele Christen, vor allem Venezianer und Genuesen, wetteiferten untereinander, wetteiferten aber auch mit vielen Juden. Ein Gewinn bringender Austausch von Waren, der ebenso zum geistigen Austausch führte, was die abendländische Kultur, vor allem die (Bau)Kunst, enorm bereicherte und zu einer Blüte führte des Geisteslebens: zu einer allgemeinen Blüte oder zu einer Blüte elitärer Kreise? Hort der Gelehrsamkeit und des gesammelten Wissens der Zeit waren die Klöster. Wurden sie zu Leuchtfeuern ihrer Zeit oder blieb außerhalb der klösterlichen Mauern die Welt in Finsternis (waren sie *wachsam*?, vgl. Matthäus 25,1-13: *Gleichnis von den zehn Jungfrauen*)?

Das Idealbild "Mönch", das Idealbild "Ritter", die beiden Bilder, die licht- und glanzvoll projiziert wurden hinaus in die Welt, sollten sich bündeln in dem hellsten(?) Strahl: den militärisch-religiösen Ordensrittern (den geistigen Vätern heutiger Serviceclubs wie Rotary oder Lions). Der tätigen Nächstenliebe sich verpflichtend – unabhängig von Geschlecht, Hautfarbe, Herkommen, Geld oder Religion, dafür standen Johanniter (und steht der Orden bis heute mit der Johanniter-Unfall-Hilfe), Deutscher Orden und Templer. Dienten sie der Welt, dienten sie dem Heiligen Reich, dem wahren Wort, der Kirche? Widerstandsgeist mochte auch diese Bewegung geboren haben, blieben sie aber autonom, wurden die Ordensritter nicht geschickt vereinnahmt von der Mutter Kirche? Erfüllte nichts weiter als tiefer Glaube sie, als sie ins Feld zogen gegen den Unglauben dieser Welt, um zu verteidigen den wahren Glauben? Mit allen Mitteln? Wer nicht wollte ihr Bruder sein, dem schlugen sie den Schädel ein? Ist nicht aber der Glaube – wie die Liebe – gezeugt und geboren aus freiem Geist? Zogen sie nicht ins Feld wider die Freiheit anderes zu denken, anderes zu glauben: zu glauben und zu denken außerhalb der Grenzen, die gesteckt, gezogen hatte das Heilige Römische Reich?

Die Kreuzzüge, sie wurden nicht allein geführt gegen die "Ungläubigen" im fernen Morgenland, sie wurden geführt auch gegen die "Ungläubigen" im eigenen Land, gegen alle Häretiker dieser Welt. Ketzer, waren die Verfolgten das, waren sie nicht vielmehr überzeugte Christen? Glaubenstreu, aber nicht linientreu: der kirchlichen Hierarchie und ihren Sakramenten eher ablehnend gegenüberstehend, wie die Waldenser, die sich nach ihrem Stifter Valdes (Waldus) benannten. Einem reichen Kaufmann aus Lyon, der sein ganzes Vermögen verteilte an die Armen (wie ER gefordert hatte von einem reichen Jüngling). Aus der Kirche ausgeschlossen wurde diese Laienprediger-Bewegung schon 1184; seit dem 13. Jahrhundert aber werden die Waldenser ebenso unerbittlich verfolgt wie die Kartharer (die "Reinen"), die in der andächtigen Verehrung des Leidens und Sterbens Christi am Kreuz das prophezeite apokalyptische Gräuelbild erkannten. Anzubeten den Marterpfahl des Erlösers, hieß das nicht, eine Mördergrube zu machen aus dem lebendigen Tempel? Der vielleicht blutigste Feldzug, ein gnadenloser, fünf Jahre währender Krieg, begann 1181 gegen die Albigenser, die sich nach ihrem Hauptsitz, der Stadt Albi, benannten. Ein Kreuzzug der Reichen und Mächtigen gegen eine Bewegung, der fehlte jeder Untertanengeist, eine Bewegung, die zu fundamentalistisch war, die aufbegehrte und ad absurdum führte die kirchliche Doktrin von der Gott gewollten Armut? Ein unerbittlicher Feldzug gegen "Ungläubige", die sich nicht mit größerem Recht Christen nennen durften denn ihre grausamen Verfolger? Eine mörderische Hatz, die auch die Stedinger Bauern traf. 1230 als Ketzer gebannt, unterlagen sie 1234 einem Kreuzfahrerheer.

Als Ketzer denunziert zu werden, davor war niemand gefeit. Selbst der Ritterorden der Templer entkam nicht der Hölle der Inquisition. Der Reichtum des Ordens, der sich generierte aus dem Levante-Handel, den die Templer monopolisiert hatten, wird vermutlich Begehrlichkeiten geweckt haben. Fiel doch das Vermögen eines der Ketzerei Überführten an den Ankläger bzw. in den Schoß der heiligen Mutter Kirche. War das aber der einzige Grund, warum ein Kreuzzug entbrannte gegen die (Rot-)Kreuz-Ritter selbst? Brauchte man nicht auch einen Sündenbock für das Desaster der Kreuzzüge insgesamt? Bezeichnenderweise mündeten die gegen die Templer (die angeblich vergraben haben sollten das Wahre Kreuz) geführte Hetzkampagne in dem Vorwurf, die Schuld zu tragen am Verlust des Heiligen Landes. Waren Rechtfertigungsstrategien, Macht- und Gewinnstreben oder irrationale Wahnideen Motor der Inquisition? Hauptträger der von Rom zur Bekämpfung der Ketzerei eingesetzten Inquisition war der Orden der Dominikaner; gegründet von dem 1234 heilig gesprochenen (dem "HERRN angehörenden") Dominikus. Dem Orden wurde auch das Recht übertragen, überall zu hören die Beichte. "Spürhunde Gottes", wie sie genannt wurden: Lauschdienst im frommen Geiste oder unseliger Spitzeldienst? Disziplinierung des Volkes durch Angst und Schrecken – Ablenkung auch von eigener Schwäche?

Wie mächtig waren die Mächtigen der Zeit: mächtig genug, zu bewegen ihre Zeit? Und wer war der Mächtigste im (Abend)Lande: Kaiser oder Papst – der Blinde oder der Sehende?
Wenn aber ein Blinder den anderen leitet,
so fallen beide in die Grube.
(Matthäus 15,14)

Tobte nicht zur Stunde ein unerbittlicher Machtkampf unter ihnen, ein Machtkampf, der sich rankte um die Frage, wer wen bestimmt und einsetzt in ein Amt: Abt oder Bischof oder bestimmt und verfügt über Amt und Würde gar die weltliche Macht? Otto I. hatte noch wie selbstverständlich verfügt über kirchliche Ämter: Bischöfe eingesetzt und sogar den Papst abgesetzt unmittelbar nach seiner Erhebung zum Kaiser. Ebenso selbstverständlich hatte der Bischof von Mainz die Regentschaft des noch unmündigen Otto III. übernommen, gemeinsam mit dessen Mutter Theophano. 1078 aber eskalierte der Streit um die Investitur (Einsetzung der Bischöfe und Äbte in ihr Amt) mit dem berühmten Gang des salischen Herrschers Heinrich IV. nach Canossa. Die Unterwerfung Heinrichs indes konnte den lang schon schwelenden Machtkampf ebenso wenig beenden, wie es das kirchliche Verbot der Investitur durch Laien vermochte. Die Frage, wem die Oberhoheit zukam: Papst oder Kaiser, erhitzte weiter die Gemüter. Gekämpft wurde mit allen – wenig heiligen – Mitteln auf beiden Seiten. Auch vor Bestechung schreckte man nicht zurück, wie die Wahl des Königs (der in den deutschen Landen nicht durch Erbrecht, sondern durch Wahl der Reichsfürsten bestimmt wurde) von 1198 belegt: Der Kölner Erzbischof erkaufte sich, um die staufische Kaiser-Macht zu brechen (der einmal gewählte König wurde ja mit Salbung durch den Papst zum Kaiser erhoben), die Stimme des Trierer Erzbischofs. Nach Wunsch verlief dieser Bestechungsversuch nicht: die staufische Macht ging erst unter mit Friedrich II., der von der Kirche – trotz erfolgreich geführten Kreuzzuges (s. weiter oben) – als Antichrist diffamiert und gebannt wurde (und dessen beabsichtigte Ehe mit Elisabeth von Thüringen die Kirche zu vereiteln suchte? Der frühe Tod der Elisabeth kam mindestens sehr gelegen). Der Stauferkaiser seinerseits rief zum Heiligen Krieg gegen den Papst auf. Der unselige Kampf zwischen geistlicher und weltlicher Macht, geführt um die Frage der höchsten Autorität, wurde immer unerbittlicher. Gregor IX. ging 1236 sogar so weit, die Weltherrschaft zu beanspruchen unter Berufung auf die längst (spätestens seit 1001 unter Otto III.) als Fälschung enttarnte "Konstantinische Schenkung". Die "schreckliche" Zeit des Interregnums (1256-1273), die "kaiserlose Zeit" war das Ergebnis dieses zersetzenden Kampfes zwischen geistlicher und weltlicher Macht. Eines Kampfes voll der Wirren und Wechselfälle, des Banns und Interdikts, der nicht nur zur Schwächung der kaiserlichen Macht und in der Folge zu einer Stärkung der Territorialfürsten führte, sondern auch zur Erschütterung der päpstlichen Autorität, was die Kurie von Rom nach Avignon führte, in die sog. babylonische Gefangenschaft (1309-1377) und ins große abendländische Schisma (1348-1417). Zwei, ja sogar drei Päpste sollten gleichzeitig ihren Machtanspruch erheben.

Um Herrschaft wurde gekämpft, um Macht. Sollten sie aber herrschen einer über den anderen, gebot ER ihnen nicht, einander zu dienen? Dienten sie dem Reich oder gar dem Glauben, so sie stritten wider einander in Zeiten tiefster Erschütterung, schwerster Verwüstung: extremer Wetterbedingungen samt Erdbeben, Überschwemmungen und schwarzem Tod. Die Pestepidemie, die 1337 -1352 tobte in Europa, führte zu Bevölkerungsverlusten zwischen 30 und 50 %. Der Tod bringende schwarze Aussatz, war er Zeichen Gottes, Zeichen ihrer schwarzen Seelen? Wie war erklärlich solch unbeschreibliches Leid – konnte es gewollt sein von Gott? Ein Sündenbock musste her! Als Verursacher wurden die Juden ausgemacht und als Brunnenvergifter verunglimpft, verfolgt und seitens des Papstes (1348) mit Bann belegt. Schweißte zusammen die Hatz auf den Sündenbock all die "unschuldigen", "lammfrommen" Christen? Wer hielt zusammen die Herde, wer konnte Haupt sein in kopfloser Zeit, da zwei, ja, sogar drei Päpste gleichzeitig ihren Machtanspruch erhoben? Spaltung statt Einheit: was hätte stärker zu symbolisieren vermocht die geistige Lage jener Jahre als der Heilige Rock? Das letzte Hemd Christi, es zerreißt mit der Doppelwahl von Urban VI. (Rom) und Klemens VII. (Avignon) – zerrissen von Gottes Hand oder von Menschenhand? Zerrissen als sichtbares Zeichen, dass sie zerstört haben die Einheit?

Wer erkannte die Zeichen der Zeit; wer zündete an ein Licht inmitten der Finsternis? Waren es die Klöster (und Beginenhöfe: halb-klösterliche Frauenvereinigungen), die überall wie Pilze aus den Boden schossen? Boten sie nicht nachgerade dem weiblichen Geschlecht, angesichts verlustreich geführter Kreuzzüge, eine gangbare Alternative zur Ehe (weiterhin Schutz, zudem aber Aufstiegs- und Einflussmöglichkeit)? Was aber drang heraus aus dicken Klostermauern, was blieb dahinter verschlossen? Fromme Gelehrsamkeit, wissenschaftlicher Disput und eifriges Bemühen, die christliche Lehre zu verbinden mit den philosophischen Schriften des Aristoteles, mit den Schriften auch der arabischen Philosophen: das war die Stunde der Scholastik! Wie ergriffen aber war das Volk davon? Was wusste es von den Schriften eines Albertus Magnus oder Thomas von Aquin (beide Dominikaner)? Das kluge Herausarbeiten der Frage, die scharfe Abgrenzung der Begriffe, der logisch geformte Beweis, die Erörterung von Gründen und Gegengründen: redlicher Diskurs oder intellektuelle Winkelzüge, geschuldet einem heilen Geist – weltweit? Eine Brücke zu schlagen zur orientalischen Weisheit, zur muslimischen ("heidnischen") Welt, brachte Thomas v. Aquin immerhin den Vorwurf ein, er mache die christliche Lehre zur babylonischen Hure. Ein Vorwurf, der ihn mindestens verdächtig machte der Ketzerei, zumal Thomas verwandt war mit dem als Antichrist diffamierten Staufer-Kaiser Friedrich II. Aber wie populär war die geführte wissenschaftliche Debatte? Wurde der Disput nicht erst da gefährlich, wo er allzu laut geführt wurde?

Was sollte das Volk glauben: dass unergründlich seien die Wege des HERRN? Ein Gott, der nicht verstanden werden will, der ferne ist den Seinen? Ist ihnen nicht aber gegeben das Fleisch gewordene, das lebendige Wort? Hat ER ihnen nicht vor Augen geführt das Bild, nach dem Gott sie schuf, vor Augen geführt durch sein Beispiel, sein Wort, sein Gleichnis? Hat ER ihnen nicht gepredigt, das Himmelreich sei mitten unter ihnen? Wie wollen sie nah sein diesem Reich, so Gott ihnen fern bleibt? Nicht die Ferne, die Transzendenz, sondern die Immanenz des Göttlichen stellte als Gegenbewegung die Mystik entgegen einer rein Kopf gesteuerten Gelehrtenwelt. Hildegard von Bingen, Mechthild von Magdeburg und Elisabeth von Thüringen sind Namen, die verbunden bleiben mit dem mystischen Gedankengut und klingen (tief) hinein bis in unsere Zeit? Namen, die belegen, dass Bildung, Führung und Einfluss zu gewinnen, dem weiblichen Geschlecht möglich war selbst in finsterster Zeit, dass Klöster wahrhaft Orte sein konnten der Emanzipation? Was aber wäre die Mystik ohne die gelehrten Schriften, die Predigten und Traktate Meister Eckeharts (1269-1329?)? Als Schüler des – neben Thomas v. Aquin – wohl namhaftesten Gelehrten seiner Zeit: Alberto Magnus, hielt Eckehart dem Geist der Zeit entgegen: der Mensch solle es sich nicht an einem gedachten Gott genügen lassen; denn wenn der Gedanke vergehe, vergehe dann nicht auch Gott? Ketzerisches Gedankengut, das dem Meister ein Inquisitionsverfahren einbrachte, dessen Ausgang er indessen nicht mehr erleben musste.

Ketzerische Gedanken, gepredigt dem gemeinen Volk in der Sprache, die es versteht – nicht in Latein! Gepredigt dem Volk, das nichts weiß und nichts zu wissen braucht, gepredigt dem Landvolk, das hörig ist seinem Grundherrn und doch angehört dem höchsten HERRN – *wie im Himmel also auch auf Erden*? Ketzerische Gedanken: Ein in der Welt unmittelbar wirkender Gott, ein vom Menschen erfahrbarer, erlebbarer Gott. Ein Gott, vor dem sich jeder persönlich zu verantworten, zu rechtfertigen hat für sein Tun und sein Lassen. Die freie Entscheidung, sein Kreuz zu schultern und – ebenso wie der Esel – zu prüfen jeden seiner Schritte, ist diese *Freiheit des Christenmenschen* ein Dorn im Auge der Mächtigen? Fürchten sie diese Freiheit wie der Teufel das Weihwasser? Ist ER nicht gekreuzigt worden, weil ER ihnen nahebrachte diese Freiheit, in der sie stehen vor Gott: die Freiheit, die Gleichheit vor Gott und mithin auch die Brüderlichkeit? So sie aber frei sind und gleich und Brüder, so sie Christen sind: Gesalbte des HERRN, wer wollte sie da noch führen, wer als ihr Herr sich aufschwingen oder fungieren als Mittler zu Gott? Muss, wer führen will, nicht in Unfreiheit lassen das Volk und mithin in Unwissenheit? Entstellen also das wahre Wort, verbiegen die junge, aufklärerische Botschaft bis hin zur Narretei? Himmel und Hölle in Bewegung setzen, ein Schreckensszenario entwerfen, ein Fegefeuer entfachen, sich dienstbar machen alten Aberglauben – appellieren an Urängste, garantiert das nicht Macht bis hinein in unsere Zeit? "Und wenn sie nicht gestorben sind, so leben sie noch heute."

Aufklärung oder Verklärung und blinde Gefolgschaft, welcher Geist durchdrang die Zeit, wer prägte ihn: Papst oder Kaiser, Bischof oder Abt, geistlicher Orden oder Ritterorden, König oder Territorialfürst? War nicht noch eine weitere Macht erwacht und erstarkt im Kampf der Giganten? Waren es nicht die Städte mit ihren Universitäten und Märkten, die als Bildungs- und Handelszentren zu Macht, Einfluss und Wohlstand gelangten? Hatte doch der Handel im Gefolge der Kreuzzüge enormen Aufschwung erlebt durch orientalische Waren, Gewürze etwa, wie sie dem Abendland bislang unbekannt waren. Ebenso profitierte die Bildung durch intellektuelle Auseinandersetzung mit der arabischen Gedankenwelt und durch Wiederentdeckung antiker Schriften, wie die des Aristoteles. Zu den berühmtesten Bildungsstätten zählten die Universitäten von Paris, Oxford, Cambridge, Padua und Prag. Die wichtigsten Handelsplätze lagen mit Venedig, Verona, Mailand, Florenz und Genua in Norditalien und mit Brügge, Gent und Antwerpen in Flandern. Im deutschen Raum traten, neben den Städten der Hanse im Norden, Augsburg und Nürnberg als Wiegen der Bürgerkultur hervor. Mit dem Handel blühten auch Handwerk und Kunst auf. Waren zunächst Sakralbauten Motor künstlerischer Entfaltung: beeindruckende Kathedralen wie die von Chartres, Reims, Paris, Straßburg oder Köln, so traten nun zunehmend Profanbauten: Rathäuser, Bürgerhäuser, Patrizierpaläste in den Blickpunkt kreativen Schaffens als eindrucksvolles Zeugnis neuen, bürgerlichen Selbstbewusstseins. Statt Gottvertrauen nunmehr Selbstvertrauen?

Was hält die mittelalterliche Gesellschaft zusammen in all ihren unterschiedlichen Facetten, den städtischen, bäuerlichen, klösterlichen und ritterlichen Strukturen? Ist es die je eigene Hierarchie oder bindet die Idee des Heiligen Römischen Reiches; fühlen sie sich innerlich verbunden dem reichseinheitlichen Gedanken oder ist dieses Heilige Reich nicht mehr als ein abstraktes, dem Einzelnen unverständlich und fremd bleibendes Gebilde (ähnlich der heutigen EU) – ein Schutz- und Deckmäntelchen für wenig heiligen Machtkampf? Wo aber fremd und fern liegt die Idee des Heiligen Römischen Reiches, wie nah kann da der Glaube sein, der doch erst heiligte das Reich? Das Wort, das ER brachte der Welt, trägt es, schützt es noch? Genügt der äußere Schutz: die feste Burg, die Stadt- oder Klostermauer oder bedarf es neuer Gesetze, auf dass geschützt und geborgen sich fühle der Mensch? 1356 tritt das Reichsgrundgesetz, die sogenannte "Goldene Bulle", in Kraft (die bis 1806 gelten sollte und u. a. endgültig bestimmte die 7 zur Königswahl berechtigten Kurfürsten). Wovor aber wollte schützen menschliche Vorschrift, wandelbares Gesetz, wo nicht wehrhafter Schild ist Wort und Gesetz des Ewigen?

Mose zerbrach die steinernen Gesetzestafeln Gottes, als sie tanzten ums Goldene Kalb, tun sie es nicht gleich den Alten? Beten sie nicht an den Reichtum, den Mammon und knien nieder vor Götzen, von Menschenhand gemacht? Wer andächtig verharrt im Gebet und erfleht den Schutz eines "Heiligen", was tut der anderes als vor ihm die Alten: die Ägypter, Babylonier, Griechen und Römer? Kannten aber die Alten, da sie anbeteten ihre Götzenbilder, Wort und Gebot des einen Gottes? Wem aber gegeben ist das Fleisch gewordene Wort, wie wollte der ehren seinen Vater im Himmel: indem er IHM errichtet eine Wohnstatt aus Stein, IHM, der erschuf alles, was da ist im Himmel und auf Erden? Wohnt Gott etwa *in Häusern von Menschenhand gemacht*? Gebot ER ihnen nicht, würdige Wohnstatt zu errichten ihrem Vater im Himmel: in ihrem Herzen? Denn wo sie lebendiger Tempel sind des HERRN, ist Maß ihres Tuns kein äußeres Gebot, sondern die verinnerlichte "Goldene Regel": *Wie ihr wollt, dass euch die Leute tun sollen, so tut auch ihnen* (Lukas 6,31, Matthäus 7,12).

Bring Gott als Opfer dein Lob und erfülle dem Höchsten deine Gelübde! Rufe mich an am Tag der Not; dann rette ich dich und du wirst mich ehren. Zum Frevler aber spricht Gott: Was zählst du auf meine Gebote und führst meinen Bund in deinem Mund? Dabei ist Zucht dir verhasst, meine Worte wirfst du hinter dich. Siehst du einen Dieb, so läufst du mit, du machst dich gemein mit Ehebrechern. Dein Mund redet böse Worte und deine Zunge stiftet Betrug an. Von deinem Bruder redest du schändlich, auf den Sohn deiner Mutter häufst du Verleumdung. Das hast du getan und ich soll schweigen? Meinst du, ich bin wie du? Ich halte es dir vor Augen und rüge dich. Begreift es doch, ihr, die ihr Gott vergesst! Sonst zerreiße ich euch und niemand kann euch retten. Wer Opfer des Lobes bringt, ehrt mich; wer rechtschaffen lebt, dem zeig ich mein Heil (Psalm 50,14-23).

Blick zurück (*im Zorn*): Im Jahr 386 (5 Jahre später sollte das Christentum einzig erlaubte Religion werden) wurde Priscillian, Kopf einer strengen Asketen-Bewegung zum Tode verurteilt vom kaiserlichen Gericht in Trier, weil er ein Ketzer war, weil er die Bußübungen stellte über den Gottesdienstbesuch? Eine Verurteilung, die erging auf Betreiben des noch jungen Augustinus, aller Proteste zum Trotz. Neben Ambrosius und Martin v. Tours, protestierte selbst der römische Bischof Siricius. Eine Verurteilung aus machtpolitischem Kalkül, ein Willkürakt, ein Fanal hin zur Inquisition? Ein früher Beleg zumindest, dass der äußere ("fromme") Schein mehr gilt denn das innere Sein. Schlägt solche Scheinheiligkeit nicht nachgerade dem lebendigen Wort ins Gesicht: schlägt IHN erneut ans Kreuz? Verklärter Blick oder aufgeklärter, geläuterter Geist? Ist niedergebrannt das Feuer, das ER entfachte, erloschen die Flamme der Liebe, lodert auf die Glut des Hasses: das Fegefeuer der Eitelkeiten und Begehrlichkeiten? Prophezeite nicht Johannes der Täufer, dass ER sie taufen werde nicht mit Wasser, sondern mit Feuer? Und haben sie erhalten ihre Feuertaufe?

Spätzeit

Der HERR ist Geist,
wo aber der Geist ist,
da ist Freiheit.
(2. Kor 3,17)

1383, inmitten der Zeit der Spaltung (großes abendländisches Schisma), erschien in der Pfarrei Lutterworth das Neue Testament erstmals in einer Sprache, die nicht tot war, wie das alte Latein, sondern lebendig – die Sprache der neuen Welt: englisch. Kein blutleeres Kirchenlatein, sondern Fleisch gewordenes Wort. Wiedergeburt und Rückbesinnung auf die Wurzel – Bestätigung auch der Thesen des Bibel-Übersetzers Wycliffe? Als Professor der Theologie in Oxford hatte sich Wycliffe stets berufen auf die Heilige Schrift als oberste Autorität und vehement verneint jede Notwendigkeit von Zölibat, Ohrenbeichte und Mönchtum. Die Transsubstantiation (die wirkliche, nicht nur symbolische Verwandlung von Brot und Wein in Leib und Blut Christi beim Abendmahl) bestritt Wycliffe ebenso wie die priesterliche Schlüsselgewalt; denn jeder sei (wie schon das Judentum lehrte) sein eigener Priester, ein Mittler zu Gott nicht vonnöten. "Kirche" verstand Wycliffe als universale Gemeinschaft derer, die Gott angehören. Und predigte ER je etwas anderes, gebot ER ihnen nicht, einander zu dienen, statt zu herrschen einer über den anderen? Zu viel Brüderlichkeit, zu viel Gleichheit, zu viel Freiheit all jenen, die ihren Machtanspruch behaupten wollten? Fünf Bullen erließ Papst Gregor gegen diesen Ketzer, dem gnädiger Tod ersparte den Scheiterhaufen. Brennen aber sollte sein (Prager) Schüler Hus, der 1415 (wie Wycliffe) zum Ketzer erklärt wurde auf dem Konstanzer Konzil, das (1417) beendete das abendländische Schisma mit zuletzt drei konkurrierenden Päpsten. Nur fünf Jahre später triumphierten die Hussiten (für die sich die kirchliche Reformidee wie selbstverständlich verband mit ihrem tschechischen Nationalziel), als sie vernichtend schlugen das gegen sie aufgebotene Kreuzfahrerheer. Das Feuer der Reformation war längst entzündet: der heile Geist wiedergeboren schon im großen Werk Meister Eckeharts, weiter entfacht in den Werken so vieler "Ketzer" und schließlich entflammt mit der Übersetzungsleistung eines Überzeugten: Wycliffe, der nichts als Nähe suchte zu Gott und ins Zentrum stellte aller Betrachtung die Gotteskindschaft. Von Lutterworth führt der Weg direkt hin zu Luther. Mochten die alten Mächte auch versuchen, zu löschen das Feuer, sie gossen nur neues Öl hinein. Der neue, reformatorische Geist ließ sich nicht auf Dauer unterdrücken. (Selbst Konstanz, Ort des Konstanz (?) verheißenden Konzils, sollte sich reformieren, kehrte indessen schon 1525 wieder zurück in den Schoß der heiligen römischen Kirche.)

Die Zeit stand ganz im Zeichen der Wiedergeburt: der Rückbesinnung auf das religiöse Erbe, auf das originäre Wort, das ER ihnen gebracht hatte. Der Rückbesinnung auch auf das heidnisch-kulturelle Erbe der Antike; eine Renaissance, die einherging mit der Wiederentdeckung antiker Schriften, antiker (Bau)Kunst und einer alt-römischen Lebensphilosophie, die bangen, mittelalterlichen Jenseits-Erwartungen eine freudig gelebte Diesseitigkeit entgegenstellte. Ein neues, junges Lebensgefühl, das von Italien ausging und sich sichtbaren Ausdruck schuf in der Baukunst, der Skulptur und der Malerei. Die Kunst gewann durch ihre Förderer und die Förderer schmückten sich mit ihr. Die Medici in Florenz, die Sforza in Mailand, die Oligarchen, samt ihres Dogen in Venedig und nicht zuletzt der Papst samt Kurie in Rom. Die moderne Geldwirtschaft, das Banken- und Kreditwesen machte möglich, sich zu leisten, was man sich eigentlich nicht leisten konnte, und provozierte so Misswirtschaft, Maßlosigkeit und Verschwendung. Wer auf sich hielt, umgab sich mit Glanz und Gloria, wer an die Spitze sich putschen wollte im Netzwerk der neuen Zeit, wer dazu gehören wollte zur "Familie" (damals wie heute), dem durfte es zwar an Geist, nicht aber an Geld, noch weniger an List fehlen, sich welches zu beschaffen. Korruption und Vetternwirtschaft blühten – wie im alten Rom, so auch im Vatikan der frühen Neuzeit. Wer Papst werden wollte, bestach die Kardinäle. Wie weltlich, wie zwielichtig das Papsttum Ende des 15. Jh. geworden ist, zeigt deutlich die (manipulierte) Wahl Alexanders VI. zum Papst: ein Macht hungriger Borgia auf dem Stuhle Petri! Ein Heiliger Vater, der zugleich leiblicher Vater ist dreier Söhne und einer Tochter: der ebenso berühmten wie (u. a. wegen Inzest) berüchtigten Lucrecia Borgia. Ein Papst, der sich mit Julia Farnese ganz offiziell eine Mätresse hält.

Die Lebensgier der Antike schien in der Tat neu erwacht, ebenso die Prunksucht: das Bedürfnis sich zu schmücken, mit äußerem Glanz zu umgeben – um abzulenken von innerer Armut? Knieten sie nieder vor dem Mammon, als hätten sie ganz und gar vergessen, was ER sie gelehrt hatte über den vergänglichen und den wahren Reichtum in so vielen Gleichnissen? *Eher geht ein Kamel durch das Nadelöhr, als dass ein Reicher ins Himmelreich gelangt* (Matthäus 19,24), ist das nicht sein Wort? Und doch verehrten sie die alten Götzen und hoben in den Himmel, Skulpturen und Bilder von Menschenhand gemacht? Wer denn war Vorbild ihrer Kunstwerke? Stand nicht Raffaels eigene Geliebte Modell der berühmten sixtinischen Madonna? Und Leonardo da Vinci, wurde und wird er nicht gefeiert als Universalgenie und Idealbild des Renaissancemenschen schlechthin? In seinem berühmten Abendmahlsbild bannt Leonardo auf die Leinwand den unvergänglichen, den ewig währenden Augenblick: den Augenblick der Liebe oder des Verrates? Ist der Verräter mitten unter ihnen – gestern wie heute? Beschert nicht aber der Verrat letztlich Unheil dem Urheber, alles Heil indes dem Verratenen? Ist die menschliche Tragödie am Ende wahrhaft "göttliche Komödie", wie Dante (1265-1321) schreibt? Wer solches Geheimnis entdeckt, mag der nicht lächeln – gleich der Mona Lisa? Wie sollte nicht zu guter Letzt siegen die Gottheit: die Gutheit, die Liebe über alle Bosheit? Prophezeite ER ihnen nicht: *das alles müsse geschehen* (Matthäus 24,6), bevor sich offenbaren könne der volle göttliche Wille und erreicht sei die "Fülle der Zeit"?

Die Zeit war janusköpfig, geprägt vom Untergang einer alten wie vom Aufstieg einer neuen Welt: eine Zeit des Umbruchs. Der soziale und wirtschaftliche

Wandel wird besonders deutlich am Ritterstand, der mit dem Ende der Kreuz-fahrerzeit seiner Bedeutung enthoben, entwurzelt ist. Als Raubritter versuchten viele ihrer Not Herr zu werden. Ihre Raubzüge und Fehden (Privatkriege) zu beenden, war erklärtes Ziel des Ewigen Landfriedens von 1495. Wie der Stand der Ritter unterging, so verloren die Klöster ihre Bedeutung als Hort der Wissensvermittlung zu Gunsten der Universitäten. Die Gelehrtenschicht stieg auf in der sozialen Hierarchie, ebenso die Kaufmannsschicht. Die Naturalwirt-schaft wurde endgültig verdrängt von der Geldwirtschaft. Prägt das Geld die neue Zeit oder sind die alten Werte weiter gegenwärtig? Bindet die alte Reichs-idee noch oder ist das Heilige Römische Reich nichts als schöne Fassade (ähnlich der heutigen EU), hinter der jeder sein eigenes Süppchen kocht (bis hin zum Austritt)? Was lehren die geistlichen Führer; was versteht das Volk vom Geist der Zeit; wer ist ihm tragende Säule? Die Kirche, die lehrt in einer Sprache, die das gemeine Volk nicht versteht, kann sie der Fels sein in stürmi-scher Zeit? Schon im 13. Jh. hatte der Franziskaner Bonaventura (heilig ge-sprochen im 15. Jh.) die "unheilige Kirche" als "babylonische Hure" bezeichnet. Joseph Ratzinger (der spätere Papst Benedikt XVI.) sollte in der Jetzt-Zeit so formulieren: „Und so ist die Kirche für viele heute zum Haupthindernis des Glaubens geworden". Was ist die Kirche in jenen Jahren des Umbruchs: eine Hure, die sich andient, Haupthindernis des Glaubens, eine Kirche zum Unter-gang verdammt? Oder kann sie neu begeistern die Massen: wahren Glauben entflammen statt alten Aberglauben?

Hexen- und Dämonenwahn sollte verfinstern den Blick einer ganzen Epoche und schließlich gipfeln in der Verfolgung aller Nicht-Christen: der Ungläubigen, der vom Teufel Besessenen. Solche Paranoia hatte sich schon gezeigt wäh-rend der ersten großen Pestwelle 1347 -1352, als verfolgt wurden alle Juden als Brunnenvergifter und Verursacher des unerklärlichen Schreckens. Ein zer-störerischer Irrglaube, der indes begeisterte die Massen. Zum Triumphzug führ-te auch der Jean d' Arc, der Jungfrau von Orleans, und somit immerhin been-den half den hundertjährigen Krieg zwischen Frankreich und England. Doch die Rüstung, der Schutzschild vergangener Tage war dem Untergang geweiht, wie die Jungfrau selbst: 1431 sollte sie auf dem Scheiterhaufen landen (550 Jahre später wurde sie heilig gesprochen). Wer sich widersetzte dem Ungeist seiner Zeit, kämpfte gegen Windmühlenflügel und wurde, wie Cervantes "Don Qui-chotte", leicht zur traurigen Gestalt. Eine Zeit, eine Welt, fast vergangen, aber noch nicht erloschen; eine alte Welt, die sich noch einmal aufbäumte wider die neue Zeit. Endgültig unter aber ging ein Reich, das immerhin überdauert hatte das weströmische Imperium um 1000 Jahre: das oströmische Reich. 1453 er-oberten die Türken Konstantinopel und machten es zu ihrer Hauptstadt.

Die osmanische Expansion schritt unaufhaltsam fort, seit die Türken 1389 die Serben vernichtend geschlagen hatten auf dem Amselfeld im Kosovo – der "heiligen Erde" bis heute? Denjenigen, die sich dazumal gemein machten mit den "Unterdrückern", die sich bekannten zum Islam (was gleichbedeutend war mit der Aufnahme in die türkische Kriegerkaste), vergaben die Serben nie. 600

Jahre später sollten sie sich rächen an diesen bosnischen Muslimen – in Srebrenica. Die Zeit heilt alle Wunden, heißt es im Volksmund. Heilt sie wirklich, oder stimmt, was J. Lennon konstatierte: *Die Zeit verwundet alles Heile?* Wie sollte heilen die Wunde, so nicht bekämpft wird das Übel an der Wurzel? Die alte, schmerzliche Spaltung der Christenheit, die Trennung zwischen West- und Ostkirche, war sie aufgehoben mit der türkischen Eroberung Konstantinopels, überwunden gar? 1439 schien die Vereinigung beider Kirchen noch zum Greifen nah unter einem Verhandlungsführer, der schon 100 Jahre vor Kopernikus erkannt hatte, dass sich die Erde bewegt: Nikolaus von Kues (Kardinal ab 1448). Keine heliozentrische Weltsicht, die schreckte (für Kues stand Gott im Zentrum aller Bewegung), was schreckte in jenen Jahren, war der Sieg der "Heiden". Ein Sieg, der auch geschuldet war der Schwächung des byzantinischen Reiches infolge räuberisch geführter Kreuzzüge. Ein Sieg, der obsolet machte weitere Verhandlungen, weil Rom wähnte, um die Ostkirche sei es "gottlob" geschehen: die Einheit der Christenheit fortan gewahrt? Gewahrt vor allem Roms Primat: der von jeher "heilige" Anspruch, Vorrang zu haben, Stellvertreter Gottes zu sein auf Erden? Indessen, die Ostkirche besteht bis heute und somit auch die Spaltung. Weder die alte noch die neue Zeit vermochte zu kitten den Riss, der durchzog die christliche Welt. Sollten sie nicht Brüder sein, warum halfen sie einander nicht gegen den gemeinsamen Feind? Oder kümmerte die osmanische Expansion so wenig, weil der Westen sich unberührt davon wähnte? Eroberten denn die Türken nur Orte, die heilig waren dem Islam, wie etwa Mekka und Medina, eroberten sie nicht ebenso christliche Orte in Armenien, Ägypten, Syrien und vor allem in Palästina: heilige Orte?

Nicht der Glaube, der Orient-Handel zwang das Abendland, neue Wege zu suchen; waren doch die Landwege infolge der osmanischen Eroberung verschlossen. 1497/98 sollte der Portugiese Vasco da Gama den Seeweg nach Indien finden. Eine noch folgenschwerere Entdeckung gelang Columbus, als er Indien auf dem Westweg über den Atlantischen Ozean zu erreichen suchte und dabei 1492 einen "vergessenen" (Doppel)Kontinent (wieder)entdeckte (schon um 1000 hatten Wikinger Nordamerika entdeckt), den der Kartograf Mercator auf seiner neuen Weltkarte später als "Amerika" bezeichnete. 1492: das Datum steht nicht nur für die Eroberung der Neuen Welt, es steht gleichfalls für die Vertreibung aller Mauren aus Spanien und ebenso für die Vertreibung aller Juden aus dem nunmehr erzkatholischen Spanien. Ein Exodus, der in seinem Ausmaß an alt-biblische Zeiten gemahnt: an den Exodus der Juden aus Ägypten – freilich unter anderen Vorzeichen. In alter Zeit hatte das Volk Gottes selbst begehrt den Auszug, um heimzukehren ins Gelobte Land, und der Pharao hatte sie letztlich ziehen lassen, da er erkannte: Das ist wahrhaft Gottes Volk. 1492 aber ist der Auszug erzwungen durch ein Dekret, so kurzfristig anberaumt, dass den Juden keine Zeit blieb, ihr Hab und Gut zu veräußern. Was sie zwangsweise zurückließen, sicherte finanziell die Eroberung Granadas! Den Spaniern zum Zeichen, dass Gott lobt und belohnt die Vertreibung der Juden: der Christus-Mörder? Gottes Wille auch, dass in Granada die Bücher brennen (ein geistiger Aderlass vergleichbar dem Verlust der Bibliothek in Alexandria)? Griechische, syrische, aramäische und persische Schriften, überantwortet dem Feuer, um auszutreiben den Ungeist der Zeit? Im Namen des Kreuzes, im Namen des Gekreuzigten: hingerichtet als "König der Juden", wie der Titulus bezeugt. Lange verschollen geglaubt, taucht, oh Wunder (?) die alte Anklageschrift unversehens wieder auf! Um wen anzuklagen: die Juden, auf dass gerechtfertigt sei deren Vertreibung? Entstammt ER nicht dem alten Volk Gottes? Gekreuzigt als (gesalbter) "König der Juden" im Morgenland und verehrt als Christus (= Gesalbter) im Abendland: wen verehren, wen vertreiben sie? Wer wollte angehören dem neuen Volk Gottes, der ausreißt die Wurzel, statt auszureißen das Böse aus seiner Mitte?

Im Namen Gottes wird bekämpft, was zur wirtschaftlichen und geistigen Blüte geführt hatte: der friedliche Austausch der Kulturen und Religionen. Verfolgt werden nicht nur die (islamischen) Mauren und Juden in Spanien, ebenso unerbittlich bekämpft werden die "Ungläubigen" in der Neuen Welt. Die christlichen Eroberer, die Conquisatoren, führen fort, womit die Kreuzritter begonnen hatten: die Bekehrung aller Heiden durch Feuer und Schwert. Das Streben nach Reichtum, die Suche nach den Schätzen der Welt, verbindet sich auf wundersame Weise mit der Kreuzzugs-Idee: die Ungläubigen zu bekehren und notfalls zu "befreien" von allem Teufelswerk: all den verlockenden irdischen Werten. Eine Glaubensdoktrin, die noch heute beherrscht die Welt? Pizarro und seine Mannen zerstören in Peru das Reich der Inka; Cortez zerstört mit den Seinen die mexikanische Hochkultur: das Reich der Azteken. Die Ureinwohner sterben scharenweise: infolge eingeschleppter Krankheiten, gegen die sie keine Resistenzen aufbauen konnten, vor allem aber infolge harter, unmenschlicher Plantagen-Arbeit, zu der sie gezwungen werden. Ihr Leiden und Sterben führt indessen nicht zum Umdenken, sondern zum Import von Sklaven aus Afrika: kräftigere "Schwarze". Skrupel, Menschen zu (be)handeln wie Ware, haben die christlichen Eroberer sowenig, wie die heidnischen Römer der Antike sie hatten.

Nicht die Barbarei der Eroberer ist Gegenstand hitziger Debatte, sondern die Wildheit der Ureinwohner. Die entscheidende Frage lautet, ob man es hier überhaupt mit Menschen zu tun habe. Papst Paul III. entscheidet 1537, es seien Menschen und sie könnten daher getauft werden. Zwangstaufen sind die Folge. Was hat solche Zwangschristianisierung noch gemein mit der christlichen Botschaft, der Bergpredigt und der Goldenen Regel: *Wie ihr wollt, dass euch die Leute tun sollen, so tut auch ihnen* (Matthäus 7,12)? Statt Bruderliebe Knechtschaft und Raub – mit dem Segen der heiligen Mutter Kirche. Schlagen sie das Fleisch gewordene Wort abermals ans Kreuz? Zu den Conquisatoren und Missionaren gesellt sich ein ganzer Strom von Pionieren, von Abenteurern, die mehr von Goldgier und krimineller Energie getrieben sind denn von christlicher Überzeugung. Eine brisante Mischung, wie sie der späteren Besiedlung Nordamerikas ebenso zu eigen sein wird, wenn auch nicht mehr im Namen des Katholizismus, sondern im Namen einer neuen Erwähltheit: des asketischen Protestantismus (dazu später mehr).

Der Welthandel verschob sich, die alten Handelsplätze in Italien verloren zu Gunsten neuer Handelsmetropolen: Lissabon vor allem und Antwerpen. Neben Spanien stiegen die Niederlande und England auf zur Seemacht. Auch die deutschen Länder und die Hanse profitierten vom neuen Handelsboom. In Augsburg stiegen die Fugger zum bedeutendsten Banken- und Handelshaus des Abendlandes auf; sie finanzierten sowohl die Unternehmungen des Papstes wie auch die des Kaisers. So erkauften sie dem Habsburger Maximilian I. die Kaiserkrone, um sich im Gegenzug das Kupfermonopol zu sichern. Neben dem Metallimperium der Fugger sicherte und steigerte ihre Beteiligung am ostindischen Gewürzhandel maßgeblich die Gewinne. Der sagenhafte Reichtum, war er geschuldet persönlichem Einsatz, eigenem Verdienst oder geschöpft aus einer Quelle, die nicht länger sprudelte für Viele, sondern für Wenige nur? Grund genug, ein soziales, ein gutes Werk zu tun und die "Fuggerei" zu errichten als Siedlung für Arme – und zur Beruhigung des christlichen Gewissens?

Auch als Mäzene machten sich die Fugger einen Namen. Zentrum der Kunst und des Kunsthandwerks aber war nicht Augsburg, sondern Nürnberg und speziell für die Malerei stand (neben Cranach) der Name Albrecht Dürer. Er ist es, der die Kunst zu einer allgemein bildenden machte, er, der Pionier des Holzschnittes, der Fürst des Kupferstiches. Wie die "Bilder laufen lernten" durch Vervielfältigung, so verbreitete sich durch den (von Gutenberg in Mainz erfundenen bzw. wieder entdeckten) Buchdruck das geschriebene Wort unter das gemeine Volk. Die Uhren schienen anders zu ticken, im wahrsten Sinne des Wortes: 1510 fertigte der Schlosser Henlein die erste tragbare Uhr. Den Takt der Zeit selbst zu bemessen, Schluss zu machen mit altem Kirchturmdenken, dazu bedurfte es indes eines emanzipatorischen, eines aufklärerischen Geistes, eines heilen Feuers, das entfacht hatte schon Meister Eckehart, ebenso Wycliffe, ohne indes die Massen entflammen zu können. Nun aber sollte der heile Geist der "Gotteskindschaft" wiedergeboren werden, Gestalt annehmen und begeistern die Massen, weil die Stunde ganz einfach geschlagen hatte?

Am 31. Oktober 1517 (ein Tag, der heutigen Nachrichtensendern historisches Ereignis ist oder "Überlieferung"?) schlägt Martin Luther, Professor der Theologie, seine 95 Thesen an die Tür der Schlosskirche (zugleich Universitätskirche) zu Wittenberg (geistiges Zentrum jener Jahre – wie später Weimar), um anzuprangern den Ablasshandel: den Halloween-Zauber der Kirche seiner Zeit. Der lateinische Urtext sollte alsbald, ins Deutsche übersetzt, über Flugblätter (die ersten Nachrichtenblätter der Neuzeit) verbreitet werden. Die neue von Gutenberg (1397-1468) erfundene Kunst des Buchdrucks mit beweglichen Metalltypen ermöglichte erstmals, eine Nachricht in Windeseile publik zu machen. Ein beispielloses Medienereignis, das ein anderes Massenspektakel der frühen Neuzeit fast verdrängte: die Hebung (Wiederauffindung) des Heiligen Rocks. Das letzte, unteilbare Gewand Christi – Symbol der ungeteilten Christenheit – ließ 1512 die Massen nach Trier pilgern, dem Findungsort des Heiligen Rocks (und 2012 wen wallfahren, um "zusammenzuführen, was zusammengehört"? Zusammenzuführen in eben jenem Dom, der heute beherbergt beide Wahrzeichen der geteilten christlichen West-Kirche: das "ewige Licht" und die "aufgeschlagene Schrift"). Kaiser Maximilian, weltliches Oberhaupt des Heiligen Römischen Reiches hatte sich als Erster zeigen lassen das wieder aufgefundene Einheitssymbol der Christenheit und war so zum Vorbild geworden der Massen? Das letzte ungeteilte Hemd Christi: zerrissen im Zeichen der abendländischen Spaltung (vgl. *Hochzeit*), die währte bis **1417**, zerrissen und wieder ausgebessert. Geheilt ebenso ihre innere Zerrissenheit oder nur notdürftig geflickt? **1517**, fünf Jahre nach der ersten "Heilig-Rock-Wallfahrt", erfolgt der Thesenanschlag.

Heilung oder Teilung? Beabsichtigt war eine Kirchenspaltung sicher nicht von Luther. Seine Thesen prangern einen Missstand an, ein Übel der Zeit, ein Unwesen, das ganz und gar im Widerspruch steht zu dem, was die Kirche selbst für Recht erachtet: den Ablasshandel. Nach dem Codex Iuris Canonici (Canon 992) bezieht sich "Ablass" auf die zeitliche Strafe für bereits vergebene Sünden, nie aber auf die Vergebung der Sünden selbst oder gar auf die Befreiung von ihr. Auf einen kirchenrechtlichen Missstand, eine moralische Verwerfung, religiöse Entgleisung hatte Luther hinweisen wollen (wie schon viele Mönche vor ihm, etwa die Bettelmönche: war da weniger Reformgeist?). Die kapitalistische Kreativität der "Diener Gottes" hatte der Reformator sicher weniger im Blick. Garantierter Schuldenerlass, Vergebung irdischer Sünden: statt Höllenpein und Fegefeuer ewige Rendite. Die päpstlich zertifizierten Anteilsscheine am himmlischen Heilsgut werden gleich massenhaft verschachert von den ersten "Drückerkolonnen" der Neuzeit, die in Tetzel ihren wirksamsten Propagandisten und in dem Slogan: "Sobald das Geld im Kasten klingt, die Seele in den Himmel springt", ihre markigste Werbung finden. Aus ganz profanen Gründen: Papst Leo X. brauchte dringend Geld, viel Geld für **den** Sakralbau des christlichen Abendlandes schlechthin: den Petersdom.

1506 war der Grundstein gelegt worden für den noch heute größten Kirchenbau der Erde (um zu triumphieren über den bis dahin größten Kirchenbau: die Hagia Sophia in Byzanz?) mit der von Michelangelo (1547) entworfenen Riesenkuppel. Doch der Bau kam nicht recht voran. Das Grab Petri, das Kaiser Konstantin 324 bewogen hatte, eine fünfschiffige Basilika zu errichten, verfügte über keinen Überbau mehr. Die alte Basilika war abgerissen worden zugunsten eines Neubaus, der Unsummen verschlang und dessen Fertigstellung sich (wie heutige Prestigeprojekte) immer weiter verzögerte. Zur Stunde, da Martin Luther seine Thesen anschlägt, verfügt die christliche Welt über keine höchste Stätte, die hätte repräsentieren können den einen wahren Glauben. Weder im Abendland, in Rom, noch im Morgenland, wo die Türken erobert hatten die heiligsten Stätten in Jerusalem wie in Byzanz.

Zerstört und wieder aufgebaut: Prophezeite ER ihnen nicht, zu zerstören und wieder aufzubauen den Tempel in drei Tagen? Lehrte ER, Gott wohne in Häusern von Menschenhand gemacht? Sie aber wollen ihrem Schöpfer errichten eine Stätte gebaut auf Lug und Trug? Soll das der Fels sein: ihr Irrglaube, mit

Geld sich Anteil zu erwerben am himmlischen Schatz (oder zu beruhigen ihr schlechtes Gewissen, wie heute beruhigen sog. "Verschmutzungszertifikate" den Umweltfrevler)? Kein (Steuer)Paradies dem (Steuer)Sünder! Wie wollte der Mensch Ablass sich erwerben, so er nicht tatsächlich ablässt von seinem Frevel? Nannte ER nicht Fels den, der ihn verleugnete dreimal? Verleugnet ebenso, wer in der Nachfolge steht des *Felsen*? Petrus erkannte seine Schuld, IHN verleugnet zu haben, und glaubte umso fester. Sein Nachfolger aber erkennt nicht! Ist dem Papst der Himmel derart fern, dass der (Ablass)Handel mit himmlischen Heilsgütern ihm als einziges "alternativloses" Mittel erscheint? Auf dass wieder üppig fließe in die Ewige Stadt der fruchtbare Geldstrom, der infolge der Verlagerung des Welthandels von Italien nach Spanien und den Niederlanden verebbt war. Fanden Luthers Thesen Gehör, kam das einer Entwertung der päpstlich zertifizierten Ablassscheine gleich (wie schon Paulus das lukrative Geschäft der Artemis-Schmiede entwertet hatte). Wer mochte noch ein Papier erwerben, und sei es gleich vom "Stellvertreter Gottes" selbst verbrieft, das kein Vertrauen mehr genoss, tatsächlich "Heils-Gut" zu sein?

Der Streit zwischen dem "Stellvertreter Gottes" und dem Augustinermönch Luther eskalierte. Beide Seiten hatten ihre Unterstützer. Der Papst, Leo X. aus dem Haus der Medici, durfte sich verlassen auf die weltliche Schutzmacht des Heiligen Römischen Reiches: den Kaiser. Zunächst auf Maximilian I., später auf dessen Nachfolger Karl V. Luther schützend zur Seite stand sein Landesherr Friedrich der Weise, dem der Ablasshandel ein Dorn war im Auge und der ihn verboten hatte in seinem Land (andere Landesfürsten hatte sich der Papst gefügig gemacht, indem er sie beteiligte am lukrativen Ablasshandel). Unterstützung fand Luther auch in dem Theologen und Humanisten Melanchthon, der einen Lehrstuhl für griechische Sprache innehatte in Wittenberg. Geradezu als Befreier gefeiert wurde der große Reformator von dem Humanisten von Hutten (der später in die Schweiz fliehen musste). Befreier, weil Luther (wie schon vor ihm Wycliffe) nicht länger den Papst anerkannte als oberste Autorität, sondern sich berief allein auf die Heilige Schrift. Eben diese Berufung auf das originäre Wort aber brachte Luther erst recht in Konflikt mit der Kirche. Hatte nicht auch ER den Zorn der Schriftgelehrten auf sich gezogen, ebenso später die Apostel, die Urchristen; waren sie nicht allesamt verfolgt worden, weil sie verkündeten das lebendige Wort, sie: die Kinder des Lichtes? Die Kinder der Finsternis aber lieben ihr eigenes, ihr vergängliches, totes Wort? Statt froher Botschaft malen sie den Teufel an die Wand, verkünden Höllenpein und Fegefeuer.

Luther predigt das Wort, wie es geschrieben steht im Evangelium, auf dass der Mensch nicht länger erfüllt sei von der Furcht vor Gott, sondern von der Liebe zu IHM. Sandte der liebende Vater nicht aus seinen Sohn, sie heimzuführen ins (Himmel)Reich? Wer folgt dem Sohn, ist ebenso Kind Gottes und als solches sein eigener Priester. Die Gotteskindesschaft schließt andere Herrschaft als die Gottes aus. Eine Lehre, die wahrlich zurückkehrt zum Ursprung, zum ewigen Wort und seiner Wurzel: dem Judentum, das ebenso keinen Mittler kennt zu

Gott. (Eine Versöhnung von Judentum und Christentum erschien Luther darum anfänglich sehr wahrscheinlich. Als sich das als Illusion erwies, distanzierte sich der Reformator ebenso enttäuscht wie radikal vom Judentum.) Das von Luther postulierte allgemeine Priestertum aller Gläubigen ist bis heute evangelisches Grundanliegen geblieben, bekundet in der "Barmer Erklärung", wo es heißt: die verschiedenen Ämter in der Kirche sollen "keine Herrschaft der einen über die anderen, sondern die Ausübung des der ganzen Gemeinde anvertrauten und befohlenen Dienstes" sein. Ein evangelisches Grundanliegen, das Rechnung trägt der "Karnevalisierung" (Umkehrung) der Werte, weil Gott sich offenbart gerade auch dem Geringsten: dem Hirtenjungen (David), dem Sohn des Zimmermanns ... Ist dieses evangelische Grundanliegen tatsächlich gelebte Wirklichkeit bis heute oder närrisches Theater nur? Was, wenn da ein "Niemand" aufstünde aus ihrer Mitte und widerlegte des Theologen Wort unter Berufung auf Gott selbst? Zuviel Basisdemokratie bis heute und erst recht gestern?

Auf dem Reichstag zu Worms (1521) soll Luther sich verantworten wegen Ketzerei und widerrufen seine Schriften. Luther indes beharrt darauf, er könne nur widerrufen, was nicht in Einklang stehe mit der Heiligen Schrift. Sein berühmter Satz: "Ich kann nicht anders. Hier stehe ich", demonstriert kraftvoll die "Freiheit des Christenmenschen". Eine Freiheit, die niemand gewähren kann. Eine Freiheit von jeder Form der Fremdherrschaft; eine Freiheit, die Luther die Reichsacht einbringt und "vogelfrei" macht. Er, der sich nicht beugen will kaiserlicher Macht, wird – Konsequenz oder Preis der Freiheit? – beraubt des Schutzes dieser Macht. Schutzlos indessen bleibt *das Mönchlein* nicht; vertrauend allein seinem höchsten HERRN, wird ihm Hilfe zuteil auch auf Erden. Sein Landesvater, Friedrich der Weise, gewährt ihm Schutz auf der Wartburg, wo Luther (basierend auf der griechisch-lateinischen Bibel-Übersetzung eines Zeitgenossen: Erasmus von Rotterdam) übersetzt das Wort, das ihm daselbst ward zur "festen Burg". 1522 erscheint das Neue Testament, 1534 das Alte Testament in einer Sprache, dem Meißner Kanzlei-Sächsisch entliehen, die den vielfältigen Mundarten endlich einheitliche Schriftform verleiht: hochdeutsch.

Der Volkswelt ist übereignet, was heute selbstverständlich scheint (so selbstverständlich, dass der Blick hinein kaum mehr lohnt?): die Heilige Schrift. Übereignet nicht als Buch mit sieben Siegeln, sondern als lebendiges Wort! Waren sie bislang nicht in Finsternis, mit Blindheit geschlagen? Hatten sie nicht geglaubt gleich den Samaritern, denen ER sagte: *Ihr wisset nicht, was ihr anbetet* (vgl. Johannes 4,1-26: *Gespräch am Jakobsbrunnen*)? Wie nah ist ihnen das Wort jetzt, wo die Messe, der Gottesdienst nicht länger gehalten wird in Latein, sondern in einer Sprache, die in ihr Ohr dringt – und in ihr Herz? *Wer Augen hat, der sehe, wer Ohren hat, der höre.* Sehen sie, hören sie nun? ER hat die alte Schrift belebt durch sein Wort, belebt Luther das Wort durch die neue Schrift?

Nicht allein die Übersetzung der Bibel sorgte für Aufsehen, auch andere Schriften Luthers erhitzten, wenn nicht die Gemüter des Volkes, so doch die der Gelehrten. Allen voran: "Die babylonische Gefangenschaft der Kirche". Wie einst die Juden im alten Babylon, so habe auch die Gott (an)gehörende Gemeinschaft (= Kirche) geschmachtet unter der langen Knechtschaft des römischen Papstes (lebt heute in Freiheit die Gott gehörende Gemeinschaft, überall, auch in Syrien, im Irak: sind nirgendwo betroffen von Flucht und Vertreibung die *Kinder Gottes*?). Leben sie in der Fremde (fern von Gott): in geistiger Verwüstung? Niemand, so Luther schlussfolgernd, komme in den Himmel, der nicht ablehne die Lehren des Papstes. Luther, der exkommuniziert worden war vom Papst, exkommuniziert nun seinerseits den "Stellvertreter Gottes" und wirft ihn aus seiner Gegenkirche. Einer Kirche, die eben nicht den Teufel an die Wand malt, nicht Fegefeuer predigt, sondern Liebe; einer Kirche, die nicht Maria oder tote Heilige in den Himmel hebt, sondern das lebendige Wort. Die Predigt tritt an die Stelle erstarrten, toten Rituals. Was nicht bezeugt ist in der Heiligen Schrift, wie etwa die "Letzte Ölung" oder das "Sakrament der Beichte", wird gestrichen. Wer wollte vergeben die Sünden auf Erden denn allein der HERR; und wer sich reinwaschen von seiner Schuld, der nicht ausmerzt alles Übel aus seinem Innersten? Wem aber erstorben ist alles Übel in seinem Innersten, welcher Reinigung, welcher Beichte sollte der noch bedürfen? Auch der Zölibat wird als nicht in Übereinstimmung stehend mit dem originären Wort erachtet. Ist demnach zu verwerfen auch das Mönchtum; war es nicht ursprünglich getragen vom selben emanzipatorischen, reformatorischen Geist? Ein heiler Geist, der dienstbar ist dem HERRN oder dienstbar der "heiligen" Mutter Kirche? Scharenweise treten Mönche und Nonnen aus ihrem Orden – nach dem Vorbild Luthers, der als ehemaliger Augustinermönch heiratet eine ehemalige Nonne: Katharina von Bora. Auch dank ihrer Tatkraft wird das Luther-Haus in Wittenberg Anziehungspunkt und Vorbild gelebten Wortes. Wer wollte auch vorstehen seiner Gemeinde, der nicht einmal Sorge tragen kann für sein eigenes Heim?

Vorbild sein und dem folgen, der ist das Fleisch gewordene Wort: *Handelt als Freie, aber nehmt die Freiheit nicht als Deckmantel für das Böse*, gemahnt nicht Petrus so in seinem ersten Brief (2,16)? Soll Luther, eingedenk solcher Mahnung, aufrufen zum Aufstand im Namen der Freiheit des Christenmenschen? Der Reformator distanziert sich von dem wahrlich aus bitterer Not geborenen Bauernaufstand in Thüringen (1525) und ebenso von dessen Führer Thomas Münzer, der sich auf Luthers Schriften beruft und dessen Worte als Parolen ins Feld führt für seine sozialrevolutionären Forderungen. Der Aufstand wird letztlich blutig niedergeschlagen. Ist das Luther anzulasten? Hat der Reformator verraten die Not leidenden Bauern? Von welcher Herrschaft wollte sich befreien, wer nicht zuvor sich befreite von inneren Abhängigkeiten, befreite von seinen Begierden und Leidenschaften? Was denn lehrt(e) ER? *Mein Reich ist nicht von dieser Welt* (Johannes 18,36); sie aber kämpfen um Herrschaft im Diesseits. Wie wollen sie IHM angehören, so Kinder sie bleiben dieser Welt? Preist ER etwa selig die Mächtigen und Reichen, preist ER nicht selig die Armen und Geringen (vgl. *Bergpredigt*)?

Ist ihnen nicht verheißen das Himmelreich? Was also begehren sie weiter: vergängliche Macht in einer verderblichen Welt? Wer wollte mehr sich aufbürden denn das Kreuz, das ihm zu tragen gegeben ist? Wähnen sie, der Mächtige habe sich nicht zu verantworten vor Gott für all sein Tun und sein Lassen? Der Ohnmächtige aber, für welches Tun und Lassen trägt Verantwortung er? "Schuster bleib bei deinen Leisten" – ein Zugeständnis an die Mächtigen der Zeit? Oder ein Appell an die Ohnmächtigen, nicht schuldig zu werden am Blut Unschuldiger? Hatte Luther nicht bewiesen, dass er keine faulen Zugeständnisse macht, hatte er nicht dem Kaiser die Stirn geboten, dem mächtigsten Mann des christlichen Abendlandes?

Auf Maximilian I. folgt Karl V.: Herrscher über die alte und die neue Welt, Herrscher über Spanien, über das Königreich Neapel, über Burgund, König von Böhmen, Erzherzog von Österreich und seiner Besitzungen sowie Herrscher über ganz Oberitalien. Mächtig genug, neben der protestantischen Bedrohung abzuwenden auch die islamische Invasion? 1526 überrannten die Osmanen (unter Suleiman) Ungarn; 1529 standen sie vor Wien, ohne die Stadt indes einnehmen zu können. Die islamische Bedrohung schien gebannt, Frieden aber herrschte nicht. Die (meisten) protestantischen Fürsten schlossen sich 1531 zusammen gegen Karl V. im Schmalkaldischen Bund. Ein Bund, der sich verpflichtet wusste dem neuen, reformierten Glauben oder ein Bund, der erstrebte ein ganz profanes Ziel: die eigene Macht und Unabhängigkeit vom Kaiser: die volle Souveränität? Ein Bund jedenfalls, gegen den 1546 (dem Todesjahr Luthers) der Kaiser siegreich zu Felde zog und der damit aufgelöst war. Endlich (Religions-)Friede? Besiegelt wurde er jedenfalls 1555 in Augsburg. Wem aber billigte der Augsburger Religionsfrieden zu, was das *Mönchlein* hatte vorgelebt: die "Freiheit des Christenmenschen"? Allen? Entschieden nicht die Fürsten zugleich für ihre Untertanen? Keine Religionsfreiheit für jedermann (im Zweifel blieb nur die Auswanderung), dafür aber klare Trennung zwischen katholischer und protestantischer Herrschaft.

Die neue Kirche mochte sich auf eine für alle verpflichtende Bekenntnisschrift (Schmalkaldischer Artikel, 1536 von Luther verfasst, 1580 in das Konkordienbuch aufgenommen) berufen, doch – wie in der alten Kirche – so gab es auch in der neuen unterschiedliche Strömungen. Denn Luther blieb nicht der einzige Reformator: in Zürich lehrte und predigte Zwingli, in Genf Calvin. Und es gab – neben vielen Gemeinsamkeiten – eben auch gewaltige Unterschiede, ja Feindseligkeiten zwischen den Reformatoren, die im Abendmahlsstreit zu eskalieren drohten. Luther stand der Transsubstantionslehre der katholischen Kirche nahe, der Vorstellung also, dass sich beim Abendmahl Brot und Wein verwandeln in Leib und Blut Christi. Zwingli lehnte diese Vorstellung ab, Calvin vermittelte und stellte stärker die Symbolik der Wandlung heraus. Hatte nicht schon ER die Gemüter erhitzt mit seiner Rede vom *Himmelsbrot* in der Synagoge zu Kafarnaum (vgl. Johannes 6,22-59) – einer Rede, die zur Spaltung führte unter den Jüngern, weil ER sich bezeichnete als das lebendige Brot, das sie nährt? Müssen sie nicht schmecken, kosten diesen Laib (das Brot – wird ihnen gereicht der Laib Christi oder der Leib Christi?): das Fleisch gewordene Wort verinnerlichen, auf dass sie sich wandeln hin zum (lebendigen) Bilde Gottes? Noch in einem weiteren Punkt unterschieden sich die Reformatoren erheblich: im Punkt Sittenstrenge. Umstritten war vor allem die Frage, ob weltlicher Genuss überhaupt erlaubt sei. Während Luther den weltlichen Genüssen alles andere als ablehnend gegenüberstand (warum sollte der Mensch verachten Gottes Gaben?), predigte der sittenstrenge Calvin Askese: weltlicher Genuss verführe den Menschen nur und entferne ihn von einem Gott wohlgefälligen Leben. Die strenge Reglementierung des Alltags, die puritanische Lebensgestaltung, das Loblied der Arbeit und des Schaffens bei gleichzeitigem Verzicht, die Früchte eigener Arbeit tatsächlich auch zu genießen, ist der "Geist des Kapitalismus", den Max Weber rückblickend beschrieb als Antrieb modernen, reinvestierenden Wirtschaftshandelns, beschrieb als "protestantische Ethik".

An den Früchten sollt ihr sie erkennen, steht solches nicht geschrieben im Evangelium? Welche Früchte aber sammeln sie: faulende, giftige oder Früchte, die nähren? Wem geben sie die Ehre: eigenem Verdienst oder göttlicher Gnade (vgl. Brief an die Epheser 2,8-10)? Und wer darf sich zählen zu den Erwählten?, das war die entscheidende Frage. Einig waren sich die Reformatoren darin, dass Erwähltheit und Verdammnis vorherbestimmt seien von Gott. Diese sogenannte Prädestinationslehre trieb um die Gemüter und führte keineswegs – wie leicht zu befürchten gewesen – zu Fatalismus und einer Geisteshaltung, der jedwede moralische Anstrengung absurd scheint, weil niemand zu entrinnen vermag seinem Schicksal. Wem die neue Lehre galt, dem stellte sich unweigerlich die bange Frage, ob er selbst zählte zu den Auserwählten oder nicht? Zu beeinflussen war der Wille des HERRN, das lehrten übereinstimmend die Reformatoren, durch kein Werk, keine gute Gabe, kein Almosen, schon gar nicht durch Beichte oder Kauf eines Ablassbriefes, wie der Katholizismus lehrte. Konnte nicht aber erkannt werden der göttliche Wille, gab es keine Zeichen? Luther setzte (wie Eckehart) auf innere Einkehr, auf die innere Stimme, der es zu lauschen galt: den Klang der Seele, der höchsten Ausdruck sich verschaffen sollte im Kirchenlied und in der Kirchenmusik, allen voran in der Bachs. Anders Calvin, dem als Zeichen der Erwähltheit weniger die innere Schau galt denn der äußere Reichtum. Die Früchte ihrer Arbeit als Ausdruck ihrer (Geschäfts-)Tüchtigkeit (vor dem HERRN) und Erkenntnismittel eigener Erwähltheit zu sehen, blieb dem Luthertum fremd, ja, galt ihm als verderblich. Der Calvinismus sah das Sammeln von irdischen Gütern, das Streben nach Reichtum nur dann als verderblich an, wenn solches der Genusssucht diente. Gleiches galt für das Zinswesen. Bislang schien es allein mit jüdischem Glauben vereinbar, Kredite auf Zins zu vergeben, nun öffnete der asketische Protestantismus die Geld-Schleuse.

Die Ehe zwischen Kapital und Religion war geschlossen. Kein Schmoren in der Hölle für solche – der Heiligen Schrift nach – doch verdammte Missetat! Bis dato hatten sich die christlichen Geldgeber verstecken müssen, nur über die Hintertür Zugang gefunden zu den Mächtigen ihrer Zeit, ja, sogar Ablass hatten sie sich erkaufen müssen vom Fegefeuer (entfacht und der Hölle vorgelagert wegen des "unheiligen" Zinsgeschäftes?), eben weil sie taten, was doch verboten war nach dem 5. Buch Mose (23,20-12). Heißt es dort doch ausdrücklich: *Du darfst von deinem Bruder keine Zinsen nehmen ... Von einem Ausländer darfst du Zinsen nehmen* (weil der Ausländer es ebenso hält?). Wer ist der Bruder, wer der Ausländer: der Fremde, der Heide, der Andersgläubige? Leihen sie dem Bruder nicht, müssen sie sich keine Sorgen machen um ihr Seelenheil, war das nicht schon Lehre der Juden und ist jetzt Lehre auch der Calvinisten? (Ein Grund, warum es in Ländern, in denen sich der Calvinismus ausbreitete, keine Judenverfolgungen gab?) Oder dürfen sie jedem leihen, der sie darum bittet und Zins und Zinseszins nehmen (wie es nicht schon die Templer praktiziert hatten?) für ihren Gott wohlgefälligen Dienst? Sind wachsende Einnahmen Zeichen, dass der HERR mit ihnen ist, dass Gott sie einlädt, zu sitzen an seinem reich gedeckten Tisch? Steht nicht geschrieben (5. Mose 8,17), sie sollen sich in Acht nehmen? Auf dass keiner denke: *Ich habe mir diesen Reichtum aus eigener Kraft und mit eigener Hand erworben.*

Der Reiche hat die Armen in seiner Gewalt,
der Schuldner ist seines Gläubigers Knecht.
(Salomo: Sprüche 22,7)

Der (asketische) Protestantismus trat seinen Siegeszug an, vor allem in den Niederlanden und im puritanischen England, den beiden Seemächten der Zeit, die hinaustrugen den neuen Glauben in die Neue Welt. Neuland erobern! In den Niederlanden hieß das zuvorderst, dem Meer abzuringen neues Land: Holland! Für all jene aber, die keine (geistige) Heimat (mehr) hatten, die verfolgt wurden ihres neuen Glaubens wegen (verfolgt auch als fundamentalistische Fanatiker?), hieß: "Mach, dass du Land gewinnst!", aufzubrechen und Neuland zu entdecken. Die Neue Welt sollte ihnen zum Mekka werden, zum Gelobten Land. Zu den Pilgervätern der ersten Stunde, die Nordamerika besiedelten, zählten die für ihre "spartanische" Lebensweise (verspottet und bekämpft schon in der Antike) bekannten Calvinisten und Puritaner. Später gesellten sich andere Sekten hinzu, etwa die Mennoniten (Amish): wegen der von ihnen praktizierten Erwachsenentaufe auch "Wiedertäufer" genannt. Allen gemeinsam waren Sendungsbewusstsein und ein missionarischer Eifer, der jenem der katholischen Invasoren Südamerikas in nichts nachkam? Dem fremd blieb jeder Zweifel am eigenen Gott wohlgefälligen Handeln, der keine Skrupel kannte, weder gegenüber den Ureinwohnern, noch gar gegenüber jenen, die ins Land geholt wurden, den schwarzen Sklaven? Sendungsbewusstsein, missionarischer Eifer und asketische Lebensweise verbanden sich mit Pioniergeist und einem mehr oder weniger legalen Abenteurertum. Denn nicht nur gesetzestreue, fromme Pilgerväter fühlten sich angezogen vom Gelobten Land, sondern auch viele Glücksritter, Spieler-Naturen, Haudegen, Ganoven, die auf der Flucht waren vor dem Gesetz: Gesetzlose, die nichts mehr zu verlieren hatten. Eine brisante Mischung, die eben jenen Unternehmergeist gebar, der prägen sollte den amerikanischen Kontinent und ihn zur reichsten und bis heute führenden Wirtschaftsmacht der Erde machte – eine brisante Mischung, die heute noch spürbar ist?

Die Eroberung der Neuen Welt, Nord- und Südamerikas, Kanadas, Australiens mochte Freiheit bescheren den Eroberern, Land und Bodenschatz; bestand nicht aber fort der alte Herrschaftsgeist, waren nicht beraubt die Ureinwohner ihrer Freiheit, ihres Landes, ihres Bodenschatzes? Eine gerechtere, eine bessere, eine neue Welt zu schaffen, war Absicht gewesen der Pilgerväter. Blieb nicht aber bestehen der alte Grundkonflikt zwischen Mächtigen und Ohnmächtigen, Reichen und Armen, Gläubigen und Ungläubigen, Weißen und Farbigen? Die Folgen menschlichen Handelns können, so zeigte Max Weber auf, den ihnen zugrundeliegenden Absichten durchaus zuwiderlaufen. Ein "paradoxer Effekt", den Mephisto beklagt in Goethes Faust: "Ich bin ein Teil von jener Kraft, die stets das Böse will und stets das Gute schafft." Gilt das nicht ebenso umgekehrt, dass die gute Absicht zeitigt böse Folgen? Wandelte sich der gute Geist der "protestantischen Ethik" nicht in einen Ungeist, der nicht länger bindet den Menschen an das Wort, sondern an den Reichtum, der nicht fordert die Freiheit des Christenmenschen, sondern die Freiheit des abendländischen Kapitals? Münzten sie um den Wert der Freiheit, beschnitten ihn, gleich den Geldfälschern, den "Kippern" und "Wippern", die Anfang des 17. Jh. fälschten den Wert der Münze durch geschickte (noch manuell betriebene) Manipulation? "In God we trust", steht bis heute auf jeder Dollar-Note. Vertrauen in Gott oder Vertrauen in den Reichtum – beten sie an den HERRN oder den Mammon? Wähnen sie, Gottes Wort habe sich gewandelt, der Reiche gelange eher ins Himmelreich, denn ein Kamel gehe durch das Nadelöhr? Weil ihnen aufgetragen war, zu mehren den Reichtum auf Erden? *An den Früchten sollt ihr sie erkennen* (Matthäus 7,16, vgl. *Bergpredigt: Vom rechten Tun*). Die Früchte ihrer Hände Arbeit sind nicht länger Lebens-Mittel nur, sondern auch und vor allem Erkenntnis-Mittel! Nach welchen Früchten aber fragen sie: nach den Früchten des Zorns oder den Früchten der Liebe? Sollte es nicht, nach dem Willen des HERRN (vgl. 5. Mose 15,4), gar keine Arme geben, und gibt es keine unter ihnen? Wer füllte ihre Scheune, wer brachte ein ihre Frucht? Und ist ihre Frucht eine, die schmeckt dem HERRN, die nährt die Seinen; eine Frucht, nicht faulig und zerfressen von Maden und Würmern? Wer wollte angehören dem HERRN, dessen Leben Geschäft nur ist und kein Dasein mehr? *Und führe uns nicht in Versuchung, sondern erlöse uns von dem Übel*, beten nicht so die Christen zu ihrem Vater im Himmel? Und handeln ebenso – in England, dem Mutterland der Freiheit – in Amerika, dem Mutterland des Unternehmertums – in der Schweiz, dem Mutterland des asketischen Protestantismus (dem heutigen Steuerparadies)? Wes Geistes Kind sind sie: die Kinder der neuen Welt – in neuer, in heutiger Zeit, wes Geistes Kind waren sie damals?

Der reformatorische Geist ließ sich weder in die Knie zwingen, noch gar vereinnahmen von den alten Mächten. Zwang er nicht aber zu einer Neuorientierung die alte römisch-katholische Kirche, zu einer Rückbesinnung auf ihre ureigenste Aufgabe, zu einer Korrektur auch allzu weltlicher Lebensweise ihres geistlichen Standes? Reformation oder Gegenreformation? Den katholischen Glauben zu befestigen und weiter zu verbreiten, war das Gebot der Stunde und erklärtes Ziel des 1534 (von Ignatius von Loyola) gegründeten Jesuiten-Ordens. Ein Orden, der nicht nur tätig war in den katholischen Ländern Europas, sondern auch missionierte (in heiligem Eifer?) in Asien, Afrika, Südamerika und Kanada. Ein Orden, der erneuerte, der entdeckte das Übel in ihrer Mitte, entdeckte den geistlichen Hirten, der Wasser predigte, sich selbst aber vollsoff mit Wein? Oder ein Orden, der zu schließen half die eigenen Reihen, indem als Feind, als "Ketzer" diffamiert wurde (wie schon zu Zeiten des heiligen Bernhard), wer den Finger legte in die Wunde?

Auf dem Konzil zu Trient (1546-1563) wurden in drei Sitzungsabschnitten Reformdekrete festgelegt zur inneren Erneuerung der katholischen Kirche und klare Position bezogen gegenüber allen "Abweichlern". Eine Position, die es nicht nur zuließ, sondern geradezu forderte, "Abweichler", "Ketzer", "Häretiker" zu bekämpfen mit allen Mitteln? Zensur und Inquisition als Antwort auf die neue Zeit: ein Rückfall in finsterste Zeiten? Verschloss die katholische Kirche die Augen vor den Fehlern und Auswüchsen der Vergangenheit, weil sie mit allen Mitteln bewahren wollte alte Macht? Ein letztes Aufbäumen gegen eine neue Welt, die ängstigte und eben darum heraufbeschwor alten Aberglauben? Ein Festklammern an ein überkommenes, aber durch und durch vertrautes Weltbild, das sich wie selbstverständlich berief auf Engel, Geister, Teufel und Hexen? Ein wahrer Dämonen-Circus! Humus, der sprießen ließ die düsteren Prophezeiungen eines Nostradamus (nachgefragt bis heute); Nährboden für den (historischen) Faust, der schloss gar einen Pakt mit dem Teufel! Schloss nicht die römisch-katholische Kirche selbst solchen Pakt, so sie beschwor finsteren Aberglauben, so sie entfachte das Feuer des Hexenwahns?

Für die Exzesse des 14.-17. Jh. (die letzten Hinrichtungen fanden noch im 18. Jh. statt): die Teufelsaustreibungen und Hexenverbrennungen gab der sogenannte "Hexenhammer" (der Dominikaner Institoris und Sprenger) vermeintlich wissenschaftliche Rechtfertigung und Anleitung. Folter galt als notwendiges Mittel der Wahrheitsfindung, war damit gerechtfertigt und musste das christliche Gewissen nicht belasten? "Teufelsaustreibung" als heilige Pflicht gegenüber der Mutter Kirche, als gutes Werk gar gegenüber dem "Besessenen"? Auf wessen Wort berufen sie sich: auf das des Augustinus oder das des Thomas von Aquin? Ist es nicht ihr eigenes Wort, ihr eigener Teufel im Leib, der brennen lässt den Nächsten? Üble Nachrede, geboren nicht selten aus Missgunst, reichte schon aus, um den Einzelnen um Kopf und Kragen und letztlich auch um sein Vermögen, sein Amt, seinen Einfluss zu bringen. Niemand war gefeit vor Inquisition und Höllenfeuer. Ob reich oder arm, alt oder jung, weiblich oder männlich, gelehrt oder unwissend, es konnte jeden treffen. 1600 wurde Giordano Bruno, der berühmte Gelehrte, der gewagt hatte, das Weltall als unendlich zu definieren, in Rom als Ketzer verbrannt. Selbst Karl V., der mächtigste Herrscher der frühen Neuzeit und konsequente Förderer der Inquisition, wurde posthum zum Ketzer erklärt, sein Beichtvater dem Feuertod überantwortet. Erst der Jesuitenpater Friedrich von Spee sollte 1631 in seiner "Cautio criminalis" (die ohne kirchliche Druckerlaubnis erschien) solches Unrecht anprangern und die Rechtspfleger eindringlich ermahnen, nicht ihr eigenes Seelenheil aufs Spiel zu setzen, indem sie derlei Unrecht Vorschub leisteten.

Die Welt war aus den Angeln gehoben, die alten Autoritäten schwankten, nichts schien mehr sicher. Auch das alte ptolemäische (geozentrische) Weltbild geriet mehr und mehr ins Wanken. Keplers astronomischer Geist: seine Erfindung des Fernrohrs, seine Erkenntnisse zur Planetenbewegung sowie die Schriften des Kopernikus, 1540 erstmals veröffentlicht, widersprachen der "herrschenden Lehrmeinung", die ruhende Erde sei Zentrum der Schöpfung. Nicht nur die katholische Kirche, auch führende Geistesgrößen wie Luther und Melanchthon lehnten die Vorstellung ab, die Erde drehe sich um die Sonne. Dem heliozentrischen Weltbild abschwören musste – unter Androhung der Folter – 1633 Galilei (dessen Schriften die katholische Kirche erst 1757 strich von der Liste der verbotenen Schriften). Legende ist Galileis Ausspruch: "Und sie bewegt sich doch." Die Erde bewegt sich und ist keine ruhende Scheibe, hatte das nicht schon Nikolaus von Kues gelehrt, 100 Jahre vor Kopernikus? Dazumal graue Theorie nur: eine These unter vielen, nun aber drohte der wissenschaftliche Beweis. Wurde die Wissenschaft zum neuen Feind "frommer" Gelehrsamkeit? Nicht die Sonne, die Erde bewegt sich – ein Schock: der Supergau bisherigen Schöpfungsglaubens? Droht darum kosmische Heimatlosigkeit? Ist Leben nicht Wandel? Sollten nicht auch sie sich bewegen um einen fixen Punkt: *der-da-ist* jetzt und in Ewigkeit, auf dass sie am Ende – wie die Erde – zurückkehren zum Anfang?

Die Zeit ließ sich nicht anhalten, noch weniger zurückdrehen, mochten sich die alten Mächte auch noch einmal aufbäumen in einem letzten, grausigen "Hexentanz", der Riss, der das Abendland durchzog, ließ sich nicht heilen. Die alten und neuen Mächte standen sich unversöhnlich gegenüber, die Fronten verhärteten sich mehr und mehr. Der Streit (um das wahre Wort oder um die eigne Macht?) eskalierte in einem Schrecken, der dreißig Jahre währen sollte (1618-48). Ein Religionskrieg, ein Bruderkrieg, der zeugte von der Herzen Frost: einer inneren Kälte, die ihr Pendant fand in der äußeren Welt, in einem unwirtlichen, frostigen Klima: einer " kleinen Eiszeit". Missernten und Ernteausfälle verschärften grausig die Folgen des kriegerischen Raubzuges. Armut, Hunger, Seuchen (wie die Pest) führten zu einer allgemeinen Verrohung und schufen ein verwüstetes, entvölkertes und entseeltes Land. Der Westfälische Frieden zu Münster und Osnabrück mochte eine Schreckenszeit beenden, einen Sieger verkünden konnte er nicht. Die Einheit war verloren: die Einheit des Glaubens, aber auch die des weltlichen Reiches. Die deutschen Länder wurden endgültig provinziell, die Vielstaaterei obsiegte. Die Landesfürsten hatten ihre Macht behauptet gegenüber dem Kaiser – und ihr Ziel erreicht? Waren sie darum ins Feld gezogen? Die *Freiheit des Christenmenschen* hatten sie sich auf ihre Fahne geschrieben, tatsächlich aber Falschmünzerei betrieben, weil ihnen in Wahrheit nur gelegen war an der eigenen Macht? Welchen Preis aber zahlte ihr Land dafür, welchen das Reich? Wie sollte die Einheit des Heiligen Reiches gewahrt bleiben, wenn die (Kur)Fürsten, die wählten den König, der als Kaiser vorstand diesem Heiligen Reich, gespalten waren in zwei Glaubensrichtungen: dem Katholizismus und dem Protestantismus? Konnte der Kaiser, der katholische Habsburger, oberster Schutzherr sein auch der protestantischen Länder, die doch keinen anderen geistlichen Herrn über sich duldeten denn Gott allein, die mitnichten anerkannten den, der allein einsetzte den Kaiser in sein Amt: den Papst? War das Heilige Reich noch ein heiles, ein intaktes Reich, war es das je gewesen?

Geschwächt zumindest war das Reich, geschwächt vor allem die Habsburger Schutzmacht. Der Westfälische Frieden nahm ihr die Verfügungsgewalt über zwei wichtige Handels- und Verkehrswege: die niederländischen Seehäfen und die Schweizer Alpenpässe. Die militärische Überlegenheit der Schweizer (päpstlich gewürdigt bis zum heutigen Tage mit der "Schweizergarde"), beflügelt von einem unbändigen Freiheitswillen, dem Schiller würdigen Ausdruck verleihen sollte in seinem "Wilhelm Tell", bescherte ihnen den Sieg. Gesiegt hatten ebenso die Generalstaaten: der nördliche Teil der Niederlande, der nach dem Westfälischen Frieden selbständig wurde, abgetrennt vom Süden: dem spanisch-katholischen Belgien. Die Generalstaaten stiegen auf zur führenden Handels- und Wirtschaftsmacht, sie kontrollierten die wichtigsten Seehäfen und den wichtigsten Finanzplatz: Amsterdam. Gerühmt auch wegen seiner Tulpen, deren spekulativer "Wert" den Realwert manchen Hauses übertraf und 1637 zum ersten Börsencrash führen sollte der neuen Zeit. Geführt wurden die Generalstaaten von Statthaltern aus dem Hause Oranien, deren berühmtester Sprössling, Wilhelm von Oranien, 1688 König werden sollte von England, nachdem er die katholischen Iren geschlagen hatte (was die protestantischen Iren bis heute feiern als "Orange Day").

England sollte das Land der Zukunft sein und ebenso Wiege der Freiheit – verstanden als Freiheit des Christenmenschen? Von den Fesseln der katholischen Kirche befreit hatte sich schon der Überwinder des alten englischen Adelsbürgerkrieges (sog. Rosenkriege von 1455- 85 zwischen den Häusern Lancaster und York): Heinrich VIII. (aus dem Hause Tudor), der sich von Rom lossagte, als der Papst ihm verwehrte, was Heinrich begehrte: seine Ehe mit Katharina von Aragon für ungültig zu erklären. Weil die ihm keinen männlichen Thronerben schenken konnte oder weil der König schlicht eine andere ehelichen wollte? Derartige Annullierungen einer Ehe waren alles andere als unüblich, doch der Papst widersetzte sich diesmal, auch auf Druck Karls V., was in der Folge zu einer eigenständigen Kirche führen sollte: der bis heute bestehenden anglikanischen Kirche mit dem König (bzw. der Königin) selbst als oberstes geistliches Haupt. Den staatskirchlichen Plänen Heinrichs (die u. a. vorsahen, den Besitz der katholischen Kirche und der Klöster an Gefolgsleute zu verteilen) verweigerte sich der Lordkanzler und Philosoph Thomus More (lat. Morus, 1478?-1535), dessen Hauptwerk "Utopia" ein Bild zeichnet, das schon Platon entworfen hatte: das Bild eines idealen Staates. Ein Ideal, das zwar nicht zu erreichen, aber doch anzustreben sei in einer unvollkommenen Welt; ein Ideal, dem More selbst sich verpflichtet sah – nicht so der König. Heinrich VIII. entsprach mehr dem philosophischen Bild des Machiavelli (1469-1527), einem Fürsten, dessen ausgeübte Macht einzig dem Zwecke der Selbsterhaltung und Machtsteigerung des Staates dient, der alle Moral der Politik unterwirft – und keine Skrupel kennt? More verweigerte dem König Eid und Gefolgschaft, weil er lieber dem Papst die Treue hielt und zahlte dafür mit seinem Kopf. Enthaupten ließ Heinrich ebenso skrupellos seine Gemahlinnen: weil die ihm keinen männlichen Thronerben schenkten oder weil er ihrer schlicht überdrüssig war?

Besteigen sollte schließlich – Ironie des Schicksals – ein "Bastard" den Thron (der Grund für das Zerwürfnis mit Rom): die illegitime Tochter Heinrichs VIII. und Anna von Boleyn: Elisabeth I. Unter ihrer langen Regentschaft (1559-1603) stieg England auf zur führenden Seemacht (auch weil die Königin paktierte mit den Freibeutern der Meere). Keinem Ehebund sich verpflichtend (gleich einer Nonne?), sondern verpflichtet und erfüllt allein von der Liebe zu ihrem Land (der erste Schritt von der Liebe zum Vater hin zur Vaterlandsliebe?), behauptete sich die englische Königin in einer von Männern dominierten Welt und obsiegte. Sie – die "Jungfrau" – siegte! Triumphierte dank stürmischer See über die spanische Armada und besiegelte so den Abstieg der katholischen Schutzmacht Spanien und den Aufstieg Englands zur Seemacht – ein Sieg in einem neuen Geist? Ausgelöst hatte Elisabeth die spanische Invasion selbst, als sie – ganz Kind ihres Vaters – köpfen ließ ihre katholische Widersacherin Maria Stuart, Königin von Schottland.

Triumphierte Elisabeth über den katholischen Geist? Jedenfalls löste ihr Land die bislang führende Kontinentalmacht ab und wurde zur führenden Kraft der Zeit, wurde Kolonialmacht (mit der Gründung der ersten englischen Kolonie in Nordamerika 1584 sowie der Gründung der Ostindischen Kompanie 1600). Eine wirtschaftliche und kulturelle Blüte setzte ein. Eine literarische Hochzeit vor allem, für die der Name Shakespeare steht wie kein anderer. Die Welt "vorgeführt": auf die Bühne gebracht, um zu entlarven ihren trügerischen Schein oder zur Unterhaltung bloß? "Sein oder Nicht-Sein?" Erhebung oder Erheiterung? Reiner Theatergenuss, widersprach das nicht der Lehre Calvins und war zu verwerfen von den Anhängern des asketischen Protestantismus und ebenso zu bekämpfen?

Mit dem Tode Elisabeths, die keinen Erben hinterließ dem Hause Tudor, blühten wieder auf die katholischen restaurativen Bestrebungen des Hauses Stuart, die eine Versöhnung mit Rom anstrebten. Bestrebungen, die einen Bürgerkrieg auslösten und erst durch Cromwell (1599 -1658) überwunden wurden, der die aufständischen Iren unterwarf, die Schotten besiegte, den König hinrichten ließ und England zum Commonwealth erklärte (unter Vermeidung des Wortes Republik). Als Lordprotector vereinigte Cromwell alle Macht in seiner Hand, den Seekrieg gegen Holland konnte er auf seine Fahne schreiben und für sein Land den wichtigsten Stützpunkt der Neuen Welt erwerben: New York, was die britische Vormachtstellung endgültig besiegelte. Die erste protestantische Weltmacht war geboren! Ein Sieg über den Ungeist alter Zeit? Das englische Volk, sah es sich als neues Volk Gottes: als Volk der Auserwählten? Sprach der Erfolg nicht für sich? War der nicht aber geschuldet einer "protestantischen Ethik", die jedem Gläubigen abverlangte ständige Selbstprüfung und Selbstkontrolle, Selbstdisziplin und Selbstverzicht, abverlangte eine asketische (puritanische) Lebensweise, die zwangsläufig zu Reichtum führte? Ein Reichtum, der nicht für weltliche Genüsse genutzt und daher reinvestiert wurde, was in der Folge den Reichtum weiter mehrte und den "Geist des Kapitalismus" nachgerade beflügeln sollte?

Der kapitalistische Modernisierungsmotor lief auf Hochtouren. Die Bank von England und die Börse wurden gegründet, Aktiengesellschaften schossen aus dem Boden, Spekulation und Lotterien wurden populär, Papiergeld, mit einem bloß noch aufgedruckten, statt wie bislang bei der Münze auch materiellen Wert, kam erstmals in Umlauf: Scheingeld, Scheinwert nur? Auch politisch wurde die Moderne eingeläutet mit der "Glorious Revolution", die endgültig begrub alle katholischen wie absolutistischen Bestrebungen und zur parlamentarisch kontrollierten Monarchie führte mit einem Zweiparteiensystem (Whigs und Tories) und einer Verfassung: der "Bill of Rights", die erstmals Glaubensfreiheit garantierte (wem: dem Katholiken, dem Juden, dem Indianer Nordamerikas, der glaubte an den großen Manitu?) und erstmals trennte die staatliche Politik von der Religion. Wilhelm von Oranien war der erste Monarch, der unterschreiben sollte die "Bill of Rights". Die passende Theorie für die weitere Entwicklung des Parlamentarismus: der Gewaltenteilung zwischen Legislative und Exekutive vor allem, lieferte der Philosoph John Locke. Sowohl die amerikanische Unabhängigkeitserklärung wie auch die Erklärung der Menschenrechte der Französischen Revolution basieren auf Formulierungen Lockes. Einen ungeheuren Aufschwung sollte auch die englische Wissenschaft erleben. 1660 wurde die Royal Society gegründet, die angesehenste Gelehrtenvereinigung ihrer Zeit, die herausbringen sollte (1687) das Hauptwerk Isaac Newtons, dessen Gravitationsgesetze endlich erklärten der Planeten Bewegung um die Sonne. Ein Meilenstein der Moderne, ein Fortschritt, der endgültig aufräumte mit der alten Vorstellung mehrerer Welten (Himmel, Erde, Hölle), aufräumte mit der Vorstellung eines in sich ruhenden Jenseits. Die Zeit ist nicht länger geteilt in Diesseits und Jenseits, sondern in Vergangenheit und Zukunft. Die Welt als Uhrwerk, der Kosmos als System ineinandergreifender Teile. Gott, der Schöpfer "der besten aller möglichen Welten", wie Leibniz 1710 formulieren sollte, steht am Anfang einer Entwicklung, die goldene Zeiten verheißt? Den paradiesischen Zustand zu erreichen, ist keine jenseitige Hoffnung mehr, sondern anzustrebendes Ziel: eine Welt, frei gestaltet. Frei ist der Mensch, gilt das für alle (alle Hautfarben, alle Einkommens-, alle Bildungsstufen)? Frei von Gott oder frei von fremder Macht? Frei und ohne Bindung oder soll fortan die Verfassung feste Burg sein dem Menschen? Wer aber sollte gebunden sich fühlen an ein Gesetz von Menschenhand gemacht, den nie band das Gesetz, das ihm gegeben von Gottes Hand?

Freiheit versprechen sie
und sind doch selbst Sklaven des Verderbens.
(2. Petr 2,19)

Den einen Weg in die Moderne beschritt England mit der parlamentarischen Demokratie, den anderen Weg, den des Absolutismus, sollte Frankreich beschreiten. Schon Ludwig XI. (1461-83) hatte die großen Vasallen Frankreichs "gezähmt", doch wurde die von ihm forcierte staatliche Einheit erneut bedroht mit der Reformation. Ein Religionskrieg entbrannte (1562-98): der erste "dreißigjährige" Bruderkrieg zwischen Katholiken und Protestanten, in Frankreich "Hugenotten" genannt. Der Horror der sog. "Bartholomäusnacht" (1572), das von Katholiken in Paris an Protestanten verübte Massaker, stärkte im ganzen Abendland den Widerstand der Protestanten. Beendet werden sollte der Religionskrieg indes erst durch die Thronbesteigung Heinrichs von Navarra (Henri Quatre) aus dem Hause Bourbon – ein Protestant, der aus Staatsräson übertrat zum Katholizismus. Den Protestanten gab Heinrich mit dem "Edikt von Nantes" Schutzgarantien, dem Absolutismus Ludwig des XIV. (der wieder aufhob das Edikt und verfolgen ließ die Hugenotten) ebnete er den Weg. Ein zentralistischer Beamtenstaat sollte in Frankreich entstehen mit dem absoluten König an der Spitze. Maßgeblich für diese Entwicklung waren zwei Kardinäle: Richelieu, der während der Regierung Ludwig XIII. (1610-1643) in Wirklichkeit das Zepter schwang in Frankreich und Mazarin, der während der Minderjährigkeit Ludwig XIV. regierte. Ab 1661 regierte Ludwig XIV. selbst als absoluter Herrscher mit unbegrenzter und unkontrollierbarer Macht. "Der Staat bin ich", lautete die Devise des französischen Monarchen, den die Welt "Sonnenkönig" nennen sollte. Repräsentierte Ludwig das neue kosmische Weltbild auf Erden? Wie die Sonne zentraler Fixstern ist, so auch der Monarch, um den kreist die Welt, von dem angezogen werden alle, der Adel vor allem?

Der Hof von Versailles wurde zum Vorbild höfischer Kultur schlechthin: einer barocken Kunstwelt, einer überbordenden Theatralik, die keines eigenständigen Hoftheaters mehr bedurft hätte: der Hof selbst war Theater. Ein durch und durch gekünstelter Lebensstil samt Reifrock und gepuderter Perücke mit den Hauptrollen Günstling und Mätresse; eine oberflächliche, intrigante Scheinwelt, der jede Authentizität, jede Wahrhaftigkeit fehlte und die doch zum Vorbild avancierte einer ganzen Epoche? Der französische Hof gab den Ton an. Französisch wurde zur Sprache der Zeit, gesprochen am Hofe des russischen Zaren ebenso wie später am Hofe Friedrich des Großen. War es allein der schöne Schein, die spielerische Leichtigkeit, die faszinierte oder war der Erfolg des Sonnenkönigs auch geschuldet dem Umstand, dass der Monarch nach innen befriedete sein Land und nach außen durch systematisch betriebene Wirtschafts- und Kolonialpolitik Glanz und Gloria bescherte. Ein goldenes Zeitalter für alle oder vor allem für den Hof? Zu was denn führte der verschwenderische Lebensstil des Adels, führte er nicht (wie schon im alten Rom) zu Verarmung breiter Bevölkerungsteile und ebnete so den Weg, der geradewegs münden sollte in die Französische Revolution?

Die Anbetung des Königs als Sonne auf Erden, warum traf sie nicht auf den erbitterten Widerstand der katholischen Kirche? In alter heidnischer Zeit hatte die
Menschheit angebetet den Sonnengott (den "Sol invictus", den noch Konstantin
verehrte), nun aber ließ sich der König selbst verehren als "Sonne" auf Erden
(wie ein ägyptischer Pharao), als sei er Gott? Ersetzte der Hof die Kirche, das
Hofzeremoniell die Liturgie und der Auftritt des Königs die Eucharistie? Eine Ersatzreligion, die weniger den Widerstand der katholischen Kirche provozierte
als der protestantische Glaube: kein Inquisitionsverfahren, kein Bannstrahl!
Stand der Sonnenkönig etwa vor dem Heiligen Römischen Reich, war nicht der
gesalbte Kaiser weltliches Oberhaupt? Warum schwieg die katholische Kirche?
Weil sie verursacht hatte diese Entwicklung über ihre Kardinäle? Oder weil die
alte Habsburger Schutzmacht verloren hatte an Macht und Einfluss, der neue
Stern am Himmel aber katholisch war: ein Stern, den anbetete die Welt, ein
strahlendes Licht, das aufgegangen war am Horizont? Hoffte die römische Kurie neu zu erstarken in diesem lichten Schein? Sollte nicht ER ihr fixer Stern
sein, ihr ewiges Licht?

Sowohl der französische Absolutismus als auch der englische Parlamentarismus wurden zum Modell der Zukunft, beide beeinflusst vom Geist der Aufklärung, der eine Entwicklung in Gang setzte, an dessen Ende zwei Revolutionen
stehen sollten: die Amerikanische und die Französische Revolution. Am Anfang
wie am Ende jener Entwicklung aber stand – wieder einmal – Krieg! Blutopfer,
dargebracht auf den Schlachtfeldern dieser Erde, um zu gebären eine neue
Welt? Einer der Urheber des großen Nordischen Krieges, der tobte von 1700-
1721, war August der Starke, Kurfürst von Sachsen, Repräsentant eines protestantischen Landes, dessen Residenzstadt Dresden, glanzvoll errichtet nach
französischem Vorbild, ins rechte Licht rückte den Landesherrn? Ein Landes-
fürst, der zum Katholizismus übertrat, um König werden zu können von Polen –
eine Würde, erkauft durch enorme Bestechungsgelder. Dem "Sonnenkönig von
Sachsen" freundschaftlich verbunden war der andere Urheber des Nordischen
Krieges: Peter der Große. Der russische Zar hatte sich an die Spitze eines Landes geputscht, das sich erst 1472 aus den Fängen (der "Goldenen Horde") des
mongolischen Reiches (1223 hatte Dschingis Kahn das Land überrannt) befreit
hatte und noch im mittelalterlichen Halbschlaf lag. Peter d. G. verstand sich als
Nachfolger des 1453 untergegangenen Kaisertums von Byzanz (wie der russische Präsident heute?), mithin als Schutzherr der Ostkirche. Neben dem Katholizismus und dem Protestantismus rückte nun die dritte christliche Kraft wieder stärker ins Blickfeld: die griechisch-orthodoxe Kirche; denn die Macht Russlands wuchs, mochte der Zar den Einfluss der orthodoxen Kirche in seinem eigenen Land (aus machtpolitischen Erwägungen) auch beschneiden. Drei christliche Glaubensrichtungen: Wie wollte der Papst in Rom, der "Stellvertreter Gottes", da seinen Anspruch behaupten, oberster Hirte zu sein aller Gläubigen?
Und wovor wollte schützen der weltliche Schutzherr, der Kaiser ein Reich, dem
fehlte die Einheit? Schwangen nicht längst neue Mächte das Zepter: der "Sonnenkönig" im katholischen Frankreich, König von Gottes Gnaden und Elisabeth,
Königin des puritanischen Englands und Haupt einer eigenständigen Kirche?

Gesellte sich zu diesen aufstrebenden, Weltherrschaft erstrebenden Mächten nun eine dritte Kraft: die russische? Russland war nicht zerrissen von Glaubenskriegen, wie das Abendland, und es sollte weiter erstarken durch den Nordischen Krieg. Ein Krieg, der tobte wider den schwedischen König Karl XII., einem viel gerühmten, "begnadeten Feldherrn", der sich indes letztlich geschlagen geben musste. Russland gewann das Baltikum und auch die Ukraine (den Zankapfel heutiger Zeit)!

Peter d. G. betrieb die Modernisierung seines Landes mit allen Mitteln und besuchte die Hochburgen seiner Zeit. Als Zimmermann verkleidet, soll der Zar Schiffsbau studiert haben (Vorbild für Lortzings Oper "Zar und Zimmermann"), Handel und Industrie förderte er, die alte Dorfgemeinschaft (Mir) aber blieb unangetastet, ebenso die Leibeigenschaft; den Geburtsadel ersetzte der Zar durch einen Verdienstadel. Die alten Bärte wurden abgeschnitten – im wahrsten Sinne des Wortes: wer sich widersetzte, musste eine Bartsteuer entrichten. Mit aller ihm zu Gebote stehenden Gewalt (ebenso despotisch wie später Stalin, Mussolini, Hitler, Franco?) beförderte der Zar sein Land in die Moderne. Und wie der Glanz und der Ruhm der Eroberer der neuen Welt bezahlt war mit dem Blut und dem Schweiß der Eroberten, so war auch der Glanz von St. Petersburg, der neuen Metropole, bezahlt mit dem Schweiß und dem Blut russischer Arbeitssklaven und schwedischer Kriegsgefangener. 1712 heiratete der Zar Katharina, eine ehemalige Konkubine (Mätressenwirtschaft nach dem Vorbild Frankreichs?), die nach dem Tod des Zaren selbst den Thron besteigen sollte und so ihrer Tochter die Nachfolge sicherte: Elisabeth. Jene Zarin, die Friedrich d. G. im Siebenjährigen Krieg an den Rand des Abgrunds bringen sollte. Ihr folgte auf den Zaren-Thron Katharina II. aus dem Hause Anhalt-Zerbst (Gemahlin des als unfähig geltenden Peter III.), die fortsetzte, was Peter d. G. begonnen hatte: die Modernisierung Russlands mit allen Mitteln (vor allem weiblichen Waffen: der leitende Minister wurde gleich auch ihr Liebhaber). Eine Modernisierung betrieben im Geist der Aufklärung, der sich auch der König einer anderen aufstrebenden Macht verpflichtet sah: Friedrich der Große, König von Preußen.

Friedrich war Spross des Hauses Hohenzollern, die herrschten über ein Land, das lange unbeachtet geblieben war von der Welt. Der Große Kurfürst Friedrich Wilhelm (1640-88) hatte – nach französischem Vorbild – Wirtschaft und Verwaltung modernisiert und ein stehendes Heer geschaffen, das zum Motor werden sollte der Machtentfaltung Preußens. Friedrich Wilhelm I., Vater Friedrich d. G., trug nicht von ungefähr den Beinamen "Soldatenkönig" (auch wenn die Preußen unter ihm weniger "schnell schossen" als unter seinem Nachfolger). Despot durch und durch, ohne Verständnis für seinen Sohn: den Schöngeist, der korrespondierte über 40 Jahre lang mit *dem* Intellektuellen der Aufklärung: Voltaire. Als Friedrich den Thron bestieg, schaffte er sogleich die Folter ab und erklärte die Presse- und Religionsfreiheit. "Jeder solle nach seiner Façon selig werden", so des Königs Wahlspruch. Vorangetrieben und gefördert wurden vor allem Bildung und Wissenschaft. Schon 1722 war in Preußen die allgemeine

Schulpflicht eingeführt worden. Nun sollte die Berliner Akademie der Wissenschaften zu einer der angesehensten der Welt werden.

Ausgerechnet dieser "Philosoph auf dem Thron" sollte einen Krieg vom Zaun brechen, der als Siebenjähriger Krieg in die Geschichte einging und mit einigem Recht als Weltkrieg zu bezeichnen ist, waren doch in ihm die beiden Kolonialmächte der Zeit verwickelt: England und Frankreich. 1756 zog Friedrich, finanziell gestützt von England, zu Felde gegen das katholische Österreich, gegen Maria Theresia, um dem (weiblichen!) Haupt der alten Habsburger Macht jenes Land zu entreißen, das er am Ende endgültig gewinnen sollte: (das wirtschaftlich bedeutsame) Schlesien. Ein Sieg, ein Aufstieg zur Großmacht, der nicht zuletzt geschuldet war dem Tod der Zarin Elisabeth, deren Nachfolger, Peter III. – ein glühender Verehrer Friedrichs – Frieden schloss mit Preußen. Damit hatte Österreich einen Verbündeten verloren. Gegen Österreichs anderen Verbündeten, gegen Frankreich, hatte William Pitt als Premierminister von England (der in erster Linie die Interessen der Kaufleute und Großfinanziers vertrat) von Anfang an einen erbitterten Handelskrieg geführt. Am Ende verlor Frankreich seine Kolonien, England gewann Indien, Kanada und das ganze Land bis zum Mississippi von New Orleans bis Florida.

Mit dem Sieg über Frankreich, über den katholischen Feind, hatten die Engländer indes selbst den einzigen Grund beseitigt, aus dem heraus die protestantischen Kolonien klaglos duldeten, von England regiert und besteuert zu werden. 1776, 13 Jahre nach Ende des Siebenjährigen Krieges, erklärten 13 amerikanische Kolonien Englands ihre Unabhängigkeit. Die Nachkommen englischer, puritanischer Einwanderer führten unter dem Oberbefehl George Washingtons einen Unabhängigkeitskrieg gegen ihr Mutterland und siegten! Eine weitere Großmacht war geboren: die Vereinigten Staaten von Amerika. 1788 trat die Verfassung, die von Thomas Jefferson entworfene Unabhängigkeitserklärung (mit Gewaltenteilung von Legislative, Exekutive und Judikative) endgültig in Kraft. Die Menschenrechte werden erstmals deklariert: Alle Menschen sind gleich geschaffen und von ihrem Schöpfer mit bestimmten unveräußerlichen Rechten ausgestattet. Dazu zählen: das Recht auf Leben, Freiheit sowie das Streben nach Glückseligkeit. Tritt an Stelle göttlichen Gebotes nun Verfassungsrecht: wird zukünftig der Glaube ersetzt durch einen Verfassungspatriotismus? Wer aber wollte wahren ein Gesetz, verfasst vom wandelbaren Geist des Menschen? Haben sie denn gehalten ihre Verfassung? Galten die deklarierten Menschenrechte für alle, für Weiße wie Farbige: für Indianer und Schwarze?

Der Geist der Aufklärung war er es, der gebar den revolutionären Gedanken, der inspirierte zur Neugestaltung, inspirierte selbst Despoten, die – wie in Preußen – eine Erneuerung ihres Staates von oben betrieben? Ein neuer Geist, der erklären und nicht verklären wollte, wie es die Kirche jahrhundertelang praktiziert hatte, das mochte erklärtes Ziel sein der großen aufklärerischen Geister, was aber wusste das Volk davon, wie erlebten die Ohnmächtigen, die Armen ihre "aufgeklärte Zeit"? Blieb ihre Wirklichkeit nicht unverändert in alter wie neuer Zeit? Was wusste das Volk von Voltaire, dem vielleicht kritischsten und spöttischsten Kopf seiner Ära, was wusste es vom großen Werk des Diderot? Herausgeber des Monuments der Aufklärung schlechthin: der 1746- 65 erschienenen Enzyklopädie, die erstmals zusammenfasste das Wissen der Zeit. Über alle Bände fiel der Zensor her, der französische Hof wie auch die katholische Kirche (die besonders empörte der dritte Band) schäumten vor Wut über die respektlosen Abhandlungen, die schonungslos aufdeckten, was verdeckt bleiben sollte? Denn Wissen ist Macht! Doch gab es auch Fürsprecher, wie die Pompadour (die mächtigste Mätresse ihrer Zeit, ohne die nichts lief bei Hofe), wie Friedrich d. G., der sich erbot, die Enzyklopädie unter seiner Schirmherrschaft in Berlin herauszubringen. Wie die Bibel durch Luthers Übersetzung zum Werk religiösen Wissens geworden war, so wurde die Enzyklopädie zum Wissenswerk über die Welt – wie Gott oder Mensch sie geschaffen hat?

Den Mut zu haben, sich seines eigenen Verstandes zu bedienen, war Credo der Aufklärung – eine neue Idee, ein neuer Anspruch? "Wisse – Wolle – Wage", ist das nicht Vermächtnis der drei synoptischen Evangelien: Vermächtnis ihres großen Lehrmeisters? Fordert ER etwa blinde Gefolgschaft, heilt ER nicht vielmehr Blinde und Taube und führt ins Licht und also zu Erkenntnis? *Sollen sie nicht Unmündige an Bosheit, an Einsicht aber reife Menschen sein* (1. Kor 14,20)? Wer hindert sie daran, sich zu befreien aus Blindheit, Abhängigkeit und Unmündigkeit – ein fremder Herrscher? Ist es nicht ihre eigene Trägheit, ihre eigne Feigheit, die sie hindert? Scheint es nicht viel verlockender, anderen alle Verantwortung zu übertragen für das eigene Leben, das eigene Seelenheil, die eigene Gesundheit, die wirtschaftliche Existenz? Viel bequemer, fremdem Rat zu vertrauen: dem Arzt, dem Seelsorger, dem Finanzberater, als sich sein eigenes, mündiges Urteil zu bilden? *Hüte dich vor dem Ratgeber! Erforsche zuerst, was seine Absicht ist* (Jesus Sirach 37,8). Welche Absicht verfolgten die Aufklärer und wem dienten sie: dem gemeinen (Land)Volk – den Unterdrückten, Leibeigenen und Sklaven? Oder dienten sie einer neuen Elite: ihrer eigenen Klientel? Setzten sie an die Stelle göttlichen Wortes und Gebotes ihr eigenes Wort und ihr eigenes Gebot und an die Stelle des Höchsten ihre eigene Vernunft? Erklärten oder verklärten, idealisierten sie ihr Ziel? Welch Geistes Kind sind sie, so sie Menschenhandel betreiben, fremde Territorien in Besitz nehmen, "Rothäute" abschlachten, "Neger" als Sklaven halten und ihr eigen Landvolk in Leibeigenschaft?

Gegenbild zur falschen, verlogenen Gesellschaft der Zeit wurde die unverfälschte Natur. "Zurück zur Natur", lautete der erste grüne Wahlspruch der Moderne. Idealisiert wurde das Naturvolk im Bild des "edlen Wilden" oder verklärt? Was steht geschrieben über den paradiesischen Urzustand im Buch der Bücher? Brachten Adam und Eva sich nicht um diesen Garten Eden, um ihr "Naturrecht", als sie abfielen von Gott und sich verführen ließen: der Schlange gehorchend oder eigenen Verstandeskräften? Wo Gott nicht führte, soll nun leiten eigener Antrieb, ein inneres Gefühl oder die Kraft der Vernunft? Gefühl, Vernunft und Individualität waren die Säulen der Aufklärung, die inspirierte den Zeitgeist, vor allem die Kunst. Das Leiden an der Welt, der "Weltschmerz", das natürliche Recht jedes Einzelnen fanden höchsten Ausdruck in Goethes "Werther" und in Rousseaus Erziehungsroman "Emile". Verehrte die Kunst anfänglich allein den Höchsten – Gott selbst und seinen Sohn – in Kirchenbau, Skulptur und Malerei, später dann den geistigen wie weltlichen Adel, war Gegenstand künstlerischer Würdigung nun eben nicht mehr der Höchste im Himmel (wie noch in Händels oder Klopstocks *Messias*) oder der "Höchste" auf Erden: der Monarch oder geistliche Würdenträger, Protagonist war – zur Empörung der Höchsten – einfach der Mensch, sei er ein *Barbier* (Rossini), *Figaro* (Mozart), *Werther*, *Faust* (Goethe) oder *Räuber* (Schiller).

Alte Zöpfe abschneiden, die Welt "entzaubern", entlarven alle Scheinheiligkeit der geistlichen wie weltlichen Elite. Dem Erbrecht einiger weniger entgegenzuhalten das Naturrecht aller, hieß das, den Menschen selbst zu setzen an die höchste Stelle und Gott abzuschaffen? Was galt als höchster Wert den freien Geistern jener Epoche? Wandten sie sich ab von aller Religion oder schufen sie sich eine Ersatzreligion? Warum organisierten gerade sie sich in den von der katholischen Kirche vehement bekämpften (und eben darum so anziehenden?) Logen der "Freimaurer" (ein Begriff, der zurückgeht auf die freien, in keiner Zunft organisierten Steinmetze)? Lehnten sie nicht ab jede Form von Totalitarismus und schlossen sich gleichwohl zusammen in einem Geheimbund? Ein neuer elitärer Kreis? Friedrich d. G. zählte zu den Freimaurern, Goethe und Mozart. Seine "Zauberflöte" erklingt bis heute im Geist der Freimaurer, im Geist der Wahrheit, Menschenliebe, Selbstkritik und Duldsamkeit. Eine Botschaft, die ferne ist dem Fleisch gewordenen Wort, das ist *der Weg, die Wahrheit und das Leben*? Wovon kündet das Evangelium, wenn nicht von der Wahrheit und Weisheit des Höchsten? So alle Philosophie Liebe ist zur Weisheit, muss sie da nicht letztlich Theosophie sein? Heißt Gottes zentrales Gebot nicht Menschenliebe, Bruderliebe? Worin unterscheidet sich der Anspruch der Freimaurer vom Postulat der vier Evangelien (der drei synoptischen Evangelien): "Wisse – Wolle – Wage (und der letzten und vierten Forderung, erhoben nach dem Evangelium des Johannes) – Schweige" (dulde lieber, bevor du dich selbst ins Unrecht setzt)! Als allmächtiger Baumeister *aller* Welten gilt Gott den Freimaurern. Ist denn der Allmächtige Schöpfer allein der einen Welt, die da war vor aller Zeit, wirkte Gott in einem einmaligen Schöpfungsakt nur, wirkte der HERR nicht beständig in all den Welten, die da waren und vergingen und wirkt Gott weniger in der gegenwärtigen Welt? Als Brüder verstanden sich die Freimaurer, Brüder im Geiste, praktizierten sie solche Bruderliebe auch: tätiges Werk oder bloßes Wort?

Lehrte ER nicht, das Wort sei nichts ohne tätiges Werk und das Werk nichts ohne Glauben? Müssen sie nicht erst wiedergeboren werden in einem heilen, gesunden Geist, der vereint Wort und Werk? Der Pietismus (eine seiner Hochburgen war Halle), der sich als christliche Gegenbewegung entwickelte und verstand zum rein Vernunft betonten Geist der Zeit, stellte die Wiedergeburt, den neu geschaffenen Menschen, als höchstes Ziel heraus: das Wort wird lebendig erst durch praktizierte Bruderliebe. Im Geist des Pietismus erzogen wurde der Überwinder der Aufklärung: der Königsberger Philosoph Kant. Dessen "Kritik der reinen Vernunft" nach den Quellen wie den Grenzen fragt aller Erkenntnis und dessen "Kritik der praktischen Vernunft" jenen "kategorischen Imperativ" setzt, der vom sittlichen Menschen fordert, so zu handeln, dass die Maxime seines Willens jederzeit zum allgemeinen Gesetz erhoben werden könne. Lautet anders die "Goldene Regel", die ER ihnen zu schreiben gebot in ihr Herz? *Wie ihr wollt, dass euch die Leute tun sollen, so tut auch ihnen* (Lukas 6,31). Wird beherzigt solche Regel, welch weiterer Gesetze sollte es da noch bedürfen? Gott, Freiheit und Unsterblichkeit – nach Kant sind das keine Verstandesbegriffe, sondern letzte Forderungen der Vernunft. Und wohin hat geführt alle Vernunft? Schrieb nicht Goethe im "Faust": *Er nennt's Vernunft und braucht's allein nur tierischer als jedes Tier zu sein*? Zeigt nicht der geschichtliche Rückblick, wohin führte alle Aufklärung, aller Fortschritt, alles Freiheitsstreben? Wie wahr ist Schillers Wort ("Resignation"): *Die Weltgeschichte ist das Weltgericht*? Wohin schreitet der Mensch in all seinem "Sturm und Drang", so er Sklave bleibt seiner Ängste, Begierden, Leidenschaften?

Der Revolution in der neuen Welt folgte auf dem Fuße die Revolution in der alten Welt, die im wahrsten Sinne des Wortes der verstaubten Monarchie den Kopf abschlagen sollte. Der Stürmung der Bastille am 14. Juli 1789 voraus gingen Hungerrevolten. Die Verelendung breiter Teile der Bevölkerung hatte sich weiter verschärft durch Missernten, die Folge waren gesteigerter vulkanischer Aktivität in Island. Doch die drückende Not des einfachen Volkes scherte den französischen Hof herzlich wenig, der Adel schwelgte weiter in Luxus und blieb befreit von der Steuer. Im Schulterschluss mit der hohen Geistlichkeit ließ man alles beim Alten und verwies die lieben "Schäfchen" auf Gottes "unerklärlichen Ratschluss" (die frühe Form der "Alternativlosigkeit"). Arroganz und Ignoranz hatten das Land an den Rand eines Staatsbankrotts gebracht und das eigene Volk ausgeplündert bis aufs Blut. Das Volk hatte nichts mehr zu verlieren, Aufstände und Tumulte waren die Folge. Von Paris dehnte sich die Revolution aus aufs Land. Nach dem Vorbild der amerikanischen Unabhängigkeitserklärung (unter Federführung Lafayettes) vollzog die Nationalversammlung am 27. August 1789 die Erklärung der Menschenrechte. Artikel 2 nennt diese Rechte: Freiheit, Eigentum, Sicherheit und Widerstand gegen Unterdrückung (gegen Adel wie Geldadel?). Artikel 6 hebt hervor, das Gesetz sei Ausdruck allgemeinen Willens (volonté générale) – der gleichzusetzen ist dem Willen der Mehrheit? Liberté, egalité, fraternité: Freiheit, Gleichheit, Brüderlichkeit – die neue Dreifaltigkeit, die fortan ersetzt die alte des Vaters, des Sohnes und des Heiligen Geistes?

Handelt als Freie, aber nehmt die Freiheit nicht als Deckmantel für das Böse, heißt es im 1. Brief des Petrus (2,16). Dienen sie etwa dem Guten – in Frankreich? Und in der neuen Welt, wo auf Haiti, das galt den Eroberern als Paradies auf Erden, 1791 der Aufstand der Eroberten und Versklavten seinen vorläufigen Höhepunkt finden sollte (mehr dazu in *Apokalypse now*)? Die Freiheit des Christenmenschen legt in Ketten den Menschen, statt ihn zu binden an das Wort aus freier Entscheidung! Kennt die neue Freiheit keinen obersten Herrn, ist sie ledig jeder Bindung? Findet die Freiheit des Einen nicht immer dort ihre Grenze, wo sie die Freiheit des Anderen beschneidet? Die französischen Revolutionäre mochten ins Feld ziehen gegen Adel und Klerus, Vernunft setzen an die Stelle der "Mutter Kirche", "Notre Dame" wandeln in einen "Tempel der Vernunft", verehrten nicht aber am Ende auch sie ein "unbekanntes Wesen" (vgl. Apg 17,23: Paulus entdeckt unter allen Heiligtümern Athens einen Altar mit der Aufschrift "Dem unbekannten Gott") und feierten das "Höchste"?

Die Freiheit, auf die Fahne geschrieben und besungen in der "Marseillaise", ebenso in Schillers (von Beethoven vertonte) "Ode an die Freude": *Alle Menschen werden Brüder*. Ein neuer Ton, neuer Klang, eine universelle Sprache, die tatsächlich überwand alte (Sprach)Barrieren? Oder führte die viel besungene Freiheit zu einer neuen babylonischen Sprachverwirrung, weil jeder zuvorderst meinte die eigene Freiheit und nicht achtete die des Anderen? Unter der (Schreckens)Herrschaft des Robespierre tobte der blanke Terror, die reine Willkür. Die Menschenrechte, eben erst verkündet, mit Füßen getreten vom "Wohlfahrtsausschuss" – um zu verteidigen die Freiheit gegen jede Form von Widerstand? Was dem einen Widerstand, ist dem anderen Freiheitskampf? Werden nicht auch heute mit Füßen getreten heiß erkämpfte, freiheitliche Rechte, um zu verteidigen die Freiheit vor dem "internationalen Terrorismus"?

Im Namen der Freiheit schlagen sie ihrem König, ihrem weltlichen Herrn den Kopf ab, wie sie einst ans Kreuz nagelten ihr geistliches Haupt? Ein Schlüsselerlebnis, die Urszene "Vatermord", wie Freud später formulieren wird. Führte jene Schreckenstat aber zur Reinigung (Katharsis), schweißte die Bluttat zusammen, wurden sie Brüder? Die Revolution mochte der alten Macht den Kopf abschlagen, am Ende aber fraß sie (wie Saturn) ihre Kinder, ihre führenden Köpfe: Marat wurde ermordet, Danton und Robespierre guillotiniert. Waren sie verdammt, über sich selbst herzufallen, weil sie sich beraubt hatten des gemeinsamen Feindes und geschlachtet hatten den Sündenbock: den Adel? Wollten und sollten sie nicht Brüder sein, Brüder in einem heilen Geiste? Was hatten die Revolutionäre voraus dem Adel, erhoben nicht auch sie sich einer über den anderen? Welche Gleichheit strebten sie an: wollten sie gleich sein den Reichen und Mächtigen oder gleich den Armen und Ohnmächtigen? Die Freiheit, Gleichheit und Brüderlichkeit, die sie sich auf ihre Fahnen schrieben, war sie erfüllt von einem heilen Geist? Wie frei wollen sie sein, wenn sie Getriebene bleiben? Lehrte ER sie nicht, sich zuvorderst selbst zu befreien aus aller inneren Knechtschaft? "Freiheit, Gleichheit, Brüderlichkeit" – führte ER ihnen je anderes vor Augen? Ist Sklave, wer Gott angehört (vgl. Gal 4,30-31)? Sind vor Gott nicht alle frei, alle gleich? Urteilt Gott etwa nach dem äußeren Scheine, nach dem, was sie haben; fragt ihr Vater im Himmel nicht vielmehr danach, was sie sind, was sie machten aus den ihnen verliehenen Gaben, den ihnen verliehenen Talenten? Gleichheit vor dem Vater, Gleichheit vor dem (göttlichen) Gesetz, meint das Gleichheit im Sinne von Konformität? Verlust aller Einzigartigkeit? Soll geopfert sein alle Vielfalt, auf dass Einfalt herrsche auf Erden?

Der HERR *ist Geist,*
wo aber der Geist ist,
da ist Freiheit.
(2. Kor 3,17)

Die Französische Revolution beschwor eine neue Zeit herauf. 1793 wurde der neue (Revolutions-)Kalender eingeführt mit neuer (oder alt-orientalischer?) Zeitrechnung, basierend auf der Zahl 10. Als sichtbares Zeichen, dass beendet sei die christliche Zeitrechnung, die limitierte das Wochenmaß göttlicher Schöpfung auf sieben Tage. Sechs Werktage und ein Ruhetag: soll der siebte Tag, die Ruhe des HERRN ewig währen, ist vollendet die Schöpfung? Oder ist angebrochen mit der Auferstehung ein neuer Morgen, ein neuer Tag: der achte Tag der Schöpfung? Und wird es nicht auch geben einen neunten Tag, wenn ER zurückkehrt und ebenso einen zehnten Tag, wenn vollendet ist das göttliche Werk? Ist nicht jedem aufgetragen, mitzuwirken am göttlichen Werk (wie es im Talmud heißt)? Die Französische Revolution, hat sie eine freiere, eine gerechtere Welt hervorgebracht oder nur den Vorhang gehoben für ein neues Spiel vor neuer Kulisse in neuen Kostümen, aber alten Rollen? Die Wirren und Schrecken jener Jahre sollten zum Steigbügelhalter werden jenem (apokalyptischen) Reiter, der als "Weltgeist zu Pferde" Triumphe feiern und ebenso schnell fallen sollte, wie er aufgestiegen war: Napoleon.

Wie Caesar in alter Zeit, so unterwarf Napoleon Ägypten in neuer Zeit, raubte dessen antike Kunstwerke, glänzte durch seinen Erfolg, eroberte Italien für die Revolution, befriedete die französische Nation nach innen, sorgte für niedrige Steuern, eine funktionstüchtige Verwaltung und mit dem Code Napoleon für ein einheitliches Rechtssystem. Dem "Friedensschluss" mit der Kirche folgte der erzwungene Frieden mit Österreich. Als sich 1806 der Rheinbund dem Protektorat Napoleons unterstellte und die französischen Truppen bei Jena und Auerstedt Preußen vernichtend schlugen, besiegelte das den Untergang des Heiligen Römischen Reiches. Nach dem Untergang Roms lag nun das zweite tausendjährige Reich am Boden. War es nicht längst zerfallen, gespalten spätestens seit tobte der Glaubenskrieg; war es noch mehr gewesen als ein Torso, ein heiligendes Deckmäntelchen unter dem jeder sein eigenes Süppchen kochte? Ein Untergang, der zu beklagen war oder längst fällige Zäsur? Wer aber sollte Nachfolger werden des Heiligen Römischen Reiches? Napoleon, der sich selbst die Kaiserkrone aufsetzte – ein Kaiser von "Gottes Gnaden"? Sah sich Napoleon in der Nachfolge der alten Kaiser, in der Nachfolge auch der Könige des Heiligen Landes David und Salomo? War David nicht von ebenso niedriger Herkunft wie Napoleon? Der "Weltgeist zu Pferde": Hegels Fleisch gewordenes Wort, die personifizierte Dialektik: des historischen Widerspruches höchste Synthese? Ist ein solcher Geist nicht längst gegeben der Welt, sandte ER ihnen nicht den heilen, den einenden Geist, der auflöst allen Widerspruch? Was aber vereinte, was befriedete Napoleon? Löste er tatsächlich auf alten Widerspruch oder provozierte er neuen Widerstreit, als er seinen unfähigen Brüdern die Regierungsgeschäfte überließ in Spanien und Holland? Widerspruch nicht auch, dass Napoleon, Herrscher eben jenes Landes, das Freiheit sich auf seine Fahnen schrieb, (1806) ausgerechnet über England eine Kontinentalsperre verhängte: das Land, das sich als erstes befreit hatte aus den Fängen unkontrollierter Monarchie, befreit hatte ebenso von Rom, von alter kirchlicher Macht? Widerspruch nicht auch, dass der "Weltgeist zu Pferde", ungeachtet seines "militärischen Genies", sträflich unterschätzte seinen Gegner: den russischen Winter, die Weite des russischen Landes und die Leidensfähigkeit des russischen Volkes? Das Desaster des Russlandfeldzuges war Auftakt der Freiheitskriege, die in ganz Europa geführt wurden gegen die Herrschaft Napoleons. In der Völkerschlacht von Leipzig (1813) fanden sie ihren Höhepunkt und ihr Ende. Napoleon, der als Befreier angetreten war und zum Unterdrücker werden sollte, war besiegt und wurde auf die Insel Elba verbannt. Der "Weltgeist" sollte zwar noch einmal aufflackern; nach der Schlacht von Waterloo aber wurde er endgültig verbannt auf die Insel St. Helena. Nicht geköpft, wie seine adligen Vorgänger, nicht hingerichtet: weil doch nicht alles schlecht gewesen war unter Napoleon oder weil die Welt nun eine humanere war?

Das Heilige Römische Reich war endgültig zerschlagen, die alte abendländische Ordnung lag darnieder, eine neue musste her. Auf dem Wiener Kongress wurde – unter Leitung des Wiener Kanzlers Metternich – eine neue Ordnung bzw. ein neuer Bund geschmiedet. Europa erwachte und der "Kongress tanzte". (Ein Tanz auf dem Vulkan, zumindest von Indonesien aus betrachtet, wo der verheerende Ausbruch des Tambora in der Folge Ausmaße erreichen sollte, die spürbar waren auch in Europa.) Dem Deutschen Bund, gegründet mit der Hauptstadt Frankfurt (einstige Stätte der Königswahl), gehörten 39 Einzelstaaten an, darunter die beiden stärksten Mächte: Preußen und Österreich. In Preußen war die Modernisierung von oben durch Reformen von Stein und Hardenberg weit vorangeschritten. Die Selbstverwaltung der Städte war eingeführt, die Bauern von der Leibeigenschaft befreit und die Gewerbefreiheit machte keinen Unterschied mehr zwischen Adligen und Bürgerlichen. Adligen war fortan erlaubt, einen Beruf zu ergreifen, Bürgerliche durften Güter kaufen. Reformiert wurde ebenso das Bildungssystem. Unter Federführung W. v. Humboldts wurde eine einheitliche Volksschule sowie ein einheitliches Gymnasium geschaffen und (1810) die Universität von Berlin gegründet. Nicht mehr nach Lehrplan sollten die Professoren unterrichten, sondern in Freiheit mit ihren Studenten (ein erfolgreiches Konzept, das später von Amerika kopiert werden sollte). Preußen aber war nicht gleichzusetzen mit dem Deutschen Bund, noch weniger vollständig zu integrieren, besaß es doch mit Ost- und Westpreußen und der polnischen Provinz Posen Gebiete, die nicht zum Deutschen Bund gehörten. Zudem konkurrierte Preußen mit Österreich, der Doppelmonarchie, die über eine Vielzahl von Ländern herrschte, die ebenfalls nicht zum Deutschen Bund zählten: Ungarn zuvorderst, die Slowakei, Südpolen, Slowenien, Nordwestrumänien, Südtirol (später noch Bosnien). Für Österreich war jede nationale Bewegung, so auch die deutsche, pures Gift. Was den Nationalstaaten England und Frankreich als Stärke galt: Nationalismus und Demokratie, trennte sich im Deutschen Bund auf fatale, Ressentiment geladene, unheilvolle Weise.

Konnten die deutschen Länder nur geeinigt werden ohne Österreich ("klein-deutsche Lösung") oder war eine "großdeutsche Lösung" denkbar (später verwirklicht mit dem Anschluss Österreichs: Hitlers "großdeutsches Reich"): eine nationale Einigung der Deutschen im Bunde mit Österreich? Konnte überhaupt voranschreiten die demokratische Bewegung, so lange die alten Mächte weiter Front machten gegen sie und sich verbündeten in einer "Heiligen Allianz", wie der Schulterschluss zwischen dem griechisch-orthodoxen Russland, dem protestantischen Preußen und dem römisch-katholischen Österreich von 1815 genannt wurde? Vereint über alle Glaubensunterschiede hinweg, vereint wider den gemeinsamen Feind, der nicht länger Napoleon hieß. Nicht gegen politische Despotie schlossen sie sich zusammen, gegen Unterdrückung, diese oder jene Glaubensdoktrin; der gemeinsame Feind, gegen den sich richtete ihre "Heilige Allianz" war der freiheitlich-demokratische Geist!

War die neue europäische Ordnung, geschaffen auf dem Wiener Kongress, in der Lage auf Dauer zu befrieden, zu vereinen die Kräfte, die entfesselt hatte die Revolution? In der Lage auch zu bändigen den Sturm, der längst erfasst hatte Europa: die industrielle Revolution? Antriebsmotor dieser Revolution war die von Watt 1765 erfundene Dampfmaschine, die mechanisch bewegte: Zeit und Mensch? Eine Bewegung nach außen, die erstarren ließ den Menschen nach innen, weil sie keinen Raum, keine Zeit mehr ließ für inneren Wandel? Der Mensch, fand er sich noch zurecht, da sich seine äußere Welt derart radikal änderte? Seine Arbeit, sein täglich Brot fand er nicht mehr in seinem unmittelbaren Um-Feld. Die Arbeit kam nicht länger zu ihm, sondern der Mensch schritt zur Arbeit, wanderte zu den Stätten der Massenproduktion, wanderte in Scharen zu den Fabriken, selbst zur Masse werdend. Entwurzelte Menschen, nicht mehr gebunden an Hof und Scholle oder Zunft, sondern frei gesetzt. Eine Freiheit, die ad absurdum führte, was die Französische Revolution angestrebt hatte, weil schutzlos blieb die Masse. Schutzlos gegenüber einem neuen Unternehmertum, das so frei und unkontrolliert bestimmte wie früher der Adel, das selbstherrlich Hungerlöhne diktierte und arrogant übersah unmenschliche Arbeitsbedingungen. Die monotone, sinnentleerte Fabrikarbeit "entfremdete" den Menschen seiner selbst, wie Marx formulierte. Wie die Kirche jahrhundertelang Gott in weite Ferne gerückt und dem Menschen entfremdet hatte, so entfremdete nun der Fabrikant den Menschen seiner selbst, beraubte ihn seines Daseins, degradierte ihn zu einem kleinen, unbedeutenden Rädchen in einem riesigen, dem Einzelnen kaum mehr durchschaubaren Räderwerk. Austauschbar der Mensch, einem Rädchen gleich. Eine Gleichheit auf niedrigster Funktionsebene, die keine Hoffnung ließ auf Solidarität?

"Ein Gespenst geht um in Europa, das Gespenst des Kommunismus ...", so stand es geschrieben in dem von Marx und Engels im Januar des Jahres 1848 herausgegebenen *Pamphlet* "Das kommunistische Manifest". Ein Gespenst, das Europa schreckte? War es die kommunistische Idee allein, war es nicht der kritische Geist schlechthin, der erwachte in jenen Jahren, dem Ausdruck verlieh auch Corvins antiklerikale Schrift "Pfaffenspiegel" von 1845? Die liberalen, demokratischen und republikanischen Ideen, die an die Stelle traten alter Glaubensdogmen, um neu zu besingen das Lied der Freiheit und der Einheit 1832 auf dem Hambacher Fest. Eine freiheitliche Bewegung über alle ideologischen Unterschiede hinweg? Ein Geist, der erweckte den "Biedermeier" aus geruhsamen Schlaf, ihn entriss seiner provinziellen Gemütlichkeit, in der er sich wohlig eingerichtet hatte nach dem Wiener Kongress? Im März 1848 brach eine Revolution aus, die breitere Massen erfasste und sich nicht mehr unterdrücken ließ. Eine Revolution, die schließlich zur Einberufung der Nationalversammlung führte: das erste gesamtdeutsche Parlament. Getagt wurde in Frankfurt, dem alten Ort der Königswahl, heute Hochburg der Banken. An sakraler Stätte, in der Paulskirche, wurde nicht besungen der rechte Glaube, sondern gerungen um eine politische Lösung: um die Einheit (klein- oder großdeutsche Lösung) und um eine gemeinsame Verfassung. Eine konstitutionelle Monarchie solle es sein, darauf einigte man sich schließlich nach langem Hin und Her. Doch als das Parlament dem Preußenkönig Friedrich Wilhelm IV. die Kaiserkrone antrug, lehnte der ab, weil er nicht vom Gesinde, von der "Kanaille", wie Wilhelm IV. es nannte, zum Kaiser gemacht werden wollte. Die Einigung von unten war in Deutschland endgültig gescheitert. In Frankreich dagegen endete die zweite Revolution 1850 damit, dass Napoleon III. die Volksabstimmung annahm und keinerlei Bedenken hegte, Kaiser nicht von Gottes, sondern von Volkes Gnaden zu sein.

Wie Deutschland rang um die nationale Einheit, so auch Italien (ein Grund, warum der Faschismus gerade in diesen Ländern auf so fruchtbaren Boden fallen sollte?), das ebenso aufgeteilt und zerrissen war in viele einzelne Staaten und zudem bestimmt vom reaktionären Österreich, das nach der Revolution absolutistisch und zentralistisch regiert blieb. Piemont-Sardinien (das Preußen Italiens) sollte die Einheit Italiens vorantreiben, indem es das übermächtige Österreich bekämpfte und schließlich besiegte bei Solferino im Schulterschluss mit Napoleon. Eine Schlacht, die zum Gemetzel wurde und den Schweizer Arzt Dunant bewog, das Rote Kreuz (Negativ der Schweizer Flagge) zu gründen. Das (rote) Kreuz, das alte Heilszeichen der (Tempelritter)Schlacht, nun Zeichen der Heilung, der Gesundung?

Der nach den Napoleonischen Kriegen verlustreichste Krieg des 19. Jahrhunderts aber war der amerikanische Bürgerkrieg zwischen Nord- und Südstaaten (1861-1865). Ein lang schon schwelender Konflikt zwischen dem industrialisierten, bürgerlichen Norden und dem pseudo- aristokratischen Süden, der Plantagen bewirtschaftete und Sklavenhaltung als sein selbstverständliches Recht erachtete. Ein Konflikt, der mit der Wahl Lincolns und dem Austritt der Südstaaten aus der Union begann und mit dem Sieg der Nordstaaten enden sollte. Ein revolutionärer Sieg oder ein – entwicklungsgeschichtlich betrachtet – geradezu zwangsläufiger, evolutionärer Sieg?

Der "Kampf ums Dasein", den Charles Darwin 1859 beschrieb, führte er zwangsläufig zu einer höheren Entwicklung, zu einer Auslese auch beim Menschen? Zu einer Entwicklung von der Wildheit über die Barbarei hin zur Zivilisation? Wenn aber alles Leben entstanden war durch natürliche Auslese, wie wollte der Mensch sich da länger begreifen als Krönung eines Schöpfungsaktes? Nicht Wille, nicht Werk Gottes: war der biblische Schöpfungsbericht zu verwerfen, weil unvereinbar mit Darwins Theorie? Die erdgeschichtliche Entwicklung des Lebens hat sie sich tatsächlich in anderen als den in der Bibel beschriebenen Schritten vollzogen? Und wer schuf die Bausteine des Lebens, die Träger sind aller Vielfalt auf Erden? Ist die Schöpfung etwa statisch: wo wollte Leben sein, wo keine Entwicklung möglich ist? Strebt nicht alles Leben nach Vollendung und ist der Mensch nicht höchste, vollendetste (= letzte) Form der Schöpfung? Ein innerer Kampf ums himmlische, ums ewige Sein oder ein äußerer Kampf ums nackte Überleben oder ums bloße Geschäft? Darwins "Kampf ums Dasein", seine Theorie vom "Überleben des Stärkeren", mutet sie nicht geradezu zynisch an in einer Zeit bitterster Not ("Pauperismus"), da breite Bevölkerungsteile selbst durch angestrengteste Arbeit nicht in der Lage waren, sich ihren mageren Lebensunterhalt zu sichern? Die Stärke des Einzelnen, sichert sie wahrhaftig das Überleben einer Art oder ist (wie im Bienen- oder Ameisenstaat) ein funktionierendes Gemeinwesen wahre Stärke und Garant des Überlebens?

Evolution oder Revolution? Nach der, von Hegels Dialektik beeinflussten, marxistischen Theorie kommt dem Gelehrten nicht zuvorderst die Aufgabe zu, die Welt zu interpretieren, sondern sie zu verändern. Der Ausbeutungs- und Verelendungsprozess, den "das Kapital" verursache, so Marx, münde geradezu zwangsläufig ein in die Revolution. Denn: "das Sein prägt das Bewusstsein" – mithin auch das Bewusstsein, der eigenen Verelendung Herr werden zu müssen. Hat aber der Mensch allein ein Sein im Hier und Jetzt, hat er nicht auch ein ewiges Sein? *Das Himmelreich ist mitten unter euch* (Lukas 17,21: neue Übersetzung, 1967, 2003) oder *inwendig in euch* (alte Übersetzung, 1816)? Ein Wort, das prägte: Fleisch wurde? Wem *inwendig* ist Gottes Reich, was wollte der finden in der äußeren Welt? Ist diese *Welt* mehr als bloßer *Wille*, mehr als *Vorstellung*?, wie Schopenhauer 1819 ("Die Welt als Wille und Vorstellung") pessimistisch fragte. Wie wollte es Erlösung geben, solange der Mensch verhaftet bleibt der irdischen Welt, getrieben von seinen Begierden und Leidenschaften? Muss sich der Mensch nicht erst lösen von allem irdischen Sein, eingehen in ein Nichtsein, in ein Nirwana (wie der Buddhismus lehrt, dem auch Schopenhauer nahe stand), und lehrt das Evangelium anderes? *Und erlöse uns von dem Übel*, heißt es im "Vaterunser" (als "Erlöser" galt in alter Zeit der "Befreier" von Sklaverei). Erlöse, befreie uns von äußerer oder innerer Fessel?

Ist die Welt eine heilere geworden nach der Revolution oder wurde ersetzt nur die alte Form der Unterdrückung durch eine neue, betrieben nicht mehr vom Adel, sondern vom Besitz-Bürgertum? Welche Revolution wollte zu einer besseren, einer gerechteren, einer heileren Welt führen, so die Revolutionäre selbst Knechte bleiben ihrer Begierden und Leidenschaften? Anders gefragt, kann die Arbeiterschaft, so sie sich erhebt aus drückender Not, die Welt führen in eine bessere Zukunft? Ist die Arbeiterschaft besser, heiler, weniger zerstörerisch – war die Bürgerschaft weniger asozial als der Adel? Und ist Revolution die einzige Antwort auf die "soziale Frage"? Die elende Not der Arbeiterklasse, allein eine politische Frage, nicht zuvorderst eine christliche? Welche Lösung, welche Hilfe boten an die Kirchen?

Zum Nestor der katholischen Soziallehre sollte ein Jesuit werden: Oswald Nell-Breuning. Dachorganisation der katholischen Wohlfahrtspflege wurde die 1897 von Werthmann gegründete "Caritas". Nächstenliebe und Barmherzigkeit institutionalisiert, organisiert, ehrenamtlich strukturiert: nicht mehr allein getragen von klösterlichen Orden, sondern ebenso von einem Bürgertum, das es sich leisten kann. Und Gutes tut aus reiner Nächstenliebe oder um zu entlasten sein Gewissen? Ablass von der Sünde durch ehrenamtliches Engagement und Spenden? Hilfe, die nicht länger bindet der direkte Austausch zwischen Gebenden und Nehmenden, sondern Hilfe, die sozialen Austausch anonymisiert? Wer in Not gerät, kann sich ebenso "diskret" an die Träger der Wohlfahrtspflege wenden wie derjenige, der helfen will, an die katholischen wie auch die evangelischen Einrichtungen. Fliedner (der Weg weisend wurde für die Gefängnisseelsorge) gründete schon 1836 in Kaiserswerth das erste Diakonissenhaus, Wichern rief 1848/49 die "Innere Mission" ins Leben (die 1976 aufgehen sollte im "Diakonischen Werk"). Sollte die Mission, die ER ihnen auftrug, keine innere sein? Und ist sie das geblieben: tätige Nächstenliebe, auch im Gesundheitswesen und der Pflege? 1872 gründete v. Bodelschwingh in Bielefeld die evangelischen Krankenanstalten (nach dem Vorbild der 1867 für Epileptiker gegründeten Anstalt) "Bethel" (= "Gotteshaus", vgl. 1. Mose 28,1-9): Heilstätte oder Krankenanstalt? Heilen aus innerer Berufung oder Behandeln als Broterwerb? Dienst für andere oder Dienst für die eigene Tasche? Die Kirche, ist sie nicht zum größten sozialen Dienstleister geworden durch ihre Wohlfahrtsverbände? Ein Dienstleister, der soziale Standards setzte und setzt wider den Hungerlohn und den Sozialabbau, der ankämpft gegen entwürdigende (Alten)Pflege und anprangert den Missstand, Profit schlagen zu wollen aus der Not anderer oder gar zum Minderleister zu werden, wo sich der Dienst am Menschen nicht mehr rechnet? Wie verwoben sind Kirche und Staat heute, wie verwoben waren sie "in der guten alten Zeit"?

Für den starken Staat stand im 19. Jahrhundert ein Name: Bismarck – der "Schmied" der deutschen Einheit. Keine Einheit, die sich – wie in Frankreich oder England – verband mit demokratischer Bewegung. Keine Einheit von unten, sondern eine von oben diktierte. Eine Einheit, die sich verband mit militärischer Überlegenheit, mit dem Sieg über Frankreich (bei Sedan und Metz), das Elsass-Lothringen verlor, mit dem (vorangegangenen) Triumph über Österreich, mit der Demütigung schließlich Frankreichs: der Kaiserproklamation Wilhelms I. im Spiegelsaal von Versailles! Ein Kaiser von Gottes Gnaden, von Volkes Gnaden oder von Bismarcks Gnaden? Der "eiserne Kanzler" war es, der alle Fäden in seiner Hand hielt, der regierte mit oder ohne parlamentarische Zustimmung, der durch geschicktes Manövrieren die deutsche Einheit nach außen wie auch nach innen sichern wollte. Gegen die "aufrührerischen" Sozialisten kämpfte Bismarck, gegen die Sozialdemokratie.

1875 hatte sich der von Lassalle gegründete Allgemeine Deutsche Arbeiterverein zusammengeschlossen mit der Sozialdemokratischen Partei Bebels zur SPD. Eine Partei, die kämpfte für die Rechte der Arbeitnehmer (und auch heute noch kämpft?) und darum bedrohte den inneren Frieden? Eine Bedrohung für den Staat, wenn im Parlament nicht nur die Interessen der Arbeitgeber, sondern auch die der Arbeitnehmer vertreten werden? Bismarck reagierte mit "Zuckerbrot und Peitsche". Den Sozialistengesetzen folgte eine Sozialgesetzgebung, die den Arbeiter an den Staat binden und so dem "verderblichen" Einfluss der Sozialisten entziehen sollte. "Vater Staat" traf mit Kranken-, Unfall und Rentenversicherung eine Daseinsfürsorge, die schützen sollte vor existentiellen Notlagen. In der weiteren Entwicklung aber den Einzelnen mehr und mehr enthob seiner persönlichen Verantwortung, erst recht der Verantwortung für seinen Nächsten, für das Gemeinwohl? Wie frei handelt ein Mensch, der sich enthoben glaubt persönlicher Verantwortung, weil "die da oben" es schon richten werden? Ertönt der Ruf nach dem starken Staat, weil die Sehnsucht so groß ist, unmündig zu bleiben wie ein Kind, sich nicht kümmern zu müssen? Der Staat als starke Hand, die führt: "Vater Staat" statt Gott Vater? Den Schutz, den boten und bieten die sozialen Sicherungssysteme, den sozialen Frieden, den sie sichern halfen, bezahlt um den hohen Preis persönlicher Verantwortung und Zuständigkeit? Beschützt, aber "entmündigt" – soziologische Zukunfts-Szenarien des 20. Jh. (entwickelt vor allem von Dahrendorf und Schelsky), die heute keinerlei Relevanz mehr haben, weil zu unterscheiden zwischen "selbständigen" und "betreuten" Menschen (ökonomisch) wenig sinnvoll scheint? Weil sich die sozialen Sicherungssysteme bezahlt gemacht haben für alle, weil es keine Defizite gibt – und auch keine Profiteure auf Kosten der "Versicherten"? Flossen nicht erst in jüngster Zeit wahre Geldströme in "versicherungsfremde" Leistungen, um abzusichern die Kosten der deutschen Einheit (ein Grund auch für die heutige desolate Finanzlage der Sozialversicherungsträger)? Und werden die Gelder kontrollierter fließen, wenn die Vorsorge weiter privatisiert wird – zum Nutzen aller? Profitiert der Not leidende Mensch, die organisierte Wohlfahrtspflege oder der Sozialstaat, der seine vornehmste hoheitliche Aufgabe delegiert an Wohlfahrtsverbände, die nicht demokratisch legitimiert und also dem gestalterischen Willen des Volkes entzogen sind (eine frühe Form der "Privatisierung")? Trennung von Staat und Kirche: wie säkularisiert ist der Staat tatsächlich, wie souverän? So unabhängig von der Kirche wie von Gott (ist das deutsche Grundgesetz nicht geschrieben in der *Verantwortung vor Gott und den Menschen*)?

Die kirchliche Macht im Staat zu brechen, war Ziel des Kulturkampfes, den Bismarck führte gegen den Katholizismus und seine politische Vertretung: die Zentrumspartei. Ein Kampf, der erst 1878, nach dem Tod Pius IX. (dem der versöhnlichere Leo XIII. folgte) enden sollte. Ein Kampf, befeuert durch das 1870 verkündete "Unfehlbarkeitsdogma". Erklärte der Papst mit jenem Dogma die Erde (bzw. sich selbst) erneut zum Fixstern (und beraubte "folgerichtig" die Äbtissinnen 1873 ihrer Macht bzw. juristischen Unabhängigkeit)? Bismarck (verheiratet mit einer Pietistin) reagierte mit einer Vielzahl von Paragrafen und Gesetzen (Kanzelparagraf, Jesuiten-Gesetz). Die folgenreichste Neuregelung, gefasst 1872, legte die Aufsicht über die Schulen endgültig in die Hände des Staates. Wurde der Staat der Bildungsaufgabe gerechter; klärte er den Nachwuchs auf oder hatte auch der Staat zu verheimlichen? Wie offen, wie frei war, ist Bildung, ist Forschung? Und wohin soll gebildet sein der Mensch? Wer ist noch im Bilde; wer weiß, woher er kommt, weiß um seine christlich-abendländische Geschichte nach so vielen Jahren Geschichtsunterricht und religiöser Unterweisung? Wer lernte mehr als im Fremdsprachenunterricht, mehr als Vokabeln, lernte, zu beherrschen den Stoff, oder lehrt das erst das Leben? Wie vertraut, wie fremd blieb dem Menschen das Evangelium? Wem ist heute noch bewusst, so er schließt den "Bund fürs Leben" auf dem Standesamt, dass die zivile Ehe erst seit 1875 möglich ist? Geschuldet einem Reichsgesetz, das Ausdruck ist eben jenes Kampfes, den Bismarck führte wider die Kirche. Ist die Zivilehe aber auch ein Bund vor Gott? Wer nicht sein Ja-Wort gab vor Gott, wie könnte der gebunden sein vor dem HERRN? Wer aber Gott gibt sein Wort, wer schwört ewige Treue im Angesicht des HERRN, welches weltliche Gericht wollte scheiden einen solchen, ohne Wortbruch zu begehen – im Namen des Volkes?

Bismarcks Absicht war es, den Staat zu stärken gegen andere Mächte im Innern, gegen die Sozialisten, gegen die Kirche, zu stärken den Staat ebenso nach außen durch eine ausgeklügelte Bündnispolitik. Wechselnde Bündnisse, Geheimbünde auch (wie der Nichtangriffspakt mit Russland): ein filigranes System, das am ehesten noch Bismarck selbst verstand und beherrschte, das aber kaum durchschaute der neue, der junge Herrscher, der 1888 nach dem Tod Wilhelms I. folgte auf dem Thron: Wilhelm II., der 1890 Bismarck entließ. "Der Lotse ging von Bord": das Bündnissystem brach zusammen. Russland trieb es an die Seite Frankreichs, England sah sich herausgefordert durch den von Wilhelm II. vehement betriebenen Ausbau der Flotte. Am Ende stand Deutschland isoliert da, schicksalhaft verwoben ausgerechnet mit jener Macht, die sich infolge der Freiheitsbewegungen ihrer Völker allmählich auflöste: Österreich-Ungarn. Das außenpolitische Klima war vergiftet, jeder misstraute jedem. Ein Wettrüsten setzte ein, eine Paranoia griff um sich, Ressentiments fielen auf fruchtbaren Boden, der Antisemitismus gedieh, für den bis heute beispielhaft die "Dreyfusaffäre" steht: der militärgerichtliche Prozess gegen Dreyfus, einem französischen Hauptmann jüdischer Abstammung. Ein Prozess, der getragen war nicht von Fakten (der angebliche Landesverrat entbehrte jeglicher Grundlage), sondern von antisemitischen Ressentiments: der Jude, der Verräter, der Judas von Anbeginn – das Feindbild schlechthin. Unheilvolle Zeichen, die niemand ernsthaft bekämpfte (auch die Kirche nicht, goss sie gar Öl ins Feuer)?

Das junge Europa, auferstanden aus den Trümmern des Heiligen Römischen Reiches, hatte es erklommen den Gipfel, als es global gebot über der Erde Geschick und in alt-römischer Tradition prägend seinen Stempel aufdrückte der Zivilisation? Leuchtendes Vorbild, das sich selbst feierte oder ein Licht, wie es feierten die Impressionisten, wie es durchdringt die Kirchenfenster Chagalls? Ein heller Schein selbst in finsterster Zeit? Ist vorstellbar eine Welt ganz und gar ohne Licht, schwarz wie die Nacht: erfüllt allein die Luft vom schwarzen Pulver? 1867 erfand Nobel das Dynamit, Sprengstofffabriken entstanden in allen Industrieländern. Zerstörung als Geschäft? Ein nobler Gewinn, ein ausgelobter Nobelpreis, der sich bis heute alimentiert aus einer Stiftung, die allen zur Ehre gereicht? "Geld stinkt nicht", wussten schon die alten Römer. Freiheit, Gleichheit, Brüderlichkeit! Waren sie nicht ausgezogen, die Welt zu einen, zu befrieden, zu befreien, wie zuvor ausgezogen waren die Römer im Namen des Imperiums und die Kreuzritter im Namen des Vaters, des Sohnes und des Heiligen Geistes? Friedenszüge oder Raubzüge? Steht die neue Welt im Zeichen ihres propagierten Humanismus oder im Zeichen von Imperialismus und Rassenwahn? Im Zeichen der Vertreibung und Vernichtung der Ureinwohner Amerikas, der Ureinwohner auch Australiens, im Zeichen brutalster Unterdrückung, Ausbeutung und Versklavung des "schwarzen Kontinents" (und ist die Zeit des Imperialismus zur Stunde überwunden oder ist der "Dritten Welt" endgültig genommen die Freiheit, über sich selbst und ihre ureigenen Boden-Schätze zu verfügen)? Wer darf "Weißer" sich nennen; wer ist in Wahrheit der "Schwarze Mann"? Deformierte sich die zivilisierte Welt, wie das Bild, die Form sich deformierte den Expressionisten: den Malern der "Brücke"? "Blaue Reiter" oder "Reiter der Apokalypse"? Eine Kunst, die den Nazis als "entartet" gelten sollte, war nicht aber entartet der Mensch jener Jahre (und haben sie heute zurückgefunden zu ihrer ureigenen Art)? Eine Welt aus den Fugen geraten: zerrissen, verzerrt, surreal – wer wäre imstande, realistisch nachzuzeichnen das Schreckensbild, das entstehen sollte binnen weniger Jahre?

Befreien hatten sie sich wollen aus Schreckensherrschaft und Knechtschaft; wer aber wollte lösen die äußeren Bande, wer verändern die Welt, der nicht zuvorderst sich selbst verändert und wandelt hin zu einem neuen Menschen: hin zum "Über-Menschen", der "umkehrt alle Werte", wie Nietzsche (1844-1900) forderte? Eine Forderung, die Vorschub leistete einem Menschen verachtenden Nihilismus oder sich ahnungsvoll entgegenstellte drohender (faschistischer) Barbarei? Die Karnevalisierung der Werte, steht nicht ER dafür mit seinem Namen? *Wer groß sein will unter euch, der sei euer Diener* (Matthäus 20,26), lehrte ER nicht also? Glauben sie an sein Wort, wie können sie da herrschen wollen einer über den anderen? Hat ER sie aufgerufen, zu besiegen ihren äußeren oder ihren inneren Feind: ihren "inneren Schweinehund"?

Bleiben sie Getriebene: beherrscht von ihren Begierden, ihren Leidenschaften, ihren Trieben? Freud (1856-1939), 1938 emigriert nach London, sollte den wissenschaftlichen Beweis liefern mit Hilfe der Psychoanalyse: Der Mensch ist nicht Herr seiner selbst! Nach dem Schock der kopernikanischen Wende, nicht im Zentrum der Schöpfung zu stehen, und dem Evolutionsschock, nicht Krönung zu sein der Schöpfung, nun der dritte "Kulturschock": nicht Herr seiner selbst zu sein, sondern beherrscht von Trieben. Getrieben vom Unbewussten: seelisch Kranke, die eines (Seelen)Arztes bedürfen, der sie behandelt? Ist ihnen nicht gegeben ein Seelsorger, der sie heilt, hat ER ihnen nicht aufgezeigt den Weg, sich zu befreien aus innerem Sklaventum? Wer wollte beherrschen die Welt, der sich nicht einmal selbst beherrscht, wer Frieden schaffen, der erfüllt ist in seinem Innersten von Unfrieden, von Hass; wer heimfinden ins Friedensreich, der "Krieg" schreit und "Nieder mit dem Feind"?

Am 28. Juni 1914 erschoss ein serbischer Terrorist (oder Freiheitskämpfer?) den österreichischen Thronfolger und dessen Gemahlin in Sarajevo. Eine erste Schockwelle, die zum Tsunami werden sollte: zum Massenschlachten, zum Grauen unvorstellbaren Ausmaßes. Ein Rückfall in eine Barbarei, wie ihn erst die zivilisierte Welt ermöglichte? Wer trug die Schuld, wer die Verantwortung? Deutschland? Der Automatismus der Bündnisse und Mobilmachungssysteme? *Wer von euch ist ohne Schuld, der werfe den ersten Stein* (Johannes 8,7). Kollektiver Wahnsinn, der vergiftete die Zeit oder gezielte Kriegstreiberei, gespeist aus Arroganz und Ignoranz: aus tief empfundener, selbstgefälliger Überlegenheit, die sich zugute hielt ihr eigenes (Freiheits-)Wort, ohne es je umgesetzt zu haben ins Werk? Der Kriegsausbruch (am 28. Juli 1914: ein Monat nach dem Attentat) löste bezeichnenderweise gerade in Deutschland nicht etwa Trauer und Entsetzen aus, sondern im Gegenteil Freude und Begeisterung. Ein wahrer Massentaumel, dem die größte Massen-Schlächterei folgen sollte, die jemals erblickt hatte die Welt. Ein Krieg, der 1917 mit der Kriegserklärung des amerikanischen Präsidenten Wilson an Deutschland (als Antwort auf den von den Deutschen ausgerufenen unbeschränkten U-Boot-Krieg) zu einem Weltkrieg wurde. Millionen verloren ihr junges Leben, Millionen wurden ihrer Gesundheit beraubt, traumatisiert, untauglich gemacht für ein ziviles, ein humanes Leben, brutalisiert durch ein Fronterlebnis, das später glorifizieren sollte einer der Soldaten des Ersten Weltkrieges: Adolf Hitler. Und es traf nicht allein Soldaten, Offiziere, nicht minder hart traf es die Zivilbevölkerung: entkräftete, geschwächte Menschen. Weggerafft: Opfer des Krieges, des Hungers oder der zeitgleich wütenden Spanischen Grippe.

Der Friedensschluss am 3. Oktober 1918: herbeigesehnt von der gleichen Masse, die bejubelt hatte den Ausbruch des Krieges? Löste der Friedensschluss die nämliche Begeisterung aus wie der Kriegsausbruch – auf Seiten der Sieger wie auf Seiten der Besiegten? Machte sich nicht auch Entsetzen breit, nachgerade in Deutschland, Entsetzen über einen Waffenstillstand, der in der Heimat wie an der Front als Verrat gesehen wurde? Hatte die Propaganda nicht bis zuletzt verkündet, der Endsieg stehe unmittelbar bevor? Die "Dolchstoßlegende", war sie nicht unmittelbare Folge der Diskrepanz zwischen tatsächlicher Lage und der dem Volk vermittelten "Wahrheit"? Ein Sündenbock war schnell gefunden: die Juden (die Ur-Verräter) und die Kommunisten (die neuen Verräter) hätten, so die Legende, den Deutschen den Dolch in den Rücken gejagt. Der Versailler Friedensvertrag, der die deutsche Souveränität arg ramponierte bzw. in Frage stellte durch aberwitzige Reparationszahlungen, goss Öl in alte Wunden. Vielen war das weniger Vertrag denn Diktat – Schmach! Eine schwere Belastung für die von Scheidemann ausgerufene, junge Weimarer Republik. Der Kaiser war zwar zurückgetreten, das kaiserliche Heer aber, die kaiserliche Beamtenschaft war noch präsent; präsent ebenso die obrigkeitsstaatliche Gesinnung? Wie demokratisch war das Volk, das erstmals wählte nach einem Wahlrecht, das nicht länger vorbehalten blieb allein dem Manne? Triumphierte der weibliche Geist, triumphierte die Mutterliebe: die gebärende über die todbringende Kraft, über alles Inhumane und Leben verachtende? Welcher Geist erfüllte die Mehrheit: die arbeitende Klasse? Was trieb an das Großbürgertum – die Großgrundbesitzer, die Großfinanz, die Großindustriellen: die persönlich haftenden Einzelunternehmer? Zählte der Einzelne noch oder verlor sich sein Gewicht zugunsten von Gruppe, Partei, Verband, (Aktien)Gesellschaft und öffentlich publizierter Meinung? Wurden die Weichen gestellt hin zu einer Massengesellschaft, die den Einzelnen seiner persönlichen Verantwortung enthob und die Haftung für Fehlleistungen Einzelner sozialisierte? Ein Dammbruch, ein Schritt hin zur organisierten Verantwortungslosigkeit?

Der Krieg hatte die Monarchie alter, autokratischer Prägung endgültig zu Fall gebracht, waren damit auch zerbrochen die alten dynastischen Bande zwischen den Adelshäusern? Hatte die alte Heiratsdiplomatie nicht kläglich versagt? Die "Großmutter Europas": Queen Victoria, war sie zur Mutter des Friedens geworden? Hatte der Krieg nicht auf schreckliche Weise gezeigt, dass leibliche Verwandtschaft nichts bewirkt, dass es anderer Bande bedarf, geistiger Verwandtschaft?

Denn wer den Willen tut meines Vaters im Himmel,
der ist mein Bruder und meine Schwester und meine Mutter.
(Matthäus 12,50)

Das britische Königshaus ließ keinen Zweifel daran, dass die verwandtschaftlichen Bande zu Deutschland endgültig zerrissen waren: aus dem alten Herrscherhaus Hannover wurde das neue Haus Windsor. Waren ebenso zerrissen die Bande zu den anderen Königshäusern? (Hätten die Briten es nicht in der Hand gehabt, den Mord an der Zarenfamilie zu verhindern?) Und was sollte an die Stelle treten der alten Bande, was das Machtvakuum füllen, das entstanden war durch den Fall der alten Monarchien? Die britische Krone hatte sich schon früh modernisiert, England hatte sich hin zur Demokratie entwickelt, galt das für alle Länder, alle Völker Europas? Wes Geistes Kind waren sie, als unterging die Monarchie alter Prägung? Waren sie obrigkeitsgläubig, wollten sie Führung oder Mitbestimmung, waren sie Monarchisten, Christen, Demokraten oder Sozialisten? Waren sie eines Sinnes oder wie so oft gespalten, und war nicht gerade Deutschland Spiegelbild der Zeit?

In der Weimarer Republik regierten die Sozialdemokraten: Sozialisten, denen nicht wenige die Schuld gaben an der Schande des Versailler Vertrages. Eine junge, kaum gefestigte, deutsche Republik, regiert von einer SPD, die in sich gespalten war! Die kämpfte gegen ihre eigenen Reihen, gegen jene, die eine Räte-Republik errichten wollten nach sowjetischem Vorbild, kämpfte gegen den Aufstand von links, gegen den "Spartakus-Bund" (aus dem 1918/19 die Kommunistische Partei hervorging), dessen führende Köpfe Rosa Luxemburg und Karl Liebknecht politisch "legitimierten" Morden zum Opfer fielen. Zu erwehren hatte sich die junge Republik zudem des Aufstandes von rechts, der dem späteren "Führer" erst einmal Festungshaft bescherte (und Zeit, seinen "Kampf" schriftlich zu fixieren). Indessen, nicht der Terror von rechts wurde bekämpft in Deutschland, sondern der Terror von links. Warum? Verschreckte die Russische Revolution, schreckte ab solch "Kriegskind"? Hatten nicht aber die Deutschen dieser Revolution erst den Weg geebnet, indem sie Lenin, dem Kopf der linken Bewegung, ermöglichten, unerkannt von Zürich nach St. Petersburg zu gelangen?

Am 7. November 1917 besetzten die Bolschewiken, die Anhänger Lenins, alle strategisch wichtigen Punkte in St. Petersburg. Der "Rat der Volkskommissare" übernahm die Regierung und unterzeichnete am 3. Dez. 1917 den lang schon ersehnten Waffenstillstand. Eine Revolution wie die Französische: eine Massenbewegung oder ein Aufstand einiger weniger Entschlossener, ein Putsch? Abschreckendes Beispiel oder Vorbild? Signal, die Waffen niederzustrecken oder Wasser auf die Mühlen derer, denen der Frieden galt als Verrat? Wohin denn führte die Russische Revolution? Befreite sie das Volk, konnte die russische Seele, der Tolstoi und Dostojewski ein literarisches Denkmal setzten, "Auferstehung" feiern oder blieb sie geplagt von "Schuld und Sühne"? Fraß nicht abermals die Revolution ihre Kinder, als sie mündete in Stalins blutige Tyrannei?

Der Triumph des Ungeistes über den Geist – allüberall in der Welt, gab es keine Kehrseite der Medaille: Wege des Friedens? Sollte nicht im Gefolge des 1. Weltkrieges "Atatürk" (der engste Verbündete des deutschen Kaiserreiches) zum "Vater der Türken" werden und zum Gründer der türkischen Nation, die Staat und Kirche trennte? Eine Nation, die schuldig geworden war des Völkermordes (schuldig wie auch das christliche Deutschland, das die Leugnung dieses Völkermordes bis heute nicht unter Strafe stellt?), des Massakers von 1915 am (mehrheitlich christlichen) armenischen Volk. Eine Nation, die in der Nachfolge stand des osmanischen Reiches und sich betrogen sah durch den Friedensschluss (1920) um ihren heiligen Besitz in Syrien, Palästina und Mesopotamien, der an Frankreich und England fiel. Heiliges Land – Zankapfel von alters her, Gift auch für die Zukunft? Krieg oder Frieden? Zeigte nicht eben zur Stunde auf ein Mann seinem indischen Volk den Weg zum Frieden? Gandhi, die "große Seele"! Ein Weg heraus aus Tyrannei und Sklaverei, ein Weg allein für Indien, ein Weg (der letztlich zur Spaltung führte), der sich schied von jenem, den ER wies der Welt? *Liebet eure Feinde.* Frieden, Liebe, Brüderlichkeit statt Hass und Feindseligkeit der Rasse wegen, der Kaste oder der Religion. Wem scheint utopisch, irreal die Friedensbotschaft; wem ist irreal das Kriegsgeschrei? Gewaltfreiheit als surreale Option – Tyrannei als alternativlose Realität?

Was hülfe es dem Menschen,
so er gewönne die ganze Welt
und nähme doch Schaden an seiner Seele?
(Matthäus 16,26)

Im Mutterland der römisch-katholischen Kirche, im von Streiks und Straßenkämpfen gebeutelten Italien wurde der "Führer" der Faschisten, der "Duce" (der 36 ein Bündnis schließen sollte mit dem Führer der Deutschen) geradezu als Retter gefeiert: Mussolini. (Sollte nicht ER ihr Retter sein, ihr Führer?) 1922 ernannte ihn König Immanuele zum Premier; die Wahlen 1929 brachten dem Duce 100 % der Stimmen. Frühes Zeichen, das zu deuten verstand die demokratische Welt? Wie wurde bekämpft der Faschismus; warum konnte sich der rechte Terror ausbreiten – in Italien, Deutschland, Spanien? General Francos Marsch auf Madrid konnte nur zum Stehen gebracht werden durch sowjetische Hilfe! Zur Verteidigung der Republik wurden Komitees gebildet, die je nach Region beherrscht wurden von Anarchisten, Sozialisten oder Kommunisten. Der Terror von links traf auf den Terror von rechts, dem Hunderttausende zum Opfer fielen, darunter auch der Dichter Garcia Lorca. "Wem die Stunde schlägt", hieß Hemingways antifaschistischer Roman. Wie vielen Freiwilligen, die den internationalen Brigaden beitraten, um den Faschismus zu bekämpfen, "schlug die Stunde"? Entscheiden sollte den Bürgerkrieg (1936-39) indessen die italienische und vor allem die deutsche Waffenhilfe für Franco. Die deutsche Legion Condor bombardierte, "um ein wenig Praxiserfahrung zu sammeln", die baskische Stadt "Guernica": ein Horrorszenario, ein Schrecken, den festhielt in seinem gleichnamigen Bild Picasso – Schöpfer auch der Friedenstaube. Erkannte die aufgeklärte, die humanistisch gebildete Welt die Bilder: die Zeichen der Zeit?

Die Taube, Symbol der guten Nachricht von Anbeginn, Botschafter der Erneuerung (zur Zeit der Ur-Flut wie zu Zeiten der Ur-Taufe)! Zeichen des Friedens, nicht des Raubzuges, für den steht der Falke. Welchem Zeichen folgen sie: der Taube oder dem Falken, dem Heil oder dem Unheil? Heben sie auf ihr Kreuz, wie ER es vorlebte, oder folgen sie dem Hakenkreuz? Wer soll herrschen über sie, wessen Erwählte sind sie? Ist ER ihr Führer, zieht es sie heim ins Reich Gottes oder heim ins "tausendjährige" Reich Hitlers? Folgen sie dem Licht oder dem Fürsten der Finsternis? Krieg oder Frieden, Tod oder Leben, Leere oder Fülle, wofür steht Adolf Hitler, der Österreicher, der entstammte dem von Musil beschriebenen "Kakanien"? "Ein Mann ohne Eigenschaften"? Einer, der füllen musste seine innere (Blut)Leere durch Größenwahn? Ein an seinem mageren Talent scheiternder Maler, der zum Bildner werden sollte einer ganzen Nation. Ein Schreiberling, dessen geistloses Machwerk "Mein Kampf" zum Evangelium wurde oder zum intellektuellen Sprengsatz (derart brandgefährlich, dass der "Krampf" bis in die Gegenwart hinein unter Verschluss bleiben musste)? Wie war dergleichen möglich im Land der Dichter und Denker? Regte sich kein Widerstand gegen die Nazis, berauschten sich selbst die Intellektuellen, die Geistesgrößen an der verordneten geistigen Diät? Und was war mit jenen, die Christen sich nannten? Mussten nicht nachgerade sie sich herausgefordert sehen; sie, die in der Nachfolge standen des Gekreuzigten? Des Nazoräers und seiner Anhängerschaft – der Nazi-Sekte, wie sie genannt wurde im Anbeginn (Apg. 24,5). Klares Bekenntnis zu welchem Führer?

1933 erklärte (der vom U-Boot-Kommandanten des 1. Weltkrieges zum "Streiter Gottes" gewandelte) Niemöller den "Notstand" der Kirche und begründete eine Bewegung, die als "Bekennende Kirche" (der auch Bodelschwingh angehörten und Bonhoeffer: hingerichtet im KZ am 9.4.1945!) ein Licht anzündete in finsterster Nacht. Ein Licht, das selbst die Nazis nicht auszulöschen wagten. Zwar wurde Niemöller (nach 45 führend an der Neuordnung der EKD beteiligt) zwischen 37 und 45 in verschiedene KZ-Lager verschleppt, nicht aber "liquidiert". Ein Beispiel für wie viele? Ein Beispiel, Farbe zu bekennen, vorzuleben die Diesseitigkeit des Christentums? Friedlicher Protest – auch innerhalb der katholischen Kirche oder schwieg Rom? Schwieg, weil die katholische Kirche fürchtete um ihre Existenz, so sie sich nicht "versöhnlich" zeige gegenüber dem Nationalsozialismus? Fürchtete Rom, die Kirche könne – wie unter Napoleon – noch einmal beraubt werden ihres Besitzes: fürchtete um ihre weltliche, nicht aber um ihre geistige Habe?

Schweigen als Form stummen Widerstandes, weil offener Protest zu gefährlich war? Nur wenige erhoben sich so deutlich gegen den NS-Terror wie die "Bekennende Kirche". Kein allgemeiner Aufruhr, sondern Protest Einzelner: der Widerstand der Geschwister Scholl etwa oder der des Georg Elser. Erst am Ende sollte sich selbst in den Reihen derer, die tragen sollten das Regime zum "Endsieg", Widerstand regen. Indes, das Attentat Stauffenbergs, kam nicht nur zu spät, es scheiterte auch wie viele zuvor. Scheiterte, weil der Widerstand nicht auf breite Unterstützung hoffen durfte – weder auf aktive noch auf passive? Wer den Mut nicht fand, dem Terror-Regime offen die Stirn zu bieten, musste der darum zum Verräter werden an jenen, die Widerstand leisteten, konnte der nicht wenigstens passiv widerstehen, sich innerlich distanzieren? Sich abkehren, das Weite suchen, fliehen, für wen war das ein Muss?! Wie viele sahen sich bedroht im Land des "Sturm und Drangs", bedroht an Leib und Seele, stigmatisiert als "entartet", beraubt der Heimat: in die Wüste geschickt? Geistesgrößen wie Einstein, Freud oder Heinrich und Thomas Mann, den beiden Wortbildnern eines humanen Geistes.

Dem Ungeist der Zeit, der Nazi-Barbarei hielt Thomas Mann einen Spiegel vor in seiner zwischen 1933 und 1942 entstandenen Romantetralogie "Joseph und seine Brüder", die alt-biblische Geschichte neu interpretierend und wieder belebend in einem humanistischen Geist. Ein Spiegelbild der Zeit, das schonungslos entlarvte, was verborgen bleiben sollte und darum verhangen blieb bis zum heutigen Tage? Die hässliche Wahrheit, wer mag sie hören? "Der ewige Jude"

(= Joseph = Bruder), nicht als abschreckendes Beispiel, sondern als Vorbild, weil das Judentum Vorbild ist dem Christentum: älterer Bruder? Der Verrat, die Heimtücke, die billigend und willentlich in Kauf nimmt den Tod des Bruders aus niedersten Motiven: die Barbarei, die besiegt ein versöhnlicher Geist nur. Wer mag erblicken wollen der Wahrheit hässliche Fratze: die sieben fetten Jahre, denen folgen sieben magere? Wem waren die Nazi-Jahre magere, wem fette Jahre? Wer musste, wer konnte emigrieren: fliehen ins Ausland? Das Weite suchen oder zumindest innere Distanz: innerlich emigrieren, sich fühlen wie ein Gast in einem fremden öden Land. Wer war gezwungen, mitzumachen, zu unterstützen, zu applaudieren oder auch "nur" zu wählen den Führer?

Hitler putschte sich ja nicht an die Macht, sondern gelangte legal, parlamentarisch legitimiert, an die Spitze. Das Volk wählte 1933 mehrheitlich rechts: nationalsozialistisch und deutsch-national. Hindenburg ernannte Hitler zum Kanzler, und das Parlament entmachtete sich mit seiner Zustimmung (nur die SPD stimmte dagegen) zum sog. "Ermächtigungsgesetz" de facto selbst (wie es sich jüngst entmachtete, als es sein Haushaltsrecht in der Bankenschuldenkrise de facto übertrug den "Institutionen"?). Die Einführung der Diktatur, demokratisch legitimiert, weil "alternativlos": ein Aushängeschild für den Mehrheitswillen, für das gesunde Volksempfinden? Wie lässt sich erklären der Erfolg Hitlers, wie begründen die Zustimmung der Massen? War es die durch den Börsencrash in New York ("Schwarzer Donnerstag" 1929) ausgelöste Weltwirtschaftskrise? Eine Wirtschaftskrise, die nicht zeugte von einer anderen Form der Willkürherrschaft: der Diktatur des Kapitals? Wer *den Beutel hat*, wie einst *Judas*, bestimmt über die Geldströme, über Wohl und Wehe, mithin auch über Verrat und Betrug? Die "leere Börse" in New York führte zu Hyperinflation, zu Massenarbeitslosigkeit und zu einer puren Existenznot, die dem "Führer" erst zutrieb die Massen. Beeindruckt von den einfachen Lösungen, die Hitler bot? Arbeitsbeschaffungs- und Rüstungsprogramme, die tatsächlich Wirkung zeigten. Das Volk wieder in Arbeit und Brot und die allgemeine Meinung bekräftigt, auf den Führer sei halt Verlass? Beeindruckte derlei "Wirtschaftskompetenz" auch die Großindustriellen, die tragenden Säulen der Wirtschaft oder war deren Zustimmung bloßes Kalkül? Ein Pakt mit dem Teufel, um ein Bollwerk zu errichten gegen den Kommunismus, gegen die Enteignung privatwirtschaftlichen Besitzes? Mit Hitler ließen sich gute (Rüstungs-)Geschäfte machen, und der Führer sorgte, nach den vielen Aufständen von rechts und links, endlich für klare Verhältnisse: für Ruhe und Ordnung.

Eine Ordnung, die geschuldet war dem Terror von SA, SS und Gestapo: der heiligen Inquisition der Neuzeit, geschuldet einem immer dichter werdenden Netzwerk wechselseitiger Bespitzelung und Denunziation. Ging nicht um die nackte Angst, die Angst vor Folter und KZ, die Angst zu erliegen einem Terror, der selbst die eigenen Reihen nicht schonte? In der sog. "Nacht der langen Messer" wurden Röhm (als angeblicher Putschist) und die gesamte SA Führung ermordet: mit ihrem Blut wurde "geheiligt" der Bund der Nazis mit der Wehrmacht. "Blut und Erde", die Lebensraumvisionen des (sich vegetarisch ernährenden) Führers, narkotisierten sie das Volk, verseuchte Massenpropaganda die Hirne? Eine geschickte Medienkampagne, heroisierende Selbstinszenierungen – ein Walkürenritt bis hin zur Götterdämmerung? Den Massenaufmärschen mochte, von außen betrachtet, nichts fehlen von der Dramatik einer Wagneroper, innerlich aber waren sie hohl, leblos, fehlte ihnen jener freie Geist, den diffamierte die Nazi-Propaganda als "entartet". Entartete Kunst, entartetes Werk, entartetes Wort: Bücher, die brannten (wie in der frühen Neuzeit in Granada)! Wo der Geist brannte, sollte bald auch brennen der Leib. Und wo er nicht brannte der Geist, da wurde er geschunden und pervertiert. Wagners Musik, Nietzsches Lehre vom Übermenschen (verfasst als Gegenpol zur Herdentier-Moral), Darwins Evolutionstheorie: pervertiert zu einer Rassenideologie (propagiert von *dem* Philosophen seiner Zeit: Heidegger), die feierte das eigene (kraft seiner Gene) "erwählte Volk" als neue "Herrenrasse". Und erschuf jenes Gräuelbild, von dem im Matthäus-Evangelium (24,15-28) zu lesen ist? Der sich selbst überhöhende Mensch, die Vergottung eines selbst erdachten Wunschbildes, der Führerkult samt seiner ritualisierten Massen-Inszenierungen, all das trug Züge einer Religion und begeisterte darum das Volk – in Deutschland wie im Ausland?

Warum durfte Hitler einen außenpolitischen Erfolg nach dem anderen feiern? Das Saarland kassiert, das Rheinland besetzt, Österreich heim ins Reich geführt: die großdeutsche Lösung verwirklicht, die Schmach des Versailler Vertrages vergessen gemacht? Warum regte sich so wenig Protest? Am wirksamsten war der Widerstand noch in Frankreich: in der "Résistance". Indessen, die Zahl der Kollaborateure, die Hitler aktiv oder stillschweigend unterstützten, war sie nicht erschreckend groß? Warum? Weil der Nationalismus überall auf dem Vormarsch war, weil Europa sich neu (er)finden musste nach dem Ende der Monarchie und dem Ende der Kolonialzeit? Oder hoffte die westliche Welt, ein (Rüstungs-)Geschäft machen zu können mit dem Führer oder in ihm einen Partner zu haben im Kampf gegen den Kommunismus? War die Angst vor Stalin tatsächlich so groß, dass Hitler als das kleinere Übel erschien: ein starkes Deutschland als Bollwerk gegen den eigentlichen Ungeist der Zeit, den Kommunismus?

Ernst zu nehmende Kritik kam ausgerechnet von einem Komiker! Chaplin demaskierte, deklassierte den Führer in seinem Lichtspiel "Der große Diktator" (1940). Beißende Ironie und scharfer Witz entblößte die tatsächliche Nacktheit der zur Schau gestellten Hoheit, ganz so wie in Andersens Märchen "Des Kaisers neue Kleider". Der entlarvende Witz als Triumph des Geistes über den Ungeist (der Witz als Lebenselixier), aus der Taufe gehoben inmitten der Glitzerwelt Hollywoods? Chaplin wurde indes nicht zum Helden, sondern zum Anti-Helden! Zu süß schmeckte der schöne Schein, die Wahrheit war bitter – zu bitter. Verschlossen sie darum die Augen? Der Welt Schweigen indes stärkte Hitler den Rücken – außen- wie innenpolitisch. Der Deutsche war wieder wer in der Welt. Und gesteckt in eine Uniform, versehen mit einem Rang, wurde selbst die kleinste Null zu einer Nummer, die zählte – wenn nicht als Gauleiter, so wenigstens als Blockwart. Der funktionellen Aufwertung der Einzelperson, der Aufwertung des Volkes insgesamt zur "Herrenrasse", entsprach die Abwertung der Regimegegner, der sogenannten "Volksschädlinge". Zu denen – neben den "Juden" – in erster Linie die "Kommunisten" zählten. Unpersonen, gegen die sich zu Recht empörte der gesunde Volkszorn, so die Ideologie. Der Wahn als Lötzinn, der zusammenschweißte ein ganzes Volk?

Der Reichstagsbrand 1933 im Vorfeld der Wahlen hatte den Hass auf die Kommunisten geschürt, weil die SS-Propaganda geschickt umzusetzen verstand, was schon Nero erfolgreich praktiziert hatte: dem Feind zuzuschreiben die Schuld. Diesmal sollten es nicht die Christen, sondern die Kommunisten sein. Verräter allesamt, die dem Vaterland erst den Dolch in den Rücken gestoßen und jetzt dessen "heilige" Hallen in Brand gesetzt hatten. Erst wurde die Kommunistische Partei verboten, dann die SPD samt den Gewerkschaften. Die Linken, der natürliche Feind der Nazis – natürlicher Gegner des Geistes oder des Ungeistes? Wie nah, wie fern ist der Kommunismus in seiner Urform – nicht in der pervertierten Form eines Stalin – dem reinen Geist, der reinen Lehre des Evangeliums? Ist die ursprünglich gelebte, christliche Lebensform (vgl. "Gütergemeinschaft" der *Urgemeinde,* Apg 4,32-37) keine kommunistische, insofern sie Gemeinbesitz und Gemeinwohl stellt über Einzelbesitz, Einzelwohl und einfordert, einander zu dienen, statt über einander zu herrschen? Ist die *Bergpredigt* eher kompatibel mit einer kapitalistischen denn mit einer kommunistischen Doktrin? Preist ER etwa selig die Reichen, preist ER nicht selig die Armen? Und ist da nicht gesagt: *Geben ist seliger denn Nehmen*? "Wes Brot ich ess, des Lied ich sing": Kann nicht jede Lehre, jedes Wort – selbst das christliche – pervertiert werden, wenn seine Verkünder erfüllt sind von einem unheilen, einem kranken Geist? Von welchem Brot, von welchem Wort zehren sie?

Zum Volksfeind Nr. 1, gegen den sich zu Recht empörte das "gesunde" Volksempfinden, sollten – neben den (schlichten Gemütern rein intellektuell verdächtigen?) Kommunisten – die Juden werden. Der "dreckige Jude" als "Volksschädling" schlechthin der reinen, der "arischen Rasse". Rassenwahn, Fremdenhass, Sklaverei waren der neuen Zeit so bekannt wie der alten. Wie das alte Rom, so hatte auch das moderne Europa, so hatte auch das neue gelobte Land Amerika seinen Reichtum gegründet auf Unterdrückung und Versklavung. Ein Rassenwahn, der bezeichnenderweise fortbestand im gelobten Land der Freiheit – weit über das Ende des Nazi-Terrors hinaus. Ein Ende mit Schrecken oder ein Schrecken ohne Ende? Diskriminierung wegen der Hautfarbe: Weiß vs. Schwarz – Rot; Diskriminierung aufgrund der politischen Färbung oder wegen des Glaubens; fanden die Menschen nicht zu allen Zeiten einen Grund, zu unterjochen ihren Nächsten? Gerade der Antisemitismus hatte in Europa lange Tradition. Die "Juden" – der "Sündenbock" von Anbeginn. Bezichtigt des "Gottesmordes": sie hatten ans Kreuz genagelt den Sohn, den Retter der Christenheit (die in frommer Seligkeit vergaß, dass ihr Retter entstammte dem Judentum). Bezichtigt der Brunnenvergiftung: die Juden hatten verbreitet die Pest im christlichen Abendland und nun verursacht die Weltwirtschaftskrise! "Schacher-juden" von Anbeginn. Wahr müssen solche Vorurteile ja nicht sein, sie bewahr-heiten sich in ihrer Vervielfältigung und infolge der Diskriminierung erfüllt sich die Prophezeiung wie von selbst ("self-fulfilling prophecy"). Den Juden blieb, weil sie über die Jahrhunderte ausgeschlossen blieben von den bürgerlichen (Handwerks)Betrieben und Zünften, gar nichts anderes übrig, als sich zu verle-gen aufs Geld- und Handelsgeschäft. Ihnen die Schuld zuzuschreiben am wirt-schaftlichen Niedergang, ist infam und hält der historischen Überprüfung in kei-ner Weise stand. Die jüdischen Unternehmen und Banken waren traditionell Familienbetriebe, angebrochen aber war die neue Epoche der großen Kapital-, der Aktiengesellschaften. Nicht mehr persönlich haftende und identifizierbare Personen leiteten die Unternehmungen, sondern das Kapital einer anonym bleibenden Anlegerschar. Störten da nicht die Privatunternehmen und Privat-banken und war es nicht ein ganz probates Mittel, jüdischen Unternehmern die Schuld am wirtschaftlichen Niedergang anzudichten? Denn ist der Schuldige erst ausgemacht, muss nach den eigentlichen Strippenziehern gar nicht erst gefahndet werden. Blühte der Antisemitismus also auch auf, weil er simple (Er)Lösung bot und unsichtbar machte den wahren Feind?

Stigmatisierung, Brandmarkung religiöser oder ethnischer Minderheiten hat es schon in der Antike gegeben, ebenso im Mittelalter und in der frühen Neuzeit. Ausgrenzung, Pogrome gegen "Andersgläubige": gegen "Juden", "Christen", "Muslime", gegen "Ketzer", "Hexen", gegen "Wilde", "Neger", "Rothäute", "Zi-geuner" – Massaker bis hin zur Ausrottung in alter wie neuer Zeit. Ging der be-triebenen Ausrottung der Juden nicht der Völkermord von 1915 voran, verübt von den Türken an den Armeniern (auch ihres christlichen Glaubens wegen)? Ein Gemetzel vor aller Augen und doch schwieg die Welt – auch die christliche! Warum sollte sie aufheulen angesichts der Gräueltaten des NS-Regimes? Knüpfte der neue "Geist" der modernen Zeit nicht bloß dort an, wo die "Alten" aufgehört hatten? Hass, Mordlust mag das (ur)alte Motiv gewesen sein, das schon Kain totschlagen ließ seinen Bruder Abel, neu aber war die (mit der "Mo-derne" korrespondierende) bürokratisierte Form der Verfolgung, der technisier-te Ablauf, der industrialisierte Vernichtungsapparat, für den die Worte stehen "Auschwitz", "Shoah", "Holocaust". Ein Grauen, das Millionen verschlang, ein Schinden und Morden, das in seiner schieren Dimension unfassbar, unvorstell-bar bleibt. Den mitfühlenden Geist derart überfordernd, dass es das qualvolle Leiden anderer verfolgter Gruppen fast vergessen machte? Abgestempelt, wie viele Sinti und Roma als "Zigeuner"; deklassiert, wie viele Christen, Kommunis-ten als "Volksschädling"; entwürdigt, wie viele als "unwertes Leben", als "entar-tet": "behindert", "geisteskrank" oder "homosexuell". Vernichtet! Ein Grauen, das nicht allein jüdische Bürger traf, aber es traf sie in einem unglaublichen, ei-nem schier apokalyptisch anmutenden Maß.

Als "Jude", gebrandmarkt, gekennzeichnet mit dem gelben (David)Stern, gede-mütigt, beraubt des eigenen Hab und Gutes, beraubt der Heimat, beraubt selbst des kleinsten Fitzelchens noch an Würde, taugten sie am Ende nicht nur (zu) nichts, sondern waren im höchsten Maße schädlich der arischen Rasse. Ungeziefer, das ausgerottet werden musste: die "Endlösung" der Judenfrage, schriftlich fixiert am 20. Jan. 1942 am Wannsee unter dem Vorsitz des SS-Führers Heydrich. Das Volk, das einst von Mose geführt worden war aus ägyptischer Gefangenschaft, das Volk von dem geschrieben steht im Buch der Weisheit (18,13), was die Ägypter bekennen mussten nach der letzten Plage: *"Dieses Volk ist Gottes Sohn."* Ein Volk, das weiß um seinen HERRN, um seine Geschichte und niemals verrät seinen Gott oder huldigt fremder Macht, heiße sie Kaiser oder Führer? War das in Wahrheit der Verrat, dessen bezichtigt wurden die "Juden" (wie auch die "Kommunisten"), dass sie erkannten den falschen Führer? Das christliche Abendland aber erkannte nicht? Wer war in Wahrheit der Verräter, als getauscht wurde das Kreuz mit dem Hakenkreuz, als geschlachtet wurde das Volk, das einst führte Gottes mächtige Hand aus der Wüste? Ist das Judentum nicht Wurzel ihrer Lehre, Wurzel des Christentums schlechthin? *Nicht du trägst die Wurzel, die Wurzel trägt dich*, steht das nicht so geschrieben in ihrem Evangelium (vgl. Römer 11,18)? Begeht nicht Brudermord, wer niederstampft, wer ausrottet die Wurzel, und schlägt ein zweites Mal ans Kreuz den, von dem am Ende bekennen musste selbst der Römer: *"Wahrhaftig, das war Gottes Sohn"* (vgl. Matthäus 27,54)?

Wenn du dem HERRN, deinem Gott dienst,
sollst du nicht das Gleiche tun wie sie;
denn sie haben, wenn sie ihren Göttern dienten,
alle Gräuel begangen, die der HERR hasst.
Sie haben sogar ihre Söhne und Töchter im Feuer verbrannt,
wenn sie ihren Göttern dienten.
(5. Mose 12,31)

Brennt da in den KZ-Öfen nicht der Sohn: das Bild, nach dem Gott sie schuf? Wie wollte auferstehen aus der Asche ein neuer, ein heiler Geist, wie sich der Mensch je wieder menschlich nennen, humanistisch, christlich gesinnt? Vermag zu sagen, ER sei auferstanden von den Toten, wer wie zwanghaft beteuert: "nie wieder!", wer niederkniet im wiederkehrenden Ritual vor diesem oder jenem Mahnmal, "Stolperstein", um zu gedenken der "Juden"?

Ihr Heuchler, die ihr den Propheten Grabmäler bauet
und schmücket der Gerechten Gräber und sprecht:
Wären wir zu unsrer Väter Zeiten gewesen,
so wären wir nicht mit ihnen schuldig geworden
an der Propheten Blut!
(Matthäus 23,29)

Legen sie nicht selbst Zeugnis ab, dass sie Kinder sind der Väter, die töteten die Unschuldigen, wenn sie schreien: "Nie wieder!" und verkünden die Mär, es sei vorbei (es war einmal ... in Ruanda mal)? Ist überwunden der zerstörerische Geist der Väter, wütet unter den Kindern kein Brudermord mehr, kein Meuchelmord, kein Massenmord? Zeugt ihr Tun nicht davon, dass Kinder sie sind der Väter, die töteten die "Juden"? Wie denn gedenken sie der Getöteten: gedenken sie der "Juden" und wiederholen alte Anklage oder gedenken sie der Menschen? Der Landsleute, die da geschleppt wurden in die Vernichtungslager, der Mitbürger, der Kriegs- und Vereinskameraden, der Kollegen, der Nachbarn, der Freunde, der Glaubensbrüder? Waren sie das nicht: Menschen? Landsleute: Deutsche, Österreicher, Franzosen, Holländer, Polen, Ukrainer, Russen ... Landsleute, die ihrer Heimat, ihrer Nationalität beraubt wurden. Mitbürger, die sich identifiziert hatten mit ihrem Land, ihrer Stadt, ihrem Frankfurt, ihrem Wien, ihrem Warschau. Kameraden, die ihr Leben aufs Spiel gesetzt hatten für ihr Land im 1. Weltkrieg, Kameraden, die sich eingesetzt, sich engagiert hatten für ihr Land. Waren sie nicht integriert, assimiliert, hatten nicht viele aufgegeben ihren Glauben und waren konvertiert zum Christentum (oder sogar eingetreten in einen Orden wie Edith Stein)? Hatten die Gemeuchelten und Gemarterten nicht alle Kollegen, Nachbarn, Freunde, Glaubensbrüder? Niemand aber rief und niemand ruft bis heute: **"Sie führten ab meinen Bruder, meine Schwester, sie schlachteten ab meinen Nächsten!"**

Was ihr tut einem meiner Geringsten, das habt ihr mir getan (Matthäus 25,40), schrieb ER ihnen das nicht ins Stammbuch – und ebenso in ihr Herz? Was taten sie an all jenen, die abgestempelt wurden als die Geringsten im Nazi-Reich? War die christliche Seele beraubt jeden Mitgefühls und dem humanistischen Geist genommen jede zivilisierte Hemmung, wer wollte sich da wundern, wenn am Ende der Teufel fraß, was ihm da war verschrieben? Wollte die Volksseele es denn anders; schrie sie nicht "Ja", als der Führer fragte: "Wollt ihr den totalen Krieg?" Wer jubelte nicht zu den ersten rollenden Panzern?

Am 1. Sept. 1939 fielen deutsche Truppen (ohne Kriegserklärung) in Polen ein, bis zum 22. Juni 1941 sollten sie ganz West- und Nordeuropa (außer Spanien, Schweiz und Schweden) überfallen haben, ebenso Jugoslawien und Griechenland. Dann begann die Invasion Sowjetrusslands: das Unternehmen "Barbarossa." Ein Kreuzzug, wie ihn der Staufer geführt hatte – ein Kreuzzug zum Heil? Zu wessen Heil: des "Führers" oder des "reinen" Volkes? Der arischen Rasse, die kämpfte auf dem Feld der Ehre, kämpfte fürs Vaterland (von der Liebe zu ihrem Vater im Himmel zur Vaterlandsliebe), kämpfte und siegte im Zeichen des Hakenkreuzes – siegte sich zu Tode. Die deutsche Armee war 1942 eingekesselt in Stalingrad, mitten im Winter: im Dezember, da sie in der Heimat feierten Weihnachten – und gedachten der Geburt ihres Retters? "Stalingrad", der Ort, der dem Schrecken einen Namen gab, der Ort, der zum Wendepunkt werden sollte eines Krieges mit geradezu apokalyptischen Zügen. Eines Krieges, der sich – nach dem Angriff der Japaner auf Pearl Harbor und der Kriegserklärung Hitlers an die USA – zum Weltkrieg ausweitete. 1943 landeten Briten und Amerikaner in Italien, am 6. Juni 1944 dann der "D-Day": der Landungstag der Alliierten in der Normandie. Der Krieg war nicht mehr zu gewinnen von Nazi-Deutschland, das wurde auch in Reihen der deutschen Wehrmacht so gesehen. Das Attentat vom 20. Juli 1944 stand ganz im Zeichen dieser Erkenntnis –

und schlug fehl. Stauffenberg bezahlte dafür, wie auch die übrigen "Verschwörer", mit dem Leben. Die perverse Moral einer Kriegerkaste wollte, dass den Soldaten, wie auch der "Heimatfront", selbst da noch Opfer abverlangt wurden, wo der Krieg längst verloren war.

Durchhalteparolen beschworen den Glauben an den "Endsieg", an eine Rettung in letzter Minute, an ein Wunder: eine Geheimwaffe. Der Krug möge noch einmal an ihnen vorbeiziehen: ein Fünkchen Hoffnung! Wer wusste nicht um die Gräuel- und Schandtaten, die so zahlreich begangen worden waren im Zeichen des Hakenkreuzes? Wer wollte sagen, er sei unschuldig daran, wer fürchtete nicht die Rache jener, denen angetan worden war solch unaussprechliches Leid? Mitgegangen – mitgefangen: bedingungslose Gefolgschaft, Treue bis in den Tod? Welche christliche Seele war je so treu, so bedingungslos gefolgt dem Wort, das ER verkündet hatte? Wer, der sich nicht sogleich beklagte, wenn das Schicksal ihm übel mitspielte, ihm nahm Hab und Gut, ihm raubte Gesundheit, Zukunft, Nachkommenschaft, wer, der nicht laut wehklagte: "Wie konnte Gott mir das antun"? Für ihren Führer aber gaben sie klaglos hin ihr letztes Hab und Gut, ihm opferten willig sie ihr Leben, ihre Kinder? Wen wollten sie jetzt anklagen, da der Krieg alles in Schutt und Asche gelegt hatte: Gott oder ihren "Führer"? "Wie konnte Gott das zulassen?" Wer mochte solche Frage stellen, da der Führer doch gefragt hatte sein Volk: "Wollt ihr den totalen Krieg?" Und hatten sie nicht bekommen den totalen Krieg? Hatte der Führer sie enttäuscht oder hatten sie enttäuscht den Führer? Erschoss sich Hitler nicht in seinem Bunker (am 30. April 45), weil sein Volk versagt: den "Endsieg" nicht errungen hatte, mithin nicht taugte zur "Herrenrasse"? Am 8. Mai 1945 wurde die bedingungslose Kapitulation unterzeichnet, kapitulierte ebenso der unheile Geist?

Wie sollte auferstehen aus all den Trümmern, all der aufgetürmten Schuld ein neuer: ein heiler Geist? Der Schöpfung Krönung hatte sein sollen die Menschheit, geformt nach dem Bilde der Gottheit. Erklommen aber hatte der Mensch nicht die höchste Stufe der Evolution, gesunken war er auf den niedersten Stand. Benutzt hatte er seine Vernunft nur, "um tierischer als jedes Tier zu sein" (Goethe). Wie sollte sich die menschliche Seele je wieder erholen von all der Barbarei? Das allgegenwärtige, das alltäglich gewordene Grauen musste es nicht zu seelischer Verödung führen, die kalt und unempfindlich machte: ein Seeleninfarkt, der tötete alles Lebendige? Wie "Faust" dem "Mephisto" verkauft hatte seine Seele, so hatte der Reichsdeutsche seine Seele verkauft dem Teufel unterm Hakenkreuz, ihm geopfert alle Reinheit, alle Unschuld (wie "Faust" opferte sein "Gretchen"). Besiegelt der Untergang der deutschen Seele (oder gar der Weltseele?), besiegelt ebenso der Untergang der christlich-abendländischen Kultur? Mit Napoleon war endgültig erloschen das Heilige Römische Reich Deutscher Nation, sollte mit Hitler endgültig erlöschen der christlich-brüderliche Geist? Von wem wandte sich ab das (christliche) Abendland: von Hitler oder von Gott, vom faschistischen Zeitgeist oder vom ewigen Geist des HERRN?

Geist oder Ungeist? Wer wollte befreien, der nicht besiegte Nationalismus, Führerkult und Rassenwahn: Deutschland befreien aus den Klauen Hitlers, Italien befreien von Mussolini, Spanien von Franco und Frankreich (Vichy-Regierung) von Pétain? Ins Feld ziehen gegen den Imperialismus (alt-römischer Prägung), gegen Eroberungs- und Rassenwahn: besiegen ein Vormachtstreben und Herrendenken, das nicht spätestens seit der Kreuzzugzeit verknüpft war mit der christlich-abendländischen Kultur? Konnte Großbritannien – eine der Siegermächte – "Befreier" sein; hatten sich die Briten denn selbst befreit vom Ungeist der Kolonialzeit? Beherrschte überhaupt ein europäisches Land die Welt oder war die Vorherrschaft Europas, die Zeit, da Deutschland, Frankreich, Spanien oder Großbritannien den Ton angaben, endgültig vorbei? Stiegen nach dem Ende des 2. Weltkrieges nicht zwei neue Weltmächte auf: die Siegermächte UdSSR und USA?

Eine neue, eine geteilte Welt: geteilt in Ost und West (war die alte Welt nicht ebenso geteilt in ein west- und ein oströmisches Reich – war die Welt je eins)? Die USA als neuer Heilsbringer und/oder die UdSSR? Die Sowjetunion als Vorbild der Welt: ein Land, das sich verschrieben hatte dem Kommunismus, der galt der westlichen Welt als Schreckgespenst schlechthin? Worin denn unterschied sich der Terror der Linken von dem der Rechten: hatten nicht beide pervertiert jedes Ideal? Regierte nicht auch in Russland der faschistische Schrecken, der Schrecken, der hier den Namen "Stalin" trug? Der Schrecken einer despotisch agierenden Partei, die – einer Priesterkaste gleich – jeden "Ungläubigen" verfolgte als "Verräter"? Tobte nicht auch in Russland die ("heilige) Inquisition, wie sie getobt hatte in Nazi-Deutschland? Gehörte der Kampf wider den Geist (in der Sowjetunion geführt vor allem gegen "Intellektuelle"), gehörten Denunziation, Verfolgung, Verschleppung, Lagerhaft nicht hier wie dort zum grausigen Alltag: hatte sich die Sowjetunion nicht längst gewandelt zu einem "Archipel Gulag" (Solschenizyn)? Konnte mithin Vorbild sein der westlichen Kultur nur die andere Supermacht: die USA als neue Leitkultur? Wie nah, wie fern war die Neue Welt dem alten Europa: räumlich, geografisch betrachtet wie zeitlich, historisch gesehen? Europa und Amerika trennte der "große Teich"; trennte ebenso die Geschichte? Amerika hatte sich abgespalten im 18. Jh. vom (englischen) Mutterland: abgespalten ebenso von der christlich-abendländischen Kultur, abgespalten von allem Eroberungs-, Glaubens- und Rassenwahn? Hatte Amerika Wurzeln geschlagen in einem neuen Geist: dem Geist der Reformation, der brüderlichen Liebe? Der asketische Protestantismus verband sich der Neuen Welt mit dem Glaubenssatz: *An den Früchten sollt ihr sie erkennen.* Eine "protestantische Ethik", die beflügeln sollte den "Geist des Kapitalismus" (Max Weber) und welche Frucht trug: geistiges Gut oder materielle Habe?

Heilen eine Welt, in der gescheitert ist jede Ideologie, ebenso gescheitert wie die Religion? Eine Welt, beraubt jeden Ideals. Eine Welt, die nicht länger feiert das Sein, sondern das Haben, die huldigt dem Stärkeren und mutet zu dem Schwachen, zu kämpfen ums nackte Überleben? Eine Welt, durch die ein Riss geht, die tief gespalten ist – nicht nur in Ost und West! Ausgezogen waren sie, Frieden und Freiheit zu bescheren der Welt, was aber haben sie geerntet? Ist überwunden das uralte Kastendenken (kennt die Welt "Unberührbare" allein in Indien?): die Trennung von Reichen und Armen, Mächtigen und Ohnmächtigen, Rechtgläubigen und Ungläubigen und nicht zuletzt die Trennung nach Hautfarben? Von der Wölfin gesäugt? Vertragen sie keine feste Speise, ist unbekömmlich ihnen das himmlische Manna? Wovon redet ihr Mund, und was sehen ihre Augen? Erkennen sie den Lauf der Geschichte und die Blindheit ihrer Vorgänger? Wie sollte der Sehende nicht wissen um die zersetzende Kraft allen Streites, aller Zerrissenheit, aller Spaltung und ihrer zerstörerischsten Kraft: der Kernspaltung?

Otto Hahn und Fritz Straßmann entdeckten zuerst die Atomspaltung; Physiker bauten unter Leitung Oppenheimers die Bombe, in der nicht wenige sahen die mögliche "Geheimwaffe" der Nazis (weshalb Einstein einen warnenden Brief an Roosevelt unterzeichnete). "Ehrfurcht vor dem Leben" (wie A. Schweitzer) oder Angst nur vor dem Feind? Ist weniger zerstörerisch, weniger barbarisch, wenn der Gegner des NS-Regimes, wenn die zukünftige Führungsmacht zündet die Bombe? Am 6. August 1945 fielen amerikanische Atombomben auf Hiroshima und Nagasaki. Ein endzeitlicher Giftpilz, der aufstieg gen Himmel und erfüllte eine gespaltene Welt. Eine Welt, die fortan stehen sollte im Zeichen atomarer Bedrohung – im Zeichen der Apokalypse?

Wie lange noch!
Nicht so lange, als das Gedenken aller währen wird,
die das Unbeschreibliche, das hier getan war, gelitten haben;
jedes zertretenen Herzens, jedes zerbrochenen Willens,
jeder geschändeten Ehre,
aller Minuten geraubten Glücks der Schöpfung
und jedes gekrümmten Haares auf dem Haupte aller,
die nichts verschuldet hatten, als geboren zu sein!
Und nur so lange,
bis die guten Geister einer Menschenwelt aufleben
zur Tat der Vergeltung ...
(K.Kraus: *Dritte Walpurgisnacht*)

APOKALYPSE NOW

Über euch, Bewohner der Erde, kommt Schrecken und Grube und Netz.
Und wer entflieht dem Geschrei des Schreckens, der fällt in die Grube;
und wer entkommt aus der Grube, der wird gefangen im Netz.
(Jesaja 24,17-18)

Siehe, der HERR *macht die Erde* (wie sie war im Anbeginn, vgl. 1. Mose 1,2) *wüst und leer und wirft um, was auf ihr ist, und zerstreut ihre Bewohner. Und es geht dem Priester wie dem Volk, dem Herrn wie dem Knecht, der Herrin wie der Magd, dem Händler wie dem Käufer, dem Verleiher wie dem Borger, dem Gläubiger wie dem Schuldner. Die Erde wird leer und beraubt sein; denn der* HERR *hat solches geredet. Das Land verdorrt und verwelkt, der Erdkreis verschmachtet und verwelkt; die Höchsten des Volkes auf Erden verschmachten. Die Erde ist entweiht von ihren Bewohnern; denn sie übertreten das Gesetz und ändern die Gebote und brechen den ewigen Bund. Darum frisst der Fluch die Erde, und büßen müssen's, die darauf wohnen.*
(Jesaja 24,1-6)

Das prophetische Wort, wie sollte es nicht gedenken der Endzeit, ist doch das apokalyptische Aus essentieller Teil schon der Schöpfungsgeschichte. Der Verlust des Paradieses: die urzeitliche Wende, der weitere Endzeiten folgen. Von der Sintflut über den Fall Babels bis hin zur babylonischen Gefangenschaft. Stehen die alttestamentarischen Apokalypsen aber allein für singuläre Katastrophen oder stehen sie symbolhaft auch für die Menschheits-Katastrophe, den Untergang schlechthin? Ist der Menschheit nach-biblischer Zeit kein Paradies mehr genommen? Der Apfel, die verlockende Frucht: der schöne Schein, betört er den Menschen nicht bis heute (in der großen Stadt wie im weltweiten Netz)? Der Big Apple, die alte Macht der Verführung, die trägt in der griechischen Götterwelt den Namen Helena. Sie ist es, die betört den Helden Paris, was letztlich die Katastrophe heraufbeschwören und den Untergang Trojas besiegeln sollte. Erwachsen auf den Trümmern alter Reiche nicht aber neue Imperien? Der untergegangenen altorientalischen Zeit folgt das griechische Zeitalter, der untergegangenen griechischen Welt folgt das römische Imperium. Für die Menschen der untergegangenen Welten aber war es das Ende: der Untergang ihrer Zeit.

Das Ende kommt, es kommt das Ende, es ist erwacht über dich; siehe, es kommt! Es geht schon an und bricht herein über dich, du Bewohner des Landes. Die Zeit kommt, der Tag des Jammers ist nahe (…) Unrecht blüht, und Vermessenheit grünt. Gewalttat hat sich erhoben und wird zur Rute des Frevels; nichts ist mehr von ihnen da und nichts von ihrem Reichtum, nichts von ihrer Pracht und nichts von ihrer Herrlichkeit. Der Händler freue sich nicht, und der Käufer traure nicht; denn es kommt der Zorn über all ihren Reichtum (...)
Sie werden ihr Silber hinaus auf die Gassen werfen und ihr Gold für Unrat achten; denn ihr Silber und Gold kann sie nicht retten am Tag des Zorns des HERRN*. Sie werden sich damit nicht sättigen und ihren Bauch damit nicht füllen; denn es wurde zum Anlass ihrer Missetat. (…) Ich will mit ihnen umgehen, wie sie gelebt haben, und will sie richten, wie sie verdient haben, dass sie erfahren sollen, dass ich der* HERR *bin.*
(Ezechiel/ Hesekiel 7,6-27)

Das prophetische Wort über das Ende, bewahrheitet es sich und bewahrheitet sich ebenso der Katastrophe Grund? Der Abfall von Gott, seinem Wort und Gebot. Wie sollte der Mensch zurückfinden ins Paradies, so er sich betören lässt und nimmt von der vergänglichen Frucht, so er zerstört und raubt, statt zu bewahren und zu schützen? Wie viele Sintfluten hat es gegeben seit Noahs Zeiten und wie viele Zerstörungen durch des Menschen Hand? Der Turm von Babel, steht er nicht für Hochmut und Größenwahn, für Arroganz und Ignoranz – als Mahnmal bis heute? Wurden und werden nicht neue Türme errichtet überall auf der Welt – und stürzte kein Turm mehr ein? Das Wahrzeichen des Welthandels in New York, fiel es nicht und wurde zum Massengrab? 9/11 – ein entsetzter, finaler Schrei: "Nichts ist mehr wie zuvor!" Und, hat sich die Welt verändert seither; fiel 2013 nicht abermals ein Turm und wurde zum Massengrab, nicht im Land der Reichen und Mächtigen, sondern im Land der Armen und Ohnmächtigen: in Bangladesch? Kein schillerndes Symbol des Welthandels, das niederstürzte in Sabbor, sondern Armutszeichen billiger Massenproduktion: ein Grund, sich weniger zu entsetzen oder nicht ins Feld zu ziehen wider die Urheber der Katastrophe? Zu welcher geistig-moralischen Höhe schwang sich empor die westliche Zivilisation, wenn sie ignoriert das marode Gebäude der Armut und arrogant beklatscht die glitzernden Türme des Reichtums? Der höchste Turm der Welt, errichtet (wieder) im Orient, in Dubai: Vorbild der Welt oder Mahnmal?

Steine mögen fallen, Mauern und Grenzen eingerissen werden, entstehen nicht aber neue Türme, Mauern, Grenzen, solange nicht fällt die Barriere in den Köpfen, in den Herzen? Muss nicht fallen diese innere Mauer, wenn befreit werden soll das (versklavte) Volk aus seiner babylonischen Gefangenschaft? Warnen die Propheten nicht allesamt vor diesem *Tag des Zorns des* HERRN, wenn erschallt die göttliche Posaune (die einst einriss Jerichos Mauern), wenn zunichte wird alle weltliche Pracht und sich hebt der Vorhang, der so lange verbarg die himmlische Herrlichkeit: die göttliche Gerechtigkeit? Ein Tag, zu berechnen nach göttlichem oder menschlichem Maß, nach einem von Menschen (wie etwa dem Volk der Maya) errechneten (endzeitlichen) Kalender?

Das eine aber, liebe Brüder, dürft ihr nicht übersehen,
dass beim HERRN *ein Tag ist wie tausend Jahre*
und tausend Jahre sind wie ein Tag.
(2. Petr 3,8)

Blickt das prophetische Wort auf das Ende einer Zeit oder blickt es auch und vor allem auf das Ende aller Zeiten: auf ein finales, globales Aus? Die Apokalypse des Johannes, die einzige endzeitliche Prophezeiung des Neuen Testaments, trägt sie denn von ungefähr Name und Handschrift jenes Evangelisten, dem lebendig blieb das WORT im Hier und Jetzt? Wer wollte nahe bringen der Menschheit das göttliche Geschehen, dem selbst fern ist das Wort, vergangen, statt gegenwärtig? Ist das Wort, wer wollte es da beschränken: verweisen auf eine ferne Zukunft oder ferne Vergangenheit oder gar als vollendet erachten das göttliche Werk? Ist vor Gott vergangen, was geschehen ist auf Erden, was der Mensch vergessen wähnt?

Kassandra-Rufe mag es viele gegeben haben, wurden sie aber auch erhört? Gibt es keine trojanischen Kriege mehr: Kriege, geführt mit List und Tücke, geführt aus Verblendung? Ist Troja, das seiner Zeit als uneinnehmbar galt, nicht gefallen, ebenso wie fiel Hitlers "Tausendjähriges Reich"? "Nie wieder", der Schreckensruf, der folgte dem Ende des Naziterrors, wie oft ertönte er seither? Ist der Wahnsinn, der Ungeist Geschichte? Hat die Barbarei der Nazizeit, das Grauen des Holocaust wachgerüttelt die Menschheit, hat es einen Neuanfang gegeben? Oder hat der faschistische Horror entseelt die Welt und eine Unmenschlichkeit entfesselt, die endgültig besiegelt den Abfall von Gott? Das Ende des Zweiten Weltkrieges steht für den Untergang eines Reiches, das tausend Jahre währen sollte, und steht ebenso für den Anfang einer neuen Zeit, eines neuen Deutschlands? Ein (vorläufig) geteiltes und besetztes Land, ohne Preußen. Ist darum überwunden der alte Militarismus? Ausgemerzt der imperialistische Geist, der antrieb schon die Römer, der wie ein blutroter Strom sich schlängelt durch die christlich-abendländische, die europäische Geschichte?

Die Vereinigten Staaten von Amerika, die nach dem Weltkrieg übernahmen die Führungsrolle als neue Supermacht, (ver)einigten sie die Welt? Wie fremd war der Wille zu beherrschen und zu unterdrücken "Minderheiten" (als "minder" Klassifizierte: minderwertig oder Minderleister?) im Land der Freiheit? Die Rassendiskriminierung, war sie nicht verbunden mit der Entdeckung der Neuen Welt, wurde sie nicht fortgeschrieben und blühte auf im Zeichen der Apartheid, der Trennung nach Hautfarben? Ein Rassismus, der keineswegs beschränkt blieb auf den schwarzen (von Weißen beherrschten) Kontinent, sondern zum grausigen Alltag gehörte im freien Amerika. Im Land der Befreier, die angetreten waren, zu erlösen die Welt von Gewaltherrschaft, Terror und Antisemitismus, die befreiten Nazi-Deutschland von Konzentrationslagern, aber im eigenen Land Rassendiskriminierung betrieben? Und gibt es zur Stunde keinen Rassismus mehr, kein Kastendenken, keinen Glaubenswahn? Als die Konzentrationslager der Nazi-Zeit verschwanden, verschwanden da auch die Gulags der UdSSR? War die Ära des "Kommunismus" weniger inhuman, weniger faschistisch? Hat nicht auch das China Mao Tse-tungs das kommunistische Ideal (praktiziert von der Ur-Kommune in Jerusalem, vgl. Apg. 4,32-37) pervertiert durch ein Herrschaftssystem, das Arbeit durch Zwang und Kontrolle zu steuern versuchte? Der Staatsterror wurde er nicht fortgeschrieben in der Welt: in Spanien, Algerien, Südamerika – und wie bekämpft? Klatschte und jubelte nicht die demokratische, die freie Welt zur Fußball-WM in Argentinien, während zeitgleich Menschen verschwanden, gefoltert, getötet wurden von den Militärs? Und, gab es ebensolchen Jubel nicht zur Fußball-WM in Brasilien, ein Jubel, der erneut entbrannte 2016 zur Olympiade in Rio? Freudentaumel an Orten, von denen vertrieben wurden die Ärmsten – im Namen des Fußball-Gottes bzw. Olympias! Jubel zu einem Zeitpunkt, da Brasiliens Bevölkerung ächt unter Wasserknappheit: verursacht durch Klimawandel und Abholzung des

Regenwaldes, verursacht von den Jubelnden selbst? Nicht sehen – nicht hören – nicht reden: der gleiche gleichgültige Geist, der nicht schließen lassen will die Tore Guantanamos? Das Ideal der Freiheit, propagiert von der westlichen Welt: bloßes Wort?

Welche Freiheit bescherten die europäischen Mächte der Welt, als sie auflösten ihre kolonialen Imperien? Gaben sie zurück, was sie raubten: die Kunst- und Kulturschätze, die wirtschaftliche Kraft, die Unabhängigkeit, den Frieden? Wie befriedet und wie frei sind die ehemaligen Kolonien heute? Herrschen nicht weiter die alten Mächte, die sich selbstherrlich versorgen mit billigen Arbeitskräften, Rohstoffen, Agrarflächen? Wie souverän ist Indien, als es 1947 in die Unabhängigkeit entlassen wird? Und wie stark und wie befriedet kann es sein, da es sich teilt in ein (hinduistisches) Indien und ein (muslimisches) Pakistan und auf Spaltung setzt – inzwischen auch auf atomare? Der Geist Gandhis, ist er noch spürbar? Die Kraft der Liebe, vermag sie zu überwinden eine Macht, die atomar aufgepumpt ihre Muskeln und kalt demonstriert das "Recht des Stärkeren"? Ein Sozialdarwinismus, der weder vor nuklearer Verseuchung der eigenen Bevölkerung (atomare Freilandversuche in Hanfort/USA) zurückschreckt, noch gar vor nuklearer Kolonisation (in Franz. Polynesien wurden noch bis 1996 Atombombentests durchgeführt) – Hiroshima und Nagasaki zum Trotz. "Die Ehrfurcht vor dem Leben", die antrieb Albert Schweitzer, treibt sie ebenso an die zivilisierte Welt, folgt die Menschheit ihren gefeierten Idolen, ihren moralischen Instanzen?

Wofür stehen Namen wie Martin Luther King oder Nelson Mandela: für einen Freiheitskampf, der heute beendet wäre? Ein Freiheitskampf, den nicht erst jene verursachten, die auf ihre Fahne sich schrieben die Freiheit? Freiheit für alle: keine Teilung der Welt in Schwarze und Weiße, Arme und Reiche, Ohnmächtige und Mächtige – kein Lagerdenken und auch keine Ausbeutung, keine Versklavung mehr? Wofür steht das an Schätzen so reiche und doch so gebeutelte Afrika heute? Wurden seine Schätze nicht zum Fluch, zum Grund für blutige Kämpfe, für Bruderkriege, die wem Gewinn bescherten? Ausgebeutet und ausgeblutet, hängt der Kontinent heute am Spenden- bzw. Schuldentropf. "Brot für die Welt", "Welthungerhilfe", "SOS-Kinderdörfer", wovon geben Zeugnis sie: dass erfüllt wurde der Wille des HERRN und es keine Armen mehr gibt? Die Millenniumziele erreicht, gelindert die Not der Armen, gestillt der Hunger oder gemehrt der Reichtum der Reichen, ein Geschäft gar gemacht mit der Gemeinnützigkeit – und das gute Gewissen als Zins eingestrichen? Stärkten all die Hilfen oder machten sie abhängiger die Schwächsten und Ärmsten? Welche Frucht denn trägt das jüngst geschlossene Freihandelsabkommen? Freiheit und wirtschaftliche Unabhängigkeit für wen? Für die afrikanischen Länder oder für die westliche Wirtschaft, die hochsubventionierte Waren exportiert, um im Keim zu ersticken jeden wirtschaftlichen Aufbau auf dem afrikanischen Kontinent? Krieg – Armut – Hunger – Wassermangel: Zeugnis eines christlichen Geistes, Zeugnis der Nächstenliebe?

Es gibt keine großen Entdeckungen und Fortschritte,
solange es noch ein unglückliches Kind gibt auf Erden.
(Albert Einstein)

Eine neue, eine fortschrittliche Welt, frei von Unterdrückung und Ausbeutung? Setzte die Nachkriegsordnung Zeichen der Hoffnung, wenigstens ein Lichtstreif am Horizont: die Gründung des Staates Israel? Welche Frucht wollte erwachsen auf Blut getränktem Boden? Der alte Ungeist, der plagt die Menschheit, seit Kain tötete den Abel, überwunden? Wie friedlich ist die Lage heute für Juden, Palästinenser, Syrer? Ein heiles Land, ein heiliges Land? Was war die Ernte nach finsterer Walpurgisnacht, nach all den Schreckensbekundungen: "Nie wieder!", all den Mahnmalen? Glaubenswahn, Bruderhass, Antisemitismus. "Ehrt die Opfer, nicht die Täter!", ein verwirklichter Grundsatz? Wie viele Täter blieben unbehelligt, entkamen nach Südamerika oder gelangten zu neuen Ehren in neuen Kleidern, neuen Ämtern (etwa vom Reichssicherheitshauptamt zum Bundesnachrichtendienst)?

Wofür steht die Nachkriegszeit? Für eine neue Ära der Vereinten Nationen oder für Spaltung und atomare Bedrohung? Ein Eiserner Vorhang, ein kalter Krieg? Ein Kampf nicht länger der Religionen, sondern der Ideologien? Ein Kampf, der rechtfertigt jedes Mittel, der 1953 selbst legitimierte den Putsch im Iran: gegen eine demokratische(!) Regierung? Ein kalter Krieg oder ein heißer Kampf vor allem um Ressourcen, um Vorherrschaft? "Und willst du nicht mein Bruder sein, dann schlag ich dir den Schädel ein!" Die Welt befriedet – wann? Vor oder nach Korea, Vietnam, Laos, vor oder nach der Kuba-Krise, den Aufständen in Ostdeutschland, Ungarn und der Tschechoslowakei? Nirgends ein Licht in finsterer Nacht? Solidarność, Glasnost und nicht zuletzt – 200 Jahre nach der Französischen Revolution – die friedliche, die ostdeutsche Revolution, entzündeten sie kein helles Licht: ein heiles Feuer der Begeisterung? Protest, Empörung wider den Missstand: der Wille zur Reformation, war nicht er es, der zu allen Zeiten in Bewegung brachte eine verkrustete Welt, angefangen von der "Nazoräer"-Sekte über die "Bettelmönche" und "Protestanten" der Luther-Zeit bis hin zu den "68ern", der Friedenspolitik W. Brandts, O. Palmes und heutigen "Friedens-" und "Umweltaktivisten"? Kämpfer wider den Missstand, den Zeitgeist: Nonkonformisten: definiert von ihrer Zeit als Freiheitskämpfer oder als Widersacher, Terrorist?

Ihr Halsstarrigen, ihr, die ihr euch
mit Herz und Ohr immerzu widersetzt dem Heiligen Geist,
eure Väter schon und nun ihr.
Welchen der Propheten haben eure Väter nicht verfolgt?
(Apg 7,51-52)

Freiheitsbewegung oder terroristischer Gewaltakt? Ist die Grenze nicht dort zu ziehen, wo Leben geopfert wird, in wessen Namen und unter welcher Flagge es auch sei: ob RAF, IRA, ETA oder Al Kaida, IS? Der jüngste Terror der IS-Miliz, bedroht nicht allein die orientalische Welt und das Heilige Land, er hat auch, wie die Anschläge von Paris (13. Nov. 2015) grausig vor Augen führten, Europa ins Visier genommen. Der vorläufige, blutige Höhepunkt einer Gewaltspirale, die wo begann und wo endet? Kann enden der Hass, der Mord, wenn Böses mit Bösem vergolten wird? Ist Gewalt nicht ohne Ausnahme zu verurteilen, ob verübt von einer Nichtregierungsorganisation oder von den Regierenden selbst? Krieg oder Friedensmission: in Syrien, in Afghanistan, im Irak? Wer wollte Frieden ernten oder Freiheit, der Hass sät? Terror als Bedrohung der westlichen Welt oder als (Machiavellismus) konstituierendes Element der Politik? Feindbilder schaffen, destabilisieren, spalten zur Stärkung eigener Macht? Spricht der Bruderkrieg, der derzeit tobt in der Ukraine, nicht eine deutliche Sprache? Die Spaltung eines Landes, das seit Tschernobyl steht im Zeichen der Spaltung und ihrer zerstörerischsten Kraft?

Ein Siegeszug der westlichen Welt? Immerhin, die Mauer fiel! Fiel ebenso das ostdeutsche Volksvermögen in treue Hände, zu schaffen blühende Landschaften? Wuchs zusammen Ost und West oder entflammte neu alte Feindseligkeit? Eine neue Ära: das Zeitalter der Globalisierung. Kein Streit länger um die reine Lehre: die wahre Religion oder Ideologie, sondern ein Kampf um Marktanteile? Kalt geführt hinter dem wohlfeilen Panzer anonymer Mehrheitsbeschlüsse und heiß befeuert unter dem schützenden Drohnen-Helm persönlicher Schuld- wie Risikofreiheit, eine Freiheit ohne Grenzen? Wurden nicht neue Grenzen gezogen – etwa auf dem Balkan? Dem alten Pulverfass, dem Vielvölkerstaat: zusammengefügt auf dem Papier und wieder blutig zerrissen? Das Europa der römischen Verträge, riss es neue Wunden? Hat es sich befreit vom römisch-imperialistischen Geist; errichtet es nicht zur Stunde einen neuen "Limes", um zu bewahren seine Außengrenze, wie auch die USA errichten einen Schutzwall an ihrer Grenze zu Mexiko? Mauern, Stacheldraht, Grenzkontrollen überall in der Welt. Mauern, die Zeugnis geben, wie eins die Weltgemeinschaft ist? Mauern, die alternativlos sind, weil sie schützen die Reichen und Mächtigen vor dem Ansturm der Armen und Ohnmächtigen?

Der Eiserne Vorhang fiel – fiel ebenso die schöne Maske, die so glänzend verbarg des Kapitals hässliche Fratze? Eine Finanzdiktatur, die opfert mühsam errungene Freiheiten für ein Mehr an Rendite – oder für ein Mehr an Sicherheit? Mehr Reichtum und mehr Sicherheit für wen? Sicherheit vor Freiheit, auf dass die Freiheit nicht niedergetrampelt werde unter dem Ansturm der Massen, die im Namen der Freiheit geknechtet und ausgebeutet wurden und werden? Ein Kampf Reich gegen Arm – der Grundkonflikt von alters her – ein Kampf, geführt mit offenem Visier? Oder ein Kampf, der Ablenkungsmanöver fährt, der Feindbilder bedient? Wogegen kämpft die westliche Welt: gegen den ausufernden Reichtum, gegen die ausufernde Armut? Zieht sie nicht zur Stunde ins Feld gegen den Terrorismus, vor allem gegen den islamistischen Extremismus? Eine globale Gefahr, eine Geißel der Menschheit: ebenso vernichtend, wie Missionierung und Kolonisation es waren; ebenso zerstörerisch wie der gegenwärtige Kampf um schwindende Ressourcen oder die schleichende Bedrohung durch die digitale Revolution?

Kein Grund zur Sorge, zum gläsernen Bürger zu werden: kontrolliert, manipuliert und ferngesteuert? Die Überwachung der Bürger faschistischer Zeit total gemacht erst in digitaler Zeit? Gefangen im Netz! Eine Computer-Welt, die freier oder abhängiger macht den Einzelnen, den Staat, die Wirtschaft? Die Welt am digitalen Faden, der einmal gekappt, zum Erliegen bringt den lebenswichtigen Datenfluss? Eine globale Bedrohung, ein Krieg, der nicht längst begonnen hätte im Netz? Und wer den Finger in die Wunde legt und aufdeckt den schönen Schein der digitalen Welt, wird zum (Geheimnis-)Verräter, zum Gejagten? Wer nicht schweigt über die Leiche im Keller, die dunkle Machenschaft, zählt nicht länger zur Familie, sondern wird zum Staatsfeind, wie sonst sollte bewahrt bleiben das wohl gehütete Geheimnis? *Big brother is watching you.*

Allwissend und allsehend, selbst aber unbelauscht und unbehelligt – auf ewig? Die ganze Menschheitsgeschichte: Tausende von Jahren voller Lügen, Intrigen, Verbrechen, voller Gräuel und Schrecken, werden sie ungesühnt bleiben? Vergessen auf ewig oder sichtbar dem geistigen Auge der Welt *am Tag des Zorns*, wenn der Vorhang sich hebt und alle Masken fallen?

Die Weltgeschichte ist das Weltgericht.
(Schiller: *Resignation*)

Wer wird bestehen, wenn Gräuel an Gräuel sich misst und Sodom und Gomorrha erscheinen im Lichte aller Sündenbabel, aller Sündenpfuhle dieser Welt und sichtbar wird die übelste der Zeiten?
Dem Gebiet von Sodom wird es am Tag des Gerichts
nicht so schlecht ergehen wie dir.
(Matthäus 11,24)

Wann wird er kommen *der Tag des* HERRN, das Ende dieser Zeit – das Ende aller Zeiten?
Niemand kennt den Tag,
denn der Tag des HERRN
wird kommen wie ein Dieb in der Nacht.
(2. Petr 3,10)

Abgerechnet wird ganz zuletzt. Weiß nicht jeder um sein Ende; wer aber lebt im Bewusstsein seines todsicheren Endes? Wer, der nicht verdrängt den Tod aus Angst vor dem schwarzen Loch, dem Nichts? Wer fragt heute noch nach einer jenseitigen Welt und stellt die alten Fragen: Wohin gehe ich und woher komme ich? Fragen, die ausgeklammert bleiben, weil Sterben und Tod nicht mehr stattfinden in der Lebenswirklichkeit des Einzelnen, sondern institutionalisiert sind und darum unsichtbar bleiben? Auf dass der schöne Traum ewiger Jugend Wirklichkeit werde: keine reine Kosmetik, sondern chirurgischer Eingriff? Kein

jenseitiges Heilsversprechen, sondern diesseitiges Paradies: ein Werbever-
sprechen mit garantiertem Versicherungsschutz? Der Mensch beraubt einer
Jenseitigkeit, die ihn von alters her zwang, sich zu besinnen und Rechenschaft
abzulegen über das eigene Tun und Lassen. Ist die zeitliche Beschränkung
aufs Diesseits noch ein Dasein oder ein Geschäft: eine Gewinn- und Verlust-
rechnung, ein klein-krämerisches Planspiel? Die Welt als Supermarkt und der
Mensch als Endverbraucher? So der Mensch nicht länger strebt nach Unvergänglichkeit, sondern strebt nach vergänglichen Gütern, ist er da nicht beraubt
der großen Perspektive und also noch im Bilde?

Wer wollte sagen, er wisse nichts vom Willen des HERRN? Ist der Menschheit
kein Vor-Bild gegeben?
Ich bin der Weg und die Wahrheit und das Leben.
(Johannes 14,6)

Wie nah ist der Weg, die Wahrheit, das Leben einer Menschheit, die in weite
Ferne rückt die Gottheit, die von ferne betrachtet das Zeitgeschehen: fernsieht
und Ferngespräche führt mit ihren Nächsten? Wer wollte im Bilde, im Lichte der
Erkenntnis sein, der nicht selbst sucht nach der Wahrheit, sondern für bare
Münze nimmt, was von Ferne ihm herangetragen wird? Ist der Mensch Herr
seiner selbst oder wird er beherrscht: manipuliert von einer Medienwelt, deren
abhängig Beschäftigte ihre Meinungen als unabhängig verkaufen oder gar als
Tatsache? Ferngesteuert, seiner selbst "entfremdet" (Marx): der "eindimensio-
nale Mensch" (Marcuse), der die kommunizierte Medienmeinung für seine eigene hält, der nicht kritisch prüft, sondern jubelnd beklatscht den eigenen Untergang? Welche Erkenntnis sollte es geben ohne kritische Auseinandersetzung,
ohne "Kritische Theorie" (Adorno, Horkheimer), welche Freiheit, ohne Aufdeckung emanzipationsfeindlicher Tendenzen? Wer ist im Licht der Erkenntnis,
der Wahrheit: im Licht (vgl. Johannes 12,44-50), das in die Welt gekommen ist?

Wem ist, als Kind Abrahams (vgl. Johannes 8,37-45), geschrieben das göttliche
Gesetz ins Innere (Hebräerbrief 10,16)? Oder anders gefragt: Wer nährt sich
vom himmlischen Manna, wer ist Kind des Romulus: von der Wölfin gesäugt?
Steht nicht geschrieben im Brief an die Römer (2,5-6), dass jedem vergolten
werde, wie es seine Taten verdienen am *Tag des Zorns*? Und ist nicht auch
das Wegsehen, das Achselzucken, das Unterlassen Tat? Mahnt ER sie nicht
vorm Weltgericht?

Weh euch, ihr Reichen! Denn ihr habt keinen Trost mehr zu erwarten.
Weh euch, die ihr jetzt satt seid! Denn ihr werdet hungern.
Weh euch, die ihr jetzt lacht! Denn ihr werdet klagen und heulen.
Weh euch, wenn euch alle Menschen loben!
Denn ebenso haben es ihre Väter mit den falschen Propheten gemacht.
(Lukas 6,24-26)

Wem dient der Mensch, von wem lässt er sich beherrschen: von anderen oder der eigenen Begierde? Der Habsucht, dem Geiz, dem Hochmut, dem Neid, der Wollust, der Trägheit, der Wut? Wovor warnt der große Völkerapostel Paulus (gleich in seinem ersten pastoralen Brief an Timotheus 6,10), wenn nicht vor Verdammnis als Folge der Sünde?

Die Wurzel aller Übel ist die Habsucht.

Ist dem Menschen nicht gegeben die Freiheit, das Gute zu tun und das Böse zu lassen: die Freiheit, eben nicht zu erheben die Hand wider den Nächsten, sondern brüderlich zu handeln an ihm, getreu der *Goldenen Regel*:

Wie ihr wollt, dass euch die Leute tun,
so tut auch ihnen.
(Lukas 6,31)

Wer wollte frei sich nennen, der getrieben ist von seinen Begierden und untertan seiner Lebensangst: dem Wahn gut versicherter Zukunft? Abgesichert vor jedem möglichen Übel, selbst vor dem todsicheren Ende? Wovor sollte bewahrt oder beschützt werden ein Mensch, der Knecht bleibt seiner Begierden?

Handelt als Freie, aber nehmt die Freiheit nicht
als Deckmantel für das Böse.
(1. Petr 2,16)

Auf dass ihnen nicht vergolten werde nach ihren Taten am *Tag des Zorns!* Denn sind nicht alle gleich vor dem Gesetz (des HERRN), gleich ebenso im Angesicht des Todes: tritt nicht ein jeder ab von dieser Erde, wie er gekommen ist – nackt? Zählt vor Gott äußerer Glanz, vergänglicher Reichtum, zählt nicht vor Gott allein der Schatz in ihrem Innersten? Freiheit – Gleichheit – Brüderlichkeit, geschrieben auf die Fahne der westlichen, der christlichen Welt: bloßes Wort oder tätiges Werk? Wird gemessen am Wort oder am Werk, wenn anbricht der Tag des Gerichts und gefällt wird das Urteil: Tod oder Freispruch? Die *Kleingläubigen* dieser Welt, lesen sie nicht, was Paulus ihnen schreibt im 1. Brief an die Korinther (15,16-50)?

Denn wenn Tote nicht auferweckt werden, ist auch ER nicht auferstanden. Ist ER aber nicht auferstanden, dann ist euer Glaube nichtig ... Nun ist ER aber auferstanden von den Toten als der Erste der Entschlafenen. Denn da durch einen Menschen (= Adam) der Tod gekommen ist, kommt auch durch einen Menschen die Auferstehung der Toten ... Nun könnte einer fragen: Wie werden die Toten auferweckt, was für einen Leib werden sie haben? Was für eine törichte Frage! Auch das, was du säst wird nicht lebendig, wenn es nicht stirbt. Und was du säst, hat noch nicht die Gestalt, die entstehen wird ... So ist es auch mit der Auferstehung der Toten ... Gesät wird ein irdischer Leib, auferweckt ein überirdischer Leib. Wenn es einen irdischen Leib gibt, gibt es auch

einen überirdischen ... Der Erste Mensch stammt von der Erde und ist Erde;
der Zweite Mensch stammt vom Himmel. Wie der von der Erde irdisch war, so
sind es auch seine Nachkommen. Und wie der vom Himmel himmlisch ist, so
sind es auch seine Nachkommen. Wie wir getragen haben das Bild des Irdi-
schen, so werden wir auch tragen das Bild des Himmlischen.

Wie wollte heimfinden ins (ewige) Reich, wer bindet sein Herz an irdische
Schätze, vergänglichen Reichtum, wer anbetet den Mammon? Kann das Vergängliche erben das Unvergängliche? Sollte der Erbe nicht sein nach dem Bilde seines Vaters? Die Hand des Bildhauers, wie sollte sie ruhen, bevor nicht
"weggeschlagen ist das Überflüssige" (Michelangelo), nicht offenbar gemacht,
nicht enthüllt ist die im Stein ruhende Form? Sollte Gott eher ruhen, sollte nicht
auch seine Hand, sein Meißel unermüdlich wirken, bis am Ende hervortritt eben
jene Gestalt, die innewohnte dem groben Klotz von Anbeginn? Wer wollte hadern ob solcher (Schicksals)Schläge? Die Gaben, die zuteilwerden dem Menschen auf Erden: sein Vermögen – sein Unvermögen, sein Reichtum – seine
Armut, sein Glück – sein Unglück, sind sie nicht der Meißel Gottes? Wer annimmt die guten Gaben, wie wollte der klagen über die schlechten?

Siehe, selig ist der Mensch, den Gott zurechtweist,
darum widersetze dich nicht der Zucht des Allmächtigen.
(Buch Hiob 5,17)

Wer wird leichter Gestalt annehmen hin zum Bilde Gottes, wer sicherer den
Weg finden zurück ins heile Reich: der Reiche oder der Arme, der vom Schicksal Verwöhnte oder der vom Leben Gebeutelte? Wer ist der bessere Lehrmeister: das Glück oder das Unglück? Ist nicht jedem ewige Heimstatt verheißen in
Gott, heiße er arm oder reich, mächtig oder ohnmächtig, schwarz oder weiß,
Mann oder Weib, alt oder jung? Wie wollte vergehen, wer sucht solche Zuflucht
– fanden nicht selbst die Tiere Herberge in Noahs Arche vor der großen Flut?
Abgerechnet wird zu guter Letzt, wenn jeder wird Rechenschaft ablegen müssen über sein Tun und sein Lassen. Was gaben sie und was nahmen sie; was
machten sie aus ihren Gaben und wem dienten sie? Waren sie Freie im Geist,
frei einzustehen für ihren Glauben, ihre Überzeugung, frei mit Luther zu sagen:
"Hier stehe ich. Ich kann nicht anders"?

ER *hält Gericht über alle Sterblichen ...*
Seht Unheil schreitet von Volk zu Volk,
ein gewaltiger Sturm bricht los
von einem Ende der Erde bis zum anderen.
(Jeremia 25,31-32)

Wann wird kommen der Tag der Prophezeiungen des Alten wie auch des Neu-
en Testaments? Ist vielleicht schon angebrochen der *Tag des* HERRN; denn
heißt es nicht: für den HERRN seien 1000 Jahre wie ein Tag? In sechs Tagen
schuf Gott die Welt – in sechs Tagen nach göttlichem Maß! Am siebten Tage

ruhte aus der HERR, und währt die himmlische Ruhe noch? Stillstand oder Wandel von Anbeginn? Gab es nicht gleich mehrere urzeitliche Katastrophen, drifteten nicht auseinander die Kontinentalplatten, starben nicht aus die ersten Bewohner der Meere, starb nicht ebenso aus die erste Tier- und Pflanzenwelt? Erdverschiebungen, Klimaveränderungen, Vulkanausbrüche, Erdbeben, die heute unbekannt wären der Welt? Schaffen Wind, Wasser und Erosion nicht stetig neue Formationen; erstand nicht selbst im Himmel Neues? Wie viele Sterne sind erloschen seit der Urzeit, wie viele neu geboren? Dehnt sich das Universum nicht mehr und mehr aus? Und unterliegt solcher Wandel nicht dem Naturgesetz – dem Meißel des Schöpfers? Unterliegt ebenso der Mensch göttlichem Gesetz? Ein fest gemeißeltes Gesetz? Wie wollte der Mensch Krönung sein der Schöpfung, so ihm nicht gegeben wäre der freie Wille, zu streiten für oder wider den HERRN? Die Erde hat sich gewandelt, die Tier- und Pflanzenwelt, ja, selbst die Sterne am Himmel wandelten sich – und der Mensch? Ist das *der Tag des* HERRN, wenn gewandelt ist der Mensch – hin zum Bilde seines Schöpfers? Und hat dieser Tag nicht längst begonnen, als aufging am Himmel ein neues Licht – ein neuer Stern: ist ER nicht eben dieses Licht? Der achte Tag der Schöpfung: wann wird vollendet sein der Wille des HERRN und gewandelt der Mensch?

Hat der Vater nicht übertragen dem Sohn alle Macht auf Erden? Und herrscht ER, herrscht über den Ungeist der Zeit? Steht nicht geschrieben (im ersten Brief des Paulus an die Korinther 15,25): ER herrsche, bis Gott ihm gelegt habe alle Feinde unter seine Füße?

Sein Reich ist ein ewiges Reich
und alle Mächte werden ihm dienen und gehorchen.
(Daniel 7,27)

Dienen IHM alle Mächte, sind besiegt all seine Feinde, bis hin zum Letzten?
Der letzte Feind, der entmachtet wird, ist der Tod ...
Wenn ihm dann alles unterworfen ist,
wird auch der Sohn sich unterwerfen dem,
der ihm hat alles unterworfen,
damit Gott herrsche über alles und in allem.
(1. Kor 15,26-28)

Hat ER nicht besiegt den Tod; ist ER nicht auferstanden von den Toten; führt ER nicht alle, die ihm angehören, hin zu neuem Leben? Ein neuer Tag, ein neuer Mensch, ein neues Reich. *Das Reich Gottes* **ist** *inwendig in euch* (Lukas 17,21, vgl. S. 441).

Ist der Sohn, ist dann nicht ebenso sein Reich?
Seid gewiss: Ich bin bei euch alle Tage
bis an der Welt Ende.
(Matthäus 28,20)

Ist ER spürbar dieser Welt, ist sein Reich sichtbar oder verborgen unter dem Deckmantel, den diese Welt hüllt über ihr Tun und ihr Lassen. Und wann wird aufgedeckt, was verhüllt ist, wann wird kommen der Tag, der trennt die Spreu vom Weizen? Der Tag des Endgerichts, da die einen erwachen *zum ewigen Leben, die anderen zu ewiger Schmach und Schande* (Daniel 12,2). *Von dem Tage aber und von der Stunde weiß niemand, auch die Engel im Himmel nicht, auch nicht der Sohn, sondern allein der Vater* (Matthäus 24.36).

Gibt es Zeichen, Vorankündigungen der Endzeit? *Bevor das Ende kommen kann, muss erst verkündet sein das lebendige Wort der ganzen Welt* (Matthäus 24,14). Denn wie wollte gerichtet werden nach dem Wort, so die Welt nichts weiß davon? Und ist das Evangelium nicht verkündet worden allen Völkern, ist die Bibel nicht übersetzt in alle Sprachen der Welt? Wer wollte sagen, er wisse nichts vom Wort des HERRN – nachgerade in der christlich-abendländischen Welt, nach all der kirchlichen und schulischen Unterweisung? Sind sie nicht getauft, nehmen sie nicht teil am Abendmahl, teil in dem heilen, einenden Geist, dessen Geburt sie feiern alle Jahre wieder? Sollte ihnen nicht lebendig sein das Wort? Sind sie Schafe, in die Irre geführt von blinden Hirten? Streiten sie für ihr Evangelium, stehen sie ein dafür – aller Anfechtung, aller Verfolgung zum Trotz? Oder hat überhandgenommen der Unglaube (vgl. Matthäus 24,9-14) und ebenso um sich gegriffen die irrige Lehre, vor der ER warnte die Seinen von Anbeginn? Warnte vor falschen Propheten, vor Irrlichtern – wie dem Hexenwahn, dem Rassenwahn und – in jüngster Zeit – dem Wachstumswahn? Die Idee vom unendlichen Wachstum auf einem endlichen Planeten[*], was ist sie anderes als Wahn? Und haben solche Wahnideen nicht immer geführt zu Ausbeutung, Versklavung und Verelendung; sind sie nicht Ausgeburten eben jenes Ungeistes, der stetig entfacht das Höllenfeuer? Die vier apokalyptischen Reiter der Offenbarung des Johannes (6,1-17), die vier Tiere der endzeitlichen Vision des Daniel (7,1-28), was sind sie anderes als Bilder der großen Schrecknisse, die plagen diese Welt seit Menschengedenken: Völkerschlacht – Bürgerkrieg – Teuerung und Hungersnot – Pandemie und Massensterben?

Gottes Wille, Gottes Hand oder Ausgeburten unheilvollen Geistes? Zogen nicht von Anbeginn Völker in die Schlacht, erhoben nicht selbst Brüder die Hand wider einander – Brüder und Bruderreligionen? Und, hat die Menschheit eine Lehre gezogen aus all den Kriegen; sind die Schlachten nicht im Gegenteil immer vernichtender, immer barbarischer geworden bis hin zum Grauen des Ersten und Zweiten Weltkrieges? Welche Taten folgten all den wohlfeilen Worten, den schönen Reden vor Denkmal geschützter Kulisse, den lauten Beschwörungsformeln: "Nie wieder!" Gibt es keine Kriege mehr auf den von westlichen Imperialisten so gebeutelten Kontinenten? Herrscht heute Frieden in den Ländern altorientalischer Herrschaft: in Ägypten, im Irak, in Afghanistan, in Syrien, im Heiligen Land oder Krieg, Bruderhass, der wen stärkt? Welcher Geist be-

---

[*] Führt in der Konsequenz zur Ausbeutung anderer Planeten, wie tatsächlich beschlossen von der Weltraum-Macht USA. "Vom Himmel fordern sie der Sterne Schätze und von der Erde jede höchste Lust" (frei nach Goethe).

herrschte die alte Welt, welcher beherrscht zur Stunde die amerikanische Führungsmacht? Ein christlicher Geist, der aufruft, sich untertan zu machen die Erde, sie auszubeuten und zu zerstören; statt untertan sich zu machen alle Begierde und erhaben zu sein über irdisches Gut? Welcher Christ wollte versklaven seinen Nächsten im Namen der Freiheit?

Ist es der Freiheitsgedanke, der zum Exportschlager wurde der westlichen Welt oder sind es die Rüstungsgüter? Wer profitiert vom Kriegsgeschäft, von zerrissenen, ausgebluteten, verschuldeten Ländern, die ihre Haut und ihr Land zu Markte tragen müssen? Spalten, destabilisieren – und herrschen! Ein blutiger Raubzug, vor dem blind und taub sich stellt der christliche Abendländler, weil das Gemetzel in weiter Ferne stattfindet und nicht vor der eigenen Haustür? Frieden vor den Türen und Toren der Länder der römischen Verträge? Wofür steht Lampedusa: für ein Mittelmeer, das zum Massengrab wurde und grausig offenbart das Scheitern der *Menschenfischer*? Oder für ein Europa, das schafft eine neue "Willkommenskultur", die nicht nur von Ferne beklatscht den "arabischen Frühling": den verzweifelten Widerstand wider die Unmenschlichkeit, sondern reicht dem Widerstand die Hand und nimmt auf den Flüchtling (statt ihn zurückzuschicken in "sichere" Krisengebiete)? Ein goldener Herbst der Nächstenliebe oder kalter Winter schon, wenn brennen in lichtem Scheine Asylbewerberheime? *Liebe deinen Nächsten!* Beliefere seine Feinde nicht mit Waffen, raube ihm nicht sein Land, seine Ressourcen: fische nicht in fremden Gewässern! *Wer Wind sät, wird Sturm ernten!* Gestern Gaza, heute Syrien und morgen ...

Der Ansturm der Flüchtlinge, ist er vergleichbar dem Flüchtlingsstrom, der folgte dem Untergang des "Tausendjährigen Reiches" oder vergleichbar der Völkerwanderung, die führte zum Untergang des weströmischen Imperiums? Wer wollte nicht ins gelobte, ins gepriesene Land, dem entzogen ist seine Lebensgrundlage? Göttliche Hand oder menschlicher Wille, wenn seit Urzeiten befeuert wird der Grundkonflikt auf Erden: der Kampf der Reichen wider die Armen? Ein Kampf, geführt allein auf den Schlachtfeldern, ein Kampf, nicht ebenso geführt an den Börsen, den großen Finanzplätzen dieser Welt: weniger blutig, aber weitaus vernichtender? Ist nicht Griechenland Opfer eben jenes Krieges, der in Zinsknechtschaft führt freie Völker? Das stolze Griechenland, die Wiege der Demokratie und der abendländischen Kultur, steht heute für den Ausverkauf eines demokratischen Staates. Die faulige Frucht des Feldversuchs "Deutsche Einheit", der ökonomischen Weisheit letzter (alternativloser) Schluss oder der Untergang einer Zeit, eines Systems?

Was ihr getan habt
einem meiner geringsten Brüder,
das habt ihr mir getan.
(Matthäus 25,40)

Ist der Welt nicht längst vor Augen geführt ein Untergangs-Szenario einer heilen Welt – trägt dieses Bild nicht den Namen Haiti? Den Eroberern der Neuen Welt galt es als Paradies. Ein Paradies, das Ort war so vieler Katastrophen: Schauplatz urzeitlichen Meteoriten-Einschlags (der zum weltweiten Aussterben führte der Dinosaurier?), Schauplatz schwerster Erdbeben (1770 und 2010), Schauplatz auch imperialistischen Terrors. Ein Spaltpilz, der teilte die Insel in ein Armenhaus und ein Urlaubsparadies (Dominikanische Republik)? Was war vernichtender: die Naturkatastrophe oder der Dämon, der heimsuchte die Insel in Menschengestalt? Christliche Fundamentalisten glauben bis heute, die Insel sei vom Satan beherrscht (was Inhalt ist einer geheim gehaltenen Prophezeiung um das sog. Sonnenwunder von Fatima vom 13. Okt. 1917). Beherrscht Satan die Insel oder den Menschen: der imperialistische Dämon, der zu versklaven versucht das Paradies? 1791 kommt es zum Aufstand der Sklaven gegen die Invasionstruppen Napoleons. Ein erfolgreicher Aufstand, der 1804 zur Gründung der Republik Haiti führt und endlich beschert die ersehnte Freiheit? Ist Haiti nicht zum lebendigen Mahnmal geworden einer von Menschenhand gemachten Katastrophe? Einst der wichtigste Zucker- und Kaffeelieferant Frankreichs, muss Haiti heute Zucker und Kaffee importieren und produziert vor allem eins: billige Textilien für reiche Länder! Das Erdbeben von 2010 machte offenkundig, dass Zivil- und Erdbebenschutz den zuständigen Ministerien als verzichtbarer Luxus galten. Ministerien, die sich lieber selbst bedienten und sich wieder bedienen werden aus den Töpfen, die lindern sollen die Folgen der jüngsten Verwüstung 2016 durch Hurrikan "Matthew"? Eine Kleptokratie, die versickern lässt alle Hilfsleistungen und erst schafft die ökonomische wie auch ökologische Katastrophe? Das einstige Paradies auf Erden, ist es nicht zum Friedhof geworden gescheiterter Entwicklungshilfe, die eben nicht "Hilfe" leistet "zur Selbsthilfe", sondern über Korruption zu Enteignung und Entmündigung führt und zu Versklavung der einheimischen Bevölkerung? Ist die Armut ebenso systemisch wie die Großbank und muss darum gerettet werden über gut dosierte Finanz-Spritzen?

Verelendung, Verschuldung, Enteignung und in der Folge: Hungerrevolten und Flüchtlingsströme: Zeugen einer reichen Welt, Zeugen eines heilen Geistes? Treffen Teuerung und Hungersnot die Welt wie ein Blitz aus heiterem Himmel? Lehrte nicht schon Joseph die alten Ägypter, Vorsorge zu treiben in den sieben fetten Jahre für die sieben mageren (vgl. 1. Mose 41,47-57)? Und wie haushaltet die Welt zur Stunde? Leidet nicht Hunger und Durst die eine Hälfte, während die andere Wasser verschwendet und Lebensmittel in Tanks, Tiermägen oder Mülltonnen füllt? Schützt die Menschheit sich vor Dürren und anderen Naturkatastrophen, wie dem Hurrikan "Matthew", der jüngst tobte auf Haiti oder dem Hurrikan "Katrina", der (schon vergessen?) New Orleans verwüstete? Oder fordert der Mensch solche Katastrophen geradezu heraus durch rücksichtslosen Raubbau und eine Haushaltspolitik, die spart am Notwendigen, an Erdbeben-, Hurrikan- und Hochwasserschutz? *Wer Wind sät, wird Sturm ernten*, der nächste Tsunami ist gewiss! Und wie schützt die Menschheit sich vor Massensterben durch Volkskrankheit oder Seuche? Der Schwarze Tod, die alte

Geißel der Menschheit, besiegt? Ausgerottet Pest wie Rattenplage, besiegt ebenso die Tuberkulose? Werden die eingesetzten Antibiotika auch zukünftig schützen oder die Keime zunehmend resistenter, weil der Einsatz der Antibiotika längst aus dem Ruder lief? Und kommen zu den alten Plagegeistern, wie Tuberkulose, Krebs, Malaria, nicht stetig neue, etwa Aids? Neue Epidemien – neue Erreger? Heißt der Erreger, der auslöst in den ärmsten Ländern Epidemien, wie Ebola oder Zika, nicht in Wahrheit "Armut"? Und der Erreger, der in den reichen Ländern Epidemien auslöst, wie Fettleibigkeit oder Diabetes, heißt er ebenso? Seuchen, denen schutzlos ausgeliefert ist der Mensch?

Wo das Aas ist, da sammeln sich die Geier.
(Matthäus 24,28)

Wo hat das Grauen seinen Anfang (vgl. Matthäus 24,31-34) und wo sein Ende? *Wenn geschehen ist, was geschehen muss* (vgl. Matthäus 24,6-8), wenn kein Aas mehr da ist, die Geier zu sättigen und erreicht ist der *Höhepunkt der Not:* voll ist das Fass und sich öffnet die "Büchse der Pandora" und alle Plagen entweichen? Die aufgetürmte Schuld, sie überflutet diese Erde: keine Sintflut, sondern eine Sündflut? Die Befreiung vom Bösen ist bei Sacharja (5,6-11) gegossen in das Bild eines Fasses, dessen bleierner Deckel sich hebt und freigibt alle Ruchlosigkeit, alle Gottlosigkeit – verkörpert durch ein Weib. Auch die Offenbarung des Johannes (2,20) steht im Zeichen weiblicher Verführung, die hier trägt den Namen Isebel (syro-phönizische Prinzessin, die im Nordreich den Baal-Kult einführte). Eine Verführung, die sich schlängelt von Eva bis hin zur Hure Babylon; eine Verführung, die von Mal zu Mal schamloser macht den Abfall von Gott – bis zum endgültigen Aus? Enthüllt sich in der endzeitlichen Vision des Daniel allein die Gottlosigkeit einer Epoche: die Religionsverfolgung durch den Syrerkönig Antiochus (2. Jh. v.u.Z.) oder in der Apokalypse des Johannes nur die Glaubensverirrung einer Zeit: die (unter Domitian, 1. Jh. n.u.Z.) mit dem Anspruch römischer Imperatoren, als Gott verehrt zu werden, einen ruchlosen Höhepunkt erreichte? Rufen die Propheten zur Umkehr auf ausschließlich ihre Zeitgenossen? Prüft Gott denn *Herz und Nieren* einer Epoche nur? Wird der HERR nicht *jedem vergelten, wie es seine Taten verdienen* (Offb 2,23)?

Dem Namen nach lebst du, aber du bist tot ... Ich kenne deine Werke. Du bist weder kalt noch heiß. Wärest du doch kalt oder heiß. Weil du aber lau bist, weder heiß noch kalt, will ich dich aus meinem Mund ausspeien. Du behauptest, du seiest reich und wohlhabend und nichts fehle dir. Du weißt aber nicht, dass gerade du elend und erbärmlich bist, arm, blind und nackt ... Wen ich liebe, den weise ich zurecht und nehme ihn in Zucht. Mach also Ernst und kehr um (Offb 3,1-19).

Worte, gerichtet an die *sieben* Gemeinden jener Zeit oder gerichtet an die Gemeinden aller *sieben* Zeiten? Bricht Johannes auf die *sieben* Siegel, die verschlossen das Buch der Wahrheit, auf dass die Menschheit nicht länger blind sei und taub, sondern sehe und höre: höre die göttlichen *Posaunen* (Offb 6,1-11,19)? Sieben Gemeinden, sieben Siegel, sieben Posaunen: die Zahl des göttlichen Heils (7 Schöpfungstage, 7 Tugenden – die 7 Arme des jüdischen Leuchters), aber auch Zahl des Unheils (7 Posaunen, 7 Todsünden): Zahl der Hure Babylon – der siebenköpfigen Hydra (vgl. Offb 17,1-18). Wer stellt sich entgegen dem Ungeheuer und schlägt ihm ab die Köpfe, wer kämpft gegen den Feuer speienden Drachen, der verzehrt alles Lebendige, der frisst die Kinder, wie der Minotaurus der Griechen es tat? Bekämpfte nicht schon Daniel den Drachen (14,23-42) kraft seines Glaubens? Eine Kraft, die ihn siegen ließ über *Grube*, über *Löwe* (über den Herrscher)? Eine Kraft, die auch siegen ließ Siegfried über den Drachen und ebenso den heiligen Georg? Ein heiler, ein heiliger Kampf – gegen einen äußeren oder einen inneren Feind? Was hülfe es, zu besiegen den äußeren Feind, so der Mensch untertan bliebe der siebenköpfigen Hydra in seinem Inneren? Der große Dschihad, der schwerste und entscheidendste aller Kämpfe, ist er nicht auszufechten gegen den inneren Feind? Ein Kampf, zu dem aufgerufen sind allein Muslime; ist nicht ein jeder aufgefordert, zu entsagen dem wütenden Tier in seinem Inneren, ihm zu entreißen seinen giftigen Stachel und zu löschen sein verzehrendes Feuer?

Blinde, die nicht sehen all die Bilder, Taube, die nicht hören all die Schreie! *Weder heiß noch kalt*, tun sie, als gehe sie nichts an das Elend dieser Welt, als trügen nicht auch sie Verantwortung! Oder wollen sie übertragen anderen die Verantwortung für ihr eigenes Tun und Lassen: übertragen einer Institution, einer Versicherung, einer Partei, einer Regierung? Zuständigkeiten und Verantwortlichkeiten, die mag es geben im Abendland zuhauf, aber von Zuständigkeit und Verantwortung irgendwo eine Spur? Organisierte Verantwortungslosigkeit, die sich breit macht unter dem Deckmantel des Schweige-Kartells und zum Quell wird organisierten Verbrechens? Und wer das Schweigegelübde bricht, wer lüftet den Schleier, wird zum Nestbeschmutzer, bedroht – wie in der Antike – an Leib und Leben? Weil die Wahrheit gilt als schlechte Botschaft all jenen, die bequem sich einzurichten verstanden im Netz der Lügen und Intrigen? Gefangen im weltweiten Netz des Paten, statt gefangen zu sein im Fischer-Netz des Petrus? Feiert das Übel nicht dort seinen größten Triumph, wo sich niemand mehr verantwortlich fühlt, wo alle wegsehen, alle schweigen?

Und die Heuschrecken sehen aus wie Rosse, die zur Schlacht gerüstet sind; auf ihren Köpfen tragen sie etwas, das Gold schimmernden Kränzen gleicht, und Ihre Gesichter sind wie Gesichter von Menschen, ihr Haar ist wie Frauenhaar, ihr Gebiss wie ein Löwengebiss, ihre Brust wie ein eiserner Panzer, und das Rauschen ihrer Flügel ist wie das Dröhnen von Wagen, von vielen Pferden, die sich in die Schlacht stürzen (Offb 9,7-10).

Heuschrecken, Gold bekränzt, verführerisch geschmückt, doch tödlichen Bisses und gewappnet mit eisernen Schutzschilden, was sollte ihr Flügelschlag anderes bewirken denn verbrannte Erde? Ein Bild, das heute nicht gegenwärtig sein sollte der kapitalisierten Welt? Abgegraste Finanzfelder, ausgeblutete, verschuldete Staaten, Rettungsschirme (als Schutzschild für wen?). Faule Kredite, giftige Papiere: wie fruchtbar ist der Handel mit Papieren, deren Wert so real ist, wie wertvoll waren die Tulpenzwiebeln, die bescherten der Welt das erste Spekulationsfieber und den ersten Börsen-Crash? Wer profitiert von solchem Handel, profitiert von der Spekulation auf real nicht existente Werte, der Spekulation auf unser täglich Brot, der Spekulation auf den Zusammenbruch überschuldeter Staaten? Wer streicht ein den Gewinn, wer zahlt die Zeche, wer zahlte sie 1929, nach dem "Schwarzen Donnerstag"?

Feuer, Rauch und Schwefel (Offb 9,18): ist das nicht der Preis, den zahlt die ganze Welt, zahlt die Menschheit, zahlt dieser Planet? Auf welchen Fortschritt ist stolz die westliche Wertegemeinschaft, auf welche Standards? Auf Vorschriften, Gesetze und Grenzwerte, die gebrochen werden dürfen, sofern sie nur außerhalb der eigenen Landesgrenzen gebrochen werden? Stellt der Schutz von Boden, Luft und Wasser in den sogenannten Dritt- und Schwellenländern keinen Wert dar, weil die Kosten nicht zu tragen hat die westliche Wertegemeinschaft, die dort billig produziert und billig entsorgt ihren Giftmüll? Macht die Verschmutzung von Boden, Luft und Wasser etwa Halt an der eigenen Landesgrenze, macht sie Halt vor der Haustür der Mächtigen, der Großindustriellen, der Verursacher? Sind im Untergang nicht alle gleich? Was hatte voraus die Luxusklasse dem Unterdeck, als sank die Titanic? Wer wollte frei sich kaufen durch Ablasshandel: "Verschmutzungszertifikate", die reiner machen die Luft, das Wasser oder das Gewissen? Jagt nicht ein Umweltskandal, ein Chemieunfall den nächsten, so schnell, dass verblassen die Erinnerungen? Wer denkt noch an die Opfer des Contergan-Skandals, ganz zu schweigen von den Opfern vertuschter Skandale (wie Duogynon)? Der jüngste große Chemieunfall (2015 in Tianjin), ruft er Erinnerungen wach an Bhopal oder an Seveso? Die jüngste Ölpest (2015 vor Kalifornien), gemahnt sie an die Ölkatastrophe im Niger-Delta oder an die im Golf von Mexiko? Wie die Ölpest, so der Atom-Gau: Fukushima mag noch gegenwärtig sein, ist es ebenso Tschernobyl? Wird nicht aller Verseuchung zum Trotz weiter verherrlicht "das 100.000-jährige Reich atomarer Wahrscheinlichkeitssicherheit" (U. Beck)? Verbrannte Erde, soweit das blinde Auge reicht! Brandrodungen, Monokulturen, verwüstete Landschaften, verseuchte Gewässer, leergefischte Meere, verschmutze Luft und in der Folge Anstieg der Temperatur: Land unter! In seiner Umwelt-Enzyklika mahnt Papst Franziskus eindringlich, die Werke Gottes zu schützen und sie nicht der Technologie oder dem Finanzwesen zu unterwerfen. Wer Naturschutz ernst nimmt, wird der Umweltstandards aushebeln über Schiedsgerichte, "Verschmutzungszertifikate", geschickte Manipulation der (Abgas)Werte oder gar auslagern giftigen Müll und schadstoffreiche Produktion zu Lasten der Ärmsten? Der Klimavertrag von 2015, ausgehandelt in Paris (zeitgleich zum verheerenden Inferno in Indonesien, ausgelöst durch Brandrodungen zur Palmöl-Gewinnung!), ist er tatsächlich mehr als ein Feigenblatt, mit dem schamhaft verdeckt wird die Blöße: der rücksichtslose Raubbau?

Etikettenschwindel ebenso der Schutz der Menschenrechte? Welches Menschenbild, welches Menschenrecht verbirgt sich hinter einer Ökonomie, die ihre Kosten minimiert zu Lasten der Ärmsten, deren Atemluft verseucht, deren Trinkwasser und Lebensmittel vergiftet werden, deren Gesundheit nicht zählt, die als billige Arbeitskräfte ausgebeutet werden, denen nicht einmal zugebilligt wird das Existenzminimum? Epikur für Neofaschisten? *Der Nutzen Vieler* (= Billig-Konsumenten) *hat Vorrang vor dem Nutzen Weniger* (= Billig-Arbeiter)? Wie viele aber profitieren tatsächlich und wie viele nehmen Schaden? Welchem "Mistgott" (= Beelzebul) dient, wer auf dem Altar des Profits opfert Leben? Welcher Christ, welcher Demokrat wollte vom Schutz der Menschenrechte schwadronieren, wenn nicht mehr geschützt sind die Ärmsten, die Schwächsten, wenn auch der größte Fleiß nicht mehr nährt; der Alte entmündigt, medikamentös ruhiggestellt oder fixiert wird in seinem Bett; der physisch oder psychisch Gesunde behandelt, der Kranke aber blutig entlassen wird aus dem "kranken Haus"; das Kind nicht mehr Kind sein darf oder keine Zuflucht findet vor Gewalt; der Mensch nicht mehr zählt, sondern verbucht wird als Humankapital oder abgeschrieben als Almosenempfänger?

Ist tatsächlich überwunden das alte Herrendenken: der koloniale Macht- und Eroberungswille, der Drang, andere zu beherrschen, überwunden ebenso die alte Gier, das Streben nach Mehr und immer Mehr? Der Feuer speiende, alles Leben verzehrende Drache, ist er tot oder Zeichen der Zeit, wie er Zeichen ist Chinas: der neuen, der zukünftigen Herrschaftsmacht? Einst wurde China im sog. "Opiumkrieg" gezwungen, seine Häfen zu öffnen, heute öffnet es freiwillig seine Tore dem freien Handel – auf dass geschützt sei welches Wirtschaftsinteresse und also gesichert wessen Vormacht? Bedeutet die Vormacht des einen nicht immer die Unterdrückung des anderen? Wird Europa zukünftig selbst in Geiselhaft genommen durch das jüngst mit Kanada abgeschlossene Freihandelsabkommen? Bedarf es noch – aus Sicht der Weltmacht USA – eines weiteren Freihandelsabkommen, da alle großen US-Unternehmen einen Firmensitz in Kanada unterhalten? Wird Europa in die Knie gezwungen von einem Freiheits-Ideal, das zur Knute mutiert: zum Ringen wird um den jeweils niedrigsten Standard? Ein gnadenloser Wettbewerb, der niederreißt jeden Schutz und ausliefert seine Länder, seine Menschen einer Freiheit ohne jede Grenze: ohne Bindung an bewährte Regeln, Standards, Gesetze? Der Untergang des Abendlandes? Im Westen geht die Sonne unter ... Geht sie im (fernen) Osten auf, dort, wo die Wahrheit offiziell gilt als "kontraproduktiv"?

Und sie fertigten an in jenen Tagen
das Standbild eines Kalbes,
brachten dar dem Götzen Opfer
und freuten sich über ihrer Hände Werk.
(Apg 7,41)

Freuen *sie* sich nicht auch zur Stunde über ihrer *Hände Werk* und tanzen ums Goldene Kalb in der Kathedrale, die trägt den Namen "Freier Markt", dem zu

Füßen *sie* liegen am Altar des Profits? Ein Freudentempel oder eher ein Freudenhaus, eine Gala auf sinkendem Schiff: ein Hexentanz in finsterer Walpurgisnacht? Ist nicht eben das die Krankheit der Zeit: die Pestilenz in ihrem Innern, dass sie zerfressen sind von Gier und Geiz, dass kein Genug sie kennen, kein Tabu, keine Grenze – keine Beschneidung? Wachstum, heißt ihre Parole: ist Zeichen ihres Bundes. Wachstum um jeden Preis – auch um den ihrer Zukunft, ihrer Menschlichkeit, ihrer Seele? Das *Gräuel der Verwüstung* (Matthäus 24,15), vor dem schon warnte Daniel, dass sie anbeten den Mammon und ihm verkaufen ihre Seele: der Pakt mit dem Teufel, den schließen ließ der Dichterfürst seinen Faust? Ein globales Bündnis, gegründet auf einem Fels, der nicht länger "Petrus" heißt, sondern "Black Rock", der Gigant der Wall Street, der Messias der Börse. Ein eingeschworener Bund, weltweit vernetzt, um noch dem letzten Zweifler zu verkünden: "Keine Götter neben mir!" Auf dass in seltener Einstimmigkeit sie intonieren ihren Lobgesang: "Mehr Wachstum" und "Wohlstand für alle"! Eine zynische Parole, wo nicht erfüllt ist die elementarste aller sozialen Forderungen:

Armut für keinen!

Wie sollte Armut bekämpfen, wer angetreten ist, den Reichtum zu mehren?
Denn Gott lenkt ihr Herz so,
dass sie seinen Plan ausführen:
Sie sollen einmütig handeln
und ihre Herrschaft dem Tier übertragen,
bis vollendet sind die Worte Gottes.
(Offb 17,17)

Der alte Widersacher, der wütete von Anbeginn, wütete wider das Paradies auf Erden, wütete wider das Leben und ans Kreuz nagelte das Fleisch gewordene Wort: der antichristliche Geist! Der falsche Führer, der so viele Namen trug von Nero bis hin zu Hitler und dem so viele folgten! Sollte er den Sieg davontragen – just in jenem Augenblicke, da er nicht länger verbergen muss seine hässliche Fratze hinter einer Maske, einer Religion oder Ideologie, einem Kreuz oder Hakenkreuz? Selbstvergottung, Eroberungswille, Herrschergeist, Verachtung des Lebens bis hin zur Selbstzerstörung – ist nicht eben das die hässliche Seite, der Gegenpol: der Minuspunkt zum christlichen Geist? Wo aber fehlt der andere Pol: der Pluspunkt, fehlt da nicht jeder Widerstand? Ein gleichmütiger Fluss, der erst ermöglicht, was nach dem Untergang des Nazi-Reiches die Welt ein für allemal überwunden glaubte: das "Zeitalter der Barbarei", das Nietzsche voraussagte, "dem selbst die Wissenschaften dienen"? Wem dient zur Stunde die gelehrte Welt? Die führende Wissenschaft der Zeit, die Wirtschaftswissenschaft: wie frei, wie unabhängig ist sie, wenn sie verlangt, was doch kein Humanmediziner ernsthaft fordern würde von seinem Tumorpatienten: "mehr Wachstum"? Welcher Wissenschaftler wollte nur nach Bestätigung fragen seiner Doktrin und nicht nach den Folgen, welcher die Augen verschließen vor einer Wachstumsideologie, die zunehmend vor allem eins wachsen lässt: Armut?

Andächtig knien sie nieder in ihrer Kathedrale "Freier Markt", wenn intoniert ihre Priesterschaft das Hohelied der heiligen Finanzmagie, um anzubeten frommen Schafen gleich, was prophezeit ist als *Gräuel der Verwüstung* (Matthäus 24,15)? Ist ihnen nicht an der Stirn abzulesen das Mal-Zeichen, dem sie dienen: die dreifache 6 (das Zeichen Satans – Gegenzeichen der dreifachen 8: der Unendlichkeit, für die ER steht (vgl. auch Offb 13,16-18): komprimiert zum (endlichen) $-Zeichen? Schein-Geld, dem sie sich verschrieben, seit (unter Nixon) die Goldpreisbindung fiel? Die Geburtsstunde "finanzieller Massenvernichtungswaffen", welche zur Stunde befeuern den "Krieg der Reichen gegen die Armen" (W. Buffett). Eine Schlacht am kalten Buffet *all you can eat,* die wem füllt den Magen?

Eher geht ein Kamel durch das Nadelöhr,
als dass ein Reicher ins Himmelreich gelange.
(Markus 10,25)

Siegt am Ende die Gier, triumphiert ökonomische Stärke oder soziale Schwäche? *In God we trust,* steht geschrieben auf jeder Doller-Note: Vertrauen in Gott oder vertrauen in den Mammon? Der Doppelbalken, das Wert-Zeichen von Dollar wie Euro, steht er symbolisch für die Stierhörner, für das Blutopfer früherer Zeiten: das "Sakrament des Büffels" (Böll)? Wem bringen sie dar ihr Schlachtopfer? Was, wenn kein Aas mehr da ist, die Geier zu sättigen, wenn der letzte Baum gefällt, der letzte Fisch gefangen, der letzte Brocken Kohle aus dem Fels gesprengt und der letzte Öltropfen herausgepresst ist aus erschöpfter Erde? Wird diese Welt dann untergehen, wie unterging die erste Welt, zugrunde gehen, wie die Ur-Welt – deren fossile Überreste wie zum Hohn noch befeuerten alle Habsucht – zugrunde gehen am Klimawandel oder an der eigenen Fressgier?

Es wird eine so große Not kommen,
wie es noch nie eine gegeben hat,
seit die Welt besteht,
und wie es auch keine mehr geben wird.
(Matthäus 24,21)

Apokalyptische Fantastereien – ein Ende nicht vorstellbar, nicht absehbar? Wird nicht Einstein die Prognose zugeschrieben, um den Menschen sei es geschehen, wenn erst ausgestorben seien die Bienen? Und ist nicht zur Stunde zu verzeichnen ein Bienensterben ungeheuren Ausmaßes? Schützt nicht jeder, was er liebt? Lieben so wenige Menschen, dass aussterben mehr und mehr Arten, dass verschmutzt sind unsere Böden, unsere Gewässer, unsere Luft und sich erschöpft der Schöpfung Reichtum? Armut sich breit macht, Monokultur und Wüste; statt Vielfalt Einfalt – auch im geistigen Leben? Verarmt, wie die Natur, ebenso die menschliche Kultur? Einheitsarchitektur und Betonwüste dank Investoren freundlicher Containerbauten, Einheitssport in teuren Fußballarenen selbst im ärmsten Land noch und im heißesten Wüstenstaat, Einheitskleidung dank Menschen verachtender, ausbeuterischer Massenfabrikation, Einheitsessen dank Tier quälerischer Viehfabriken: schmeckt so das *Salz der Erde* (vgl. Matthäus 5,13-16)? Ein Einheitsbrei, der wem gefällt? Dem Kulturvolk – dessen Kultur, wo noch lebendig ist; dem Naturvolk, dessen Lebensrecht, wo noch geachtet ist; dem "Endverbraucher", der zum Knecht degradiert ist eines Marktes, der kein Gesicht trägt, keinen Namen, der alternativlos ist, grenzenlos und nicht anzuklagen? Gefangen im weltweiten Netz, belauscht, kontrolliert, manipuliert, auf Linie gebracht, beherrscht von keinem anderen Gesetz als den des Marktes? Jubelnd dem eigenen Untergang entgegen: befeuert und begeistert, wie im alten Rom, von Brot und Spielen? Brot, das wen nährt, Spiele, die wen erfreuen – ein Feuer, das entflammt den Olymp, den Himmel?

Verwüstete Landschaften, verseuchte Gewässer, verpestete Luft in einer überbevölkerten Welt, sieht so ihr Reichtum aus? Wann werden schweigen Presslufthammer, Motorsäge und Tiefseebohrer, wann werden schließen die Börsen der Mega-Metropolen? Wenn die Erde restlos vermarktet, verkauft ist das letzte Hemd und zu Markte getragen die eigne Haut, der eigne Leib samt Innereien, wenn das Geschäft gemacht ist mit dem Tode noch, ist dann erreicht der *Höhepunkt der Not* (Matthäus 24,15-28)? Fällt dann die *Hure Babylon*, fällt mitsamt der *Kaufleute*, die waren *die Großen der Erde*, deren *Zauberei verführte alle Völker* (vgl. Offb 18,23)? Die aufgetürmte Schuld, symbolisiert im Turmbau von Babel: all das Blut, das vergossen, all die Früchte, die verheizt, all das Öl, das in die Wunden gegossen, wird richten die Menschheit, wenn erst erreicht ist der Gipfel? Wie sollte zerstört werden das Böse durch das Gute? Ist das Übel in der Welt, muss es da nicht bleiben und tragen das Zeichen des Kain, bis zu jenem Tage, da es sich selbst zerstört? Ist die Not wendig und Babel das Tor Gottes?

Siehe, ich komme wie ein Dieb.
Selig, wer da wacht und bewahrt seine Kleider,
damit er nicht nackt dastehe
und jeder seine Blöße sehe.
(Offb 16,15)

Wie werden sie dastehen am Tag der Ernte: welche Frucht brachten sie ein? Zerstörung statt Bewahrung? Sägten sie ab den Ast, auf dem sitzen sollten ihre Kinder? Was wird bleiben, wenn vorbei ist das große Fressen? Werden nicht die Jüngsten auslöffeln müssen die Suppe und anklagend fragen die Alten: „Warum setztet ihr mich in diese Welt, wo ihr auffraßet meine Zukunft?" Werden nicht die *Jüngsten* blasen die letzte Posaune zum *Jüngsten Gericht*?

Weh aber den Weibern, die in jenen Tagen
schwanger sind oder ein Kind stillen.
(Matthäus 24,19)

An jenem Tag wird sich der Himmel im Feuer auflösen
und die Elemente werden im Brand zerschmelzen.
Dann erwarten wir, seiner Verheißung gemäß,
einen neuen Himmel und eine neue Erde,
in denen die Gerechtigkeit wohnt.
(2. Petr 3,12-13)

Bald nach den Tagen der großen Not
werden Sonne und Mond ihren Schein verlieren,
die Sterne werden vom Himmel fallen
und die Kräfte des Himmels erschüttert.
(Matthäus 24,29)

Eine kosmische Katastrophe, ein reales Geschehen oder ein Bild von ungeheurer Symbolkraft, das gleichstellt die irdische Katastrophe einer kosmischen? Die Sonne, die nicht mehr scheint ob der ungeheuren Schandtaten, die erbleicht, da selbst ihr strahlendes Licht nicht zu erhellen vermochte des Menschen Weg. Der Mond, der erblasst oder erflammt wie Feuer, da er Sonne war den Nachtgestalten und lichter Schein jenen, die nach dem Blute, dem (schwarzen) Golde nur lechzten und sie machte zu Fürsten der Nacht?

Dann wird der Mond schamrot werden
und die Sonne wird erbleichen.
(Jesaja 24,23)

Der gestirnte Himmel war den Alten noch Enthüllungsschrift: ein aufgeschlagenes Buch, das sie studierten in sternklarer Nacht, um zu ergründen des Himmels Botschaft und in Bezug zu setzen zum Leben auf Erden, wie zu lesen im 1. Buch Mose (49,1-27). Jakob, der auf dem Sterbebett seine Söhne um sich versammelt, vergleicht seine 12 Erben mit den 12 Sternbildern (setzt etwa Juda dem Löwen gleich), versetzt sie in lichte Höhe: in die Ewigkeit? Der Himmel, Sitz des einen Gottes ewiger Zeit, war er nicht Sitz auch der vielen Götter griechischer, römischer – vergänglicher Zeiten? Versuchte der Mensch nicht von alters her sein Leben zu deuten mit Hilfe der Sterne, um zu finden den rechten Weg? Und wiesen ihm die Sterne nicht den Weg: navigierte der Mensch nicht nach der Sternen-Karte, die ihn sicher leitete – in der Wüste so gut wie auf dem Meer? Und heute: was wollte erhellen der Sternenhimmel in der Nacht, da selbst der Tag sein Licht verlor? Ist die Sonne nicht erbleicht in Luft verschmutzter Welt, hat sie nicht verloren ihren mystischen Glanz, seit das heliozentrische Weltbild fiel (wie einst das geozentrische), seit gewiss ist, dass auch die Sonne sich dreht (um das galaktische Zentrum) und nicht einzig ist im Universum? Gewissheiten, die beunruhigen und eine neue All-Sicht schaffen: Licht bringen in finsterer Nacht? Licht und Nähe – wie der Mond? Wie fern ist der Erdtrabant dem Menschen, seit der ihn zum ersten Mal besuchte? Ist näher gerückt der Mond, entfernt er sich nicht – wenn auch kaum merklich – von der Erde? Schwindet seine Gravitationskraft, wer schützt dann die Erde vor anderen Planeten (etwa dem Jupiter) oder dem Einschlag von Asteroiden? Fragen, die beunruhigen auf Erden? Fragen, allein nach der Anziehungskraft der Himmelskörper oder Fragen auch nach der Kraft, die anzieht und bindet den Menschen auf Erden? Fragen nach des Menschen Fixstern: dem Zentrum seines Denkens – oder Schweigen nur, Dunkelheit? Fielen die Sterne nicht längst vom Himmel und verloren ihren Schein im Strahle allnächtlicher Lichtverschmutzung? Oder büßten sie ein ihren Glanz, weil Materie fressende Schwarze Löcher mehr beflügeln die Fantasie, weil ein gigantisches Nichts ins Dunkel rückt alle Erkenntnis vom Universum? Der Himmel erfüllt von Schwarzen Löchern und einem gigantischen Nichts – ein Bild, das nicht in Beziehung zu setzen wäre zum Geschehen auf Erden? Über uns das Nichts oder das All? Nach den Sternen mag greifen der Mensch, der Astronom mag sie beobachten, neue Himmelskörper entdecken (wie 2015 die NASA entdeckte einen erdähnlichen Planeten) mit immer ausgefeilteren Methoden und leistungsstärkeren Teleskopen, der Astrologe die Sterne bis heute in Beziehung setzen zum Leben auf Erden, gehört es aber noch zum Alltag, sie zu beobachten: zu erkennen Sterne wie Sternbilder und sie beim Namen zu nennen oder ist der Mensch heute Analphabet im Sternen-Reich?

Die *Hydra*, das Urbild der Schlange, dargestellt schon in babylonischer Zeit mit 7 Köpfen: ewiges Zeichen des Fluches? 7 Köpfe – 7 Todsünden als Mahnung in den Sternen-Himmel gesetzt? Die *Hure Babylon* – die nicht auch hätte ein weibliches Gegenbild am Himmel im Sternbild der *Jungfrau*? Die Babylonier erkannten in der Jungfrau als Sternbild hinter dem Löwen das Zeichen derjenigen, die gebären wird den in Eden verheißenen Samen, auf dass aufgehoben sei alle Zwietracht, alle Trennung und wieder vereint Menschheit und Gottheit?

Denn dein Gemahl ist dein Schöpfer ... (vgl. Jesaja 54,5).

Doch das Weib trieb Ehebruch im Zeichen der Schlange,
wurde zur Hure (Babylon),
von der sich schied der HERR – *schied aber nur für eine Weile;*
denn ER *wird sich wieder zuwenden seinem Weibe.*
(Hosea 2,15-22)

Er wurde gestürzt, der große Drache,
die alte Schlange, die Teufel oder Satan heißt
und die ganze Welt verführt;
der Drache wurde auf die Erde gestürzt ...
seine Wut ist groß, weil er weiß,
dass ihm nur eine kurze Zeit bleibt.
(Offb 12,9-12)

Und ist schon abgelaufen die Zeit des großen Verführers und angebrochen die Zeit der Versöhnung, der Erlösung? Die verheißene Vermählung: steht sie nicht im Zeichen der Jungfrau – gebar die *Jungfrau* nicht den Erlöser? So ER der

Bräutigam ist: der neue Adam, der besiegte die siebenköpfige Hydra, wer ist dann die Braut? Die *Jungfrau*, die rein sich hält von der Verführung Gift, muss nicht sie die neue Eva sein? Wer sollte tragen das weiße Gewand, wenn nicht die Unschuld selbst? Und wer wollte mehr herausfordern alle teuflische Verführungskraft denn die unbefleckte Seele? Die Reinheit, die in Goethes Faust Gestalt annimmt im Gretchen, dem Opferlamm eines diabolischen Paktes: einer durch und durch teuflischen Verführungskunst, die listig umgarnt ihr Opfer mit vertrauter Zunge. Ist Verführung schlechthin weibliches Attribut und auf ewig verbunden mit dem Bösen, kann nicht auch verführt werden hin zum Guten? Ist dem Weibe allein gegeben, sich anzudienen oder hinzugeben, ist dem Weibe nicht ebenso gegeben, sich zu verweigern? Ein Pfund, mit dem nicht wuchern könnte, wuchern sollte das Weib, nach dem Vorbild der Lysistrata (Heeresauflöserin) des Aristophanes. Der Heldin, die sich, gemeinsam mit ihren Mitstreiterinnen in Athen und Sparta während des Peloponnesischen Krieges, erfolgreich einer Männerwelt verweigert, der Krieg zum Hauptgeschäft geworden ist. Neues Leben gebären in einer Welt, die Leben raubt, statt es zu schützen, welche liebende Seele sollte dergleichen wollen? Nannte nicht schon der griechische Philosoph Thales, gefragt nach dem Grund seiner Kinderlosigkeit, das tiefe Motiv solcher Verweigerung: *Aus Liebe zu den Kindern*?

Denn siehe, es wird die Zeit kommen,
in welcher man sagen wird:
Selig sind die Unfruchtbaren
und die Leiber, die nicht geboren haben
und die Brüste, die nicht genährt haben!
(Lukas 23,29)

Die Waffen nieder! Bertha von Suttners Aufruf von 1889, umjubelt und Nobelpreis geehrt: wer folgte ihm? Griffen sie nicht jubelnd zu den Waffen beim Ausbruch des Ersten Weltkrieges? Sich zu verweigern einer kriegerischen, ausbeuterischen Welt, setzte der deutsche Astronom M. Wolf kein Ausrufezeichen, für alle lesbar am Himmel, als er 1918 den von ihm entdeckten Asteroiden taufte auf den Namen Lysistrata? Wer aber verweigerte sich dem Zweiten Weltkrieg, wer verweigert sich heute? Wer emanzipiert, befreit sich vom Zeitgeist, von herrschender Lehre, wer kündigt auf blinde Gefolgschaft und entzieht sich einer Welt, die männlich dominiert, die Herrschaft bleibt, mag die Herrin auch den Herrn ersetzen; einer Welt, die raubte des Weibes Substanz: Neues zu gebären?

Als der Drache erkannte, dass er auf die Erde gestürzt war,
verfolgte er das Weib, die geboren hatte den Sohn.
Aber dem Weibe wurden gegeben die beiden Flügel des großen Adlers,
um sich zu erheben und zu fliehen in die Wüste an ihren Ort ...
(Offb 12,13-14)

Musste nicht schon das Volk Israel schreiten durch die Wüste, um zu gelangen ins Gelobte Land? Wohin aber sollte fliehen, wem zur Wüste geworden ist eine alternativlos gewordene Welt voller Manns-Bilder: eine Welt, der fehlt der Gegenentwurf? Sich ins geistige Exil begeben? In die läuternde Abgeschiedenheit, um sich bereit zu machen für den Bräutigam, der-da-ist des (sündigen) Menschen (= Adams) Sohn, auf dass sich vereine Manns-Bild und Weibs-Bild und geboren werde ein neuer Tag: ein Tag, der trägt seinen Stempel, sein Zeichen.

… dann wird das Zeichen des Menschensohnes am Himmel erscheinen, dann werden alle Völker der Erde jammern und klagen und sie werden den Menschensohn mit großer Macht und Herrlichkeit auf den Wolken des Himmels kommen sehen. ER wird seine Engel unter lautem Posaunenschall aussenden und sie werden die von ihm Auserwählten aus allen vier Windrichtungen zusammenführen, von einem Ende des Himmels bis zum anderen (Matthäus 24,30-31).

Was wird Zeichen sein: der helle Stern, der stand über Bethlehem oder das Kreuz, das ER auf sich nahm? Oder wird die Taube verkünden den *geliebten Sohn, an dem Gefallen gefunden* hat der HERR (vgl. Matthäus 3,17): verkünden den neuen Tag? Licht oder Finsternis: *Harmagedon* (vgl. Offb 16,16)? Ein Tag, da ausgegossen werden die *Schalen des Zorns* über die Frevler, da einstürzt die Kathedrale, der sie dienten mit Schlachtopfer und Falschmünzerei und zum Teufel gejagt werden alle Händler und Feilscher? An einem *einzigen Tag werden die Plagen über sie kommen, die für sie bestimmt sind*: Tod, Trauer und Hunger – *im Feuer verbrennen* wird sie: die *Hure Babylon* (vgl. Offb 18,8). Und der Teufel, der sie ritt, wird geworfen in den *Pfuhl von brennendem Schwefel* (vgl. Offb 20,9-10). Ein Feuer, das vom Himmel fiel oder das entfachte der Mensch, um das Letzte noch herauszupressen aus Mutter Erde, auf dass Teufelsmahl halte ihr König und geheiligt sei das *fracking*, ihr *fraction*: ihr Brechen des Brotes?

Das Brot teilen, wie sollte heiligen solches Herren-Mahl, wer nicht geladen ist zur *Hochzeit des Lamms* (vgl. Offb 19,7), heiligen all die Opfer, die geschlachtet, geschlagen, gedemütigt oder vertrieben wurden in die Fremde, in die Isolation, in die Gefangenschaft? Einst wurde geführt das Volk Israel (= Streiter Gottes) aus ägyptischer wie auch aus babylonischer Gefangenschaft, sollen nicht ebenso befreit und geführt werden aus der (geistigen) Wüste alle, die gleichfalls stritten für ihren HERRN und litten für die Wahrheit? Die auf sich nahmen ihr Kreuz – wie ER – und überwanden den alten Adam, die bezwangen die alte Schlange: den Drachen, den inneren Schweinehund? Oder, um ein Bild der Psychoanalyse Freuds zu bemühen, die zu bändigen verstanden ihr *Es*: ihr ungestümes Pferd, deren *Ich* sicher saß im Sattel, die Herr waren ihrer selbst, weil sie in sich trugen ihren Reitlehrer und verinnerlichten ihr *Über-Ich*. Wer aber sollte lernen, sicher zu sitzen im Sattel, den unterwies ein Reitlehrer, dem selbst die Gäule durchgingen? Der Irrlehrer, vor dem so oft warnt die

Schrift: der Hirte, der unterliegt dem schnöden Mammon, der schändet die Unschuld, statt zu bewahren sie, der narrt mit irrwitzigem Gerede die Schwächsten und Ärmsten, statt zu narren die Mächtigen mit gewitzter Zunge – nach dem Vorbild der *Narrenrede* des großen Völkerapostels (vgl. 2. Kor 11,16-12,13). Wer beschert ewiges Leben ihnen, wer Verdammnis und Tod?

Der Sünde Sold ist Tod;
Gottes Gabe aber ist ewiges Leben.
(Röm 6,23)

Die Sonne wurde schwarz wie ein Trauergewand
und der ganze Mond wurde wie Blut.
Die Sterne des Himmels fielen herab auf die Erde,
wie wenn ein heftiger Sturm ihn schüttelt.
Der Himmel verschwand wie eine Buchrolle, die man zusammenrollt,
und alle Berge und Inseln wurden weggerückt von ihrer Stelle.
(Offb 6,12-14)

Schwarz die Sonne und wie *Blut der Mond*: reales Geschehen, eine Sonnenfinsternis, ein Blutmond oder Allegorie nur? *Wie im Himmel also auch auf Erden!* Sterne, die vom Himmel fallen? Sternstunden der Menschheit, die noch leuchten werden, wenn sich *wie eine Buchrolle zusammenrollt der Himmel* und sich verdichten die Zeiten: die Alten so lebendig, so gegenwärtig werden wie die Jünger und die Jünger so lebendig und gegenwärtig wie die Jüngsten; wenn alle gerückt sind an den ihnen gemäßen Platz und offenbar wird die wahre Größe, der wahre Stellenwert von all den Mächtigen, den *Bergen* und all den *Inseln*, den vielen Verstreuten. Der Tag, an dem der Menschheit ein Licht aufgeht, wer Rettungsanker war in stürmischer See, wer in Wahrheit herrschte und wer diente seinem HERRN. Der Tag, da in lichtem Scheine erstrahlt das *neue Jerusalem*, das keiner Sterne, keines Mondes mehr bedarf (Offb 21,9-22,5): die heile, die helle Stätte! Errichtet in den Herzen derer, die angehören ihrem HERRN, die dienen ihm allein und seinen Geboten, die überwanden den alten Adam, überwanden alles Übel und also erwachen zu neuem Leben: einem Leben, das nicht Opfer kennt, sondern Hingabe? Die katholisch sind im (ursprünglichen) Sinne einer universellen Gemeinschaft, die nicht nach geografischen Grenzen fragt, nicht nach Hautfarbe, nationaler oder religiöser Zugehörigkeit, nicht fragt, wie sie beten und dienen dem HERRN, sondern ob sie streiten für oder wider den HERRN – gleich wie sie IHN nennen: Allah oder Zebaoth? Die protestantisch sind in dem Sinne, dass sie streiten wie ihre jüdischen Brüder für und nicht wider den *der-da-ist*? Die muslimisch sind in dem Sinne, dass sie führen den Heiligen Dschihad wider den Drachen, der tobt und lauert in ihrem Innern? Wer ist ohne Schuld, dass er erheben wollte die Hand wider seinen Bruder – sei er älter oder jünger?

Hochmut auf Erden und böse List.
Doch umfängt die böse List ihren Urheber nur.

Reisen sie nicht im Land umher und schauen,
wie war der Enderfolg derer vor ihnen,
die stärker waren als sie?
(35. Sura *von den Engeln,* 41-43)

Wie soll überwunden werden die alte Blutschuld, wie gesühnt der Brudermord des Kain, wenn sie weiter streiten, statt ein (Gottes)Volk zu sein? Sich versöhnen, wie einst Frieden schlossen Jakob und Esau (1. Mose 33,1-20), um endlich Eins zu sein. Vereint, wie die Bienen um ihre Königin, vereint in dem einenden heilen Geist: in einem Haus mit vielen Wohnungen – nach dem Vorbild der Gründer des (seit 1900 bestehenden) "American Colony" Hotel in Israel? Eine Kolonie schaffen gelebten Glaubens, nicht für einige Wenige, sondern für Viele: bloße Utopie nur? Den interreligiösen Austausch ermöglichen, die abrahamitischen Geschwister vereinen unter einem Dach – in einem *House of One*, ist das nicht derzeit geplant in Berlin? Stein gehauene Wirklichkeit oder gemeißelt ebenso in ihr Herz? Sind nicht alle Gast nur dieser Welt? Warum Unruhe stiften in den Gasthäusern, warum nach dem Trennenden fragen, statt zu suchen das Verbindende: die Gast-Freundschaft? Vielfalt, Mannigfaltigkeit: ist nicht gerade das der Schöpfung Schönheit und ihr Reichtum? Schmeckt der Wein immer gleich; wird er nicht erst unverwechselbar durch Boden, Klima, Rebsorte, durch Kelterung, Winzer-Kunst und Lagerung? Warum wollen sie alle gleich schmecken dem HERRN, statt zu nutzen ihre Gaben hin zum besseren Geschmacke – und zu dienen ihrem HERRN jeder in seiner Weise?

Wer nicht gegen uns ist, der ist für uns (Markus 9,40), ist das nicht sein Wort? Sind sie nicht Brüder im Glauben an den Einen? Warum streiten wider einander? Dienen sie Gott, wenn ihr wahrer Widersacher lieben lernt ihre Feinde und sie zu seinen Verbündeten macht?

Protestanten aller Re(li)gionen, vereinigt euch!

Juden, Christen und Muslime, wen betet ihr an; was trennt euch; wer ist euer Widersacher? Der Hindu, der nicht ebenso anbetet den Allerhöchsten? "Das ewige Wesen", beschrieben von den indischen Brahmanen als gestaltlos, ohne Namen und ohne Erklärung. Gilt ER nicht auch dem Hindu als Herabkunft des Höchsten? Warum Feind nennen, wer kniet vor keiner anderen Macht denn der höchsten, wer dient dem Leben, nicht dem Tod, wer sucht die Wahrheit, nicht die Lüge, wer durchbrechen will den Teufelskreis von Schuld und immer wieder neu geborener Schuld, wer Erlösung sucht im Nirwana – wie der Buddhist? Sind nicht auch sie buddhistisch, so sie suchen die Wahrheit und Erlösung im Himmelreich?

Der weithin wandert und allein,
der körperlos, verborgen ist –
wer seinen Geist zu zügeln weiß,
wird von des Todes Fesseln frei.
(Morgengabe buddhistischer Weisheit)

Trug ER ihnen auf, Zwietracht zu säen oder zu lieben ihren Bruder wie sich selbst? Und wer ist ihr Bruder? *Wer den Willen tut meines Vaters im Himmel, der ist mein Bruder und meine Schwester und meine Mutter* (Matthäus 12,50), ist das nicht sein Wort?

Mein Reich ist nicht von dieser Welt.
(Johannes 18,36)

Wird nicht auferstehen sein Reich, wenn der Schleier sich lüftet? Denn *es ist nichts verhüllt, was nicht enthüllt und nichts verborgen, was nicht entdeckt werden wird* (Matthäus 10,26). Ersteht vor dem geistigen Auge sein Reich, werden ebenso auferstehen all jene, die ihm folgten? Die stritten und litten für ihn, die überwanden der Väter Schuld und sich *beschnitten an der Vorhaut ihres Herzens* (vgl. 5. Mose 6,6 u. 10,16). Wird gleichfalls sich erhellen, wer blieb in der Väter Schuld und wer errichtete in seinem Herzen das *Gräuelbild der Verwüstung*? Ist erst lebendig und gegenwärtig die Zeit der Jünger den Jüngsten, wird offenbar auch, wer blieb ein Saulus und wer sich wandelte zum Paulus: wer erfüllt war vom ewigen Geist und wer "katholisch"? Katholisch im Sinne eines globalen Herrschaftsanspruchs, einer vermeintlich geistigen und materiellen Überlegenheit, die nicht dienen, sondern herrschen will, die nicht heiligt den Einen, sondern heiligt ihr eigen Tun, die predigt Wein, ohne dem Ärmsten auch nur zu reichen einen einzigen Tropfen Wasser: erlegen dem Rausche eigener Unfehlbarkeit in Prunksucht und (homo)erotischer Lust?

Das abstrakte und verabsolutierte Gewinnstreben
ist prinzipiell maß- und zügellos,
anti-ökonomisch, asozial, egoistisch.
(Oswald von Nell-Breuning: Grundzüge der Börsenmoral 1928)

Beherzigte die christlich-abendländische Welt, was der Nestor der katholischen Sozialehre ihr ins Stammbuch schrieb? Das *verabsolutierte Gewinnstreben*, gebar es nicht 1929 den "Schwarzen Donnerstag" und führte zu Armut und Massenarbeitslosigkeit? Zu einem Elend, das breite Bevölkerungsteile traf und radikalisieren sollte: den Weg ebnete dem europäischen Faschismus? Ist heute überwunden das *verabsolutierte Gewinnstreben*, war es nicht Ursache auch der letzten Finanzkrise von 2008, die ihren Ausgang nahm abermals in New York mit ähnlichen Folgen? Anstieg der Arbeitslosigkeit, Zunahme von Armut und Verbreitung radikaler Tendenzen? Nach dem Crash von 1929, ausgelöst durch *maß- und zügellose* Spekulation, wurde erhoben zum obersten Aufseher der Börse einer der skrupellosesten Spekulanten: Kennedy (Vater des späteren US-Präsidenten JFK). Den Brandstifter zum Chef der Feuerwehr zu machen, gelangte solch Schmieren-Stück nicht erneut zur Aufführung? Wie sollte glätten die Wogen der gigantischen Schuldenwelle, die derzeit überflutet diese Welt, ausgerechnet der Urheber des Finanz-Tsunamis?

Du wirst verändern das Antlitz der Welt
(Psalm 104,30)

Haben sich zu eigen gemacht obigen Lobpreis des HERRN jene, die preisen eine Finanzpolitik, die dem Gelde dient, statt zu dienen dem Menschen? Eine Finanzdiktatur, die öffentliches Gut, die Volksvermögen und lebenswichtige Ressourcen, wie Wasser, privatisiert, die Bürger entmündigt und zum Endverbraucher schrumpfen lässt, die Gewinne privatisiert, Verluste aber sozialisiert? Eine Welt der "Leistungsträger"? Eine Welt des Kapitals, der alles zur monetären Einheit gerät – selbst der Mensch? Verbucht in den Bilanzen als Humankapital oder abgeschrieben als "Minderleister"? Eine Welt, der alles käuflich ist: die öffentliche Meinung, die wissenschaftliche Analyse und der Richterspruch? Ein ökonomisch oder juristisch legitimierter Ablasshandel, dem Straffreiheit so käuflich ist wie die Staatsangehörigkeit (inzwischen auf Malta ganz offiziell zum Kauf an geboten)? Die staatliche Hoheit zu Grabe getragen: es lebe das private Schiedsgericht! Käuflich ist, was immer auch begehrt das Geld adlige Herz? Wer aber zahlt den Preis? Wie viele Länder stehen heute schlechter da als zu Kolonialzeiten! Länder, deren einziger Reichtum ihr Kinderreichtum ist? "Ein Segen", propagiert von einer irrigen christlichen Ideologie, die noch ärmer machte die Armenhäuser dieser Welt.

Ihr könnt nicht beiden dienen:
Gott und den Mammon.
(Lukas 16,13)

Armut durch Land- und Ressourcenraub, Verelendung durch Ausbeutung von Mensch, Tier und Land. Eine Ausbeutung, die in den reichen westlichen Ländern inzwischen zur Selbstausbeutung gerät? Ein rücksichtsloser, verbrecherischer Beutezug, der nicht sanktioniert wird dank einer Rechtsstaatlichkeit, die zunehmend verkommt zu einer privaten Schiedsgerichtsbarkeit, getragen von einer Ideologie, die gesellschaftsfähig geworden und wie zu nennen ist: liberal, demokratisch oder faschistisch? Die organisierteste Form organisierten Verbrechens, legitimiert, weil die Parlamente verlustig gingen ihres wirksamsten Machtmittels, ihres Haushaltsrechts, weil aus Volksvertretern Wirtschaftsvertreter wurden, weil eine desaströse Verschuldungs- und Verarmungspolitik Abhängigkeiten schuf und schafft, die Raum lassen dem "Leistungsträger" für den niedrigsten Standard, die niedrigste Steuerquote? Vom tariflich geschützten Arbeitnehmer zum Niedriglöhner, vom Gastarbeiter zum Arbeitssklaven, vom Selbständigen zum Zinsknecht, vom mündigen Bürger zum entmündigten Endverbraucher, vom freien Wähler zum bloßen Abnicker alternativlos gewordener Kollektivbeschlüsse? Schön geredet von einer bunten Medienwelt, die zum Hort geworden ist lügnerischer Hirngespinste, statt zu suchen nichts als die Wahrheit? *Wo Recht zu Unrecht wird, wird Widerstand zur Pflicht*, schrieb H. Heine. Wer wollte sich nicht verweigern dem Finanz- und Konsumdiktat einer unmenschlich gewordenen Welt, wer nicht rufen:

Schafft den Übeltäter weg aus eurer Mitte!
(1. Kor 5,13)

Ist der Übeltäter nicht bekannt, dass sie ihn dulden in ihrer Mitte? Kennen sie nicht den Judas in ihren Reihen? Ist es nicht jener, der den *Beutel* hat (vgl. Johannes 12,6): der Kassenwart, der an sich reißt, was nicht ihm gehört und darum korrumpierbar ist? Decken zu perfekt die Wachstumsapologeten den Übeltäter? Warum aber entlarven jene, die in den Dienst sich stellten einer heilen, universellen Lehre, nicht eine Geisteshaltung, die untertan sich machen will die Welt, die nicht liebt ihren Nächsten, sondern versklavt: geistig, physisch oder psychisch unterwirft, die raubt fremdes Land, fruchtbare Böden, wertvolle Bodenschätze und alles Leben unterwirft dem Diktat ewigen Wachstums und steigender Rendite: die nicht Gott dient, sondern dem Mammon? Warf Judas nicht den Priestern vor die Füße ihr *Blutgeld* (Matthäus 27,5)? Verwarf ebenso der Vatikan das *Blutgeld* und beantwortete die alte Frage: in welchen Beutel flossen die Spendengelder? Oder heiligt die Spende den Zweck: abzuwaschen alles Blut vom Geld der (exkommunizierten!) Mafia auf den Schwarzgeldkonten der Vatikan-Bank? „Eine Kurie, die sich nicht selbst kritisiert", las Papst Franziskus seiner Verwaltungsbehörde jüngst die Leviten, „die nicht versucht, sich selbst zu verbessern, ist ein kranker Körper." Erneuerung also: Reformation?

2016/17 gedenkt die evangelische Kirche der Reformation vor 500 Jahren und ihres Urhebers: Martin Luther; ein Jahr früher feierte die katholische Kirche ihr (außerordentliches) "heiliges Jahr" der Barmherzigkeit (im Gedenken an die Geburt des barmherzigen Martin von Tours vor 1700 Jahren). Anlass zur Pilgerreise hochrangiger Delegierter beider Konfessionen ins Heilige Land, Anlass zum interreligiösen Dialog: Zeichen des Aufbruchs, der Hoffnung? Zeichen, die *Freiheit des Christenmenschen* neu zu (be)leben, um im gemeinsamen Schulterschluss Widerstand zu leisten den Kippern und Wippern der christlichen Werte, die auf dem Altar "ewigen" Profits opfern alles Seelenheil. Wer wollte sich nicht verweigern einer düsteren Ideologie, die wieder flach sein lässt die Erde und zentriert ist auf sich selbst, die nicht die höchste Stufe erklimmen heißt den Menschen, sondern ihn zurückwirft auf die niedrigste und primitivste? Eine Stufe, die nach Hobbes (1588-1679) der Zivilisation voranging, eine Stufe des Kampfes "aller gegen alle". Heiler Glaubenseifer oder blinde Zerstörungswut? Hat sich der Mensch schon zu weit entfernt oder wird er zurückfinden zu seiner göttlichen Natur just in jenem Augenblicke, da er sich am weitesten entfernte? Kehrt nicht auch die Erde zurück am weitesten Punkt ihrer Umlaufbahn um die Sonne?

Aber viele, die da sind die Ersten, werden die Letzten
und die Letzten werden die Ersten sein.
(Matthäus 19,30)

Wie sollten die Letzten nicht die Ersten sein im Himmelreich, wo sie doch standhielten bis zu guter Letzt, da überlief das Fass und zum Himmel schrie all das vergossene Blut? Die Jüngsten, wie sollten sie nicht Vorrang haben vor den Jüngern, die sahen mit eigenen Augen und hörten mit eigenen Ohren, und doch zweifelten, verleugneten? Wie sollte nicht zuerst geöffnet werden jenen die Himmelspforte, die anklopfen als Letzte: die den *Lebendigen* nicht *suchen bei den Toten* (vgl. Lukas 24,5)?

Der HERR *ist doch nicht der Toten,*
sondern der Lebendigen Gott.
(Matthäus 22,32)

Dein Wille geschehe, wie im Himmel also auch auf Erden; sollte unerfüllt bleiben, worum sie so innig gebeten und gefleht haben? Erfüllt sich der göttliche Wille nicht im Geheimen, muss der Vorhang nicht erst gehoben sein, auf dass sich offenbare das göttliche Werk (Opus Dei) und sich erfülle sein Wort? *Das Reich Gottes ist inwendig in euch* (Lukas 17,21, alte Übersetzung). Muss es die Menschheit nicht treffen mit geradezu kosmischer Wucht, wenn enthüllt ist, wer wahrhaft bewegt(e) die Welt? Wer diente und wer herrschte: wer folgte den Vätern und wer dem Sohn, wer Täter war und wer Opfer? Für die Irrlehrer und ihre Anhänger, die gestern "Mein Kampf" zu ihrer Bibel machten und heute bedingungslos folgen den Marktführern und unfehlbar sie heißen: *to big to fail,* für die Freier der Hure, wird es geben ein böses Erwachen. Wehklagen werden all die Mächtigen, die Reichen, Satten und Bewunderten, wenn fällt ihre Hurenhochburg. Die Armen aber, die Ohnmächtigen, Gebeutelten, die hungerten nach Brot, Wahrheit und Gerechtigkeit, die Ausgeschlossenen, die Erniedrigten und Beleidigten, wie sollten sie nicht jubeln, wenn glänzt ihre heile Stätte (vgl. Offb 18,19-19,2) und lebendig wird der *Bergpredigt* Wort (Matthäus vgl. 5,3-12, vgl. *Feldrede:* Lukas 6,24-26)? Die Umkehrung, die Karnevalisierung aller Werte: Wer narrte das Volk, ist am Ende selbst der Genarrte, welch "göttliche Komödie" (Dante)!

... und es wird sein eine *Herde und* ein *Hirte.*
(Johannes 10,16)

Halleluja! Denn der HERR*, unser Gott,*
der Allmächtige, hat eingenommen das Reich!
Lasset uns freuen und fröhlich sein und ihm die Ehre geben,
denn gekommen ist die Hochzeit des Lamms
und seine Braut hat sich bereit gemacht.
Und es ward ihr gegeben, sich zu kleiden in strahlend reines Leinen.
(Offb 19,6-8)

Das strahlend reine Kleid, wofür sollte es stehen, wenn nicht für die Reinheit der Seele: die Unschuld, die sich bewahrte in aller (geistigen) Abgeschiedenheit – fern der unheilen Umtriebe dieser Welt? Und die Hochzeitsgäste, werden auch sie anlegen ein reines Gewand?

Selig sind, die ihre Kleider waschen
auf dass sie teilhaben am Baum des Lebens
und eingehen zu den Toren der heilen Stätte.
Draußen sind die Hunde (Ungläubige)
und die Zauberer und die Unzüchtigen
und die Mörder und die Götzendiener
und jeder, der die Lüge liebt und tut.
(Offb 22,14-15)

Wer sich aber nicht kleidet hochzeitlich, darf der sich wohl zählen zum Kreis der Erwählten, soll der nicht ausgeschlossen sein von der Feier und hinausgeworfen in die Finsternis? Gab ER ihnen kein Gleichnis (vgl. Matthäus 22,1-14)?

Das Himmelreich ist gleich einem Könige,
der seinem Sohn Hochzeit macht. (...)
Denn viele sind berufen,
aber wenige sind auserwählt.

Die *Hochzeit des Lamms* und seiner Braut: Allegorie – reales Geschehen – beides? Ist die Hochzeit nicht Synonym für den Neubeginn schlechthin? Der neue Bund der Liebe: der Bund des Lebens, steht er von ungefähr zu Beginn eben jenes Evangeliums, das trägt den Namen des Jüngers, den ER liebt? Johannes, der Botschafter der Liebe, der nicht anders begreift das Evangelium als aus der Perspektive der Ewigkeit: des Nun der Liebe? Auf der *Hochzeit zu Kana* (Johannes 2,1-12) wandelt ER Wasser zu Wein: schenkt reinen Wein ein den Hochzeitsgästen – ohne selbst Gastgeber zu sein oder Bräutigam. Wird ER das nicht aber sein, wenn aufgetischt wird die reine Wahrheit allen Gästen auf Erden? ER, der Erstgeborene eines neuen Tages, wie sollte ER nicht Hochzeit halten, wenn gehoben wird der Schleier, wie nicht freien seine Braut am Ende eben jenes Tages? Haben nicht selbst *die Füchse Gruben und die Vögel Nester* (Matthäus 8,20), sollte da kein Hort gegeben dem Sohn, sein Haupt zu betten? War nicht auch dem Adam geschenkt ein Weib am Ende des sechsten Tages? Geformt aus der Rippe des Menschen (= Adam) die Eva (= Leben); geformt aus Knochengerüst, auf dass sie seien ein *Bein und ein Fleisch* (vgl. 1. Mose 2,21-24). Woraus nun sollte geformt sein die neue Eva, die trägt das reine Kleid und keines Feigenblattes mehr bedarf? Woraus geformt, wenn nicht aus dem lebendigen Fleisch: aus dem Wort – dem EVAngelium? Wie in sagenhafter Zeit Isis aufsammelte die Leichenteile ihres geliebten Osiris, um Leben einzuhauchen dem Richter des Totenreiches, so wird im Hier und Jetzt aufsammeln die *Braut*, was übrig ist vom Wortgerüst ihres *Bräutigams*. Auf dass Fleisch, lebendig werde, was Knochen, was tot war und sich vermählen Weibs-Bild und Manns-Bild, um Eins zu sein: ein Geist und ein Leib?

O stolze, doch beklagenswerte Christen,
die krank am Blicke ihres geist'gen Auges,
Vertraun ihr setzt in die verkehrten Schritte,
erkennt ihr nicht, dass wir nichts sind als Würmer,
bestimmt den Engelsschmetterling zu zeugen,
der wehrlos dem Gericht entgegenfliegt?
(Dante: *Göttliche Komödie*, Fegefeuer, 10. Gesang 121-124)

Wie lange wird währen das Himmelreich, wenn sich lüftet der Brautschleier und enthüllt ist: *das Himmelreich ist mitten unter euch* (Lukas 17,21, neue Überset-zung), wenn Gerechtigkeit herrscht *wie im Himmel also auch auf Erden*? Vom *Tausendjährigen Reich* ist zu lesen in der Offenbarung (20). 1000 Jahre, im Sinne vollständiger, vollkommener Herrschaft? Eine Herrschaft derer, die fol-gen dem Sohn, dem Gesalbten des HERRN, folgen dem VorBild – die aufer-standen wie ER zu neuem Leben?

Und siehe da, der Vorhang im Tempel zerriss in zwei Stücke von oben bis un-
ten. Und die Erde erbebte und die Felsen zerrissen, und die Gräber taten sich
auf, und standen auf viele Leiber der Heiligen, die da schliefen, und gingen aus
den Gräbern nach seiner Auferstehung und kamen in die heilige Stadt und er-
schienen vielen (Matthäus 27,51-53).

Selig ist der und heilig,
der teilhat an der ersten Auferstehung;
über solche hat der zweite Tod keine Macht ...
(Offb 20,6)

Wie sollten nicht auferstehen jene, denen auferstand der Sohn? Zu neuem Le-ben erweckt die Kinder des Lichts und zu ewiger Verdammnis die Kinder der Finsternis? Kann aber freigeben die Unterwelt ihre Toten, bevor nicht vollendet sind die tausend Jahre und auch der letzte Feind dem Sohn ist unter seine Füße gelegt? *Der letzte Feind aber ist der Tod* (vgl. 1. Kor 15,26-28).

Wer Unrecht tut, tue weiter Unrecht, der Unreine bleibe unrein, der Gerechte
handle weiter gerecht und der Heilige strebe weiter nach Heiligkeit. Siehe, ich
komme bald und mit mir bringe ich den Lohn und werde jedem geben, was sei-
nem Werk entspricht. Ich bin das Alpha und das Omega, der Erste und der
Letzte, der Anfang und das Ende (Offb 22,11-13).

Der Sohn, der ist am Anfang: der Erste, der auferstand von den Toten, wie soll-te ER nicht sein auch am Ende, wenn besiegt, wenn getilgt ist der Tod von die-ser Welt? Am Ende der göttlichen Schöpfungswoche, am 10. Tag: ein *Menete-kel* (vgl. Daniel 5,26-28)? Nicht abzuzählen an den 10 Fingern der schaffenden, der betenden Hände, so sicher wie die 10 Gebote, dass gezählt sind die Tage und kommen muss jener Tag, an dem gewogen werden alle Tage? *Gezählt* und *gewogen*: ein *unheilvolles Zeichen*, das preist den Tag, an dem alles unterworfen sein wird dem Sohn? *Alsdann wird auch der Sohn selbst sich unterwerfen dem, der ihm hat alles unterworfen, auf dass Gott herrscht über alles und in allem* (1. Kor 15, 28). So der Schleier sich hebt und anbricht sein tausendjähriges Reich, ist da überwunden schon Satan?

Wenn die tausend Jahre vollendet sind, wird der Satan freigegeben aus seinem Gefängnis und er wird ausziehen, zu verführen die Völker an den vier Enden der Erde ... Zu guter Letzt aber werden Tod und Unterwelt ihre Toten herausgeben und sie werden gerichtet, jeder nach seinen Werken. Der Tod und die Unterwelt aber werden in den Feuerpfuhl geworfen. Das ist der zweite Tod: der Feuerpfuhl. Wer nicht verzeichnet ist im Buch des Lebens, wird in den Feuerpfuhl geworfen (Offb 20,7-15).

Ausgemerzt die finsteren Söhne der Unterwelt: verbrannt in der Hölle, die sie selbst entfachten? Die Vorstellung von Unterwelt und Totenreich, ist sie den alten Ägyptern, Griechen, Römern nicht so geläufig wie den Christen; und ist die Vorstellung von Läuterung und endzeitlichem Strafgericht weniger universell? Wer, der nicht glaubte an gerechten Ausgleich in jenseitiger Zeit für erlittene Höllenpein? Geläutert durch das Feuer, das entfachte Satan und alle, die ihn anbeteten? Oder geläutert durch das Feuer, das einführte die katholische Geistlichkeit zur Läuterung (der Zinseintreiber)? 2010 wurde abgeschafft die Vorhölle. Abgeschafft, weil nicht mehr zu heilen wäre diese Welt (der Zinseintreiber) oder abgeschafft, weil ein heiler Geist keine (Vor)Hölle entfachen kann auf Erden? Der Himmel auf Erden kennt weder Tod noch Teufel; der Himmel auf Erden, die beste aller möglichen Welten: der Triumph der Auferstehung! Die Fleisch gewordene Gerechtigkeit, die es nicht geben kann ohne Auferstehung (Adorno). Der Endsieg!

Stirb und werde, lautet der kategorische Imperativ des Evangeliums.
Wenn das Weizenkorn nicht in die Erde fällt und stirbt,
bleibt es allein;
wenn es aber stirbt, bringt es reiche Frucht.
(Johannes 12,24)

Wenn alles Zeitliche tot ist im Menschen, wenn er sich untertan gemacht hat alles Irdische und kein Getriebener mehr ist seiner Begierden, wenn er gelassen hat von allem, was vergänglich und verderblich ist auf Erden, wenn er gesetzt hat sein ganzes Herz, seine ganze Kraft und all seine Gedanken ganz und gar in die Ewigkeit, in der es kein Vorher gibt und kein Nachher, kein Gestern und kein Morgen, sondern ein Hier und Jetzt, ist dann nicht gekommen, was Meister Eckehart mystisch beschreibt als *Fülle der Zeit*? Wenn die Seele ganz stille wird, weil aus ihrem Innersten getrieben sind alle Händler, Wechsler und Feilscher, niedergerissen ist das *Gräuelbild der Verwüstung* und aufgerichtet die hochheiligste Stätte: die Krippe von Bethlehem, in der geborgen liegt das Bild, an dem Wohlgefallen hat *der-da-ist*? Das Bild, das beflügelt, das erhebt die Seele über Raum und Zeit, auf dass sie sich nicht länger verliere im Relativen der Zeit(en) und aufgehoben sei die bipolare Störung, aufgehoben alle Fremd-heit, Ferne, Trennung und sich vermähle die Seele: anvertraue dem Ewigen und Eins mit IHM sei, wie geschrieben steht.

Ich traue dich mir an auf ewig:
ich traue dich mir an
in Gerechtigkeit und Recht,
in Gnade und Barmherzigkeit.
Ja, in Treue, will ich mich dir antrauen
und du wirst erkennen den HERRN.
(Hosea 2,21-22)

Denn dein Schöpfer ist dein Gemahl ...
Der HERR *hat dich zu sich gerufen*
als verlassenes und bekümmertes Weib;
denn das Weib der Jugendzeit,
wie könnte es verstoßen bleiben?
(Jesaja 54,5-6)

Ein Gott – ein Volk – ein Geist. Ist etwa das Wort geteilt: das Wort des Hosea oder das des Jesaja, ist es geschieden von dem Wort, das ER ihnen gab, als ER sprach von der Auferstehung und ihrem himmlischen Leib?

Wie wir getragen haben das Bild des Irdischen,
so werden wir auch tragen das Bild des Himmlischen.
(1. Kor 15,49)
Denn nach der Auferstehung
werden die Menschen ...
sein wie die Engel im Himmel.
(Matthäus 22,30)

Wer aber wollte hinfinden zur himmlischen Stätte, der nicht achtet Wort und Werk seines Schöpfers. Nicht achtet der **4** Evangelisten *Wissen*, *Wollen*, *Wagen*, *Schweigen*: verkörpert in den **4** Symbolen: *Mensch*, *Löwe*, *Stier* und *Adler*. Symbole, die vereint, zum Bilde werden der Sphinx: zu einem toten Bilde oder zu einem voller Leben? Wissen – Wollen – Wagen: die Kraft spendende Einheit, wer wollte empor sich schwingen über Zeit und Raum, dem nicht gewachsen wären Flügel, zu schweigen zur rechten Zeit, am rechten Ort, um zu lauschen dem himmlischen Ruf?

Heilig, heilig, heilig ist der HERR,
der Gott, der Herrscher über die ganze Schöpfung;
ER *war und* ER *ist und* ER *kommt!*
(Offb 4,8)

Wer hört, der rufe: Komm!
Wer durstig ist, der komme.
Wer will, empfange umsonst
das Wasser des Lebens.
(Offb 22,17)

... und der Geist Gottes schwebte über dem Wasser.
(1. Mose 1,2)

Quellennachweis

Dem Urquell folgend, ist das biblische Wort frei zitiert nach folgenden Übersetzungen:

Das Neue Testament
nach der deutschen Übersetzung Martin Luthers
American Bible Society New York 1816

Die Heilige Schrift
nach der deutschen Übersetzung Martin Luthers
Württembergische Bibelanstalt Stuttgart 1967

Hausbibel
Einheitsübersetzung des Alten und Neuen Testaments
Verlag Herder Freiburg i. Br. 14. Aufl. 2003

Filia Fausta
Achtung Raubbau
Bautücken. Amtsstricke, Gesetzesfallen
Realsatire, © 2006; ISBN 3-86611-200-9

Restexemplare zu bestellen unter: www.filia-fausta.com

Der Stein,
den die Bauleute verworfen haben,
ist zum Eckstein geworden.
(Psalm 118,22)